2014

中国渔业年鉴

China Fisheries Yearbook

农业部渔业渔政管理局 主编

中国农业出版社

中国渔业年鉴理事单位

山东省海洋与渔业厅	（2012-2014）
广东省海洋与渔业局	（2014-2016）
辽宁省海洋与渔业厅	（2012-2014）
上海市农业委员会	（2013-2015）
青岛市海洋与渔业局	（2014-2016）
威海市海洋与渔业局	（2013-2015）
中国水产科学研究院	（2014-2016）
大连海洋大学	（2013-2015）
上海海洋大学	（2013-2015）
上海市长江口中华鲟自然保护区管理处	（2013-2015）
中国渔业互保协会	（2012-2014）
中国农业发展集团有限公司	（2014-2016）
上海水产（集团）总公司	（2014-2016）
山东东方海洋科技股份有限公司	（2014-2016）
通威股份有限公司	（2014-2016）
大连壹桥海洋苗业股份有限公司	（2013-2015）
烟台海洋渔业有限公司	（2012-2014）
广州远洋渔业公司	（2013-2015）
东山县远德胜渔业有限公司	（2012-2014）
山东宝莱利莱生物工程股份有限公司	（2013-2015）
蓬莱京鲁渔业有限公司	（2013-2015）
湛江海滨船厂	（2014-2016）

中国渔业年鉴编辑部

通讯地址　北京市朝阳区农展馆北路2号18号楼

邮政编码　100125

电　　话　(010) 59194981

　　　　　65074693

传　　真　(010) 65005665

电子信箱　yynjcn@ccap.com.cn

中国渔业年鉴编辑委员会

中国渔业年鉴编辑部

2013年6月26日，国务院召开全国现代渔业建设工作电视电话会议，全面部署加快推进现代渔业建设的各项工作。国务院副总理汪洋出席会议并作重要讲话，国务院副秘书长丁学东主持会议，农业部部长韩长赋、国家发展和改革委员会纪检组长刘晓滨、财政部部长助理胡静林（时任）在主席台就坐并发言。

2013年1月29日，农业部副部长牛盾到北京市考察节前水产品市场情况。

2013年1月7日，中国民生银行与中国远洋渔业协会战略合作签约仪式，农业部副部长牛盾出席签约仪式。

2013年2月25日，农业部召开全国渔业安全生产视频会，农业部副部长牛盾做重要讲话，农业部渔业局局长赵兴武主持会议。

2013年7月8日，农业部渔业局局长赵兴武到天津市调研渔业发展和安全生产情况。

2013年12月10日，农业部渔业局和中国人保财险公司联合在无锡市召开养殖渔业保险研讨会，赵兴武局长、林智勇副总裁出席研讨会并讲话，李书民副局长主持会议。

2013年8月9日，农业部渔业局副局长崔利锋率国务院安委会安全生产第九督察组到安徽安庆渔港和安庆市大观区袁江渔业捕捞专业合作社进行渔业安全生产督查。

2013年11月15日，住房城乡建设部村镇建设司、国家发改委农经司、农业部渔业局联合在湖南省岳阳市召开全国以船为家渔民上岸安居工程项目推进会。李书民副局长出席会议并讲话。

山东省海洋与渔业厅

12月11日，全省现代渔业建设暨渔业安全生产工作电视工作会议现场

10月13日，中国·沂河放鱼节开幕式现场

6月8日，王守信厅长在蓬莱市参加渤海增殖放流仪式并致辞

2013年是山东省渔业发展中具有里程碑意义的一年。大事多，要事多，亮点纷呈。习近平总书记来山东视察，在主持现代农业发展座谈会时，听取了我省渔业工作汇报,系统上下倍感振奋、深受鼓舞；省政府召开了全省现代渔业建设电视会议，对现代渔业发展进行了总体部署；省政府出台了《关于贯彻国发[2013]11号文件 促进现代渔业持续健康发展的实施意见》，成为改革开放30年来，推进全省现代渔业发展的一个重要指导性文件。一年来，全省渔业系统把握经济大势，坚持稳中求进，建设现代渔业，渔业经济保持了持续健康发展。全省实现渔业经济总产值3 400亿元，水产品总产量863万吨，渔业产值1 390亿元，分别比上年增长10%、2.6%和10%；渔民人均纯收入达到1.43万元，增长14.8%。

2014年，山东渔业将以推进渔业现代化为目标，以深化改革创新为动力，加快渔业转型升级，打造“海上粮仓”，促进全省渔业实现新发展，推动渔业强省建设取得新成效。力争全省渔业总产值达到1 500亿元，渔民人均收入增长10%以上。一是加快现代渔业建设，推动建设“海上粮仓”，以创新点为抓手，培育30处省级现代渔业精品园区；推进远洋渔业向纵深发展，尽快建成500艘规模的全省现代化远洋渔业船队。二是深入实施渔业资源修复行动，在沿海规划建设“9带40群”人工鱼礁场；大力实施“放鱼养水”工程，实施30项生态放鱼项目。三是积极发挥科技支撑引领作用，推行渔业科企对接，组织10家驻鲁渔业科研机构与30家省级水产龙头企业、省级现代渔业园区、渔民专业合作社示范社联姻，推进产学研创新突破。四是不断提高依法管渔水平，争取省政府颁布实施《山东省渔业船舶管理办法》，开展渔船普查，完善渔船信息系统，实行渔船船籍港制度，提高渔船管理水平。

9月25日，烟台水生科普活动进校园

群众参加放流活动

12月17日，我国建造的最大秋刀鱼兼鱿鱼钓船在石岛成功试航

广东省海洋与渔业局

2013年，广东省现代渔业建设扎实推进，渔业经济稳步增长。全省渔业经济总产值2 108.9亿元，同比增长6.3%；其中水产品产值1 004.9亿元，同比增长6.76%；水产品加工产值240.2亿元，同比增长10.28%；水产品出口额33亿美元，渔民人均年纯收入1.23万元，同比增长10%，渔业各项经济指标均居全国前列，取得了较好成效。

加强现代渔业示范园区建设。创建农业部水产健康养殖示范场36个、“菜篮子”基地16个，进一步提高渔业综合生产与应急供应保障能力。建成深水抗风浪网箱314个，加快推进水产养殖业转型升级，引导传统网箱养殖向深水网箱养殖发展，促进水产养殖业可持续发展。

大力发展“深蓝渔业”。落实海洋渔船更新改造中央补助资金2.96亿元，扶持建造大型钢质海洋渔船95艘，渔船小、旧、残的局面逐步改观。引导远洋渔业企业赴北太平洋和东南太平洋公海开展生产，新开发所罗门、库克等渔业合作项目，初步建成密克罗尼西亚、斐济远洋渔业基地，外海渔业资源开发区域逐步扩大。

强化渔业生态资源保护。加大海洋资源增殖放流力度，先后成功主办南海生物资源增殖放流、广东休渔放生节、粤港澳增殖放流等活动，取得了良好的社会效益。省人大人工鱼礁议案正式结案，全省建成人工鱼礁区43座，正在建设人工鱼礁区7座，渔业资源恢复速度加快，海洋生态修复效果明显。建成水产种质资源保护区15个。

扎实推进民生工程。省财政安排专项资金6 630万元，首次对休禁渔期渔民实施生活补助；落实省政府十件民生实事的任务，建成渔民保障性安居房533套；落实中央财政下达渔港建设资金1.86亿元，建成国家级中心渔港1个，在建国家级中心渔港、一级渔港13个，组织编制高标准现代渔港建设规划。

渔政执法有新作为。深入开展集中用警、异地用警，组织开展“护渔”、“靖海”、“雷霆”、“粤港联检”等专项行动，加强南海伏季休渔、珠江禁渔专项执法。按照国家的统一部署，积极参与维权巡航执法，先后派出多艘执法船赴南沙、西沙和北部湾巡航执法，维护了国家海洋权益。

邓海光副省长详细了解广东省名优种苗繁育情况

近年来，广东省水产品加工出口获得快速发展。图为湛江国联水产开发股份有限公司生产流水线

广东茂名市电白博贺渔港一角

金航深水网箱产业园区

联合巡航执法

广东阳江开渔节，百舸争流

辽宁省海洋与渔业厅

赵化明副省长深入渔业企业调研

何焕秋厅长主持召开会议部署渔业工作

水产品加工

2013年，辽宁现代渔业建设全面推进，渔业经济继续保持持续健康发展势头。渔业经济总产值实现1 483亿元，增长10.6%；增加值751亿元，增长10.3%。水产品总产量505万吨，增长5.5%。渔民人均纯收入14 600元，增长5.8%。

海洋牧场建设全面推进。投资9 000万元增殖放流13个品种54亿尾，增长14.9%。中央电视台首次对增殖放流进行了跟踪报道。投资2 900万元，新建人工鱼礁示范区3处。新增浅海底播2万公顷，累计达到53.33万公顷。大连市投资7.2亿元，新建人工鱼礁28处、360万立方米，改造海域0.67万公顷。

健康养殖规模扩大。精品养殖规模达到36.67万公顷，产量230万吨，分别增长2%和8%。创建农业部水产健康养殖示范场103家、规模新增0.8万公顷。创建全国现代渔业种业示范场5家，省级水产良种场达到92家。从国内外引进新品种18个。创建全国休闲渔业示范基地9家，休闲渔业产值45亿元。

涉外渔业不断发展。入渔韩国专属经济区管理水域渔船603艘，同比增加63艘。新造远洋渔船34艘，新增远洋渔业企业3家。外派远洋渔船329艘，同比增加54艘，实现产量20万吨，产值22亿元。进口水产品90万吨，金额14亿美元，分别增长13.7%和8.5%。出口水产品70万吨、出口额26亿美元，分别增长8.7%和6.9%。出口额占农产品出口的50%。

水产品质量稳定向好。突出抓了"十二运"水产品安全保障，开展了禁用药物、贝毒专项治理。完成了25批次2 311个样品检测。农业部和省本级产地抽检合格率100%。认定无公害产地55家，面积13万公顷。"兴城多宝鱼"、"葫芦岛螃蟹"、"葫芦岛对虾"获国家地理标志商标认定。全省地理标志产品达到26个。

科技支撑作用明显增强。制定出台了《关于加强全省海洋与渔业科技工作的实施意见》，成立了辽宁省海洋与渔业科研专家咨询委员会，设立了省海洋与渔业厅科技贡献奖。争取科研项目48项，获省以上奖项15项。申请专利92项、授权专利32项。开展科技下乡培训渔民1.7万人次。

渔政管理力度加大。伏季休渔投入执法人员2.5万人次，执法船艇3 218航次，2万余艘渔船实现了应休尽休。辽东湾海蜇实现连续11年适时统一开捕。开展了违规渔具清理专项行动，查处违规渔具4.8万米（杆）。加强了水生野生动物保护，斑海豹数量增加到1 500头。组织开展了"百日安全生产"、"安全生产月"、"平安渔业示范县"等活动，全省渔业安全生产形势总体平稳。

淡水网箱养殖

投放人工鱼礁

海水池塘养殖

上海市农业委员会水产办公室（上海市水产办公室）

10月15日，农业部渔业船舶检验局局长李杰人（左三）一行来上海调研渔业船舶检验工作，上海市水产办公室主任梁伟泉等参加了调研会议

12月5日，全国水产技术推广总站副站长李可心考察上海市水产研究所苗种繁育工作，图为李可心副站长（右二）等在市水产研究所苗种技术中心参观长江刀鲚养殖车间和生态实验室

7月3日，上海市委农办、市农委主任孙雷（右二）在市水产办公室主任梁伟泉等陪同下，到上海渔港监督局（上海渔业船舶检验局）芦潮港分局，检查指导渔业安全监管工作

2013年上海水产系统深入贯彻落实党的十八大精神，按照市委农办、市农委重点工作部署要求，紧紧围绕上海水产“十二五”规划，着力提高上海都市现代渔业发展质量和效益，确保水产品安全有效供给和渔（农）民持续增收，圆满完成了预定的各项工作任务，取得了较大成效。2013年全市水产品总产量达29.87万吨，与上年持平，其中养殖产量16万吨，同比减少1.2%；捕捞产量13.86万吨，同比增长1.54%。渔业总产值达66亿元，较上年增长3.59%。渔民人均收入达21453元，同比增长17.87%。全市水产市场货源充足，品种丰富，水产品价格总体稳定，为保障市民“菜篮子”作出了贡献。

2014年是全面贯彻落实党的十八届三中全会精神、全面深化改革的第一年，也是实施“十二五”规划、推进转型发展的关键一年。全市水产工作要以科学发展观为指导，深入贯彻落实党的十八届三中全会和中央、市委一系列文件、会议的精神，按照上海市农村工作会议的部署，在市委农办、市农委的领导下，全面深化渔业改革创新，狠抓落实，稳中求进，进一步提高渔业发展质量和效益，确保水产品安全有效供给和渔（农）民持续增收。着力做好以下六方面工作：创新渔业经营体制机制，提升渔业规模化组织化水平；推进渔业科技创新，增强渔业产业发展支撑保障能力；健全现代渔业产业体系，推进渔业转型升级；创新完善体制机制，强化渔业安全监管；坚持生态优先，提升渔业生态文明建设水平；加强渔业行政执法管理，提高渔业治理能力。

青岛市海洋与渔业局

青岛市海洋与渔业局是青岛市政府主管海洋事务和渔业行政的工作部门。2013年，该局坚持服务蓝色经济发展大局，着力加强海洋综合管理，着力促进现代渔业健康发展，着力营造平安发展环境，着力加强海洋执法监察，全年完成渔业经济总产值441亿元，同比增长5.1%;完成水产品总产量110.4万吨，实现产值139亿元，同比增长5.8%，渔业主要经济指标位居全国副省级城市前列。年内继续保持了“省级文明单位”荣誉称号，并获“全国‘安全生产月’活动优秀组织单位”、“全省海洋与渔业系统工作先进集体”、“2013年度全省伏季休渔管理工作先进集体”等称号，其“护海兴渔”政务服务品牌被评为青岛市机关名牌。

地址：青岛市高雄路18号海洋大厦
邮编：266071
电话：0532-85886981
传真：0532-85885692
网址：http://ocean.qingdao.gov.cn

强化涉海重大项目服务，全力促成“蛟龙号”母港国家深海基地开工奠基

全市远洋渔业实现跨越发展，当年引进远洋企业19家，发展远洋渔船83艘

2013年11月28日，青岛市首艘新建远洋渔船顺利返航，捕回秋刀鱼500余吨，预计经济收益500余万元

着力实施“渔业资源修复工程”，开展近海增殖放流，全年放流水产苗种总数达到11亿单位，居全国城市领先

大力实施渔业科技入户工程，强化渔业科技示范推广，加快渔业科技成果转化

威海市海洋与渔业局

山东省副省长赵润田（前排右一）来威海考察海洋渔业

2013年，威海市海洋与渔业局积极推进渔业转型升级，创新体制机制，不断加强行业监管和产业推进，全年实现水产品产量238万吨，增长3.9%；实现渔业经济总产值841亿元，增长8.2%，渔业经济保持了持续、健康、高效发展势头。

加快海洋渔业转型升级。一是大力推动现代渔业园区、渔业龙头企业、渔业品牌建设，创建了27处省级现代渔业示范园区，园区水产品产量、产值分别占全市水产品产量、产值的35%和40%；重点培植30家渔业龙头企业和100家成长型企业，年产值过10亿元的渔业企业达到10家；省级以上名牌达到65个，其中国家级5个。二是大力发展远洋渔业、生态养殖、精深加工、休闲渔业，优化产业结构。年内，新建近200艘专业远洋渔船，总数超过300艘，占全省80%、全国15%；新增深海养殖和底播增殖0.68万公顷，总面积达到2.6万公顷。建设了15处人工鱼礁，礁区面积达到1 867公顷。海水养殖产量达到152万吨，增长6.3%。实施了40个海洋经济创新发展区域示范项目，以生物技术提升海产品加工内涵，开发海洋食品、海洋保健品、药品和新材料，水产品加工实现产值329亿元，增长13.4%。出台了《海洋游钓基地布局规划》，新增荣成天鹅湖、西霞口、威海瑜泰3处国家级休闲渔业示范基地，总数达到4处。休闲渔业实现产值30亿元，增长24%。渔业一、二、三产的比例由2012年的33:50:17调整为31:51:18，产业结构进一步优化。

石岛中心渔港伏季休渔管理

深化海洋产学研合作。与中国海洋大学签订了“海水养殖良种培育与种业工程协同创新中心共建协议”，在威海市共建海洋生物遗传育种中心。积极培育海洋产学研建设平台，由威海市好当家集团等企业联合发起的海参产业技术创新战略联盟成为国家级联盟；新增了长青海洋科技公司等3处省级技术中心，省级以上创新平台达到40多处。

强化渔业安全管理。一是加强渔业安全生产。出台了《关于进一步强化渔业安全管理的意见》，开展了“渔业安全生产进万家”、安全生产大检查等活动，年内没有出现大的安全事故，涉外渔业秩序总体保持稳定。所辖环翠区、荣成市分别评为国家级、省级平安渔业示范县。二是强化水产品质量监管。推广健康养殖、标准化生产，2处育苗场入选首批“全国现代渔业种业示范场”，海参原种场增加到2处，占全国的1/2；新增9个农业部水产健康养殖示范场，总数达到39个，居全省首位。新增无公害产品13个、无公害产地7个，无公害水产品达到231个，“三品一标”规模占总养殖规模70%以上。深入开展渔业物资打假、海参育苗养殖环节专项整治等活动，省部级水产品抽检合格率达到100%。

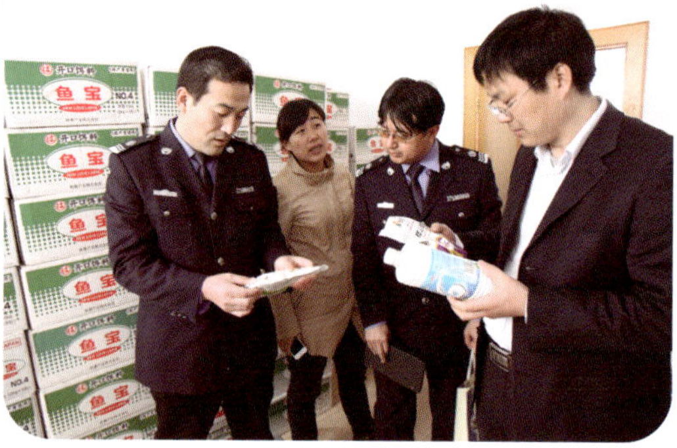

检查渔用药品

渔船拆解

渔酿酱油生产线

海带收获

海上筏式养殖

海上海参养殖

大连市渔政监督管理局

领导深入渔村检查制捕工作

召开群众路线教育实践活动动员大会

研究巡航路线

2014年，在农业部渔业渔政管理局的正确领导下，我局认真学习贯彻党的十八大精神，坚持以科学发展观为指导，围绕中心，服务大局，抓好渔业资源管理，抓好伏季休渔工作，抓好基础装备建设，抓好教育实践活动，各项工作再上新台阶。

严格渔业资源管理。坚决制止非法越界捕捞，逐一对全市3 000多艘30千瓦以上有越捕能力的渔船检查排查，签订不越界捕捞保证书，强化港口监管和海上巡查，同时建立了制捕联系人制度，保证信息畅通，防止因渔船越界捕捞而发生涉外事件。加强渔船规范化管理，继续开展渔船标识检查，加大对禁渔线内违规生产渔船和“三无”渔船打击力度。认真落实日常巡检工作，对全市3 000余艘30千瓦以上渔船进行了摸底排查，跟踪掌握渔船情况，发现情况及时处理。

强化伏季休渔工作。始终把执行伏季休渔制度作为渔业资源管理的一项重要任务，加强领导，健全组织，成立全市伏季休渔管理领导小组，实行“政府领导，属地为主，渔业部门具体负责，公安边防等有关部门密切配合，齐抓共管”的管理机制，对30千瓦以上渔船，建立了乡镇政府、村委会、边防派出所、基层管理站“四位一体”包保责任制，实行“海查陆处”的管理手段，早教育，严监管，重处罚，确保了大连地区伏季休渔秩序稳定。

加强执法装备建设。海上执法装备建设力度明显增强，多艘执法船艇纳编入列，执法基础设施建设稳步推进，装备现代化程度步入历史最好水平，为海上执法工作提供了可靠保证。在新增2艘渔政船和13艘执法快艇的基础上，总投资近3亿元的1 500吨、1 000吨、600吨级三艘执法船完成建造任务，已投入使用，在海上巡航执法中发挥了重要作用。

突出教育实践活动。党的群众路线教育实践活动是2014年全局党建工作的重中之重，是开展各项工作的中心任务。在上级党委的统一部署下，全局紧密围绕“为民务实清廉”的主要内容，紧密聚焦“四风”突出问题，紧密联系工作实际，立足于不同阶段的不同特点，创造性地开展工作，使整个活动“规定动作做到位，自选动作有特色”，扎扎实实完成了学习教育、听取意见，查摆问题、开展批评，整改落实、建章立制三个环节的工作任务。

渔民结束休渔开始秋季捕捞生产

登临渔船检查工作

新型执法船顺利下水

南通市海洋与渔业局

吕四中心渔港扩建工程

世外桃园休闲渔业基地

紫菜养殖

南美白对虾设施养殖

南通市东濒黄海，南临长江，滩涂和水域广阔，沿海是全国著名的吕四渔场，渔业发展的生物和空间资源丰富，具有发展现代渔业得天独厚的自然条件。近年来，市委、市政府把现代渔业作为全市农业和农村工作的重要组成部分来抓，取得了显著成效。2013年全市渔业经济总产值398亿元，名列全省第一。其中捕捞和养殖产值174亿元，占全市农林牧渔业总产值的31.9%；实现水产品总产量86.7万吨，名列全省第二。其中海洋捕捞产量29万吨，占全省55%，海水养殖产量34.5万吨，占全省40%。全市高效设施渔业面积达到2.51万公顷，占水产养殖总面积的18%。渔业在全市农业和农村经济发展、促进渔农民增收的过程中具有非常重要的意义。

近年来，全市加大了渔业主导、特色产业的培育，取得了显著的成效。条斑紫菜养殖面积1.27万公顷，2014年度产一次加工紫菜32亿张，占全国总量的60%；全市加大了南美白对虾产业培育力度，南美白对虾养殖面积达到1万公顷，其中大棚养殖面积近4 667公顷，年产8万吨以上，产值近40亿元，成为全市单体最大的养殖品种。如东县被命名为全国南美白对虾第一县。南通市是全国、乃至全球最大的淡水河豚养殖基地，全市养殖长江河豚（暗纹东方豚）1 600万尾，南通长江河豚被列为国家地理标志保护产品；南通沿海产的文蛤被称为“天下第一鲜”，年出口量15 000吨左右，占全国文蛤出口总量的70%；南通还是长江水系中华绒螯蟹苗种原产地，现在年产河蟹大眼幼体180吨，占全国总产量的近一半，如东县被中国渔业协会命名为中国河蟹苗种第一县。海参、海蜇等名贵产品的养殖也取得了显著成效，近年来在刀鱼的人工驯养、松江鲈鱼的育苗、养殖等方面都取得了可喜的成果，为新的主导产业的培育打下了基础。

全市加大了渔船更新改造的力度，提高了海洋捕捞的效率和渔业安全生产保障能力。2010年到现在，全市共拆解报废老旧渔船1 417艘，建设大马力钢质渔船742艘。全市市还加大了远洋渔业发展力度，2013年全市共有在外渔船33艘，远洋渔业产量1.2万吨，占全省的75%以上。目前还有14艘大洋性鱿鱼钓和金枪鱼延绳钓船在建，总投资近3亿元，全部投产后远洋渔业生产能力有望得到大幅度提升。

全市以“放心鱼”工程为抓手，狠抓水产品质量安全建设，水产品质量安全水平不断提升。全市大力实施水产品无公害行动计划，全市通过省级认定的无公害水产品基地面积达到12.47万公顷，占全市水产养殖面积的93%以上，通过农业部认定的无公害水产品达到201 个。加强了水产品监督检测，201 年全市共实施监督检测237个样品，合格234个，合格率达到98.7%。开展快速检测2 800个样品。全市还实施了2个省级渔业标准化示范区建设项目，已经建成的国家级、省级标准化示范区覆盖和辐射了全市60%以上的养殖区域。

如东滩涂文蛤起捕

中洋集团养殖基地

中国水产科学研究院

院长：张显良

中国水产科学研究院作为国家级水产科研机构，担负着全国渔业重大基础、应用研究和高新技术产业开发研究的任务。经过30余年的发展，已发展成为拥有13个独立科研机构及院部、5个共建科研机构，学科齐全、布局合理、在国内外具有广泛影响的国家级研究院，在解决渔业及渔业经济建设中基础性、方向性、全局性、关键性重大科技问题，以及科技兴渔、培养高层次科研人才、开展国内外渔业科技交流与合作等方面发挥着重要的作用。

全院现有在职职工2 919人，其中科技人员2 278人，基本形成了由院士、国家级专家、部级专家、院首席科学家以及中青年优秀人才组成的层次结构较为合理的科研团队。全院拥有2个国际参考实验室、1个国家地方联合工程实验室、11个部级重点实验室、9个部级科学观测试验站、4个省级重点实验室、12个院重点实验室、95个院功能实验室、7个部级水产品质量安全风险评估实验室、10个国家级和部级质量检测中心、5个国家水产品加工技术研发中心及分中心、2个国际水产技术培训中心、2艘千吨级海洋科学调查船和32个科研试验基地。研究重点为渔业资源保护与利用、渔业生态环境、水产生物技术、水产遗传育种、水产病害防治、水产养殖技术、水产加工与产物资源利用、水产品质量安全、渔业工程与装备、渔业信息与发展战略等十大研究领域。

积极实施“122惠民工程”，助推渔业增效渔民增收

建院以来，全院科技工作者攻克了渔业发展中的一系列基础性、关键性技术难题，取得了一大批对产业发展具有较大推动作用的成果。全院共取得各类科研成果3 600多项，有630多项成果获国家和省部级奖励，其中国家奖56项。全院以占全国水产科研单位20%左右的科技人员，取得占全国水产行业50%以上的国家级和省部级奖励。

2013年，全院新上科研项目（课题）900多项，总合同经费达4.3亿元。23项次成果获得省部级以上科技奖励，其中9项获省部级科技进步一等奖。获得专利授权456项、软件著作权29项，出版专著32部，发表学术论文1 549篇，其中SCI或EI收录论文404篇，较上年增长62%。有关鱼类性别调控机制研究成果发表于生物学领域顶级期刊《自然·遗传》，是我国渔业科技领域的第1篇。《中国水产科学》入选“全国百强科技期刊”。中国水科院积极实施“122惠民工程”，促进渔业增效、渔民增收。组织渔业科技协作网成员协同创新，有效支撑产业发展。牵头开展水产种业发展战略研究，谋划水产种业发展和科技创新体系建设布局，推动现代水产种业发展。首次赴南沙海域进行大规模渔业科考调查，为南沙渔业管理与合理开发利用提供科学依据。牵头冷水性鱼类产业技术创新联盟发挥显著作用，获批成为国家级联盟试点。首创的标准化节能船型，加快我国渔船升级改造。牵头水产品质量安全风险评估工作，为科学应对水产品质量安全事件和防范消费风险，确保水产品质量安全提供了有力支撑。

承办中国工程科技论坛“水产种业科技创新与养殖业可持续发展”

我国新一轮南沙海域渔业调查最新成果受到央视高度关注

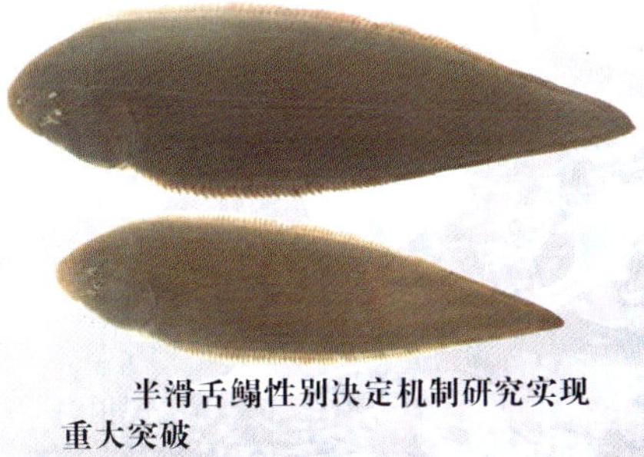

半滑舌鳎性别决定机制研究实现重大突破

南京市水产科学研究所

与水产养殖户零距离面对面座谈会

直径120米圆形国际标准垂钓池及其周边设施

生态池过水坝

南京市水产科学研究所隶属于南京市农业委员会，是从事综合性淡水渔业科学研究的公益科研院所。

2013年在职职工41人，其中研究员1人，研究员级水产高级工程师4人，水产高级工程师8人，水产工程师13人。有江苏省科技领军人才第二层次1人，第三层次2人，江苏省六大人才高峰人才3人，江苏省海洋与渔业系统先进工作者1人，南京市中青年拔尖人才1人，南京市中青年行业技术学科带头人3人，南京市有突出贡献中青年专家1人，南京市劳动模范1人。

重点开展水产种质资源保护和地方优质野生品种的驯化、良种选育；渔业水域生态环境保护；水产疫病防治及渔业服务体系的建设与管理等多学科应用研究。创建并形成江苏省黄颡鱼研究开发中心、江苏省水域生态环境微生物修复技术研发中心、南京市淡水水产生物工程技术研究中心、特色观赏鱼养殖技术工程研究中心等优势突出、多学科并进的产业技术研发平台，全面加强和推进水产科技创新成果的应用与转化。

建所30年以来，共获得各级科技成果奖励60项次。其中部省级奖共11项次，市局级奖19项次。发表学报级论文150多篇，学术专著30余本。申报国家发明专利20余项。目前所取得的科技成果已在生产中大规模转化应用，获得了显著的社会、经济和生态效益，为促进南京市渔业可持续发展,提供了强有力的科技支撑和技术支持。

现代渔业公共服务中心大楼

周岗黄颡鱼等鱼种育苗基地

大连海洋大学

我校与中国水产科学研究院签署赵略合作协议

农业部北方海水增养殖重点实验室、辽宁省刺参良种繁育及健康养殖工程技术研究中心

辽宁省海洋牧场工程技术研究中心

大连海洋大学是我国北方地区唯一的一所以海洋和水产学科为特色，农、工、理、管、文、法、经、艺等学科协调发展的多科性高等院校。学校坐落于美丽的海滨城市大连。有黄海校区、渤海校区和瓦房店校区3个校区，占地面积80万平方米，教学、科研使用海域面积67万平方米，总建筑面积40万平方米。学校现设有18个学院、2个教学部（中心）。有教职工1 100多人，全日制在校生16 000多人。有一级学科硕士学位授权点11个、二级学科硕士学位授权点30个，有2个硕士专业学位类别、10个培养领域。有48个本科专业和32个高职专业。

学校学科体系完善，优势特色学科明显。有省（部）级重点学科4个：水产一级学科被确定为省高水平重点学科，该学科在2012年教育部第三轮学科评估中位居第三位；水生生物学、动物遗传育种与繁殖2个二级学科被确定为辽宁省优势特色重点学科；水产养殖二级学科为农业部重点学科。有省哲学社会科学重点建设学科1个。拥有国家级多学科协同创新平台——大连海洋大学新农村发展研究院。

学校围绕服务行业发展和区域经济建设，不断提升科技创新能力。现有9个省部级重点实验室，6个省级工程技术研究中心，4个省高校重点实验室。2012年获批1个农业部刺参遗传育种中心，2013年获批筹建“北黄渤海渔业资源养护与利用辽宁省2011协同创新中心”，并与农业部中国水产科学研究院合作共建“海洋水产科学研究中心”，与农业部渔船检验局共建“渔船安全中心”。

“十一五”以来，学校共承担市级以上科研项目762项，其中国家级140项、省部级388项；有52项科研成果获市级以上奖励，其中国家级3项、省部级27项。学校参与完成的“凡纳滨对虾引种、育苗、养殖技术研究与应用”（2008年）、“菲律宾蛤仔现代养殖产业技术体系的构建与应用”（2009年）、“海水池塘高效清洁养殖技术研究与应用”（2012年）3个成果获得国家科技进步二等奖。

在我国加速推进渔业现代化建设的新时期，大连海洋大学将立足于“蓝色大学”的办学理念，不断提升办学质量和办学水平，继续为现代渔业建设和区域经济可持续发展提供科技支撑和人才保障。

辽宁省贝类良种繁育工程技术研究中心

国家海藻加工技术研发分中心

上海海

2013年，学校稳步推进教学改革，不断提高人才培养质量。水产养殖学入选国家“本科教学工程”地方高校第一批本科专业综合改革试点专业，完成学校作为上海市唯一地方高校承担的教育部专业学位研究生教育综合改革试点项目结题验收，获批水生动物医学新专业，生物科学本科专业荣获上海市教委“优秀专业”称号；两门课程荣获2013年度“上海高校市级精品课程”称号，两门课程荣获上海高校市级体育和健康教育精品课程。

加强思政德育教育，素质教育成效明显。

学校连续6年荣获上海市高校毕业生“三支一扶”计划先进集体，获得上海高校辅导员团队拓展活动二等奖、上海高校辅导员职业能力大赛三等奖，1人入围2013上海高校辅导员年度人物；辅导员队伍获批2013年教育部人文社科一般项目1项、上海市教育科学研究重点项目1项、上海学校德育研究项目2项；学校“易班”从53家第一类候选网站当选首届上海市教育系统优秀网站；《大学生心理健康修养》被评为市级精品课程，大学生心理健康研究教育中心被评为“2013年度上海市高校心理健康教育工作先进集体”，获2013年上海高校心理健康教育活动月特色项目奖；学生科技创新成绩突出，荣获第十三届“挑战杯”上海大学生课外学术科技作品竞赛上海市一等奖1项、二等奖2项、三等奖5项，荣获第十三届“挑战杯”全国大学生课外学术科技作品竞赛“累进创新奖”金奖1项、全国二等奖2项、交叉学科奖三等奖1项，获得陈嘉庚青少年发明奖（上海）二等奖1项、三等奖2项、鼓励奖3项；学生社会实践成果显著，获得第五

国家海洋局局长刘赐贵视察我校

农业部渔业局局长赵兴武来校视察

上海海洋国家大学园揭牌

我校远洋渔业资源调查船项目获国家发改委立项批复

我校学生暑期赴台湾省参加“海洋之旅”夏令营活动

洋大学

届“知行杯”上海市大学生社会实践大赛特等奖1项、二等奖1项，2013年上海市暑期社会实践“最佳项目奖”1项、“优秀项目奖”8项，4人获得2013年上海市暑期社会实践“先进个人”称号，2名教师获2013年上海市暑期社会实践“优秀指导教师”称号，是历年来获奖最多和荣誉最高的一年。

平台建设不断拓展，服务社会及合作共建取得新成效。

总投资2.5亿元的远洋渔业资源调查船项目获国家发改委立项批复，成功举办了学校第七届蟹文化节暨“王宝和杯”全国河蟹大赛。深化人事制度改革，师资队伍建设水平稳步提高。年内，新进教职工77名；专任教师中，具有博士学位的49名，占新进专任教师总数的86%，其中，具有一年以上海外经历的教师16名；高水平人才队伍建设有新进展，1人入选2013年“百千万人才工程”国家级人选，2人入选2013年上海领军人才培养计划，2人入选2013年上海“千人计划”，1人当选第十一届亚洲水产学会理事会理事长。

加强国际交流与合作，留学游学规模不断扩大。

暑期海外社会实践、实习等19个项目共选派522名本科生和研究生，较2012年有重大突破；学校派往国（境）外院校作为交换留学生的本科生和研究生共25人，输送国（境）外友好院校留学学生161人，其中126人得到了第三批上海市“高校海外学习、实习项目”共计126万元的资助。

著名表演艺术家秦怡参观我校主办的全国河蟹大赛

我校谢晶教授科研项目荣获“2012年度上海市技术发明奖”一等奖

我校首获上海高校思想政治理论课名师工作室

上海高校知识服务平台上海海洋大学服务团赴上海崇明开展科技服务

我校与国家海洋信息中心共建海洋经济研究中心签约

我校与美国缅因大学签署合作协议

中国海洋大学

中国海洋大学是一所学科门类齐全、海洋和水产学科特色显著的教育部直属重点综合性大学，是国家“211工程”和“985工程”重点建设高校，是国务院学位委员会首批批准的具有博士、硕士、学士学位授予权的单位。现辖崂山、鱼山和浮山三个校区，校训是海纳百川，取则行远。

中国海洋大学的前身是私立青岛大学，始建于1924年。后经国立青岛大学、国立山东大学、山东大学等几个时期的变迁，于1959年发展成为山东海洋学院，1960年10月被中共中央确定为全国13所重点综合大学之一，1988年更名为青岛海洋大学，校名为邓小平同志题写。2002年10月经国家教育部批准更名为中国海洋大学。

学校以培养德智体美全面发展，具有民族精神和社会责任感、具有国际视野和合作竞争意识、具有科学精神和人文素养、具有创新意识和实践能力的高素质创新型人才为目标，以造就国家海洋事业的领军人才和骨干力量为自己的特殊使命。到目前为止，学校毕业生中已有12位成为中国科学院或中国工程院院士；中国第一次南极考察的75位科学家中一半以上是学校毕业生；中国第一个登上南极的科学家是校友董兆乾；中国第一个徒步考察南极的科学家是校友蒋家伦；中国第一个南北两极都登上的科学家是校友赵进平。

学校科技成果丰硕，科技创新能力明显增强。截止到目前，学校在地球科学、植物与动物学、工程技术、化学、材料科学、农学、生物学与生物化学、环境学与生态学等8大学科（领域）跻身美国ESI全球科研机构排名前1%。

21世纪是海洋世纪。学校的发展目标是：到2025年建校百年前后，将学校建设成为国际知名、特色显著的高水平研究型大学；到本世纪中叶或更长一段时间，立足海洋强国建设，大力推进改革创新，通过强化建设和持续发展，努力实现全面跨越，力争使学校跻身特色显著的世界一流大学行列。

鱼山校区校门

水产学院

图书馆

“东方红2”号海洋综合调查船

都市野战军 长江口生态卫士

上海市长江口中华鲟自然保护区管理处

管理有序 团结和谐 素质过硬 攻坚克难

2003年，上海市人民政府批准成立上海市长江口中华鲟自然保护区管理处，负责上海市长江口中华鲟自然保护区的日常管理。保护区位于上海市的东北方，地处长江入海口，总面积约69 600公顷。2005年，上海市人民政府颁布实施《上海市长江口中华鲟自然保护区管理办法》。通过ISO9001管理体系认证，列入国际重要湿地名录，是世界上最大的河口湿地之一，也是我国为数不多和较为典型的咸淡水河口湿地。

上海市长江口中华鲟自然保护区管理处隶属上海市农业委员会，独立法人，一级财政预算单位，市财政全额拨款，行政许可法律授权组织，行政执法正处级事业单位。以保护长江口中华鲟为主的水生野生生物及其栖息环境为主要工作职责，从科学保护、行政执法、科普教育、综合管理等方面开展工作，取得了良好的生态效益和社会效益。

2010年上海世博会期间，“生命之球”携中华鲟等珍稀水生生物在世博园内展出，是世博园内唯一的国宝级生物物种科普生态展览，是世博史上唯一的以保护为目的的水生生物展示，被誉为“镇馆之宝”。共接待国内外游客约245万人次，占世博票检人数的3.4%。图为农业部部长韩长赋、副部长牛盾等参观生命之球。

农业部副部长牛盾、上海市政协副主席张恩迪、上海市政府副秘书长吴建融、上海市农业委员会主任孙雷、上海市农业委员会副主任邵林初、上海海洋大学党委书记吴嘉敏等在中华鲟放流现场。

持续加强保护区行政执法工作

连续开展保护区及其周边水域的环境、中华鲟资源和长江口水生生物资源的监测工作，以及保护区周边重大水利工程的专项环境影响监测与评价；创造性地建设以竹桩为材质的人工鱼礁，长江口水域生态环境修复技术取得突破

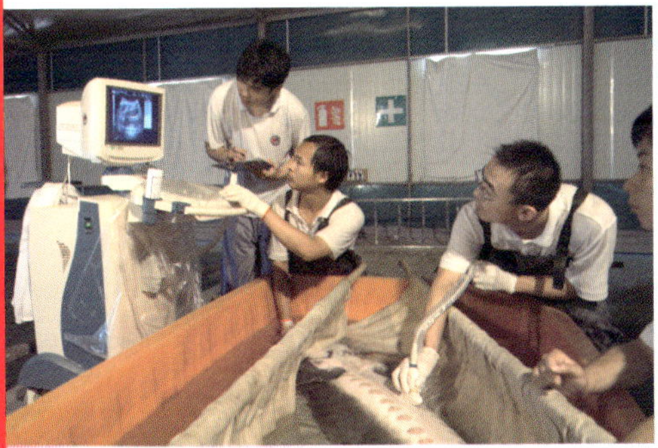

始终坚持“尊重科学、与时俱进、开拓创新”原则，致力于加强同国内外科研院校的合作，努力构筑“中华鲟及长江珍稀水生野生动物科研和交流平台”，在核心期刊上发表论文30余篇，取得多项专利，获得上海市科技进步一等奖

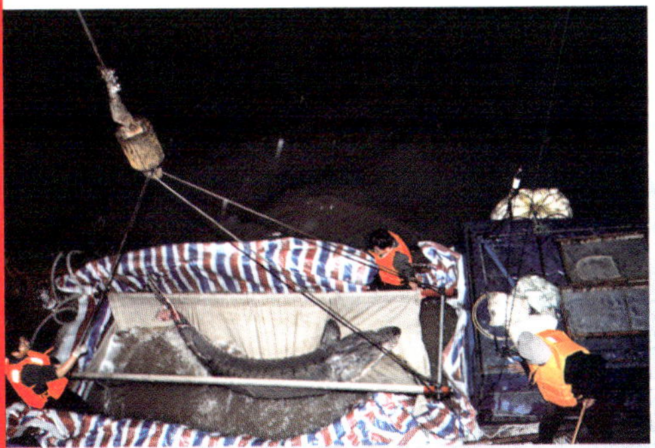

共抢救中华鲟、江豚、小抹香鲸、瓶鼻海豚等珍稀水生野生动物4 000余尾，其中大型野生中华鲟抢救存活率100%

中国渔业互保协会

中国渔业互保协会与国元农业保险有限公司签署养殖险共保合作协议

中国渔业互保协会四届四次理事会议、四届四次常务理事会议、四届四次监事会议在北京召开

中国渔业互保协会理赔服务年活动启动仪式

理赔工作人员在渔区发放《会员索赔指南》

中国渔业互保协会（原名“中国渔船船东互保协会”）成立于1994年，是农业部主管、民政部批准的，由全国范围内广大渔民以及其他从事渔业生产经营或为生产经营服务的单位和个人自愿组成、实行互助保险的非营利性社会团体，是我国第一家全国性农业互助合作保险组织。

在农业部和各级渔业行政主管部门的领导和支持下，经过近20年的探索、实践和发展，渔业风险保障事业不断巩固和完善。目前，渔业互助保险业务范围已遍及全国31个沿海和内陆重点省份以及香港、澳门特别行政区。截止到2013年底，全系统累计承保渔民819.79万人（次），承保渔船55.03万艘（次），提供风险保障近1万亿元，共计为近1万名死亡（失踪）渔民、近8万名受伤渔民以及近7万艘全损或部分损失的渔船支付经济补偿金23.42亿元，有效发挥了“安民心、促稳定、保和谐”的重要作用。

中国渔业互保协会将在中央1号文件的政策指引和《农业保险条例》的法律框架下，借助国家大力推进海洋渔业发展的契机，继续坚持“政府引导、法律保障、财政补贴、渔民互助、协会运作”的运作模式，规范管理、开拓创新、扎实工作，努力为现代渔业建设提供更有力的风险保障服务。

中国农业发展集团有限公司

中国农业发展集团有限公司（简称“中农发集团”）系国务院国有资产监督管理委员会直接管理的中央农业企业，为原中国水产（集团）总公司在与中国牧工商（集团）总公司重组基础上，于2004年10月更名成立。集团资产总额150多亿元，员工8万多人，其中海外员工1万多人。集团拥有全资及控股子公司19家，境内外上市公司4家，业务遍及全国各省（自治区、直辖市），在世界40多个国家（地区）建立了分支机构或基地，与80多个国家（地区）保持经贸往来。

中农发集团作为全国规模最大、综合性、国际化的国有中央农业企业，对外致力于国际合作，开发利用农业、渔业资源；对内以服务“三农”为宗旨，积极推进农业产业化进程。集团经过多年发展，逐步形成了以远洋捕捞及农业资源开发、生物疫苗和兽药及饲料添加剂研发生产销售、农牧渔业相关配套服务为核心的三大主业。

中农发集团贯彻党中央、国务院关于国有企业深化改革的部署，按照国资委做大、做强企业的有关要求，将继续推进企业改革，进一步调整优化产业结构，合理配置资源，提高核心竞争力，全面提升企业素质，面向国际、国内两个市场，向着更加远大的目标努力奋斗。

新造船整装待发

昌荣1号

淄柴首台ZC270柴油机揭幕仪式现场

菜篮子战略协议签字仪式

与广西合作签约仪式

中垦产业公司圆型喷灌

实验室仪器

上海水产（集团）总公司

SHANGHAI FISHERIES GENERAL CORPORATION (GROUP)

2014年工作会议

水产集团渔轮在南极捕捞磷虾

金枪鱼回国

上海水产（集团）总公司是由上海市国资委全资控股，开发利用国际渔业资源，以远洋渔业生产及水产品精深加工为主营业务的国有跨国经营集团公司，下属有30多家全资、控股和参股企业，总资产36.44亿元，年综合销售额74亿元。集团拥有80余艘在太平洋、印度洋和大西洋海域生产的大型远洋拖网加工船、金枪鱼围网船、金枪鱼延绳钓船、大型鱿钓船和过洋作业渔轮，在海外10多个国家或地区投资建立合资合作企业或代表处，形成了外向型经济格局，获得上海市政府颁发的“走出去”贡献奖和“走出去”企业领头羊光荣称号，是上海市跨国经营20强企业之一。2005年已通过ISO9001：2000质量管理体系认证。集团正以国家海洋战略为指导，提高企业核心竞争力，努力打造国际先进的远洋渔业集团。

2013年是集团实施“十二五”规划和新三年行动计划承上启下的关键一年。在市政府、市国资委的关心支持下，集团广大干部员工团结一心，攻坚克难，加快推进“产业外扩、产品回国”战略，推进远洋渔业持续发展和产业链建设，努力扩大海外生产，着力拓展国内市场，持续整改经营管理薄弱环节，经济运行呈现总体趋稳、稳中有升的良好态势。

大型拖网加工船

大型鱿鱼钓渔轮

大型金枪鱼围网船金汇8号船

金枪鱼延绳钓船

山东东方海洋科技股份有限公司

董事长：车　轼

山东东方海洋科技股份有限公司成立于2001年，2006年11月28日在深交所上市，是一家集海水苗种繁育、高效生态增养殖、水产品精深加工、海洋休闲旅游、保税物流、科研开发及推广于一体的国家级高新技术企业、农业产业化国家重点龙头企业、国家级水产良种场、国家级休闲垂钓基地。

公司拥有国家海藻与海参工程技术研究中心、农业部海藻遗传育种中心、海珍品良种选育与生态养殖国家地方联合工程实验室、国家海水鱼类加工技术研发分中心等国家级科技创新平台10余个，先后通过欧盟卫生注册、HACCP认证、ISO9001认证、ISO14001认证、OHSMS18001认证、BRC认证、IFS认证、ETI认证。主要养殖产品取得无公害产地认定和产品认证，是中国百强食品龙头企业、海关AA企业、全国食品工业优秀龙头企业。2011年“东方海洋”商标获中国驰名商标。“901”海带、大菱鲆、即食海参等被认定为山东省名牌产品。公司先后完成科研推广课题45项，取得国家专利36项，获省部级以上科技进步奖11项，而东方海洋研发的“901”、东方2号、东方3号、东方6号杂交海带占国家级海带新品种数量的一半。

国家海藻与海参工程技术研究中心是科技部批准的国家级科技创新平台，与山东东方海洋科技股份有限公司并轨运行。主要任务是针对我国海藻与海参产业发展中种质资源开发、新种类种苗繁育、新品种选育、栽培、加工等重大关键性技术问题进行工程化综合配套技术研究开发，为行业发展提供技术支撑。海洋藻类具有多效生态作用，而海参是海洋底栖生态系统的重要组成部分，海藻不仅可改善海参养殖区生态环境，而且可作为海参栖息的掩体、海参幼体的附着基和海参饵料。因此，研究海藻和海参在同一生态系统中的协同作用对于改善海洋生态环境，提高养殖容量十分重要。

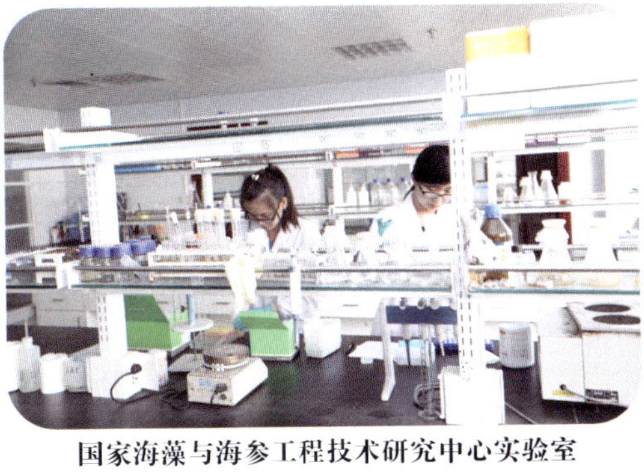

国家海藻与海参工程技术研究中心实验室

科研新品种白海参

科研新品种紫海参

通威股份
TONGWEI CO., LTD.
水产核心科技
通威5A健康饲料
通威饲料
TONGWEI FEED
原料指数A
营养指数A
成长指数A
抗病指数A
耐运输指数A
5A
健康饲料
代言人：
通威股份有限公司是由通威集团控股，以饲料工业为主，同时涉足水产研究、水产养殖、动物保健、食品加工等相关领域的大型农业科技型上市司(股票代码：600438)，系农业产业化国家重点龙头企业。目前，公司拥有遍布全国各地及东南亚地区100余家分、子公司，年饲料生产能力近900万是全球领先的水产饲料生产企业及我国主要的畜禽饲料生产企业，系四川首家年度销售收入过百亿的农业上市公司，也是我国农、林、牧、渔板块销规模前列的农业上市公司之一。
秉承稳健快速的发展节奏，通威2012年销售收入达412亿元人民币。目前，通威股份正瞄准"改善人类生活品质，成就世界水产品牌"的宏大愿坚定不移地发展饲料及水产主业，积极延伸上下产业链条，全力打造世界级安全食品供应商。

中国500最具价值品牌
中国饲料行业标志性品牌
农业产业化国家重点龙头企业
通威
通威饲料
TONGWEI FEED
通威6615养猪模式
全程性价比更优
代言人：
218
211
212
仔猪配合饲料
服务热线：800 8866888 400 8080888

煙台海洋漁業有限公司

总经理、党委书记：刘辉

船队出航

收获喜悦

裹粉切身

烟台海洋渔业有限公司组建于2010年，是由国资委直属央企中国农业发展集团有限公司远洋渔业龙头企业——中国水产有限公司控股的股份制远洋渔业企业。企业资产总值10亿元，员工总数2 900余人，远洋生产渔轮40余艘。主要从事远洋捕捞、水产品加工、修造船、冷链物流、港口码头综合服务、远洋渔业人才培养等业务，是中农发集团和中国水产确定的"北方远洋渔业基地"。

公司远洋捕捞船队遍布太平洋、大西洋，常年在阿根廷、秘鲁、西北太平洋及厄瓜多尔渔场从事鱿鱼钓、秋刀鱼和底拖网、延绳钓作业，年捕捞产量达8万吨。其中鱿鱼钓项目是公司的传统强项，拥有鱿钓船36艘，大型专业鱿钓船20艘，在行业内具有较高的影响力，产量、规模和装备水平位居全国第一；捕捞鱼货全部来自远离大陆200海里以外的洁净水域，绿色天然无污染，为消费者提供源于深海的健康安全优质蛋白。

所属新大洋水产食品公司拥有美国(FDA)HACCP质量体系认证和欧盟卫生注册，主要从事水产加工出口及内销业务，依托公司内部及中水远洋船队丰富的海洋捕捞资源，生产出鱿鱼冷冻系列制品、南极冰鱼系列制品、"金翔牌"烤鱼片、鱿鱼丝、鱿鱼水饺、鱿鱼炙烤系列、鱿鱼胶原蛋白、深海野生海珍礼包系列等产品，畅销国际国内市场；北方造船公司通过了ISO9001：2008质量体系认证，拥有渔业船舶建造一级资质、一般船舶二级Ⅱ类建造资质，主导产品有66米鱿鱼钓船、8180A型拖网渔轮、8180B型鱿鱼钓船、8154型艉滑道冷冻拖网渔轮等，同时加工各类船用、渔需机件；海洋技术学校是中农发集团远洋渔业人才培训基地和山东省重点技校，设施先进、师资雄厚，专执航海捕捞、轮机管理、报务及安全专项技能等海上相关的教学培训工作，具备远洋渔业船员一级培训资质。

公司秉承"拼搏、奉献、务实、创新"的核心价值理念，按照"打造国内具有较强自主创新能力和国际竞争力的一流远洋渔业综合企业"的愿景目标，稳步发展鱿鱼钓等大洋性捕捞业务，拓展过洋性捕捞项目，积极开发南海渔场，打造具有国际竞争力的专业化、信息化、现代化远洋和近海渔业船队；建设远洋渔业产学研中心、远洋渔业综合服务中心、远洋水产品产销中心"三大中心"；打造国内重要的远洋鱿鱼生产基地、保税港冷链物流贸易集散基地、水产品研发加工展示及示范基地、北方远洋渔船修造基地、人才培养和远洋渔业港口物流综合服务基地"五大基地"，建设成为名副其实的"北方远洋渔业基地"。

地址：山东省烟台市芝罘区北马路179号　邮编：264008
电话：0535-6222350　传真：0535-6216912
网站：http://www.cnfc yanyu.com

长顺2号

长顺8号

长顺9号

广州远洋渔业公司

专业的广州远渔团队

国际会展中心农博会展示

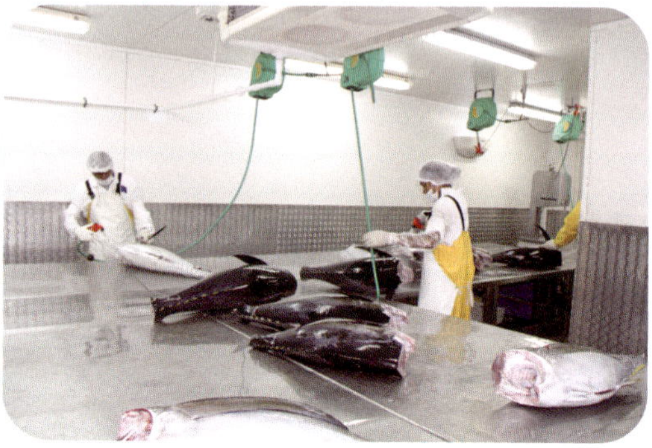

金枪鱼加工生产线

广州远洋渔业公司是广州市唯一的远洋金枪鱼捕捞渔业企业，取得农业部远洋渔业企业资格，是广州市农业龙头企业。公司是集海洋（远洋）捕捞，水产品养殖、加工、收购、销售为一体的综合性企业，属广州市国资系统广州水产集团有限公司管理，控股子公司有广州长泓远洋渔业有限公司。公司设于广州市新港东路新洲水产基地，靠近珠江出海口，拥有渔业专用码头1 000多米岸线。

在广州市政府的扶持下，20多年海洋远洋生产经营中，先后发展了“西非远洋渔业项目”、“哥伦比亚远洋捕虾项目”、“印尼远洋项目”、“马尔代夫金枪鱼远洋项目”、“西南太平洋斐济、基里巴斯金枪鱼远洋项目”。目前公司拥有冷海水玻璃钢和钢质两种延绳钓金枪鱼远洋船达10多艘，其中2014年新造的300吨级钢质延绳钓金枪鱼远洋船3艘启航南太平洋，形成规模化船队常年在南太平洋海域生产作业。

在中国南沙海域的资源开发方面正筹建灯光罩网渔船，在项目投资和投入生产后，将获取经济鱼类资源供应。

公司坚持以市场为导向，以科技为动力，以质量为生命，信誉至上，不断开拓金枪鱼回运广州市市场，以冰鲜空运产品和冷冻及超低温金枪鱼产品投放市场，使广州市民吃到优质深蓝产品。

公司在发展上正在引进战略合作伙伴，向混合经济体制方向改革，进行社会多元化合作，推进海洋、远洋渔业资源的获取和利用。

斐济生产基地

新建造的金枪鱼钓船

东山县远德胜渔业有限公司

董事长：欧宇泉

东山县远德胜渔业有限公司成立于1995年6月16日，注册资金1 850万元，主要从事渔业捕捞为主，1996年4月参与密克罗尼西亚金枪鱼项目开发，公司是福建省最早参与国际远洋金枪鱼项目开发的单位之一。

为了壮大公司发展规模，在1998年到2008年，公司发展国内作业渔船有46艘（其中钢质渔船20多艘），2009年报废旧木船20艘。面对近海渔业产量严重下降的趋势，公司在2009年8月份经研究决定，重新启动发展远洋生产，开发远洋灯光围网捕捞。2010年初，公司开始向省海洋与渔业厅申报远洋项目，2010年2月份组织一批渔业技术人员到菲律宾、马来西亚等国家考察鱼讯、渔业资源，并与菲律宾、马来西亚签订捕捞协议及办理注册渔业公司。

公司在2011年5月份获得农业部批准同意建造2艘灯光围网船的建造指标，并于10月份开始动工建造，第一艘于2012年5月建成下水，总投资2 000多万元。

公司在1996年2月份，被县委、县政府评为“开发远洋新项目先进单位”；2010年9月份，被省诚信促进会评为“诚实守信单位”；2012年7月份，被福建省海洋与渔业厅认定为海洋渔业船员二级培训机构；2012年5月份，被县委、县政府、县海洋与渔业局评为“发展远洋龙头企业”。

公司长期发展渔业，从事渔业，为国家创造财税，为社会解决就业，为全社会创造良好资源。

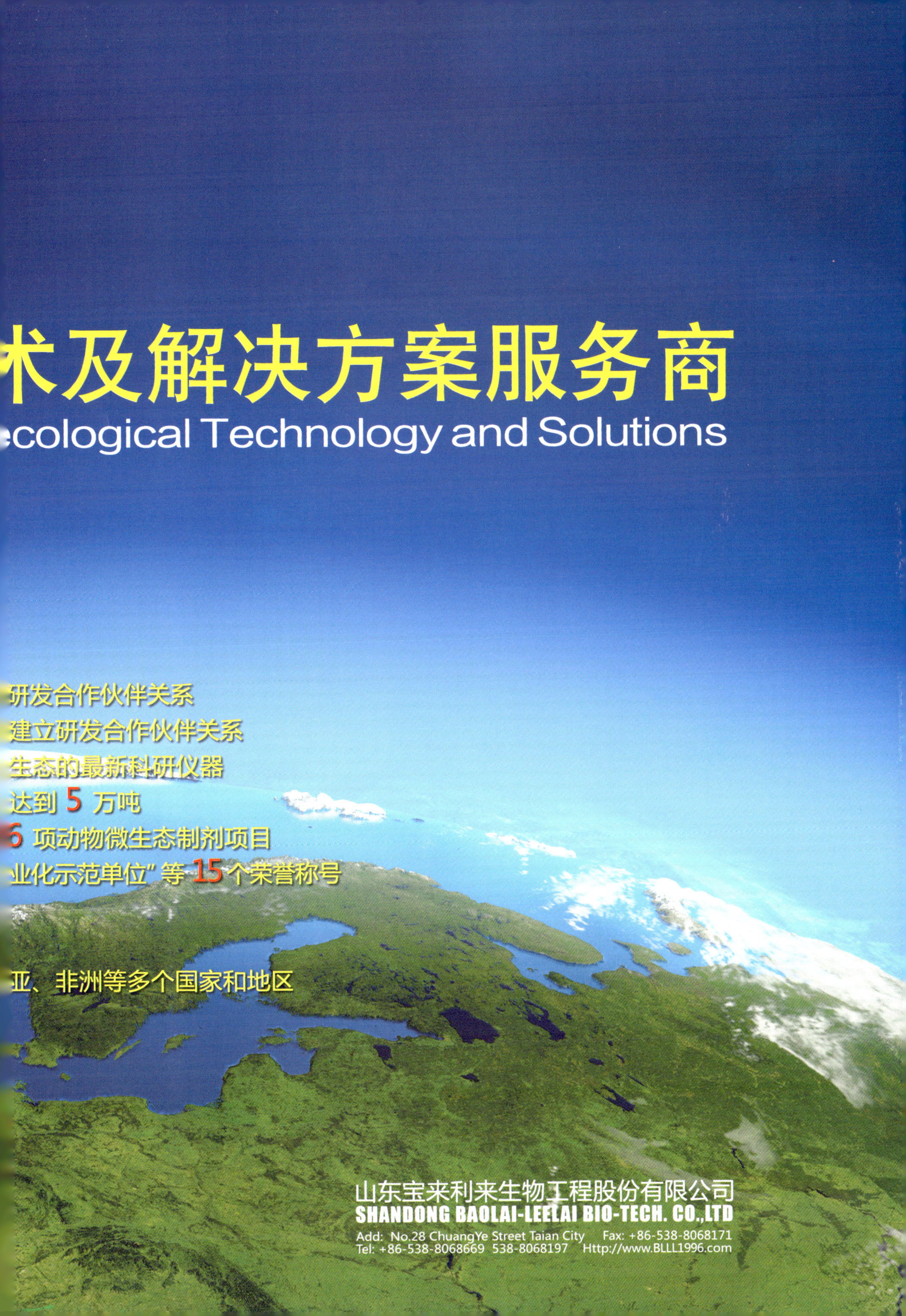
术及解决方案服务商
ecological Technology and Solutions
研发合作伙伴关系
建立研发合作伙伴关系
生态的最新科研仪器
达到 5 万吨
6 项动物微生态制剂项目
业化示范单位”等 15 个荣誉称号
亚、非洲等多个国家和地区
山东宝来利来生物工程股份有限公司
SHANDONG BAOLAI-LEELAI BIO-TECH. CO.,LTD
Add: No.28 ChuangYe Street Taian City Fax: +86-538-8068171
Tel: +86-538-8068669 538-8068197 Http://www.BLLL1996.com

立足远洋　深耕蓝海

——蓬莱京鲁渔业有限公司

100吨渔政船

金枪鱼围网船

秋刀鱼鱿鱼钓船

69米鱿鱼钓船

蓬莱京鲁渔业有限公司是从事远洋捕捞、远洋渔船装备研发与制造、远洋渔业产品精深加工、养殖、育苗等业务的综合性股份制企业。公司先后被授予“农业产业化国家重点龙头企业”、“国家农产品加工企业技术创新机构”、“全国农产品加工业示范基地”、“远洋渔船建造与技术示范基地”，是中国渔业协会副会长单位、中国水产流通与加工协会副会长单位和中国船舶工业行业协会副会长单位。

一、远洋捕捞是公司的立身之本

京鲁渔业成立于1990年6月，经过多年发展，已成功实现由传统的近海捕捞向远洋渔业转型，由单一的鱿鱼钓作业向高端的舷提网、围网作业升级，实现了渔业产业结构的战略性调整。目前，公司拥有鱿鱼钓船6艘，超低温金枪鱼延绳钓船6艘，77米秋刀鱼/鱿鱼钓船12艘（3艘在建），1 200吨金枪鱼围网船2艘（在建），主要捕捞秋刀鱼、鱿鱼和金枪鱼等高附加值鱼类。其中新建造的12艘77米秋刀鱼/鱿鱼钓船获得国家渔船更新改造项目资金补助1.56亿元。且首制3艘77米秋刀鱼/鱿鱼钓船，于2013年7～12月首次赴西北太平洋作业就捕获了7 900多吨，创我国大陆历史最高水平。2014年5～6月公司先后派出9艘77米秋刀鱼/鱿鱼钓船赴北太平洋进行秋刀鱼捕捞作业，单船日均产量达20多吨，生产效益良好。另外，在建的2艘1 200吨美式金枪鱼围网船将赴巴布亚新几内亚海域作业，真正实现公司远洋渔业国际化。这对拓展我国渔业发展空间、提高产业综合实力和国际竞争力、增强我国在渔业领域的地位和影响力，具有重要的意义。

二、远洋渔船装备研发与制造是远洋渔业的技术保障

2006年公司投资成立了蓬莱中柏京鲁船业有限公司，她的诞生伴随着京鲁渔业发展壮大远洋捕捞事业的理想，并以推动远洋渔船的更新换代和实现专业化、标准化、现代化为目标。京鲁船业拥有30万吨船坞和5万吨级船台各一座，自备舾装码头约2 200米，各种造船专业设备设施齐具，年造船能力达100万载重吨。

京鲁船业主要产品为商船、高端渔船及公务执法船。其中公司自主研发建造的77米秋刀鱼/鱿鱼钓船多个关键技术填补了国内空白，各项指标均达到了国际领先水平，被国家工信部列为“高技术船舶科研项目”。此外，公司又相继开发了59.6米超低温金枪鱼延绳钓船、1 200总吨美式大型金枪鱼围网船等高端渔船船型，其中1 200总吨美式大型金枪

PENGLAI
JINGLU FISHERY CO.,LTD.
蓬莱京鲁渔业有限公司
山东省蓬莱市经济开发区海尔滨路8号

鱼围网船被称为渔船界皇冠上的明珠，是技术含量最高的远洋渔船之一。京鲁船业始终坚持现代化渔船建造模式，所建造的渔船完全按照出口船舶的标准来设计和建造，因产品质量过硬，国内外渔船船东纷至沓来。2013年7月，中央电视台新闻频道宏观经济组对京鲁船业成功转型升级做了专门报道，在社会上引起了广泛反响。

三、远洋渔业产品精深加工实现产业延伸

京鲁渔业致力于在提高捕捞能力的同时，延长和完善产业链条，提高产品加工利用率，提升产品附加值。

京鲁渔业拥有18座水产品加工车间，产品种类2 000多个，年加工能力10万吨；拥有节能型冷库7座，冷藏能力6.8万吨，其中超高单超层节能型低温冷藏库拥有自主知识产权，并通过省科技厅技术鉴定，节能技术达到国际先进水平。京鲁渔业水产品精深加工产业在中国水产加工和贸易企业25强中名列第二。

随着人们对健康的重视，以深海食品为代表的绿色食品逐渐被消费者认可。京鲁渔业及时调整发展策略，加大了对国内市场的重视，通过产品创新将“京鲁远洋”打造成为质量水平高、知名度高、市场占有率高、消费者满意的知名品牌。

四、耕海牧渔实现经济新增长点

公司拥有海域养殖面积320多公顷，标准化养殖场3个，鱼苗养成水体11.6万立方米，与山东省海水养殖研究所共建了山东省海洋与渔业厅海洋生物工程产业化基地，主要养殖海参、鲍鱼、舌鳎、夏夷贝、大菱鲆等苗种。此外，公司正逐步从传统的渔业养殖场向科学的、可持续的“海洋牧场”调整转型，增养殖海参、鲍鱼等海珍品和放流增殖底栖经济鱼类，改变了以往单一品种为主的养殖方式，公司被农业部授予“水产健康养殖示范场”称号。

“勤、俭、敬、信”是京鲁渔业的做人原则，公司以“追求客户满意、绩效最大、训练有素、平安京鲁”为目标，勤勉为上，克己为人，以更好的健康海洋食品回报社会，真正实现“源于深海，品味健康”；以更优的船舶产品回馈客户，实现公司“造大船、闯远洋、多品种、高技术”的目标！

优酸海鲜棒

鸳鸯蟹排

柳叶鳕鱼排

黄金蟹球

湛江海滨船厂

厂长致辞：

尊敬的朋友：

搏风击浪扬征帆，修造并改铸辉煌。湛江海滨船厂已走过五十多年艰苦创业的发展历程。半个世纪的峥嵘岁月极不平凡，催人奋发，她是一代代湛江海滨船厂人奉献保障、报效祖国，用青春和热血谱写的壮丽诗篇，是人民海军由弱到强、从落后到先进发展历程中的一个缩影，她在人民海军经略南海、走向深蓝的征程中，留下了闪光的航迹。

回首往昔，我们心潮澎湃；展望未来，我们信心百倍。在当今造船行业蓬勃发展的形势下，工厂将一如既往，继续深化改革、强化管理、紧贴需求、竭诚服务，以极大的热情，真诚欢迎各界人士莅临指导！

厂 长：[签名]

湛江海滨船厂创建于1960年，占地面积约1平方千米。现有职工1 900多人，其中各类专业技术人员680多人，是海军南海方向舰船装备维修和技术保障中心企业、国家大型二档综合企业、国家一级计量单位、全国500强交通运输设备制造企业、国务院口岸办批准的外轮定点修理厂、国家自营机电产品进出口基地、粤西地区最大船舶修造改综合性企业，已通过DNV挪威、LR英国劳氏船级社、ABS美国船舶协会、BV法国船级社、NK日本船级社、CCS中国船级社质量合格验证、中国新时代质量体系认证，取得军、民船建造资格，并通过总装备部“装备承制单位资格审查”和海军“第二方认定审核”，取得“装备承制单位注册证书”，被海军装备部列入海军武器装备合格承制方名录，是集船舶修、造、改为一体的大型军工企业。

工厂以修理、改装各类水面战斗舰艇、大中型综合补给舰及建造中小型军辅船为主，在确保军品指令性任务完成的同时，承接民品船舶修理、建造业务，以及生产大、中功率柴油机气缸套系列产品。气缸套生产已有30多年历史，是海军指定研仿制造军船柴油机气缸套、缸头等配件的主要厂家之一。

50多年来，全厂职工艰苦努力，工厂的生产能力得到显著提高，拥有深水码头786米，35 000吨级干船坞一座，5 000吨级升船机一座，5 000吨级船台二座，3 000吨级船台八座及各种与修造配套齐全的起重、机械加工等先进设备。

近年来，工厂建造的客货运输船、渔政船、交通渡船、拖船、油船、多用途工作船、驳船等各类船舶，以工艺精湛、质量优良而享誉海内外。

地址：广东省湛江市海滨大道中26号　　邮编：524005
厂部办公室：0759-3187791　　传真：0759-3270809　　邮箱：jbhbyard@163.com

5 000吨升船机

正在修建中的大型船舶

编辑说明

一、《中国渔业年鉴》由农业部主管，农业部渔业局主持编撰，中国农业出版社渔业年鉴编辑部负责编辑、出版。

二、本年鉴是一部反映中国渔业年度基本情况的权威性资料工具书，每年出版一卷，以出版年份标序。

三、本年鉴所载资料全部截止到2013年底。

四、年鉴文稿主要由全国渔业行政机构、企事业和科研单位、水产院校等部门的管理人员和专业技术人员撰写。全部文稿由中国渔业年鉴编辑部负责编辑修改或删节，由农业部渔业局审定后发表。

五、各省、自治区、直辖市及计划单列市，按全国行政区划顺序排列。

六、各类资料数据均未包括台湾省和港澳地区。

七、本年鉴在编撰过程中，得到全国各级渔业行政主管部门和有关单位的大力支持，在此表示衷心感谢。

目　录

渔业科技与推广

各 地 渔 业

全国渔业重点事业单位

渔业社会团体

法律法规文献

渔业经济统计

领 导 讲 话

2013 年渔业大事记

索　　引

专　文

国务院关于促进海洋渔业持续健康发展的若干意见

国发〔2013〕11 号

各省、自治区、直辖市人民政府，国务院各部委、各直属机构：

我国是海洋大国，海洋渔业是现代农业和海洋经济的重要组成部分。改革开放以来，海洋渔业快速发展，结构不断优化，海水产品产量大幅增长，渔民收入显著增加，有力地促进了经济社会发展。但是，我国海洋渔业发展方式仍然粗放，设施装备条件较差，近海捕捞过度和环境污染加剧。为促进海洋渔业持续健康发展，现提出以下意见：

一、总体要求

（一）指导思想。以邓小平理论、"三个代表"重要思想、科学发展观为指导，深入贯彻落实党的十八大精神，坚定不移地建设海洋强国，以加快转变海洋渔业发展方式为主线，坚持生态优先、养捕结合和控制近海、拓展外海、发展远洋的生产方针，着力加强海洋渔业资源和生态环境保护，不断提升海洋渔业可持续发展能力；着力调整海洋渔业生产结构和布局，加快建设现代渔业产业体系；着力提高海洋渔业设施装备水平、组织化程度和管理水平，不断提高海洋渔业综合生产能力、抗风险能力和国际竞争力；着力加强渔村建设和优化渔民就业结构，切实保障和改善民生。

（二）基本原则。

——坚持资源利用与生态保护相结合。合理开发利用海洋渔业资源，严格控制并逐步减轻捕捞强度，积极推进从事捕捞作业的渔民（以下简称捕捞渔民）转产转业。加强海洋渔业资源环境保护，养护水生生物资源，改善海洋生态环境。

——坚持转变发展方式与创新体制机制相结合。大力发展海洋渔业产业化经营，加快推进发展方式由数量增长型向质量效益型转变。完善海洋渔业经营制度，健全行业准入和退出机制，不断增强自身发展活力。

——坚持发展生产与改善民生相结合。提高海洋渔业设施装备水平和组织化程度，强化安全生产管理和服务，保障渔民生命财产安全。加强渔村建设，改善渔区基础设施条件，推进渔区社会事业全面发展，不断提高渔民生活水平。

——坚持市场调节与政策扶持相结合。充分发挥市场配置资源的基础性作用，建立现代渔业多元化投入机制。将海洋渔业作为公共财政投入的重点领域，改善基础设施和装备条件，提高科技支撑能力，健全基本公共服务体系。

（三）发展目标。到 2015 年，海水产品产量稳定在 3 000 万吨左右，海水养殖面积稳定在 220 万公顷左右，其中海上养殖面积控制在 115 万公顷以内；近海捕捞强度有效控制，外海和远洋渔业综合生产能力不断增强，海水产品精深加工规模不断扩大；渔业组织化程度明显提高，渔民收入稳步增长；渔船装备水平明显提高，安全生产能力进一步提升；现代渔业产业体系和支撑保障体系基本形成；水生生物资源养护和修复能力明显提升，渔业生态环境有所改善。

到 2020 年，海洋渔业基础设施状况显著改善，物质装备水平进一步提高，科技支撑能力显著提升，海水养殖生态健康高效，渔船数量和捕捞强度与渔业资源可再生能力大体相适应，海水产品供给品种丰富、质量安全，海洋渔业生态环境明显改善，渔民生产生活条件显著改善，形成生态良好、生产发展、装备先进、产品优质、渔民增收、平安和谐的现代渔业发展新格局。

二、加强海洋渔业资源和生态环境保护

（四）全面开展渔业资源调查。健全渔业资源调查评估制度，科学确定可捕捞量，研究制定渔业资源利用规划。每五年开展一次渔业资源全面调查，常年开展监测和评估，重点调查濒危物种、水产种质等重要渔

业资源和经济生物产卵场、江河入海口、南海等重要渔业水域。加强渔业资源调查船建设，完善监测网络，提高渔业资源调查监测水平。

（五）大力加强渔业资源保护。严格执行海洋伏季休渔制度，积极完善捕捞业准入制度，开展近海捕捞限额试点，严格控制近海捕捞强度。加强濒危水生野生动植物和水产种质资源保护，建设一批水生生物自然保护区和水产种质资源保护区，严厉打击非法捕捞、经营、运输水生野生动植物及其产品的行为。完善海洋渔船管理制度，逐步减少渔船数量和功率总量。发展海洋牧场，加强人工鱼礁投放，加大渔业资源增殖放流力度，科学评估资源增殖保护效果。

（六）切实保护海洋生态环境。加强海洋生态环境监测体系建设，强化监测能力。严格控制陆源污染物向水体排放，实施重点海域排污总量控制制度。严格控制围填海工程建设，强化海上石油勘探开发等项目管理，加强渔业水域生态环境损害评估和生物多样性影响评价，完善和落实好补救措施。控制近海养殖密度，加强投入品管理，减少养殖污染。切实加强“三沙”（西沙、中沙和南沙）捕捞管理，保护生态环境。加强渔船油污、生活垃圾等废弃物排放管理，减少对近海、外海和远洋的环境污染。

三、调整海洋渔业生产结构和布局

（七）科学发展海水养殖。按照《全国海洋功能区划（2011－2020年）》等相关涉海规划，制定并落实水域、滩涂养殖规划，引导渔民依法规范养殖。加大水产养殖池塘标准化改造力度，推进近海养殖网箱标准化改造，大力推广生态健康养殖模式。推广深水抗风浪网箱和工厂化循环水养殖装备，鼓励有条件的渔业企业拓展海洋离岸养殖和集约化养殖。加强水产原种保护和良种培育，建设一批标准化、规模化的良种生产基地，提高水产良种覆盖率。加强水产饲料研发，积极推广使用人工配合饲料。加强水生动物疫病防控和水产品质量安全管理。

（八）积极稳妥发展外海和远洋渔业。有序开发外海渔业资源，发展壮大大洋性渔业。巩固提高过洋性渔业，推动产业转型升级。积极参与开发南极海洋生物资源。加强远洋渔业科技研发，提高远洋渔业资源调查、探捕能力。

（九）大力发展海水产品加工和流通。积极发展海水产品精深加工，加快研制加工处理机械、生产线和废弃物处理设备，全面提升水产品加工工艺、装备现代化和质量安全水平。加强海水产品冷链物流体系和批发市场建设，积极发展海上冷藏加工，实现产地和销地有效对接。充分利用国内外“两种资源、两个市场”，保持水产品国际贸易稳定协调发展。鼓励海洋渔业龙头企业、渔民专业合作社开展品牌创建，提高海水产品附加值。强化海水产品市场信息服务，发展电子商务，降低流通成本，提高流通效率。

四、提高海洋渔业设施和装备水平

（十）加快渔船更新改造。升级改造海洋捕捞渔船，逐步淘汰老、旧、木质渔船，发展钢质渔船，鼓励发展选择性好、高效节能的捕捞渔船。全面提升远洋渔业装备水平，培育一批现代化远洋渔业船队。加强渔船建造管理，落实好老旧渔船报废工作，逐步建立定点拆解和木质渔船退出机制，坚决取缔违法违规造船，严格限制建造对渔业资源破坏强度大的底拖网、帆张网和单船大型有囊灯光围网等作业类型渔船。

（十一）加强渔业装备研发。加大对渔船装备技术研发的投入，依托高等院校、科研院所和骨干企业，整合科研资源，建立研发平台和技术创新联盟，培养渔业知识和装备设计制造技术兼备的人才队伍，系统开展渔业装备共性和关键技术研究。

（十二）加强渔港建设和管理。科学规划、合理利用岸线资源，完善渔港布局，加快建设进度，尽快形成以中心渔港、一级渔港为龙头，以二、三级渔港和避风锚地为支撑的渔港防灾减灾体系。重点加强渔港防波堤、护岸、码头和渔政执法设施等公益性基础设施建设，同步建设和完善港区渔需物资供应、船舶维修、海水产品加工、市场等经营性服务设施。理顺渔港建设管理体制，强化渔港管理和维护，明晰渔港设施所有权、使用权、经营权和监督权。建立健全渔港及其设施保护制度。

五、进一步改善渔民民生

（十三）积极推进渔村建设。统筹规划，合理布局，以渔港建设带动渔区小城镇和渔村发展。开展渔区村庄整治，加强渔区基础设施建设，重点解决饮水安全、用电、道路等问题。完善社会保障制度，促进渔区教育、文化、卫生、养老等社会事业全面发展。落实扶持政策，启动实施以船为家渔民上岸安居工程。

（十四）切实促进捕捞渔民转产转业。编制捕捞渔民转产转业规划，加大转产转业政策扶持力度，调动渔民减船转产积极性。支持发展海水养殖、海水产品加工和休闲渔业，延长产业链，提高渔业效益，拓宽渔民转产转业和增收渠道。落实相关就业创业扶持政策，加强渔民职业技能培训，鼓励用人单位积极吸纳渔民就业。

六、提高海洋渔业组织化程度和管理水平

（十五）提高组织化程度和科技水平。创新渔业组织形式和经营方式，培育壮大渔民专业合作社和海洋渔业龙头企业。鼓励渔民以股份合作等形式创办各种专业合作组织，引导龙头企业与合作组织有效对接。鼓励龙头企业向渔业优势产区集中，培育壮大主导产业，加快建设一批现代渔业示范区。大力发展海洋渔业科技教育事业，深化海洋渔业科研机构改革，加强涉渔专业和学科建设，创新渔业科技人才培养模式，加快培育新型渔民和渔业实用人才。深化水产技术推广体系改革，发挥各级水产科研机构、技术推广部门优势，鼓励和支持渔民专业合作社、龙头企业开展技术推广、病害防治等社会化服务，提高水产技术推广能力。

（十六）加强渔政执法。严厉打击"三无"（无捕捞许可证、无船舶登记证书、无船舶检验证书）、"大机小标"（实际功率大于铭牌标定功率）渔船及各类非法捕捞和养殖行为。制定禁止或者限制使用的渔具目录。

（十七）强化涉外渔业管理。深化双多边渔业合作，积极参与国际渔业条约、协定和标准规范的制订，建立健全与国际渔业管理规则相适应的远洋渔业管理制度，提升远洋渔业管理水平。加强渔民及渔业企业的教育和管理，严格遵守有关法律法规和国际条约。

（十八）大力加强渔业安全生产管理。健全安全生产责任和管理制度，加强宣传和培训，深入开展"平安渔业示范县"和"文明渔港"创建。加快建设渔船信息动态管理和电子标识系统，进一步规范渔船流转管理，加强渔业安全应急管理体系建设，尽快普及配备渔船救生筏、船舶自动识别系统、卫星监控系统、渔船通信设备等安全设施。强化海洋渔业气象服务，完善渔业安全应急预案，合理布局救助力量。积极引导渔船编队生产，鼓励渔船开展相互支援和自救互救。

七、强化保障措施

（十九）支持基础设施建设。加大国家固定资产投资对海洋渔业的支持，加快渔政、渔港、水生生物自然保护区和水产种质资源保护区等基础设施建设，继续支持海洋渔船升级改造、水产原良种工程和水生生物疫病防控体系建设。

（二十）加大财政支持力度。统筹考虑并完善捕捞渔民转产转业补助与渔业油价补贴政策，研究提高转产转业补助标准，调整油价补贴方式，使之与渔业资源保护和产业结构调整相协调。继续实施渔业海难救助政策。保障渔政、资源调查、品种资源保护、疫病防控、质量安全监管等经费。继续实施增殖放流和水产养殖生态环境修复补助政策。加大对水产育种、病害防治、资源养护、渔业装备等科技创新和成果转化的支持力度。

（二十一）完善金融保险等扶持政策。金融机构要根据渔业生产的特点，创新金融产品和服务方式，合理确定贷款规模、利率和期限，简化贷款流程，提高服务效率，加强信贷支持。支持符合条件的海洋渔业企业上市融资和发行债券，形成多元化、多渠道海洋渔业投融资格局。研究完善渔业保险支持政策，积极开展海水养殖保险。调整完善渔业资源增殖保护费征收政策，专项用于渔业资源养护。将渔业纳入农业用水、用电、用地等方面的优惠政策范围。

（二十二）强化法制建设。进一步研究完善渔业方面的法律、法规和规章。征收、征用渔业水域、滩涂的，要按照物权法、土地管理法、海域使用管理法等规定予以补偿安置。

八、加强组织领导

（二十三）加强部门协调。各有关部门要认真履行职责，密切配合，加强工作指导，加大工作力度，积极落实各项政策措施；进一步改进渔业服务，精简行政审批事项和程序，减少办证数量，坚决制止涉渔乱收费等侵害渔民合法权益的行为，切实减轻渔民负担。发展改革委、财政部要落实加快海洋渔业发展的资金。农业部要认真履行规划指导、监督管理、协调服务职能，做好海洋渔业发展和生态保护工作。

（二十四）落实地方责任。沿海省级人民政府要对海洋渔业发展工作负总责，逐级落实责任制，建立协调机制，强化渔业行政管理体制和执法体系。沿海地方各级人民政府要将海洋渔业发展纳入当地经济和社会发展规划，明确发展目标，研究制定本地区促进海洋渔业发展的实施方案。

国务院

2013 年 3 月 8 日

（此件有删减）

发 展 综 述

全国渔业发展概况

【概况】 2013年是我国渔业渔政发展史上具有重大特殊意义的一年。2月6日，国务院常务会议讨论研究促进海洋渔业持续健康发展的政策措施。3月8日国务院出台《关于促进海洋渔业持续健康发展的若干意见》。4月8日，习近平总书记到海南省潭门镇进渔港、上渔船、看鱼舱，与渔民亲切交谈。6月26日，国务院召开全国现代渔业建设工作电视电话会议，中共中央政治局委员、国务院副总理汪洋作重要讲话。7月30日，在中央政治局第八次集体学习时习总书记明确提出，要着力推动海洋开发方式向循环利用型转变，全力遏制海洋生态环境不断恶化趋势，要让人民群众吃上绿色、安全、放心的海产品，明确要求清理绝户网。在党中央、国务院的高度重视，农业部党组、各省(自治区、直辖市)党委政府的正确领导下，全国各级渔业部门抢抓机遇，迎难而上，开拓创新，扎实工作，保持了渔业经济发展的好势头，实现了渔业渔政工作的新突破。全年水产品总产量6 172万吨，同比增长4.47%，有力保障了国内水产品市场供应和价格基本稳定；渔民人均纯收入13 039元，同比增加1 783元、增长15.84%。按当年价格计算，全社会渔业经济总产值19 351.89亿元，实现增加值8 984.35亿元，其中渔业产值10 104.88亿元，实现增加值5 703.63亿元。

1.**渔业生产稳定增长** 在政策和市场的双重驱动下，渔业生产稳定增长，水产养殖和远洋渔业产量增幅较大，国内捕捞生产保持相对稳定。2013年全国水产品总产量同比增加264.33万吨。海洋捕捞产量1 264.38万吨，同比负增长0.22%；远洋渔业产量135.20万吨，同比增长10.51%；海水养殖产量1 739.25万吨，同比增加95.43万吨，增长5.81%；淡水捕捞产量230.74万吨，同比增长0.42%；淡水养殖产量2 802.43万吨，同比增加157.89万吨，增长5.97%。在总产量中，捕捞产量1 630.32万吨，占总产量的26.41%，养殖产量4 541.68万吨，占总产量的73.59%；海水产品产量3 138.83万吨，占总产量的50.86%，淡水产品产量3 033.17万吨，占总产量的49.14%。全国水产品人均占有量45千克。

2.**水产品市场健康运行** 水产品质量安全保持在较高水平，全年没有发生重大质量安全事件。水产品批发市场运行平稳，价格温和上涨，交投活跃。监测显示，2013年海水产品综合平均价格37.95元/千克，同比上涨6.18%；淡水产品综合平均价格14.60元/千克，同比上涨7.39%。水产品出口贸易继续保持较快增长，水产品出口额首次突破200亿美元，达到202.6亿美元，迈上一个新台阶，同比增长6.74%，实现贸易顺差116.3亿美元，同比增长5.8%。

3.**强渔惠渔力度加大** 各级政府重视渔业发展，加强了对渔业的支持和投入。中央层面落实下拨财政预算、转移支付、基本建设、渔业油价补助等资金281亿元。其中：渔港建设投资同比增长42%，部属渔业单位能力建设投资增长30%，农业综合开发项目投资增长62%，渔业油价补助增长8.6%，以船为家渔民上岸安居工程安排5亿元。6月20日，住房城乡建设部、农业部、国家发改委、国土资源部联合下发了《关于实施以船为家渔民上岸安居工程的指导意见》，2013年在江苏、浙江、安徽等8个省(自治区)先期实施，工程启动实施标志着长年漂泊的渔民正式纳入国家保障房工程。渔业保险事业取得大发展，中国渔业互保组织完成保费收入14.49亿元，比上年增长20%，提供风险保障2 600亿元，支付保险理赔金5.3亿元。在各级渔业主管部门的积极推动下，中国人保财险公司、安信农险公司、中航安盟财险公司、中国渔业互保协会等保险机构纷纷进入养殖渔业保险。2013年养殖渔业保险保费总收入1.62亿元，风险保障总额超过20亿元，各保险机构合计支付养殖渔业保险理赔金1.17亿元，弥补了受灾养殖渔民的灾害损失，帮助他们恢复生产。地方各级政府通过召开会议、制发政策文件等方式贯彻落实中央关于现代渔业建设的精神，在政策、投入、措施上加大强渔惠渔力度。

4.渔业综合生产能力提升 新创建水产健康养殖示范场1 131家，累计达到4 561家，标准化改造池塘22.4万公顷。验收国家级水产原（良）种场5家，建设水产原（良）种场和遗传育种中心46家，对47个县的重点苗种繁育场的亲本更新予以补贴，组织开展全国现代渔业种业示范场创建活动，在全国创建了43家品种创新能力强、扩繁生产规模大、生产管理操作规范、推广服务体系完善的现代渔业种业示范企业，现代渔业种业发展机制开始建立。编制了《全国海洋渔船更新改造规划草案》（2014—2020年），组建了农业部渔船及装备研究中心。继续开展渔船节能减排，更新改造海洋捕捞渔船1 019艘，其中远洋渔船741艘、南沙渔船225艘、国内海洋捕捞渔船53艘。全年投产远洋渔船2 220艘，比上年增加390艘，增长21%，其中新建投产远洋渔船421艘。南极海洋生物资源开发利用项目取得新的突破，专业磷虾捕捞船"福荣海"实现全年作业，产量达2.8万吨。印发了《全国渔业系统贯彻落实〈中华人民共和国农业技术推广法〉实施方案》，开展了水产技术推广骨干人才培训。在13个省（自治区、直辖市）建立了稻田综合种养技术核心示范区87个、面积0.77万公顷，辐射带动46.7万公顷，培育建立稻田综合种养合作社200多个，培育核心示范户1 853户。审定批准水产养殖、水产品加工、水生动物防疫、观赏鱼等领域国家和行业标准65项。新创建全国休闲渔业示范基地153家。

5.水生生物资源与水域生态保护取得重大进展 2013年共投入增殖放流资金10.07亿元，同比增长11.1%，放流重要水生生物苗种和珍稀濒危物种336.5亿尾（只），同比增长9.4%。继续执行"船网工具指标双控"制度，规范渔船主机型谱管理和渔船交易行为。根据习近平总书记的重要指示，组织实施了清理整治"绝户网"等违规渔具专项行动，农业部以通告形式发布《关于实施海洋捕捞准用渔具和过渡渔具最小网目尺寸制度的通告》和《关于禁止使用双船单片多囊拖网等十三种渔具的通告》，进一步规范渔具管理。积极推动建立健全涉渔工程建设生态补偿机制，2013年8月环保部和农业部联合印发《关于进一步加强水生生物资源保护严格环境影响评价管理的通知》，有力地推动了环保和渔业部门之间的协作配合，严格管理涉渔规划和工程建设项目的环评工作。全年参与审查海洋工程环评报告66项，确定渔业资源生态补偿资金17.67亿元；落实涉及国家级水生生物保护区工程建设项目生态补偿资金近4亿元。新建国家级水生生物自然保护区2处，建设水生生物湿地保护示范区9个。加强江豚人工繁育研究、迁地保护、渔政管理，完成了长江上游珍稀特有鱼类国家级自然保护区生态补偿项目相关工作。

6.渔业安全态势良好 根据国务院总体部署，加大工作力度，采取有力措施，扎实推进平安渔业建设，使渔业安全生产和渔船管理形势保持平稳好转态势。农业部与国家安监总局联合在全国范围内组织开展"平安渔业示范县"和"文明渔港"创建活动，构建安全监管长效机制，2013年创建"平安渔业示范县"43个、"文明渔港"17个。加强监督检查和教育培训，持续深入开展"打非治违"专项行动，重点加大对"三无"及套牌渔船、渔船渔港救生、安全设施配备情况、渔船船员持证情况、渔船和船用产品生产企业资质管理等四个方面情况进行重点检查督查，组织基层政府、管理部门和生产经营单位开展行业自查。同时对重点区域和环节开展督查，加大对违法违规行为的查处力度，确保渔业安全生产形势稳定好转。加强与有关部门沟通与合作，强化了与交通运输部、中国电信和中国气象局等部门和单位在水上安全管理、海上救助、灾害预警、通讯服务等方面的合作机制。全年应对登陆或影响我国的台风19个，是有记录以来最多的一年。全年共发生渔业船舶（不含特殊船舶）水上安全事故350起、死亡（含失踪）491人，分别减少3.58%和增长16.35%。组织渔业力量参加海难救助1 064起，投入救助经费2.3亿元，救助渔船2 641艘次、渔民6 512人次，挽回经济损失近7.6亿元。成功处理涉外渔业事件66起。坚持检打联动，不断强化水产品质量安全管理，对12个重点水产苗种生产省开展了水产苗种挂号安全监督抽查，合格率92.7%，同比提高4.37个百分点。产地水产品质量合格率99.1%，同比提高0.6个百分点。召开了全国水生动物防疫工作会议，首次发布了《中国水生动物卫生状况报告》。2013年"两高"司法解释出台后，各地严格按照《农产品质量安全监测管理办法》、《产地水产品质量安全监督抽查工作暂行规定》的要求狠抓监督抽查各项工作的落实，对检出的阳性样品及时跟进执法，控制并无害化处理不合格产品，并对违法生产单位进行了处罚，实现了水产苗种和产地水产品质量安全监督抽查阳性样品生产单位执法查处率100%的目标。

7.中国渔政在改革中前行 按照中央和农业部党组的要求，统筹渔政管理和机构改革，组织力量加强了海洋伏季休渔、长江珠江禁渔、边境水域渔政执法、水产养殖质量安全执法，完成了专属经济区渔政巡航、涉朝韩敏感海域渔船管控、渔业协定水域和西沙海域渔业监管、南沙西南渔场护渔等工作。整个伏休期间，黄渤海区渔政局5艘执法船，共在海上查处违规渔船228艘，移交地方处理36艘，是历史上查处力度最大的一年。全国渔政队伍机构、人员和装备等基础数据收集整理和分析以及执法证件申领换发等工作有序进行，渔政管理指挥系统建设和维护升级基本完成。中日、中韩、中越等渔业协定顺利实施。

（农业部渔业局 张 成）

渔 业 投 入

【概况】 2013年，中央财政对渔业的投入达到225 051万元。其中，基本建设投入127 020万元；财政专项投入（包括转移支付）98 031万元。

【渔业基本建设项目】

（1）安排水产原（良）种场建设项目48个、遗传育种中心项目3个，中央资金10 729万元。

（2）安排县级水生动物防疫站续建项目46个，中央资金1 500万元。

（3）安排渔港项目中央资金3亿元。其中，建设中心渔港5个、一级渔港5个和西南中沙渔业补给基地（一期）。

（4）安排水生野生动物保护区项目6个，中央资金2 000万元。

（5）加强直属单位自身能力建设，安排中国水产科学研究院等单位建设项目8个，中央资金8 271万元。

（6）安排农业综合开发项目38个，中央资金4 520万元。

（7）海洋渔船更新改造共落实中央资金2亿元。

（8）以船为家渔民上岸安居工程共落实中央资金5亿元。

【渔业财政项目】

（1）安排部门预算内专项资金38 031万元，主要用于渔业资源保护、渔政管理等方面。其中：农业生态环境保护（渔业节能减排）286万元，渔业统计1 844万元，渔业国际交流与合作140万元，水生野生动物资源保护费400万元，动物疫情监测与防治经费500万元，农产品质量安全监管（水产品质量安全监管）1 250万元，渔政管理11 761万元，渔业生产损失救助4 300万元，渔业政策性保险试点1 000万元，南极海洋生物资源开发利用2 000万元，海洋渔业资源调查与探捕2 410万元，渔业种质资源保护12 140万元。

（2）安排中央财政专项转移支付资金60 000万元，其中：安排资金30 995万元用于渔业资源增殖放流；9 005万元用于海洋牧场建设；20 000万元用于扶持“菜篮子”产品（水产品）生产。

（农业部渔业局 鲁 泉）

水产养殖管理

【概况】 2013年，全国各级渔业主管部门认真贯彻国务院《关于促进海洋渔业持续健康发展的若干意见》和全国现代渔业建设工作电视电话会议精神，紧紧围绕农业部及渔业局确定的积极发展渔业生产，确保水产品有效供给和渔民持续增收的中心任务，全力推进水产健康养殖，加强渔业种业体系建设，强化水生动物防疫工作，确保了国内水产品的安全有效供给，水产养殖总体保持平稳发展。

1. 水产养殖生产形势总体平稳 根据全国16省（自治区）200个养殖渔情信息采集定点县的747个信息采集点的数据，以各品种产量和产值在全国养殖总产量和产值中的比重为权，进行加权平均分析，2013年养殖水产品出塘量同比增长7.1%，出塘收入同比增长4.6%。多数大宗养殖品种（年产量占养殖总产量的比重超过1%的品种）出塘量和出塘收入显著增加，大宗淡水鱼类、蟹类、贝类、藻类出塘量和出塘收入增加，淡水名优鱼类、海水鱼类出塘量和出塘收入减少，虾类出塘量减少、出塘收入增加。在重点监测的44个养殖品种中，20个品种出塘价格同比上涨，除鲤鱼、青鱼外大宗淡水鱼类出塘价格普遍上涨，淡水名优鱼类和海水鱼类出塘价格普遍下跌，虾蟹类、贝类出塘价格多数上涨，藻类中海带价格上涨，紫菜价格下跌，其中鲤鱼、大菱鲆、鲍鱼、海参和中华鳖等价格持续下跌，出塘价格下跌10%以上，罗非鱼价格回升，出塘价格上涨19.5%。除部分大宗淡水鱼类和虾类投苗量略增外，其他种类多数品种投苗有不同程度的减少。采集点水产养殖损失加重，华南地区南美白对虾、江苏异育银鲫、湖北草鱼和福建紫菜等病害较为严重，年初低温冷冻天气和年中持续干旱对各地养殖生产造成较大影响。

2. 稳步推进养殖权制度建设 坚持实施养殖水域滩涂规划编制和养殖发证登记工作通报制度，督促各地工作推进。2014年1月农业部办公厅发文通报了2013年各地养殖水域滩涂规划编制和养殖发证登记工作进展情况。截止到2013年12月底，全国已有11个省级、147个地（市）级和1 365个区（县）级人民政府颁布实施本行政区域规划；全国累计核发新版《水域滩涂养殖证》137 203本，确权登记面积391万公顷。2013年核发养殖证51 277本，增加确权登记面积209万公顷。针对规划编制和养殖发证登记工作任务仍然存在的一些问题，农业部提出了具体要求：一是推进规划编制出台和修订。继续推动水产养殖重点县区规划的出台，确定水产养殖区域，进行养殖容量控制，及时修订已有规划，延长规划期限。二是规范养殖发证登记工作。加强相关法规和系统操作培训力度，尽快提高基层办证人员业务能力，及时为渔民办理养殖证期限延展、变更等业务，建立健全登记簿。三是加快新版养殖证换发。对于2011年以前核发的仍有效旧版养殖证，在确认其权属无争议、确权界至准确的前提下，可免去实地核查和公示等程序，补充信息后直接换发新版养殖证。四是强化工作检查和通报制度。加强对工作的指导和检查，定期通报各市县工作进展，建立健全奖惩制度。

3.积极推动水产健康养殖创建 2月份印发《农业部办公厅关于开展2013年农业部水产健康养殖示范场创建活动的通知》，各地养殖企业和农民专业合作社等单位踊跃参与，申报参加创建活动的单位达到1 453家，活动规模创历年新高。通过各地组织考核验收，最终1 131家创建单位达到创建标准，获得农业部水产健康养殖示范场称号，验收合格率80%，远超过创建健康养殖示范场500个以上的绩效考核指标，示范场总数达到4 561家。加强对健康养殖示范场动态管理，组织开展对第五批677家示范场的复查，保留595家符合标准单位的示范场称号，复查合格率87.9%；撤销82家不合格标准单位的称号。支持北京、天津等13个省（自治区、直辖市）和新疆生产建设兵团的54个健康养殖示范场实施养殖生态环境修复示范项目，进一步促进示范场标准和质量提升。9月下发《农业部关于开展农业部渔业健康示范县创建活动的通知》，启动渔业健康养殖示范县创建活动，公布渔业健康养殖示范县创建标准，推动健康养殖示范从点上创建向整县创建推进。

4.不断加强现代水产种业建设 组织验收了5家国家级水产原（良）种场，对9家国家级水产原（良）种场组织开展复查。组织实施水产原（良）种保种选育和亲本更新项目，46个国家级水产原（良）种场和遗传育种中心保种选育工作获得资金支持，47个县的重点苗种繁育场的亲本更新得到补贴。进一步规范水产苗种进口审批，完成免税审批135件，批准进口水产亲本和苗种2.3亿尾（粒、只），免税金额达2 662万元。7月初，下发《农业部关于印发〈2013年全国现代渔业种业示范场创建活动方案〉的通知》，组织开展全国现代渔业种业示范场创建活动，制定全国现代渔业种业示范场创建活动方案、评审办法和标准，通过活动在全国创建一批品种创新能力强、扩繁生产规模大、生产管理操作规范、推广服务体系完善的现代渔业种业示范企业，充分发挥示范企业在标准化生产、科学化管理、规模化经营等方面的带动作用，加快建立产学研相结合、育繁推一体化为标志的现代渔业种业发展新机制。10月底，下发《农业部关于成立第五届全国水产原种和良种审定委员会的通知》，批准成立第五届全国水产原种和良种审定委员会，为了适应工作发展需要，本届审委会委员由上届27名增到31名，其中新委员8名。

组织《渔业报》开设“国家级水产原良种场巡展”专栏，对已建国家级水产原（良）种场开展专题宣传报道，提高国家级水产原（良）种场社会知名度。召开大宗淡水鱼类原（良）种体系建设座谈会，研究探讨进一步促进大宗淡水鱼类国家级原（良）种场和遗传育种中心发展、加强体系建设的政策措施和对策建议。开展鳗鱼生产情况调查，召开鳗鱼养殖管理研讨会，征求有关方面意见，控制鳗鱼养殖规模，养护鳗苗资源。

5.继续强化水生动物防疫工作 组织落实2013年国家水生动物疫病监测计划，对鲤春病毒血症（鲤科鱼类）、白斑综合征（对虾）、刺激隐核虫病（海水鱼）、传染性造血器官坏死病（鲑鳟鱼）和链球菌病（罗非鱼）等重大水生动物疫病进行年度监测，计划采样共计2 985个。根据上半年的监测结果看，未发生区域性重大水生动物疫情。做好水生动物疫病情况公开发布，继续向世界动物卫生组织（OIE）等国际组织据实通报疫病情况的同时，首次将年度水生动物疫病监测结果在《兽医公报》上向国内公布并解密，并出版《2012年中国水生动物卫生状况报告》，首次公开中国水生动物防疫工作情况。6月份，在上海组织召开了农业部水产养殖病害防治专家委员会会议，对委员会成立一年以来的工作进行总结，并研究下一步委员会工作计划。9月份，在南京召开了全国水生动物防疫工作会议，这是时隔18年召开的全国性专门研究水生动物疫病防控的会议，会议总结全国水生动物防疫工作，研究进一步切实加强水生动物疫病防控工作，努力确保水产品有效供给和质量安全的政策措施。继续指导珠江水产研究所在江西等地开展无草鱼出血病疫病区（苗种场）建设试点，探索无水生动物规定疫病区（苗种场）标准和管理办法。

（农业部渔业局 王 丹）

水产品加工业

【概况】 2013年我国水产加工品总量1 954万吨，同比增长2.4%，其中海水加工产品1 591万吨，同比增长1.77%，占水产加工品总量的81.4%，淡水加工品363万吨，同比增长5.52%。水产品加工企业数量9 774个，同比增长0.7%，加工能力2 745.3万吨/年，同比增长4.07%，水产品加工产业保持稳步发展态势。其中，传统海水产品加工受到资源制约，发展相对较慢，尤其以出口为导向的来进料加工产业受到国内劳动力成本上升、人民币升值以及加工原料紧张等因素影响，呈逐年萎缩状态。同时，随着我国经济社会的发展和人民群众生活水平的提高，以及快节奏、多元化生活体验的发展，针对国内市场的新的水产加工产品类型和品种如雨后春笋般涌现出来，尤其是加工副产物综合利用、淡水鱼糜制品、生鲜调理食品、即食休闲食品、海洋保健品以及传统风味改良食品成为科研关注和产业投资热点。

1.加工能力 水产品原料的加工率为35.1%（21687297/渔业总产量%），比2012年（33.1%）提高两个百分点。其中，海水产品的加工率为51.4%，比2012年（48.3%）提高3.1个百分点，淡水产品加工率18.3%，虽然加工比例依然较低，但呈逐年上升趋势。2013年我国水产品加工实现产值3435.6亿元，占渔业总产值的17.75%。水产品加工经过前期的快速增长后进入平稳期，2013年从事水产品加工的企业有9 774家，比2012年增加了68家。冷冻、冰鲜等初级加工产品仍是我国的水产品加工主要品种，水产品冷冻加工的比例基本保持在60%左右，发展较快的领域是非传统水产品加工（助剂和添加剂、生物制药等）和鱼糜制品，其中淡水鱼糜加工技术日益完善，发展潜力较大。从各省水产品加工业发展情况来看，山东省、辽宁省、浙江省作为水产品加工传统大省，近年来着力在提高产品档次、加大产品研发力度、培育产品品牌上下功夫，引导产业转型升级。湖北、江西、湖南等淡水养殖大省则着力开发淡水产品加工，引导产学研联合，在淡水鱼糜加工、生鲜调理食品、即食休闲食品以及传统风味改良食品上下功夫，取得了一定成绩。福建、广东、广西、海南水产品加工仍是以出口为导向，除福建省的鱼糜制品外，其他产品在国内的市场开拓还相对滞后，产业发展受国际市场影响相对较大。

2.区域布局 长期的发展形成了以沿海水产品加工为主的出口优势区域布局特征。内陆省份中湖北省一枝独秀，加工量占内陆省份加工总量的54.3%。山东、福建、辽宁、浙江、江苏、广东、湖北和广西等8省（自治区）的加工量占全国水产品加工总量的92.7%。山东半岛、辽东半岛来进料加工区域，广东、广西、海南南美白对虾和罗非鱼养殖加工区域，福建、广东鳗鱼加工区域，浙江捕捞水产品加工区域，江苏条斑紫菜养殖加工区域，福建大黄鱼和蟹肉加工区域，以及北方地区特色水产品养殖加工区域等传统优势产区的集聚效应进一步显现。湖北、江西、湖南等省淡水鱼类精深加工特色优势正在形成。同时，一些新的优势聚集逐渐显现，如浙江省重视海上加工能力建设，2013年又有新建海上加工船下水试运行，以更加新鲜健康的水产加工品理念引领行业发展。此外山东、浙江新转接泰国部分金枪鱼、鲣鱼产品加工生产线，区域集聚力量也逐渐显现。山东在海洋高端保健品上不断实现新突破，竞争优势逐渐显现。

3.科研动态 2013年水产品加工技术创新继续围绕精深加工及提高副产物的价值、海洋新资源的开发利用等高新技术的研究，利用现代食品加工技术发展精深加工水产品，加快开发新型水产功能食品，生产营养、方便、即食、优质的水产加工品展开。同时，为应对人口红利消退逐步加深，加工企业普遍面临的用工难问题，企业和科研单位均加强了水产品加工自动化装备的研究和新技术的引进。众多新技术取得突破性进展，众多基于新技术开发的新产品进入市场。据不完全统计，2013年仅国家水产品加工技术研发体系内单位就获得授权和新发明专利100余项，几十项技术成果获得省部级奖励。2013年12月8～10日，国家水产品加工技术研发体系年度工作会议在海口召开。国家水产品加工技术研发中心及分中心负责人、水产品加工企业代表等60多人参加会议。会议总结了2013年国家水产品加工技术研发体系的工作进展，与会专家对国家水产品加工研发体系的运行机制、发展思路以及管理制度、项目联合申报、学术交流等工作进行了交流研讨。会议还对一年来全国水产品加工业发展取得的成果进行了总结回顾，对水产品质量安全、市场开拓和管理机制等提出了要求，深入分析了我国水产品加工业的现状，指出我国已进入了建设现代渔业的阶段，国家水产品加工研发体系成员要进一步增强使命感和责任感，充分发挥国家水产品加工研发体系的功能作用，引领和支撑我国水产品加工产业又好又快发展。

（农业部渔业局 朱亚平）

水产品批发市场运行情况

【概况】 2013年全国水产品批发市场运行平稳、交易活跃。据对全国80家水产品批发市场成交价格情况统计，2013年水产品批发市场综合平均价格20.95元/千克，同比上涨6.79%。其中，海水产品综合平均价格37.95元/千克，同比上涨6.18%；淡水产品综合平均价格14.60元/千克，同比上涨7.39%。另据对可比的47家水产品批发市场的成交情况统计，2013年水产品成交量744.10万吨，同比增长5.44%；成交额1 366.98亿元，同比增长9.02%。

（1）除春节前后价格波动较大外，其他各月价格环比波动较小，价格整体高于上年同期。2013年水产品综合平均价格整体高于上年同期。从各月价格走势来看，春节期间（2月份）价格涨幅较大，环比上涨6.07%，节后迅速回落，第二、三季度价格平稳上涨，第四季度有所回落。与上年同期相比，监测的49个品种

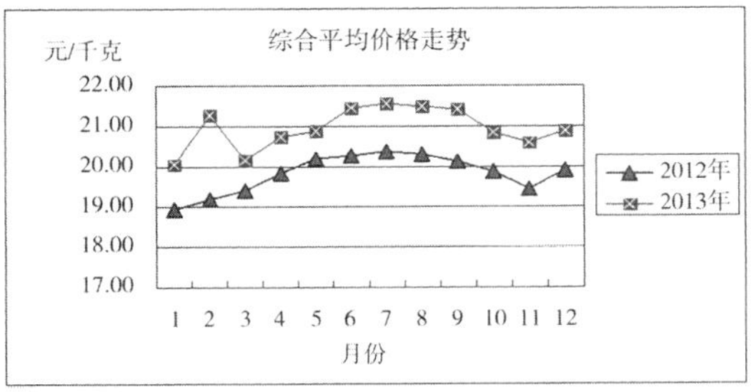

中，有17个品种价格下跌，其中3个品种跌幅超过10%，4个品种价格基本持平，28个品种价格上涨，其中6个品种涨幅超过10%。

（2）海水产品价格持续高位运行，月度间波动较大。海水产品价格在春节期间（2月份）快速上涨，之后回落调整，其中2月份价格环比上涨8.09%，3月份价格环比回落7.79%。进入第二季度以后，由于正值伏季休渔，养殖产品也正处于养殖生长期，海水产品上市量偏低，价格出现新一轮的增长。休渔期结束后，养殖产品也开始集中出池，海水产品价格随之逐步回落。临近年底，在节日消费预期的带动下，价格出现翘尾现象。与上年同期相比，监测的31个品种的海水产品中，10个品种价格下跌，其中2个品种跌幅超过10%；19个品种价格上涨，其中5个品种价格涨幅超过10%；2个品种价格基本持平。

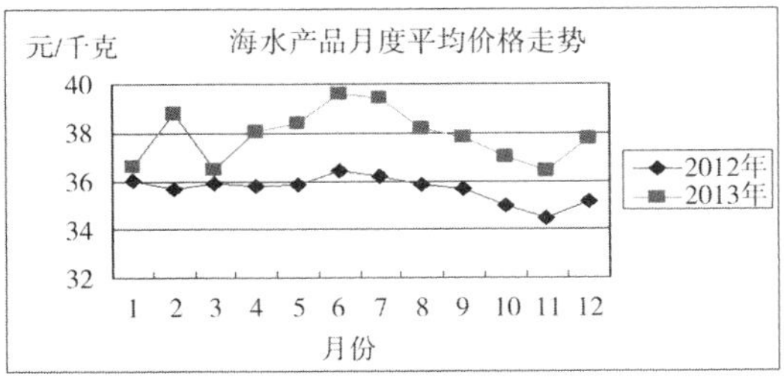

表1 涨跌幅较大的海水产品

品种	2013年均价（元/千克）	2012年均价（元/千克）	同比增减（%）
鲐鱼	8.49	7.02	21.03
小黄鱼	59.38	49.78	19.29
南美白对虾	65.14	57.15	13.99
扇贝	32.56	29.15	11.71
梭子蟹	119.20	141.93	-16.02
墨鱼	24.55	27.48	-10.65
马面鲀	24.74	26.97	-8.28
鲍鱼（单壳）	150.94	161.06	-6.28

（3）淡水产品价格总体呈平稳上涨态势，月度间波动不大。2013年，淡水产品综合平均价格总体呈平稳上涨趋势，各月间波动较小，涨跌幅在±3%之间。与上年同期相比，监测的18个品种中，7个品种价格下跌，其中1个品种跌幅超过10%；9个品种价格上涨，其中，1个品种涨幅超过10%；2个品种价格基本持平。

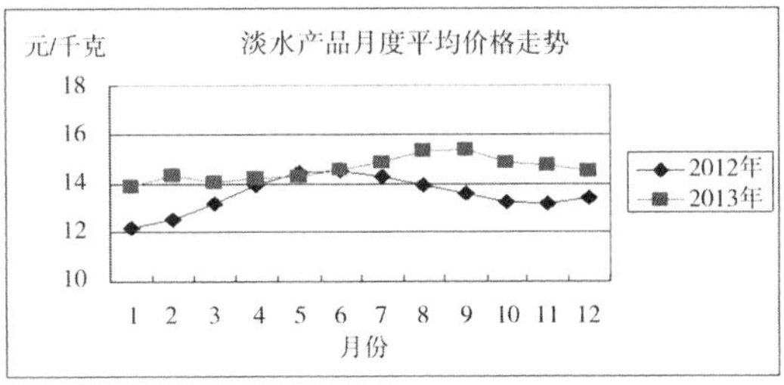

表2 涨跌幅度较大的淡水产品

品种	2013年均价（元/千克）	2012年均价（元/千克）	同比增减（%）
罗氏沼虾	61.11	52.89	15.54
青虾	99.40	91.19	9.00
草鱼	13.40	12.40	8.12
中华绒螯蟹	103.32	97.90	5.54
甲鱼	42.02	49.44	-15.00
乌鳢	20.89	22.99	-9.16
鳜鱼	64.66	68.30	-5.33
鳊鲂	14.47	14.85	-2.56

【重点品种价格走势分析】

（1）虾病肆虐、台风频袭致使南美白对虾量减价增。上半年持续的阴雨天气导致对虾病害频发，头灶

虾养殖成功率较低，市场供应量不足。到了第三季度，台风又频繁袭击我国东南沿海一带，这些地区正是我国南美白对虾的主产区。频繁的台风灾害一方面致使对虾养殖基地受损严重，另一方面加剧了虾类疾病的爆发，最终导致对虾大面积死亡，供货量不足推动了对虾价格上涨。此外，一些养殖户为获得更好的收益刻意囤货，也在一定程度上加剧了对虾产品的供应紧张局面，推动了对虾价格的持续走高。国际市场上情况也不乐观，受 EMS 病毒影响，全球对虾大面积减产，同样出现了供不应求的局面，价格涨幅明显。尽管经济增速有所放缓，但我国内市场对虾需求依然旺盛，由于国内自产对虾供应不足，造成对虾进口大幅增加，据海关数据统计，1～11 月，我国累计进口对虾及其制品 1.79 亿美元，同比增长 44.4%。

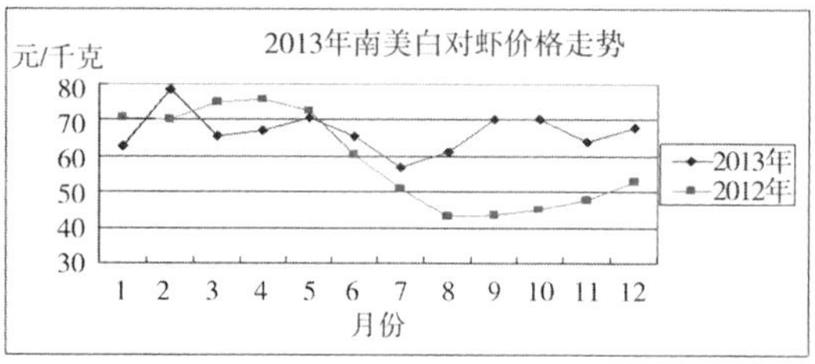

2013年南美白对虾价格走势

（2）梭子蟹喜获丰收，收获季价格下跌明显。近年来，经过持续人工增殖放流，梭子蟹资源得到较快修复，年回捕产量稳中有升。2013 年是梭子蟹的大年，不仅产量超过预期，质量也比以往要好很多，全年各月价格除春节外均低于上年同期。7、8 月份，大量梭子蟹集中上市，价格更是一路下跌，临近年底，受元旦、春节节日消费预期的影响，价格才略有回升。

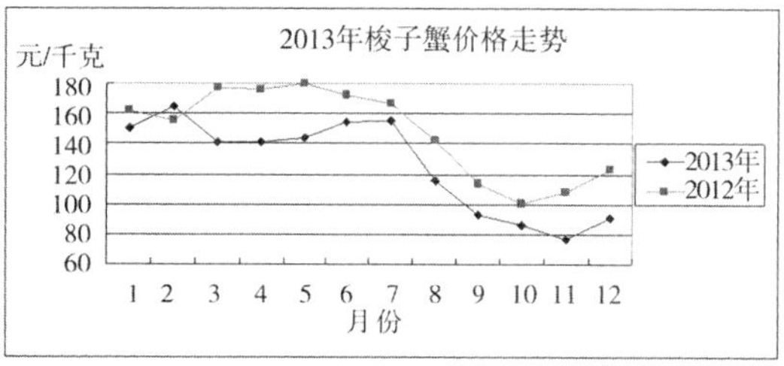

2013年梭子蟹价格走势

（3）“八项规定”出台，鲍鱼价格应声下跌。2013 年春节过后，鲍鱼价格一路下跌。其中价格最低的 7 月份较价格最高的 2 月份下跌了 40.58%。2013 年年初，中央出台了“八项规定”，之后高端餐饮业受到较大影响，包括鲍鱼在内的部分高档水产品消费量急剧下降，高档海鲜礼包等销量也明显下滑。此外，由于 2012 年鲍鱼市场行情看好，价格不断攀升，一些养殖户为了获得更大利益持续加大鲍鱼投苗量。在供给增加和需求减少的双重推动下，2013 年以来鲍鱼价格一路下滑。

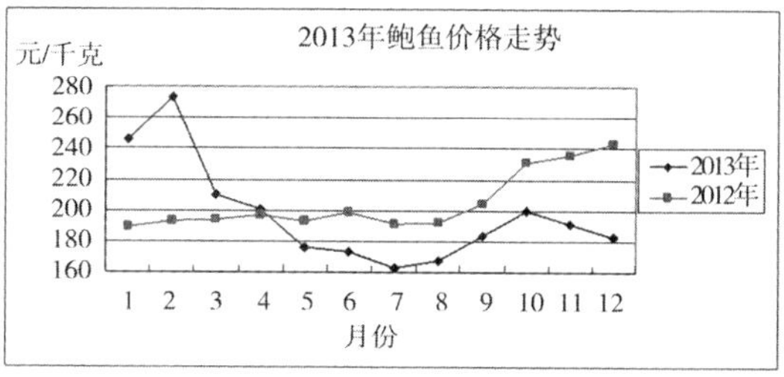

2013年鲍鱼价格走势

（4）草鱼价格开始呈现复苏态势。作为大宗淡水鱼的代表品种之一，草鱼一直是消费者青睐的对象。特别是近年来在水煮鱼、烤鱼等消费模式日趋流行的情况下，草鱼消费量逐年扩大，其价格在同类产品中也相对较高。因此，许多养殖户加大了草鱼养殖量，供应量的持续增加使得其价格自 2011 年开始出现下滑，一些养殖户在不能扭亏为盈的情况下退出草鱼市场。以广东省为例，2013 年草鱼的养殖规模较上年减少约 30%。在供求双方的作用下，2013 年草鱼价格开始缓慢回升，全年均价同比上涨了 8.12%。

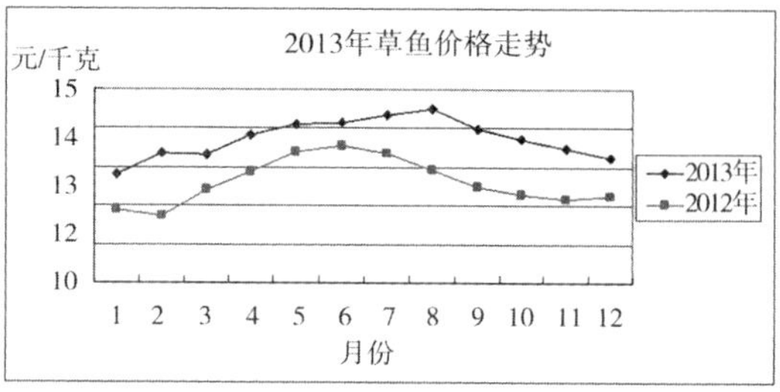

2013年草鱼价格走势

（5）高温干旱导致大闸蟹量减价增。2013 年大闸蟹市场的主要特点：一是平均价格高于上年；二是价格变化趋势较上年平稳；三是中小规格大闸蟹价格同比涨幅高于大规格大闸蟹，母蟹高于公蟹。主要原因：一是受夏季高温干旱天气的影响，大闸蟹生长缓慢死亡率偏高，供给量明显减少，这是 2013 年大闸蟹价格总体走高的主要原因；二是公款吃喝送礼现象得到有效遏制后，大规格大闸蟹以及礼品级大闸蟹的消费需求下降明显，是造成大规格大闸蟹同比涨幅较小的主要原因；三是随着各级渔业部门不断加大大闸蟹市场推广力度，多措施、多渠道扩大品牌知名度，增加市场销量，中小规格大闸蟹的消费需求不断增加。

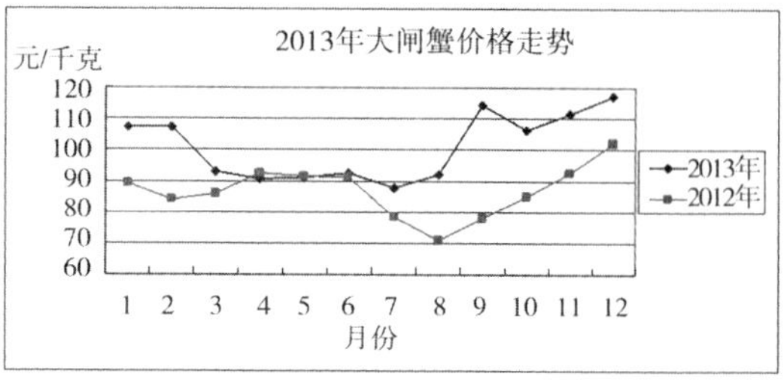

2013年大闸蟹价格走势

(6)甲鱼市场持续低迷。2013年甲鱼价格始终在低位运行。虽然下半年价格略有回升，但是总体水平仍低于上年同期，2013年甲鱼平均价格同比下跌15%。由于前两年的甲鱼销量较好加之甲鱼养殖行业的门槛较低，因此许多养殖户纷纷加入到甲鱼养殖"大军"中，致使甲鱼的养殖量迅速扩张，供过于求的局面越来越明显。此外，年初国家出台"八项规定，六项禁令"，严厉打击公款吃喝，反对铺张浪费，高档餐饮消费持续萎缩，也进一步推动了甲鱼价格的下跌。

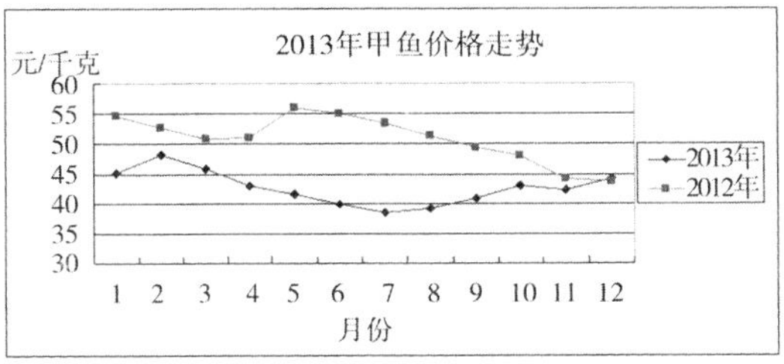

【影响水产品价格的主要因素】

(1)生产成本和供求关系是影响价格的根本原因。近年来养殖和捕捞成本逐年增加，是推动水产品价格持续小幅上涨最根本的因素。而供求关系则直接影响具体品种价格的波动，供大于求价格下降，供不应求则价格上涨。如甲鱼因盲目扩大生产导致价格持续下跌，草鱼养殖面积缩小推动价格回升。渔业资源的衰退则直接导致了捕捞量的减少，渔获物越来越趋向小型化、低值化，商品规格尤其是稍大规格的传统捕捞产品供应量减少，推动价格持续上涨。

(2)宏观政策、天气变化、灾害及突发事件越来越多地影响到价格变化。宏观政策对水产品的影响从未像2013年这样大，自年初中央推行"八项规定"和"六项禁令"以来，高档水产品的消费明显受到抑制，高档水产品价格大幅下跌，与此同时中低档水产品消费持续增加，价格稳中有升。灾害性天气、病害和突发事件对水产品价格的影响也越来越显著。2013年3月底爆发的禽流感在一定程度上拉动了水产品消费，推动了部分水产品价格上涨。而恶劣天气和病害频发直接导致南美白对虾量减价升。7～8月份的高温干旱天气影响了中华绒螯蟹的成熟，推高了其市场价格。而频发的台风对捕捞水产品价格的影响更不能轻视。

(农业部渔业局　朱亚平)

水产品进出口贸易

【概况】 2013年我国水产品出口克服了世界经济尚未完全摆脱低迷局面、贸易壁垒增多、国内生产成本增加以及人民币升值等不利因素影响，实现较快增长，水产品出口额首次突破200亿美元，再创历史新高，连续12年位居全球首位。据海关数据统计，2013年我国水产品进出口总量812.9万吨，进出口总额289亿美元，同比分别增长2.58%和7.12%。其中，出口量395.9万吨，出口额202.6亿美元，同比分别增长4.15%和6.74%；进口量417.03万吨，进口额86.38亿美元，同比分别增长1.13%和8.00%。贸易顺差116.3亿美元，同比增长5.8%。

(1)一般贸易出口稳步增长，主要产品出口单价上涨。2013年水产品一般贸易出口量263.78万吨、出口额146.74亿美元，同比分别增长4.98%和10.17%。对虾、罗非鱼、贝类、鳗鱼、淡水小龙虾、大黄鱼等名优养殖水产品是一般贸易主要出口品种。其中，贝类、罗非鱼、小龙虾出口皆呈现量额双增局面，出口单价均有不同程度提高。对虾出口量减额增，出口单价大幅提高，全球对虾减产是推动对虾价格走高的主要原因。大黄鱼和鳗鱼出口量额双降，其中鳗鱼出口单价大幅下跌，主要是受日本国内烤鳗需求量减少，烤鳗价格持续下跌的影响，同时国内养殖加工企业为争夺订单保持销量，互相压价也是导致鳗鱼价格大幅下滑的主要原因。

表1　一般贸易主要养殖出口品种

数量：万吨；金额：亿美元

出口品种	占一般贸易出口额比例 %	数量	同比增减 %	金额	同比增减 %
对虾	15.1	21.27	-0.72	22.21	14.53
罗非鱼	9.9	40.36	11.51	14.49	24.55
贝类	9.2	23.42	2.76	13.51	10.41
鳗鱼	7.2	3.71	-0.53	10.5	-12.71
小龙虾	2.2	2.85	5.17	3.19	13.41
大黄鱼	1.7	3.87	-8.56	2.51	-7.27

(2)来进料加工贸易出口小幅下降。受人民币持续升值、劳动力成本不断增加以及全球经济低迷等影响，自2008年以来，我国来进料加工贸易结束了连续多年快速增长的态势，来进料加工出口额占水产品出口总额的比重持续下降。2013年我国水产品来进料加工贸易出口量117.1万吨，出口额53.6亿美元，同

比分别增长3.1%和下降1.4%，来进料加工贸易出口额占水产品出口总额比重为26.4%，比上年同期下降了2.2个百分点，较2008年下降了10.8个百分点。其中，进料加工出口量92.53万吨，出口额40.02亿美元，同比分别增长7.53%和0.87%；来料加工出口量24.54万吨，出口额13.53亿美元，同比分别减少10.83%和7.68%。

（3）主要出口市场格局继续调整，日韩市场持续低迷。日本依然位列我国出口市场首位，但受日本内需疲弱、日元贬值等因素影响，我对日出口量额双降。在韩国市场持续低迷，同时相关输韩产品在我国内销售情况较好的情况下，对韩国出口量额继续下降，韩国已从我第四大出口市场滑落至第六。美国和欧盟市场呈现恢复性增长，出口额同比分别增长8.43%和3.13%，占出口总额的15.8%和11.2%。对我国香港特区、东盟和我国台湾省出口额同比分别增长15.72%、11.83%和16.75%，三个市场出口额之和占出口总额的29.7%，为弥补日、韩方面缺口，拉动我国水产品出口总体保持增长起到了积极作用。

表2 主要出口市场

数量：万吨；金额：亿美元

出口市场	数量	同比增减%	金额	同比增减%
日本	63.71	-6.21	39.09	-7.26
美国	57.04	5.95	31.95	8.43
中国香港	23.62	17.25	23.82	15.72
东盟	48.86	-0.87	23.78	11.83
欧盟	55.94	9.15	22.79	3.13
韩国	41.60	-6.29	14.08	-5.08
中国台湾省	12.58	3.91	12.54	16.75

（4）福建赶超山东成为出口第一大省，广东、湖北出口增幅较大。福建、山东、广东、辽宁、浙江、海南、广西、江苏等沿海省（自治区）仍是我水产品主要出口省份，出口额之和占全国水产品出口总额的93.47%。其中，福建省赶超山东首次跃居我国水产品出口省份首位。山东省作为来进料加工贸易大省，受欧美日等发达国家经济不景气，尤其是近邻日本内需疲弱、日元贬值等因素影响，出口量额均有所下降，未能保住出口第一大省的位置。广东省出口增长较快，辽宁出口稳步增长，海南、江苏出口量减额增。内陆省份中，在淡水小龙虾出口量额双增的推动下，湖北省实现出口较快增长。

表3 主要出口省份

数量：万吨；金额：亿美元

沿海	数量	同比增减%	占出口总量%	金额	同比增减%	占出口总额%
福建	73.05	6.07	18.45	49.11	7.66	24.23
山东	111.18	-3.00	28.08	47.11	-3.66	23.25
广东	50.41	14.78	12.73	33.30	21.71	16.43
辽宁	72.91	6.31	18.42	25.88	6.27	12.77
浙江	45.90	6.38	11.59	20.23	3.46	9.98
海南	12.62	-8.96	3.19	5.22	0.19	2.58
广西	10.57	1.68	2.67	5.04	28.45	2.49
江苏	5.14	-4.86	1.30	3.52	4.60	1.74
内陆	数量	同比增减%	占出口总量%	金额	同比增减%	占出口总额%
江西	1.02	4.17	0.26	3.47	5.39	1.74
湖北	2.86	19.44	0.72	3.23	25.65	1.59

（5）来进料加工原料进口持续增加，鱼粉进口量额双降，国内食用水产品进口量额齐增。2013年我国水产品进口量417.03万吨，进口额86.38亿美元，同比分别增长1.13%和8%。其中来进料加工原料进口量156.6万吨、进口额31.2亿美元，同比分别增长11.5%和7.8%。鱼粉进口量额双降，进口量97.6万吨，进口额16.72亿美元，同比分别减少21.65%和1.09%。供国内食用水产品进口继续保持较快增加，进口量92.8万吨、进口额27.9亿美元，同比分别增长20.6%和28%。主要进口市场中，自秘鲁和美国进口量额双降，其他主要进口市场均有不同程度增加，其中，自东盟进口增幅最大。加拿大连续多年开拓中国市场也取得积极成效，2013年自加拿大进口量额均大幅增长。

表4 主要进口国家和地区

数量：万吨；金额：亿美元

国家和地区	占进口总额比例%	数量	同比增减%	金额	同比增减%
俄罗斯	17.21	100.12	4.40	14.87	3.76
美国	14.95	57.09	-5.90	12.92	-6.49

（续）

国家和地区	占进口总额比例 %	数量	同比增减 %	金额	同比增减 %
秘鲁	11.78	58.43	-31.08	10.18	-13.29
东盟	11.09	52.93	28.54	9.58	28.93
智利	6.73	21.87	3.52	5.82	12.05
挪威	5.01	18.17	8.05	4.32	6.71
加拿大	4.70	8.15	21.30	4.06	17.28
新西兰	4.00	7.72	4.50	3.45	25.13

2008 年我国水产品出口首次突破 100 亿美元，并在之后克服全球金融危机、欧债危机等影响，仅仅用 5 年时间便实现了出口额翻番。这个成绩的取得来之不易，是党中央、国务院、各级党委政府正确领导的结果，是各部门和社会各界大力支持的结果，也是广大渔业企业和渔民群众努力拼搏、发愤图强的结果。在此期间，农业部也做了大量贸易促进工作：一是加强贸易研究，为企业做好信息服务；二是积极参与各种涉及贸易的多边、双边谈判和活动，积极推动自贸区建设，促进渔业合作，尽最大可能地为水产品贸易争取有利环境；三是采取有力措施，不断提高我国水产品质量安全水平，并通过品牌宣传、展示展销等形式树立中国优质水产品形象；四是配合商务部积极应对国际贸易争端，先后在输美暖水虾反倾销和反补贴案件中取得胜诉；五是配合国家出入境检验检疫局顺利通过主要贸易国的来华检查。

虽然 2013 年我国水产品出口贸易实现了较快增长，但必须看到当前国际经济贸易环境更加复杂，产业发展中存在的问题也不断凸显，保持水产品出口贸易持续健康发展任务十分艰巨。值得欣慰的是 2013 年以来，国家相继出台了《国务院关于促进海洋渔业持续健康发展的若干意见》、《国务院办公厅关于促进进出口稳增长、调结构的若干意见》，水产品贸易发展迎来了难得的历史机遇。为此，农业部将进一步做好贸易研究和服务，促进企业加快转型升级，不断提高我国水产品出口贸易的绝对竞争力。

（农业部渔业局　朱亚平）

国际交流与合作

【概况】 为推动渔业领域的对外交流与合作，参与国际渔业管理规则的制订，执行我国与相关国家签署的渔业协定，认真履行我国负责任渔业大国的国际义务，维护并争取国家海洋权益，扩大我国在国际渔业领域的影响力，2013 年，我国继续在渔业国际合作多双边领域开展了大量工作。

（1）在多边领域，积极参与各区域国际渔业管理组织的工作，派出多个团组参与渔业规则的制定和谈判，包括派团出席南太平洋区域渔业管理组织第一次会议、印度洋金枪鱼委员会会议、美洲间热带金枪鱼委员会会议、养护大西洋金枪鱼国际委员会会议、中西部太平洋渔业委员会会议、南极海洋生物资源养护委员会会议、北太平洋渔业委员会筹备会、联合国粮食及农业组织渔业委员会养殖分委会等相关会议，取得了积极成果。

（2）在双边领域，进一步强化了与有关国家的渔业合作关系，2013 年，我国分别与印度尼西亚、缅甸、俄罗斯、韩国、加拿大、毛里求斯、智利、越南、阿根廷、日本和欧盟等就渔业问题进行了双边磋商和交流，就打击非法捕鱼、专属经济区入渔安排以及水产品国际贸易等问题进行了协商。

【重要事件】

（1）中国印度尼西亚签署部门间渔业合作谅解备忘录。2013 年 5 月 12 日，印度尼西亚海洋渔业部部长沙里夫率团访华。农业部部长韩长赋与其举行了会谈。双方就中印尼渔业合作，签署两国渔业合作谅解备忘录等问题交换了意见。10 月，在国家主席习近平访问印度尼西亚共和国期间，我国外交部部长王毅与印尼海洋渔业部部长沙里夫于 10 月 2 日签署了《中华人民共和国农业部与印度尼西亚海洋渔业部渔业合作谅解备忘录》。

（2）2013 年 4 月，新西兰总理约翰·基访华。访问期间，农业部部长韩长赋与新西兰初级产业部副部长卡罗尔 拜内尔于 4 月 10 日签署了《中华人民共和国农业部与新西兰初级产业部渔业合作安排》，双方商定建立渔业信息共享、水产科学、对渔业活动的监管、产业合作等方面的合作机制。

（3）2013 年 5 月 28 日，中国农业部部长韩长赋与斯里兰卡外长签署《中华人民共和国农业部与斯里兰卡民主社会主义共和国渔业与水产资源部捕捞和水产养殖双边合作备忘录》，双方商定在渔业人员交流，信息和数据交流，捕捞、水产品加工、销售、水产养殖、渔业进出口，渔船建造和运行、捕捞设备和其他与渔业相关的产业投资和技术转让等方面开展交流合作。

（4）中国缅甸签署渔业合作协议。2013 年 12 月，农业部副部长牛盾率团访问缅甸，与缅甸畜牧水产及农村发展部部长吴翁敏举行工作会谈，双方就推进中缅渔业合作深入交换了意见。访问期间，双方签署了《中华人民共和国农业部与缅甸联邦共和国畜牧水产及农村发展部关于渔业合作的协议书》。

(5)2013年6月6日，农业部渔业局局长赵兴武和来访的阿根廷渔业和水产副国务秘书布斯塔曼特举行了会谈。双方主要就中方渔船入渔阿海域、水产养殖合作等问题交换了意见。11月11日，中阿渔业分委会第三次会议在北京召开。会上讨论了海洋捕捞、修造渔船和水产养殖合作等事宜。会后，双方签署了会谈纪要。

(6)2013年11月11～15日，应韩国外交部、海洋水产部邀请，农业部渔业局局长赵兴武率团赴韩进行交流访问。访问期间，代表团与韩国海洋水产部官员乘韩渔政船在韩专属经济区和中韩暂定措施水域进行了联合视察，并与韩国外交部东北亚局、海洋水产部水产政策室官员进行了会谈，双方就加强中韩暂定措施水域渔业资源养护等事宜进行了磋商。

(7)2013年4月24日，以农业部渔业局副局长崔利锋为团长的中国代表团与以欧盟海洋事务与渔业总司国际事务与市场局长戴皮皮尔为团长的欧盟代表团在北京举行了中欧渔业高级别磋商。双方就共同关心的双多边渔业问题交换了意见。

(8)2013年6月3日，加拿大渔业与海洋部国际合作司司长皮尔森率团访华。农业部渔业局副局长崔利锋与其举行了中加渔业联合委员会第一次会议。双方就落实中加渔业合作备忘录、《养护大西洋金枪鱼国际公约》修约、促进水产养殖发展、水产品贸易、海洋捕捞合作、北极渔业等问题交换了意见。

(9)中俄渔业合作混合委员会第22次会议第2轮磋商于2013年6月26～27日在莫斯科举行。农业部渔业渔政管理局副局长崔利锋率团出席了此次会议。双方主要就我国渔船重返俄罗斯海域作业问题进行了谈判，并就2013年我国船队入渔俄海域捕捞合作达成一致。会后，双方签署了会谈纪要。

12月9～13日，中俄落实两国打击IUU渔业协定磋商会、中俄渔业合作混合委员会第23次会议在上海举行。双方总结了2013年中俄渔业合作情况，包括边境水域渔业联合执法检查、渔业资源增殖和我渔船赴俄海域的海洋捕捞合作，并就《中华人民共和国政府和俄罗斯联邦政府关于预防、阻止和消除非法、不报告和不管制捕捞海洋生物资源的合作协定》实施有关的具体问题进行了交流，讨论并确定了2014年中俄渔业合作项目。

(10)2013年10月7～11日，农业部渔业局副局长李彦亮率团赴俄罗斯圣彼得堡市出席了联合国粮农组织(FAO)渔业委员会水产养殖分委员会第七届会议。会上重点讨论了“加强水产养殖分委员会推进水产养殖发展战略框架草案”、“评估公共和私营部门认证计划是否符合粮农技术准则的评价框架”以及“分委会在促进负责任养殖渔业方面的作用”等事项。

(11)经农业部常务会同意，农业部于2013年3月25～29日在浙江省舟山市举办了北太平洋渔业委员会第4次筹备会议。会议审议并通过了委员会秘书处的相关规则文件，并就委员会财务年度预算和相关科学研究事宜进行了讨论。

(农业部渔业局　姜　伟)

渔 业 管 理

渔业法制建设

【概况】 2013 年,全国各级渔业行政主管部门认真履责,加强渔业法律体系的理论研究和立法工作,强化渔业行政执法,规范执法队伍建设,深入开展渔业普法活动,渔业法制建设水平得到明显提升。

1. 渔业立法活动

(1) 积极推进《渔业法》修订工作。《渔业法》自2000 年修订以后,十几年来未进行大的修改,随着我国渔业突飞猛进的发展,渔业内部和外部环境发生了较大变化,制度缺陷凸显,这对行业发展、行政管理和渔政执法等都提出了新的挑战;《渔业法实施细则》也还停留在 1987 年发布时的情形,存在与渔业法相互脱节的情况,已经难以适应当前形势发展的要求。《国务院关于促进海洋渔业持续健康发展的若干意见》(国发〔2013〕11 号)明确要求强化渔业法制建设,进一步研究完善渔业方面的法律、法规和规章。为此,农业部渔业渔政管理局根据各方、各地意见,组织开展《渔业法》修订相关准备工作,国务院法制办公室将《渔业法》修订列入 2014 年立法计划。

(2) 行政审批制度改革卓有成效。根据《国务院关于加强法治政府建设的意见》(国发〔2010〕33 号)和《国务院关于严格控制新设行政许可的通知》(国发〔2013〕39 号)要求,农业部对原有涉渔行政审批项目进行了全面、坚决、到位的清理,废止了《渔船修造厂认可办法》、《渔业污染事故调查鉴定资格管理办法》2件规章,修订了《水生动植物自然保护区管理办法》、《水生野生动物利用特许办法》、《渔业捕捞许可管理规定》、《中华人民共和国渔业船舶登记办法》、《渔业船舶船名规定》5 件规章,逐项制定了取消和下放后的监管措施,研究提出了对省级渔业部门延伸绩效考核的内容和指标建议,发文布置做好衔接工作,有效避免了一放就乱和监管真空的现象。

(3) 加强制度基础研究,全面推进渔业管理制度建设。为加强渔业船员、渔港管理,保障渔业船舶和水上人员生命财产安全,维护渔业船员合法权益,农业部渔业渔政管理局组织开展了《渔港管理条例》、《渔业船员管理办法》研究起草工作。为规范捕捞渔具管理,控制捕捞强度,推动渔业可持续发展,编制完成了《全国海洋捕捞渔具目录》、《海洋捕捞准用和过渡渔具最小网目尺寸制度》和《禁用渔具目录》,并经农业部捕捞渔具专家委员会审查通过。为完善远洋渔船船位监测系统,强化远洋渔船和项目动态监管,先后印发了《农业部办公厅关于严格遵守金枪鱼国际管理措施的通知》、《农业部办公厅关于南太平洋区域渔业管理组织有关管理措施的通知》。为推动水产健康养殖和现代水产种业发展,创建全国渔业健康养殖示范县、现代渔业种业示范场,加快建立产学研相结合、育繁推一体化为标志的现代渔业种业发展新机制,下发了《农业部关于印发〈2013 年全国现代渔业种业示范场创建活动方案〉的通知》和《农业部关于开展农业部渔业健康示范县创建活动的通知》。

(4) 积极参与多边、双边协作,开展国际公约研究、谈判和履约工作,维护我渔业利益。加强应对《渔船安全公约 93 议定书》、《1995 年捕捞渔船船员培训、发证和值班标准国际公约》、《国际防止船舶造成污染公约》、《国际燃油污染损害民事责任公约》、《南太平洋公海渔业资源养护和管理公约》等公约的生效和实施对我国渔业特别是远洋渔业的影响。为渔船核发燃油保险证书,解决了企业面临的困难和问题,增强了主管机关履约发证和依法监管的能力。

(5) 各地高度重视现代渔业建设,不断完善地方性渔业法律法规。在国务院出台《关于促进海洋渔业持续发展的若干意见》和全国现代渔业建设工作电视电话会议后,各地渔业部门积极响应,争取当地政府部门的支持,相继出台一些地方性文件。山东省在渔业水域滩涂占用补偿制度立法方面实现新突破,与山东省物价局、山东省财政厅出台了《山东省国有渔业养殖水域滩涂适用权补偿费和安置补助费定价办法(试行)》;江苏省开展养殖权流转制度研究,着手起草《江苏省国有渔业水域养殖权流转管理办法》;河北省为促进休闲渔业发展,起草了《河北省休闲渔业管理办法(草案)》;为监督管理渔业船舶和渔港安全,四川省组织起草《四川省渔业船舶和渔港管理办法》;湖北省出台《湖北省水产苗种管理办法》;等等。这一系列的地方性渔业法律法规,推进了各地渔业生产规范化和渔业管理法制化。

2. 渔业行政执法 各级渔业行政主管部门及其所属的渔政渔港监督管理机构认真履行职责,依法开展渔业行政执法工作。清理整顿"绝户网",开展违规网具专项整治行动,加强休渔、禁渔执法管理,科学安排增殖放流,对天然水域渔业资源的维护起到了积极作用;积极做好专属经济区、敏感海域、协定水域以及西沙、南沙的护渔和巡航工作,有效维护我国主权和海洋权益,保护我国渔民生命财产安全;组织参与并按照中国海警临时指挥中心的统一部署,配合做好钓鱼岛、黄岩岛、仁爱礁等重点海域维权执法工作;开展水产品质量安全执法检查,保障人民群众"舌尖上的安全"。

3. 执法队伍建设 认真做好新造渔政船通信系统的标准化、规范化建设工作,编制完善渔政船通信设备配备和集成等相关技术方案,为构建护渔维权通信指挥调度一体化网络打下基础;定期举办渔政人员培训班和执证上岗培训,完成渔业执法文书格式的修订和电子化文书制作规范的编制工作,做好"五统一"的规范建设工作,不断提升渔政执法人员综合能力和业务水平;继续推进中国渔政管理指挥系统建设和维护升级,渔政信息化和无线电管理工作得到加强;围绕渔政队伍标准化、规范化、专业化建设,解决渔政队伍中存在的"庸、懒、散、木、推"现象;修订完善渔政执法、渔业水上安全事故应急处置和调查处理等相关制度并进行宣传贯彻;积极开展2013年渔业行政执法督察和渔业文明执法窗口单位创建工作。

4. 渔业普法活动 各级渔业行政主管部门利用广播、电视、报刊、标语、宣传单等多种形式进行法制宣传,广泛组织基层干部、群众学习渔业法律知识;开展"关爱水生生物"为主题的形式多样的水生野生动物保护科普宣传月活动;提高渔民的法律意识,教导渔民群众依法开展渔业生产,确保渔民群众生命财产安全。

(农业部渔业局 衣艳荣 徐 采)

渔业标准化

【基础性工作】

(1)加强标准体系建设。按照《"十二五"渔业标准化工作规划》要求,围绕现代渔业建设需要,以及推进渔业科技成果应用,农业部渔业局组织全国水产标准化技术委员会及各分技委,收集筛选提出300余项2014—2016年渔业国家标准和行业标准规划制定和修订项目建议,内容涉及水产养殖、资源增殖、水产品加工、休闲渔业和渔业装备等为建设现代渔业服务的标准项目。

(2)完善标准化队伍建设。为推进渔业标准化工作,在全国范围内设立了渔业标准化工作联络员,由36个省、自治区、直辖市及计划单列市渔业行政主管部门各推荐1名渔业标准化工作联络员。完成了全国渔船标准化技术委员会和全国水产标准化技术委员会水生动物防疫标准化技术工作组换届工作,成立了第四届全国渔船标委会和第三届全国水标委水生动物防疫标准化技术工作组。开展了海水养殖、水产品加工、观赏鱼等分技术委员会年会活动,交流了各专业领域标准化工作情况,结合渔业现代化发展需求,提出标准化服务于渔业发展的意见和建议。

(3)加大标准宣传贯彻培训力度。为普及标准化知识,提高渔业标准制(修)订水平,农业部渔业局会同全国水产标准化技术委员会举办了第四期渔业标准化知识培训班,宣传贯彻了《标准化工作导则 第1部分:标准的结构和编写》(GB/T1.1—2009),讲解了不同类别渔业国家和行业标准编写要求和程序,承担渔业领域国家和行业标准制(修)订任务的科技人员、渔业标准化工作联络员、全国水产标准化技术委员会及各分技委委员等渔业标准化骨干人员170余人参加了培训活动。为了更有效贯彻实施渔业标准,2013年,开展了《盐碱地水产养殖用水水质》、《水族馆术语》等6项渔业行业标准宣传贯彻活动,130余名渔业技术和管理人员参加了标准宣传贯彻培训,同时,编印了《观赏鱼标准知多少》标准普及宣传册。

(4)组织开展标准应急调查工作。针对我国海蜇生产使用含铝食品添加剂明矾安全性问题,2013年10~11月,农业产渔业局组织全国水产标准化技术委员会水产品加工分技委、有关水产品质检单位和部级水产品质量安全风险评估实验室,开展了海蜇产品铝安全性应急调查工作。通过调查,初步摸清了我国海蜇产品主要生产和消费地区的鲜海蜇、即食海蜇和盐渍海蜇铝危害因子来源与残留情况,开展了海蜇加工工艺、铝残留状况调查和脱铝试验,对海蜇产品中铝安全性进行了评估,为规范海蜇产品加工工艺、引导安全消费提供了基础参考,同时为修订《食品安全国家标准 食品添加剂使用方法标准》(GB2760)提供了重要依据。

【水产标准制(修)订】 积极推进渔业相关国家和行业标准制(修)订,按照农业部下达的2013年农业行业标准制(修)订计划,农业部渔业局组织35项渔业归口项目的实施工作。全年召开9次渔业国家和行业标准审定会,完成67项渔业国家和行业标准审定工作,报批65项标准。组织全国水标委、全国渔船标和水标委各分技委(技术工作组)完成了2013年渔业国家标准制(修)订立项审查,推荐渔业国家标准制(修)订项目26项;完成了2014年农业行业标准制定和修订渔业项目的征集、遴选和评审,推荐渔业行业标准项目38项。

【技术性贸易措施官方评议】 2013年,完成了45项来自各国或地区的TBT和SPS通报的初评工作。对其中较为重要、可能影响我国水产品出口贸易的9项通报进行了重点评议,对外提出评议意见13条,对内预警与建议13条,并通过"水产品技术性贸易措施评议信息服务平台"、《中国渔业质量与标准》等媒体及时发布,为相关部门和单位及时掌握贸易国最新技术性措施、及早做好防范提供了信息支持。

【国际交流合作】 积极参加国际渔业标准化活动。农业部渔业局持续组织开展CAC标准跟踪研究工作,组织专业人员跟踪、参加CAC第45届食品添加剂委员会(CCFA)会议,积极提出水产品相关参会议案建议5项,被中国代表团采纳。为我国参加2013年世界贸易组织SPS第2次和第3次例会提供贸易关注材料,对有关国家暂停进口我对虾产品提供了关注意见。积极参加了《冻扇贝柱加工技术规范》、《鲟鳇鱼籽加工技术规范》、《鱼露加工技术规范》、"食品添加剂问题"、"组胺问题"等国际食品法典委员会水产及水产加工品委员会(CCFFP)现阶段组织制定和研究的法典标准及相关标准议题的电子工作组活动,及时翻译、研究各项标准草案和相关问题,提出我国对相关问题的意见和建议。紧密跟踪、积极参与CAC—亚洲区域紫菜产品标准制定工作,开展紫菜产地生产调研、专门研讨,详细提出了对韩国负责起草的CAC—亚洲区域紫菜产品标准草案的修改意见,并及时反馈主起草国,积极推进保障紫菜产品质量安全和贸易公平。

(农业部渔业局 郭 薇)

水产品质量安全监管

【概况】 根据国务院食品安全重点工作安排和农业部农产品质量安全专项整治工作的统一部署,围绕落实"两个努力确保"的中心目标,农业部渔业局按照突出重点、点面结合,标本兼治、重在治本的工作原则,着力推进水产品突出质量安全问题的综合治理和制度建设。总体看来,当前产地水产品质量安全状况继续稳定向好,抽检总体合格率达到99.1%,同比提高0.6个百分点,全年没有发生群体性的突发事件。

【主要措施】

一是制订工作方案,全面部署工作。根据2013年产地水产品质量安全监督抽查结果和各地水产品质量安全监管工作中发现的重点问题,制订并印发《2013年农产品质量安全专项整治方案》,明确2013年度产地水产品质量安全监管重点品种、重点区域和重点风险因素;3月30日在北京召开了水产品全国安全监管工作会议,副部长牛盾出席会议并做重要讲话,各省、自治区、直辖市及计划单列市主管厅局水产品质量安全监管工作分管领导、渔政机构和承担检验任务的实验室负责人共100余位代表参加了会议。副部长牛盾在讲话中充分肯定了水产品质量安全监管工作成绩,分析了当前水产品质量安全监管工作形势,提出了今后水产品质量安全工作方向和工作布局,并对2013年度水产品质量监管及专项治理工作进行了全面部署。会议期间套开了水产品质量安全执法工作座谈会和质检机构负责人培训班。

二是强化产地监测,推进检打联动。组织开展水产苗种药残监督抽查,在12省省份抽检480份样品,综合合格率92.7%,同比增长4.4个百分点。结合各地水产品生产季节性特点,制订并组织实施2013年度国家产地水产品质量安全监督抽查计划,由30家质检机构对全国30个省、自治区、直辖市的18种国内市场销售的主要水产品种开展监督抽查。全年共抽检3 029个样品,于6月份和9月份分两次实施,综合合格率99.1%,同比提高0.6个百分点。继续做好贝类产品卫生监测和海水双壳贝类生产区域划型工作,全年抽检1 504个样品,合格率85.4%,同比提高4.6个百分点。根据水产苗种和产地水产品质量安全监督抽查结果,先后召开2次会商会,通报有关情况,督导有关省份加强查处,并举一反三,加强水产品质量安全管理。

三是加强外部配合,积极推动贸易。2013年11月4~20日,欧盟先后派出三个考察团,对我国出口水产品卫生控制体系、动物源性产品(含水产品)药物残留监控体系和贝类卫生管理体系进行考察,以验证我国出口水产品管理体系是否符合欧盟要求,或具有等效性,并根据考察结果决定我国水产品能否对欧出口。

农业部渔业局与国家质量监督检验检疫总局密切配合，在先期完成欧盟体系考察问卷的基础上，会同国家质检总局、商务部和中国国家认证认可监督管理委员会认真开展迎检工作，主要涉及渔船卫生管理、渔港码头卫生和作业条件，以及制冰厂管理等方面，指导地方渔业部门正确回答欧盟官员有关问题。从欧方反馈结果看，欧方对我国水产品卫生监控体系总体满意。

四是提升服务水平，提高监管能力。一是于10月和12月份举办两期培训班，培训对象包括各省、自治区、直辖市及计划单列市，重点地市渔业主管部门水产品质量安全主管人员，人数达到150余人。培训的内容包括两高《关于办理食品安全刑事案件适用法律若干问题的解释》以及水产品质量安全监管相关知识。二是为推动检打联动，提高基层监管能力，在各省（自治区、直辖市）渔业主管部门和质检机构推荐的基础上，委托中国水产科学研究院组织专家对社会上相关企业提供水产品中禁用药物残留快速检验产品的检验能力（包括准确性、灵敏度和稳定性）进行了现场验证，10家企业生产的48种产品参加了验证。结果显示，依据专家制定的判断标准，有1种孔雀石绿、5种氯霉素和24种硝基呋喃类代谢物的快检产品能够达到其标识的检验能力，为各地开展执法提供支撑手段，得到各地渔业部门的肯定。广东、江苏、辽宁等省还组织了水产品快速检测体系，作为产地水产品质量安全监管的重要支撑。三是组织举办质检机构负责人培训班，开展质检机构检验能力验证和结果复核，确保监督抽查结果的真实性和科学性；组织编印《水产品中有毒有害物质残留检测操作手册》，促进质检中心检测人员，特别是基层检测检验人员提高工作规范性。

【存在问题】 在看到水产品质量安全监管工作取得成效的同时，应看到当前水产养殖产业基础并未发生根本性改变，生产单位法律意识、诚信意识、责任意识、自律意识普遍不强；水产品质量安全监管体系虽已基本建立，但监管基础仍然薄弱、监管手段仍然不足，县乡两级“缺机构、缺人员、缺经费、缺手段”的现象更是普遍存在，“上边有想法、下面没办法”成为常态；监管制度创新虽取得一定进展，但能够有效落实生产单位主体责任的质量安全追溯制度、市场准入制度仍然没有普遍建立；重点产品专项整治虽持续深入，但风险隐患仍然存在；监督执法力度虽不断加大，但科学执法、规范执法的水平还需提高；支撑能力建设虽扎实推进，但科研队伍素质仍有待进一步提升，这些问题有待在今后的工作中进一步改进。

（农业部渔业局　郭云峰）

渔业安全生产与渔港监督管理

【概况】 2013年，农业部和各地渔业主管部门高度重视渔业安全生产，深入贯彻落实党中央、国务院关于安全生产工作的重要部署，认真贯彻落实习近平总书记、李克强总理重要指示批示精神，始终把人民生命财产安全放在首位，坚持“安全第一、预防为主、综合治理”，以“文明渔港”和“平安渔业示范县”创建活动为抓手，采取有力措施，完善制度、健全机制、增加投入、强化管理，进一步加强渔业安全生产工作，扎实推进“平安渔业”建设，为渔业持续、健康发展做出了重要贡献。

1. 深入开展“两个创建”，构建安全监管长效机制 为进一步做好渔业安全生产的基础工作，构建渔业安全生产管理长效机制，农业部会同国家安全监管总局继续组织开展“两个创建”活动，目前全国共创建“平安渔业示范县”88个、国家级“文明渔港”37个。通过“两个创建”，渔业安全生产工作得到了地方特别是县（市、区）党委政府的高度重视和有关部门的大力支持，渔业安全生产工作从部门工作逐步转变为党委、政府工作，摆上党委、政府工作的议事日程，渔业部门的地位不断提升。同时通过开展“两个创建”，抓点带面，创新工作机制，安全生产责任制进一步落实，制度措施进一步完善，投入进一步加大，标准化规范化程度进一步提升，基层基础工作进一步加强，为构建安全监管长效机制奠定了坚实基础。

2. 着力推进渔业船员和渔港监督等制度建设与研究 为规范渔业船员管理，提高渔业船员素质，维护渔业船员的合法权益，保障水上交通安全和渔业生产作业安全，推动渔业经济的健康发展，在深入调查研究、广泛征求意见的基础上，研究制定了《中华人民共和国渔业船员管理办法》（草案送审稿），通过农业部网站公开征求意见后进一步修改完善，报农业部常务会议审议。同时，继续开展《渔港管理条例》研究起草工作，深入开展调查研究，广泛征求各地和各有关部门意见，根据意见对草案征求意见稿进行反复修改，提交农业部政法司审查，邀请国务院法制办有关领导和专家进行了进一步研讨。针对近年涉渔国际海事公约先后或即将生效对我国渔业特别是远洋渔业将产生重大影响的情况，积极组织相关单位开展研究，提出应对意见和建议，为有关国际会议谈判提供应对方案。为提高研究工作质量和系统性，成立了公约研究工作小组，委托有关高校团队开展具体研究工作。协调交通部对远洋渔船实施国际燃油公约做出安排，由农业部为渔船核发燃油保险证书，解决了企业面临的困难和问题，增强了主管机关履约发证和依法监管的能力。

3. 加强监督检查和教育培训，努力消除安全生产事故隐患 2013年，农业部组织督查检查17批次，多次会同国家安监总局赴重点渔区开展专项督查，牛盾副部长两次带领国务院安委会安全生产综合督查组到湖南、安徽，对19个市（州）、38个区（县）进行督查检查。农业部船检局和各地船检机构，切实加强渔船检验工作，全年共检验海洋渔船20万艘，杜绝了存在安全隐患的渔船下水，组织开展了“为渔民群众办实事、让安全产品上渔船”活动，开展渔船船用产品专项治理行动，查处了相关生产企业及一批伪劣产品，对一些存在重大安全隐患的产品实施召回措施，受到渔民群众的好评。各地渔业主管部门对渔业安全生产大检查高度重视，认真制订检查方案，主要领导亲自带队，重点对“三无”及套牌渔船、渔船渔港救生与安全设施配备、船员持证上岗、渔船及船用产品生产企业资质与产品质量等进行重点检查，对及时查处、纠正违法违规行为、消除事故隐患、减少事故发生起到了积极作用。各地积极开展宣传教育和培训，积极推进安全生产文化建设，营造了重视渔业安全生产的良好的社会氛围，提高了渔民安全生产意识。

4. 协调开展渔业应急救助，提高水上安全保障水平 2013年，登陆我国的台风19个，明显多于往年，强度也大。农业部和各地渔业主管部门积极应对，加强应急值守，充分利用渔船监控信息平台，将气象信息及时发布到渔船，及时组织渔船回港或就近避风，及时指挥调度渔政船参与救助，及时组织渔民自救互救，最大限度地减少了渔民生命财产损失。在应对“蝴蝶”超强台风过程中，广东省5艘渔船、171名渔民在西沙海域遇险，中央领导高度重视，农业部领导亲自指挥，部安办、渔业局、渔政指挥中心、南海区渔政局和广东、海南省委、政府及省渔业主管部门放弃休假，昼夜值守，协调相关部门，组织渔政船和作业渔船全力配合救助，最大限度地减少了渔民生命财产损失，挽回了多名渔民生命。上海远洋渔船“开欣”号在南极海域起火，农业部协调相关部门和有关国家开展救助，组织辽宁海洋渔业集团公司作业渔船参与救助，使船上97名船员全部得到安全转移。2013年，共协调组织渔业海难救助1 064起，出动渔船、渔政船（艇）2 003艘次，成功救助渔民6 512人次、渔船2 641艘次，投入救助经费2.3亿元，挽回经济损失近7.6亿元。

5. 积极争取加大投入，提升渔业安全装备能力 近年来，在国家安监总局和有关部门支持下，农业部和各地多渠道积极争取项目和资金，加大渔业安全监管和渔船装备建设的投入。农业部进一步落实渔用航标维修养护与更新改造项目资金，组织召开了项目实施现场会，推动实施第二批重要渔用航标维护改造。许多省（自治区、直辖市）都启动了渔船安全装备建设和渔船更新改造项目，大力推进渔船配备救生筏、船舶自动识别系统、卫星监控系统、渔船通信设备等安全设施，加强渔业安全通信网络建设，初步实现了对大中型海洋渔船的实时联络及船位监测，充分利用现代信息技术装备渔船和监管机构，进一步提升了渔业安全生产监管水平，为灾害预警、海难救助、渔船监管和维护海洋权益等发挥了重要作用，已成为沿海渔区一项重要的民心工程。

（农业部渔业局　朱宝颖）

渔业船舶水上安全事故及救助情况

【事故情况】 2013年全国共发生渔业船舶（不含特殊船舶）水上安全事故350起、死亡（含失踪，下同）491人，事故起数减少3.58%，死亡人数增长16.35%。

（1）从事故类型分析，渔船间碰撞24起、死亡15人；自沉33起、死亡56人；风损21起、死亡31人；触损15起、死亡2人；火灾19起、死亡4人；溺水111起、死亡116人；机械损伤32起、死亡27人；其他事故10起、死亡7人。商渔船碰撞发生44起、死亡75人。自然灾害事故发生41起、死亡158人。

（2）从事故等级分析，一般事故发生307起、死亡208人，分别占水上安全事故的87.77%和42.36%，同比事故起数减少12起、死亡人数增加42人；较大事故发生39起、死亡190人，分别占水上安全事故的11.14%和38.70%，同比事故起数减少2起、死亡人数减少25人；重大事故发生3起、死亡31人，分别占水上安全事故的0.86%和6.31%，同比事故起数持平、死亡人数减少10人；特别重大事故发生1起、死亡62人，分别占水上安全事故的0.29%和12.63%，同比事故起数增加1起，死亡人数增加62人。

（3）从事故特点分析，2013年渔业船舶水上安全情况总体平稳，水上安全形势依然严峻，主要呈现出以下几个特点：一是自然灾害事故中因大风死亡人数最多。在自然灾害事故中，风灾事故37起、死亡156人，虽然事故起数仅占全年渔业船舶水上安全事故起数的10.57%，但是死亡人数却高达31.77%，排在渔业船舶水上安全事故第一位。

二是溺水事故起数最多。溺水事故发生111起、死亡116人，分别占渔业船舶水上安全事故的31.71%和23.63%，事故起数居首位，死亡人数仅次于风灾事故。这与内陆劳务人员大量上船出海缺少专业培训，从业人员防范风险意识低，辨识风险能力和自我保护能力差，以及违章操作等因素有关。

三是渔船被商船碰撞事故较多。2013 年发生的商渔船碰撞事故与 2012 年度基本相当（同比增加 1 起、减少 3 人），但事故仍然较多，全年发生事故 44 起、死亡 75 人，分别占渔业船舶水上安全事故的 12.57% 和 15.27%。

四是自沉事故较多。渔船自沉事故发生 33 起、死亡 56 人，分别占渔业船舶水上安全事故的 9.43% 和 11.41%。目前国内沿海渔船多数船龄较长、船体破旧，加之维修保养不善，船舶操纵不当、配载不合理等极易引发自沉事故。

【救助情况】 2013 年，各级渔业主管部门及其渔政渔港监督管理机构共组织渔业海难救助 1 064 起，救助渔船 2 641 艘次、救助渔民 6 512 人次，渔船参与救助 1 566艘次，渔业行政执法船艇参与救助 437 艘次，实际投入救助费用 2.3 亿元，挽回经济损失近 7.6 万元。

（农业部渔政指挥中心　郭　伟）

捕捞许可和渔船管理

1. 完善管理制度，全面落实“十二五”海洋渔船控制制度 明确任务目标，扎实推进“十二五”渔船控制制度有效实施，完善管理制度，促进渔船各管理环节相互衔接，狠抓工作落实，确保各项重点工作有序推进。健全规章制度，完善渔船建造、更新改造、购置渔船管理制度，组织清理异地挂靠渔船，规范行政许可审批程序，做好海洋捕捞渔船更新改造项目的实施工作。加强协调沟通，组织研究论证，公布实施《渔船用柴油机型谱和标识管理办法》，改变长期以来渔船主机功率标注随意性导致的“大机小标”或“小机大标”现象，为进一步强化渔船控制制度，控制捕捞强度奠定基础。继续推进渔船交易中心试点建设，扩大试点范围，及时总结试点工作情况，组织开展渔船交易制度调研，起草印发《关于深化推进渔船交易服务机构建设试点工作的函》，指导和推进各地交易中心建设，规范渔船交易行为。

2. 推进规范化管理，部署开展内陆渔船“三证合一”改革试点工作 加快推进内陆渔船控制与管理制度建设，组织召开全国内陆渔船管理和证书“三证合一”改革会议，研究部署开展内陆渔船“三证合一”改革试点工作。组织制定内陆渔船“三证合一”改革和数据库建设具体实施方案，细化操作办法，公布试行内陆渔船“三证合一”证书样式和发证程序，完成内陆渔船管理数据库系统研发、测试，组织开展内陆渔船数据清理整合和管理部门权限及系统应用账号等相关信息的收集整理，加强硬件设备等基础条件建设和人员业务培训，启动试点工作，为顺利推进内陆渔船“三证合一”改革奠定基础。

3. 改善管理手段，基本建成全国海洋渔船动态管理系统 渔船动态管理系统建设是加强渔船管理、提高管理水平、转变政府职能和工作作风的重要手段和主要抓手。全面推进海洋渔船动态管理系统建设，重点推进远洋渔船检验子系统上线工作，以及渔船检验、登记和捕捞许可管理数据清理整合，指导各地按渔船管理系统协调小组意见要求，对渔船实船功率、渔船检验证书和捕捞许可证记载功率不一致，以及制造、更新改造和购置渔船管理、证书审验等重点问题进行梳理和明确，目前全国统一的海洋渔船管理数据库基本建成，渔船船网指标审批、渔船检验、渔船登记、捕捞许可和渔船报废拆解等各管理环节相互衔接基本实现。组织研发渔具管理子系统，升级改造捕捞许可管理应用程序，强化捕捞许可和渔具管理有机统一，确保新核发的《渔业捕捞许可证》载明的渔具名称、规格等规范统一，为推进渔具管理和执法监督奠定基础。督促指导渔船数据“三级”纠错和数据资源共享接口软件的推广应用，充分发挥全国渔船动态管理系统的服务功能。

4. 完善审批流程，确保渔船许可审批的规范透明

渔船许可审批是一项具体事务性工作，但由于时间紧、任务重、涉及面广、政策性强，既要认真审核，又要按时办结，既要严格把关、又要优质服务。2013 年，共受理各类渔船许可审批申请 350 多份、涉及渔船近 1 500艘。同时，为转变工作作风，推进远洋渔船审批公正透明，推动建立了远洋渔船造船审批局长办公会制度，共同研究，集体决策。对渔船许可审批中遇到的矛盾和问题，及时与有关方面沟通协调，予以妥善解决。

（农业部渔业局　张信安）

渔业节能减排工作

【概况】 2013 年，农业部渔业局继续通过组织实施渔业节能减排项目，推进渔船和水产养殖节能减排技术试验示范和推广，开展节能减排宣传培训和研究，工作取得了新的进展和成效。

（1）渔船节能减排产品技术推广取得新进展。2013 年，辽宁省研发 11.52 米玻璃钢海洋牧场养殖作业管理标准船型并建造示范船 1 艘，建造玻璃钢海洋休闲游钓船5艘。山东省建造新型玻璃钢捕捞渔船13艘,新型玻璃钢养殖作业船40艘,玻璃钢渔业执法船4艘。玻璃钢渔船水动力效率比钢质渔船提高10%~20%,节省燃油10%,增加产值12%,使用寿命提高60%,维修费用降低50%以上。山东省还推广渔船节能环保型机械设备267台(套),预计节约燃油将超过5 000吨,减少氮氧化物排放量1万吨、硫氧化物排放量约0.5万吨和二氧化碳的排放量10万吨。江苏省完成了3种标准化船型轮机修改设计20多套的审图、3套船体的修改设计,全年推广建造完工标准化渔船131艘,取得检验证书,与旧船相比,主机可节约燃油10%,平均每艘渔船可节约燃油10吨。浙江省进行了标准化船型海上实船示范生产,与同类(同主尺度、同主机功率)拖网渔船、同海区同时间(海上30天计)作业耗油计数(计桶数)对比验证,示范船与同类普通船比拖底层鱼和拖上层鱼省油达11%~12.5%。

(2)完善推进水产养殖节能减排实验示范。2013年,山西省、福建省开展了淡水池塘网箱自动清污、流水养殖技术和对虾、"四大家鱼"池塘循环水养殖模式等示范,取得明显节能节水效应。山西省完成了6套池塘自动清污设备的制作和8套清污设备的改造,完成了2.8公顷池塘网箱流水养殖模式示范。实验池塘全年未换水,对比清淤前产量提高50%以上,清出的塘泥进行了种植示范。福建省实施气动循环水养殖技术、微孔增氧养殖技术、池塘生物膜低碳养殖新技术、人工湿地模式循环水养殖等水产养殖节能、节水和减排技术集成示范,开展了南美白对虾、"四大家鱼"池塘改造示范,示范面积6.7公顷、150吨,实现节水80%,节能50%。

(3)开展渔业节能减排技术研究。组织开展了全国小型渔船标准化船型优化论证,选择山东、重庆两省试点开展小型渔船船型标准化,在充分调研基础上,从尺度、型线、布置、结构、设备等方面进行优化论证。优选出37个标准化渔船船型;开展建立电力推进、柴油-液化天然气双燃料渔船技术标准体系和规范等研究工作。

(4)开展技术研讨与宣传活动。2013年7月26日,农业部渔业局在福州市召开全国水产养殖节能减排工作研讨会。来自部分省(自治区、直辖市)渔业主管部门、水产技术推广站和项目承担单位负责人50多人参加了会议。会议总结交流了2006年以来,开展的水产养殖节能减排工作,充分肯定水产养殖节能减排大有可为。会议认为,通过渔业节能减排项目引导,农业部先后在山东、福建、广东、山西等省针对不同养殖方式和养殖对象,积极探索节能减排技术,开展了养殖节能减排试点示范,陆续形成了池塘气动式循环水养殖、海水鱼循环水养殖、鳗鲡节水可控生态养殖、高位虾池循环水养殖和精准投喂技术等养殖模式,多项技术示范应用取得了明显节能减排效果。底层微孔增氧技术,实现亩用电成本20%~50%;浮性颗粒饲料精准投喂技术,与传统定量投喂比较,节约饲料用量20%,减少排放30%;气动循环水养殖技术,实现节能50%以上,节水80%;鱼菜共生立体养殖技术,节约水电投入57.6%。2013年,各地通过举办各类培训班、现场指导、发放技术资料等方式深入到渔村、渔港对捕捞生产者、基层渔业管理人员、水产技术推广骨干、水产养殖技术人员和水产养殖户进行渔业节能减排知识和技术培训,全年共培训4 200余人次,发放技术资料8 300余册(份),取得了较好的培训效果。同时编印了4期《渔业节能减排通讯》。

(农业部渔业局 郭 薇)

水生生物资源养护与水域生态修复

2013年,农业部继续深入贯彻党的十八大、十八届三中全会和《中国水生生物资源养护行动纲要》要求,扎实推进水生生物资源养护各项工作,加强捕捞渔具规范化管理,组织违规渔具清理整治专项行动,推进水产种质资源保护区建设,实施好增殖放流项目并加强监管,抓好重要渔业水域生态环境保护和监测,实现我国水生生物资源养护事业稳步前进。

【继续抓好增殖放流,积极修复水域生态】

1.进一步规范增殖放流活动 为贯彻十八大关于大力推进生态文明建设的战略部署,切实落实中央关于改进工作作风的要求,务求增殖放流活动取得实效,进一步推进生态文明建设和水生生物资源养护事业发展,农业部下发《关于进一步规范水生生物增殖放流活动的通知》,要求各级渔业主管部门科学安排增殖放流活动,简化活动程序和现场布置,提高公众参与水平,普及水生生物资源养护知识。

2.组织开展好重大放流活动 年内,农业部共与4个省份联合开展了重大增殖放流活动,组织各级放流活动1 945次。4月22日,农业部与海南省人民政府、中国海洋石油总公司联合开展西沙海域生物资源增殖放流活动,农业部副部长张桃林、海南省政协副主席林方略、中海油副总经理武广齐以及广西壮族自治区副主席陈章良出席放流活动。5月7日,农业部与江苏省人民政府联合举办了太湖渔业资源增殖放流活动。10月13日和11月8日，农业部渔业渔政管理局分别与山东临沂、河南郑州联合举办了放流活动。在增殖放流活动具体组织上，农业部加强与地方渔业主管部门的沟通协调，严格按照有关要求，不搞形式主义，突出科普宣传效应，得到了社会各界的广泛好评。

3. 全力做好增殖放流这件实事 积极争取并落实好中央财政增殖放流转移支付项目资金3.2亿元，带动全国共投入增殖放流资金10.07亿元；放流重要水生生物苗种和珍稀濒危物种达336.5亿尾(只)，有效促进了渔业资源恢复，实现了渔业增效、渔民增收。辽宁省2012年在黄海北部和辽东湾共回捕中国对虾555吨，同比增加121吨，放流效果好于上年。截止到10月底，山东全省累计回捕增殖渔业资源7.1万吨，创产值17.7亿元，同比分别增长97.2%和8.7%，直接受惠渔民约40万人，渔民人均增收2 731元。河北省预计2013年中国对虾、梭子蟹和海蜇产量分别为1 400吨、3 500吨和1 600吨，投入产出比分别为1 ∶ 2.7、1 ∶ 2.1和1 ∶ 2.7。江苏省每投入万元增殖放流资金可增加渔民收入2.9万元，2013年渔民共计增收2.15亿元。浙江省5年来增殖放流的投入产出比约为1 ∶ 8，累计增加社会总产值20亿元以上。截止到2013年，青海省累计向青海湖流域放流1龄苗种7 600余万尾，到2014年底资源量预计恢复到38 000吨，是保护初期的14.6倍。吉林省图们江、鸭绿江等自然水域多年不见的花羔红点鲑、狗鱼、鳜鱼、大麻哈鱼、滩头鱼等名贵鱼类又重新出现，渔业资源衰退势头得到有效遏制。增殖放流还对净化水质、保护水域生态环境发挥了重要作用。据测算，北京市密云水库、官厅水库和沙场水库水生生物增殖放流的鱼类可从水体中消耗157.5吨氮和40.5吨磷，有效控制和降低了全市水源涵养区水质的富营养化趋势。江苏省2013年增殖放流可从天然水体中析出氮磷超过1 200吨。安徽省南漪湖通过近两年连续放流鲢鳙鱼类，水质明显好于往年，总P、总N、BOD、COD等指标均有所下降。通过放流，宁夏沙湖湖水综合营养状态从2008—2010年的富营养、中度污染转为中营养和轻度富营养之间，水体富营养化得到有效遏制。吉林长春市的新立城水库、石头口门水库、延吉市的五道水库通过适度增加鲢鳙的投放比例，增加滤食性鱼类数量，多年出现的绿藻蓝藻"水华"，近几年未再出现，净化了城市居民供水水质，保证了城市居民饮水安全。

4. 加强增殖放流项目监管并组织实施好转移支付项目 根据水生生物资源养护需要，提出2014年增殖放流转移支付项目建议书，申请扩大增殖放流资金规模。继续做好2013年中央财政增殖放流转移支付项目管理工作，在项目实施指导意见中，要求项目单位加强苗种检疫检验、公证公示、保护管理和效果评估等工作。在统筹蓬莱溢油补偿资金对渤海渔业资源修复安排方案的基础上，提出2013年增殖放流转移支付项目资金分配建议，并根据财政部资金下达情况，在与各地反复沟通、核实确认的基础上，及时下达2013年增殖放流转移支付项目任务。作为农业部渔业局2013年财政项目检查重点之一，联合农业部财务司等单位对浙江省和宁波市2013年增殖放流和海洋牧场项目执行情况进行检查，对好的经验和做法予以肯定，就存在的主要问题提出改进要求。各地不断提高对增殖放流管理工作的重视程度。浙江省分别成立增殖放流项目实施工作领导小组和增殖放流项目实施专家组，从不同角度为增殖放流进行把关。江西省加强制度建设，省农业厅和省财政厅联合印发了《江西省渔业资源增殖放流项目与资金管理办法》，明确项目资金用途、项目实施程序、苗种供应管理及违反资金处罚措施等。吉林省加大对增殖放流工作的监管力度，研究制定了《增殖放流苗种监督管理实施办法》、《增殖放流苗种监管人员工作要求》和《2013年增殖放流苗种监管现场记录表》，坚持对每次增殖放流活动购买苗种的品种、数量进行监督，对每个放流单位选购苗种厂家的水产苗种生产单位资质、放流苗种检测报告和检疫证明、放流活动公示和现场公证等内容逐一进行审核，符合规定的单位才允许实施放流，进一步规范了放流行为，维护了水域生态安全。

5. 继续支持开展增殖放流效果评估工作 为科学评估增殖放流效果，指导增殖放流工作科学有序开展，农业部渔业渔政管理局自2009年起，在部门预算中连续5年安排经费支持20多家科研高校等单位在渤海湾、辽东湾、舟山渔场、太湖、密云水库等重点水域，对四大家鱼、中国对虾、牙鲆、梭子蟹、海蜇等主要放流物种开展效果评估工作；同时还连续5年支持山东省海洋捕捞管理站等单位开展中国对虾、竹节虾、鲆鲽类、大黄鱼、四大家鱼、河蚬等主要放流物种的技术规范制定工作。在2013年初下发的增殖放流项目实施指导意见中，要求项目单位安排专门资金用于放流苗种标志放流和后期跟踪检查、效果评估等工作。年初，组织召开了2012年增殖放流效果评估项目执行情况总结验收会议，并对2013年评估项目实施方案进行集中研究；年底组织对2013年增殖放流效果评估项目执行情况总结验收。编辑完成了2012年增殖放流效果评估报告汇编。各地对增殖放流效果评估工作的重视程度不断提高，积极争取地方财政资金支持，对本地重点水域和主要放流物种开展放流效果跟踪监测和评估工作。四川省依托省水产研究所、四川农业大学、四川省水产学校等科研院所(校)对增殖放流效果进行评估和资源调查。湖北委托省水产科学研究所连续3年开展增殖放流效果评估工作,根据评估结果,9月以后武穴、赤壁、钟祥、潜江天然渔业资源幼鱼群体大幅增加,长江、汉江渔业资源恢复呈良好发展趋势。福建省新投入100万元将东山湾作为海湾型水域增殖放流绩效评估工作试点,重点开展鲷科鱼类放流后评估,同时继续开展闽江、九龙江淡水河流水系增殖放流后评估。

【坚持并不断完善资源养护制度】

1.在稳定基础上不断完善休禁渔制度　跟踪了解海洋伏季休渔制度和长江、珠江禁渔期制度实施情况,根据资源保护需要,提出修改完善建议。2013年,在各级渔业执法机构的共同努力下,海洋伏季休渔大局总体稳定。其中:黄渤海区实现休渔渔船44 066艘、渔民50万人,与上年持平;东海区休渔渔船53 283艘,总体数量与2012年持平;南海区休渔渔船共26 008艘,涉及渔业劳动力约13万人,分别比上年增加188艘、900多人。针对有关专家提出“长江休渔十年抢救性保护长江渔业资源”的建议,深入开展专题调研并召开研讨会,充分听取渔民、渔政机构和专家的意见建议,形成《关于专家建议长江休渔十年有关情况的报告》报送汪洋副总理。根据休渔管理实际,统筹兼顾资源养护、渔政管理和渔民承受能力,在广泛征求黄渤海区三省一市渔业行政主管部门、基层渔政部门、渔民的意见后发布农业部通告,决定自2014年1月1日起将黄渤海区刺网休渔时间调整为6月1日至9月1日,即推迟一个月开渔。针对东海区提出的调整东海伏季休渔制度的建议,征求黄渤海区渔政局和东海区所属三省一市渔业主管部门意见并开展专题调研。

2.继续推进渔具管理建章立制　为规范捕捞渔具管理,控制捕捞强度,推动渔业可持续发展,根据《中华人民共和国渔业法》、《渤海生物资源养护规定》等法律法规和《中国水生生物资源养护行动纲要》,在前期编制完成的《全国海洋捕捞渔具目录》的基础上,委托东海水产研究所编制完成了《海洋捕捞准用和过渡渔具最小网目尺寸制度》和《禁用渔具目录》,并经农业部捕捞渔具专家委员会审查通过。8月12日和10月8日两次征求了沿海省级渔业行政主管部门意见并在农业部网站上进行了为期30天的公示。10月21日,农业部渔业局局务会审议通过上述制度和目录,之后经农业部政策法规司和监察局审查,12月2日部常务会议审议通过,现已通过农业部通告形式正式印发。通告规定,最小网目尺寸制度和禁用渔具目录将分别于2014年6月1日和1月1日起正式实施。积极配合推动海洋捕捞主要经济鱼类最小可捕标准的尽快出台。委托中国水产科学研究院东海水产研究所研究提出最小网目尺寸标准与捕捞许可管理、执法操作如何衔接的问题,并组织农业部捕捞渔具专家委员会专门研究讨论,形成一致意见后下发沿海各地征求意见。为便于基层执法操作,组织东海所编制禁用渔具、全国海洋捕捞准用和过渡渔具执法参考手册,大量印刷后分送各地作为执法参考。

【组织实施违规渔具清理整治专项行动】　2013年6月份以来,中央电视台等主流媒体先后多次报道“绝户网”等违规渔具破坏渔业资源的问题,引起了中央领导高度重视和社会各界的广泛关注。根据习近平总书记的重要指示精神以及农业部党组和部长韩长赋的明确要求,农业部渔业渔政管理局迅速行动,在全国范围内组织开展了清理整治违规渔具专项行动。仅通过8月5日之后一个月的集中整治,全国就查获违规渔船4 000多艘,清理违规渔具近12万张(套)。在海洋伏季休渔全面结束后,协调农业部渔政指挥中心开展了为期1个半月的“海洋渔船使用违规渔具专项整治行动”。同时,对媒体反映的广西、浙江等地存在的违规渔具使用问题,进行了调查处理;并在10月下旬组织农业部渔政指挥中心和三个海区渔政局,共派出15个督查组,对19个省(自治区、直辖市)违规渔具清理整治情况进行了专项督查。据统计,自8月5日实行专项行动以来,农业部先后组织召开了2次部领导参加的电视电话会议,1次渔业渔政管理局和办公厅联合召开的新闻通气会,开展了2次大规模督导检查,以文件形式对清理整治工作做了3次部署安排,新闻联播、东方时空、焦点访谈等主流新闻媒体对此均有报道。总的来说,在专项行动的大力推动下,全国渔具管理工作整体上较以往取得重大进展,在社会上形成了严厉打击使用违规渔具捕捞行为的强大声势,有力震慑了使用违规渔具捕捞行为,也为进一步规范渔具管理打下了坚实的基础。

【科学划定水产种质资源保护区】

1.做好保护区面积核实和出版发行工作　与保护区管理机构多次沟通核实第六批国家级水产种质资源保护区面积范围和功能分区,正式办文对外发布。做好已公布的前五批国家级水产种质资源保护区面积范围和功能分区出版发行等相关基础性工作,拟尽快出版发行。

2.继续做好水产种质资源保护区划定工作 一是组织水产种质资源保护区申报培训工作。继续组织申报第七批国家级水产种质资源保护区，8月初在内蒙古举办保护区申报培训班，培训学员150多人，切实提高保护区申报质量。二是组织第七批国家级水产种质资源保护区审查工作。经国家级水产种质资源保护区评审委员会审查并经渔业渔政管理局局务会审议，共拟设立国家级水产种质资源保护区60个，报请农业部领导同意后已正式对外公告。目前，国家级水产种质资源保护区总数达到428个，形成覆盖范围更加广泛、保护效果更加明显的保护体系。

【着手开展《渔业资源增殖保护费征收使用办法》修订工作】 针对财政部、国家发展改革委《关于公布取消和免征部分行政事业性收费的通知》可能引发的渔民之间的不公平和渔区稳定，召开相关省份研究应对措施，并多次与农业部财务司、财政部进行沟通，出台《农业部关于明确国家发放捕捞许可证渔船资源增殖费征收问题的通知》，明确441千瓦以上渔船资源增殖费的收取问题。组织部分省份和海区局的同志集中讨论修改《渔业资源增殖保护费征收使用办法》，并将修改稿发送各地和海区局正式征求意见；进行地方反馈意见的整理，修改完善办法，并征求农业部财务司意见。

【加强渔业水域生态环境保护】

1.积极推动建立健全涉渔工程建设生态补偿机制 为贯彻落实十八大关于大力推进生态文明建设的战略部署，进一步严格环境影响评价管理，加强水生生物资源及其生境保护，农业部渔业渔政管理局积极与环保部环评司沟通协调，在多次讨论修改的基础上，起草了《关于进一步加强水生生物资源保护严格环境影响评价管理的通知》，并以环保部和农业部联合发文形式下发。通知在全国渔业和环保部门产生了广泛影响，有力地推动了环保和渔业部门之间的协作配合，对进一步严格管理涉渔规划和工程建设项目的环评工作，使环境影响评价与水生生物资源保护工作相互促进，督促落实水生生物资源保护与补偿措施发挥了重要作用。继续加强对有关涉渔工程环境影响评价审查，截止到11月26日，共参与审查海洋工程环评报告66项，争取到17.67亿元渔业资源生态补偿资金纳入项目环保投资；组织专家对涉及国家级水产种质资源保护区的工程建设项目专题报告进行审查，初步落实渔业资源生态补偿资金近2亿元。根据国家发展改革委的要求，对鄱阳湖水利枢纽工程对洄游性鱼类、江豚和渔民生产生活的影响组织了两次专题论证和一次专题调研，年底将最终审查结论报国家发改委。

2.组织做好渔业水域污染事故调查处理 继续指导河北、辽宁两省做好蓬莱溢油事故渔业损失赔偿补偿资金发放收尾工作，对渔民起诉和情况反映等有关问题进行了认真研究，并提出了相应的对策建议反馈中央政法委。下达了蓬莱溢油生物资源养护与渔业生态环境修复项目任务，并拨付了2012年项目资金。5月组织项目承担单位汇报2012年项目实施情况及2013年项目实施方案，年底组织有关单位对2013年蓬莱溢油资金执行情况进行总结汇报。目前，黄渤海区三省一市已经完成2013年增殖放流项目任务，生态修复、监测和溢油专题研究项目正在实施中。经与农业部财务司沟通协调，2013年项目资金将由该司负责下达，预计年底前能够完成报批手续。山西省长治市发生苯胺泄漏事故后，应山西方面请求，派出专家组赴现场帮助和指导山西省渔业主管部门，开展检测分析及应急处置工作，农业部渔业渔政管理局局长赵兴武到现场进行指导。向农业部领导报送了《关于武汉府河大面积死鱼有关情况的报告》。组织协调青岛市海洋与渔业局、黄海水产研究所，开展“11o22”中石化输油管线泄漏原油入海造成的渔业污染事故有关调查处理工作。

3.组织开展渔业生态环境监测 召开了渔业水域污染事故技术审定委员会工作会议，对有关单位申请渔业污染事故调查鉴定资格进行了审查，22家单位获得渔业污染事故调查鉴定资格证书。在组织全国渔业生态环境监测单位开展重要渔业水域生态环境监测的基础上，与环保部联合发布2012年度《中国渔业生态环境状况公报》。根据精简行政审批的有关要求，就渔业污染事故调查鉴定资格行政审批取消后如何规范管理的问题，及时与有关单位沟通协调，研究工作衔接和后续监管措施，并形成初步方案。

（农业部渔业局　吴珊珊）

水生野生动植物保护与管理

【自然保护区建设与管理】

（1）推动新建国家级水生生物自然保护区。经国务院批准，陕西略阳、甘肃漳县等两处珍稀水生动物自然保护区晋升为国家级自然保护区，国家级水生生物自然保护区数量达到22处。以农业部文件向国务院申请报送将甘肃秦州珍稀水生野生动物自然保护区升级为国家级自然保护区。

（2）组织保护区考核，提升保护区管护水平。组织开展2013年度水生生物自然保护区考核工作，全国21个国家级和45个省级水生生物自然保护区参加考核，对国家级自然保护区考核结果进行通报，督促各自然保护区切实提高管护水平。（3）规范涉保护区建设项目专题影响评价。组织对厦门轨道工程等17个涉国家级水生生物自然保护区建设项目对保护区影响开展专题评价，出具评价意见，落实补偿经费。

（4）加强水生生物湿地保护管理制度建设。组织有关专家对我国湿地现状进行调研和分析，起草《国家级水生生物湿地保护示范区建设标准》，并征求有关专家和省级渔业主管部门代表意见，形成报批稿，安排品种资源保护费项目经费，支持北京、广东、四川等地启动9个水生生物湿地示范区建设。

（5）强化制度建设，规范保护区管理开展基层培训，加强保护区管护能力建设。举办第三期渔政执法培训班暨水生野生动物保护管理培训班，重点对涉保护区管理的市（县）渔政人员，就水生生物保护执法管理、资源监测及项目建设对水生生物自然保护区生态影响评价方法等开展培训。

【长江江豚拯救行动】 在武汉召开2013年长江江豚保护工作会议，发布2012年长江全流域长江江豚科学考察结果。本次长江全流域考察没有观测到白鳍豚，长江江豚种群总量也仅余1 040头，较2006年数量减少近一半，保护形势已极为严峻。会议研究部署了下一步长江江豚保护工作，特别强调在江豚人工繁育研究、迁地保护、渔政管理等方面加大工作力度。

【濒危水生野生动物增殖放流】 通过中央财政转移支付项目安排经费5 900万元，用于支持各地放流濒危水生野生动物约1 800万尾，放流物种数量和规模不断增加，社会影响不断增强，进一步规范了濒危物种放流工作。

【水生野生动物特许利用管理】 一是做好水族馆标准宣传贯彻工作。召开水族馆标准宣传贯彻工作会议，研究《水族馆术语》等5项首批经农业部批准的水族馆标准宣传贯彻工作，研讨宣传贯彻培训教材，研究制定培训工作计划。二是规范水生野生动物驯养展演活动。组织濒危水生野生动植物种科学委员会专家对3家水生野生动物展演场馆和2家鲟鱼籽酱出口企业开展评估，出具评估意见。三是按时或提前办结水生野生动物及其产品进出口申请审批278件，特许利用审批157件。

【履约及对外交流】

（1）代表农业部参加濒危野生动植物种国际贸易公约（CITES）第16届缔约国大会，积极做好对案研究工作，重点关注龟鳖、鲨鱼等水生物种议题讨论，维护国家渔业权益

（2）组团参加第七届国际鲟鱼养护大会，积极参与大会发言和讨论，展示我国鲟鱼养护成果，交流鲟鱼保护和人工驯养繁殖经验技术，增进区域间学科了解。

（3）组织开展中美水生野生动物保护技术交流活动。

【宣传】

（1）举办2013年水生野生动物保护科普宣传月活动。各地水生生物自然保护区、水族馆和救护中心等110余家单位共同承办此次活动。与山东省海洋渔业厅共同在烟台举办了2013年全国水生野生动物保护科普宣传“进四区”（进校区、进渔区、进社区、进景区）活动。活动期间，共发放宣传手册数十万份，发放宣传视频光盘数百张，悬挂展板近千块，数万人签名留言。收到绘画作品140余幅、摄影作品60余幅、微博短语近40条、公益歌曲近10首。经组织评比，24个作品获得了表彰和奖励。

（2）充分发挥中国野生动物保护协会水生野生动物保护分会社团作用，组织开展水生野生动物保护海昌奖评选活动。海昌奖旨在通过评选和奖励水生野生动物保护领域的先进事迹和人物，引领社会公众积极参与水生野生动物保护事业，共同创造全社会关爱水生野生动物的良好氛围。经网络投票遴选并组织专家评审，全国共有36名从事水生野生动物保护的基层工作人员获得“2012年水生野生动物保护海昌奖”。

（3）联合北京市水生野生动物救护中心在北京市朝阳区弘善学校联合开展主题为“关爱水生动物，添彩美丽中国”水生野生动物保护科普宣传活动。

【培训】

（1）组织开展2013年第三期渔政执法培训班中水生野生动植物保护管理执法培训。邀请专家就水生野生动植物保护管理、水生生物自然保护区执法监管及水生野生动物特许利用执法等内容，对渔政人员进行培训。

（2）落实农业部定点扶贫工作，组织在湖北省恩施土家族苗族自治州举办了大鲵人工驯养繁殖培训班。培训班就大鲵仿生态养殖、人工繁殖技术及病害

防治等进行了授课，恩施土家族苗族自治州及其所辖县市水利水产局分管水产工作领导、水产技术推广人员及大鲵养殖户等100余名代表参加培训。

（农业部渔政指挥中心　刘　颖）

双边渔业协定

【中日渔业协定执行情况】　2013年是《中日渔业协定》实施的第十四年。经过中日双方共同努力，协定水域海上作业秩序稳定，协定执行情况良好。中日渔业执法会谈、海洋生物资源专家会议如期举行，相互入渔手续办理、暂定措施水域许可渔船名册通报等相关工作顺利开展。

2013年8月9日，中日双方政府委员在北京签署了中日渔业联合委员会第十四次会议纪要。根据纪要规定，2013年6月1日至2014年5月31日，日方许可我国进入日本专属经济区管理水域作业的底拖网渔船为263艘、配额5 673吨；鱿钓渔船（含辅助船）58艘、配额4 141吨。2013年6月1日至12月31日，因日方发证较晚无底拖网渔船入渔，鱿钓渔船入渔55艘（含1艘辅助船），完成配额2 945.351吨。同期我国许可日本渔船进入我专属经济区管理水域作业的总船数为321艘、总配额9 659吨，其中拖网渔船24艘，配额617吨；围网渔船103艘，配额8 506吨；延绳钓渔船84艘，配额155吨；曳绳钓渔船28艘，配额23吨；钓业渔船82艘，配额513吨。截止到2013年底，日方尚未向我方提出入渔申请。

2013年7月，中日双方根据规定交换了各自许可进入暂定措施水域的渔船名册。中方通报2013—2014年中日暂定措施水域作业渔船名册18 089艘，2012年中方在暂定措施水域渔获量为171.286万吨。日方向我通报了2013—2014年中日暂定措施水域作业渔船名册530艘，并通报2012年日方在暂定措施水域渔获量为27 088吨。根据第八届渔委会对《暂定措施水域资源管理措施》的修订内容，双方还相互交换了各自在中日暂定措施水域对许可的不同作业方式渔船的主要作业规定。

【中韩渔业协定实施情况】　2013年是《中韩渔业协定》实施的第十三年，在中韩双方共同努力下，协定得以顺利实施，海上作业秩序总体保持稳定，协定执行情况良好。

2012年10月11日，中韩渔业联合委员会第十二届年会在韩国济州岛召开，双方就2013年执行《中韩渔业协定》有关问题达成协议。双方同意，2013年许可对方渔船到本国水域作业的渔船为1 600艘，捕捞配额为6万吨，达到“等量等艘”水平。我实际入渔渔船1 498艘，入渔率93.6%，完成配额43 455吨，配额完成率72.4%。与2012年相比入渔率和配额完成率都有所增长。韩方实际共有140艘渔船入渔我水域作业，入渔率8.8%，完成配额1 205.4吨，配额完成率2%。与2012年相比入渔船数减少，但产量大幅度增加。

根据中韩渔委会第十二届年会安排，中韩渔业执法工作会谈于2013年8月在韩国釜山召开，双方就维护协定水域作业秩序相关议题和渔委会委托事项深入磋商并达成广泛共识。第十次中韩海洋生物资源专家组会议于2013年7月上旬在韩国丽水召开，双方就评价鲐鱼配额管理实施情况、实行鱿鱼钓配额管理的可行性、调整渔获报告对象鱼种、暂定措施水域渔业资源调查及互派专家情况、鱼种指南制作等相关事宜进行了深入讨论并签署了纪要。

2013年10月24日，中韩渔业联合委员会第十三届年会及中韩渔业高级别会议在中国三亚举行，双方就2014年实施《中韩渔业协定》有关问题达成一致，并分别签署了《中韩渔业联合委员会第十三届年会纪要》和《2013年中韩高级别会议纪要》。

【中越北部湾渔业合作协定执行情况】　2013年是《中越北部湾渔业合作协定》实施的第十年。经过中越双方共同努力，北部湾渔业生产秩序基本稳定，渔业生产进一步发展。

根据中越北部湾渔业联合委员会第十届年会达成的共识，2013—2014年度进入共同渔区对方一侧水域的船数和功率数分别为1 466艘和147 603千瓦，功率和船数均比上一年度减少5%，执行日期为2013年9月1日至2014年8月31日。协定执行过程中，双方作业渔船基本遵守协定有关规定，悬挂有效标志牌，凭捕捞许可证生产，渔业生产秩序良好。截止到2013年底，我渔民实际申请进入共同渔区对方一侧水域船数670艘，渔船总功率为136 507千瓦；越方安排共同渔区渔船973艘，总功率147 624千瓦。

在第十届渔委会年会上，越方同意4～5月份在共同渔区越方一侧水域实施1～2个月休渔，休渔作业类型为拖网和三层刺网。双方在会议上签署了《中越海上渔业活动突发事件联系热线协议使用规定》，决定开启联系热线，及时快捷地通报海上突发事故及避风避难信息。双方还决定2014年在北部湾共同渔区进行经济鱼类的增值放流活动并举办《中越北部湾渔业合作协定》生效十周年庆祝活动。

双方对中越资源专家组开展的共同渔区渔业资源联合调查工作给予高度评价，并建议继续开展第四阶段(2014—2016 年)的联合调查任务。2013—2014 年度双方海上执法机关将继续开展共同渔区联合巡航检查，并继续探索联合检查新模式。

(农业部渔政指挥中心　张吉喆)

渔政队伍建设

【概况】 2013 年，全国渔政队伍建设工作重点是继续加强规范化建设，强化提升履行职责的能力水平。年初对 2012 年渔政队伍建设年工作情况进行全面总结，对活动中提炼出的，渔政员海上执法操作规程、渔政船“五个一”工程建设、培训执证上岗、理论与执法实践相结合、注重实操技能提高等多项具有推广价值的经验，以及在推进队伍建设常态化、制度化、标准化方面取得的突破和收获，并在此基础上研究制定规范化制度的初步方案，在各级渔政机构推广施行。全国渔政会后启动了制定“渔政队伍建设纲要”和有关渔政执法工作规章规范的调研工作，制定了工作实施计划；完成了渔业执法电子化文书制作规范的编制；根据 2012 年底已修改的农业行政执法文书格式开展了渔业执法文书格式修订工作等服务、规范渔业执法行为的基础性工作；为 2 700 名渔业执法人员换发了执法证件；各地渔政机构陆续开始换发新式渔政制服。

布置开展渔业文明执法窗口创建活动，继续以窗口单位创建活动为抓手推动队伍建设，重点对各地有关渔政机构变化、依法行政、规范化建设、服务渔民等情况进行检查督导，充分发挥好窗口单位示范典型作用，以推动队伍规范化建设各项工作。完成第二轮近 95% 窗口单位的复核工作。

布置开展 2013 年渔业行政执法督察工作，对举报曝光渔政监管不到位现象进行督察和整改督办。各级渔政机构结合执法实际强化队伍内部监督，教育、引导和采取措施，督促各地渔政机构、渔政人员依法履行职责、规范执法行为，切实以督察为手段保障和推动队伍建设各项工作的有效开展并收到实效。截止到 2013 年 12 月，共收到和处理举报渔政人员监管不到位问题的举报案件 14 起，对重大事件如央视曝光或实名举报情况属实及时进行督察和全国通报及整改督办。

全年共举办各类渔政业务培训十期，培训总人数 1 213 人。其中：有两期渔政船及设施建造监造人员培训班、三期综合执法业务培训班，各期培训结束后对考核结果和学员意见及时进行分析总结；为推进海上统一执法和今后中国海警队伍建设的需要，贯彻指挥中心领导积极为一线执法人员办实事的要求，在分管领导带领下积极与交通运输部海事局有关处(室)协调，组织地方海事部门人员到海区渔政船上调研，举办了四期海区渔政船员换证培训，并为后期顺利换发海事船员证书做好铺垫工作；举办了一期内陆渔政执法快艇驾驶操作维护培训班。在以往基础上培训内容安排方向和重点更加明确，也更有针对性和实用性，参训人员满意度高，培训质量和绩效管理也明显提高。

做好渔政基本建设项目实质性推进和监管各项工作及渔政基础数据收集整理工作，为上级决策提供技术支撑。

(农业部渔政指挥中心　杨　靖)

渔 政 执 法

【海洋专属经济区渔政巡航】 2013 年全年共组织 78 艘渔业执法船舶执行专属经济区渔政巡航和“护渔行动”任务 219 航次，航行 3 445 天，航时 26 669.7 小时，航程 229 155.9 海里；观察记录本国渔船 4 426 艘次，国外船舶 1 048 艘次；登临检查国内渔船 1 800 艘次，外国渔船 24 艘；查处国内各类违法渔船 124 艘次；成功解救我被袭扰、抓扣渔船 1 艘、渔民 9 人；驱离外国渔船 214 艘次。

(1)协定水域巡航监管。在中韩暂定措施水域，在加大渔业监管力度的同时，特别加强了违规进入韩方管辖海域中方渔船的移交工作，全年共接受和处理韩方移送的违规渔船 50 艘以上，缓解了以往韩单方面“以罚代管”的局面。在中日暂定措施水域，针对多年来执法力度不足的情况，一方面协调赴钓鱼岛维权执法船在返航途经中日暂定措施水域时开展渔业执法，一方面专门组织力量赴中日暂定措施水域执法。在中越北部湾共同渔区，继续通过北部湾渔业海上联合监管机制，与有关部门密切协作，严厉打击了外国武装渔船盗抢我渔民网具行为。组织实施第八次中越北部湾共同渔区渔业海上联合检查行动，加强双方执法交流。

(2)涉朝韩敏感海域巡航监管。长期保持 1～2 艘渔业执法船舶在东经 124°西侧海域开展驻守巡航，加强涉朝韩敏感海域渔船管控。与公安部组成联合督导组，赴辽宁省丹东市督导制捕工作，开展海上联合行动，有效遏制了我渔船大批进入涉朝韩敏感海域作业的势头。

(3)钓鱼岛海域巡航监管。全年共组织护渔维权巡航 22 航次 342 天，观察记录日本海上保安厅巡逻船 109 艘次，日本渔船 1 艘次，观察记录我渔船 582 艘次(其中我国台湾省渔船 85 艘次)，2 次在钓鱼岛领海内、7 次在毗连区及附近海域对我现场作业渔船实施指导和管理。

（4）黄岩岛海域巡航监管。全年共组织护渔维权巡航 12 航次 399 天，观察国内渔船 47 艘次、外国渔船 300 艘次，登检外国渔船 8 艘次，驱离外国渔船 178 艘次，发现空情 42 架次。

（5）美济礁海域巡航监管。全年共组织执行守礁任务 9 航次 457 天，驱离外国渔船 22 艘次，救助遭遇火灾的"琼琼海 09889"船渔民 33 人，观察国内渔船 417 艘次、外国渔船 132 艘次，登临检查国内渔船 133 艘次，发现海情 44 艘次、空情 9 架次，驱离外国渔船 27 艘次。

（6）西沙海域巡航监管。继续通过西沙海域渔业联合监管机制，与有关部门密切配合，加强西沙海域管控力度，打击外国渔船侵渔行为，维护我西沙主权。全年在西沙开展日常和专项监管 14 航次，巡航 236 天，观察国内渔船 313 艘次、外国渔船 54 艘次，驱离外籍渔船 5 艘次。

（7）南沙西南渔场伴航护渔。继续协调组织执法船在南沙西南渔场渔船作业高峰期开展伴航护渔。全年共组织南沙西南渔场伴航护渔任务 7 航次 263 天，正面拦截有关国家武装船 1 艘次，成功解救被有关国家武装公务船抓扣的我国渔船 1 艘、渔民 9 人，为我故障渔船维修机器 2 次，保障了我渔船在南沙西南渔场的作业安全。

（8）交界海域护渔行动。先后于 7 月下旬和 8 月下旬在闽粤交界海域和北纬 35°线南北附近海域组织了两次大规模护渔行动，调派黄渤海、东海和福建、广东、山东、江苏等地 21 艘执法船和 1 架海监飞机开展海空联合巡航，查扣违规渔船 19 艘次，有效维护了伏季休渔后期海上渔业生产秩序。

（9）海洋违规网具专项整治。深入组织开展违规网具清理整治专项行动。组织开展内陆和沿海近岸违规网具专项整治工作，多次赴辽宁、山东、海南和江苏等地开展专项行动督查工作，及时有效督办了"江西吸螺船"、"广西北海电捕鱼"等重大使用违规网具案件。专门部署组织开展了"海洋渔船使用违规网具专项整治行动"，在重点海域开展海洋渔船使用违规网具专项整治行动，具体组织了跨海区和各海区的专项行动，有效整治了海上渔船使用不符合规定网具进行生产的违规现象。

（农业部渔政指挥中心　姜俊杰　许　强）

【内陆渔政管理】

（1）长江流域渔政执法。2013 年 1 月 21 日，农业部办公厅印发了《关于做好 2013 年长江流域渔政执法护渔行动有关工作的通知》，对全年长江流域开展"禁渔期执法检查"、"专项整治行动"和"专项捕捞管理"等工作进行了部署，并提出要求。4 月 1 日，农业部渔政指挥中心会同东海区渔政局、江西省渔政局在江西九江联合举办了"2013 年长江流域护渔行动暨长江禁渔期同步执法行动"启动仪式；禁渔期间，沿江省（市）各级渔政管理机构加强组织领导，广泛开展宣传，强化执法监管，严厉查处各种违规捕捞行为，各级渔政管理机构共发布禁渔管理文件 520 个，组织统一检查行动 6 063 次，查获违禁捕捞船 1 852 艘次，取缔迷魂阵 11.97万米，捣毁、没收深水张网 3 286 顶，查处电捕鱼器具 1 690 台（套）、毒鱼案件 136 起，行政处罚 1 869 人次，刑事处罚 132 人，罚款 292.06 万元。9 月份起，按照工作部署，组织沿江省市开展禁渔期以后的专项执法护渔行动，沿江各地认真配合，积极调动渔政船（艇）、执法车辆同步开展水上和陆上检查，着重打击"电炸毒"等违法作业行为，有效维护了长江流域渔业生产秩序，取得了良好的执法效果。

（2）珠江流域渔政执法。2013 年 2 月 28 日，农业部办公厅印发了《关于做好 2013 年珠江流域渔政执法护渔行动有关工作的通知》，对全年珠江流域开展"禁渔期执法检查"、"专项整治行动"和"大型交界水域专项执法检查"等工作进行了部署，并提出要求。8 月下旬珠江流域渔业管理委员会印发了《2013 年珠江流域重点水域查处非法捕捞专项行动方案》。4 月 1 日，农业部渔政指挥中心会同南海区渔政局、广西区水产畜牧兽医局在广西梧州联合举办了"2013 年珠江流域护渔行动暨珠江禁渔期同步执法行动启动仪式"。活动进一步加强了对渔民的宣传教育，促使渔民自觉遵守国家有关禁渔的规定，提高了渔民保护资源和生态环境的意识。5 月下旬，农业部渔政指挥中心会同珠江流域渔业管理委员会办公室派出珠江禁渔督察组，先后到云南红河哈尼族彝族自治州（开远市）、文山壮族苗族自治州（丘北县、富宁县）、广西百色市、柳州市、桂林市（阳朔县、平乐县）等地，通过现场考察、走访渔村、与基层渔政人员交流等形式，掌握了解有关禁渔措施的实施情况，并对存在的问题提出了禁渔督导建议。禁渔期间，沿江各省（区）广泛开展宣传，强化执法监管，共出动宣传车辆 2 752 辆（艘）次，电视报道 640 次，开展法规、技能教育培训 184 场次，出动执法船艇 3 899 艘次，查获违规捕捞渔船 360 艘次，取缔迷魂阵 544 处，查获电毒炸鱼案件 190 起，没收电鱼具 374 套（台），没收渔获物 11 337 多千克。

（3）中俄黑龙江、乌苏里江边境水域渔政执法。

受夏季我国东北地区和俄罗斯东南地区特大暴雨影响,2013年度中俄两江联检工作取消。

(4)水产养殖和水产品质量安全执法。2013年继续大力推进水产养殖和水产品质量安全执法工作,共选取北京、辽宁、江苏、吉林、湖南5个省(直辖市)11个县级渔政机构作为执法示范单位,开展"水产健康养殖执法示范活动",积极探索有效的水产养殖质量安全执法规范化工作模式,促进执法工作制度化、规范化和程序化,切实提高执法水平和执法效率。对产地抽检出现阳性样品的地方,农业部渔政指挥中心积极配合农业部渔业局协调督促省级渔政执法机构做好案件查处工作。

(农业部渔政指挥中心 许 强 李 博)

【涉外渔业执法合作交流】

(1)中日渔业执法合作交流。2013年7月15日,中日双方在浙江宁波举行第八届中日渔业执法会谈。双方通报了中日渔业协定规定作业的渔船违规和处理情况,讨论了防止违法作业的措施,以及红珊瑚渔船违法作业和中方渔船避风等问题。

(2)中韩渔业执法合作交流。2013年8月27~30日,中韩双方在韩国釜山举行了2013年中韩渔业执法工作会谈。双方就2012年中韩渔业协定水域作业秩序进行了评价,并就维护作业秩序的措施和计划、第十二届中韩渔业联合委员会委托事项和其他共同关心事项、落实6月27日中韩两国共同发表的《中韩面向未来联合声明》相关事项等内容进行了深入讨论,并达成相关共识。双方同意推进和加强执法交流和执法人员互访活动,建立模范船制度。2013年8月19~26日,中方派出2名公务员、韩方派出3名公务员随船出海观摩渔政执法。互换乘船期间未查获违规渔船。

(3)中越北部湾渔业执法合作交流。2013年11月27日,中越双方在昆明举行了2013年中越北部湾共同渔区渔业海上联合检查工作会议。会议总结了2013年7月份中越北部湾共同渔区联合检查情况,讨论确定了2014年中越北部湾共同渔区海上联合执法检查方案。2013年7月25~26日,中方派出2艘执法船与越南海警船编队开展了第八次中越北部湾共同渔区渔业海上联合检查行动,未发现违规渔船。

(4)中美渔业联合执法。2013年7月6日(美国当地时间),农业部副部长牛盾与美国海岸警备队第14区司令凯莉·托马斯少将举行会谈。双方回顾了《中美两国政府关于有效合作和执行联合国大会46/215号决议的谅解备忘录》签署20年来执行的总体情况,认为2013年中美战略与经济对话声明中对渔业执法合作成果予以积极评价,必将进一步推动双方继续深化渔业执法合作。双方还就下一步继续深化和拓展渔业执法各方面合作、延长《谅解备忘录》有效期等事宜达成共识。

2013年7月9日,农业部渔政指挥中心主任陈毅德和太平洋区司令楚孔夫特中将在加州阿拉米达基地进行会谈,深入交流下一步中美渔业执法合作的具体设想。美方应询详细介绍了美国海岸警卫队的体制、人员、装备、职责、后勤保障等各方面动态,陈毅德主任简要通报了我国海上执法力量整合情况,反馈了我国对中美联合执法查获的违法渔船的处理结果,以及对下一步在定期会谈机制、我国执法人员登美舰随船执法、人员培训等方面的考虑。陈毅德主任还参观了太平洋区总部基地,登上美方最新入列的4 000吨级"Waesche"舰,了解舰艇人员配备、船型设计、武器配备、通信通联、船舱结构等情况。

根据中美两国政府1993年12月3日签署的《中华人民共和国政府和美利坚合众国政府关于有效合作和执行一九九一年十二月二十日联合国大会46/215决议的谅解备忘录》精神,从2013年7月6日起至9月16日,中方继续派出3批6人次渔政执法人员,搭乘美国海岸警卫队执法船MUNRO号,执行北太平洋海上渔业联合执法行动。行动期间,我国渔政执法人员与美方执法人员沟通顺畅,建立了良好的合作关系,未发现我国违法渔船。截止到2013年底,我国已派出85名渔政执法人员到美国海岸警卫队参加中美渔业联合执法行动,先后与美方共同查获18艘公海大型流网渔船。

(农业部渔政指挥中心 姜俊杰 许 强)

政务信息与宣传

围绕加快现代渔业建设中心任务,积极做好重要工作的宣传报道,努力提升社会影响力,打造中国渔业"墙内开花,墙内香、墙外也香"的良好局面。

重点在组织策划上下功夫,进一步加强与农业部办公厅的沟通协调,组织策划了渔业经济阶段性成果、现代渔业发展、违规违法渔具专项整治、水生生物资源养护等多项重大渔业活动的宣传,邀请《人民日报》、新华社、中央人民广播电台、中央电视台等中央主流媒体进行集中采访报道,取得较好的宣传效果。据不完全统计,2013年,《人民日报》、《经济日报》、《光明日报》、《农民日报》等中央级报纸刊登有关渔业的报道上百篇;中央电视台、中央人民广播电台等媒体报道渔业内容近百次；有多篇宣传报道稿件被中央政府网、人民网、新华网、中国网等新媒体转载，扩大了正面宣传效果。其中，围绕十八大、国务院、农业部相关会议精神，重点策划了“现代渔业发展”专题，在各级媒体开辟专栏，组织历史阐述、政策解说、成果展示等一系列有重点、分层次的媒体宣传 20 多篇，社会反响很大。为宣传好“违规违法渔具专项整治”专题，及时召开中央媒体新闻通气会，发布行动部署，邀请《焦点访谈》栏目组、央视 7 套、《农民日报》等主流媒体，跟踪报道各地整治成效，做到事前、事中和事后的连续报道，无论在行业内，还是社会民众中都引起重大关注，对于引导公众关注渔业捕捞，提升社会资源保护意识，取得显著成效。

大力做好渔业突发事件媒体应对工作和对外宣传工作，加强涉渔舆情收集和研判工作，及时发布权威信息，塑造正面行业形象。就远洋渔业发展、渔船涉外事故处理、中外渔业合作等工作，及时搜集、核实相关信息，组织宣传工作，主动公开信息，平息社会不良舆论。如“广东跳跳鱼”事件发生后，及时关注舆情走向，组织稿件，及时辟谣，一定程度上稳定了恐慌心理，避免质量安全事件扩大。

进一步加大政务信息工作力度，逐步形成信息报送工作激励机制，充分调动各处信息报送积极性。全年向农业部办公厅报送信息 37 篇，采用 22 篇；报送每日要情 314 条，采用 276 条，有多条信息被中办、国办有关信息刊物采用；编发渔业情况 34 期，对全国和各地渔业行业动态、成果亮点、政策建议等进行编辑整理，上报领导、下传地方，有力促进了成果展示和信息交流。中国渔业政务网审核信息 9 700 条，编发信息 6 425 条，及时、全面反映了全国渔业经济发展和渔业系统工作开展情况。

（农业部渔业局　徐乐俊）

渔业科技与推广

公益性农业行业科研专项渔业项目

2013年，公益性农业行业科研专项渔业项目的主要任务，除继续实施好已立项启动实施的科研项目，发挥对产业发展的促进作用外，即是启动实施2013年新立项的东海渔业资源评价和增殖养护技术研究与示范等5个项目。

【东海渔业资源评价和增殖养护技术研究与示范】

1.总体目标　以东海区近岸水域为重点研究示范区域，开展渔业资源增殖水域与种类适应性调查评价，建立东海区渔业资源综合调查信息数据库，制定海区渔业资源增殖规划；系统开展增殖对象种质评价体系和疫病检验检疫体系构建、增殖渔业关键过程技术、增殖效果评估技术、增殖资源养护管理技术等增殖养护共性技术研究，选择滩涂、港湾和岛礁等典型水域进行应用示范，构建东海区稳定高效增殖渔业产出模式；研建东海区渔业资源评价与增殖渔业养护技术信息应用服务系统，并实现业务化运行。在此基础上，加强研究成果的推广应用，为当前我国近海渔业资源养护事业的科学发展提供技术指导与引领。

2.研究任务

(1)东海渔业资源增殖水域与种类适应性调查评价。开展东海区近岸水域生态和渔业资源本底调查，进行东海区近岸和重点增殖示范水域空间高分辨率地理信息数据的收集、处理和分析，研究东海区渔业资源增殖水域与种类适应性，制订本海区的增殖规划，研建东海区渔业资源增殖养护技术信息应用服务系统，并实现业务化运行。选定滩涂、港湾和岛礁水域为研究示范，评估其生态容量，诊断解决适宜增殖放流的种类和数量、地点和时间、规格和结构等关键性问题。

(2)主要经济资源种类遗传多样性评估与增殖对象种质评价体系构建。系统开展东海区主要增殖品种遗传分化和遗传多样性研究，分析增殖种类人工繁殖群体的种质资源遗传结构特征，制定种内多样性判定和种质鉴定标准，评估其放流后对水域生态安全的影响，建立东海区资源增殖对象种质评价体系。

(3)增殖渔业对象疫病检验检疫体系构建。开展东海区主要增殖种类与具有增殖前景种类携带细菌、病毒和寄生虫的现状调查，结合病原致病性现有研究成果，针对5~6种重要病原建立增殖种类健康指标，建立疫病检验检疫标准2项，研制8~10种快速检测试剂盒，构建增殖对象疫病检验检疫体系，并在东海区10种增殖种类中应用和完善。

(4)不同生态类型增殖渔业关键技术研究。开展增殖种类中间培育、音响驯化和标志方法等关键增殖过程技术研究；开展不同生态类型增殖水域的高生产力化栖息地再建等技术研究，提高放流种苗成活率、增殖水域生态质量和产出能力。

(5)增殖群体判别技术及其数量变动与生长、迁移规律。开展增殖水域生态质量和渔业生物群落结构动态监测，结合渔区渔业生产调查，研究增殖群体判别技术，跟踪监测增殖资源的数量变动与生长、迁移规律，定量评价资源增殖对水域生态系统的优化作用和效果，构建增殖放流效果量化评价技术体系。

(6)稳定高效产出模式的东海增殖渔业生态构建技术与推广应用示范。根据东海区近岸水域的生态类型多样性特点，以点带面，优先选择重点滩涂、港湾和岛礁水域，切实凝练与集成实用可行的增殖养护关键技术，建成滩涂、港湾与岛礁水域稳定高效产出的增殖渔业示范工程，构建绿色高效增殖渔业产业推广应用技术体系，并辐射推广至东海区其他水域。

(7)增殖水域渔业资源养护效果调查评估及利用策略。开展增殖水域渔业资源动态调查，定量评估增殖群体的资源量和可捕量，研究增殖水域的生态渔具渔法、设立禁渔期和禁渔区，制定增殖水域资源养护管理策略。

【珠江及其河口渔业资源评价和增殖养护技术研究与

示范】

1. 总体目标 以弄清珠江及其河口流域渔业资源状况与提升珠江流域鱼类增殖养护技术为目的。通过项目实施，围绕保护、恢复珠江流域渔业资源开展深入的技术研究与开发，建立珠江流域渔业资源评价、保护体系和资源利用技术体系。同时以本项目为依托，培育一支行业科技研究队伍，培养一批基层技术骨干。

2. 研究任务 以弄清珠江及其河口流域渔业资源状况与提升珠江流域鱼类增殖养护技术为目的。通过现场调查、资源评价、遗传多样性分析、声学评估、技术筛选与改进、新技术研发、技术集成和配套技术模式构建、规模示范等途径，开展珠江及河口渔业资源评价与增殖养护技术研究，提出相关的策略。建立珠江及河口渔业资源保护和利用体系。具体研究内容：

(1)珠江流域及河口渔业资源调查及多样性评价。珠江流域淡水渔业资源与生物多样性仅次于长江位居第二。自20世纪80年代开展珠江及河口渔业资源评价至今近30年，珠江流域由于经济与社会的发展，不可避免地对渔业资源、鱼类区系组成、环境生物和非生物因子和生态多样性等状况产生了较大影响，如江河捕捞的经济鱼类产量逐年下降，捕捞种类减少，渔获物中鱼类呈低龄化和小型化、外来物种在江河鱼类渔获物中出现的频次逐年升高等。因此，有必要开展珠江流域及河口渔业资源调查并对其生物、生态多样性进行评价，为保护和发展江河渔业，提供科学依据。具体内容包括：

①珠江流域(广西)渔业资源调查及多样性评价；

②珠江流域(广东)渔业资源调查及多样性评价；

③珠江流域(云南、贵州)渔业资源调查及多样性评价；

④珠江流域(珠三角河口)渔业资源调查及多样性评价；

⑤外来物种对珠江流域渔业资源及对生物多样性影响的评价。

(2)主要经济鱼类产卵场调查与保护技术。近30年来主要经济鱼类产卵场的变动主要是由于人类活动的影响所致，开展流域主要经济鱼类产卵场调查，分析水利工程对鱼类产卵场变动的直接影响，提出切实有效的鱼类资源保护技术措施是本专题的主要任务。具体研究内容包括：

①重要江段主要经济鱼类产卵场调查，包括产卵场的规模和主要生态因子；

②主要经济鱼类产卵群体的数量和结构监测；

③主要经济鱼类仔稚鱼数量的周年变动规律；

④主要经济鱼类产卵场变动及对物种影响的评估；

⑤主要经济鱼类资源保护和产卵场功能恢复的技术措施研究。

(3)主要经济鱼类遗传多样性评价。遗传多样性是生物类群保持和发展的基础，它对于维持物种的繁殖活力、抗病能力和适应环境变化的潜力都是必需的，在改良水产养殖品种方面，更可以作为评价自然生物资源的重要依据。本专题拟通过对主要经济鱼类形态学、细胞学、蛋白质和DNA水平的多样性评价，揭示珠江水系不同江段主要经济鱼类物种的遗传多样性，为保护珠江流域生物多样性和种质资源提供科学依据。具体内容包括：

①珠江水系主要经济鱼类种群内遗传结构分析；

②珠江水系主要经济鱼类地理种群间的遗传多样性分析；

③珠江水系主要经济鱼类的重要经济性状和生产性状的遗传多样性探析与利用；

④珠江水系重要地理鱼种特殊遗传多态性的探析与利用；

⑤建立珠江流域主要经济鱼类种质资源数据库。

(4)渔业资源增殖关键技术研究与放流模式。确定增殖容量评估参数，构建模型对特定目标水域的环境容量进行评估，研究各放流种类的种质资源和遗传多样性，放流苗种的生物学性状和遗传特性与增殖效果的综合评价技术以及建立适于增殖区域生态环境放流模式是资源增殖的重要技术需求。具体研究内容包括：

①环境增殖容量评估技术；

②健康苗种种质保障技术；

③敌害生物的防御技术；

④增殖效果评价技术；

⑤增殖种类筛选与放流技术和模式建立。

(5)增殖群体判别技术及其数量、生长和迁移规律。目前增殖放流群体的识别比较困难，放流后的群体数量变动、生长和迁移规律缺乏数据，对放流效果的评价缺乏必要的科学依据。针对这一问题，将从标志技术研究、放流回收体系建立和回收群体数据分析等三个方面进行系统研究。从而做到准确识别放流群体，准确了解放流群体的迁移活动规律和生长发育状况，为增殖放流效果评价提供科学依据。具体研究内容包括：

①针对目前珠江流域增殖放流的主要对象，分别建立高效、实用和经济的标记技术；

②不同放流规格鱼类个体的标记技术比较研究；

③合理、科学、有效的标志放流回收体系的建立；

④回收鱼类的年龄鉴定、生长、性腺发育等基础生物学数据的收集和分析；

⑤增殖放流鱼类的数量变动和迁移活动规律研究。

（6）稳定高效的资源生态产出模式构建与应用示范。以利用珠江及其河口生物资源为基础，开展稳定高效资源生态系统技术开发，通过技术筛选与改进、新技术研发、技术集成和配套技术模式构建、规模示范等途径，建立稳定高效产出模式。具体研究内容包括：

①基于水体生态群落组成及种群相互关系和环境相关性，建立稳定高效的资源生态构建技术与应用示范。主要包括，以食物链为基础的生态系统网络及其调控模式；构建环境和人为因素对珠三角水域和河口地区主要生物群落组成和种群数量影响的模式图；建立鲢鳙增殖技术体系和模式；建立3个珠江河段和1个河口地区的稳定高效生态增殖模式。

②人工生境建立技术的应用与示范。主要包括，优化人工鱼巢结构与材质，实施人工鱼巢设置水域开展声学评估、渔获物分析、水环境理化与生物因子的检测、水文资料的对比和鱼类分布特点的研究甄选人工鱼巢设置水域；分析人工鱼巢对鱼类遗传多样性、鱼类物种多样性和鱼类资源养护效果的影响，建立人工鱼巢技术体系并示范。

③生物资源高效利用技术。主要包括，利用珠江及其河口地区生物资源，建立基于生态系统的陆基高效、环保、节能的生态渔业模式，实现资源保护、高效利用与环境友好的目的。

（7）增殖水域渔业资源养护效果调查评估及利用策略。渔业资源呈持续退化趋势，渔业资源结构极不合理，增殖放流是目前恢复水生生物多样性和资源量的重要和有效手段，具有恢复生态平衡，修复生态环境等多方面的意义。因此有必要对增殖放流的效果进行科学有效评估以及制定科学合理的利用策略。具体内容包括：

①放流区域增殖放流前后群落组成与主要生境的变化；

②实施放流前后焦点物种的丰度与种群结构分析；

③放流区域鱼类资源量的变动与分布；

④增殖放流种类的生长情况及年龄组成分析；

⑤增殖放流效果的生态与经济效益分析；

⑥增殖水域渔业资源利用策略。

【黄河及其河口渔业资源评价和增殖养护技术研究与示范】

1.总体目标 本项目围绕《中国水生生物资源养护行动纲要》精神，以及黄河流域经济社会发展与生态服务功能的重大急迫需求，针对渔业资源衰退、生态环境恶化和生态系统服务功能严重受损等严峻形势，充分利用现代生物技术新成果，从生态系统角度，加强渔业资源养护等关键技术研究与创新。摸清黄河干流及河口水域渔业资源“家底”，客观、真实地评价生物多样性；研发鱼类产卵场和洄游通道保护技术；筛选特有/资源衰退新增殖品种，分别建立一套完善的增殖技术规程；建立增殖容量评估和效果评价技术体系；构建不同生态类型的渔业资源高效产出模式与应用示范区。以项目为依托，建立一支行业科技研究队伍，培养一批基层技术骨干，提高渔业资源养护水平，为黄河流域渔业可持续发展提供强有力的技术支撑。

2.研究任务 本项目以黄河中下游及河口水域为研究重点，依靠项目成员单位前期工作基础以及借鉴先进技术成果，针对渔业资源的现状和保护与利用所遇到的关键问题，开展黄河及河口海域渔业资源及其多样性评价和资源养护技术研究。

（1）渔业资源调查与生物多样性评价。以黄河中下游和河口海域为主，进行生物资源和环境调查，弄清渔业资源的结构、现存量、变化趋势，生物群落结构，理化环境条件，生产力水平等；在调查基础上，对物种多样性和遗传多样性进行分析与评价。

（2）主要经济鱼类产卵场调查与保护技术研发。与渔业资源调查同步，进行鱼卵、仔稚鱼和重要渔业资源品种亲体调查，结合历史资料，掌握主要经济品种的产卵场的分布及其生态环境；研究开发重要产卵场工程化保护措施和规范，建造增殖保护型设施，为亲本产卵和幼鱼生存提供避敌场所和良好的安全屏障；根据主要经济种类的生物与生态学特性，规划禁渔期和禁渔区，并应用示范。

（3）增殖种类的优选及其放流关键技术与模式研究。分析不同流域生态系统受损程度及不同生态位生物分布状况，从修复水域生态系统出发，筛选适宜于黄河主要渔业水域放流的特有/资源衰退的重要经济种和生态学关键种；研究苗种的生态适应性、适宜放流规格，结合放流水域的环境条件（水文条件、底质条件、饵料丰富度、敌害生物等），确立适宜的放流区域；探明放流苗种的适应驯化技术和放流方式方法等，建立安全、高效的增殖放流技术体系。

（4）增殖群体的判别与增殖效果评估技术研究。改进与开发不同放流种类的适宜标志－回捕技术，包括标志类型（标志牌、荧光染料、线码标志等）、标志部位、标志苗种规格、标志手段等；确立各放流种类的适宜标志规格；以家系培育为基础，开发鱼类、甲壳类等增殖群体分子标记与判别新技术，建立放流增殖效果综合评价体系。

（5）增殖容量评估与生态系统健康评价技术研究。基于黄河及其河口海域的基础调查，根据生态系统的基础生产力、食物网结构、营养级、功能群和生态效率，以及增殖放流种类的食物关系与生态位等，构建增殖容量评估数值模型；研究黄河及其河口海域生物的种类组成、生物量、种群动态以及群落结构，从生物集合群的组成成分（多样性）和结构两个方面评价黄河及其河口水域生态系统的健康状况；在综合分析其水环境、沉积环境、生物环境、生物群落结构等的基础上，筛选生态系统健康综合评价指标，构建黄河及其河口生态系统健康评价指标体系。

（6）渔业资源利用策略和高效产出模式的构建与示范。通过增殖放流跟踪调查，分析增殖放流以及不同利用策略下渔业资源的动态，提出主要资源利用种类及其最大允许可捕量；构建不同生态条件下高效渔业产出模式；创建生态友好的渔业利用技术，并应用示范。

【湖泊水库养殖容量及生态增养殖技术研究与示范】

1. 总体目标 以淡水渔业发达的华中、华东、华南地区和渔业发展迅速的新疆、西南、东北地区湖泊水库为主要研究区域，通过技术筛选与改进、新技术研发、技术集成和配套模式构建、规模示范等途径，开展湖泊水库养殖容量和生态增养殖技术研究，建立基本涵盖全国湖泊水库生态增养殖技术体系。摸清典型湖泊水库的水体理化环境特征、鱼类群落特征及其饵料生物资源量，构建湖泊、水库渔业生物资源生态容量和的食物网动态预测模型，优化资源管理技术；定量分析湖泊渔产潜力及人工放养和捕捞对生态系统的影响程度，制定多种类放养和捕捞的生态安全管理对策；探讨主要渔业经济动物在生态系统物质循环和平衡过程中的作用；提出综合评价我国内陆湖泊水库生态系统健康和渔业资源可持续利用的生态学指标体系，建立湖泊、水库生物资源养护技术体系及生态渔业发展战略对策。培育一支行业科技研究队伍，培养一批基层技术骨干。

2. 研究任务

（1）典型区域湖泊水体理化环境、饵料生物和鱼类资源评估。选择长江中游（湖北、湖南、江西、安徽）、长江下游（江苏、浙江）、新疆、东北等典型区域的代表性湖泊作为研究对象，通过调查和分析不同类型湖泊的水体理化环境（水温、透明度、溶解氧、pH、电导率、营养盐、生态水文因子等）、饵料生物（水生植被、周丛生物、浮游植物、浮游动物、大型底栖动物、虾类、小型鱼类等）的物种多样性和资源量，以及经济鱼类的群落组成、渔产量、生长率、种群结构和动态等，定量评估和预测水体理化环境因子、湖泊饵料生物类群、鱼类群落之间的相关关系，由此掌握主要类型湖泊的渔业资源变动规律及其关键生物与非生物因素，同时确定亟须保护的特有、珍稀、濒危土著鱼类和具有重要经济价值的鱼类物种。

（2）典型水库水体理化环境、饵料生物和鱼类资源评估。根据我国水库在地理分布、建造方式、库容、功能、水文情势、渔业利用方式等方面的特点，在长江中上游（湖北）、长江下游（浙江）、南方（广东）等区域选择典型水库，监测库区水质、水文和流域环境变化特征，调查水生植被、周丛生物、浮游植物、浮游动物、大型底栖动物、虾类、小型鱼类等饵料生物的种类组成、资源量及其时空分布格局，同时开展水库主要经济鱼类栖息地、年龄与生长、繁殖、种群动态等生态学研究，在此基础上评估水动力变化和生物地化过程对库区水质、关键生境结构、饵料生物多样性和渔业资源生产力的影响，提出与水库径流变动节律相适应的生态增养殖对策。

（3）典型湖泊水库渔业资源合理利用的生态评估指标体系。鉴于我国湖泊水库环境和渔业资源现状以及生态系统的复杂性，单一层次的生态学指标往往不能较全面和准确地评估环境改变和渔业活动对水体生态系统结构与功能的影响，因此需要整合生态学多个层次指标进行综合评价，包括生态系统评价指标（生态系统健康指数、循环指数、杂食性指数等）、群落评价指标（物种多样性指数、功能多样性指数、遗传多样性指数、生物完整性指数等）和种群评价指标（渔获物体长频度分布、鱼类种群自然死亡率、捕捞死亡率等），同时对某些较难量化的非生物环境因素和渔业活动进行参数化和半定量化（如分级、赋值、排序等），在此基础上构建符合我国湖泊水库社会服务功能定位、湖沼学特征、生物群落区系组成和增养殖方式的渔业资源合理利用评估指标体系，并有针对性地制定我国湖泊水库渔业资源和环境的长期监测评估方案。

（4）典型湖泊水库生态系统营养网络构建。基于对水体理化环境因子、饵料生物和经济鱼类群落结构和资源量的调查与监测，运用生态系统网络分析方法和系统信息学理论，构建湖泊水库生态系统营养网络模型，定量分析不同类型湖泊水库的食物网结构及营养动力学特征（如食物网拓扑学参数、营养级组成、生态转化效率、关键种指数等），以此评估水环境变化和不同渔业增养殖模式对湖泊水库生态系统营养结构及总体特征和行为的影响，为定量研究水体生态系统结构和功能的整体性和复杂性提供工具和手段。

（5）典型湖泊水库生态转换效率及关键生物调控作用。将传统食性分析法（即胃含物分析法）、稳定性同位素技术、脂肪酸含量分析法等方法手段相结合，研究典型湖泊水库的食物网营养动力学特征，重点研究食物网各营养层生物资源关键物种的能量分布、流动和转化特征以及营养级间的交互影响作用，同时考虑关键物种的种群结构和种群动态，构建湖泊水库食物网动态模型，通过对人工放养和捕捞的管理，调整和优化湖泊水库关键生物资源结构，提高生态系统物种多样性、功能多样性、初级生产力和饵料资源的生态利用率。

（6）不同放养结构下湖泊水库理化环境特征的比较。调查研究长江中下游（湖北、湖南、江西、安徽、江苏、浙江）、西北、东北和南方等地区湖泊水库的水体理化参数，收集相关湖泊水库的历史资料，比较不同放养结构（如主产滤食性鱼类、主产草食性鱼类、主产杂食性鱼类、主产肉食性鱼类、主产河蟹等）的湖泊水库水体理化环境特征，分析水体理化环境历史演变规律，探讨理化环境变化与渔业利用的关系，以及鱼类放流增殖对水体理化环境的影响。

（7）不同放养结构下湖泊水库主要饵料生物类群特征的比较。定量调查长江中下游（湖北、湖南、江西、安徽、江苏、浙江）、西北、东北和南方等地区湖泊水库饵料生物（浮游植物、浮游动物、底栖动物和水生植物）的种类组成、密度、生物量以及生物多样性，收集相关湖泊水库的历史资料，比较不同放养结构的湖泊水库饵料生物群落特征及历史演变，分析饵料生物与水体理化环境和渔业利用的关系，探讨鱼类放流增殖对饵料生物群落的影响。

（8）不同放养结构下湖泊水库鱼类群落特征的比较。比较长江中下游（湖北、湖南、江西、安徽、江苏、浙江）、西北、东北和南方等地区湖泊水库鱼类种类组成、密度、生物量、种群大小结构、摄食功能类群结构，调查收集相关湖泊水库的鱼类与渔业历史资料，分析不同放养结构的水体鱼类群落与饵料生物、理化环境、渔业捕捞和鱼类放养的关系，探讨鱼类放流增殖和捕捞对鱼类群落的影响。

（9）湖泊水库人工放养的生态风险评估与安全管理对策。基于长江中下游（湖北、湖南、江西、安徽、江苏、浙江）、西北、东北和南方等地区不同放养结构和模式湖泊水库的理化环境、饵料生物和鱼类群落的比较研究结果，建立湖泊水库人工放养的生态风险评估指标体系（如水质理化指标、各类生物指标），提出风险防范的安全管理对策。

（10）典型湖泊综合渔产潜力和养殖容量评估。选择长江中游（湖北、湖南、江西、安徽）、长江下游（江苏、浙江）、新疆、东北等典型区域的代表性湖泊作为研究对象，通过构建典型湖泊的生态系统营养网络模型和主要生态类群渔业经济动物的生物能量学模型，测算优势饵料生物的生产力，从湖泊食物网的各个环节出发，重点研究各营养级关键物种的生态转化途径、效率及其关键影响因素，根据理论预测、结合实验验证，系统分析营养动力学特征与生物资源结构间的关系，深入评估湖泊生态容量和综合渔产潜力，结合湖泊水库的功能定位，以确定不同营养级上的最大允许增养殖量和可持续捕捞量。

（11）典型水库综合渔产潜力和养殖容量评估。选择长江中上游（湖北）、长江下游（浙江）、南方（广东）等典型区域的代表性湖泊作为研究对象，通过构建典型水库的生态系统营养网络模型，结合主要经济鱼类的生物能量学模型和饵料生物生产力研究，定量分析水库食物网结构的时空动态及其与水文动力学特征的关系，重点研究不同营养级鱼类（包括凶猛性鱼类、滤食性鱼类、杂食性鱼类和有机碎屑食性鱼类）、不同空间生态位鱼类（中上层鱼类和底层鱼类）与饵料生物资源和营养物循环的相互关系，在此基础上评估不同类型水库鱼类群落的合理配置比例及其增养殖容量，以充分利用饵料生物生产力和水库空间生态资源。

（12）湖泊水库养殖容量的评估指标体系与模型构建。调查长江中下游（湖北、湖南、江西、安徽、江苏、浙江）、西北、东北和南方等地区湖泊水库，依据生物学和生态学特性（即分类地位、个体大小、营养生态位、空间生态位等），将湖泊水库主要生物类群或优势种类划分为能够涵盖生物转化和能流全过程的多个代表性生态功能组，运用生态系统网络分析和生物能量学方法，构建涵盖初级生产者、初级消费者、次级消费者和顶级消费者的食物网动态管理模型，研究不同类型湖泊水库各营养层次关键物种的生态营养转化途径和效率及其主要影响因素，定量分析同一水域渔业目标种类之间的捕食和竞争作用，根据不同类型湖泊的水生生物资源现状，评估湖泊水库的渔产潜力和不同增养殖对象的养殖容量，建立不同地区不同类型湖泊水库的养殖容量预测模型，构建不同地区湖泊水库的养殖容量评估技术体系。

（13）湖泊水库增养殖种类遴选与优良苗种保障技术。在长江中下游（湖北、湖南、江西、安徽、江苏、浙江）、东北（黑龙江）、西北（新疆）、南方（广东）等典型地区，综合分析拟放流品种资源现状、增养殖技术成熟度、遗传结构特征及水体生态系统特点和社会、经济效益等因素，建立放流品种筛选评价体系。研究具有区域特色的放流种类苗种规模化繁育技术，提高和优化苗种生产技术和工艺，建立优质健康苗种繁育技术体系；研究新开发的放流鱼类种群遗传多样性和遗传结构，比较不同地域相同放流种类遗传多样性，评估相关种类种质资源现状，建立放流苗种质量评价技术体系；组建和完善重要特色放流种类苗种供应服务网络，建立苗种质量管理规范。

（14）湖泊水库重要土著鱼类增殖与早期资源管理技术。在长江中下游（湖北、湖南、江西、安徽、江苏、浙江）、东北（黑龙江）、西北（新疆）、南方（广东）等地区湖泊水库，查明重要土著经济鱼类产卵条件、产卵场分布及其特征；研究重要土著经济鱼类产卵场和产卵群体保护技术，确立相应的禁渔区、禁渔期、最小捕捞规格和捕捞限额；研究不同形式的人工鱼礁、人工鱼巢和其他助产设施对鱼类资源增殖的效果，建立人工鱼礁、人工鱼巢和其他助产设施制作、设置技术及运行管理工艺；研究产卵群体繁殖能量投入、早期仔稚鱼生长发育和资源补充过程，评估适宜的生态环境需求；集成建立重要土著经济鱼类增殖与早期资源管理技术体系。

（15）湖泊水库主要经济鱼类合理放流技术。在长江中下游（湖北、湖南、江西、安徽、江苏、浙江）、东北（黑龙江）、西北（新疆）、南方（广东）等地区湖泊水库，基于鱼类放流标志技术的研究与应用，研究具有区域特色的重要经济鱼类放流后的生长、摄食和存活特征，结合捕捞规格、产量和产值等技术经济指标，评估放流效果，分析影响存活率和回捕率的关键因子，建立以放养密度、放养规格、放养时间和放养地点为核心的合理放养技术。在长江中下游富营养化湖泊水库，研究滤食性鱼类（如鲢、鳙）、碎屑食性鱼类（如细鳞鲴、黄尾鲴）、鱼食性鱼类（如鳜、鲌类）和杂食性甲壳类（河蟹）等不同生态类群的合理放流技术、捕捞调控技术及多种群复合放养技术，建立以生物控藻和水质改善为目标的多种群渔业利用技术体系及最佳放养模式。在西北和东北地区的湖泊水库，研发具有区域特色的经济价值高的冷水性鱼类（如扁吻鱼、河鲈等）增养殖技术。运用系统动态模拟方法，基于水体理化环境和主要生物类群的分析，在生态养殖容量许可的范围内，建立湖泊水库鱼类放流增殖效果评价指标体系。

（16）湖泊水库生态增养殖技术集成示范。在长江中下游（湖北、湖南、江西、安徽、江苏、浙江）湖泊，集成优化以河蟹、鳜、鲌、黄颡鱼为重要对象的湖泊健康高效的复合增养殖技术和模式，并进行产业化示范；在西北和东北地区的湖泊，开展具有区域特色的经济价值高的冷水性鱼类增养殖技术集成研究与示范。在长江中下游和南方地区的水库，开展不同主产渔业种类（鲢、鳙、细鳞鲴、黄尾鲴、鳜、鲌类）放流增殖的多种群渔业利用技术示范；在长江上游、西北、东北地区的水库，以水质保护和生物资源合理利用为目标，集成示范以区域性重要土著经济鱼类为增养殖对象的各种生态渔业技术模式。

【替代鱼用饲料中鱼粉的新蛋白源开发利用技术研究与示范】

1. 总体目标 水产饲料目前的主要蛋白源为鱼粉。世界鱼粉年产量仅为 600 万 ~ 700 万吨，而养殖产量以每年 11% 的速度扩张，很显然，这样的增长速度难以维系。研发能够替代鱼粉的渔用新蛋白源已经成为保障水产饲料业可持续发展的中心任务。本项目通过建立主要饲料用蛋白源数据库，集成饲料蛋白源加工技术，开发以蚕（或蚕蛹）为代表的昆虫蛋白，以桑叶为代表的新型植物蛋白，以藻源蛋白为主的新型微生物蛋白，分析鉴定其主要营养成分及活性物质，改善其可消化率及适口性，形成新蛋白源饲料加工技术。开发新蛋白源饲料加工处理新技术 8 ~ 10 项；通过技术集成及蛋白源复合，形成大菱鲆、鲫鱼、中华鳖和对虾代表种类的 4 个系列的低鱼粉（或零鱼粉）饲料产品；筛选出 3 ~ 5 种可用于综合处理饲料原料的相关配套技术；配制可高效替代鱼粉的复合蛋白源 4 ~ 6 个，替代渔用饲料中鱼粉的比例超过 50%；形成 3 ~ 5 个不同种类的新型复合蛋白源产品，实现产业化，并在水产饲料相关生产企业示范，5 年后平均每个示范企业新型复合蛋白源饲料年生产能力超过 5 000 吨。同时以本项目为依托，培育一支行业科技研究队伍，培养一批基层技术骨干。

2. 研究任务

（1）以大菱鲆为代表种的肉食性鱼类新蛋白源饲料的开发与产业推广。构建主要饲料用蛋白源数据库，包括：动物蛋白源：鱼粉；肉粉、肉骨粉、鸡肉粉；血粉；羽毛粉；植物蛋白源：谷朊粉；大豆及其副产物（大豆、大豆浓缩蛋白、豆粕、发酵豆粕）；菜粕；棉粕；花生粕；玉米蛋白粉；玉米干酒糟及其可溶物（DDGS）；微生物蛋白源：啤酒酵母、啤酒糟。

（2）鱼粉小分子活性物质制备及开发应用技术。鱼粉小分子活性物质制备及鉴定技术。以水产品加工下脚料和低值小杂鱼为原料，采用复合低温蛋白酶系，研究在不同酶解动力学过程中时间、温度和 pH 等因子与水解产物的得率、化学组成以及分子量分布等的对应关系，并建立相应的数学模型，优化定向酶解制备技术参数，确定最优规模化制备鱼粉小分子活性物质工艺条件和流程。

（3）以鲫鱼为代表种的杂食性鱼类新蛋白源饲料的开发与产业推广。新蛋白源原料开发技术及其在鲫鱼养殖中的应用效果研究。开展藻类蛋白源的抗营养因子（或有毒有害因子）的组成分析，研究可用于实际生产的抗营养因子去除技术体系、适口性和可利用性改良技术，有助于筛选出鲫鱼饲料中替代鱼粉的潜在新蛋白源。复合新蛋白源饲料开发技术及其在鲫鱼养殖中的应用效果研究。以鲫鱼为代表种的杂食性鱼类新蛋白源饲料的产业推广。在鲫鱼营养需求的基础上，通过鲫鱼新蛋白源饲料技术的研究，开发鲫鱼饲料的低鱼粉（或无鱼粉）系列饲料配方，在网箱系统中进行中试试验，并在池塘养殖中进行验证；最后在饲料生产企业和鲫鱼生产企业进行产业推广示范。

（4）蚕、桑新蛋白源开发与利用关键技术研究。蚕（蛹）蛋白和桑叶蛋白资源评价与筛选。高品质缫丝蚕蛹蛋白生产技术研究。蚕、桑资源替代鱼粉研究。利用转基因技术开发新型蚕（蛹）蛋白源。长链不饱和脂肪酸去饱和酶基因转基因蚕（蛹）饲料素材探索性研究。

（5）以中华鳖为代表种的爬行类新蛋白源饲料的开发与产业推广。根据中华鳖养殖品种的食性及营养需要，设计开发适合该养殖品种的新型（复合）蛋白源，并评估其有效性和实用性，明确新蛋白源在代表种表现的养殖效果，以点带面，推广应用到同种食性的其他养殖品种。通过产业推广，在大范围内进行应用。主要研究内容包括：中华鳖新型蛋白原料的筛选，中华鳖新型蛋白源适口性的研究，中华鳖新型蛋白源安全性评价的研究，中华鳖新型蛋白源氨基酸平衡及营养平衡的研究，中华鳖新型蛋白源配合饲料技术的开发和推广

（6）以对虾为代表种的甲壳类新蛋白源饲料的开发与产业推广。测定不同产地对虾及对虾用动植物蛋白原料中常规成分、氨基酸、脂肪酸、矿物元素、磷脂和胆固醇含量；以豆粕及其他大豆制品配制低鱼粉饲料，研究其与凡纳滨对虾肠道健康的关系，开发对虾肠道健康调控技术，并进行中试；研究低鱼粉饲料中不同添加物对对虾蜕壳生理的影响，开发高效安全的对虾蜕壳调节剂，并进行中试；完善配制技术及生产工艺，完成 1 ~2 个复合蛋白源产品定型，形成 1 个系列低鱼粉对虾配合饲料（鱼粉添加量低于 15%），建立 1 个复合蛋白源综合开发技术体系。

（7）新蛋白源产品转化与产业推广。发酵植物蛋白源生产加工工艺参数研究，酶解蛋白源生产加工工艺参数研究，饲料生产加工工艺参数研究，新型蛋白源替代鱼粉比例达到 50%，饲料蛋白质消化率提高 10%，磷消化率提高 15%，氮排泄率比原有水平降低 10%，磷排泄率比原有水平降低 15%，新型蛋白源饲料的养殖效果达到或接近全鱼粉饲料的养殖效果。

国家高技术船舶科研计划项目

【渔业船舶标准体系顶层研究项目】 工业和信息化部、财政部批准农业部申报的《渔业船舶标准体系顶层研究》立项，项目由中国水产科学研究院牵头，研究周期从 2014 年 1 月至 2015 年 12 月，项目总经费 200 万元。

1. 研究目标 根据国际海事组织《国际渔船安全公约》的要求，在对渔业船舶相关国际标准和国外先进标准全面研究分析的基础上，重点围绕我国远洋渔业船舶技术和装备发展需求，开展标准应用研究及需求分析，深化我国渔业船舶技术标准体系研究，提出急需制定的重点标准项目并明确标准主要内容及要求，为提升我国渔业船舶设计建造及装备水平奠定基础。

2. 主要研究内容

（1）相关国际公约规则、国际标准及国外先进渔业国家（地区）渔船标准分析研究；

（2）典型远洋渔业船舶及装备标准需求分析；

（3）我国现有渔业船舶标准适用性分析研究；

（4）我国渔船及装备标准体系深化研究和急需制（修）订标准分析。

【南海渔船高效节能设计应用技术研究项目进展】 2013 年 4 月 9 日，项目牵头单位在海南省海口市召开了项目启动会。项目启动后，各参研单位围绕“南海渔船高效节能设计应用技术研究”项目研究内容，分别制订了详细的实施方案和技术路线，成立了专题研究小组，分别围绕南海三型示范渔船开展研究和设计工作。具体实施情况如下：

1. 船型调研 为了有效推进“南海渔船高效节能设计应用技术研究”项目，中国水产科学研究院渔业机械仪器研究所牵头组织项目组参研单位分别于 2012 年 9 月及 2013 年 5 月和 7 月多次赴广西、海南渔村和渔港以及渔船修造厂进行调研。与渔船检验师、船厂技术人员以及渔民代表进行了交流，了解了当地渔民的需求以及对主流船型主尺度的看法。为了进一

步了解渔民作业习惯，渔机所还组织技术人员租船出海进行捕捞作业考察。对南海主流作业拖网、灯光罩网以及钓捕渔船有了充分的了解。同时还收集了大量金枪鱼延绳钓船型、拖网船型以及灯光罩网船型，通过数据分析比较，遴选出相对比较优良的船型为母船型，在此基础上进行性能优化设计。渔机所、701 所和北车海工针对主持的南海金枪鱼钓船和灯光罩网船与船东南海三亚富邦渔业有限公司，以及 605 院和中海油针对南海 LNG 拖网渔船与船东江海实业有限公司进行了多次讨论，深入了解船东的需求，结合本项目研制任务书明确了示范船的船东设计任务书。

2. 形成初步设计方案 根据项目目标、设计任务要求以及南海海况和渔场情况，结合国内外典型渔船船型技术，初步确定了三型示范船的主尺度和主参数，根据南海主流渔具渔法和作业习惯分别进行甲板设备优化布置，形成了示范船初步总布置和机舱布置的技术方案，并组织专家和船东进行了评议，提出了技术方案和技术规格书完善方向。

3. 技术方案设计及评审 在初步方案设计和专家评议的基础上，项目组对南海金枪鱼延绳钓渔船的技术方案进行了修改完善，初步形成了比较详细的总体技术方案和技术规格书，并于 2013 年 3 月，2013 年 6 月，2013 年 7 月分别进行了多次技术方案研讨会和专家技术评审，推进技术方案逐步成熟和完善。并于 2013 年 7 月 15 日由 605 院组织召开了 LNG 单燃料动力拖网渔船方案评审会，会议特邀海南江海实业有限公司、中国水产科学研究院渔业机械仪器研究所、广州南方船厂有限公司有关专家参加，与会专家经过认真讨论对总体布置、渔捞设备、LNG 动力系统设计等提出了具体意见。2013 年 9 月 5～6 日在上海召开南海电力灯光罩网船和电力推进金枪鱼延绳钓高效节能渔船总体设计方案评审会。项目组根据总体技术方案的专家评审意见和建议进行了进一步论证分析，完善了总体技术方案，形成了南海电力推进灯光罩网渔船和电力推进金枪鱼渔延绳钓示范渔船的技术规格书，并经渔机所、701 所、北车海工和船东南海三亚富邦渔业有限公司各方签字确认。会后项目组根据专家意见对技术方案进行了修改完善，并开展送审设计工作。

4. 完善技术设计 在总体技术方案通过专家评审后，项目组对船机电各专业全面开展示范船的详细技术设计和节能技术研究，包括：电力负荷计算书、结构计算书、船型优化分析、三维建模、线型优化、稳性分析、总体设计、结构设计、舾装设计、轮机工程设计、电气系统设计、电力推进电站功率管理系统开发、LNG 燃料动力系统安全评估、设计建造规范指南、船机桨优化匹配技术研究、复合材料应用等。建立了基于 EEDI 的渔船能效评价模型，以此评价论证示范渔船的经济性；建立了船机桨参数优化匹配数值分析，以提高示范船推进效率；并开始围绕船型降阻节能进行 CFD 分析模型构建以及船模比较试验，以此优化示范船型，该项工作目前正在进行，已完成了船模制作，其中，LNG 拖网渔船已完成 CFD 阻力特性分析；灯光罩网示范渔船船模试验工作已开展，目前已完成了拖曳阻力试验；电力推进金枪鱼延绳钓示范渔船将尽快落实船模试验和 CFD 分析。详细设计通过了多次研讨和修改完善，于 2013 年 10 月 31 日通过了由项目组参研单位 701 所、北车海工以及 708 所和上海船舶设计院专家和船东参加的技术评审，分阶段完善了全部送审设计图纸和技术资料。

5. 安排落实示范船建造准备工作 为了加快推进示范船建造工作，积极协调上海、广东和广西渔检抓紧图纸审查，同时与建造厂沟通示范船建造的准备工作。南海金枪鱼延绳钓示范船上层建筑采用玻璃钢材料，目前已完成了结构模具的设计工作。同时也完成了三型示范船建造预算。

稻田综合种养技术示范项目

根据《农业部办公厅关于做好 2013 年稻田综合种养技术示范项目实施工作的通知》要求，2013 年农业部渔业局继续组织开展了稻田综合种养技术示范项目。基本情况如下：

【项目任务】

（1）在辽宁、吉林、黑龙江、浙江、安徽、福建、江西、湖北、湖南、重庆、四川、贵州、宁夏 13 省（自治区、直辖市）建立稻田综合种养技术示范区 1 300 多公顷，培育核心示范户 700 户，扶持稻田综合种养合作经济组织 20 个，培训技术骨干 3 500 人次以上。

（2）完善提升稻－蟹、稻－鳖、稻－虾、稻－鱼、稻－鳅等五类主导模式，集成示范 15 项以上稻田综合种养关键技术，并完成相关技术规范和技术总结报告。

（3）组织开展综合种养条件下稻田生态系统中物质和能量转化及利用效率研究，开展稻田种养产品质量监控及智能决策物联网系统研究，开展新型稻田综合种养发展资源条件和生态经济效益分析，为稻田综合种养模式和技术的集成优化，以及产业化发展提供理论和技术支撑。

（4）组织开展稻田综合种养模式的综合效益评价和测产验收，建立综合效益评价测产验收的标准方法；

组织开展稻田综合种养新模式新技术的宣传。

【项目完成情况】 各项目承担单位提交了项目的工作总结报告、技术总结报告以及相关测产验收报告，项目总体进展良好，各项目任务指标全部完成，取得显著的经济、生态和社会效益。

1.种养模式得到提升 针对新一轮稻田综合种养的需求和特点，集成、创新、示范和推广了“稻蟹共作”、“稻鳖共作＋轮作”、“稻虾连作＋共作”、“稻鳅共作”、“稻鱼共作”5类24个典型模式，探索了蟹、虾、鱼池种稻模式。同时，围绕产业化发展要求，集成了20多项配套关键技术，改进了水稻栽培、水肥管理等技术，以及水产生物的饲养管理与稻田病虫害综合防治技术，使稻田综合种养在模式和技术上得到提升。

2.示范规模不断扩大 截止到2013年年底，在辽宁、吉林、黑龙江、浙江、福建、江西、安徽、湖北、湖南、四川、重庆、贵州、宁夏等13省（自治区、直辖市）共建核心示范区87个、面积7 762公顷；培育核心示范户1 853户、合作经济组织275个；创建稻米品牌30个、水产品牌21个；技术培训588班次、41 469人次；辐射示范带动51.66万公顷。

3.技术理论不断加强 项目研究了稻田共生系统中物质和能量的转化及利用效率，初步阐明了稻田综合种养稳产增收以及降低农药和化肥使用的有关机理；分析了全国稻田综合种养技术的发展潜力，确立了技术的适用区域和发展规模前景；开展了稻田生产系统的稳定性分析，提出了水稻持续稳产的情况下套养水产品的最高产量建议。

4.示范综合效益提高 对典型模式进行测产验收。示范区在水稻稳产的同时，增收水产品，单位面积均增效50%以上；稻田农药使用量平均减少51.7%，化肥使用量平均减少50%以上。

5.推广机制不断创新 采用了集成创新、典型示范及辐射带动相结合的方式，依托科技入户平台，构建了“产学研、种植养殖双结合”及“技术专家＋核心示范户＋辐射户”的推广模式，培育合作经济组织、龙头企业等新型经营主体，建立了“科、种、养、加、销”一体的产业化发展机制。

【主要工作措施】

1.加强引导，组织联合推广 针对稻田综合种养发展的新趋势，2007年，全国水产技术推广总站及时总结各地发展经验，组织将“稻田生态养殖技术”选入“2008－2010年渔业入户主推品种和主推技术”，引导各地推广。2010年，根据新一轮稻田综合种养发展的要求，联合有关领域的优势单位，组织实施稻田综合种养技术集成与示范项目，制定了项目联合实施方案，提出了三年发展计划，并明确了“以粮为主、稻渔互促、质量安全、生态节能”的发展导向，以及产业化、规模化推进的发展路径。通过明确导向、强强联合，加快了新一轮稻田综合种养技术集成步伐，促进了全面推广。

2.整合资源，争取经费投入 在项目专项经费支持的情况下，全国水产技术推广总站通过制定联合实施方案、签订合作协议等方式，加强项目资源的整合，各项目单位将稻田综合种养技术集成与示范项目的实施与“主导品种和主导技术培训项目”、“高效水产健康养殖技术推广项目”、“基层农技推广体系改革与建设补助项目”、“阳光工程”、“农业标准化综合示范区建设”以及当地的一些科研、技术推广和标准化示范等项目实施相结合，增加了经费投入，提高了资金效能，有效地推动了项目的开展，示范规模和技术辐射面不断扩大，形成了一批有影响力的典型模式。先行先试，积极宣传，得到了广泛认同。在农业部科教司和渔业局的支持下，2012年和2013年，农业部连续两年安排了“稻田综合种养技术示范”相关经费，共408万元。

3.加强落实，明确目标责任 为加强项目的统一领导和组织协调，成立了由行政管理、技术推广、科研教育等单位参加的项目专家组和工作联络组，先后印发了《稻田综合种养技术集成与示范项目联合实施方案》、《农业部办公厅关于做好2012年稻田综合种养技术示范项目实施工作的通知》、《2012年稻田综合种养技术示范项目技术实施方案》、《农业部办公厅关于做好2013年稻田综合种养技术示范项目实施工作的通知》以及《2013年稻田综合种养技术示范项目技术实施方案》，明确项目目标任务。并通过年初召开项目启动会，年底召开总结验收会，确保了任务落实。同时，各示范省份也按要求成立了项目领导小组和专家组，结合实际，细化了实施方案。并层层落实责任，将工作明确到岗、到人，保证了工作的有序开展。

4.巡回指导，加强研讨交流 全国水产技术推广总站先后组织召开或参与承办了2011年稻田综合种养技术现场交流活动、2012年全国渔业科技促进年稻田综合种养技术示范标志性活动启动仪式、南方片区稻田综合种养技术专家巡回指导座谈会、北方片区稻田综合种养技术专家巡回指导座谈会，结合会议，组织了专家进实地指导，开展技术培训。同时，还组织了水稻、水产、农机、农经等各方面的专家，召开了全国稻田综合种养技术规范编写专家研讨会、新一轮稻田综合种养技术丛书编写研讨会、2013年稻田综合种养技术示范项目工作方案研讨会等系列活动，有针对性地解决了项目实施中的关键问题。

5. 加强培训，促进技术普及 项目组高度重视基层技术骨干队伍的建设，加大了技术指导员、示范户以及企业和专业合作社技术人员的培训力度。2010 年至2013 年期间，13 个示范省累积培训技术骨干 41 469 人次，开展各种形式的现场技术指导和咨询近 588 次。同时，全国水产技术推广总站组织专家制定了稻田综合种养技术规范的编写要求，促进了各地典型模式相关技术规范的出台，保障了技术的规范应用。各项目单位积极组织将稻田综合种养技术要领和好的做法编成实用性强的教材以及养殖户“看得懂、信得过、用得上”的明白纸，下发到示范户，提高了技术的普及率。

6. 创新机制，健全推广体系 项目采用了集成创新、典型示范及辐射带动相结合的方式，边试验、边示范、边调整、边推广。积极推动龙头企业、种养大户、专业合作社牵头示范，带动千家万户使用稻田综合种养新技术和新模式。在示范区中，各项目单位通过建立“科、种、养、加、销”一体化推广模式，积极依托科技入户公共服务平台，构建“技术专家 + 核心示范户 + 辐射户”推广模式，培育一批稻田综合种养的专业大户、家庭农场、龙头企业、专业合作社等经营主体，完善产前、产中、产后社会化服务体系，促进了当地稻田综合种养的组织化、标准化、产业化发展，壮大稻田综合种养产业规模。

7. 评估效益，做好总结验收 全国水产技术推广总站组织对 22 种典型模式开展了对照试验和测产验收，开展了经济、生态、社会的综合效益分析，从水稻产量、综合效益、化肥和农药使用、组织化程序等角度，从新一轮稻田综合种养技术的性能进行了评估，为技术优化提供了依据。另外，全国水产技术推广总站通过技术实施方案，进一步明确了项目数据和资料整理、分析和总结，以及技术档案的管理等方面的要求，组织各项目组编写了项目技术总结报告以及相关技术培训资料，制定了《新一轮稻田综合种养技术丛书》和典型模式明白纸的编写方案，预计 2014 年全面推广。

8. 加强宣传，营造良好氛围 组织了开展稻田综合种养集中宣传报道，组织《农民日报》、《经济日报》、《中国渔业报》、《中国水产》等新闻媒体深入浙江、辽宁、宁夏等地示范区进行了现场采访和宣传报道。同时，各地也做了大量宣传工作，比如浙江省通过中央七套、省内报纸等进行了宣传，起到了很好的作用；湖北省组织拍摄了稻虾连作技术的宣传片，取得了较好的效果。通过宣传扩大了项目影响，提高了社会认知度，为稻田综合种养技术集成与示范工作营造了良好的社会氛围。

（农业部渔业局　王雪光）

各 地 渔 业

北京市渔业

【概况】 2013年,北京市实现渔业总产值23.2亿元,同比增长5.3%;水产品总产量5.66万吨,同比增长4.3%;渔民人均纯收入12 921元,同比增加604元/人,增长4.9%;渔业生态价值的贡献率大大提高。

1.渔业综合生产能力持续发力 2013年,全市共投入1.25亿元,改造形成标准池塘97公顷,新建工厂化和循环温室将形成18公顷养殖水面。4年来,累计投入2.94亿元进行老旧池塘改造,共改造建成现代化渔场106家,其中工厂化和循环温室渔场28家。改造了368公顷老旧池塘,占总养殖水面面积的8%;16家养殖场完成数字化养殖监控系统建设,提升了渔业现代化、信息化和规模化水平;渔场设施装备不断完善,利用太阳能保温、增温设施在北京市南彩淡水鱼养殖技术开发有限公司开始示范。新创建健康养殖示范场6家,累计已达71家。种业扩规,新增市级良种场5家,至此本市国家级良种场达到3家,市级良种场达到10家。能力提升,全市可生产的亲本数量达到34.0万尾(只),后备亲本数量达到31.7万尾(只),年可生产鱼苗16.5亿尾,鱼种2 940万吨。

2.渔业水域生态养护工作渐趋规范 渔业资源增殖放流成效显著。增殖放流工作程序规范,通过政府购买服务的方式、通过第三方监理公司防止了“跑、冒、滴、漏”等现象的发生,实现了公开、公正、透明放流。2013年在中央的大力支持下,全年共投入增殖放流资金1 292.04万元,放流鲢、鳙等大规格品种鱼种1 301.61万尾,同比增长15%,细鳞斜颌鲴(夏花)1 000万尾,放流珍稀濒危水生野生动物细鳞鱼5.7万尾,同比增长54%。依法治渔,加强渔业资源监管。全市立案323起,罚款11万元,没收作业船只34艘、电捕工具29套、不合格网具5.5万余米。禁渔期、禁渔区、禁钓区制度得到严格执行。建立了渔政和水政联合执法机制,出台了《北京市农业局关于禁用渔具的通告》,7种渔具被禁用,开展了“雷霆行动”专项执法行动,有力地打击渔业违法行为,切实保障了水域生态安全。

3.水产品质量安全监管逐步健全 2013年,在农业部的例行检测活动中,抽查市场4次,120个样品,涉及1个水产品批发市场、2个农贸市场和2个超市,合格率达到100%;在农业部监督抽查中,抽查水产养殖场(户)2次,80个样品,涉及40个养殖场(户),合格率达到100%。在本市自行组织监督抽查活动中,抽取13个区(县)水产养殖基地样品340个,检测13个指标,合格率97.1%。组织区(县)全年完成违禁药物残留检测抽样5 368个,无害化处理问题产品1 250千克。普及健康养殖和监管模式。平谷区农业局通过分级管理、责任落实、制度规范等措施,实现了对水产健康养殖精细化、制度化管理,全市还在平谷区召开了北京市渔业健康养殖观摩会。水产品质量安全执法工作进一步规范。《北京渔政水产养殖行为执法规范》实施并在全市推广,水产养殖生产记录和用药记录逐步健全,速测筛查成为日常执法的重要手段。一批典型案件得到查处,违法行为得到震慑。

4.水生动物疫病防控能力稳步提升 加强实验室能力建设,提升本市水生动物疫病预防及控制水平。水生动物疫病检测技术中心通过市质量技术监督局专家组的现场监督评审,同时认证项目增至10项。继续开展常规鱼病监测、重大水生动物疫病监测和细菌性疾病耐药性监测等工作,常规鱼病监测667公顷;重大水生动物疫病监测5种病毒病,监测面积200公顷;主要致病菌的分离与耐药性监测渔场48家,检测样品53个。制订了《水生动物疾病检测记录表》,开展水产养殖病害测报工作。组织开展虹鳟鱼养殖病害及防控调研、冷水鱼养殖与病害情况的考察、鲑鳟鱼病害诊断与防控技术交流等活动。编写完善北京市2008—2012年传染性造血器官坏死病流行病学调查报告、鲟鱼常见病害诊断与防治手册、冷水鱼健康养殖技术要求、虹鳟养殖用药处方等。

5.渔业科技创新和推广平稳推进 引进水产新

品种6个，推广名特优水产品种7个，各类苗种总计620万尾。开展3项先进渔业模式的试验示范工作和5项先进渔业技术的试验示范与推广工作，累计示范推广规模达到400户，667公顷。充分发挥推广站两个基地平台作用，为本市提供优质苗种龟、鳖2万多只，罗非鱼和淡水鲨鱼苗种100万多尾。发挥冷水鱼和观赏鱼创新团队在遗传育种、苗种繁育、饲料加工、病害防治等方面技术优势，完成试验项目32个，其中研发类19个，示范推广类13个。建立试验示范场10家，挂牌8家，示范推广面积逾55公顷，涉鱼规模1 480万尾，推广新品种5个，开发新产品4个，研发新技术20项；完成各类技术培训150余次，培训5 824人次；获得专利15项，发表论文及各类文章26篇，完成地方标准1个，形成政策建议3个。

6. 水生野生动物审批和保护工作有序进行 全年，渔业累计受理完成各类行政审批239批次，新办水生野生动物经营利用许可证64个。办理水生野生动物及其制品进出口67项。为5家企业办理卵、苗进口免税。坚决打击违法经营利用国家保护水生野生动物行为，从检查重点环节、重点物种利用入手规范经营秩序，重点加强国家一级保护物种库氏砗磲、红珊瑚制品，国家二级保护物种玳瑁制品、大鲵等执法检查。全年，全市立案46起，罚款27万元，没收的国家重点保护物种12种。

【重点渔业区（县）基本情况】

北京市重点渔业区（县）基本情况

区（县）	总人口（万人）	渔业产值（万元）	水产品产量（吨）	其中		养殖面积（公顷）
				捕捞	养殖	
平谷区	42.20	39 328.35	14 816	368	14 448	881
怀柔区	38.20	33 878.32	3 873	56	3 817	106
通州区	132.60	32 051.00	9 409	0	9 409	1 117
密云县	47.60	31 070.00	4 800	2 015	2 785	192
顺义区	98.30	26 985.40	11 800	0	11 800	748
房山区	101.00	14 198.20	2 944	0	2 944	324

【大事记】

[1]3月1日，全国水产技术推广总站站长魏宝振一行，考察北京水产技术推广站小务基地。魏站长提出小务基地的发展要始终坚持发挥向周边的推广示范和带动作用，为建设市级优质良种场不断努力。

[2]3月6日，《北京市农业局转发市财政局 市发展改革委关于取消和免征部分行政事业性收费的通知》，从2013年1月1日起，取消渔业资源增殖保护费。

[3]5月25日，北京和陕西两地渔政部门在陕西略阳省级大鲵自然保护区共同举行"关爱大鲵，我们在行动"主题放生活动，将3尾北京市渔政执法人员在执法中罚没的大鲵放归自然。

[4]5月31日，农业部发展计划司副司长刘北桦等一行5人对北京渔业工作进行调研。

[5]6月14日，"中国龙鱼公开赛暨第二届北京郁金香杯锦鲤若鲤大赛"在北京郁金香花园温泉度假村开幕。全国水产技术推广总站站长魏宝振、国家林业局濒危物种进出口管理办公室主任孟宪林、农业部中国渔政指挥中心副主任居礼、中国水产学会副秘书长曲宇风、中国渔业协会秘书长林毅、马来西亚渔业局水产部主任 Munir，马来西亚龙鱼协会会长邱兴顺、新加坡仟湖鱼业集团董事叶金春等领导出席了开幕式。本次大赛共有来自马来西亚、新加坡、印度尼西亚、中国等地近90条世界顶级龙鱼、180条若鲤参赛，最终评出了28个奖项。

[6]8月2日，北京市农业局、北京市水务局共同颁布了《关于建立查处河湖水域非法捕鱼非法垂钓联合执法工作机制的通知》。全市各级渔政、水政部门迅速开展了联合执法工作，建立了案件移送制度、工作报告制度、联席会议制度，初步形成了联合执法工作机制。

[7]9月13日，《北京市农业局转发市财政局 市发展和改革委员会关于取消和免征北京市部分行政事业性收费的通知》，从2013年8月1日起，免征水生野生动物资源保护费。

[8]10月11日，中国水产科学研究院院长张显良等一行16人考察调研通州区金福鱼汇工厂化循环水养殖设备运行效果。

[9]10月18日，2013北京·金鱼锦鲤大赛颁奖仪

式在北京国家会议中心举办。来自全国28个省(自治区、直辖市)80余家参赛单位的1 300尾精品金鱼、锦鲤争夺85个奖项。农业部渔业局副局长李书民、全国水产技术推广总站站长魏宝振、中国水产协会副秘书长曲宇风、北京市农林科学院副院长程贤禄、苏建通、北京市农业局副局长马丽英等领导出席了颁奖仪式。

(北京市农业局)

天津市渔业

【概况】 2013年,天津市渔业继续保持持续稳定健康的发展势头。全市水产品总产量达39.86万吨,同比增长9.21%;全市渔业经济总产值89.9亿元,同比增长13.1%;渔民人均纯收入2.06万元,同比增长18.39%。

1.现代渔业 自2012年启动设施渔业提升工程以来,共建设现代渔业园区17个,总投资1.98亿元,改造池塘2 067公顷,新建工厂化车间2.6万平方米,在池塘生态循环养殖、工厂化循环水改造、水质在线监控、实验室改造、绿化美化等方面全面提升水平,并逐渐形成了各具特色的养殖模式,实现产量2.45万吨,产值3.1亿元,并带动了周边1 900个养殖户的发展,为促进沿海都市型现代渔业的发展奠定了良好的基础。在园区建设的带动下,全市工厂化养殖规模达86万平方米,同比增长19.44%,水产品养殖产量33.5万吨,同比增长3%。同时,进一步优化养殖模式,拓展海上养殖空间,启动了"海上网箱养殖试验项目",制作网箱8 000平方米(500口),投放半滑舌鳎、牙鲆鱼种及海参苗种共计13吨,其中海参增重150%、石斑鱼增重200%,其他品种均长势良好,实现产量28万吨,产值380万元,成为劝市渔业经济新的增长点,为实现"渔业收入倍增计划"提供了有力支持。

2.资源养护 大力开展海洋生态环境保护修复工作,积极投身美丽天津建设,着力实施碧水蓝天工程。全年增殖放流投入资金3 739万元,放流甲壳类、鱼类、贝类等26个品种共计18.01亿尾(只、粒),同比增长31.44%;人工鱼礁投入资金1 752万元,制作礁体5 000余个,约1.6万空方,资金投入及礁体规模均达到上年的两倍以上。加强资源养护监管力度,专门成立了增殖放流验收监督机构,并组织召开了增殖放流验收人员培训班,严格规范工作程序。加强生态修复与占海补偿的区域合作,与南港工业区签订了合作框架协议,双方将在渔业资源修复和水生生物资源养护方面开展合作,共同修复天津海域生态环境。落实渔船燃油补贴政策,2013年下拨补助资金13 959万元。

3.科技兴渔 全年共实施科技项目88项。其中,天津市水产研究所承担的"滨海型盐碱地半咸水池塘养殖容量优化技术研究"项目获2013年度天津市科技进步二等奖。转化推广农业新品种15个、新技术8项。在"淡水养殖创新基地新技术、新品种示范推广"项目中,乌苏里拟鲿、卡拉白鱼等6个新品种示范推广工作全部落实到户,示范推广面积超过66公顷,总增收1 958万元,户均增收32万元。研究制定了《天津市白斑综合症防控技术规范》、《天津市鲤春病毒血症防控技术规范》等5项地方标准,为水生动物疫病防控技术的标准化提供了依据。深化与"四院两校"的合作,创新合作的体制机制,与中国水产科学研究院黑龙江水产研究所联合建立了"中国水产科学研究院黑龙江水产研究所天津科技成果转化基地",储备合作项目6项。开展水产养殖物联网应用试点工作,29家企业安装水质在线监控系统65套、视频监控系统52套并全部投入使用。通过科技的引领和支撑作用,实现了渔业增效、渔民增收,保障了水产品质量安全,促进了渔业发展方式的转变。全年共举办各类培训班33期,培训科技人员、农(渔)民4 751人次。建立科技示范户516个,科技示范基地16个,区(县)水生动物防疫站5个。实施了"渔业行业农民技术培训工程",委托认定了12家教育培训机构,组织实用技术普及性培训3 050人次,渔业特有工种职业资格证书培训1 200人次,提高了全市渔业科技人员的业务水平和实际操作能力。

4.水产品质量安全 全面推进水产健康养殖。2013年,创建农业部水产健康养殖示范场8家,5家企业获农业部2013年扶持"菜篮子"产品生产项目支持,市级水产良种场达到18家,其中,换新水产良种场通过国家级资格复查。受农业部渔业局委托,承办"全国大宗淡水鱼类种业座谈会",全国渔业行政主管部门领导及企业代表70余人就淡水渔业种业问题展开交流。加强无公害水产品认定认证。全市已通过认证企业135家,养殖面积2.55万公顷,占全市养殖水面的57.2%,获得农业部批准的无公害水产品认证275个,为保障本市水产品质量安全打下了坚实的基础。开展专项整治活动和水产品质量安全监测。对优势水产品养殖示范园区和50家水产苗种生产企业开展了专项执法检查,并对存在的问题提出了整改意见和跟踪督查。全年抽检样品515个,其中市场样品288个,合格率93.05%,较上年同期提高5个百分点;产地样品227个,合格率96.03%,同比持平。承担快速检测任务5 900多个,合格率在99.9%以上。全年共完成机场检疫水产苗种20亿尾，结果表明苗种质量较好，监测鲤春病毒血症（SVC）样品150个、白斑综合征（WSS）样品150个，监测范围覆盖全市有渔业的区县，杜绝了流行病暴发。

5. 渔政管理 加强渔业执法和监督检查。开展水产养殖业专项执法检查15次，对全市10个有渔业的区、县进行了抽查，对不合规格的操作情况进行了处理。加大海上执法检查力度，全年共计出海检查226天，航行987小时，航程9 266海里，查处违规作业渔船27艘次，收缴罚款27.62万元。伏休期间，全市8艘渔政执法船、渔监艇24小时保持待命状态，且每天至少保持3条渔政船在市辖海域执法检查，全市渔政船海上检查80余次，陆地检查10余次，出动执法人员730人次，查获违规渔船20多条，收缴罚款15余万元，有力打击了渔业违法行为，并在两会期间针对河北籍渔船在天津近海海域对峙、制造事端情况，采取妥善、有力措施，遏制了不法分子的嚣张气焰，保障了海上渔业生产秩序。认真抓好渔业生产安全。开展渔船渔港安全大检查和督查活动，查获3艘违章载客渔船，并按渔业管理规定进行了处理，有效防范和遏制了重特大事故的发生。加强中韩入渔管理工作。通过加强宣传教育、组织涉外船员和申请"入渔"船长培训、提高入渔条件及集中发放入渔韩国捕捞许可证书等多项措施，保障本市89艘涉朝韩水域作业渔船及其他渔船均未发生越界捕捞事件。严格渔业船舶进出渔港签证制度，年内共办理渔港签证2 018次，实现了所有渔船不漏检。加强法制建设。积极开展《渔业法》宣传月活动。组织本系统执法人员参加了第3期渔政执法人员提升工程培训班，并对新增执法人员进行了培训考试，提高了执法人员素质。加强硬件设施建设。承担了4艘大型渔政船的建造检验任务并按计划有序进行，全年共检验营运渔船87艘，高效完成渔船检验和船用产品检验工作。圆满完成了北斗卫星系统的申报及招标工作，并完成了北斗卫星系统渔船船载终端石岛集中安装工作，安装完成率超过90%。加强水生野生动物管理。严厉打击偷捕、滥捕和非法经营利用水生野生动物行为，共检查各类场所10余次，严厉查处非法交易、加工、经营、食用水生野生动物及其制品的行为，对相关单位存在的问题提出了整改意见，督促其限期整改。年内救助国家二级保护水生野生动物大鲵2条，经媒体报道后，引起了社会各界的重视，开展了"2013年水生野生动物保护宣传月"活动，提高了市民对水生野生动物保护的意识。

6. 存在的问题 一是渔业发展方式较粗放，养殖结构优化的空间还很大；二是生产经营较分散，组织化程度低；三是渔船装备落后，渔港、池塘等基础设施条件差；四是渔业生产安全形势严峻，养殖业灾害风险保障制度尚未建立等。

【重点渔业区（县）基本情况】

天津市重点渔业区（县）基本情况

区（县）	总人口（万人）	渔业产值（万元）	水产品总产量（吨）	其中				养殖面积（公顷）	其中	
				海洋捕捞	海水养殖	内陆捕捞	内陆养殖		海水	内陆
武清区	94.94	95 480	72 311				72 311	7 193		7 193
汉沽区	21.71	85 211	67 541	46 722	8 163		12 656	1 131	691	440
宁河县	41.61	108 867	61 070		962	637	59 471	7 288	233	7 055
宝坻区	79.91	71 947	42 153			2 075	40 076	3 577		3 577
西青区	68.47	52 765	35 339			1 500	33 839	3 987		3 987

注：总人口数来源于天津市2010年第六次全国人口普查主要数据公报。

【大事记】

［1］1月15日，天津滨海旅游区海岸修复生态保护项目启动，市海洋局与市水产局共同签订了《天津滨海旅游区海岸修复生态保护项目合同书》。该项目将选择4种适合旅游区海上投放的生态型潜堤鱼礁，建设和投放2 000个人工鱼礁，建设鱼礁群和生物资源养护区，完成滨海旅游区生态资源养护区海上航标灯建设，形成约720米×240米的生态潜堤鱼礁试验示范区，为全市海洋生态修复起到示范带动作用。

［2］1月25日，天津市水产工作会议召开。会议总结了全市2012年水产工作情况，部署了2013年重点工作安排。市农委沈欣副主任就落实天津市农村工作会议精神、做好水产工作提出了要求。滨海新区农业局、塘沽水产局、汉沽水产局、大港水产局、各区县水产（畜牧水产）局；天津市水产局系统，市水产集团总公司、市农垦集团公司等相关部门领导参加会议。

[3]4月22日,农业部第1926号公告中公布了7个水产新品种,国家级天津市换新水产良种场经过8年培育而成的"芦台鲂鲌"被审定为适宜推广的杂交品种。至此,换新水产良种场已育成我国水产新品种数达到8个。

[4]5月23日,天津市副市长王宏江一行6人到市农委水产办公室调研,水产办公室主任钱品席汇报了天津近几年渔业发展情况。王宏江副市长对全市渔业取得的成绩予以了肯定,并就如何建设都市型现代渔业提出了要求。

[5]7月8日,农业部渔业局局长赵兴武到天津调研现代渔业发展情况,期间,除听取天津市现代渔业发展情况和渔业安全生产情况汇报外,还实地考察了天祥水产有限责任公司、北塘渔港、海发珍品实业发展有限公司和诺恩水产技术发展有限公司的淡水渔业养殖、海水工厂化养殖及休闲渔业发展情况,并乘船出海了解LNG双燃料渔船运行及渔业安全生产情况。

[6]9月23日,"中国水产科学研究院黑龙江水产研究所天津科技成果转化基地"正式建立。水科院黑龙江水产研究所与天津市天祥水产有限责任公司将以该基地为平台,整合资源、整体推进,全力打造名特优新品种转化中心、鱼虾营养与饲料转化中心和鱼虾工厂化健康养殖转化中心,成为天津市淡水养殖行业的领军企业。

[7]11月28日,第29届全国沿海省(自治区、直辖市)水产所(院)长座谈会在天津召开。来自全国21个沿海省(自治区、直辖市)水产所(院)等单位的所长(院长)及相关业务人员就目前科研院所机构职能拓展以及科研能力提升、科研团队建设等三方面问题展开了热烈的交流研讨。此次会议由市水产研究所和天津渤海水产研究所共同举办。

(天津市水产局)

河北省渔业

【概况】 2013年是"十二五"承上启下的重要节点,河北省渔业工作按照全国渔业工作会议、全省农业工作会议部署,认真贯彻《国务院关于促进海洋渔业持续健康发展的若干意见》和全国现代渔业建设工作视频会议精神,坚持以科学发展观为指导,以发展现代渔业和促进渔民增收为目标,积极转变渔业发展方式,加快实施"渔业四百工程战略",坚持以养为主、以安为先、生产生态并重、增产增收并举,进一步提升规模化、标准化、产业化、组织化水平,大力推进现代渔业建设,全省渔业发展保持了稳定健康的发展态势。全年水产品产量123.06万吨,同比增长5.8%,渔业总产值达225.2亿元,同比增长1.73,%,渔业增加值124.2亿元,比上年增长1.81%,渔民人均纯收入10 600元,同比增长10%。

1.产业结构调整 海洋捕捞业,调整作业结构,鼓励发展远海、远洋渔业,先后拆解小型渔船近百艘,建成330千瓦以上钢质渔船16艘,新批远洋渔船5艘,有效减轻了近海捕捞强度;狠抓海上渔业生产秩序和渔事纠纷隐患排查、应急处置与调处工作,渔船编队生产水平提高,涉外渔船无严重违规事件发生。水产养殖业,按照特色化、规模化、标准化、现代化要求,加快推进"三大产业带"、"八大基地"区域布局的调整,着重培育对虾、贝类、海珍品、龟鳖、冷水鱼等特色主导产业。全省2013年新创建农业部健康养殖示范场36个,总数达到95个,辐射带动养殖面积6万公顷。大力推行工厂化、生态养殖、立体混养等标准化健康养殖模式,繁育各类水产苗种达960亿单位,新创建国家级南美白对虾良种场1家、省级良种场4家。另外,1家企业被评为全国现代渔业种业示范场。新创建农业部健康养殖示范场36家,农业部健康养殖示范场达95家,示范辐射带动面积达6.33万公顷;高标准建设完成12个"菜篮子"水产品生产建设项目。水产加工流通业,以规模型龙头企业改造升级和水产专业合作社组建为抓手,在综合生产能力提升、市场开拓等方面取得新进展。大力推进渔业品牌建设,唐山对虾、秦皇岛海参、昌黎扇贝、黄骅海蟹、胜芳河蟹、中华鳖六大特色品种基本建成省级以上原(良)种场,并列入省名牌培育计划,中捷罗非鱼有限公司罗非鱼、昌黎海勇水产有限公司淡干海参、白洋淀生态食品开发有限公司河蟹3个产品被评为省名牌产品。

2.水产品质量安全 加强水产品质量安全监管工作,严格生产过程和投入品使用环节的监管,加大水产品质量抽检力度,未发生等级以上水产品质量安全事故,全年组织省级以上水产品质量安全抽检930个样品,总体合格率为97.7%,其中产地水产品抽检合格率100%,同比提高0.6个百分点,水产苗种抽检合格率连续4年保持100%,不合格样品追溯查处率达到100%。加强"三品一标"认证工作,全年新认定无公害产地46个、面积超过1 633公顷,新认证无公害产品97个、产量0.82万吨,全省无公害产地覆盖206个生产单位、10.37万公顷养殖水域,有126个单位的238个产品获得无公害水产品认证,产量达到18.2万吨。加强水产品质量安全执法工作,深入开展水产品质量安全专项整治和水产品禁用物质专项治理百日攻坚行动,全省组织执法检查1 410次,出动执法人员

5 200人次,检查苗种生产企业442家、水产养殖企业2 114家,查处无证养殖案件17起,查处无苗种生产许可证案件29起,处理"三项记录"不完整的单位252家,发出责令整改通知书181份,问题处理率达100%。水产养殖病害测报、重水生动物疫病专项监测和水产苗种产地检疫工作有序推进,为水产品质量安全提供了有力保障。继续实施贝类养殖区域划型工作,2013年全省海水贝类划型总面积2 301.95公顷,其中一、二类区面积分别为1 653.74公顷和648.21公顷,分别占划型面积的71.84%、28.16%,无三类区。

3.渔业资源养护 一是继续加大渔业资源增殖放流工作力度。全省各级累计投入财政资金、资源补偿、企业和渔民自筹资金等共计4 500多万元,在沿海和内陆各大中水域增殖放流各类水产苗种50亿单位。二是严格落实各项渔业资源管理措施。认真落实捕捞许可、伏季休渔、内陆大水面禁渔期(区)等资源养护和管理制度,扎实开展鲅鱼、鲈鱼苗、对虾亲虾、水生野生动物保护等专项资源管理工作。三是深入开展渔业水域生态环境保护工作。加大渔业水域生态环境保护力度,积极参加涉海工程环境影响评价评审,依法开展渔业资源生态补偿(赔偿)金收缴工作。全省各级渔业部门共计落实涉海工程渔业资源损害补偿资金1 127.942万元。四是大力开展清理违规渔具专项行动。自6月13日起分三个阶段在全省范围内开展"绝户网"清理整治行动,共查获违规渔船73艘次,清理牛网78盘、地笼网11万笼、其他违规网具154千米,得到了农业部、黄渤海区渔政局的充分肯定和中央主流媒体的高度评价。五是海洋牧场示范区建设进展顺利。在建的人工鱼礁区5个(山海关、抚宁、昌黎、北戴河保护区、乐亭),礁区面积超过0.4万公顷。

4.渔业科技与推广 一是加强渔业科技管理,不断提高渔业科技支撑能力。围绕全省重点养殖品种、特色渔业发展要求,着力强化技术推广能力建设,加速科技成果转化,组织渔业现代产业技术体系2个,实施科研项目十多项,推介渔业主导品种2个、主推技术3项的工作,进一步提高了全省渔业科技水平,促进了产业的快速发展,为现代渔业发展奠定了基础。全省渔业系统3人获得农业部2011—2013年全国农牧渔业丰收奖贡献奖。二是加强渔业标准化管理,提高渔业标准化水平。组织申报2013年渔业地方标准制定项目9项(下达2项),审定实施2012年度省级渔业地方标准2项。组织创建渔业标准化示范区16项,实施标准化养殖面积807公顷,工厂化养殖面积10.3万平方米,养殖产量6 735吨。截止到年底,已建设国家渔业标准化示范县3个,省级渔业标准化示范区50个,示范区池塘养殖总面积达到1.19万公顷;工厂化标准化养殖面积25.5万平方米。同时以示范区建设为载体,积极开展渔业技术和标准化知识培训,开展渔业标准化技术培训1万多人次,印刷标准及技术宣传册8万余份。

5.水生野生动物保护 一是严格落实水生野生动物利用特许制度。加强水生野生动物利用监管,全年共办理特许许可事项197项,包括水生野生动物经营利用证件166项、水生野生动物驯养繁殖证件22项、水生野生动物特许运输证9项,办理进出口审核11项,国家一级保护动物审核4项,同意向河北省运输的引进证明2项。二是开展水生野生动物保护宣传月活动。在秦皇岛市组织秦皇岛新澳海底世界、鸽子窝公园等单位联合开展以"关爱水生生物 添彩美丽中国"为主题的科普宣传月活动,采取悬挂展板、横幅,张贴宣传画,发放水生野生动物保护知识手册,播放公益宣传片,以绘画、微博短语和公益歌曲征集比赛及主题摄影活动等方式,宣传水生野生保护知识。三是继续加强水生野生动物展馆管理。加强监督检查,完成了驯养繁殖和经营利用证件的年度审验。

6.渔业法制建设 一是抓宣传培训。通过新闻媒体,有针对性地进行渔业法制宣传,提高渔民的法律意识。通过《中国渔业报》、《河北渔业网》和《河北渔业》等报刊及媒体撰写行业特写,宣传渔政执法工作经验和做法。通过开展涉渔法律法规知识培训,提升渔政执法人员素质,规范执法行为,提高办案能力和水平。二是抓立法调研。为引导和促进休闲渔业发展,在广泛征求基层意见和相关部门建议的基础上,对《河北省休闲渔业管理办法》进行调研论证,列入省政府2014年立法调研计划。三是抓执法督查。完善省市两级执法督查体系,促进自收自支执法机构整改,重点对执法人员纳入和推进参照公务员管理、伏季休渔、渔船管控、惠渔政策的落实等关键环节开展督察。四是抓行政审批。严格按照机关标准化管理要求和精简、便民、高效的原则,对涉渔行政审批事项进行疏理,对下放事项严格按程序做好衔接,对取消事项做好监管。五是抓规范化建设。大力推进"平安渔业"建设,按照农业部和国家安全生产监督管理总局的要求部署,深入开展了"全国平安渔业示范县"和"全国休闲渔业示范基地"创建活动,2个县级主管部门被评为"全国平安渔业示范县"。

7.渔业综合管理 一是争取并落实惠渔政策。完成了2012年度6.02亿元渔业油价补助资金发放的渔船数据审核汇总,贯彻落实国务院《关于促进海洋渔业持续健康发展的若干意见》精神，配合省政府深入渔区调研，六易其稿完成《河北省人民政府关于促进海洋渔业可持续发展的实施意见》，成为近30年来支持渔业发展措施最实的文件，是全省深化渔业产业变革过程中的重要里程碑。二是打造行业发展亮点。积极开展"平安渔业示范县"和"文明渔港"两个创建活动，提升渔业行业形象。全面加强渔船信息化装备的配备，与秦皇岛市联合组织渔业船舶水上突发事件应急演练，提升应急处置能力。积极开展渔业船舶海上救助，全年实施救助36起、救助渔民109人，挽回经济损失600余万元。唐山、邯郸、保定和张家口市各有一家企业荣获第二批"全国休闲渔业示范基地"称号。三是积极组织开展水产养殖执法检查。开展执法检查1 211次，检查苗种生产企业442家、水产养殖企业2 114家，检查率38%。查处无证养殖案件17起、无苗种生产许可证案件29起，处理率100%，完成了年初制定的工作目标。四是渔业政策性保险工作迈出新步伐。展业范围基本覆盖沿海各市县和内陆重点渔业县（市、区）的捕捞和养殖渔民，承保规模从协会建立之初的不足1.8万人提高到约3.5万人，沿海渔民人均互助保障能力从不足2万元提高到16.3万元，增长8倍多。选择黄骅市和唐山市曹妃甸区的对虾池塘养殖为试点，开展水产养殖互助保险并取得实效。

8.渔业宣传 全省围绕现代渔业建设工作重点，不断加强渔业信息宣传工作。各级渔业行政主管部门，以现代渔业建设为主基调，以实施"渔业四百工程战略"为抓手，围绕全省渔业重点工作，加大政务信息采集与报送、新闻宣传报道、"一报两刊"发行工作，通过省委、省政府信息专报渠道、《中国渔业报》、《中国水产》、《河北渔业》等行业报刊以及主流媒体，发布渔业信息近500条，其中在中国渔业报刊刊发稿件79篇。分别被农业部渔业局、黄渤海区渔政局、《中国渔业报》评为信息宣传工作优秀组织单位、黄渤海区暨黄河流域渔业政务信息宣传工作先进单位、宣传发行工作先进集体。特别是《河北省人民政府关于促进海洋渔业可持续发展的实施意见》文件出台后，进一步加强宣传报道，先后在中国渔业政务网、《、中国渔业报》、河北新闻联播、《河北日报》、《河北经济日报》等媒体刊物进行宣传报道，取得很好效果。河北渔业门户网站规范高效运行，刊发各类信息600多条，客观反映了全省在推进现代渔业建设、强化行业管理和服务等方面卓有成效的工作，充分展现了全省渔业发展取得的成就。

9.存在的问题 一是受极端天气、水域污染、地方政府调控（水源地、特殊要求水域）和工程占海等各种因素影响，渔业发展空间逐步被挤占，且由于部门间的职能交叉，行业发展规划不能有效对接，在一定程度上影响了渔业发展的挖潜增效、快速发展的效果。二是渔业基础服务保障体系建设严重滞后，"短板"问题突出，基层水产品检疫体系、质量检验体系的编制和经费问题、推广体系改革推进难的问题及良繁体系、病害防治体系缺失和不足严重制约了渔业的进一步发展。三是渔业产业化程度不高，规模型龙头企业少，对行业的引领带动作用发挥不明显，需要进一步谋划、挖掘，从政策、资金上加大集中扶助力度，充分发挥利用好龙头企业的集聚、带头作用。

【重点渔业县（市、区）基本情况】

河北省重点渔业县（市、区）基本情况

市（县、区）	渔业人口（人）	水产品产量（吨）	其中				养殖面积（公顷）	其中	
			海洋捕捞	海水养殖	内陆捕捞	内陆养殖		海水	内陆
乐亭县	12 460	164 727	52 597	105 541	821	5 768	34 626	33 978	648
北戴河新区	25 225	162 657	7 645	154 754	7	251	25 641	25 535	106
唐海县	23 110	96 417	17 322	10 800	1 400	66 895	12 743	5 807	6 936
昌黎县	13 572	88 022	2 010	85 712	25	275	20 597	20 497	100
滦南县	13 250	85 381	33 631	27 785	1 112	22 853	14 929	13 302	1 627
黄骅市	49 600	76 659	63 389	10 390		2 880	6 158	4 959	1 199
丰南区	10 900	74 561	24 670	1 765	2 268	45 858	4 225	920	3 305
抚宁县	9 300	56 723	6 906	47 714	822	1 281	6 503	4 783	1 720
迁西县	2 000	40 050			3 200	36 850	1 128		1 128
磁县	4 700	33 780			9 478	24 302	656		656

【大事记】

[1]3月29日,《河北省渔业船舶海上移动通信业务标识使用管理办法》发布并实施。

[2]4月18日,河北省水产品质量安全监管工作领导小组会议在石家庄市召开。

[3]5月11日,河北省海洋渔业资源增殖放流工作在唐山市拉开序幕,2 000万粒杂色蛤苗种投放到唐山乐亭沿海海域。

[4]5月30日,河北省海洋与水产科学研究院承担的“细鳞鲑规模化苗种繁育及产业化开发”项目通过验收,多项技术指标在国内同类研究中均处于领先地位,为我国细鳞鲑的资源恢复与保护及产业化开发提供了可靠的科技支撑。

[5] 6月1日,省农业厅副厅长、省水产局局长吴更雨在省渔政处兼省船检港监处处长闫建民等陪同下乘中国渔政13001号出海检查伏季休渔秩序。

[6]6月3~4日,黄渤海区渔政局副局长吴德强、涉外处修先高处长等一行3人来河北省开展伏季休渔督导工作。

[7]6月17日,河北省第一份水产养殖政策性互助保险合同在唐山市曹妃甸区农林畜牧水产局落笔签字,标志着河北省政策性水产养殖保险试点工作正式启动。

[8]7月16 ~17日,农业部黄渤海区渔政局局长马毅、副书记罗汉亚等一行4人到唐山市检查指导海洋伏季休渔管理工作。

[9]7月22~23日,国家安监总局二司副司长官山月、农业部渔业局副局长崔利峰一行4人督导检查河北渔业安全生产工作。

[10]7月23日,河北省现代农业产业技术体系特色海产品产业创新团队启动会在秦皇岛市召开。

[11]7月25日,河北省现代农业产业技术体系淡水养殖产业创新团队启动会议在石家庄市召开。

[12]8月2日,河北省现代农业产业技术体系建设启动视频会议在石家庄市召开,标志着全省现代农业产业技术研发与创新工作开始运行实施。河北省首批现代农业产业技术创新体系在水产行业有淡水养殖产业和特色海产品2个产业体系、11个研究岗位,涵盖除贝类产业以外的鱼、虾、蟹、鳖等各大宗品种。

[13]8月13日,全省清理整治违规渔具专项行动工作会议在石家庄市召开。会议主要任务是贯彻落实农业部清理整治违规渔具专项行动电视电话会议精神和《清理整治违规渔具专项行动实施方案》要求,对相关工作进行部署。

[14]8月14~16日,黄渤海区渔政局党组副书记罗汉亚等一行3人到沧州市、秦皇岛市督导检查清理整治违规渔具专项行动工作开展情况。

[15]9月3~4日,全省水产养殖面积遥感监测培训班在邢台市举办,全省11个设区市及部分渔业重点县的40多名学员参加了培训。

[16]10月25~26日,曹妃甸湿地蟹地理标志产品顺利通过专家现场检查及品质鉴评。

[17]11月5日,农业部渔政指挥中心、河北省水产局联合组织在秦皇岛市开展了2013年河北省渔业海上突发事件应急救援演练。旨在落实省安委办关于确保十八届三中全会期间全省安全生产形势稳定的通知精神,加强渔业安全生产监督检查,严防渔业安全生产重特大事故发生。

(河北省水产局 崔校武 马志敏)

山西省渔业

【概况】 2013年,山西省渔业系统认真贯彻落实《国务院关于促进海洋渔业持续健康发展的若干意见》和全国现代渔业建设电视电话会议精神,不断巩固渔业工作取得的成果,继续加大转方式、调结构、增投入、强科技、促增收力度,努力破解制约渔业发展的瓶颈问题,全力推进现代渔业建设,各项渔业工作取得新突破、新进展,渔业生产和经济继续保持较快平稳发展态势,全年未发生重大渔业安全事故。全省水产品总产量45 621吨,较上年增长10.6%,养殖产量44 499吨,增长10.9%,捕捞产量1 122吨,与上年持平;养殖产量中池塘产量29 921吨,增长16.5%,湖泊水库产量14 287吨,增长1.15%;水产养殖总面积15 462公顷,增长2.76%;渔业经济总产值7.34亿元,增长9.88%,其中:渔业产值5.28亿元,增长10.7%,渔业流通和服务业产值1.85亿元,增长8.19%;渔民人均纯收入7 015元,较上年增长16.2%。

1.水产健康养殖 水产健康养殖规模不断扩大,步伐不断加快,质量不断提高。

一是水产健康养殖示范场创建活动持续深化。向农业部推荐申报了5家养殖单位为农业部第八批水产健康养殖示范场创建单位,经考核验收,有4家创建单位获得农业部水产健康养殖示范场称号;遴选了26家养殖单位为2012年省级水产健康养殖示范场创建单位,经考核验收,有22家创建单位获得省级水产健康养殖示范场称号。

二是池塘标准化改造建设工程全面铺开、进程加快,池塘养殖发展迅猛、势头强劲。按照《山西省池塘标准化改造建设标准》和《山西省池塘标准化改造建设项目考核验收暂行办法》的要求，采取“先建后补”的方式，继续投入各类资金5 030万元（其中：中央财政资金550万元，省级财政资金433万元，自筹4 047万元），全面实施池塘标准化改造建设工程。全年改造老旧池塘236.8公顷，新建标准化池塘192公顷，均顺利完成年度计划任务。池塘养殖面积达到2 820公顷，较上年增长15.8%。

三是中央财政扶持“菜篮子”水产品生产项目深入推进，成效显著。按照《农业部办公厅 财政部办公厅关于印发〈2013年“菜篮子”产品生产扶持项目实施指导意见〉的通知》精神，重点在渔业主产区、中心城市周边及距中心城市相对较近的优势产区，择优选择了11家养殖规模大、生产基础条件好、管理能力强并在增加水产品产量、提高水产品质量、促进渔农增收等方面示范带动作用明显的省部级水产健康养殖示范场为项目申报单位。经省水利厅会同省财政厅组织验收考核，最终有7家渔民专业合作社和1家渔业企业通过了验收考核，省水利厅和省财政厅给予每家项目单位50万元中央财政补助资金支持。通过实施“菜篮子”项目，年新增优质水产品5 000吨，产品质量100%符合水产品质量安全国家和行业标准，新增渔业产值6 800万元，增加渔民人均纯收入1 500元以上，对加快现代渔业建设起到了积极的促进作用。

四是扎实推进沿黄滩涂渔业开发。针对山西沿黄滩涂渔业资源丰富，但开发利用率较其他省份明显偏低，发展潜力较大的实际，省水利厅党组将沿黄滩涂渔业开发作为落实省委、省政府百企千村产业扶贫开发工程的一个切入点和促进现代渔业产业升级的主攻方向。为切实做好此项惠民工作，省级渔业主管部门多次组织相关人员到项目区进行实地调研，逐个查看项目区域，与市、县的同志们一起会商项目发展思路，并就项目实施过程中涉及的一些技术问题与专业技术人员进行专题研讨。研究制定了《山西省2014年沿黄滩涂渔业开发建设项目实施方案》、《山西省滩涂渔业开发建设项目和资金管理办法》、《山西省滩涂渔业开发池塘新建项目建设规范（试行）》、《山西省滩涂渔业开发建设项目验收暂行办法》等一系列配套措施，为项目的规范有序实施奠定了基础。

2.水产品质量安全监管 2013年山西省水产品质量安全形势趋稳向好，产地水产品质量安全监督抽查合格率稳定保持在97%以上，全年未发生重大水产品质量安全事故。

一是持续强化水产品质量安全抽检力度。2013年，全省水产品质量安全抽检范围和抽检数量进一步扩大，省、市、县三级累计抽检水产品1 057个样，水产良（苗）种场、水产健康养殖示范场、无公害水产品产地“三类基地”抽检覆盖率达到100%。省水利厅委托省水产品质量安全检测中心共抽检水产品254个样，抽检水产品药物残留661项次，产地水产苗种和市场水产品药物残留抽检合格率继续保持100%，产地水产品药物残留抽检合格率98.9%，虽较上年下降了0.6个百分点，但仍稳定保持在97%以上。农业部对山西省的产地水产品质量安全监督抽查合格率为100%，比上年提高3.3个百分点，市场水产品质量安全例行监测合格率为95.6%，较上年提高5.6个百分点。

二是持续加强水产品质量安全检验检测能力建设。投入省级财政支渔资金50万元，为基层渔业管理部门和部分养殖生产企业集中采购配发了857盒孔雀石绿、氯霉素、硝基呋喃代谢物药物残留快检试剂盒，进一步提高了基层水产品质量安全监管部门和养殖企业的快检、自检能力。投入307万元为省水产品质检中心配置了超高效液相色谱串联质谱仪，实现了实验室硝基呋喃代谢物自行检验。

三是持续开展水产品质量安全专项整治。以水产养殖主产区为重点区域，以水产良种场、水产健康养殖示范场、无公害水产品产地为重点对象，以主养水产品和问题隐患突出的水产品为重点品种，严厉打击养殖环节非法添加和滥用孔雀石绿、氯霉素等违禁药物的行为。并根据国务院和省政府的统一部署，于6月17～27日集中开展了以“社会共治，同心携手维护水产品质量安全”为主题的水产品质量安全宣传周活动，筑牢了全社会共管、共治、共同参与水产品质量安全监管的强大防线。

四是积极推进水产品品牌建设。坚持“认证与监管并举”的原则，加快推进无公害水产品认证工作，加大证后监管力度，全年新认定无公害水产品产地25个，认定面积236公顷，新认证无公害水产品39个，认证产量3 500吨。积极开展水产品地理标志登记保护，制定印发了《山西省水产品地理标志资源普查实施方案》，在全省范围内开展了水产品地理标志资源普查工作。临猗县黄河甲鱼养殖专业合作社养殖的吴王渡牌黄河鳖率先荣获农业部颁发的地理标志水产品登记保护证书，实现了山西省地理标志水产品零的突破。圣母湖河蟹通过有机食品认证，并注册“圣母湖”商标。

3.水产种业建设 继续开展福瑞鲤养殖研究与示范，加快鲤鱼品种改良和更新换代，2013年再次从中国水产科学研究院淡水渔业研究中心引进530万尾福瑞鲤夏花在全省26家鲤鱼养殖单位开展了鲤鱼品种更新换代研究与示范，累计示范面积达到196.5公顷，占到全省鲤鱼养殖面积的19.2%，引进6 000尾福瑞鲤后备亲本在永济、沁县、原平3家省级水产良种场进行了保种选育。积极开展全国和全省现代渔业种业示范场创建活动，按时完成了国家级临猗县黄河甲鱼良种场建设项目竣工验收任务。按照《山西省水产原（良）种场认定和管理办法》的规定，山西省水产育种养殖科学实验中心所属清徐实验场、朔州实验场和永济市兴茂养鱼专业合作社3家省级水产原（良）种场申请单位通过了山西省水产苗种审定委员会组织的现场考评验收，被省水利厅批准为省级水产良种场。为了进一步理清现代水产种业发展思路，加快现代水产种业建设进程，组织开展了《山西省水产苗种发展规划》、《山西省水产苗种补贴办法》编制工作。

4. 水生动物防疫 水生动物防疫工作纳入议程，不断加强。为了进一步加强水生动物病害测报与防控，提高预警预报能力，有效预防控制水产养殖疫病，编制了《山西省病害测报实施方案》，对全省10个市、25个县、31个测报点、5种养殖方式的9种病害发生情况进行测报，测报总面积1 058公顷，有效预防了水生动物病害。启动实施了草鱼无规定疫病区试点建设。针对草鱼病害多发，尤以草鱼出血病最为严重这一突出问题，与中国水产科学研究院珠江水产研究所合作，选择草鱼主产区永济，启动实施了草鱼无疫区建设试点，试点面积200公顷，通过一年的试点，基本实现了草鱼区域内疫病可控，草鱼免疫力得到很大提高，草鱼出血病得到有效控制，发病率下降10%左右。积极开展水生动物防疫检疫知识培训，组织符合条件的人员积极参加农业部举办的执业渔医培训考试，2013年全省共组织开展水生动物防疫技术培训3次，培训人数300余人。为了进一步加强和规范水产苗种产地检疫工作，组织起草了《山西省水产苗种产地检疫暂行办法》。

5. 休闲渔业 2013年继续以稳步开展休闲渔业示范园区（单位）创建活动为引擎，进一步总结经验、创新方法、加大力度，深入开展全国休闲渔业示范基地和省级休闲渔业示范园区创建活动，经逐级推荐、择优筛选、考核验收，有5家创建单位被农业部评为"全国休闲渔业示范基地"，有12家创建单位获得2013年（第三批）省级休闲渔业示范园区称号，有力地带动和促进了休闲渔业的发展，休闲渔业日益成为全省渔业发展的生力军。2013年全省休闲渔业产值达到3 421.14万元，较上年增长19.4%。

6. 渔业资源与环境保护 一是增殖放流力度持续加大。在对拟放流区域现有渔业资源量进行前期调查评价的基础上，通过确立适宜的放流水域、放流时间、放流规格等，进一步提高放流的经济效益和生态效益。2013在全省9个市组织开展了水生生物增殖放流活动，共放流各种经济鱼类1 384万尾，投入各类资金561.2万元，其中动员社会资金143.2万元。

二是稳步推进水产种质资源保护区建设管理和本土水生珍稀濒危物种和特有鱼类保护。完成了黄河中游国家级水产种质资源保护区的立标工作及黄河干流山西段和汾河、沁河等6条河流（段）渔业生态环境监测任务。配合黄河流域渔业资源管理委员会、水利部黄河水利委员会水资源保护局完成了山西省水生态保护调研工作，并在农业部渔业局的安排下，对省内新型渔业经营主体发展情况进行了调查。对在沁河特有鱼类国家级水产种质资源保护区移殖的乌苏里拟鲿、唇䱻、鲶鱼、雅罗鱼野生亲本，进行了人工暂养驯化、保种和亲本培育。

三是完善资源养护科技支撑体系建设。在省科技厅的支持下，启动了"山西省渔业资源信息管理平台"建设，完成了"鱼类遗传与分子生物学实验室"、"渔业环境模拟与控制实验室建设"项目的验收，完成了省环境规划院委托的"汾河水库水生生物多样性调查报告（2011年）"，组织开展了《山西渔业资源》编纂出版工作。

7. 渔政执法 进一步强化水产养殖业和水产品质量安全执法，共出动执法人员1 195人次，检查水产养殖生产单位509家。依法严厉查处了两家单位分别违规使用孔雀石绿和硝基呋喃类代谢物残留超标事件，涉及金额0.4万元，阳性样品查处率达到100%。在违规渔具专项清理行动中，共出动宣传车46辆次，人员335人次，发放宣传资料850余份，向渔船船主发送手机短信200多条，检查船艇57艘次，检查渔船109艘，没收违规渔具63套，教育违法违规人员15人次，坚决取缔禁用渔具、渔法，有效地震慑了非法炸鱼、电鱼、毒鱼等各类违法捕捞行为。圆满完成了黄河流域渔业资源委员组织开展的黄河流域联合执法行动。

8. 渔船管理 2013年年6月14日，山西省正式同山东局完成交接，填补了山西省船用产品检验的空白，全年共检验省内三家船用产品生产企业的各类设备共计809台。认真开展各类渔业船舶检验工作，累计检验各类渔业船舶192艘，受检率超过90%。严格执行检验标准，对存在问题的3艘船只坚决予以暂扣，并吊销其检验登记证书，全年没有发生一起因检验失误而造成的责任事故。强化船检技术人员的业务培训力度，全年共有5人赴农业部渔业船舶检验局参加培训，其中选派了2名技术骨干到上海海洋大学参加为期40天的长训班学习。积极开展各类船员安全生产、应急操作等培训，全年共组织培训5期，受训船员200余人。

9.渔业应急管理 2013年1月初，天脊公司发生苯胺泄漏事故，《山西省渔业环境突发事件应急预案》立即启动，组成专家组赴现场展开全面调查，妥善完成了调查取证、应急处置等工作。5月初，大同册田水库出现大量死鱼事件，第一时间组成应急调查组进行环境监测与调查鉴定。由于响应及时，两次事件均妥善处置，人员队伍和应急水平均得到锻炼。高度重视渔业生产安全，特别是7、8、9三个月，针对渔船安全、生产安全等多次下文，要求各地务必高度重视并组织人员进行专项督导检查。建立了安全生产信息定期报送和零报告制度，生产高危期一周一报，平时每月一报。全年没有再次发生重大渔业环境污染事故及生产事故。

10.渔业投入 2013年中央和省级财政支渔资金投入稳定并持续增加。农业部对山西省渔业的投入达到1 440万元，保持上年投资水平，其中：增加水生生物增殖放流资金45万元。省级财政部门预算渔业资金比上年增加130万元，达到1 900万元。省水利厅党组将沿黄滩涂渔业开发作为落实省委、省政府百企千村产业扶贫开发工程的一个切入点和促进现代渔业产业升级的主攻方向，增加省级支渔资金投入3 000万元，对现有沿黄滩涂资源进行合理开发利用，以沿黄万荣、临猗两县为试点，实施以池塘新建和莲田改造为主要内容的沿黄滩涂渔业开发建设项目，通过项目带动产业发展，逐步将沿黄滩涂发展为生态渔业和名优渔业优势产业聚集区和品牌渔业孵化带。

11.推广体系改革与建设 以农业部和财政部在全国组织实施基层农业技术推广体系改革与建设补助项目为契机，扎实推进全省基层水产技术推广体系改革与建设工作，不断增强基层水产技术推广体系的功能和作用。根据《农业部办公厅财政部办公厅关于印发2013年基层农业技术推广体系改革与建设实施指导意见的通知》精神，结合2012年全省基层水产技术推广体系改革与建设绩效考核结果，编报了《山西省2013年基层水产技术推广体系改革与建设补助项目实施方案》，择优遴选了25个项目县实施该项目。制定印发了《山西省2012—2013年度基层水产技术推广体系改革与建设项目培训实施方案》，与大连海洋大学联合举办了2期专业院校研修班，自行组织举办了2期省内集中培训班，全年共培训基层渔技人员、试验示范基地、示范户代表256人次。进一步完善了绩效考核体系和项目县动态管理机制。

12.存在的问题 一是水产品质量安全隐患依然突出，制约水产品质量安全的深层次问题没有得到根本解决；二是养殖水域滩涂被挤占、侵占的现象时有发生，渔业发展的空间不断受到挤压；三是渔业发展方式粗放，生产经营分散，养殖模式单一，规模化、组织化和产业化水平不高；四是渔业生产资料成本持续上涨，养殖品种更新换代慢，特色渔业发展滞后，养殖者投融资能力、抗风险能力和市场竞争能力不强，增产容易、增收难；五是南北差异大、地区间发展不平衡，渔业装备落后、基础设施条件差、应急管理处置能力不强；六是县、乡两级渔业机构队伍不健全、不配套，难以适应新形势下渔业发展的需要；七是科技支撑作用不强，基层科技带头人及技术骨干匮乏，省级专业技术人员梯队存在断档；七是"育繁推"一体化现代水产良种体系、水产品质量安全检验检测体系、水生动物防疫体系、渔政执法体系等支撑服务保障体系不健全，严重影响了渔业的健康可持续发展。

【重点渔业县(市、区)基本情况】

山西省重点渔业县(市、区)基本情况

市(区、县)	总人口(万人)	渔业产值(万元)	水产品产量(吨)	其中		养殖面积(公顷)
				内陆捕捞	内陆养殖	
永济市	44.6	15 721.36	13 605		13 605	240
万荣县	44.4	2 483	2 655	4	2 651	305
长治市城区	49.3	612	1 772		1 772	1 901
曲沃县	22.8	1 943.22	1 668		1 668	327
尧都区	94.4	1 654.3	1 420		1 420	215
垣曲县	23.5	1 689.13	1 411	720	691	46
清徐县	34.4	2 022	1 371		1 371	390
洪洞县	74	1 289.39	1 105		1 105	86
芮城县	39	1 511.92	1 092	30	1 062	256
襄汾县	44.3	1 269.85	1 090		109	155

【大事记】

[1]4月2日,全省渔业工作视频会议在太原召开。省水利厅副巡视员李润山出席会议并讲话。各市水利(水务)局分管局领导、水产科(站)长、水产技术推广站站长、渔业重点县负责人在各地分会场收听收看了本次会议。

[2]4月8日,由省渔业局、省水产技术推广站、运城市水利局、永济市水利局与中国水产科学研究院珠江水产研究所联合实施的草鱼无疫区建设项目启动仪式在永济市温流水良种场举行。省水利厅副巡视员李润山出席启动仪式并讲话。山西农业大学、山西康派伟业生物科技有限公司负责人及渔户代表50余人参加了启动仪式。

[3]4月10日,山西省首期基层水产技术推广人员专业院校研修班在大连海洋大学隆重开班。省水利厅副巡视员李润山出席开班典礼并讲话,大连海洋大学党委副书记致欢迎词。省水利厅渔业局主要负责同志和来自全省各市及26个项目县的70名学员及授课教师参加了开班仪式。

[4]4月23日,农业部组织的2013年第一次农产品地理标志登记专家评审会在北京召开。会上由省水产品地理标志管理办公室(省水产技术推广站)组织申报的临猗县吴王渡黄河鳖顺利通过了专家评审,实现了山西省地理标志农产品(水产类)零的突破,吴王渡黄河鳖成为山西省首个获得地理标志品牌的水产品。

[5]6月14日,山西、山东船用产品检验工作交接仪式在汾西重工股份有限公司举行。农业部渔船检验局副局长钟小金、山东省渔业船舶检验局副总队长乔培新、山西省水利厅副巡视员李润山出席了交接仪式。此次船用产品检验工作交接,在山西省渔船管理史上是一件具有里程碑意义的大事,标志着山西省渔船检验范围全覆盖,渔船全方位管理工作正式启动。

[6]7月22~24日,农业部渔业局局长赵兴武一行赴山西省就现代渔业建设进行专题调研,先后深入太原市鱼种场、省鱼病防治中心、永济市鸿博养鱼专业合作社、温流水良种繁育场进行实地考察,听取了山西现代渔业建设发展规划汇报,并同当地渔民群众进行了座谈交流,对山西省渔业及渔业发展取得的成就给予了充分肯定。

[7]7月25日,全省水产苗种场普查登记工作正式拉开帷幕。此次普查登记旨在全面摸清全省水产苗种供求家底,进一步加强水产种业建设,规范水产苗种场的生产管理,提高水产苗种发展水平,从源头上保障水产品质量安全,确保水产苗种的安全、有效供给,逐步实现水产苗种生产管理的规范化、标准化、统一化。

[8]10月25日至11月15日,为切实抓好2013年"菜篮子"水产品生产扶持项目监督管理,提高项目建设质量,确保项目建设取得实效,省水利厅组织渔业行政、推广、科研、渔政等相关部门人员组成3个督查组,采取包片、包市的方式,分赴全省8个市,11个项目申报单位,对2013年"菜篮子"水产品生产扶持项目建设实施情况进行了实地督导检查,对项目的顺利实施起到了积极的促进作用。

[9]10月28~29日,由山西省鱼病防治中心、省水产科学研究所等单位组成的省水利厅黄河滩涂开发调研组赴万荣县调研水产养殖情况。调研组一行先后参观了万荣县鑫丰水产养殖科技有限公司、万荣县益康养殖科技有限公司、河南四方渔业有限公司、山西阳光旺盛水产养殖有限公司等4家养殖企业,并就如何整合好国家、地方和企业等各方面资金,扩大生产规模,调整养殖结构,发展休闲观光渔业,提高经济效益等提出了指导性意见。

[10]11月30日至12月6日,为加强全省2013年"菜篮子"水产品生产扶持项目管理,确保项目取得实效,省水利厅会同省财政厅组织财务管理、项目管理、水产养殖等方面的专家组成验收考核组,对本年度11家项目申报单位(其中:8个渔民专业合作社、3个渔业企业)进行了现场验收考核,最终有7家渔民专业合作社和1家渔业企业共8家项目单位通过了验收考核,并分别获得50万元中央财政补助资金支持。

[11]12月9~11日,省无公害水产品业务知识暨无公害水产品检查员、内检员培训班在太原举办。省水利厅副巡视员李润山出席开班典礼并讲话。农业部农产品质量安全中心渔业产品认证分中心副主任刘巧荣为培训班授课。来自全省11个市的120余名无公害水产品认证业务骨干和水产养殖企业内部质量安全管理人员参加了培训。

(山西省水利厅渔业局 丁秋生 蓝天慧)

内蒙古自治区渔业

【概况】 2013年,在内蒙古自治区党委、政府和自治区农牧业厅的正确领导与大力支持下,以渔业增产、增效、渔民增收为目标,以现代渔业建设为主攻方向,狠抓水产健康养殖、渔业资源养护、渔政管理、渔业生产安全和水产品质量安全,渔业生产得到稳步发展。全区水产品产量14.1万吨,同比增长6.82%。渔业产值18.98万元,同比增长10.35%,渔民人均纯收入

10 204元。

1.渔业基础设施建设成效显著 全区各盟市认真贯彻落实农业部渔业局“三北地区宜渔低洼盐碱荒地渔业开发会议”精神和自治区《实施双十万工程,促进渔民增收的意见》,结合国家“菜篮子”、水产健康养殖示范场生态修复等项目,加快了宜渔盐碱荒地开发和现代池塘养殖园区建设与改造。2013年全区新建池塘933公顷,改造池塘867公顷,新增水产品生产能力8 000多吨。完成第五批5个农业部水产健康养殖示范场复查工作,全区有17个养殖单位被评为农业部第八批水产健康养殖示范场。内蒙古兴和县察尔湖开发有限公司、内蒙古通辽市奈曼旗孟家段水库、内蒙古金三角文化旅游开发公司被评为全国休闲渔业示范基地。

2.渔业资源养护取得新突破 2013年全区累计放流各类经济鱼类苗种3.9亿尾,开展放流活动50余次,放流活动得到各级领导的支持和重视。6月初,自治区农牧业厅渔业局组织沿黄6盟市统一开展了黄河流域鱼类增殖放流活动,放流鱼苗700多万尾,鱼种30吨。6月8日,自治区农牧业厅和巴彦淖尔市人民政府联合举办了“2013黄河内蒙古巴彦淖尔段水生生物增殖放流活动”;7月21日,内蒙古自治区渔政渔港监督管理局、呼伦贝尔市农牧业局、莫力达瓦达斡尔族自治旗人民政府联合举办了“2013年呼伦贝尔市莫力达瓦达斡尔族自治旗尼尔基水库水生生物资源增殖放流活动”;8月9日,内蒙古自治区渔政渔港监督管理局与乌兰察布市农牧业局、集宁区人民政府共同举办了内蒙古集宁区霸王河水库鱼类资源增殖放流活动;8月16日,内蒙古自治区渔政渔港监督管理局与通辽市水利局在莫力庙水库举办了鱼类增殖放流活动;9月5日,呼伦贝尔市农牧业局举办了中蒙界湖贝尔湖渔业资源增殖放流活动。新华网、人民网、中广网、中国渔业政务网、内蒙古人民政府网、内蒙古电视台等众多媒体对放流活动进行了报道。此外,扎兰屯市绰尔河水产种质资源保护区申报晋升为国家级水产种质资源保护区。

3.渔业科技水平稳步提升 自治区水产技术推广站在土左旗2814项目区建立了福瑞鲤、超级鲤、豫选黄河鲤、异育银鲫中科3号养殖示范点,并探索利用微管增氧、利用生物制剂改良水质等新技术,培育福瑞鲤、中科3号鲫等7个品种3 000多万尾苗种,取得了良好效果,为今后全区大面积推广积累了经验。鄂尔多斯市首次引进的高端渔业智能化设备,为全区渔业现代化迈出了第一步,起到了很好的示范作用。兴安盟成立稻田养殖服务队,推广稻田养殖667公顷。通辽市免费为农民提供苗种,在科左中旗实施了千亩连片稻田养殖项目。呼伦贝尔市莫力达瓦旗派专人为中小水面精养提供技术服务。赤峰水产站指导益和诺水库,利用生物制剂—苦参碱治疗猫头蚤,减少损失50万元。

3月份,举办了“全区水产养殖技术培训班”,邀请中国水产科学研究院研究员戈贤平等多名国内知名专家讲解了水产养殖场和现代渔业园区建设、病害防控技术、新品种生物学特性及养殖技术、“三品一标”产品认证等内容,全区渔业从业人员170多人参加了培训。据统计,2013年全区累计举办培训班56期,培训人员5 368人次,渔业从业人员的技术素质进一步提高,为渔业各类适用技术推广奠定了基础。

4.水产品质量安全水平稳步提高 按照全国水产品质量监管会议和全区农产品质量安全监管会议精神,切实加强了水产品质量安全监管。一是切实强化了苗种质量监管,努力查处含违禁药物和劣质苗种。二是开展了水产品质量安全专项整治。制定了水产品有毒有害物质残留专项整治方案。三是开展了养殖执法检查。2013年全区出动执法人员1 500多人次,检查了350多个水产养殖场(户),对其中的35个养殖记录不完善的单位进行了整改。四是下发了《关于开展“水产品养殖质量全程监控技术示范点”工作的通知》,在巴彦淖尔等5个盟市开展了“水产品养殖质量安全监控技术试点”工作,探索建立水产品质量安全监管长效机制。五是加大了水产品抽检力度。配合农业部水产品质量监测(南京)中心完成60个批次产地水产品抽检,监测了氯霉素、孔雀石绿、硝基呋喃、喹乙醇5种药物残留,产品合格率100%。自治区水产品质量检测中心,制定了全区产地水产品抽检计划,共抽检了140个批次的水产品,合格率100%。

5.渔政管理不断加强 开展了渔业法宣传月活动。下发了《关于印发〈内蒙古自治区二〇一三年禁渔期禁渔区渔政管理通告〉的通知》,严格实施禁渔制度,加强了天然水域禁渔管理,严厉打击非法捕捞行为;加强水生野生动植物管理,开展专项整治行动,打击非法经营利用行为。2013年全区共开展执法检查323次,出动检查车辆498辆次、渔政船艇110艘次,出动执法人员2 824人次,查获违规船44艘,清理违规渔具808张、套,没收渔货物5 649.8千克。

按照农业部清理整治违规渔具专项行动电视电话会议精神和《农业部办公厅关于开展清理整治违规渔具专项行动督导检查的通知》要求,开展了“清理整治违规渔具专项行动”。

强化渔政队伍建设。4月份,配合农业部“全国渔业文明执法”复核组，对锡林郭勒盟渔政站创建工作进行了复核，复核组对该站的创建工作给予了肯定。

6.渔业安全生产态势持续稳定 全区认真贯彻落实《农业部办公厅关于进一步落实渔业安全管理措施的紧急通知》、国家渔政局《关于做好内陆渔业船舶安全管理工作的通知》和全国渔业安全生产暨文明渔港创建视频会议以及自治区有关加强安全生产监管的会议文件精神，切实加强渔业安全生产管理工作，全面落实安全生产责任制。加大渔业安全生产的宣传与培训力度，提高生产者的安全意识和安全事件防范能力。组织开展了隐患排查、渔业安全生产月、“回头看”、合格产品上渔船、水上突发事件应急演练和培训、安全生产示范班组创建及打非治违等活动，销毁了一批伪劣救生衣等产品；配备了一批合格船用产品。做好渔业船舶登记、清理和渔船检验工作，全区共检验渔船1 680艘。开展了专项督查，深入到12个盟市对渔业管理部门安全生产监管工作落实情况进行现场督查，切实提高了安全生产责任意识。

【重点渔业市(县)基本情况】

内蒙古自治区重点渔业市(县)基本情况

市(县)	总人口(万人)	渔业产值(万元)	水产品产量(吨)	其中		养殖面积(公顷)
				捕捞	养殖	
呼和浩特市土左旗	35	9 799.24	5 932	0	5 932	2 885
鄂尔多斯市达拉特旗	33.6	11 764.3	5 705	35	5 670	1 302
包头市九原区	27.7	7 840.66	4 302	184	4 118	516
鄂尔多斯市准格尔旗	27.1	6 835	2 500	79	2 421	1 404
赤峰市克什克腾旗	25.6	5 560	2 820	450	2 370	5 453
巴彦淖尔市临河区	53.3	6 064.9	4 312	231	4 081	1 534
呼伦贝尔市新巴尔虎右旗	3.4	6 583	5 543	3 709	1 834	1 974
巴彦淖尔市杭锦后旗	31.2	6 166.67	4 620	400	4 220	2 015
鄂尔多斯市鄂托克旗	94.7	8 074.6	2 038	80	1 958	1 162
呼伦贝尔市莫旗	33.8	7 493	6 438	1 862	4 576	5 000

【大事记】

[1]2月20～21日，自治区渔政渔港监督管理局召开全区渔业专业会议。

[2]4月15日，自治区渔政渔港监督管理局组织全区开展《渔业法》宣传月活动。

[3]5月1日至7月31日，自治区渔政渔港监督管理局组织各盟市渔业主管部门及其所属的渔政执法机构，在黄河内蒙古段，贝尔湖、额尔古纳河等边界水域，自治区重要湖泊、水库开展禁渔期渔政综合执法行动。

[4]5月16日，由自治区渔政渔港监督管理局和赤峰市水利局主办的赤峰市三座店水库水生生物增殖放流活动举行。

[5]6月8日，由自治区农牧业厅和巴彦淖尔市人民政府联合举办黄河内蒙古巴彦淖尔段段水生生物资源增殖放流活动在乌拉特前旗举行。与此同时，呼和浩特、包头、鄂尔多斯、乌海市和阿拉善盟也在黄河流域开展水生生物增殖放流活动。

[6]7月21日，由自治区渔政渔港监督管理局、呼伦贝尔市农牧业局、莫力达瓦达斡尔族自治旗人民政府联合主办，莫力达瓦达斡尔族自治旗农牧业局承办的2013年呼伦贝尔市莫力达瓦达斡尔族自治旗尼尔基水库水生生物资源增殖放流活动在宜卧奇库湾举行。

[7]8月9日，由自治区渔政渔港监督管理局、乌兰察布市农牧业局、集宁区人民政府共同主办，由乌兰察布市渔政管理站、集宁区农牧业局、集宁区水利局共同承办的“2013年内蒙古集宁区霸王河水库水生生物资源增殖放流活动”举行。

[8]9月5日，由呼伦贝尔市农牧业局主办，呼伦湖渔业有限公司承办的中蒙界湖贝尔湖渔业资源增殖放流行动举行。

（内蒙古自治区农牧业厅渔业局 陈春雷 冯伟业）

辽宁省渔业

【概况】 2013年,辽宁省全面贯彻国务院文件精神,省政府出台了《关于促进海洋渔业持续健康发展的实施意见》。渔业经济继续保持持续健康发展势头,实现了稳中求进的发展目标。渔业经济总产值1 483亿元,同比增长10.6%;增加值751亿元,同比增长10.3%。水产品总产量505万吨,同比增长5.2%。渔民人均纯收入14 600元,同比增长5.8%。

1.**海洋牧场建设全面推进** 投资9 000万元增殖放流13个品种54亿尾,同比增长14.9%。中央电视台首次对增殖放流进行了跟踪报道。投资2 900万元,新建人工鱼礁示范区3处。新增浅海底播2万公顷,累计达到53万公顷。大连市投资7.2亿元,新建人工鱼礁28处、360万立方米,改造海域0.67万公顷。

2.**健康养殖规模扩大** 精品养殖规模达到36.7万公顷,产量230万吨,同比分别增长2%和8%。创建农业部水产健康养殖示范场103家、规模新增0.8万公顷。创建全国现代渔业种业示范场5家,省级水产良种场达到92家。从国内外引进新品种18个。创建全国休闲渔业示范基地9家,休闲渔业产值45亿元。海参增养殖面积达到11万公顷,产量7万吨,同比分别增长10%和7.7%,产量占全国的38%。大菱鲆产量2.7万吨,占全国产量的63%。盘锦市继续保持"中国河蟹第一市"优势,河蟹产量6.5万吨、蟹种产量1.5万吨,分别占全国的8.8%和65%。营口市养殖南美白对虾5 333公顷,产量、产值达到上年的10倍。鞍山市观赏鱼实现产值5.8亿元,同比增长21%。

3.**外渔业不断发展** 入渔韩国专属经济区管理水域渔船603艘,同比增加63艘。中朝西海岸民间渔业合作渔船397艘。投资3.2亿元,新造远洋渔船34艘,新增远洋渔业企业3家。外派远洋渔船329艘,同比增加54艘,实现产量20万吨,产值22亿元。

4.**水产加工业稳步增长** 水产加工企业900户,规模以上加工企业占40%。加工量实现225万吨,产值300亿元,分别增长5.6%和6%。丹东市加工量37万吨,增长8.1%。营口市加工海蜇8万吨,增长10.2%。

5.**水产品进出口贸易回暖** 进口水产品90万吨,金额14亿美元,分别增长13.7%和8.5%。出口水产品70万吨、出口额26亿美元,分别增长8.7%和6.9%。出口额占农产品出口的50%。

6.**水产品质量稳定向好** 突出抓了"十二运"水产品安全保障,开展了禁用药物、贝毒专项治理。完成了25批次2 311个样品检测。农业部和省本级产地抽检合格率100%。认定无公害产地55家,面积13万公顷。"兴城多宝鱼"、"葫芦岛螃蟹"、"葫芦岛对虾"获国家地理标志商标认定。全省地理标志产品达到26个。

7.**科技支撑作用明显增强** 制定出台了《关于加强全省海洋与渔业科技工作的实施意见》,成立了辽宁省海洋与渔业科研专家咨询委员会,设立了省海洋与渔业厅科技贡献奖。争取科研项目48项,获省以上奖项15项。申请专利92项、授权专利32项。开展科技下乡培训渔民1.7万人次。

8.**渔业资源管理力度加大** 伏季休渔投入执法人员2.5万人次,执法船艇3 218航次,2万余艘渔船实现了应休尽休。辽东湾海蜇实现连续11年适时统一开捕。开展了违规渔具清理专项行动,查处违规渔具4.8万米(杆)。加强了水生野生动物保护,斑海豹数量增加到1 500头。

9.**渔船渔港管理得到加强** 制定出台了《辽宁省海洋捕捞渔船定点拆解监督管理办法》。开展了"渔港水域执法年"、"为渔民办实事、安全产品上渔船"活动,驻港机构达到50个,培训船员2.5万人;渔业互保展业额达到1.2亿元,检验渔船3万多艘。严厉打击了越界捕捞,开展联合执法巡航。

10.**渔业安全生产形势平稳** 组织开展了"百日安全生产"、"安全生产月"、"平安渔业示范县"等活动,经常性开展安全大检查、安全督查。全省渔业安全生产形势总体平稳,未发生重特大渔业安全生产事故。

【重点渔业市(区、县)基本情况】

辽宁省重点渔业市(区、县)基本情况

市(区、县)	渔业人口(人)	渔业产值(万元)	水产品产量(吨)	其中				养殖面积(公顷)	
				海洋捕捞	海水养殖	内陆捕捞	内陆养殖	海水	内陆
长海县	39 916	968 319	570 031	141 804	365 097			510 864	
庄河市	55 912	1 135 335	553 775	90 288	454 763		1 010	56 425	654

（续）

市（区、县）	渔业人口（人）	渔业产值（万元）	水产品产量（吨）	其中				养殖面积（公顷）	
				海洋捕捞	海水养殖	内陆捕捞	内陆养殖	海水	内陆
普兰店市	20 028	480 765	213 993	53 133	156 829			15 023	6 184
瓦房店市	19 050	521 000	136 120	65 000	69 120			18 550	1 941
金州区	41 034	437 390	360 060	76 978	283 082			27 225	
旅顺口区	5 994	260 077	192 034	64 180	126 000			16 674	1
甘井子区	5 148	74 684	65 466	53 592	10 044			3 067	
东港市	52 160	376 774	305 382	180 931	180 931	270		40 087	5 941
大洼县	114 650	367 255	196 885	33 894	33 894	4 365		18 665	30 000
凌海市	12 715	180 151	177 401	149 677	149 677	1 970		65 707	667

【大事记】

［1］2 月 26 日，全省海洋与渔业工作会议在沈阳召开。会议对 2012 年工作进行了总结，对 2013 年的工作进行了安排部署。

［2］2 月 28 日，《关于成立辽宁省蓬莱溢油生物资源养护与渔业生态修复项目工作领导小组的通知》印发。

［3］3 月 19 日，全省 11 家省级水产原良种场和 1 家国家级水产良种场获得省财政补助资金 360 万元。

［4］3 月 28 日，蓬莱溢油生物资源养护与渔业生态修复项目工作领导小组会议在沈阳召开，会议讨论通过了《辽宁省蓬莱溢油生物资源养护与渔业生态修复项目管理办法》。

［5］4 月 9～10 日，保护辽东湾斑海豹资源座谈会暨 2013 年辽宁斑海豹保护专项执法行动在盘锦举行。

［6］4 月 15 日，《关于下达蓬莱溢油生物资源养护项目 2013 年辽东湾增殖放流计划任务的通知》印发。

［7］4 月 27 日，全省海洋与渔业科技工作座谈会在大连召开。

［8］5 月底，兴城小坞一级渔港建设项目初步设计顺利通过农业部审查并获批复，总投资近 5 800 万元，成为全省“十二五”期间首个重点建设的渔港项目。

［9］6 月 1～7 日，全省放流中国对虾仔虾 20 亿尾，放流数量比 2012 年的 15.5 亿尾增长了 29%，再创辽宁省中国对虾增殖放流最高数量纪录，中央电视台对此项活动进行了跟踪报道。

［10］6 月 5～6 日，全省第一批水产品安全快速检测能力资格考核举行。

［11］6 月 9 日，“2013 年海洋渔业安全生产月咨询日”活动在全省多个渔港同时举行，省主会场设在旅顺郭家沟渔港。

［12］6 月 14 日，在“2013 中国国际商标品牌节”上，“盘锦河蟹”被评为“最受欢迎特色产品奖”。

［13］6 月 20 日，辽宁省人民政府副省长赵化明、副秘书长葛海鹰、省海洋与渔业厅厅长何焕秋到营口光辉渔港视察放流工作。

［14］6 月 20 日，“中国对虾 黄海 2 号健康养殖技术”推广项目成果鉴定会在沈阳召开。

［15］7 月 5 日，《辽宁省海洋捕捞渔船定点拆解监督管理暂行办法》印发。

［16］7 月 8～11 日，农业部渔业认证分中心专家组对辽宁省无公害认证工作开展现场检查，盘锦市光合蟹业有限公司等 4 家企业申报的产品全部通过现场检查。

［17］7 月 22 日，《辽宁省人民政府关于促进海洋渔业持续健康发展的实施意见》印发。

［18］7 月 23～26 日，农业部渔业局和国家安全生产监督管理总局督察组到辽宁省开展渔业安全生产情况的检查督查。

［19］9 月 3 日，省农委、省海洋与渔业厅等 7 部门公布 2012 年省级农产品出口示范区名单，其中海洋与渔业出口示范区 5 个。

［20］9 月 12 日，《辽宁省海洋及海岸工程海洋生物损害评估技术规范》实施。

［21］9 月 28 日，《辽宁海岸带保护和利用规划》印发。

［22］10 月 16 日至 12 月中旬，2013 年全省秋冬季海上安全联合执法检查行动启动。

［23］10 月 20～24 日，举办第二届全国农产品质量安全检测技能竞赛暨辽宁省水产品检测预赛。

［24］10 月 22 日，由农业部黄渤海区渔政局违规渔具清理整治督导检查组到盘锦市督导检查违规渔具清理整治情况。

[25]10 月 26 日,《关于加强全省海洋与渔业科技工作的实施意见》印发。

[26]10 月 29 日,辽宁省休闲渔业协会第一届会员代表大会在沈阳召开,辽宁省休闲渔业协会正式成立。

[27]10 月,省海洋与渔业厅被省食品安全委员会办公室评为全省食品安全信息工作先进示范单位。

[28]11 月 2 日,在第三届中国名蟹大赛上,盘锦市旭海、秀玲两个品牌盘锦河蟹被选为中国"十大名蟹"。

[29]11 月 5 日,"无公害鲜活大菱鲆标识管理创新研究"课题顺利通过农业部专家组验收。

[30]11 月 8 日,省海洋与渔业厅副厅长卢江宁在海科院接待了台湾省水产协会渔业代表团,双方就水产养殖技术方面的交流与合作进行了广泛、深入的探讨。

[31]11 月 11 日,大连圆岛海域国家级水产种质资源保护区及大连獐子岛海域国家级水产种质资源保护区,经农业部审定批准为国家级水产种质资源保护区(第七批)。

[32]11 月 14 日,农业部办公厅公布全国休闲渔业示范基地(第二批)名单,大连昌海全福休闲渔业示范基地等 9 家单位获得全国休闲渔业示范基地称号。

[33]11 月 15~30 日,省海洋与渔业厅党组成员带队分赴沿海地区开展海洋渔业安全生产工作大检查。

[34]11 月,经农业部批准,辽宁省新增辽宁大平渔业集团有限公司 5 艘专业远洋渔船赴安哥拉海域捕捞作业。

[35]12 月 25 日,《辽宁省海洋渔业安全管理条例》、《辽宁省渔业船舶监督管理条例》专家论证会在沈阳召开。

[36]12 月 27 日,农业部办公厅公布农业部水产健康养殖示范场(第八批)名单,辽宁省(含大连)共有 103 家单位获农业部水产健康养殖示范场称号。

(辽宁省海洋渔业厅)

吉林省渔业

【概况】 2013 年,吉林省渔业系统认真落实中央和省委、省政府"三农"工作决策部署,以转变渔业发展方式为主线,以加快推进现代渔业建设为主攻方向,圆满完成了全年各项目标任务。渔业经济保持良好发展态势,渔业生产稳定增长,水产品市场平稳运行、质量安全稳步提高,渔民收入保持较快增长,生态建设大踏步前进,为全省农村经济和生态文明发展做出了重要贡献。

1. 渔业经济发展态势良好 在经济下行压力加大的情况下,各级渔业部门团结拼搏、攻坚克难、精心组织、科学调度,使渔业经济发展继续保持了产量、产值稳定增长,人均收入较快增长,出口量、出口额大幅增长,市场运行平稳、供应充足的良好态势。全年共完成水产品产量 18.6 万吨,同比增长约 2%,其中养殖产量 16.5 万吨,同比增长 1.9%,捕捞产量 2.1 万吨,与上年基本持平;实现渔业产值 34 亿元,同比增长 6%;出口量、出口额双增长,连续 12 年位居全国内陆省份前 3 位,全年出口水产品 1.8 万吨,出口额 8 400 万美元,同比分别增长 39.24% 和 14.01%;水产品交易总量突破 40 万吨,人均水产品占有量接近 15 千克;渔民人均纯收入达到 8 762 元,比上年增加 229 元,增长 2.7%。

2. 渔业综合生产能力不断提升 水产良种繁育、水产品质量检验检测、渔政渔港、渔业资源养护、"菜篮子"水产品生产等基础设施建设不断加强,为提高渔业综合生产能力,增加渔民收入创造了有利条件。全年共完成省级以上渔业投资和补贴 8 400 万元,其中基础设施建设投资 3 100 万元、资源养护资金 1 000 万元、柴油和渔机补贴资金 2 800 万元、科技及其他渔业管理经费 1 500 万元,完成了 2 个水产良种场、3 个自然保护区、5 艘渔政执法船艇和 18 处养殖生态环境修复基础设施项目建设任务。需要特别提到的是,由于项目管理工作出色、实施效果良好,2013 年农业部继续加大了对吉林省扶持"菜篮子"水产品生产项目的投资,经过一年建设,该项目再次成为渔业工程建设的样板工程,当年建成标准化养殖基地 18 处,累计投入资金 1 427.8 万元,完成养殖池塘清淤改造超过 133 公顷、清淤量 60 万立方米,维修改造进排水渠道 4 000 米、架设输电线路 20 000 米,修复加固池埂 8 000 米,硬化、修缮场区道路 20 000 米,购置渔业机械设备 72 台(套)。项目综合效益十分显著,有效改善了养殖渔区生态环境和持续发展能力,提高了产品品质,增加了渔农民收入。

3. 水产品质量稳步提高 围绕建立健全水产品质量安全管理长效机制,2013 年,各级渔业主管部门宣传、抽检、整治等多措并举,组织渔业管理、科研推广、渔政执法等人员在全省开展了水产健康养殖示范场创建活动和"健康水产品上餐桌"专项执法行动,通过水产健康养殖技术培训、水产苗种专项治理、水产品药物残留例行抽检和无公害水产品抽检等,有效保障了水产品质量安全。全年共创建农业部水产健康养殖示范场 20 处,认证无公害水产品 82 个,设置水产养殖病害监测点126个、监测面积超过0.97万公顷,制订渔业标准14项;全年共出动执法人员5 439人次、执法车辆1 320台次,排查养殖企业和养殖户3 017户次,监测水产批发市场666个,整治重点区域115个,查出问题50起,涉及金额11.1万元,责令整改34起,吊销营业执照1家;先后组织省内自检、省际互检、与工商联检等多次抽检活动,累计抽检无公害水产品产地、水产养殖场、批发市场、超市等水产品样品2 171个,综合合格率达到98.6%

4.生态文明建设取得新成绩　深入贯彻实施《中国水生生物资源养护行动纲要》,广泛动员,大力推进水生生物资源养护工作由部门行为上升为社会行动。加快推进渔业保护区建设,新建3处国家级、6处省级水产种质资源保护区,保护区总数位居全国前列。加大了濒危水生生物保护力度,开展了水生野生动物保护宣传月和专项执法活动,查处了一批非法经营利用水生野生动物案件。大力开展水生生物增殖放流,先后在鸭绿江、松花江、图们江、牡丹江、东辽河、密江河、查干湖、云峰水库、二龙湖等重要水域组织增殖放流活动39次,放流各类鱼苗2.6亿尾,投入资金超千万元。

5.渔业科技推广取得新进展　围绕渔业健康可持续发展目标,加快渔业科技创新,在水产科研、技术推广、科技服务等领域取得了较大成绩。全年完成渔业科技攻关重点项目17项,省水产总站作为参加单位承担的"北方稻田种养(蟹)新技术示范与推广"项目,获全国农牧渔业丰收奖农业技术推广成果一等奖;"吉林省鱼类病害防治技术研究与推广"获省科技进步三等奖;深入实施了大宗淡水鱼产业技术体系建设,完成了大宗淡水鱼高效池塘养殖模式构建与示范,松浦镜鲤、长丰鲢、异育银鲫"中科3号"等优良品种得到大面积推广。组织开展了基层水产技术推广示范站创建活动,东辽、镇赉县、敦化等3个县级站获得国家示范站称号,组织开展了渔业科技服务年活动,广泛开展了送科技下乡、科技入户、技术咨询培训,累计办班88期、培训农渔民8 928人次,发放各类技术资料4.3万份。开展了"鲤春病毒血症"等重大水生动物疫病专项监测和池塘养殖渔情动态信息采集工作,完成监测采样75个,监测面积近87公顷。加强了基层水产技术推广体系建设,在36个县实施了补助项目,投入资金530万元,项目完成后进行了绩效考核。渔业科技成果转化应用方面,开展水产技术推广及试验示范项目11项,推广面积超过1.3万公顷,重点实施了"稻田综合种养技术"推广项目,通过采取建立核心示范区、召开现场会等措施,2013年共推广稻田综合种养面积0.733万公顷,实现增收3 700万元,其中鱼蟹增收2 100万元、稻谷增收1 600万元,项目取得显著经济效益。

6.渔业执法力度进一步加大　以渔业资源保护管理为重点,实行专项执法与日常监管相结合,不断加大执法力度,有效维护了正常的渔业生产秩序。严格执行禁渔制度,根据全省主要自然水域鱼类繁殖特点,及时发布了2013年禁渔通告,设置禁渔区11个,开展了渔业专项执法检查和清理整治"绝户网"等违法违规渔具专项行动,重点加强了松花江、嫩江、鸭绿江、图们江等主要江河及边境水域的渔业管理,严厉打击了各类破坏渔业资源的违法行为。建立健全了全省渔政指挥信息系统,举办了渔业执法人员培训班、培训人员80人。组织开展了文明执法窗口单位创建活动,对吉林市渔政处等6个"全国渔业文明执法窗口单位"进行了复核,在镇赉县和前郭县开展了水产健康养殖执法示范活动,开展了渔业行政执法案卷评查活动;加强了水产养殖业专项执法,推动了以养殖证制度和水产苗种生产许可制度为核心的养殖业规范化管理,全省已有9个市州、36个县市出台了养殖水域滩涂规划,共发放养殖证4 899本,其中新版养殖证1 644本,发放面积近30万公顷。

7.安全生产形势稳定　2013年,各级渔业主管部门严格贯彻执行安全生产的有关规定,狠抓渔业安全生产责任制的落实,坚持"安全第一、预防为主",认真开展渔业安全生产宣传检查和"平安渔业示范县"创建活动,并针对存在的薄弱环节,重点落实整改措施,规范渔业安全生产行为,有效杜绝了渔业安全生产事故的发生。全年共培训渔业船员325人,检验渔业船舶5 208艘,组织3 012名渔民、47个渔业单位、223艘渔船参加渔业互助保险。组织开展了冬季冰上捕鱼安全生产专项检查活动,督促生产单位从严落实从业人员安全知识培训、安全责任制度建立、安全预案制订和演练、生产区管理等工作措施,有效保障了渔业生产安全。

【重点渔业县(市)基本情况】

吉林省重点渔业县(市)基本情况

县(市)	水产品总产量(吨)	养殖产量(吨)	捕捞产量(吨)
前郭尔罗斯蒙古族自治县	16 650	1 5364	1 286

（续）

县（市）	水产品总产量（吨）	养殖产量（吨）	捕捞产量（吨）
镇赉县	15 500	12 695	2 356
扶余市	13 050	9 090	3 960
大安市	7 497	6 583	914
舒兰市	7 255	6 910	656
磐石市	7 160	7 160	
蛟河市	6 605	6 605	
农安县	6 150	5 470	680
梅河市	5 806	5 776	248
集安市	5 180	4 556	624

（吉林省渔业局）

黑龙江省渔业

【概况】 2013年，黑龙江省渔业系统进一步落实省委、省政府"努力发展寒地淡水养殖，打造特色鲜明、品质优良的龙江渔业"的工作部署，进一步深化结构调整，大力发展特色化、集约化、规模化水产养殖，加大水产品质量安全监管力度，增强渔业资源养护和渔政管理力度。全省渔业经济保持了平稳增长势头。全省放养面积达到53.78万公顷，同比增长11.39%；渔业经济总产值达到111.4亿元，同比增长1.3%；渔民人均纯收入突破1万元大关，达到10 270元，同比增长9.6%。

1. 地产名特优品种养殖规模进一步扩大 具有北方寒地特色、畅销价高的鲟鳇鱼、兴凯湖大白鱼、泥鳅、方正银鲫和黄颡等鱼类品种的养殖规模不断扩大，哲罗鱼、细鳞鱼和东北雅罗鱼等冷水性鱼类的苗种繁育及养殖技术得到了推广，同时加大了省外名优品种的引进力度。2013年，全省名特优水产品养殖面积已达22.42万公顷，同比增长10.8%，占全省养鱼水面的41.7%。全省繁育鲟鳇鱼、兴凯湖大白鱼、怀头鲶、方正银鲫等地产名贵特产优质鱼类苗种达4.4亿尾，同比增长10%。富锦市泥鳅鱼养殖三年迈出三大步，2013年，繁育泥鳅鱼水花2亿尾，池塘养殖面积达到420.66公顷，稻田养殖面积达到100公顷，池塘养殖泥鳅的亩效益达到0.6万元以上，稻田养殖的亩效益虽然受到洪涝灾害影响仍然达到600元以上。方正县委、县政府将方正银鲫基地建设作为全县重点工作之一，县委常委会和县政府常务会相继通过了《方正县方正银鲫基地建设实施方案》和《方正县方正银鲫养殖基地建设方案》，将方正银鲫繁育基地建设列入现代农业建设一主四辅项目之一，成立了以副县长为组长的产业推进领导小组，成立了方正县方正银鲫原种保护推广中心，将全县5个中小型国有水库划归县水产总站管理，建立方正银鲫养殖基地，在产业用地审批、资金扶持、人才和技术上给予倾斜和支持，全力推动方正银鲫产业发展。2013年，全县方正银鲫放养面积突破1 333.33公顷。

2. 养殖生产集约化、规模化水平不断提升 为进一步提升特色水产养殖的集约化、规模化水平，各地加大了池塘驯化养鱼和网箱养鱼等高产实用技术的推广力度。全省举办各类培训班300多期，投入资金540多万元，培训渔民11 200人。2013年，全省驯化养鱼面积发展到5.73万公顷，比2012年增长19.4%。与此同时，驯化养鱼的科技水平不断提高，投饵机、增氧机、浮性饵料等先进生产要素得到普遍应用，一些渔场还安装了信息管理监控系统，渔业生产管理向着自动化、现代化方向发展。网箱养鱼继续快速发展，面积达到13.2万平方米，同比增长12.8%。

3. 多元化渔业健康发展 一是休闲渔业档次不断提升。2013年，全省各具特色，并具有一定规模的游钓度假村发展到906家，比2012年增加226家，同比增长33.2%，休闲渔业正向着特色化、规模化、精品化方向迈进。二是外向型渔业保持良好发展势头。巴彦县连续4年实现淡水鱼出口，2013年首批对俄出口的7.5吨鲤鱼已于6月初交付启运，全年水产品出口量达到50吨。三是水产品加工业持续发展。在老牌水产品加工企业不断发展壮大的同时，新的加工企业不断涌现。绥滨县为解决网箱养鱼的销售问题，新建立了一家加工厂，生产罐头、鱼松和鱼鳞加工制品，产品在哈洽会上得到好评，销售前景看好。

4. 水产品质量安全得到加强 2013 年，加强了水产品质量安全监管工作，全省各级水产部门出动执法人员 3 353 人次，深入到 3 552 家水产生产企业和场户进行了检查，对 354 家生产单位进行了药残检测，进一步规范了养鱼生产行为，提高了水产品的质量安全水平。同时，全省大力开展水产健康养殖示范场（区）建设，积极推广生态健康养殖技术和模式。全省已建成部级水产健康养殖示范场（区）136 个，省级水产健康养殖场 233 个，并相继创建了一批市、县级水产健康养殖示范场（区）。在这些示范场（区）的带动下，水产健康养殖技术逐步推广，全省无公害水产品养殖面积已扩大到 43.47 万公顷，同比增长 11.3%。

5. 资源养护水平切实提高 加强了苗种数量、规格质量、检验检疫、投放方式、渔政监管等关键环节工作，提高了增殖放流效果。全省共增殖放流各种鱼类苗种 1.2 亿尾，其中濒危物种 77 万尾。新建国家级水产种质资源保护区 3 处，总数达到 22 处，并采取针对性措施，保护种质资源。大力清理违规渔具，拆除土梁子 206 处，清理密眼箔 508 处，其他违规渔具 4 589 件，没收渔船 61 只，吊销捕捞许可证 41 本，拘留 2 人，震慑了不法分子，保护了渔业资源。

6. 边境水域管理持续加强 一是组织召开了全省边境水域渔政管理工作会议，并与边境市（地）、县（市）渔业管理部门及 3 个重要渔业水域渔政执法机构签订了 2013 年边境水域渔政管理责任状，落实了监管责任。二是组织督察组于 5 月下旬对边境水域禁渔期渔政管理、渔业安全生产等情况进行了检查。边境地区各级渔业管理部门通过分片包段、蹲点驻守、严管严罚、综合治理等措施，严防涉外渔业事件发生。三是为保护渔业资源，全省集中开展了专项整治行动，清理违禁渔具专项执法行动取得阶段性成果。

7. 存在问题 虽然全省的渔业经济取得了长足的进步，但一些长期困扰渔业发展的问题仍然存在，需要认真研究应对。

（1）2013 年的洪涝灾害，全省损失鱼产量 13.6 万吨，其中鱼种近 0.5 万吨。受此影响，2014 年春季鱼种供应趋紧。

（2）产业化、组织化程度低，渔民专业合作组织起点低、规模小、辐射带动能力不强。

（3）违法捕鱼、越界捕鱼、使用违规渔具现象屡禁不止，执法力量不足，亟待加强。

（4）水产品质量安全存在运输和储存过程中使用违禁的防腐剂、保鲜剂等问题，致使个别的水产品质量安全难以保证。

【重点渔业市（县、区）基本情况】

黑龙江省渔业重点市（县、区）基本情况

市（县、区）	总人口（万人）	渔业产值（万元）	水产品产量（吨）	其中		养殖面积（公顷）
				捕捞	养殖	
肇东市	90.6	42 000	38 718	302	38 416	14 155
北林区	87	57 300	30 120	60	30 060	7 417
哈尔滨市区	398.6	34 462	28 867	1 265	27 602	11 142
杜尔伯特蒙古族自治县	25	30 200	27 000	4 050	22 950	28 000
密山市	43.9	45 555	26 700	2 000	24 700	24 000
肇源县	45.1	41 500	26 000	6 700	19 300	28 333
大庆市区	132	41 641	19 000	500	18 500	13 915
巴彦县	69.6	17 385	18 500	390	18 110	6 670
五常市	108	29 870	15 500	1 057	14 443	7 600
安达市	52	17 000	15 075	1 400	13 675	14 667

【大事记】

[1]3 月 11 日，按农业部《关于加强内陆捕捞渔船管理的通知》要求，由黑龙江省渔政局、黑龙江省渔业船舶检验局设计、印制的《内陆“三合一”捕捞渔船证书（试行）》，在全省统一进行换发。

[2]3 月 12 日，全省渔业工作会议在哈尔滨市召开，全省 13 个市（地）和 43 个县（市、区）渔业行政主管部门、3 个边境渔政站、中国水产科学研究院黑龙江水产研究所、省农垦总局、省水利厅、哈尔滨市农业科学院水产分院、哈尔滨市渔业集团、省渔业协会、省直属水产事业单位、重点水产品加工企业负责人及省渔

政局全体机关干部共计100余人参加会议。省农委副主任邢志广针对全省渔业生产、水产品质量安全管理、边境水域渔政管理、渔业资源管理及队伍建设等问题做了重要讲话,省农委渔业局局长张侃就全省渔业发展做了工作报告。

[3]3月22日,省水产技术推广总站承担的"松浦镜鲤健康养殖技术"项目,以养殖面积8 066.67公顷、总产鱼5.10万吨、总产值5.57亿元、总盈利1.04亿元、投入产出比1: 1.23的佳绩,获得2012年度黑龙江省农业丰收奖一等奖。

[4]3月22日,省水产技术推广总站承担的"江河网箱养鱼技术"项目,以推广面积5.6万平方米、总产鱼1825.6吨、总产值7 310.67万元、总盈利1 856.51万元、平均单产32.6千克/平方米、平均每平方米盈利331.52元的佳绩,获得2012年黑龙江省农业丰收奖一等奖。

[5]5月20日,抚远县渔民王振、王春秋二人使用淌网,在黑龙江中游航道75千米(抚远县境内)处捕获1尾雌性鳇鱼,体重273千克,因伤势较重没有成活希望,收取水生野生动物资源保护管理费后,按商品鱼出售给有水生野生动物经营利用证的经销商。这是新中国成立以来有文字记载捕获到的第7尾体重200千克以上的鳇鱼。

[6]6月25~27日,以农业部渔业局副局长崔利锋为团长的中方代表团和以俄罗斯联邦渔业署渔业组织司副司长伊格里·卡尔曼为团长的俄方代表团,在俄罗斯联邦莫斯科市举行中俄渔业混合委员会第22次会议。省农委渔业局没有派人参加。

[7]7月23日,省水产技术推广总站承担的省科学技术厅成果推广项目"黄颡鱼人工养殖技术"推广面积8 600公顷,总产黄颡鱼3 207.1吨,总产值10 582.39万元,总盈利4 955.7万元,通过了专家验收。

[8]7月25日,全省特色养鱼推进会暨富锦稻鳅养鱼现场会议在富锦市召开。全省各市(地)、渔业重点县(市、区)渔业行政主管部门的主要负责同志和部分渔民代表参加了会议。与会代表参观了富锦市稻田养鱼、利用水稻催芽箱养鱼现场,听取了富锦市大勇泥鳅鱼养殖合作社、北林区水产局、绥滨县水产局、方正县水产总站、泰来县水产总站5个单位的典型发言。会议由省农委渔业局局长张侃主持,省农委副主任邢志广到会并做了重要讲话。

[9]8月7日,按《农业部办公厅关于印发〈清理整治违规渔具专项行动方案〉的通知》要求和8月5日农业部召开的清理整治违规渔具专项行动电视电话会议精神,全省下发了《关于印发〈清理整治违规渔具专项行动方案〉的通知》,并召开了清理整治违规渔具专题会议,明确了目标任务,提出了具体要求。截止到封江,全省共出动宣传检查车辆1 109车次,船艇466艘次,人员3 554人次,查处电鱼24起,拆除土簗子206处,清理密眼箔508处,其他违规渔具4 589件,没收渔船61只,吊销捕捞许可证41本,拘留2人。

[10]8月8日,巴彦县水产技术推广站夏宝东以及肇源县肇源镇兴安村渔业科技示范户陈功林和肇东市涝洲镇渔业科技示范户曹庆,分别以推广人员和农户的身份获得中华农业科教基金会神内基金农技推广奖。

[11]12月9~13日,以农业部渔业局副局长崔利锋为团长的中方代表团和以俄罗斯联邦渔业署渔业组织司副司长伊格里·卡尔曼为团长的俄方代表团,在上海市举行中俄渔业混合委员会第23次会议。省农委参加会议的有省渔政局局长张侃、渔政处王志民处长及译员赵相龙,并形成会议纪要。

[12]2013年明水期,全省向自然水域增殖放流鲟鳇鱼、大马哈鱼、马苏大马哈鱼、翘嘴鲌(大白鱼)、哲罗鱼、细鳞鱼及草、鲢、鳙、鲤、鲫鱼不同规格的苗种共1.21亿尾。其中:濒危物种鲟鳇鱼72.03万尾,洄游性的大马哈鱼133万尾、马苏大马哈鱼2.2万尾,冷水性的哲罗鱼3.5万尾、细鳞鱼3万尾,翘嘴鲌(大白鱼)33.03万尾。

(黑龙江省农委渔业局 郭政学)

上海市渔业

【概况】 2013年,上海市水产品总产量达29.87万吨,与上年持平,其中养殖产量16万吨,同比减少1.2%;捕捞产量13.86万吨,同比增长1.46%。渔业总产值达66亿元,较上年增长7.1%。渔民人均收入达21 453元,同比增长17.87%。

1.渔业基础设施和装备建设有新进展 标准化水产养殖场建设有序推进。2013年市农委和市财政局联合行文批复了15个标准化水产养殖场建设项目,总面积为1 304公顷,超额完成733公顷标准化水产养殖场建设任务。积极推进标准化养殖场项目的验收工作,至2013年底,全市累计批复308个标准化水产养殖场建设项目,其中开工259个,完工217个,验收171个,验收率达到58%。在金山区、奉贤区各选择2家养殖场开展了标准化家庭水产养殖场(Ⅲ型)建设试点。水域滩涂养殖使用权制度不断完善。至2013年底,本市累计发放新版水域滩涂养殖证524本,较上年增加35本,持新版水域滩涂养殖证池塘养殖面积达14 160公顷,较上年同期增加6 667公顷。大力推进旧证换新证工作，换证率达到70%。2013年本市渔民共获得380万元渔业机械购置补贴。

2.水产种源和渔业科技支撑及保障能力有新提升 水产种源体系建设进展顺利。本市"申漕"罗氏沼虾和奉贤海南南美白对虾优质苗种在持续高温的不利气候下，发挥了优势，确保了虾类产业的健康发展和养殖户的增收。上海海洋大学国家级团头鲂遗传育种中心项目已全部完工并通过验收；光明集团海丰农场国家级异育银鲫示范项目通过验收。松江区水产良种场与上海海洋大学合作，团头鲂"浦江1号"已优选出3套品系，成功繁殖孵化并完成苗种培育。中华绒螯蟹良种选育已完成F5代，为申报国家级良种打好了基础。截止到年底，本市已累计建成国家级水产良种场1个，市级水产良种场6个。"三虾一蟹"产业技术体系建设有序推进。虾类产业技术体系方案和首席专家遴选获得通过，已正式启动。河蟹产业技术体系建设经过4年的努力，形成了池塘养殖大规格河蟹的"松江模式"和"崇明模式"，2013年上海9家养殖场选送河蟹参加全国河蟹大赛，其中7家获得了金蟹奖。积极开展农业部水产健康养殖示范场创建活动，本市水产健康养殖示范场累计已达23家。渔业科研攻关取得重大进展。市水产研究所长江刀鲚全人工繁殖技术研究取得重大突破，首次获得长江刀鲚早繁成功，获鱼苗数量超过12万尾，开展了各种模式的池塘放养试验，并增殖放流了9 000尾。上海海洋大学"西南大西洋阿根廷滑柔鱼资源开发及应用"项目获2013年度上海市海洋科学技术奖特等奖；上海海洋大学和渔机所的2个项目获得国家丰收奖农业技术推广成果一等奖，松江区水产良种场的项目获得二等奖；东海水产研究所"银鲳人工繁育关键技术研究"项目通过科技成果鉴定；青浦区的"青浦渔业标准化养殖的系统化技术集成与示范"项目顺利通过市科委验收。渔业科技入户和水产产学研对接工作扎实开展。在本市40家科技示范场和7个试验片中继续开展了主导品种、主推技术示范推广的科技入户工作，并加强对新型养殖渔民的培训，共计培训渔民1 675人。推介了上海红马饲料有限公司等10家优质饲料、渔药生产单位。40家科技示范场平均亩效益为5 952.61元，同比平均亩增效28.6%，辐射户平均亩增效38.29%。产学研对接在原来28家养殖场与33位专家结对的基础上，2013年又扩展到40对，全市科研人员和学生共下乡对接800多人次，成功申请各级各类科研课题和项目10余项。渔业合作组织水平进一步提升。2013年本市渔业专业合作社已超过400家，带动养殖户约14 000户，养殖面积覆盖率达到75%，其中本市合作联社达到3家，市级示范合作社达43家。淡水养殖保险工作实现新突破。2013年本市淡水养殖保险补贴比例从40%提高至60%，全年完成淡水养殖投保面积11 547公顷，约占本市池塘养殖面积70%，简单赔付率由2012年的75%降到61.2%。南美白对虾养殖互助保险投保面积扩大到2 533公顷，平均赔付率为52.8%，低于非互助保险赔付率11个百分点。水产标准化工作稳步推进，奉贤区水产技术推广站《南美白对虾亲虾培育技术规范》完成编制并由市质监局批准发布。2013年本市水产品"三品一标"认证率由上年的34%上升到46%。

3.渔业安全监管水平有新提高 沪产水产品质量安全得到有效监管。大力推进沪产水产品产地证明制度和沪产养殖水产品"准出"制度，152家水产养殖场（户）通过审核、公示，取得水产行业协会颁发的准出证明，覆盖养殖面积达8 467公顷，确保了直供市场沪产水产品质量可追溯。加大了沪产水产品抽检力度，全年抽检各类沪产水产品样品649件，仅有1例不合格，合格率99.8%。另外，农业部对上海抽检的65件水产品样品全部合格。会同市渔政处、市水产技术推广站对本市水生动物疫病检疫流程、水产品例行检测现场抽样流程进行了修改完善。组织开展水产苗种专项整治行动，出动执法人员882人次，共抽检各类苗种生产单位13家，检查苗种场40家。组织开展水产品质量安全专项督查行动，共随机督查了44个水产养殖场和苗种场。加强水生动物疫病防疫和水生动物苗种产地检疫工作，2013年农业部在上海共采集25个鲤春病毒血症（SVC）样品，其中1份样本被检出含有鲤春病毒，2013年共组织检测检疫出市境的43个批次、5.3亿尾水产苗种。渔业安全生产监管工作力度得到加强。2013年本市共发生各类渔业事故10起，死亡1人，伤残4人，沉船1艘，直接经济损失117.6万元，渔业安全生产形势总体平稳。认真落实渔业安全生产责任制，市农委、区（县）农委、乡镇、渔业村（合作社）、船东船长层层签订渔业安全生产责任书。加强对捕捞渔民宣传教育和培训，伏休期间举办各类船员培训班13期，培训渔民400人。加强渔业船舶检验，2013年本市船检部门共检验渔业船舶890艘次，检验渔船船用产品37 713台（件、套），审查渔业船舶设计图纸及产品图纸67套，船用产品型式（工厂）认可（初审）38类。加大执法检查力度，组织开展渔业安全生产宣传月、渔船船用产品质量专项治理、伏季休渔和夏季渔业安全生产大检查、渔业安全生产督查等活动，排查安全隐患，反馈整改意见，确保本市渔业生产形势平稳可控。7月5日，在"为渔民群众办实事、让安全产品上渔船”为主题的销毁假冒伪劣渔用“三救”产品现场会上,对近两年来查处的各类假冒伪劣渔用产品208件(个、只)进行了现场销毁。海洋捕捞渔船标准化更新改造工作推进顺利。2013年建造完成了12艘标准化渔船,市农委和市财政局联合印发了《关于本市推进海洋捕捞渔船标准化更新改造的意见》,进一步规范了标准化渔船更新改造工作,提高了更新改造补贴标准(桁杆拖网渔船由40万元/艘提高至60万元/艘、定置张网渔船由10万元/艘提高至15万元/艘)。横沙国家一级渔港基建基本完工。芦潮港渔港项目建议书已正式上报,陆域用地规划已获批准。

4.渔业二、三产业有新发展 休闲渔业稳步发展。成功举办了2013第八届上海国际休闲水族展览会。本市一品渔村、荷风嬉鱼和瀛东村被农业部授予全国休闲渔业示范基地。上海浦东观赏鱼中心建成正式对外营业以来,各项基础服务设施设备运行正常。崇明县以宝岛合作社标准化养殖场为基础,重点建设了河蟹展示中心,在宝岛蟹庄成功举办了“橘黄蟹肥”文化旅游节。远洋渔业稳步推进。按照国家“走出去”战略要求和总体部署,2013年上海远洋捕捞产量达11.52万吨,同比增长3.13%,本市远洋渔业企业全年共回运自捕水产品40 863吨,同比增长9.93%,占远洋捕捞总产量的35.47%。大力推进远洋船舶装备更新改造,2013年建成交付7艘远洋渔船,其中4艘双甲板拖网船已经赴西非投产,2艘专业鱿钓船也奔赴阿根廷渔场,首次建造的1艘1 700吨级国内最大的金枪鱼围网船“金汇18号”也已建成交付。2013年上海水产集团成功完成了投资收购摩洛哥1家渔业公司项目,竞拍了4艘双甲板拖网船、1座冷库设施,实现了当年谈判、当年收购、当年投产。水产品加工产业有新进展。光明集团海丰总公司的加工项目开始启动,南极磷虾油加工技术取得突破。

5.渔业生态资源养护有新成效 顺利实施了2013年本市水生生物增殖放流计划。2013年共投入中央、市、区三级财政资金近1 600万元,共放流各类苗种9 000余万尾(只),取得了良好的社会和生态效益。海洋牧场示范区项目建设成效初显;“青草沙水库邻近水域生态修复专项”和“东海大桥海上风电场邻近水域生态环境调查”生态修复项目有序开展。中华鲟保护区崇明基地建设项目获得突破性进展,项目扩充设计已获批复,即将开工。打击非法捕捞专项整治工作取得明显成效。组织全市渔政、公安、海事等部门开展了多次长江联合执法行动,结合内陆水域禁渔期,全市渔政部门组织开展了以“飓风”行动为主的5次集中整治行动。2013年全市共查处各类案件2 023起,罚没款175万元。渔业行政执法和刑事司法衔接取得重大突破,4起非法捕捞案件已宣判入刑,另有1起尚在侦办中,1起暴力抗法案违法人员受到行政拘留处罚。此外,本市还公开销毁了打非行动以来收缴的4 200多件违禁违规渔网具。水生野生动物保护得到加强。2013年完成水生野生动物进出口初审54件,审核水生野生动物经营利用许可证14张、驯养繁殖证4张、运输证6张,出具非《进出口野生动植物种商品目录》物种证明5张,年审特许证件32张。重点开展了对红珊瑚制品、大鲵特许经营利用等单位的现场检查和政策指导,对非法经营红珊瑚制品的商贩和无证经营利用大鲵的饭店,依法进行了查处。

6.渔业行政和执法有新推进 全市群众渔业和远洋渔业共有1 144艘渔船申报2012年度渔业油价补助,补助总资金4亿余元。在鳗苗捕捞和长江禁渔期间共计发放刀鲚专项捕捞许可证125张、凤鲚专项捕捞许可证59张,审核发放鳗苗捕捞许可证830张,期间组织大规模联合执法行动6次,共计取缔、查没违规鳗苗网具1 017顶、深水张网229顶,有效确保了长江渔业生产有序、深水航道畅通和重点工程顺利实施。伏季休渔工作进展顺利,应休渔船360艘全部进港休渔,无违规作业渔船。开展清理违规渔具专项行动,共组织执法行动195次,出动渔政执法人员1 777人次,查处各类违规船舶44艘次,清理违规渔具1 739顶,罚款5.88万元。开展了渔业行政执法船舶清理整顿,基本摸清了本市渔业行政执法船基本情况,进一步提高了本市渔业行政执法规范化管理水平。组织召开鳗苗捕捞渔船管理座谈会,出台了加强本市季节性捕捞渔船安全管理的意见。《上海市志·农业分志·渔业卷》编纂工作有序推进,《渔业卷》编纂资料收集量已近70%。

【重点渔业区(县)基本情况】

上海市重点渔业区(县)基本情况

区(县)	渔业人口(人)	渔业产值(万元)	水产品产量(吨)	其中				养殖面积(公顷)	
				海洋捕捞	内陆捕捞	长江捕捞	内陆养殖	海水	内陆
崇明县	9 734	16 2401.58	60 740	17 479	170	122	42 969		5 459

（续）

区(县)	渔业人口(人)	渔业产值(万元)	水产品产量(吨)	其中				养殖面积(公顷)	
				海洋捕捞	内陆捕捞	长江捕捞	内陆养殖	海水	内陆
奉贤区	9 385	80 191.79	21 172	597	710		19 865		3 407
浦东新区	2 234	45 860.2	22 588	1 075	80	140	21 293		3 133
金山区	3 341	44 513	14 175	2 326	706		11 143		1 478
青浦区	6 220	52 312	20 518		1 232		19 286		2 988

【大事记】

［1］1月26日，市农业委员会、市社会管理综合治理委员会办公室、市公安局联合印发《关于本市开展打击非法捕捞专项整治行动的工作方案》的通知，决定从1月25日到11月25日在本市开展为期10个月的打击非法捕捞专项整治行动，范围覆盖本市全部管辖水域，重点打击长江深水张网作业、内陆水域电捕鱼等非法捕捞行为。

［2］5月10日，上海首例“非法捕捞水产品罪”案在奉贤区人民法院一审宣判，标志着2013年上海市打击非法捕捞专项整治行动取得重要成果，渔业行政执法和刑事司法衔接取得重大突破。

［3］7月3日，市委农办、市农委主任孙雷在市水产办公室主任梁伟泉陪同下，到上海渔港监督局（上海渔业船舶检验局）芦潮港分局，检查指导渔业安全监管工作。

［4］7月5日，由市水产研究所（市水产技术推广站）和嘉定区水产技术推广站共同承担的重点攻关课题“长江刀鲚规模化人工繁育及养殖技术研究”——长江刀鲚室内水泥池人工繁育技术通过市科委现场验收。该课题攻克了长江刀鲚子一代亲本培育、催产、受精卵室内集约化孵化、鱼苗室内水泥池培育等技术难关，完成了长江刀鲚的全人工繁育技术研究，实现了刀鲚苗种的规模化繁育。

［5］7月5日，由市水产办公室主办，上海渔港监督局（上海渔业船舶检验局）与崇明县农委共同承办的主题为“为渔民群众办实事、让安全产品上渔船”的2013年上海市销毁假冒伪劣渔用“三救（救生圈、救生衣、救生浮）”产品现场会在崇明岛陈家镇举行。市委农办、市农委副主任邵林初、崇明县人民政府副县长冯志勇出席并致辞。

［6］10月15日，农业部渔业船舶检验局局长李杰人一行来上海调研渔业船舶检验工作，市水产办公室主任梁伟泉等参加了调研会议。

［7］11月14日，市水产研究所苗种技术中心打包、装箱的9 000尾全人工繁殖的长江刀鱼苗种首次在长江口成功放流，此举在国内尚属首次。

［8］12月5日，全国水产技术推广总站副站长李可心一行到上海市水产研究所，重点考察在苗种技术中心开展的水产苗种繁育及相关科研项目实施情况。

（上海市水产办公室）

江苏省渔业

【概况】 2013年，江苏渔业系统认真贯彻落实国务院《促进海洋渔业持续健康发展的意见》和全国现代渔业建设工作会议精神，着力推进现代渔业建设，全面完成了年度各项目标任务。全省渔业克服了高温气候、成本上升等不利因素影响，呈现量效双增、供销两旺、持续增收的良好态势。全省水产品总产量达510万吨，渔业产值1 330亿元，渔业经济总产值超2 000亿元，渔民人均纯收入1.8万元，同比分别增长3.3%、7.66%、6.7%和14.6%。

1. 水产健康生态养殖 积极推进水产标准化健康养殖，推荐157家水产养殖单位参加第八批农业部水产健康养殖示范场创建，树立健康养殖示范典型。经各级渔业主管部门考核和农业部审核批准，其中124家单位获得“农业部水产健康养殖示范场（第八批）”称号。截止到2013年年底，全省获批的农业部水产健康养殖示范场已达454家，约占全国总数的1/10。认真落实省政府2013年太湖治理目标责任，组织建设池塘循环水养殖工程3 300多公顷。

2. 高效设施渔业建设 省级投入资金21 690万元，实施高效设施渔业项目235个（含外向渔业项目），新增设施渔业面积2.3万公顷以上，总面积达到15.8万公顷，占全省水产养殖总面积的20.5%。推进养殖池塘标准化建设，全省新建与改建池塘面积7.9万公顷，其中标准化池塘5.2万公顷。大力推广微孔增氧、水质在线监测等新型渔机，组织召开了全省渔业物联网技术推广培训会，全省新增微孔增氧设施应用面积同比增长22.2%。认定省级"菜篮子"水产品生产基地50个。

3.现代水产种业发展 江苏在全国率先出台省级《现代水产种业发展规划(2013—2020年)》,明确了今后一个时期全省现代水产种业发展的总体目标、发展思路和工作重点等。江苏省培育的"长江2号"河蟹、"江丰1号"斑点叉尾鮰、"苏通1号"紫菜新品种通过了国家审定。江苏中洋集团股份有限公司(暗纹东方豚)、江苏泰兴市水产良种场(斑点叉尾鮰)、江苏广陵长江系家鱼原种场(四大家鱼)等3个单位获全国现代渔业种业示范场称号。新认定省级良种繁育场2家。"长江1号"河蟹、"太湖1号"青虾养殖面积持续扩大。

4.水产品质量安全监管 加强水产品质量检测和渔业生态环境监测,全年抽检水产苗种、产地水产品和市场水产品样品2 570个,产地水产品抽检合格率达99.3%。组织实施了江苏海域贝类产品卫生监测,合格率100%。推进标准化生产和"三品一标"认证,新认定无公害水产品产地364个,规模逾12万公顷,新认证无公害水产品414个,已建成国家级和省级渔业标准化示范区95个,渔业标准化示范区和示范场总数位居全国前列。全省建设水产品药物残留快速检测室356个,新增水产品质量安全追溯体系建设试点县(市、区)10个。

5.水生动物防疫 组织实施水生动物疫情监控,在全省60多个县(市、区)设置监测点207个,检测重大疫病样品410份。推进水生动物疫病应急防控体系建设,对41个重点县(市、区)的水产养殖常见发病情况进行监测。《江苏省动物防疫条例》对水生动物防疫工作作出了明确规定,并对该《条例》开展了宣传贯彻,承办了全国水生动物防疫工作会议,江苏水生动物防疫工作受到了农业部渔业局的肯定。

6.渔业产业化经营 推进渔业组织化建设,全省新增渔民专业合作组织350个,渔户参合率达到50%。省海洋与渔业局制发了《关于促进水产品加工业发展的意见》,明确了全省水产品加工业发展重点。着力保持水产品出口稳中有增,2013年,全省水产品(不含饲料、衍生物等)出口量达5.39万吨,出口额3.96亿美元,同比分别增长4.2%和20.4%。加大市场开拓力度,在台湾省成功举办江苏大闸蟹文化交流活动,澄清了岛内对江苏大闸蟹的不实之传,全年输台大闸蟹近100吨,创汇额较上年同期增长4.7倍。推动休闲观光渔业发展,举办了首届江苏休闲渔业文化节,江苏常熟蒋巷休闲渔业示范基地、江苏弘宇现代生态农业有限公司弘宇生态园、扬州大江渔业有限公司、泰兴市虹桥滨江生态园、无锡市山联农业发展有限公司、盱眙县天泉湖水利风景区、连云港市秦山岛旅游度假区有限公司、江苏永丰林农业生态园和江苏朝阳湖农业科技有限公司等9家单位被授予"全国休闲渔业示范基地"称号。

7.远洋渔业 至2013年底,全省境外远洋渔业基地4个,农业部批准远洋渔业项目10个,在外各类渔船50艘,从事作业类型7个。远洋渔业捕捞产量2万吨,产值3亿元,较上年同期分别增长54%和40%。新开工建造远洋渔船9艘。全年新获批的船网工具指标10艘,其中新建太平洋水域金枪鱼延绳鱿钓渔船6艘,过洋性作业渔船4艘。

8.渔业科技工作 强化科技协作,省海洋与渔业局和中国水产科学研究院签署了渔业科技合作备忘录,双方将重点在共建渔业科技创新平台、加强渔业科技创新、加强科技推广与服务、加强人才交流与培养、建立长效合作机制等6方面开展合作。推进创新体系建设,围绕主导品种和关键技术分别建立了河蟹、青虾两个产业技术体系及长江特色鱼类、水生动物病害两个协同创新中心。以省水产三新工程项目为抓手,组织实施了一系列重大渔业科技项目,取得明显成效。南京师范大学和宝应县、南京水产科学研究所联合开展的虾蟹新型疫病研究获江苏省科学技术一等奖。72个涉渔县(市、区)参与实施2013年渔业科技入户工程,全省共培育示范户和辐射户43.2万户,建立示范和辐射带动的健康、安全、高效养殖面积44万公顷,占全省水产养殖面积六成以上。省内10家涉渔科研教学推广单位与10个县(市、区)挂钩对接,开展挂县强渔富民工程。加强职业渔民培训,全年累计举办职业渔民培训班1035期,培训7.87万人次,发放职业渔民培训合格证书6.83万本。培训各级渔技推广服务人员2 260名。争取项目资金1 386.8万元,在全省58个县(市、区)组织实施农业部基层推广体系改革与建设项目,建设渔业科技试验示范基地30余个。

9.水生生物资源养护 加大增殖放流力度,全年共放流水生生物苗种29.77亿尾,其中放流海洋经济物种18.44亿尾(只、颗),放流内陆经济物种11.33亿尾(只、颗),放流珍稀濒危物种70万尾(只),投入资金7 433.56万元。争取农业部生态建设资金1 000万元,连云港港30万吨航道投入海洋生态补偿资金1 140万元,在海州湾海域开展人工渔礁及海洋牧场建设,经过几年建设,海州湾海域已形成人工鱼礁调控渔场面积约150平方千米。2013年,新获批国家级水产种质资源保护区3个,分别为滆湖鲌类国家级水产种质资源保护区、高邮湖河蚬秀丽白虾国家级水产种质资源保护区、长江扬中段暗纹东方鲀刀鲚国家级水产种质资源保护区，全省国家级水产种质资源保护区总数已达28个。

10. 渔船管理与改造 对内陆渔业船舶数据库进行补充完善，下达了全省第二次冻结内陆捕捞渔船船数和功率数，3年内只减不增，确定全省内陆捕捞渔船总数为54 545艘，功率943 608.9千瓦。继续实施海洋捕捞渔船更新改造工程，省级财政下达补助资金5 680万元，更新改造标准化渔船226艘。

11. 渔业安全生产 强化渔业安全生产监管，组织多次安全生产大检查。省海洋与渔业局会同省安全生产监督局在全省组织开展"江苏省文明渔港"和"平安渔业示范县创建"活动。全省共计发生7起渔业安全事故，死亡（失踪）8人，与上年同期相比事故起数减少10起，死亡（失踪）人数减少6人。

12. 渔政执法 推进机构体系建设，省海洋与渔业局和省机构编制委员会办公室2月份联合下发通知了《规范渔政执法机构名称的通知》，对全省渔政机构名称进行统一规范。3月份，省海洋与渔业局向11家自收自支和5家差额拨款渔政机构的所在地政府及主管部门发函，商请解决机构性质问题，到年底有3家渔政机构变更为全额拨款事业单位。加大执法力度，全面加强海洋护渔、长江护渔执法、水产品质量安全执法，开展了为期6个月的以打击电、毒、炸等非法捕捞作业、查处制造和销售电捕捞渔具违法行为、取缔违禁渔具和涉渔"三无"渔船、查处无证捕捞行为以及外省渔船非法入渔等为重点的专项行动，共查处非法捕捞事件9 775起，取缔违禁渔具34 673件（口），处以罚款2 250万元。

13. 渔业互助保险 全省争取各级财政补贴4 239万元，渔业互助保险展业收入实现1.34亿元，首次超亿元，为全省16.6万名渔民和9 379艘渔船提供风险保障328亿元。海洋渔民平均风险保障额提升到40多万元。池塘河蟹养殖互助保险试点范围扩展至1 217.2公顷，每公顷最高保额提升至3万元。开展船东小额贷款试点工作，江苏省渔业互保协会与江苏银行合作发放船东小额贷款2 555多万元。

14. 渔业生态环境状况 2013年，省海洋与渔业局组织对全省主要渔业水域实施了全面监测，全省重要渔业水域共设监测站位330个，监测结果表明，江苏省渔业生态环境状况总体良好。

主要湖泊：太湖、滆湖、高宝邵伯湖、洪泽湖、骆马湖水质总体良好，超标站位主要集中在入湖口。铜、砷、铅、镉、总汞符合渔业水质标准。与2011年、2012年相比，总氮、总磷、化学需氧量有所增加，石油类有所降低。底质状况良好。浮游生物资源丰富，鱼类群落结构趋于稳定，但呈现低龄化、小型化特征。

长江江苏段水质总体良好，石油类、铜、砷、铅、镉、总汞符合渔业水质标准，总磷符合地表水三类标准。

海洋重要渔业水域水质状况总体良好，部分水域水体无机氮、活性磷酸盐偏高。与2012年相比，海州湾渔场氮磷略有升高，吕泗渔场氮磷含量有所降低。沉积物及生物质量状况良好。浮游动植物饵料生物密度较高，鱼卵、仔稚鱼密度较平稳，底栖生物群落结构相对稳定，滩涂潮间带底栖生物资源丰富。

【重点渔业市（县、区）基本情况】

江苏省重点渔业市（县、区）基本情况

市（区、县）	水产品产量（吨）	其中				养殖面积（公顷）	其中	
		海洋捕捞	海水养殖	内陆捕捞	内陆养殖		海水	内陆
赣榆县	459 148	125 636	235 694	1 097	96 721	26 133	20 762	5 371
启东市	362 149	195 715	123 159	8 107	35 168	37 879	25 568	12 311
如东县	302 252	50 396	187 431	7 427	56 998	57 529	48 551	8 978
兴化市	284 680			9 967	274 713	34 315		34 315
射阳县	205 376	34 780	70 118	8 028	92 450	16 927	6 927	10 000
东台市	176 165	29 016	68 012	13 091	66 046	30 370	23 070	7 300
大丰市	169 108	13 041	63 041	14 015	79 011	27 150	17 750	9 400
高邮市	162 703			5 168	157 535	26 253		26 253
宝应县	146 707			16 468	130 239	23 736		23 736
盐都区	97 820	920		10 930	85 970	8 333		8 333

【大事记】

[1] 1月29日,省海洋与渔业局在南京召开全省海洋与渔业工作会议,深入贯彻落实党的十八大精神,总结回顾2012年全省海洋与渔业工作,分析形势,部署2013年重点工作任务。江苏省副省长徐鸣到会作重要讲话,省海洋与渔业局局长唐庆宁作工作报告。

[2] 2月6日,省政府副省长徐鸣、副秘书长杨根平到省海洋与渔业局检查渔业安全生产和应急值班工作。局长唐庆宁,副局长丁承轩、沈毅,副巡视员林建华陪同检查。

[3]新修订的《江苏省动物防疫条例》于2013年3月1日施行。该条例明确渔业主管部门负责本行政区域内的水生动物防疫工作。

[4]4月18~19日,省海洋与渔业局在兴化召开全省休闲观光渔业建设工作座谈会,研讨了加快省休闲观光渔业发展的措施,并为获得农业部"全国休闲渔业示范基地"称号单位授牌。省海洋与渔业局副局长沈毅出席会议并讲话,原江苏省委常委、省纪委书记,现江苏省休闲垂钓协会顾问冯敏刚,中国休闲垂钓协会秘书长刘瑞,江苏省休闲垂钓协会会长李国平等应邀出席并讲话。

[5]4月22日,全省水产技术推广工作会议在泰州市姜堰区召开,宣传贯彻新修订的《中华人民共和国农业技术推广法》,总结交流2012年各地渔业技术推广工作的主要做法和典型经验,研究部署2013年全省水产技术推广工作。全国水产技术推广总站站长魏宝振、省海洋与渔业局副局长沈毅出席会议。

[6]5月7日,由农业部、江苏省人民政府主办,农业部渔业局、苏州市人民政府、省海洋与渔业局承办,苏州市吴中区人民政府、江苏省太湖渔业管理委员会办公室具体实施的2013年太湖渔业资源增殖放流活动在苏州市吴中区陆巷码头举行。省海洋与渔业局局长唐庆宁主持了放流活动,农业部渔业局局长赵兴武宣布放流活动启动。

[7]6月20日,省海洋与渔业局在南京召开全省现代水产种业发展工作会议。会上发布了《江苏省现代水产种业规划(2013—2020)》。

[8]6月26日,江苏省副省长徐鸣到赣榆县调研现代渔业,省海洋与渔业局副局长沈毅陪同调研。

[9]7月17日,省海洋与渔业局在南京召开2013年全省海洋与渔业工作座谈会,贯彻落实国务院《关于促进海洋渔业持续健康发展的若干意见》和全国现代渔业建设工作电视电话会议精神,总结交流上半年海洋与渔业工作情况,研究部署下半年重点工作任务。

[10]8月15日,江苏省政府副省长缪瑞林到省海洋与渔业局专题调研渔业安全生产工作。省政府王志忠副秘书长,省安监局副巡视员赵启风等领导陪同,省海洋与渔业局局长唐庆宁、副局长汤建鸣、王仁政、副巡视员林建华参加调研。

[11]9月28日,全国水生动物防疫工作会议在江苏南京召开。省海洋与渔业局局长唐庆宁致欢迎辞。江苏、山东、新疆、江西、北京、湖北等单位进行了大会交流。农业部渔业局局长赵兴武在会上作了重要讲话。

[12]10月21日,江苏省渔业协会和台湾农渔会永续发展协会在台北花园大酒店共同举办了一场主题为"两岸同源 共享金秋"的江苏大闸蟹产业文化交流会,向台湾业界和民众介绍江苏大闸蟹产业发展情况和深厚的中华蟹文化,交流大闸蟹养殖管理和贸易流通经验,进一步提升岛内民众对江苏大闸蟹的认知度。

[13]11月1日,江苏省人民政府在如东县召开全省推进现代渔业建设工作会议。江苏省副省长徐鸣出席会议并讲话,要求各地、各有关部门以"良种化、设施化、信息化、生态化"为引领,加快推进现代渔业建设,奋力开创江苏现代渔业发展新局面。

[14]11月18日,中国水产科学研究院与江苏省海洋与渔业局在南京签署了共同促进江苏渔业科技事业发展合作备忘录。中国水产科学研究院院长张显良、省海洋与渔业局局长唐庆宁出席仪式并分别讲话。

[15]11月21日,省海洋与渔业局在宜兴市召开了全省渔业物联网技术推广应用培训会,进一步推动全省渔业信息化工作。

[16]12月1日,省海洋与渔业局官方政务微博"@江苏海洋与渔业在线"在新浪微博平台开通试运行,重点发布海洋与渔业工作动态、法律法规信息、政策信息、海洋天气预警报、水产品价格信息、海洋与渔业科技推广信息等。

[17]12月,农业部发文公布2011年度—2013年度全国农牧渔业丰收奖获奖名单,江苏渔业系统获得多项奖励。其中,由江苏省淡水水产研究所承担的"河蟹产业化关键技术示范与推广"项目荣获全国农牧渔业丰收奖农业技术推广成果奖二等奖;由江苏省水产技术推广站承担的"太湖1号青虾养殖技术集成与示范推广"项目荣获全国农牧渔业丰收奖农业技术推广成果奖三等奖;龚培培、张英、阮世民、王桂民、唐卫红等5名同志荣获全国农牧渔业丰收奖农业技术推广贡献奖。

(江苏省海洋与渔业局)

浙江省渔业

【概况】 2013年,全省水产品总产量555.5万吨,同比增长2.5%。全省渔业经济总产值达到1 702.1亿元,比上年增长4.2%;其中渔业总产值648.9亿元,比上年增长3.0%;涉渔工业和建筑业总产值609.2亿元,比上年增长1.6%;涉渔流通和服务业总产值444.0亿元,比上年增长9.9%。全省水产品出口量44.4万吨,比上年增长11.1%;出口贸易额19.9亿美元,比上年减少0.7%;规模以上水产品交易市场成交量346.3万吨,比上年减少13.3%;成交额594.9亿元,比上年增长8.6%。2013年全省渔民人均纯收入达到17 840元,比上年增长11.4%。

1.水产养殖 2013年,全省水产养殖总面积30.24万公顷,产量185.2万吨,产值335.4亿元,分别比上年增长-0.3%、0.3%和1.6%。其中海水养殖面积8.91万公顷,产量87.2万吨;淡水养殖面积为21.33万公顷,产量98万吨。培育发展水产养殖主导产业,以龟鳖类、对虾类、海水蟹类、海水贝类、珍珠等为主体的水产养殖主导品种产量达92万吨,产值211亿元,分别占全省水产养殖业总产量和总产值的50%、62.9%;养鱼稳粮增收工程深化推进,全省共建成并命名养鱼稳粮增收示范县26个,示范点65个,示范县推广面积1.4万公顷,带动全省稻田养鱼面积2.64万公顷。据统计,65个示范点,面积967公顷,稻鱼、稻虾、稻鳖、稻鳅等6种共生轮作模式,在全省培育打造了6个左右优质稻米品牌。

2.海洋捕捞 以应对媒体报道"东海无鱼"事件为契机,组织制定了浙江渔场修复振兴计划,提出了改革创新渔业油补政策和国内海洋捕捞制度的建议,重点组织开展"一打三整治"专项执法行动,探索推进百万千瓦减船转产、生态修复百亿放流等专项行动。全年审核安排2013年国内海洋捕捞转型升级示范工程建设项目68个,下达省财政专项补助资金2 300多万元,涉及更新改造渔船1 300余艘,项目的实施,进一步提高了全省国内海洋捕捞渔船的节能降耗、安全生产和质量卫生水平,促进了作业结构的进一步优化调整。全年实现国内海洋捕捞产量320.4万吨,同比增长1.39%。

3.远洋渔业 2013年,浙江省继续积极稳妥发展远洋渔业,开展远洋渔船更新改造和渔场探捕等工作,远洋渔业生产稳定,经营正常,企业安全。据初步统计,全年投产远洋渔船500余艘,产量38万吨,产值30亿元,分别比上年增长2.4%、2.1%、3.4%。浙江省远洋渔业生产主要是两个品种,鱿鱼西南大西洋产量超历史,东南太平洋和北太产量接近上年水平;金枪鱼延绳钓略有减产,但围网增产增收,两者统计,全省产量同比增加2万吨。

4.渔业二三产业 按照多元化、规范化、标准化的要求,继续打造省级休闲渔业精品基地,2013年认定公布省级休闲渔业精品11家。对13个县(区、市)休闲渔业项目进行了扶持,共安排省级休闲渔业精品项目资金260万元。积极创建全国休闲渔业示范基地,全省(不含宁波)8家休闲渔业基地获第二批全国休闲渔业示范基地称号。2013年全省共有各类休闲渔业经营主体1 610个,同比增长3.1%;总投资28.91亿元,同比增长3.25%;接待游客人数1 258.1万,同比增长1.5%;创造休闲渔业总产出17.32亿元,同比增长2.1%。组织企业参加了第十一届中国国际农产品交易会等国内外10余个展会,积极支持宁波等市政府举办的"第十六届中国(象山)开渔节"、"成都·第二届舟山深海鱿鱼美食节","湖州南太湖毛脚蟹推介会"等渔业节庆与推介活动,取得了良好的业绩。

5.初级水产品质量安全管理 组织执法机构共检查各类水产养殖场共计1.11万家,整改不规范单位263家,对查获的32家涉及禁用药物的违法单位100%进行督办追溯,共罚款25.8万元,监督无害化处理不合格水产品156吨,并移交司法机关追究刑事责任4起;组织开展了全面查控养殖场死甲鱼流失专项行动,对11 576家甲鱼养殖场建立了监管档案并送达《关于禁止销售和妥善处置死甲鱼的告知书》,现场检查养殖场5 043家,强制无害化处理死甲鱼8 320千克;对省内4 000余家养殖生产单位和捕捞渔船(含渔运船)生产(运输)的15大类初级水产品,实施了4 000余批次的水产品监督抽检和风险监测,结果表明,全省初级水产品质量安全抽检合格率为99.4%。

6.现代渔业园区建设 继续按照省政府提出的"聚合力、健体系、出成效"的总体要求,结合现代渔业园区"抓种业、推模式、扩辐射"的建设思路,积极推进园区建设。2013年各地通过省级挂牌验收的各类园区68个,面积达3 107万公顷,新启动建设省级现代渔业园区76个,全面完成省政府下达的验收挂牌50个园区和60个园区创建点的目标任务。2013整理各地上报的、拟在建的第五批创建现代渔业园区共117个,面积1.04万公顷。截止到2013年底,全省共启动省级现代渔业园区创建点530个,已投入建设资金达到26.68亿元。已通过挂牌验收的现代渔业园区数量达到138个,面积达0.926万公顷。

7. 渔业安全生产监管 2013 年全省各级渔业主管部门认真贯彻“十八大”及国务院、省政府关于安全生产工作有关精神，以“渔业平安示范县”创建为抓手，以船员培训教育、渔船隐患治理、海上打非治违专项行动为重点，认真开展大排查大整治活动，着力构建安全防范体系，严格把牢进人关、进船关、执法关，进一步推进渔船安全生产社会化、组织化、信息化工作。全省共发生渔船水上生产安全事故 106 起、死亡（失踪）103 人、沉船 17 艘、直接经济损失 1 223 万元，与上年相比，事故起数持平，死亡（失踪）人数上升 4.04%，沉船数上升 13.33%，直接经济损失下降 15.53%。全年发生较大以上事故 5 起。全年公务船救助 59 起，渔船互救 418 起，救回遇险渔民 3 292 人，挽回经济损失 2.51亿元。

8. 标准渔港建设 印发《关于进一步加快标准渔港建设有关事项的通知》，进一步明确标准渔港建设的责任主体和目标任务，实施标准渔港建设年度考核结果与市县建设用海指标、项目资金补助等挂钩制度，进一步严格建设程序，并对项目投资概算管理进行了规范。2013 年全省标准渔港建设进展顺利。截止到 12 月底，全省新开工 3 个项目，完工 15 个项目，5 个项目通过竣工验收。1～12 月份累计完成投资 6.2 亿元，完成年度计划的 124%。

9. 渔业信息通信工作 完成全省视频会商系统，建设海洋与渔业信息门户，推广全省工作管理平台。深化渔业短波岸台网络化改造，开展渔船卫星终端更新换代，有效保障渔船安全。全年利用救助信息系统平台共发送各类预警短信 600 余万条，渔船碰撞事故率和死亡人数同比分别下降 14.2%、27%，渔船安全救助信息系统继 2012 年荣获“浙江省十佳民生工程”后，2013 年又获“全国农业农村信息化示范基地”荣誉称号。

10. 水生生物资源增殖放流 2013 年，共投入增殖放流资金 5 897.81 万元，其中中央财政 1 605.92 万元、省级财政 1 150.73 万元、市县财政 1 340.54 万元、社会资金 1 800.62 万元；放流各类水生生物苗种14.49 亿尾（只），其中海洋苗种 11.48 亿尾（只）、淡水苗种 3.01亿尾（只）、大鲵 600 尾。举办各类增殖放流活动 52 次，其中省级 3 次，市县级 44 次，社会捐助 5 次。

11. 捕捞许可管理 全年审批、审核海洋捕捞渔船制造、更新改造和购置等 1 460 余艘次，审核上报远洋渔船 260 余艘次，出具渔船船网指标转移证明等 27 艘次；对外省在浙江省建造的 51 艘渔船的船网指标批准文件进行了合法、真实和有效问题的核验；办理捕捞许可证核发、变更、遗失补发等 1 000 余本；办理申请入渔中日中韩暂定措施水域渔船 13 000 余艘次，办理申请入渔韩方管辖水域的双拖、单拖、刺网和运输船 273 艘，办理申请入渔日方管辖水域的拖网日方专项证 223 本；核发鳗苗捕捞专项证 100 余本，审核或核发拖网、定置张网监测船等特许证 16 本，审核及核发浙北渔场梭子蟹专项证 231 本（本省 117 本、上海 114 本），核发福建转浙钓船特许证 25 本。

12. 渔业科技与推广 以农业部“稻田综合种养新型模式与技术示范与推广项目”为抓手，开展稻鱼共生、稻鳖共生、稻虾轮作的关键技术集成与示范，实施面积共 187 公顷。同时稳步推进全省 26 个“养鱼稳粮增收工程示范县”工作，积极开展技术推广、技术指导与技术服务，示范推广面积超过 1.3 万公顷，建设省级示范基地 65 个，制定稻鳖共生省级地方标准。继续实施高效设施养殖技术示范与推广，共建立以南美白对虾二茬精养殖模式和技术推广示范等内容的省级示范点 10 个。实施浙江省水产新品种选育重大科技专项。围绕浙江省现代渔业发展对水产新品种的需求，牵头组织 14 家高校、11 家科研院所以及 23 家企业共 184 人组成的水产协作组，围绕龟鳖、虾蟹、贝类、鱼类和前沿技术“4＋1”个专题共 9 个项目，开展实施浙江省“十二五”水产新品种选育专项，涉及 12 个水产种类。

13. 渔业互助保险 2013 年，全省渔业参保渔船 13 528 艘，雇主责任互保 127 300 人，互保费达 4.3 亿元，承担风险保额 789.5 亿元。全省累计理赔案件 6 515起，已决赔案 5 408 起，为受灾渔民赔付金额 1.8 亿元；未决案件 1 756 起，未决预估赔款 5 676.16 万元。2013 年，全省会员累计享受各级财政补贴 8 175.31万元，其中，中央财政补贴 180 万元，省级补贴 6 131.36 万元，县级补贴 1 863.85 万元，广大渔民真正享受到政府政策性补助的温暖。

14. 渔业专业合作组织建设 全年组织各地新申报省级示范性渔业专业合作社 17 家；对 2012 年以前认定的 92 家省级示范性渔业专业合作社开展常态化的动态监测，优胜劣汰；分批组织开展了新型渔业经营主体发展情况调查工作，基本摸清了包括渔业龙头企业、渔业专业合作组织、家庭渔场、水产营销大户等在内的渔业主体发展情况。

15. 渔业综合执法 2013 年全省各级渔政执法机构加大执法力度，建立执法协同机制，制定以伏休违规行为为主的各类处置原则。开展“护渔”、渔船安全执法、伏季休渔、水产品质量安全执法及平安渔场建设等各类执法检查 21 779 次，全年共出动船艇 2 789 艘次、162 517 海里，投入执法人员 91 010 人次，查处各类渔业违法案件 6 939 起，办结案件 5 393 起，收缴罚没款

5 649.77 万元。参与专属经济区巡航执法。全年共参加专属经济区和敏感区域巡航执法 8 航次,54 天,总航时 226 小时,航程 2 902 海里,观察中国渔船 80 艘,登临检查渔船 51 艘,查获违规渔船 7 艘。

16. 渔业防灾减灾 6 月份组织开展 2013 年度全省海洋与渔业防台应急演习,省、市、县三级海洋与渔业防台应急机构参加了演习。组织开展了"浙江省渔船防台避风港及外省籍渔船防台安保管理现状调研",并与山东省海洋与渔业厅建立了两省渔船防台减灾热线联络机制,有效地加强台风期间外省籍渔船在浙江省海域的监管工作。针对影响全省"菲特"台风等 5 个台风,省市县三级海洋与渔业主管机构认真部署、积极应对,按照新修订的《浙江省渔船防台避风工作指导意见》要求,认真落实渔业防台抗灾的各项工作,取得了全省渔业防台不死人、少伤人的重大胜利。

17. 渔民技能培训 加大渔民培训教育力度。全年累计举办各类培训班 1 014 期,共培训渔民 88 143 人次。其中举办渔业实用新技术培训班 576 期,培训渔民 39 217 人次;渔业行业职业技能培训班 438 期,培训渔民 48 926 人次,有 32 447 名渔民(包括职务船员、四小证等)培训后取得了相关职业技能资格证书。开展渔业行业高技能人才培养,举办"金蓝领计划"培训班 9 期,培训中、高级以上人才 665 人次。

【重点渔业县(区)基本情况】

浙江省重点渔业县(区)基本情况

县 (市、区)	总人口 (万人)	渔业产值 (万元)	水产品 产量(吨)	其中					养殖面积(公顷)	
				海洋捕捞	海水养殖	内陆捕捞	内陆养殖	远洋渔业	海水	内陆
杭州市	700.52	477 271	197 992			14 309	183 683			60 220
富阳市	65.60	27 148	11 248			660	10 588			1 503
桐庐县	40.42	19 403	7 586			359	7 227			1 440
建德市	50.92	24 320	12 028			2 801	9 227			2 002
淳安县	45.55	22 180	13 100			2 614	10 486			41 054
临安县	52.60	8 667	4 909			577	4 332			2 695
余杭区	123.57	143 792	61 057			1 343	59 714			4 658
萧山区	89.04	185 611	57 804			785	57 019			3 895
西湖区	64.73	37 966	25 687			4 232	21 455			2 077
宁波市	577.71	1 202 385	992 050	607 476	281 930	10 503	73 147	18 994	35 961	23 636
象山县	54.03	558 028	576 785	449 106	113 220		10 714	3 745	10 832	2 670
宁海县	61.57	198 547	150 064	9 185	135 466	226	5 187		15 192	2 086
奉化县	48.35	152 069	143 341	134 138	6 237	886	2 080		1 650	1 606
慈溪市	104.19	170 886	51 154	4 540	21 504	2 045	23 065		6 993	6 418
鄞州区	83.12	42 962	19 785	3 148	4 990	3 505	8 142		1 020	4 065
江北区	24.11	6 548	10 675	3 765		600	501	5 809		486
北仑区	38.30	4 047	2 748	1 625	406	469	248		244	334
余姚市	83.45	60 350	27 189	1 748	107	2 668	22 666		30	5 507
温州市	800.21	569 455	573 834	453 662	96 564	3 655	19 953		19 948	11 689
洞头县	13.06	91 818	151 197	133 228	17 923		46		3 386	30
苍南县	129.99	215 197	201 970	182 835	12 777	756	5 602		4 866	2 406
平阳县	87.30	58 768	58 668	53 520	1 872	943	2 333		1 389	1 628
瑞安市	121.60	74 427	84 616	80 040	2 526	191	1 859		607	1 463
乐清市	127.16	105 162	68 271	3 025	60 054	669	4 523		9 487	2 346
嘉兴市	344.52	442 926	180 005	3 287	1 778	28 949	145 991		413	11 590

（续）

县（市、区）	总人口（万人）	渔业产值（万元）	水产品产量（吨）	其中					养殖面积（公顷）	
				海洋捕捞	海水养殖	内陆捕捞	内陆养殖	远洋渔业	海水	内陆
秀洲区	37.04	51 153	24 823			2 884	21 939			5 069
海宁市	66.61	78 596	42 664		915	981	40 768		149	1 064
平湖市	48.89	38 794	30 364	2 801	257	15 672	11 634		76	663
嘉善县	38.60	41 081	25 796			3 051	22 745	25 796		1 855
海盐县	37.59	123 630	13 454	486	606	2 531	9 831	13 454	188	1 317
桐乡市	67.99	34 542	14 646			2 545	12 101			442
湖州市	261.38	622 072	292 010			12 867	279 143			24 831
吴兴区	60.51	104 444	48 758			2 416	46 342			3 094
南浔区	49.06	170 830	92 967			1 184	91 783			5 887
德清县	43.26	213 445	90 922			5 395	85 527			4 653
长兴县	62.60	91 660	40 506			2 856	37 650			6 421
绍兴市	440.83	237 609	99 459	1 353		10 697	86 679	730		21 225
绍兴县	72.72	53 193	26 867			3 090	23 777			4 422
诸暨市	107.35	58 350	18 360			250	18 110			4 450
越城区	65.55	7 343	4 096			633	2 733	730		962
上虞市	77.85	99 729	37 745	1 353		3 728	32 664			7 142
新昌县	43.91	6 699	2 710		407	2 303				1 180
金华市	470.63	155 661	77 813			5 362	72 451			20 288
兰溪市	66.60	56 317	19 774			1 566	18 208			3 515
浦江县	39.14	4 814	4 605			38	4 567			1 733
衢州市	252.83	111 932	56 844			3 749	53 095			12 446
柯城区	43.34	11 828	7 123			572	6 551			1 099
衢江区	39.77	18 947	11 255			810	10 445			2 234
江山市	60.29	17 767	12 553			657	11 896			2 973
开化县	35.48	8 829	4 302			513	3 789			687
舟山市	97.18	1 203 070	1 553 822	1 125 855	122 453		8 916	296 598	6 002	1 720
定海区	38.12	81 656	114 706	59 366	3 416		4 180	47 744	802	1 054
普陀区	32.23	614 265	756 262	471 605	32 564		3 894	248 199	2 403	480
岱山县	18.96	341 145	367 826	356 722	10 262		842		1 302	186
嵊泗县	7.86	166 004	315 028	238 162	76 211			655	1 495	
台州市	590.95	1 336 341	1 437 533	1 012 436	368 975	4 132	40 605	11 385	27 034	11 209
椒江区	51.88	150 267	250 582	235 500	3 297		400	11 385	135	62
路桥区	44.87	63 393	57 437	39 329	10 980	353	6 775		1 722	365
玉环县	42.55	214 573	250 317	161 109	86 748	286	2 174		6 345	700
三门县	43.53	247 060	215 480	16 453	195 216	405	3 406		12 439	971
温岭市	120.60	528 040	533 193	463 345	62 709	322	6 817		5 116	1 102
临海市	117.85	115 278	121 495	96 700	10 025	2 239	12 531		1 277	3 052
丽水市	262.59	34 307	18 414			1 559	16 855			14 164

（续）

县（市、区）	总人口（万人）	渔业产值（万元）	水产品产量（吨）	其中					养殖面积（公顷）	
				海洋捕捞	海水养殖	内陆捕捞	内陆养殖	远洋渔业	海水	内陆
云和县	23.90	1 875	1 335		435	900				2 370
龙泉市	28.86	3 738	2 390			360	2 030			1 785
景宁县	17.31	2 685	1 305			60	1 245			2 820
青田县	52.14	5 300	2 815			275	2 540			2 964

注：重点渔业县（区）划分标准，沿海地区水产品总产量20 000 吨以上，内陆地区水产品总产量2 000 吨以上，山区水产品总产量1 000 吨以上。

【大事记】

[1]1 月 18 日，农业部在杭州召开2013 年全国农产品质量安全监管工作会议。农业部副部长陈晓华出席会议并讲话，副省长王建满致辞。

[2]1 月 26 日，省渔业船舶检验局、舟山渔业船舶检验处、杭州渔业船舶检验处荣获全国渔业船舶检验系统优质船检机构称号。毕志学等5 位同志获得全国渔业船舶检验系统优秀验船师荣誉称号。

[3]2 月 6 日，省海洋与渔业局被农业部评为全国农业科技促进年活动先进单位，并获农业部通报表扬。同日，副省长黄旭明等一行莅临省海洋与渔业局视察工作并召开座谈会，局长赵利民等领导参加座谈。

[4]2 月 22 日，省人大常委会副主任程渭山一行莅临省海洋与渔业局视察工作并召开座谈会，局长赵利民等领导参加座谈。

[5]2 月 25 日下午，农业部渔业局副局长李彦亮一行4 人来浙江开展为期一个月的农业部“百乡万户调查”活动并召开首次座谈会。

[6]2 月 28 日，农业部菜篮子考核验收组对浙江省实施的2012 年度中央财政菜篮子水产品生产项目进行考核验收，对项目实施情况给予较高评价。

[7]5 月 8 日，省政协主席乔传秀、副主席陈小平一行在省海洋与渔业局副局长俞永跃陪同下，赴庆元山鼎大鲵公司养殖基地考察大鲵养殖情况。

[8]5 月 30 日，中国民生银行总行现代农业事业部副总裁、海洋渔业中心总经理沈慧、民生银行杭州分行行长方舟一行到省海洋与渔业局会商战略合作，局长彭佳学等领导到会。

[9]6 月 17 ~20 日，农业部渔业局局长赵兴武一行来浙江了解全省贯彻国务院《关于促进海洋渔业持续健康发展的若干意见》落实情况，指导浙江渔业油价补助工作。省海洋与渔业局局长彭佳学等参加浙江省工作情况汇报会。之后，赵兴武局长一行前往舟山、宁波等地指导渔业工作。

[10]6 月 18 日，农业部在江苏宜兴召开全国农业信息化工作会议，省海洋与渔业局组织实施的浙江省渔船安全救助信息系统在会上荣获“全国农业农村信息化示范基地”称号。

[11]6 月 19 日，美国国家海啸研究中心主任 Vasily V. Titov 博士在国家海洋环境预报中心副主任于福江研究员的陪同下，来省海洋与渔业局进行业务交流。

[12]7 月 10 日，省海洋与渔业局局长彭佳学在局会议室会见来访的国民党中常委、台湾省渔会理事长黄一成先生一行，共商浙江与台湾渔业交流合作事宜。

[13]7 月 12 日，加拿大驻沪总领事馆戴慕杰领事一行来省海洋与渔业局商谈中加海洋科技的合作交流等工作内容。同日，农业部部长韩长赋致电省海洋与渔业局局长彭佳学，了解浙江省渔业防台抗台情况，并向在一线参加防台抗台的海洋与渔业系统同志们表示慰问。

[14]7 月 31 日，省政府副省长黄旭明主持召开省政府专题会议，研究浙江省海洋伏季休渔管理工作，省海洋与渔业局局长彭佳学等领导参会。

[15]7 月 30 日至8 月1 日，农业部东海区渔政局副局长韩旭一行到宁波市、台州市等地就涉嫌犯罪渔业违法案件移送司法工作开展调研。

[16]8 月 12 日，省政协副主席、民建省委会主委陈小平、省政协农业农村委主任楼国华、专职副主任谭景玉等一行来省海洋与渔业局检查指导工作，局长彭佳学等参加座谈。

[17]8 月 21 ~22 日，省委副书记王辉忠到舟山市重点调研渔业工作，副省长、新区党工委书记、市委书记孙景淼，省海洋与渔业局局长彭佳学等陪同调研。

[18]10 月 17 日，加拿大渥太华大学科学院院长斯蒂芬·帕利先生一行3 人访问省海洋与渔业局。

[19]10 月 28 日，台湾省渔会理事长黄一成一行7 人来访省海洋与渔业局，就推进两岸（浙台）渔业合作进行对接

[20]11 月 6 日，德国基尔大学西海岸研究技术中

心主任 ROBERTO MAYERLE 教授应邀到省海洋与渔业局做技术交流，全面介绍基尔研究中心研发的海洋数值模型在海洋工程、海洋环境、海洋水产养殖等方面的应用。

[21]11 月 15 日，省委副书记王辉忠在杭州会见来访的台湾省渔会理事长黄一成一行 25 人，省海洋与渔业局局长彭佳学参加会见。

[22]12 月 4 日，副省长黄旭明专题听取省海洋与渔业局关于渔业安全生产情况汇报，要求沿海各级政府及海洋渔业主管部门认真贯彻习近平总书记 11 月 24 日考察黄岛经济开发区黄潍输油管线事故抢险工作时重要讲话精神，加强安全生产监督检查，确保冬汛后期生产安全。

[23]12 月 5 ~7 日，匈牙利国家渔业、水产养殖与灌溉研究所(HAKI) Dénes G · L 博士为团长的访问团一行 4 人，到省淡水水产研究所进行工作和学术交流访问。

[24]12 月 10 日，法国采集定位卫星(CLS)公司总裁 Laurent Germain 先生、副总裁 Antoine Monsaingeon 先生等一行来省海洋与渔业局作技术交流。

[25]12 月 10 日，副省长黄旭明一行到舟山市海洋与渔业局指挥中心视察工作。省海洋与渔业局局长彭佳学等陪同。

[26]12 月 11 ~13 日，农业部渔业局副局长李书民一行赴舟山市、台州市等地，督导浙江省海洋渔船更新改造项目实施情况。省海洋与渔业局副局长张明陪同。

（浙江省海洋与渔业局　方康保　谢雷宁）

安徽省渔业

【概况】 2013 年，安徽省各级渔业部门认真贯彻落实国务院现代渔业建设视频会议和全省农村、农业工作会议精神，全力推进水产跨越工程，强化科技推广服务，调整优化产业结构，推进水产健康养殖，加强渔业基础设施建设和渔业资源保护工作，加大水产品质量安全监管力度，依法开展违法违规渔具捕捞专项整治，渔业经济保持稳定健康发展态势，为丰富“菜篮子”产品供应、促进农村经济发展、增加农民收入、保护资源环境发挥了积极作用。

全省水产养殖面积 57 万公顷，同比增加 1.4 万公顷；水产品总量 215.5 万吨，同比增长 3.87%；全省渔业经济总产值 629.8 亿元，同比增长 11.87%；渔民年人均纯收入 10 727 元，同比增长 14.1%。全省水产品进出口 12 341.41 吨，货值 5 537.72 万美元。其中出口水产品 9 824.64 吨，货值 5 149.59 万美元；进口 2 516.77吨，货值 388.13 万美元。

1. 主要工作与成效

(1)认真贯彻落实全国现代渔业建设电视电话会议精神。7 月 5 日，省农委召开全省现代渔业建设工作视频会议，及时部署贯彻落实全国会议精神。8 月下旬，梁卫国副省长率省直有关部门负责同志深入当涂县开展渔业专题调研，并召开重点市、县政府负责同志座谈会，专题研究加快推动现代渔业发展。12 月 4 日，省政府办公厅印发《关于加快现代渔业发展的意见》，全面贯彻落实国务院关于加快推进现代渔业建设的决策部署，推动渔业转型升级，提高现代渔业发展水平，打造渔业强省。

(2)深入推进水产健康养殖。一是在当涂、芜湖、铜陵、庐江县、巢湖市、宜秀区等 6 个县(市、区)开展健康养殖示范县创建试点，整县推进实施健康养殖。二是新创建了 88 家部级健康养殖示范场，全省农业部健康养殖示范场达到 268 家。三是开展全国现代渔业种业示范场创建活动，引导扶持水产良种企业向“育繁推”一体化、规模化发展。四是推进渔业物联网建设。一些规模企业渔业物联网和水产品电子商务示范应用取得成效。

(3)大力发展渔业产业化经营。积极培育龙头企业、渔民专业合作社、家庭渔场等新型生产经营主体，新增省级产业化龙头企业 7 家，全省省级以上渔业产业化龙头企业达到 45 家，其中国家级 2 家。全省水产专业合作组织 1 580 家，养殖大户 5.71 万户。积极发展休闲、观赏渔业，成立了安徽省休闲垂钓协会，创建了 7 家国家级、35 家省级休闲渔业示范基地。充分利用合肥农交会平台，支持各地开展水产节庆、品牌推介活动，推进水产品“三品一标”认证认定，全省渔业认证无公害水产品 608 个，认证基地逾 18 公顷，认定绿色食品 123 个，有机水产品 62 个。截止到 2013 年年底，全省渔业获得中国名牌农产品 9 个，省名牌产品 12 个，省著名商标 23 个，国家地理标志保护产品 4 个。

(4)加强水产品质量安全监管。一是推行责任主体质量安全承诺制度，加强水产品产地质量安全监管与整治。二是举办了全省无公害水产品认证企业内检员暨第二期农业部健康养殖示范场水产养殖质量管理员职业技能鉴定培训班，全省基层养殖单位质量安全管理员达到 268 人，农业部健康养殖示范场和市级以上水产苗种企业实现了全覆盖。三是在铜陵县、芜湖县、南谯区三县区开展了水产苗种产地检疫试点工作。

(5)加强渔业安全生产管理。认真落实渔业安全责任制，加强渔业安全应急监管和隐患排查，切实加强长江刀鲚、河蟹捕捞期安全生产监管和联合执法检查。组织开展渔业安全生产月、渔业安全员和渔船船员培训等活动,提高渔业从业者的安全生产意识。认真开展渔业船员培训考试发证工作,全年培训渔船船员4 000余人,有效持证率稳步提升。开展渔业船舶突发事件应急演练,不断提高应急预案管理能力,提升海难救助效果。各级渔业主管部门会同安全监管部门深入开展"平安渔业示范县"创建工作,构建安全监管长效机制。全省共创建国家级"平安渔业示范县"4 个、省级"平安渔业示范县"15 个。

(6)落实强渔惠渔政策。积极参与渔民解困调研和政府文件起草工作,由省农委牵头,省发展改革委、教育厅、民政厅、财政厅、国土资源厅、住房城乡建设厅、人力资源社会保障厅等有关单位参加组成联合调研组,形成《全省连家船渔民情况调研报告》上报省政府。5 月 8 日,安徽省人民政府办公厅印发《关于解决捕捞渔民生产生活困难的意见》,为全省专业渔民这个特殊困难群体的社会性问题"一揽子"解决提供了政策保障,在全国特别是内陆地区反响很大。

8 月 7 日,安徽省住房城乡建设厅、省发展改革委、省农委、省国土资源厅转发《住房城乡建设部等部门关于实施以船为家渔民上岸安居工程的指导意见》,要求明确任务,规范程序,加强管理,地方政府负责,各部门共同推进以船为家渔民安居工程项目实施。11 月 26 日,省发改委、省住建厅、省农委以发改投资〔2013〕916 号文件下达 2013 年中央预算内投资计划 17 808 万元,安排新建改造渔民住房 9 844 户(其中,新建 8 340 户,改造 1 504 户),涉及 15 市 55 个区、县。

(7)强化渔业资源养护。继续在长江安徽段及巢湖、太平湖等湖泊、水库、河流等水域实施禁渔制度。8 月份开展了为期一个月的清理整治违规渔具专项行动,成效明显。在长江、淮河、巢湖等各大水域共组织放流经济鱼类苗种 3.44 亿尾,总投入 3 400 余万元,较上年分别增长 22.9% 和 30.8%。新增 3 家国家级、1 家省级水产种质资源保护区,全省水产种质资源保护区达到 33 个,其中国家级 20 个,省级 13 个。加强与环保部门配合,进一步加强水生生物资源及其生境保护,严格环境影响评价管理,有效推进涉渔工程生态补偿机制的建立。

(8)扎实开展渔业互助保险,启动水产养殖保险试点。全省渔业参保人数突破 3 万人,参保船数 1 424 艘,赔付起数 152 起,赔付 235 万元,为渔民提供了 25 亿元风险保障。渔业互保工作为减少渔民群众因灾损失、化解社会矛盾起到了积极作用,为渔业安全生产提供了强有力的支撑。与此同时,积极推进中国渔业互保协会与安徽国元农业保险股份有限公司合作,创建安徽省水产养殖合作共保新模式,启动水产养殖保险试点。9 月 11 日,农业部副部长牛盾、安徽省人民政府副省长梁卫国在合肥市听取了中国渔业互保协会和安徽国元农业保险股份有限公司的工作汇报。双方就进一步深化合作、推动安徽淡水养殖保险达成一致意见,决定充分发挥中国渔业互保协会的行业优势、技术优势和国元农业保险公司的区位优势、人才优势,以共保体的形式合作开展安徽水产养殖保险工作。

2. 存在的主要问题

(1)养殖池塘老化严重。全省 20 万公顷养殖池塘中,有 70% 因缺乏改造资金,淤泥沉积严重,设施陈旧老化,生产条件和装备落后,一些集中连片养殖基地的进排水系统、道路、供电等公共设施更是不相适应,抗灾能力弱,直接影响水产品安全有效供给和渔农增收。

(2)产业化经营水平不高。二、三产业发展滞后,龙头企业数量少、规模小、带动力不强。水产品流通业态传统,电子商务发展迟缓。

(3)渔业安全生产存在隐患。由于池塘养殖基础设施薄弱,渔船数量大且分散,水产品质量和渔船安全监管任务艰巨。同时,水产养殖政策性保险工作明显滞后于种植业和畜牧业,加之政府对渔船安全生产和水产品质量安全监督管理体系建设等公共基础设施投入不足,渔业安全生产隐患较大。

【重点渔业县(市、区)基本情况】

安徽省重点渔业县(市、区)基本情况

县(市、区)	总人口(人)	渔业产值(万元)	水产品产量(吨)	其中		养殖面积(公顷)
				养殖	捕捞	
巢湖市	889 498	660 752	36 171	23 500	12 671	5 011
枞阳县	972 934	332 990	84 000	77 600	6 400	25 733
宿松县	841 336	292 780	79 640	73 440	6 200	49 330
当涂县	657 219	271 724	56 144	51 700	4 444	10 025

（续）

县（市、区）	总人口（人）	渔业产值（万元）	水产品产量（吨）	其中		养殖面积（公顷）
				养殖	捕捞	
庐江县	1 190 653	271 200	50 800	45 130	5 670	13 200
天长市	634 616	239 207	69 000	64 200	4 800	13 186
明光市	635 628	237 324	74 016	65 178	8 838	16 390
望江县	635 444	231 048	64 000	58 169	5 831	23 533
无为县	1 423 014	230 075	60 025	53 859	6 166	14 667
肥东县	1 086 631	222 619	51 855	31 922	19 933	6 563

注：1. 以产值取前 10 名的县市区；
2. 渔业数据采集于 2013 年渔业统计年报；
3. 人口数（2012 年末数）由省统计局提供。

【大事记】

[1]1 月 16 日，安徽省农委与 16 个市渔业主管部门分别签订了《2013 年渔业系统安全生产目标管理责任书》。责任书规定，2013 年度，各级渔业行政主管部门应采取严格的管理措施，杜绝重大渔业安全生产事故发生。

[2]2 月 6 日，安徽省渔业协会授予富煌三珍生态渔业示范园等 35 家单位“安徽省休闲渔业示范基地”称号，有效期自 2013 年 3 月 1 日至 2017 年 2 月 28 日。

[3]2 月 8 日，安徽省工商管理局公布认定 662 件商标为安徽省著名商标。其中，有 11 个水产商标在列。

[4]4 月 3 日，安徽省农业委员会办公室印发 2013 年全省水产跨越工程实施意见的通知，提出了全年渔业行业发展目标和工作重点。

[5]4 月 21～23 日，安徽省农业生态环境总站和安徽省渔业职业技能鉴定站联合举办无公害水产品内检员和第二期水产养殖质量管理员职业技能鉴定培训班。对来自全省部级水产健康养殖示范场、水产原良种场、规模养殖基地和无公害生产基地，具体从事日常生产管理的技术人员进行培训，对 120 名合格者颁发了职业资格证书。

[6]4 月 23 日，安徽省农委在歙县召开全省渔业互保工作会议，提出 2013 年为渔民提供 30 亿元风险保障目标计划。

[7]4 月 28 日，安徽省水产技术推广总站在全椒县召开全省稻田综合种养技术交流现场会。

[8]5 月 8 日，省政府办公厅印发《关于解决捕捞渔民生产生活困难的意见》，计划用 2 年时间解决以船为家渔民上岸安居住房。

[9]5 月 13 日，安徽省农委渔业局发文部署在铜陵县、芜湖县、南谯区启动水产苗种产地检疫试点工作。

[10]5 月 16～17 日，安徽永言河蟹原种场（国家级）通过全国水产原种和良种审定委员会专家组现场复查验收。

[11]7 月 5 日，安徽省农委召开全省现代渔业建设工作视频会议，部署贯彻落实全国会议精神。

[12]月 6 日，安徽省农委明电通知部署开展清理整治违规渔具渔法专项行动。

[13]8 月 9 日，“宝利丰 2013 中国（合肥）龙虾节”隆重开幕。这是合肥市连续举办的第 11 个龙虾节。期间，省农委渔业局和合肥市畜牧水产局联合主办了第七届中国·合肥龙虾经济论坛。

[14]8 月 28 日，副省长梁卫国率省直有关部门负责同志深入当涂县开展渔业专题调研，并召开重点市、县政府负责同志座谈会，专题研究加快推动现代渔业发展。

[15]9 月 11 日，安徽省水产养殖保险合作情况汇报会在合肥市召开，农业部副部长牛盾、安徽省人民政府副省长梁卫国听取了中国渔业互保协会和安徽国元农业保险股份有限公司的工作汇报。双方就进一步深化合作、推动安徽淡水养殖保险达成一致意见，并签署了共保合作协议。

[16]9 月 17 日，安徽省农委和巢湖管理局在巢湖举行 2013 年度渔业船舶突发事件应急演练，并邀请沿江、沿淮各市县渔业主管部门负责同志观摩演练。

[17]9 月 21 日，依托安徽明光市永言水产（集团）有限公司筹建的“安徽省淡水生态养殖与深加工工程技术研究中心”通过省科技厅组织的专家审核验收，获批成立。

[18]9 月 24 日，安徽省农委发布 2013 年第 21 号公告，批准建立新安江尖头鲹光唇鱼宽鳍鱲省级水产种质资源保护区。

[19]9月27日，安徽省休闲垂钓协会召开成立大会。安徽省检察院原检察长刘生当选为会长，庄立权等21人当选为副会长，王建勋当选为秘书长。协会聘请安徽省人大原党组副书记、常务副主任任海深担任名誉会长。

[20]11月6日，安徽省农业委员会印发《安徽省省级水产原、良种场资格验收办法》，进一步规范省级水产原、良种场建设和管理，促进科技创新，加快水产种业持续健康发展，保障原、良种质量安全。

[21]12月4日，安徽省政府办公厅印发《关于加快现代渔业发展的意见》，全面贯彻落实国务院关于加快推进现代渔业建设的决策部署，推动全省渔业转型升级，提高现代渔业发展水平，打造渔业强省。

[22]12月13～15日，安徽省水簇协会、省渔业协会在合肥市裕丰花市联合举办首届水族展暨“华亿杯”观赏鱼大赛。

[23]12月18日，国家质量监督检验检疫总局发布公告，批准安徽省明光市“女山湖大闸蟹”和庐江县“黄陂湖大闸蟹”为国家地理标志保护产品。至此，全省河蟹共有4个国家地理标志保护产品。

[24]12月20日，农业部发布《关于表彰全国农业先进集体和先进个人的决定》，安徽省巢湖市水产局以及省农委渔业局章军、安庆市农委渔业局王红松位列其中。

（安徽省农委渔业局　王永东）

福建省渔业

【概况】

1. 主要指标完成情况　2013年，福建省渔业系统在省委、省政府的正确领导下，克服渔业成本增加、国际市场萎缩、渔业发展空间不断压减等不利因素，积极促成省政府出台了《关于促进海洋渔业持续健康发展十二条措施的通知》，加快渔业经济发展方式转变，以建设现代渔业为目标，渔业结构进一步优化，渔业效益显著提升，促进渔民增收。全年渔业经济总产值达2 197.51亿元，同比增长9.72%；增加值1 167.75亿元，同比增长9.88%，占全省GDP的5.37%；渔民人均收入13 324元，同比增长13%，比全省农民人均纯收入高出2 140元；全省水产品总产量658.76万吨，同比增长4.8%。

2. 主要工作及成就

（1）现代渔业产业规模有新扩展。积极促成省政府出台了《关于促进海洋渔业持续健康发展十二条措施的通知》。种业体系建设加快，石斑鱼、罗非鱼两大种业创新及产业化建设完成验收；建设21家规模化、标准化水产苗种繁育基地，新认定8家省级水产良种场。设施渔业规模不断扩大，全年建设标准化池塘1 800公顷、新增工厂化养殖车间8万平方米、建成环保型塑胶网箱2 600口、新增抗风浪深水网箱1.5万平方米。评选认定第一批10家省级现代渔业产业园区（基地），积极推进福州现代渔业加工园区、福州（闽侯）金鱼产业园建设。远洋渔业快速扩张，全省新增远洋渔业企业11家，达到28家；新增外派远洋渔船144艘，达到420艘，产量23.3万吨，同比增长9.9%；产值22.4亿元，同比增长9.7%；境外水产养殖取得突破，有3家远洋渔业企业在印尼建立网箱养殖和池塘养殖基地。休闲渔业稳步发展，新增6家“全国休闲渔业示范基地”，全省“水乡渔村”休闲渔业基地总数达到百家。全力打造“福建十大渔业品牌”，品牌建设成果显著。水产龙头企业培育壮大，新增农业产业化省级重点龙头企业21家。

（2）生态渔业建设有新成果。大力推进健康养殖示范工程，全省共创建38家农业部水产健康养殖示范场和18家水产品菜篮子生产基地。开展渔业资源增殖放流，全省共投资1 683万元，增殖放流鱼虾贝苗种5.3亿尾（粒）。推进海洋牧场示范区建设，秀屿南日岛、诏安城洲岛和霞浦福宁湾等4个人工鱼礁工程已顺利竣工。新建“建溪细鳞斜颌鲴”和“罗口溪黄尾密鲴”2个国家级水产种质资源保护区。

（3）水产品质量安全保障有新水平。强化水产品质量监管，加大产地监督抽查和执法查处力度。加强渔业标准化建设，建立两个国家级标准化示范县，认定无公害水产品产地122个、面积6 635公顷；扩大追溯体系建设试点，新增8个试点县（市、区）和14家试点企业。强化基层监管能力提升，全省22个市、县（区）配备了快速检测设备。2013年，全省没有发生大的水产品质量安全事故，产地水产品质量安全监督抽查合格率为99%，连续7年保持在97%以上。

（4）渔业安全生产水平有新提高。扎实开展全省渔业安全生产标准化、“平安渔业示范县”创建活动，推荐东山县等4个县（区）参加“全国平安渔业示范县”评选。推动省政府印发《关于进一步加强海洋渔船管理工作的通知》，强化海洋渔船监管。有效处置海上渔业船舶安全突发事件，共组织渔业海难救助106起，获救船员1 020人，挽回经济损失2.3亿元。全年全省共发生渔业船舶水上生产安全事故23起，死亡失踪人数、调查事故起数分别占省政府下达年度指标数的57.1%和25%。

（5）支渔惠渔政策落实有新举措。妥善做好2012

年度燃油补贴发放工作,已发放资金24亿元,发放率达82.5%。积极开展渔业互保工作,全省保费收入同比增长48.64%,位居全国第三。继续开展政策性水产养殖互保试点,在互保区域和品种方面有所扩大。加强渔港建设,推动省政府出台《关于进一步加快渔港建设的若干意见》;积极促成三大海洋实业集团公司与沿海地市主管部门签订渔港建设合作框架协议;争取世界银行贷款用于福建渔港项目建设。

【重点渔业市(县、区)基本情况】

福建省重点渔业市(县、区)基本情况

市(县、区)	水产品产量(吨)	其中				养殖面积(公顷)	其中	
		海洋捕捞(含远洋)	海水养殖	淡水捕捞	淡水养殖		海水	淡水
福清市	377 576	20 893	263 188	100	93 395	20 481	14 854	5 627
平潭县	412 876	215 419	197 279		178	4 733	4 673	60
连江县	819 005	300 141	512 467	551	5 846	17 145	16 726	419
秀屿区	440 408	75 120	364 070	527	691	10 631	10 309	322
霞浦县	348 494	99 286	248 788		420	18 602	18 405	197
惠安县	236 684	120 616	114 987	466	615	3 591	3 286	305
石狮市	382 953	349 533	33 120		300	1 202	1 167	35
龙海市	377 267	113 047	159 259	5 211	99 750	9 231	4 673	4 558
漳浦县	371 449	60 364	261 666	3 498	45 921	19 462	16 079	3 383
东山县	337 373	154 924	172 637		9 812	7 524	7 019	505

【大事记】

[1]1月11日,由福建省水产研究所主持的"两岸联合开展台湾海峡主要渔业资源利用与养护"和"裸体方格星虫人工繁育技术研究及应用"获2012年度福建省科学技术进步二等奖,"水产品加工副产物的高值化开发与应用技术研究"和"中国南方刺参养殖产业化关键技术集成与示范"获2012年度福建省科学技术进步三等奖。

[2]淡水渔业科技成效显著。引进了"新吉富"罗非鱼F14、"中科3号"异育银鲫、福瑞鲤、长丰鲢、"浦江1号"团头鲂等国家新品种,建设了繁育基地和养殖示范基地,实现苗种供应属地化,有效提高了良种覆盖率;地方品种黑脊倒刺鲃、大刺鳅、斑鳜、半齿厚唇鱼等经济品种人工繁育和养殖技术取得突破,改良了福建淡水养殖品种结果,提高了养殖经济效益。

[3]全省 开展清理整治违规渔具专项行动,共清理取缔各类违规网具1 780张(槽、个、套、具),网片7 600多米,电鱼设备26台;查获违规渔船164艘(次),查处电炸毒鱼案件65起,没收渔获物309.85千克,罚款40.47万元。

[4]省海洋与渔业执法总队35001渔政船被评为省直机关"学雷锋、践行福建精神"十佳典型,并在省直机关"学雷锋·践行福建精神"十佳典型表彰暨座谈会上作经验交流,其先进事迹在《八闽机关党建》节目中播出。

[5]11月,农业部批准福建省新建"建溪细鳞斜颌鲴"和"罗口溪黄尾密鲴"两个国家级水产种质资源保护区。

[6]2013年,福建省共办理渔工互保111 766人,渔船互保9 336艘,共签单会费14 025.1万元,会费同比增长48.64%。福建省新增接报案件数1 091起,实际赔付4 546万元,同比增长59.45%。会费收入在全国渔业互保系统中排名第三位。

[7]9月26日,福建省海洋与渔业厅召开党的群众路线教育实践活动征求远洋渔业工作意见座谈会,省委常委,常务副省长张志南到会,并对远洋渔业发展作出指示。

[8]12月,福建省"水乡渔村"评审认定18家,使全省"水乡渔村"总数达到100家。在此基础上完成了"美丽福建 水乡渔村"画册。

[9]12月,福建省评审认定第一批10家省级"现代渔业产业园区",包括:标准化池塘养殖、浅海设施养殖、工厂化养殖、渔业种业、休闲渔业、水产品加工、海洋药物和生物制品等七类。

[10]新渔场开拓取得突破。开发了北太平洋、中

西太平洋公海及几内亚比绍等新渔场。印度尼西亚、毛里塔尼亚等优势项目继续做大做强。2013 年,全省远洋渔业总产量达 23.33 万吨,同比增长 9.9%;总产值达 22.4 亿元,同比增长 9.7%。

[11]2013 全年共组织渔业海难救助 85 起,调度船舶 166 艘次参与救助(其中公务船 12 艘次、渔船 154 艘次),投入救助费用 421.05 万元。救助遇险船舶 106 艘,救起船员 1 020 人,挽回经济损失 23 171.2 万元。

(福建省海洋与渔业厅)

江西省渔业

【概况】 2013 年,江西省渔业系统紧紧围绕环境友好、渔业发展、渔民增收、渔区稳定这一目标,全力贯彻全国现代渔业电视电话会议和《国务院关于促进海洋渔业持续健康发展的若干意见》文件精神,大力推进现代渔业建设、全面提高渔业综合效益、提升渔业竞争力、主攻水产品加工业和外向型渔业、不断改善渔业生态环境,渔业综合生产能力进一步增强,取得了显著成绩:水产品产量达到242.65 万吨,同比增长 2.38%,其中,特种水产品产量 77.87 万吨,同比增长 3.07%,渔业经济总产值达806.2 亿元,同比增长12.4%;水产品出口在国际贸易形势走低的情况下依然保持增长态势,出口量 1.3 万吨,出口额 3.8 亿美元,同比分别增长 3.4% 和 13.6%;渔民人均纯收入突破万元大关,达到10 510 元,增长 10.5%,提前两年完成“十二五”规划的目标。

1. 渔业现代化建设 全省利用现代渔业、农业综合开发、农业部良种场建设等项目共投入 4 200 万元,改扩建“规模化、专业化、标准化”良种繁殖场 21 家,提高了苗种生产能力,提升了苗种质量,保障了水产品质量安全,2013 年,苗种繁殖量达 326 亿尾,同比增长 5%,全省水产品产地抽检合格率达 99.38%,比上年提高了近 2 个百分点,确保了全省范围内未发生重大水产品安全事故。2013 年全省累计投入 2.31 亿元,其中中央资金 1.2 亿元,通过清淤、护坡及进排水等关键技术改造,改造标准化池塘 0.44 万公顷,使养殖产量、效益和水产品质量显著提高,据测算,每公顷平均产量可达 18 吨以上,比改造前提高了 4.5 吨。利用农业部菜篮子水产项目支持的 1 000 万元资金,结合各地水产品消费需求和渔业发展实际,对全省 20 家健康养殖示范场进行改造,项目的实施不仅扩大了水产品产能、提升了产品质量、保障了市场供给,还有力地满足了城乡居民“菜篮子”的需求。

2. 渔业产业化 一是龙头牵引带动。大力实施“强龙”工程,帮助企业做大做强,2013 年,全省规模以上水产企业达 426 家,比 2012 年增加了 16 家,省级以上龙头企业有 56 家,同比年增加了 6 家。其中,有 4 家渔业企业已经进入上市辅导期,成功引进风险投资资金,预计明年可申报上市。此外,全省大力发展渔业专业合作社,全年新增合作社 167 家,达 587 家。在龙头企业和合作社的牵引下,全省水产品加工产值达 178.85 亿元,同比增长 10.9%。二是三产联动发展。根据江西各地渔业产业地域分布特点,利用婺源、井冈山、明月山、三爪仑等地特色旅游资源,开发建立集观赏娱乐、文化交流、商贸餐饮为一体的休闲渔业基地,打造独具特色的生态休闲品牌,深度融合渔业一、二、三产业,推动产业化经营向纵深发展。2013 年,全省有休闲渔业基地 456 个,同比增加 36 家。三是加工升级延伸产业。在进一步稳定烤鳗、鱼片、小龙虾和传统特色产品加工的基础上,面向国内大型超市,大力发展以鲢鳙鱼为原料的淡水鱼糜及其系列产品深加工,加工种类增加至 12 大类,加工总量达 63.96 万吨,占水产品总量的 26.4%,同比增加 2 个百分点。

3. 水产品流通与出口贸易

(1)水产品价格保持稳定。2013 年,江西各地水产品市场供应充足,省外销量和省内消费量持续增长,水产品价格呈现出温和上涨的态势,“三大价格”综合指数为 102.46,同比增长 2.46 个百分点。其中,零售市场价格指数为 99.90,与上年基本持平;塘边起水价格指数为 101.34,较上年上涨 1.34%;批发市场价格指数为 106.15,较上年同比价格上涨 6.15%。在所有农产品价格大幅波动的情况下,唯有水产品价格继续保持稳定,为保障全省人民的菜篮子和市场稳定做出了突出贡献。

(2)水产品内贸与外贸齐增。经对全省 5 个水产品批发市场和 50 个产地交易点的水产品流向调查,2013 年江西省水产品省外销量较上年增加 10 万多吨,达 110 万吨。经海关数据统计显示,全省水产品出口量同比增加 1 530 吨,达 1.3 万吨,出口额同比增加 4 500 万美元,达 3.8 亿美元,超历史最高水平,连续多年位居内陆省份第一。

4. 健康养殖 在全国率先启动“测水投料、查菌配药”精准养殖技术试验示范服务,选定宜丰、万安、广丰 3 个县为试点县,通过分析养殖水体中各项数据指标的动态变化,来指导科学养殖,实现健康养殖。2013 年继续实施草鱼出血病无规定疫区试点及碳汇渔业试点,将修水、武宁、玉山三县纳入到无规定疫区疫病监测范围,目前,监测区域达 7 县、17 个监测点,在每月90批次的病原检测样品中，合格率达100%，区域内水产品质量安全得到充分保障。2013年，全省着力制定、完善各项规范建设，建立河蟹池塘改造建设规范、甲鱼池塘改造建设规范、大鲵驯养繁殖场建设规范和县级水生动物防疫站建设等规范，为健康养殖打下良好的基础。《江西省渔业条例》实施一年来，全省有5个设区市40个县（市、区）相继出台文件，要求大水面退出集约化养殖，据统计，全省有4.29万公顷水面退出集约化养殖，取缔网箱养殖4.68万箱。其中：武宁县投入2 000万元对柘林水库库湾、“三网”养殖等进行清理，章贡区和于都县对大水面养殖给予补贴和减免资金达38万元。通过实施上述措施，极大地改善了水体自然环境，保护了江西的绿水青山，为全省的绿色崛起做出了应有的贡献。

5.渔业科技 一是壮大科技推广队伍。成功引进唐启升院士开展碳汇渔业试点，举办发展碳汇渔业专题研讨会，提升了产业综合竞争力。至此江西先后与曹文宣、唐启升、赵法箴院士签订院士工作站合作协议，极大地推动了全省渔业科普基地的建设和水产科技人才的培养，年内各级水产技术推广机构共建立试验示范基地440多个，同比增加近1倍，培育科技示范户5 000户，辐射带动农户2万户。二是加大科技推广力度。承担国家大宗淡水鱼产业技术体系建设，设立南昌综合试验站，重点解决大宗淡水鱼类优质高产、模式升级、提高养殖效率、延长产业链等技术问题；开展虾蟹、龟鳖、鳅鳝、珍珠、鳗鱼、鱼片等六大产业关键技术科技巡回指导7次，在玉山、瑞昌等地举办养殖技术培训班，培训渔民近千人，在鄱阳湖区开展送科技下乡活动，发放技术资料1 000份；全年累计举办132期培训班，培训渔民6 700人次。三是开展稻田综合种养技术示范。在全省4个县分别建立了稻—鱼共生、稻—虾轮作、莲—鱼共生综合种养三种模式核心示范点107公顷，辐射推广0.43万公顷。通过项目扶持，共举办5期培训班，培训300人次，发放技术资料1 000份；组建了2个专业合作社，申请了2个稻（莲）田鱼品牌，研发上市3个稻田种养产品。

6.质量安全 一是在健康养殖示范上下功夫。全年新创建部级水产健康养殖示范场87家，使省内部级水产健康养殖示范场突破400家，达422家，面积突破8.7万公顷，继续保持全国前列，示范基地草鱼免疫率达90%以上。二是在提高疫病防控上下功夫。2013年，依据全国病害测报规范，制订了江西省病害测报工作规范，建立37个测报县，111个测报点，并逐步完善了600个种苗繁育、成鱼养殖单位抽检的数据库，加大水产品质量抽检力度，全省各级水产品质量安全抽检1 000余次，不仅在鱼病集中暴发的时期加强监测，且在重大节日加大监测力度，使省内没有暴发重大水产品疫情。三是在保质量促出口上下功夫。建立标准化水产品出口养殖示范区，确保原料鱼质量安全水平符合输入国和地区的要求，全省已建立标准化出口养殖基地100多个，养殖面积达0.67万公顷。各水产加工出口企业严格推行HACCP管理，建立产品质量追溯制度，加强对生产投入品的管理，严禁使用违禁物（药）品，使全省水产品出口在国际大环境低迷的情况下依然保持稳定增长。

7.资源保护 一是渔业增殖放流数量、规格超历史。全省各地按照规范程序，强化监管，注重效果的要求，扎实开展增殖放流工作，全年共投入放流资金2 250万元，投放鱼苗近5亿尾，其中，棘胸蛙，胭脂鱼、大鲵等珍稀物种9万余尾，投资规模量创历史新高。二是渔业资源保护区建设步伐明显加快。2013年，农业部新批复江西省昌江刺鲃、赣江源斑鳢、修水源特有鱼类国家级水产种质资源保护区3个，全省总数已达19个。三是渔业资源和生态保护明显加强。2013年，各级渔政部门进一步加强对涉渔（水）工程的监管。积极协助有关部门做好鄱阳湖水利枢纽工程深化论证工作，完成《鄱阳湖水利枢纽工程对湖区渔民生产生活方式影响的调查报告》；强化新干航电枢纽工程、五河防洪工程以及鄱阳湖特大桥工程等大型涉渔（水）工程监督，最大限度地减轻了涉渔（水）工程对渔业资源和水境的影响，努力做到既有利于社会经济发展，又保护好渔业生态环境。

8.渔业安全生产

（1）以“平安渔业示范县”创建、渔业安全生产大检查以及渔船检验质量大检查活动为抓手，切实开展渔船及船用产品检验，狠抓渔业安全生产日常监管。全年完成了1 000吨新余钢厂船用钢板、1艘浙江500吨级渔政船、省渔业局45米渔政趸船以及603台（件、套）渔船用产品的检验任务，审查了2艘50吨级渔政船的设计图纸，渔业船舶安全生产责任状签订率达98%，渔船救生设备配备率达70%。省渔业局45米渔政趸船的顺利交付，使得全省渔业安全生产基础设施得到进一步加强。

（2）紧紧抓住冰冻、台风、禁渔期、重大活动以及节假日等敏感时期不放，前移安全监管关口，全面开展隐患排查治理。全省各地渔船排查率达96%，下发整改通知书1 500余份，渔船安全隐患整改率达80%，渔船“带病”作业现象明显减少。

（3）扎实开展渔业互保工作。全年共吸收入保7 608份，为渔民群众提供救援服务12次，受理渔民人身事故41起，累计支付理赔金额达29.82万元，有效减少了渔民的灾害损失。

(4)湖区矛盾纠纷调处效果明显。广泛开展“加强创新社会管理、建设平安幸福江西”为主题的宣传活动，建立健全信访接待制度，落实局领导分片挂点责任制，全力抓好渔业矛盾纠纷调处工作。一年来，共开展座谈、互访活动60余次，召开协调会50余次，调处各类渔业生产纠纷18起，解决实际问题103个，有效地化解了矛盾纠纷，维护了渔区的社会稳定大局。

9.渔政执法 2013年，全省各地进一步加强渔政执法，扎实开展了禁渔期联合执法、机动底拖网专项整治、吸螺船专项整治等行动，有力地打击非法捕捞行为，有效保护了渔业资源和生态环境。据不完全统计，全年共出动检查车427辆次，执法船艇2 318艘(次)，执法人员1.2万人(次)，查获违法捕捞船近1 316艘，电捕鱼具52多部，取缔销毁迷魂阵2 241部，拆除吸螺机22艘，行政处罚261余人。

【重点渔业县(市)基本情况】

江西省重点渔业县(市)基本情况

市(区、县)	总渔业人口(万人)	渔业产值(万元)	水产品产量(吨)	其中		养殖面积(公顷)
				捕捞	养殖	
鄱阳县	19.3	739 971	160 495	137 985	22 510	31 473
余干县	6.5	530 468	137 900	121 965	15 935	27 508
南昌县	4.9	582 401	131 371	114 278	17 093	11 669
进贤县	5.4	445 069	117 722	92 631	25 091	30 770
丰城市	1.9	226 082	97 716	92 588	5 128	16 000
新建县	1.4	283 891	79 275	66 681	12 594	8 027
都昌县	2.9	280 246	78 630	60 123	18 507	12 849
九江县	0.8	202 533	48 938	46 841	2 097	12 781
彭泽县	0.8	107 173	48 900	45 516	3 384	7 800
永修县	2.1	149 095	46 466	42 042	4 424	10 010

【大事记】

[1]4月1日，2013年长江流域护渔行动暨长江中下游禁渔期同步执法行动启动仪式在九江市举行。农业部渔政指挥中心、农业部东海区渔政局、江西省农业厅、九江市政府等春季禁渔成员单位领导出席启动仪式。仪式结束后，中国渔政205船和36201船一起参加了2013年长江流域“护渔行动”暨长江禁渔期同步执法行动。

[2]7月12日，《水产品中孔雀石绿的快速检测 胶体金免疫层析法》等5项江西省地方标准通过审定，这5项标准对开展水产品的快检意义重大，对推广新品种《赣昌鲫》将起到重大的促进作用。

[3]8月12日，“‘测水投料、查菌配药’精准养殖技术试验示范”项目启动大会召开，该项目是提升江西省水产养殖技术的又一重要举措，对实现科学养殖，健康养殖具有深远意义。

[4]9月29日，“心拥碧水 游钓神州”2013年全国首次淡水排钓大赛——万安湖排钓大赛开幕，来自全国19个省市和地区的53支代表队共100余名垂钓高手欢聚一堂，在碧波浩淼、风光旖旎的万安湖大显钓技，一决高下。

[5]10月14日，省政府召开理顺鄱阳湖区渔政管理体制工作会议，决定，鄱阳湖区渔政管理体制由“省级垂直管理”调整为“县级属地管理”。这一管理体制的调整，对保护鄱阳湖“一湖清水”，促进湖区渔业可持续发展，实现渔民持续增收具有重要意义。

[6]11月23日，2013“军山湖杯”第十二届鄱阳湖螃蟹节在南昌举行，作为第六届中国绿色食品博览会的重要活动之一，现场还举行了全国河蟹大赛颁奖仪式。

[7]11月29日，江西省第十二届人民代表大会常务委员会第七次会议通过了对《江西省渔业条例》的修改，并予以公告。

(江西省渔业局)

山东省渔业

【概况】 2013年，山东省渔业系统以十八大及十八届三中全会精神为指导，积极应对各种困难和挑战，把握经济大势,坚持稳中求进,建设现代渔业,圆满完成了各项工作任务,保持了渔业持续健康发展。全省水产品总产量863.2万吨,比上年增长2.6%;其中,海水产品700.0万吨,淡水产品163.7万吨,同比分别增长2%和5.1%。全省渔业经济总产值3 406.8亿元,比上年增长8.0%;其中,渔业总产值(一产)1 397.4亿元(不含远洋渔业),同比增长10.3%。渔业总产值占农林牧渔业总产值的比重为16.0 %,渔业增加值857.1亿元,同比增长11.1%,占农林牧渔业总产值的比重为18.1%。渔业工业和建筑业总产值1 119.4亿元,增加值382.6亿元,同比分别增长6.7%和11.8%。渔业流通和服务业总产值804.6亿元,增加值355.6亿元,同比分别增长6.2%和3.9%。渔民人均收入1.44万元,比上年增长15.2%。

1.政策研究 围绕贯彻落实中央和山东省渔业决策部署,抓好大事要事谋划,主动融入和参与全省发展大局。调查研究全面深入,重大问题软课题研究富有成效,取得了60余项创新成果,广泛应用于渔业决策实践。有关现代渔业建设和现代渔业园区建设体制机制研究两个课题列入省政府研究室重点调研课题。举办了全省海洋与渔业专题研讨班,扩大了渔业影响力。

2.现代渔业建设 省政府印发了《关于贯彻国发[2013]11号文件促进现代渔业持续健康发展的实施意见》,提出了32项新的政策规定,成为改革开放30年来,省政府制定出台的推进全省现代渔业发展的一个重要指导性文件。现代渔业园区建设深入推进,创立了现代渔业园区单体规划制度,全省新认定省级现代渔业园区80处,园区总量已达146处。现代农业优质鱼产业项目县达到22个,新增优质水产品产能10万吨。水产健康养殖快速发展,新创建国家级健康养殖示范场55处、省级100处,新增健康养殖面积1.3万公顷,总量达475处,健康养殖面积18万公顷。海参多模式养殖全面发展,新增海参增养殖面积3 300多公顷,总面积达7万多公顷,产量8万余吨,黄河三角洲地区2万公顷海参健康养殖基地建设扎实推进,海参优势产业地位进一步巩固。新增国家级水产原种场3处、省级水产良种场3处,全省原良种场达67处。选划建设5处国家级、10处省级水产种质资源保护区,省级以上水产种质资源保护区达74处,保护区面积达35万公顷。

3.资源修复行动 渔业增殖放流规模持续扩大,全省渔业资源修复投入3.4亿元,放流各类水产苗种50亿单位,增殖效果显著。组织开展了内陆城市水系和水源地"放鱼养水"活动,新建立了8处新的淡水增殖站,内陆水产苗种放流规模达到1.7亿单位,较上年增长70%;10个市举办了"放鱼节","放鱼养水"正在成为一个群众性的保护生态行动。渔业资源增殖效果明显,近海回捕海蜇、对虾等增殖资源7.8万吨,产值21.2亿元,同比分别增长88.9%和6.3%,产量产值创历史新高,直接受惠人口45万人,人均增收4 700元。渔业增殖资源成为维持近海捕捞业平稳发展的重要因素。

4.休闲渔业 积极拓展渔业生态、文化等功能,大力发展休闲渔业。组织编制了《山东省休闲渔业发展规划》。成立了山东休闲垂钓协会,创建国家级休闲渔业示范基地12处。组织实施了《2013年好客山东休闲汇"相约海洋 渔乐无限"专题活动实施方案》,举办了"放鱼节"、"捕鱼节"、"休闲垂钓比赛"和"观赏鱼大赛"等多种形式的"渔乐无限"专题休闲活动50多场次,促进了休闲渔业发展;省海洋与渔业厅获得省政府"好客山东休闲汇优秀专题休闲活动奖"。

5.远洋渔业 远洋渔业发展成效显著,全省专业远洋渔船已达402艘,总功率39万千瓦、21万总吨,同比分别增长212%和130%。秋刀鱼、超低温金枪鱼钓船和美式大型围网船等多项技术世界领先。专业远洋渔船实现产量11.3万吨,产值15.3亿元,分别比上年增长49.3%和36.5%。远洋渔业发展空间拓展取得新突破,成功参与了西非、东南亚和南太岛国等区域性渔业经济合作体系,争取到了更多的入渔许可。省财政首次将远洋渔业基地建设纳入补贴范围,印度尼西亚远洋渔业基地开工建设。一批与远洋渔业产业链相关建设项目建成投产,产供销结合趋向紧密。金枪鱼产业链条建设日趋成熟,全省超低温储存能力达到3.5万吨,占全国70%以上。

6.水产品质量安全 水产品质量水平稳步提升,全年监测水产样品3 400多批次,产地产品抽检合格率达98.1%。新认证无公害水产品242个,全省无公害水产品产地已达730个、产品1 531个、面积32万公顷;新增地理标志登记保护产品7个,累计申报水产品地理标志33个,全省无公害认证和地标登记保护数量均位居全国首位。省渔业协会牵头,首批20家海参龙头企业发起成立了"胶东刺参"质量保障联盟,促进了海参产业健康发展。首次将沿海各市全部纳入贝类卫生监控和划型监控范围,划型面积3.4万公顷。

7.市场经贸 改版了中国水产商务网,成为新的渔业品牌推介和电子商务平台。参加台湾山东经贸文化周系列活动,推动了鲁台渔业交流合作。受市场需求萎缩、汇率波动、价格下行、地区政治形势变化等影响,全省水产品对外贸易额小幅下降,全年实现水产品进出口总量249.7万吨，比上年增长0.6%，总值72.9亿美元，比上年下降2%；其中，全省水产品对外出口创汇46.7亿美元，下降3.9%。

8. 科技兴渔 科技创新平台建设取得新进展，新设立了鱼类和虾蟹类2个技术创新团队，"海参产业技术创新战略联盟"等4个联盟，成为首批海洋领域国家级试点联盟。渔业重点科研项目实施顺利，渔业良种工程鱼类、贝类、刺参重大课题选育出具有良好性状的家系、群系182个，突破了牙鲆优良品种干细胞识别等20余项关键及配套技术。完成"海水池塘多品种混养技术"等7项主推技术的推广，推广面积逾3.5万公顷，产值58.6亿元，效益21.55亿元，实现了较好的经济、生态和社会效益。渔业科技成果转化步伐加快，全省主推了22个主导养殖品种和10项实用技术，在83个渔业重点县实施了基层渔技推广体系改革与建设项目，有力推进了技术服务、人员培训和示范基地建设。山东省渔业技术远程服务与管理平台建设扎实推进，实现远程视频监控、鱼病远程诊断、信息双向交流、水产养殖远程监管等服务。

9. 法制建设 推进《山东省渔业船舶管理办法》立法进程，已列入省政府和省人大重点立法计划。研究制定了《山东省渔业船舶管理办法》，提出了14个方面的创新管理制度，已完成调研、征求意见等工作。制度规定不断创新，颁布实施了《山东省国有渔业养殖水域滩涂使用权补偿费和安置补助费定价办法》，在制度设计和计算方式上实现了突破。完成了《山东省人民政府关于水产品质量安全监督管理的特别规定》起草制定工作。养殖使用权抵押贷款取得较好成效，全省养殖证抵押贷款总额达1 175万元，实现了水域滩涂养殖使用权物权融资的历史性突破。

10. 渔业执法 积极推进渔业综合执法，加大执法力度和频率，细化了船籍港休渔、转港审批、船厂巡查、交叉执法等关键制度，伏季休渔总体情况好于往年。针对朝东项目取消的形势，对478艘朝东项目渔船实行定港停靠，实行"日报告"制度，对渔民进行安抚引导，最大限度地减少了涉外违规事件的发生。严格落实渔业安全生产责任制，组织搞好"平安渔业示范县"创建，确保了渔业安全形势的持续稳定。坚持标本兼治、打防结合的原则，扎实开展非法渔具清理整治工作，全省共查获违规渔船258艘次，清理违规渔具27 921张(套)。创新船检工作模式，渔船检验质量实现新提升。

11. 存在问题 一是资源环境的约束仍在加剧。海洋捕捞渔船产能过剩与渔业资源衰退的矛盾日益突出，"绝户网"等大量违规网具的使用，严重破坏了渔业资源。二是渔业发展空间进一步受到挤压。随着我国城镇化的深入推进，沿海地区工业布局聚集，涉海工程增多，致使渔业基本水域大量被建设项目挤占，影响了渔业发展基础和渔民生产生活；一些地方对渔业的认识出现了偏差，甚至认为渔业挣钱不多、添乱不少，挤压渔业现象突出，渔业全面协调可持续发展面临新挑战。三是渔业基础和产业服务体系薄弱。渔业生产整体仍未摆脱靠天吃饭的局面，渔业多功能作用还没有充分发挥，产业产品结构仍不够合理。渔业科研与生产结合不紧，渔业疫病防控任务艰巨。四是渔业安全依然严峻。水产品质量安全、生产安全、涉外渔业安全隐患多、管理难度大；在执法管理上还不够精细，机制还不够适应，效率还不够高。

【重点渔业市(县)基本情况】

山东省重点渔业市(县)基本情况

市(区、县)	渔业产值(万元)	水产品产量(吨)	其中			养殖面积(公顷)	其中	
			海洋捕捞	海水养殖	淡水养殖		海水	淡水
荣成市	1 589 447	1 143 890	452 387	678 932	12 571	35 887	35 132	755
长岛县	673 177	412 789	124 280	288 509		51 780	51 780	
文登市	402 238	405 708	117 949	266 743	21 016	16 264	13 095	3 169
乳山市	367 237	374 261	54 503	312 998	6 760	10 143	9 723	420
蓬莱市	212 088	340 680	172 600	167 400	680	8 590	7 712	878
环翠区	345 260	331 760	112 846	218 914		9 200	9 200	
莱州市	368 706	329 898	123 124	205 857	917	53 903	52 570	1 333
海阳市	360 506	323 201	122 881	196 520	3 800	13 556	12 424	1 132
即墨市	368 818	298 090	65 048	231 043	1 999	13 253	12 079	1 174
岚山区	205 635	284 332	154 053	125 359	4 920	19 390	18 673	717

【大事记】

[1]11月27日,习近平总书记在山东调研农业和农村经济工作时召开座谈会,听取了省海洋与渔业厅王守信厅长关于山东渔业工作的汇报。王守信提出三点建议,一是淘汰渔船过剩产能,建议国家对海洋捕捞渔船实行“赎买”政策;二是深入实施渔业“走出去”战略,建议国家大力支持海外渔业基地建设;三是加强水生生物资源养护,建议国家将渔业资源修复提升为生态文明建设战略举措。期间,习近平总书记对远洋渔业、资源养护等工作进行了详细询问了解。

[2]12月11日,省政府在济南召开全省现代渔业建设工作电视会议,全面部署全省现代渔业建设工作。30日,省政府印发了《关于贯彻落实国发[2013]11号文件促进现代渔业持续健康发展的实施意见》。会议的召开和意见的出台,对当前及今后一个时期全省现代渔业发展具有深远的意义。

[3]10月30日,山东蓬莱京鲁渔业有限公司与台湾隆顺渔业集团就加深渔业合作签约。双方签订了包括成立合资公司开展金枪鱼远洋捕捞、加工、销售等业务,合作建造2艘大型金枪鱼围网船等内容的渔业合作协议,成为“2013台湾·山东周”的一大亮点。省长郭树清出席签约仪式,并考察高雄渔港,详细了解远洋渔船金枪鱼卸货交易。

[4]10月13日,由农业部渔业局、山东省海洋与渔业厅、临沂市人民政府主办的2013“中国·沂河放鱼节”在山东临沂沂河河畔隆重举行。济宁、淄博等10个市也纷纷举办市民广泛参与的放鱼节。“放鱼养水”已成为群众性生态文明建设活动。

[5]4月24日,省海洋与渔业厅、省财政厅下发《关于组织申报2013年远洋渔业企业贷款贴息项目的通知》,首次将境外产运销远洋渔业基地建设项目纳入补贴范围。年内,印度尼西亚、斯里兰卡、利比里亚、斐济、所罗门群岛等远洋渔业海外基地建设提上日程,其中靖海集团有限公司印尼马老奇基地开工建设。

[6]11月1日,山东省机构编制委员会办公室就省海洋与渔业厅所属部分事业单位机构编制事项作出批复,厅属大部分事业单位机构更名。其中,省淡水水产研究所、省海洋水产研究所、省海水养殖研究所、外经项目办公室、省海洋捕捞生产管理站分别更名为省淡水渔业研究院、省海洋资源与环境研究院、省海洋生物研究院、项目管理中心、水生生物资源养护管理中心;各事业单位的职能、编制也相应进行了调整。这次调整,使厅属事业单位间的职能进一步理顺,有关单位的编制进一步充实。

(山东省海洋与渔业厅)

河南省渔业

【概况】 2013年,河南省水产养殖面积达到27.46万公顷,水产品总产量达到116.7万吨,渔业经济总产值223.5亿元,渔民人均纯收入10 373元,分别比2012年增长8.3%、6.3%、6%和5.6%。实现了水产品安全有效供给。

1.加强渔业生产和管理 一是开展农业部水产健康养殖示范场创建和复查。新创建农业部第八批水产健康养殖示范场42家,组织对农业部第五批21家水产健康养殖示范场复查,20家通过。截止到2013年年底,全省共有131家农业部水产健康养殖示范场。二是加强菜篮子水产项目建设。2013年,中央继续支持河南省菜篮子水产品生产基地建设。省农业厅水产局按照《河南省农业厅 河南省财政厅关于印发河南省2013年“菜篮子”产品生产扶持项目申报指南的通知》要求,积极引导申报,组织验收考核,最终20家水产企业(合作社)获得支持。三是加强水产良种场管理。开展水产良种场调查摸底,重点调查了20家省级水产良种场自身建设情况,包括生产设施情况、技术人员数量、亲本保存数量、生产能力、销售数量、年生产苗种情况等。组织验收农业部2011年对河南省投资建设的罗山小龙山良种繁育场和新乡原阳黄河鲇良种场建设项目。四是强化养殖证发放,全省养殖证发放率达到76%。

2.深入开展水产品加工企业调研 撰写了《河南省水产品加工现状及发展对策》调研报告,摸清了全省水产品加工业发展现状。截止到2013年年底,全省共有大小各类水产品加工企业79家,其中规模以上企业12家。水产品加工品种50多个,加工能力61 017吨,加工总产值超过10亿元。报告深入分析了全省水产品加工业存在的问题,提出了促进发展的思路、方法和保障措施。

3.稳步推进基层水产技术推广体系改革与建设 一是实施补助项目。全省获得基层农技推广(水产)补助资金1 775万元。省农业厅水产局选择政府重视程度高、机构健全、示范带动能力强的县(区),并依据其水产业规模、推广工作需要、体系改革建设情况及2012年度绩效考评结果等综合因素,确定61个县进行补助。在补助范围、基数保持基本稳定的基础上,对示范县给予适当倾斜。在全省征集专家261名,遴选技术指导员446人,科技示范户3 599个,建立试验示范基地62个。统一制作了示范基地标牌、科技示范户门牌,印发了技术指导员手册和科技示范户手册,规范了项目实施工作。建立了水产技术推广补助项目信息交流平台。二是开展技术培训。选派4人参加了全国农技推广骨干人员培训班;举办了二期全省基层水产技术推广补助项目技术员培训班、一期现代渔业培训班;举办了一期农村实用人才带头人水产养殖技术培训班,18个省辖市和4个省直管县(市)近100名水产养殖大户、水产专业合作社负责人和技术人员参加了培训。利用阳光工程培训资金培训渔业船员300人、水产养殖技术员2 200人、水生动物病害防治员500人。另外,各地也积极筹措资金开展培训,全年共培训人员11万次。三是开展继续教育工作。省水产局商请河南师范大学和省农业广播电视学校,搭建基层水产技术人员继续教育平台,通过该平台,全省89人接受河南师范大学农业推广本专科教育,205人接受省农业广播电视学校中专教育。

4.开展休闲渔业统计和全国休闲渔业示范基地创建工作 一是统计全省有各类休闲、观光、度假、垂钓渔业基地约5 000家,其中注册的985家,养殖水面2.8万公顷,年产量11万吨,基地年收入8.5亿元。二是根据农业部要求和全省休闲渔业发展情况,成功申报了延津天河水产品有限责任公司休闲渔业示范基地、镇平县康苑鳖业有限责任公司、新乡市世利农业科技有限公司、华阳湖生态旅游产业开发有限公司4个国家休闲渔业示范基地。

5.切实做好渔业“三大安全”工作

(1)强化水产品质量安全监管。一是加强产地水产品监督检查,重点检查水域滩涂养殖证持证情况,苗种生产繁育许可证持证情况,养殖生产记录、用药记录、销售记录,规范苗种的繁殖、孵化、养殖等操作过程,规范健康养殖技术操作过程,以提高广大渔业生产者水产品质量安全意识和法律法规意识,督促各地制定和落实行动方案。二是组织水产品抽检。2013年农业部安排在河南省进行2次水产品抽检,共抽检样品70个,检测结果全都合格。三是开展水产品质量安全培训。4月中旬在信阳市举办了水产品质量安全培训班,18个省辖市、10个省直管试点县(市)、16个渔业重点县水产科(股)长、渔政站长、水产技术推广站长及全省20个省级水产原(良)种场场长、质量员共180余人参加培训。四是开展农业部渔业健康示范县创建。转发了《农业部关于开展农业部渔业健康示范县创建活动的通知》,要求各地渔业主管部门加强组织领导,制定切实可行的实施方案,并按照实施方案认真抓好落实。

(2)加强渔业资源养护,维护生态安全。一是开展增殖放流活动。首次举行农业部、河南省联合人工增殖放流水生生物活动。农业部渔业局副局长李彦亮、省人民政府副省长王铁、省人民政府副秘书长胡向阳、省农业厅厅长朱孟洲、省农业厅副厅长郭鹏亮、郑州市人民政府副市长吴中华等领导参加了仪式,共向黄河放流黄河鲤鱼、黄河鳖、四大家鱼等250余万尾。2013年全省共开展增殖放流活动50次,放流经济鱼类苗种8 101万尾(只),放流大鲵1 700尾、黄缘闭壳龟250只。放流水域覆盖了全省海河、黄河、淮河和长江流域,使天然水域渔业资源得到有效恢复。二是继续实施春季禁渔制度。4月1日至6月30日,在全省境内黄河、淇河、汉江干支流河道、水库等天然水域开展禁渔活动。各级渔业行政主管部门严格依照春季禁渔统一时间、统一部署、统一方案的要求开展禁渔工作。渔政人员克服困难,勤奋工作,历时3个月圆满完成春季禁渔任务,有效保护了渔业资源的安全。三是认真开展清理整治违规渔具专项行动。按照农业部的统一部署,结合本省渔业水域违规渔具捕捞现状,制定下发了《河南省开展清理整顿违规渔具专项行动实施方案》,要求有关渔政部门严格执法,坚决取缔“绝户网”等违规渔具,取得了很好的生态效果和社会效应。四是开展渔业污染事故调查处理。开封、鹿邑、驻马店、漯河等地出现大面积死鱼事件后,当地养殖户受损严重,群众情绪激动,省政府和省农业厅领导高度重视。接到事故报告后,省水产局迅速行动,立即启动应急预案,组织相关部门和专家赴现场进行调查取证,开展渔业损失评估,并积极配合相关厅局调查处理,成功化解了死鱼事件带来的民众积怨,及时维护了渔民利益。五是加强水生野生动物保护和利用。首先是开展了水生野生动物保护科普宣传月活动。9月25日,“第四届全国水生野生动物保护科普宣传月”河南省的启动仪式在郑州海洋馆与烟台主会场同步进行,洛阳、三门峡、南阳、信阳等市同步举行了宣传活动。各地的启动仪式内容丰富,有图片、展板、宣传册、专家咨询等,整个启动仪式共发放宣传资料2 200余份,接受咨询200余次。其次是依法对违法经营利用水生野生动物进行查处,规范市场行为,同时鼓励合法经营利用行为,全年共办理驯养繁殖证33个,经营利用证22个,并对36个驯养繁殖和13个经营利用证进行了年审。六是加大水生生物保护区管护力度。首先是成功申报板桥湖为第七批国家级水产种质资源保护区,使全省国家级水产种质资源保护区达到17个。其次是加强对保护区的监管。先后赴郑州、洛阳、三门峡、安阳对4个国家级水产种质资源保护区进行专题调研,并按照农业部《水生生物自然保护区管理工作考核暂行办法》规定,对信阳黄缘闭壳龟、卢氏大鲵、西峡大鲵3个省级自然保护区进行综合考核。再次是强化涉渔工程监管。加强对中国石化新疆煤制天然气外输管道工程、蒙西至华中地区铁路煤运通道工程等涉及河南省保护区工程的环评、补偿和生态修复工作。

(3)扎实开展平安渔业建设。一是以创建国家平安渔业示范县为抓手,扎实推进全省平安渔业建设。2012年在创建省级平安渔业示范单位的基础上,成功推荐淅川县为全国平安渔业示范县,有力地推动了全省渔业安全生产工作开展。二是组织安全生产大检查,及时消除安全隐患。省水产局组织了多次全省范围的安全生产大检查,并督促各地按要求建立健全渔业安全生产管理制度,制订年度渔业安全生产管理方案,加强宣传教育,提高渔业从业人员的安全意识,认真排查安全隐患,切实把各项工作落到实处。对济源市以村为单位成立公司,方便渔业部门渔船管理的模式进行了专门调研,并计划在全省其他条件适合的地区进行推广。三是建立渔业船舶水上突发事件应急机制,开展渔业船舶水上突发事件应急救助演练。为提高全省渔业船舶水上突发事件救助的应急处置能力,2013年在驻马店市宿鸭湖水库成功举办了全省渔业船舶水上突发事件应急救助演练活动,检阅了全省渔业船舶水上突发事件应急预案的实用性和应对渔业船舶水上突发事件的应急处置能力,取得了良好效果。四是完成2012年柴油补贴数据统计上报及发放工作。2012年,国家下达给河南省渔船柴油补贴资金为4 920万元。按照《渔业柴油补贴专项资金管理暂行办法》要求,各级渔业行政主管部门按时进行了审核发放。共补贴渔船3 741艘,功率57 799千瓦。平均每艘船补贴13 151元,每千瓦补贴851元。五是做好渔业互保工作,为渔民解除后顾之忧。成立了中国渔业互保协会河南办事处,全省设置了33个渔业互保分支机构。组织渔民参加理赔工作座谈会,邀请中国渔业互保协会专家现场指导,引起了良好反响,使互保理念逐渐被渔民接受。

6. 强化渔政队伍建设 一是继续推进渔政机构整改。在农业部渔政指挥中心的统一部署下,全省继续推进渔政机构整改工作,根据《河南省农业厅关于加快渔政机构自收自支整改工作的督察函》要求,督促当地政府高度重视,对存在的问题尽快解决。二是开展渔业执法机构基础数据调查。按照农业部渔政指挥中心要求,指导各级渔业主管部门对辖区内的渔政机构情况进行重新调查统计上报,督促完善中国渔政指挥系统数据录入。三是规范渔政执法服装管理。根据农业部关于2011式新渔政服装制作的有关精神,本着"统一规划,统一管理、统一制式"的原则,指导各地开展新式制服的更换工作。截止到2013年年底,全省已有600名渔政人员配备了新式渔政服装。

7. 存在的主要问题

(1)水产业基础设施薄弱,抗风险能力不强。水产良种场建设和发展滞后,苗种生产能力严重不足,池塘生态修复和改造跟不上,流水养鱼、工厂化养殖等现代设施装备渔业规模较小、发展不快,总体发展与现代渔业建设不相适应。

(2)水产业投入严重不足,财政投入与水产业快速发展的态势不相称,和农业、林业、畜牧业、农机等相比差距很大,和周边省份相比,差距也很大。

(3)渔政机构建设滞后,渔政装备匮乏,执法经费紧张,渔政队伍不稳定,渔政人员整体素质偏低。

【重点渔业县(市)基本情况】

河南省重点渔业县(市)基本情况

市(区、县)	总人口(万人)	水产品产量(吨)	其中		养殖面积(公顷)
			捕捞	养殖	
中牟县	71	74 271		74 271	3 770
固始县	174	47 922	6 470	41 452	11 720
潢川县	85	39 200	1 300	37 900	8 913
汝南县	84	35 554	4 945	30 609	12 706
商城县	78	29 318	2 800	26 518	6 037

【大事记】

[1]6月26日,省发改委、省科技厅、省财政厅、省国土厅、省农业厅等40多个相关厅局,在省直机关综合办公楼视频会议室,集中收听收看了国务院召开的全国现代渔业建设工作电视电话会议,副省长王铁参

加会议。要求各省辖市、县(市、区)也设立分会场。这次会议是多年来以国务院名义召开的关于渔业发展的一次十分重要的会议,会议深刻分析了当前渔业发展面临的新形势,明确了今后一个时期我国渔业发展的指导思想、目标任务和政策措施。会后,副省长王铁要求,要于近期听取省农业厅关于河南省现代渔业发展情况的工作汇报,并进行专题调研,计划以省政府名义召开会议并出台相关扶持政策。

[2]7月1日,省农业厅水产局组织全体干部职工,专题学习了副总理汪洋在全国现代渔业建设工作电视电话会议上的讲话精神,并就进一步贯彻落实进行了部署。

[3]11月8日,农业部、河南省水生生物增殖放流活动在黄河郑州段举行。农业部渔业局副局长李彦亮、省人民政府副省长王铁、省人民政府副秘书长胡向阳、省农业厅厅长朱孟洲、省农业厅副厅长郭鹏亮、省农业厅水产局局长张西瑞、郑州市农业农村工作委员会主任周正民、郑州市金水区人民政府副区长姚方海以及省农业厅有关处室、省水产科学研究院、省水产技术推广站负责同志和郑州市、县区有关领导等参加了放流仪式。放流仪式由郑州市吴忠华副市长主持。此次活动共向黄河放流黄河鲤鱼、黄河鳖、四大家鱼等250余万尾。

(河南省农业厅水产局)

湖北省渔业

【概况】 2013年,湖北省水产业按照省委、省政府"竞进提质、速效兼取"的总要求,着力增产能、调结构、转方式、提质效,现代渔业建设呈现出良好态势。全年淡水水产品总量410.38万吨,同比增长5.51%,居全国第一;渔业经济总产值1 748.5亿元,同比增长17.6%,其中,渔业产值838.5亿元,同比增长18.6%;渔民人均纯收入达12 107元,同比增长26.3%;水产品质量安全保持在较高水平,农业部例行监测合格率98.8%,比上年提高4.4个百分点;水产品出口继续保持较快增长,全年出口水产品2.92万吨,同比增长16%,创汇3.22亿美元,同比增长25.3%。生态渔业、平安渔业建设不断推进,创建国家级"平安渔业示范县"2个,省级"平安渔业示范县"5个,渔业水上作业继续保持零责任事故。省水产局被省委、省政府授予"省级最佳文明单位",获全国渔业船舶检验系统优质船检机构称号,被省安全生产委员会评为先进单位。在6月26日国务院主持召开的全国现代渔业建设电视电话会上,湖北省作为内陆省份唯一代表作了典型发言。

1.产业发展

(1)基础设施建设。整合国家现代农业发展专项资金,建设现代渔业示范区和设施渔业示范区15个;推进精养鱼池标准化改造,全年改造面积2.67万公顷;大力创建健康养殖示范场,新创部级57家,省级88家,全省部级总数达到325家、省级达到233家。

(2)名特优水产养殖。大力推广"18221"鱼鳖混养、稻田综合种养等生态健康养殖模式,小龙虾、鮰鱼、黄鳝、河蟹、甲鱼、鳜鱼、黄颡等品种的"一鱼一产业"有了较快发展,产业链初步形成,市场占有率居全国前列。小龙虾、黄鳝产量分别占到了全国的50%和40%以上,小龙虾产值率先突破百亿元大关。潜江市、仙桃市、京山县分别摘获"中国小龙虾之乡"、"中国黄鳝之都"、"中国龟鳖养殖之乡"荣誉称号。

(3)品牌建设。新增中国名牌农产品2个、湖北名牌产品10个,全省现有中国驰名商标、湖北著名商标等水产知名品牌达47个。在第十一届农交会上,湖北省水产业夺得"十一金两佳"(11个金牌产品,最佳展位设计奖和最佳优秀组织奖)的优异成绩。

(4)水产品加工。全省现有产业化国家级龙头企业8家(其中加工6家)、省级龙头企业50家(其中加工40家),水产品加工企业232家,水产品加工能力突破130万吨。现有水产品出口注册企业24家,2013年全省出口水产品2.92万吨、创汇3.22亿美元,其中小龙虾出口2万吨、创汇2.2亿美元。

(5)水产品流通。全省现有年交易额在1亿元以上的水产批发市场317个,其中农业部信息定点采集水产品批发市场3个,水产流通专业合作组织1 127个,水产经纪人7万余人,水产品年交易量超过567万吨。

(6)新型市场主体培育。全省现有渔民合作社3 500家,其中联合社16家;家庭渔场5 000多个,大户近20万户。全省创新水面流转经营机制,采取"土地置换"、"返租倒包"等方式,流转水面近6.7万公顷,建成千亩以上连片基地300多个。

2.渔业科技

(1)科技下乡。2月初,省水产局在咸宁市咸安区向阳湖镇举办全省水产系统"渔业科技进渔家,助农增收奔小康"主题活动,拉开了新型渔民培养的序幕,掀起了科技进村入户活动的高潮。全省有1 000多名渔技人员活跃在湖边池头,实现"科技人员直接到户、良种良法直接到池、技术要领直接到人",全年共建立科技示范户2.2万户,投入培训经费1 286万元,举办培训班2 725期,发放技术资料78万余份,培训渔民及技术推广服务人员51.7万人次。

(2)示范推广。在赤壁、宜城、钟祥、随县、洪湖、鄂州等13个县(市)示范推广鳖虾鱼稻共生、鳖稻共生、虾稻共生、鳅稻共生等养殖模式,稻田生态种养示范面积达1 334公顷;在仙桃、鄂州、赤壁、洪湖、钟祥、随县等县(市)建立科技示范基地8个;建立10个新型养殖模式示范基地,在全省大力推广十大养殖模式。示范推广成果丰硕,其中,"稻田综合种养技术集成与示范"获全国农牧渔业丰收奖农业技术推广成果一等奖;"微孔增氧高效健康养殖技术示范推广"获全国农牧渔业丰收奖农业技术推广合作奖;"防治水产动物疾病复方药物的制备及应用"获湖北省政府科技进步三等奖。

3. 水产品质量安全

(1)水产品质量监测。全年部省抽检14次,从全省64个县(市、区)共抽取样品894个、13个品种,检测孔雀石绿、氯霉素、硝基呋喃代谢物、五氯酚钠、喹乙醇、己烯雌酚、磺胺类、喹诺酮类等8种(类)禁用药物残留(下同),水产品总体抽检合格率达99.2%,农业部例行监测合格率98.8%,水产品产地抽检合格率达100%。

(2)健康养殖。2013年新认定无公害产地86家,认证产品67个,无公害水产品复查换证率达72%以上;全省无公害产地达609家,无公害产品1 170个,认证产量90.6万吨。

(3)质量监管。出台《湖北省水产品质量安全问题约谈、通报和一票否决制度》,对发现质量安全问题的单位,实行多层面问责,提高生产和监管两个环节的责任意识;对2013年各级抽检中出现的阳性样品,一律溯源查处,给予相应经济处罚,案件查处率达100%。

4. 资源养护

(1)渔政执法。先后组织了禁渔期执法管理、清理整治违规渔具专项行动、非法捕捞专项整治行动三项专项执法行动,全省出动车船艇5 800余台次,执法人员25 000余人次,查获违规违法渔船974艘次,取缔非法捕捞渔具6 500具,行政处罚910人,刑事处罚55人,罚款183.6万元。

(2)增殖放流。全省91个单位开展放流活动100余场,共计投入5 000多万元,放流经济鱼类11.2亿尾、濒危物种16.39万尾。

(3)水生野生动物救护及保护区建设。新建国家级水产种质资源保护区12个,两个豚类国家级自然保护区和宜昌中华鲟保护区在农业部组织的考核中分列全国同类保护区前三。共组织救护江豚5头,中华鲟32尾,胭脂鱼11尾,收缴非法贩卖大鲵1尾。

(4)渔业生态补偿及渔业水域污染维权。全年对10个涉渔工程进行了环境影响评价,环评认定生态补偿资金近亿元。依法调查鉴定了8起渔业污染死鱼事故,污染面积4 880公顷,渔业损失377.6万元,为渔业生产者共索赔449.28万元。

(5)养殖权登记发证确权。全年通过中国渔政管理指挥系统水域滩涂养殖发证系统登记发证3 704本、确权面积17.3万公顷,已累计发证41 012本,确权面积587 179.27公顷。

5. 渔船管理和渔业水上安全

(1)平安渔业。建立渔业安全生产目标责任量化考核制度,落实渔船安全生产主体责任,逐船签订水上安全生产责任书,确保渔业安全生产责任落实。全省开展渔业应急救援演练2次,排查机动渔船4.5万艘,排查率达90%以上,整改隐患171处。全省渔业水上安全继续保持零责任事故,监利、嘉鱼获得"全国平安渔业示范县"称号,公安县、汉川市、钟祥市、枝江市、谷城县等5县(市)获"省级平安渔业示范县"称号。

(2)渔船检验。全省共检验渔业船舶7.6万艘(其中机动渔船5.1万艘),新增养殖渔业船舶210艘;完成2艘沿海渔船、6艘远洋渔船的检验任务,受理18家企业48次报检,检验渔船产品890台件、13 100吨。

(3)渔业互助保险。全省船东人身平安险机动渔船覆盖率达到100%,参保渔民5.1万人,上缴保费近600万元,保险金额达30亿元。新增了渔政船险业务,渔政船艇互保费近1万元,保金达到50多万元。全省全年共受理58起理赔案件,理赔率100%,理赔金额100万余元。

【重点渔业市(县)基本情况】

湖北省重点渔业市(县)基本情况

市(县)	渔业人口(人)	渔业产值(万元)	水产品产量(吨)	其中		养殖面积(公顷)
				养殖	捕捞	
洪湖市	143 975	547 743	427 669	13 118	414 551	56 893
鄂州市	93 350	696 828	427 002	24 763	402 239	42 070

（续）

市(县)	渔业人口(人)	渔业产值(万元)	水产品产量(吨)	其中		养殖面积(公顷)
				养殖	捕捞	
仙桃市	134 009	496 976	325 535	14 443	311 092	36 767
监利县	139 525	509 789	279 008	8 327	270 681	38 983
沙洋县	43 620	232 384	190 092	5 424	184 668	24 400
钟祥市	35 067	235 828	150 005	143 367	6 638	21 733
汉川市	37 487	194 800	147 636	128 981	18 655	19 521
公安县	19 112	197 246	133 138	119 697	13 441	19 717
石首市	9 625	128 498	123 724	111 400	12 324	15 204
天门市	49 334	209 302	120 509	118 317	2 192	14 667

【大事记】

[1]1 月 8 日,农业部和湖北省政府在荆州市签署《中华人民共和国农业部和湖北省人民政府共同支持国家级荆州淡水产品批发市场建设合作备忘录》。

[2]1 月 26 日,湖北省水产局(湖北渔船检验局)获全国"优质船检机构"称号。

[3]2 月 22 日,全省水产系统"渔业科技进渔家 助农增收奔小康"活动在咸宁市咸安区向阳湖镇启动。

[4]4 月 21 日,2013 年长江四大家鱼原种亲本标志放流活动在监利县和石首市成功举行。

[5]5 月 15 日,湖北省水产局组织开展了"515 专项护渔执法行动"。

[6]6 月 1 日,以"生态长江、美丽荆州"为主题,由湖北省水产局和荆州市人民政府联合主办的"2013 年长江荆州段渔业资源同步增殖放流活动"在荆州市举行。

[7]6 月 12 日,第四届湖北潜江龙虾节开幕,同时,举办了全国淡水龙虾产业发展研讨会。

[8]6 月 20 日,湖北省水产学会第七次会员代表大会在武汉召开。省农业厅党组成员、省水产局局长李胜强当选为第七届理事会理事长。聘请原省人大常委会副主任刘友凡,中国科学院院士曹文宣担任学会名誉理事长。省民政厅民间社团管理局领导和省直有关单位、大专院校部门负责同志出席大会。

[9]6 月 26 日,国务院召开全国现代渔业建设工作电视电话会,此次会议是新中国成立以来首次以国务院名义召开的全国渔业工作会议,中共中央政治局委员、国务院副总理汪洋出席会议并作重要讲话。会上,湖北省作为内陆省份唯一代表作了典型发言。

[10]7 月 12 日,省农业厅、财政厅联合出台了《湖北省渔业成品油价格专项补助资金管理实施细则》。

[11]8 月 14 日,省水产局荣获 2011—2012 年度"省级最佳文明单位"称号。

[12]9 月 24 日,第 14 届梁子湖捕鱼旅游节开幕。该项活动已成为全国 100 个有影响的节庆品牌之一。

[13]9 月 25 日,武汉梁子湖水产集团有限公司、武汉高龙水产食品有限公司、长阳清江鹏搏开发有限公司、湖北大明水产科技有限公司、湖北莱克水产食品股份有限公司、湖北汈汊湖绿色水产股份有限公司等 6 家公司被中国水产流通与加工协会授予"2013 年度全国淡水渔业最具影响力企业"称号。

[14]11 月 28 日,由洪湖市政府主办、湖北闽洪投资集团有限公司承办的第二届中国·洪湖清水螃蟹节在武汉开幕。

[15]11 月 30 日,由农业部和湖北省政府共同主办的第十一届中国国际农产品交易会暨第十届中国武汉农业博览会在武汉市开幕。省内 51 家水产龙头企业、14 个系列 300 多个产品参展,夺得"十一金两佳"(11 个金牌产品,最佳展位设计奖和最佳优秀组织奖)的优异成绩。期间,中共中央政治局委员、国务院副总理汪洋,全国人大常委会副委员长张宝文,湖北省委书记李鸿忠、副书记张昌尔等领导亲临湖北水产展区视察,并给予充分肯定。

（湖北省水产局　张汉中　王　勇）

湖南省渔业

【概况】 2013 年,湖南省水产养殖总面积 458.5 千公顷,水产品总量 234.1 万吨,渔业总产值 326.4 亿元,较上年分别增长 5.01%、6.02% 和 16.57%,湖南渔民人均纯收入首次突破 10 000 元达 10 090 元。

1. 推进现代渔业建设 2013 年 3 月,湖南省发展与改革委员会、省财政厅、省畜牧水产局组成联合考察组,赴湖北省考察学习推进现代渔业发展工作经验。贯彻落实国务院现代渔业工作电视电话会议精神,加大养殖池塘升级改造,全年改造池塘2.94万公顷,其中新开挖池塘0.5万公顷。发展休闲渔业,全省新创建国家级休闲渔业示范基地8个、省级休闲渔业示范基地48个。截止到2013年,全省有一定规模和接待能力的休闲渔场1 500家,垂钓水面2.53万公顷,年接待游客量1 500万人次,垂钓鲜鱼5.6万吨,垂钓收入35亿元。开展水产健康养殖示范场创建活动,新增54个部级示范场,组织在望城、安乡开展省级现代渔业示范县创建试点,指导汉寿等8县创建国家现代渔业示范县。推进渔业产业化经营,继续完善渔业经营体制,推进渔业水面使用权合理流转,发展渔业大户和现代渔业企业。全省现有渔业规模养殖户3.8万户,水产品加工企业115家,年加工水产品总量8.5万吨,产值18.4亿元;有各类渔业经济合作组织1 100多个,社员4.2万户,占养殖渔民比重的14.6%。加快水产品市场流通体系建设,一批龙头企业运用连锁超市、物流配送、订单销售、电子商务等现代营销手段,改进交易方式,拓展交易市场。"和平水产"立足大通湖健康养殖基地,在港、穗等地设立水产品专营市场,年交易额1.8亿元,成为湖南最大的鲜活水产品外销龙头企业。

2.推进水产健康养殖 组织向农业部申报63个水产健康养殖示范场,有54个通过验收达到农业部健康养殖示范场要求,涵盖养殖水面2.93万公顷;组织对第五批46个农业部水产健康养殖示范场进行复查,有44家复查合格。开展名特优水产业发展专题调研,编制《湖南省小宗特色农产品开发规划》,编写完善《环洞庭湖生态渔业经济区建设规划(2014—2020)》;突出名特优水产品发展,2013年湖南名特优水产养殖面积27.55万公顷,名特优水产品产量173.5万吨。新修订《湖南省水产原(良)种场建设与生产管理规范》、《湖南省水产原(良)种场资格验收办法》,对3家水产良种场进行升级改造。强化水产品质量安全监管。组织实施2013年国家产地水产品质量安全监督抽查计划,全省共抽样两批次120余养殖单位132个水产样品,合格率达98.6%。加强制订水产行业标准和技术规范,制定发布20个水产品地方标准和养殖技术规范。组织开展水产苗种质量安全专项整治,共抽查28个县(市、区)的50个水产苗种场,抽检合格率100%。开展水产养殖专项执法行动,加大水产投入品和水域环境监管,严厉打击渔用兽药、饲料和水产苗种制假、售假行为。

3.推进渔业资源环境好转 持续加大渔业资源养护,继续组织实施洞庭湖、长江、珠江湖南段春季禁渔期制度,首次实行湘江干流春季禁渔期制度。持续加大水生动物人工放流,全省组织开展人工增殖放流活动150多次,投入增殖放流资金3 981.3万元,在128个放流点放流鱼苗鱼种5.6亿尾,放流量比2012年增长48.5%,其中放流大鲵、胭脂鱼、背瘤丽蚌等保护及珍稀物种37.65万尾,并首次在湘江"四大家鱼"产卵场放流原种亲本,组织张家界、湘西、怀化、常德四市(自治州)同步开展以"保护大鲵资源、共建美好家园"为主题的湖南省第七次大鲵人工放流活动。打击非法捕捞,渔政与公安等部门联合,开展为期4个月的洞庭湖区违规渔具专项清理整治行动,得到农业部南海区渔政局督查组的高度评价。加强水生野生动物保护与管理,新建洣水茶陵段中华倒刺鲃、资水益阳段黄颡鱼、酉水湘西段翘嘴红鲌和澧水石门段黄尾密鲴等4个国家级水产种质资源保护区,新建4个省级水产种质资源保护区;核发《水生野生动物驯养繁殖许可证》108个,现场评审20家水生野生动物经营利用单位。加大涉水工程渔业生态环评与监管,完成6个涉及国家级水产种质资源保护区的专题环评工作,首次全面启动张家界大鲵自然保护区涉渔涉水工程环境影响评价。加大渔业污染事故查处,调查处理渔业水域污染案件22起。

4.推进渔业渔政法治建设 强化养殖权证制度建设,发放新版养殖证2.9万本,涵盖水域面积42万公顷,有87个单位颁布水域滩涂养殖规划,规划出台率达70%。组织编写《湖南省水域滩涂规划》,并通过专家组评审;配合农业部东海区渔政局完成湖南水产养殖面积遥感监测。推进"三证合一"与渔船管理,严控捕捞强度和渔船数量,省法制办出台"三证合一"证件换发的规范性文件,严格工作程序,全省新证换发工作有条不紊;强化渔业船舶检验工作,检验快艇18艘、渔政执法船1艘,检验废气涡轮增压器1 656台、进排气门59 000支、船用门(窗、盖)738件等,对益阳市多能电器有限公司进行船用产品的工厂认可检查。开展渔政执法快艇监理工作,完成"2012年内陆渔政执法艇购置项目"38艘柴油机B型执法快艇的监理任务,在太阳鸟公司和桃花江公司举行为期一周的船艇驾驶员培训、考核和发证工作。强化渔船安全生产责任,组织开展平安渔业创建活动,汨罗市、南县被评为"全国平安渔业示范县";组织深入渔港、渔船集中作业区登船检查,全年无渔船重大安全事故发生。

5.推进渔民民生工程项目 落实渔业燃油补贴

政策,拨付国家财政补贴资金 21 207 万元。按照国家四部委关于以船为家渔民上岸安居工程的工作部署,省畜牧水产局、省住建、发改、国土等厅(委)完成摸底调查和信息录入、危房等级鉴定、制订实施方案、申报项目投资计划、下达相关市(州)3 864 户以船为家渔民安居工程项目投资计划和项目资金 5 722 万元,有序推进工程项目。强化渔民渔业互保服务,举办全省渔业互保业务培训班,发动渔民群众入保,2013 年全省渔民参保人数 7 000 人,赔付渔民事故保险金 57.9 万元。

(唐湘北　李书庚)

6.第五届中国湖南畜牧渔业暨饲料工业博览会 5 月 31 日至 6 月 2 日,由湖南省农业厅主办、湖南省畜牧水产局承办的"第五届中国湖南畜牧渔业暨饲料工业博览会"在长沙红星国际会展中心举办。博览会以"健康养殖、美丽湖南"为主题,共设特装展位 36 个,标准展位 280 个,展览面积近 8 000 平方米,专业观众达 3 000 人次。期间,组织了养殖行业专场人才招聘会、湘菜企业与养殖基地产销对接以及优秀养殖企业诚信签名等活动。

(邹云伏)

7.加强无公害水产品认证 2013 年,湖南省通过无公害认证的畜禽水产品 165 个,复查换证的产品 90 个;培训无公害畜禽水产品内检员 226 人。截止到 2013 年,湖南无公害渔业认定产地 57 个,面积 32.69 万公顷;已通过认证并颁证的无公害产品 572 个,其中无公害渔业产品 351 个,年产量 23.92 万吨。

(沈　晔)

8.首次实行水产苗种生产督查与现场取样药残抽检相结合 2013 年,湖南水产苗种生产专项整治督查首次采取苗种督查与现场取样药残检测相结合的办法,在岳阳、衡阳、长沙等 10 市 21 个县(市、区)的 32 家苗种生产单位抽样,共抽取样品 52 批次,其中水产苗种样品 21 批次,孵化环道(槽、池)水样 31 批次,苗种包括黄颡鱼、鲫鱼、鲤鱼、泥鳅等 9 个品种。抽检样品送农业部渔业产品质量监督检验测试中心(长沙),进行孔雀石绿、氯霉素和硝基呋喃类代谢物 3 大类 7 种禁用药物的药残检测。经检测,所有样品合格率 100%。

9.三家水产原良种场获首批"全国现代渔业种业示范场"称号 2013 年,湖南组织开展全国现代渔业种业示范场创建。经市(县)渔业主管部门实地考察、推荐申报,省畜牧水产局审核考评,农业部评审公示,湖南省鱼类原种场、大湖水殖股份有限公司、湖南湘云生物科技有限公司 3 家企业被农业部授予第一批"全国现代渔业种业示范场"称号。

(张艳春)

10."湖南数字渔业信息系统"建成运行 2013 年,省畜牧水产局与相关单位合作,以湖南天地图地理信息公共服务平台和湖南省养殖水域电子信息采集系统为基础,以全省养殖水域信息、龙头企业信息、水产专家信息、休闲渔业信息、全省水生动物资源及保护区、水产健康养殖示范场、全省水产原(良)种苗种场信息等七大数据库为支撑,整合资源,建成"湖南数字渔业管理系统",并于 12 月上网试运行。系统包括 GIS 在线管理与养殖技术服务平台两大子系统。其中 GIS 渔业在线管理主要功能模块有养殖水域管理、示范场管理、苗种场管理、休闲渔业管理、保护区管理、养殖证制图等。

(王冬武)

11.汨罗市南县被授予"全国平安渔业示范县"称号 2013 年,农业部办公厅、国家安全生产监督管理总局继续组织开展"平安渔业示范县"创建活动。湖南组织岳阳市汨罗市、益阳市南县开展"平安渔业示范县"创建,明确安全管理政府组织领导、机构建设、安全制度建设及执行情况、应急管理、渔业船员规范管理、安全生产责任落实、安全事故有效控制等 11 项创建内容。经两地市级相关部门审核、省级初评推荐上报,由农业部与国家安全监管总局复核公示确认汨罗市、南县为"全国平安渔业示范县",成为湖南首次获此殊荣的县市。

(黄流永)

12.湖南启动专业捕捞渔民"三证合一"工作 4 月份,湖南启动专业捕捞渔民"三证合一"(渔业船舶检验证、渔业船舶登记证、渔业捕捞许可证)工作,省、市、县渔政部门层层签订责任状,成立换证工作领导小组,宣传新证换发政策,规范换证程序,严格渔船检验,严控新证发放数量。此次新证换发共涉及全省近 2 万名专业捕捞渔民。

(陈　志)

13.湘江干流首次实施春季禁渔期制度 根据《湖南省湘江管理条例》,湖南省人民政府决定从 2013 年起每年 4 月 1 日 12 时至 6 月 30 日 12 时,湘江干流实行春季禁渔期制度。禁渔范围包括湘江干流 670 千米水域,上起永州市零陵区老埠头、下至岳阳市湘阴县濠河口,包括永州、衡阳、湘潭、株洲、长沙、岳阳 6 个市的相关县(市、区)湘江水域。禁渔期间禁止禁渔水域内一切捕捞作业。

14.深入实施以船为家渔民上岸安居工程 2009—2010 年,湖南实施洞庭湖区及湘资沅澧"四水"流域专业捕捞渔民上岸定居和解困工作，绝大部分专业捕捞渔民实现了上岸定居。2013 年，按照住房和城乡建设部、国家发改委、农业部、国土资源部统一部署，湖南启动实施国家以船为家渔民上岸安居工程项目，争取中央补助 5 774 万元，对无房户和 D 级危房户渔民每户补助 2 万元，C 级危房户渔民每户补助 0.75 万元。湖南以船为家渔民的上岸定居问题计划在两年内全部解决。

15. 打击非法捕捞工作成效显著 8～12 月，省畜牧水产局统一组织各市（县）开展渔政执法护渔专项行动，共出动渔政执法船艇 2 659 艘（次），查获违法捕捞船 770 艘（次），查处电、毒、炸鱼案件 644 起，查处涉水产种资源保护区案件 35 起，取缔迷魂阵 1 260 部 2.5万米，没收电力捕鱼器具 9 069 台（套），查处三无渔船 323 艘，行政处罚 528 人次，移送司法机关刑事处罚 87 人（次）。

（吴玉林）

16. 开展涉大鲵国家级自然保护区建设项目环评工作 6 月 19 日，张家界人潮溪青年电站涉保护区专题环境影响评价通过专家评审，并签订《生态补偿协议》。7 月 11 日，武陵源区索溪河景观工程涉保护区专题环境影响评价通过专家评审。7 月 16 日，桑植县长潭坪大桥及定大公路工程涉保护区专题环境影响评价通过专家评审。7 月 18 日，桑植县官地坪至瑞塔铺公路工程涉保护区专题环境影响评价通过专家评审，并签订《生态补偿协议》。

17. 湖南张家界大鲵国家级自然保护区保护工作联席会议制度 3 月 18 日，省农业厅与省环保厅联合召开张家界大鲵国家级自然保护区涉水工程审批及监管协调会，会议明确：保护区以保护大鲵资源及其栖息环境为主；提高认识加强保护区的日常管理工作，理顺保护区涉水工程的审批流程；根据保护区的实际情况，依据相关法律法规妥善处置保护区历史遗留问题。11 月 29 日，省畜牧水产局组织在张家界召开 2013 年湖南张家界大鲵国家级自然保护区联席会议，中南林业调查规划设计院及永定、武陵源、桑植、慈利、辰溪、石门等县（区）政府和畜牧水产局负责人参会，省环保厅、张家界市人民政府的相关负责人出席会议，会议就《湖南张家界大鲵国家级自然保护区总体规划》编制事宜进行了研究讨论。今后湖南将建立保护区工作联席会议制度，定期召开会议研究大鲵保护工作。

（刘 懿）

18. 湖南首个渔业国家星火计划重大项目通过验收 11 月 23 日，国家星火计划重大项目“淡水鱼健康养殖及深加工技术开发与示范”通过省科技厅组织的验收。该项目是我国首批、湖南第一个渔业国家星火计划重大项目，也是湖南省水产科学研究所主持的第一个国家级重大科技项目。项目实施 3 年期间，更新四大家鱼原种亲本 3 641 组，引进 8 个水产新品种（系），改扩建 3 个苗种繁育场；集成并示范推广 13 种健康养殖模式，建立 10 处健康养殖示范基地，示范水面 3 300 多公顷；开发新建饲料、鱼药、水质改良剂等渔业健康养殖新产品 11 种和相应生产线 5 条；开发淡水鱼加工新产品 13 个，建设生产线 5 条，新增鲜鱼加工能力 4.2 万吨。实现销售收入 10.3 亿元、利润 2.8 亿元；新增就业 4 500 人，带动农民增收 24.6 亿元；培养硕士、博士 10 名；申请国家专利 24 项；制定湖南省地方标准 2 个、企业标准 3 个。

（王冬武）

19. 8 家企业获“全国休闲渔业示范基地”称号 《农业部办公厅关于公布全国休闲渔业示范基地（第二批）名单的通知》，授予 153 个企业“全国休闲渔业示范基地（第二批）”称号，湖南推荐申报的 8 家企业获此殊荣，分别是：靖州县绿源生态农庄、长沙市开福区绿环岛休闲庄园、湖南常德红花园生物科技有限公司、长沙斌辉生态休闲渔业基地、望城县长辉生态农业有限公司、株洲乔西生态农业开发有限公司、益阳楚鱼渔业发展有限公司—菱角岔休闲农庄、湖南东山茅浒水乡度假村有限公司。截止到 2013 年，湖南省获“全国休闲渔业示范基地”的渔业养殖企业已达 13 家。

20. 湖南建“洞庭大坝”为江豚开设入江绿色通道 11 月 28～29 日，洞庭湖岳阳综合枢纽工程对江湖关系变化规律及泥沙输移的影响研究和工程对水系航运的影响研究课题验收会在长沙召开。洞庭湖岳阳综合枢纽选址在东洞庭湖出口河段，即君山至城陵矶长约 15.8 千米水道，工程建成后洞庭湖水域面积在原来 2 600 平方千米基础上将增加 1 500 平方千米。这次验收评审的洞庭湖枢纽工程枢纽长约 3.4 千米，从右岸至左岸有鱼道及电站、46 孔低堰主泄水闸段、4 线 3 000吨级船闸及 10 孔排砂闸、51 孔高堰副泄水闸和左岸连接，枢纽在 46 孔泄水闸中间专门设置了 2 孔作为江豚的特殊通道。今后洞庭湖江豚有了自由出入长江的“绿色通道”。

（李书庚）

广东省渔业

【概况】 2013 年，现代渔业建设步伐不断加快，渔民安居等民生工程扎实落实，水产品质量安全水平进一步提升，渔船安全及海上救助得到加强。广东省全省渔业经济总产值达2 150亿元,同比增长7.1%,水产品总产量809万吨、总产值1 010亿元,分别同比增长3.3%和7.3%;水产品出口额33亿美元,同比增长22.2%;渔民人均年纯收入1.23万元,同比增长10%,各项经济指标均居全国前列。

1.推进海洋渔业 为贯彻落实《国务院关于促进海洋渔业持续健康发展的若干意见》,广东省政府于2013年6月21日发布了《关于推动海洋渔业转型升级 提高海洋渔业发展水平的意见》,提出将以加快转变海洋渔业发展方式和提升海洋资源保护开发能力为主线,全力推动海洋渔业转型升级,力争到2020年基本形成产业发展、产品安全、渔业增效、渔民增收、生态文明、渔区和谐、维权有力的现代海洋渔业发展新格局,并在海洋渔业生产结构布局、安全生产、科技支撑、设施和装备建设、产业化等方面明确了具体政策措施。远洋捕捞、健康养殖和深海养殖加快推进,水产品质量安全监管力度持续加大,现代渔业建设步伐不断加快。其中下达海洋渔船更新改造项目补助资金2.96亿元,扶持更新建造渔船95艘,更新建造南沙生产骨干渔船41艘。按照副省长邓海光集中力量建设1~2个超国家级的渔港的要求,组织编制国家级现代渔港建设规划和指标体系,省财政同意将渔民转产转业议案结余资金1.4亿元用于建设国家级标准渔港。为贯彻落实党的十八届三中全会精神,按照广东省委的部署要求,11月28日,省海洋与渔业局领导及有关单位主要负责人到深圳调研,实地考察深圳湾滨海休闲带、华侨城湿地、联成远洋渔业公司、华大基因及大梅沙湾游艇会,就海洋湿地保护、滨海旅游、现代远洋渔业、海洋生物技术等内容开展调研,探讨海洋渔业领域深化改革措施。

2.发展新型水产养殖业 省政府《关于推动海洋渔业转型升级 提高海洋渔业发展水平的意见》提出发展新型水产养殖,包括大力发展工厂化养殖、循环水养殖、深水网箱养殖等设施渔业,培育对虾、罗非鱼和优质海水鱼等大宗养殖名牌产品;要求深入开展水产健康养殖示范场(区)创建活动,规划到2020年,建成300个水产健康养殖示范场(区),15个深水网箱产业园区,3~5个国家级现代水产种业示范园区。按照《意见》提出的目标,到2015年,全省海水产品产量达到460万吨,海水养殖面积稳定在21万公顷。2013年,全省有36个开展创建农业部水产健康养殖示范场活动的养殖场(区)通过考核验收。广东利用中央财政800万元项目资金安排补助项目16个,每个项目中央财政补助50万元。通过"菜篮子"产品基地建设,提高渔业综合生产与应急供应保障能力。2013年,省级财政扶持深水网箱产业发展专项资金2 500万元,加上2012年结转的200万元,共2 700万元,省海洋与渔业局与省财政厅联合下发了《2013年广东省深水网箱产业发展项目申报指南》,组织申报、专家评审,确定扶持项目。第一批下达5个项目,1 700万元扶持资金。截止到2013年底,全省深水抗风浪网箱数量已发展到1 983个,产量达2万多吨。

3.构建现代水产种业 省政府《关于推动海洋渔业转型升级 提高海洋渔业发展水平的意见》预计到2020年,全省将建成80个国家级、省级良种场,主要养殖品种良种覆盖率达90%以上。在认真做好水产良种体系建设资金绩效评估工作基础上,省海洋与渔业局利用省财政安排水产良种体系建设专项资金2 000万元,扶持良种选育项目12个,扶持省级以上良种场技术更新改造项目10个,扶持市县级技术更新和亲本更新项目30个,有力地推动了全省水产良种体系建设。其中向农业部推荐了6个现代渔业种业示范场创建单位,指导现代水产种业示范场建设。有6家申报省级水产良种场通过验收,其中就包括茂名星火野生水生动物繁育场成功申报省级黄喉拟水龟良种场。1月7日,韶关市始兴县省级草鱼良种场正式挂牌,这是继佛山市百容水产良种场之后广东第二家省级草鱼良种场,也是韶关市首家草鱼良种场。该良种场占地14.7公顷,拥有亲本1 000多对,后备亲本3 000多对,年产鱼苗1亿多尾,不但满足当地需求,还能销往周边的湖南、江西等地,是粤北水产苗种供应中心。到2013年底,全省已建成2个国家级水产良种场、1个国家级水产种质监督检验测试中心和1个国家级水产引种保种中心、57个省级水产良种场。2013年,省海洋与渔业局组织编制《广东省现代水产种业发展规划(2013-2020年)》,开发了一套水产苗种体系建设信息管理软件,并在东西两翼粤北山区及珠三角地区选取4个测试点,测试效果良好,11月8日在广州组织全省各市、县(市、区)管理人员进行培训,即将在全省安装运行。

4.健全水产技术推广体系 省政府《关于推动海洋渔业转型升级 提高海洋渔业发展水平的意见》要求,构建以技术推广机构为主体,水产科研单位、海洋渔业协会、渔民专业合作组织和渔业龙头企业共同参与的新型水产技术推广体系,开展渔业社会化服务示范县创建活动,建设一批示范县(区)。省海洋与渔业局于5月27日召开全省水产技术推广工作会议,局长文斌和全国水产技术推广总站站长魏宝振等领导出席了会议,部署"十二五"后三年抢抓机遇、充实职能、加快技术推广事业转型升级工作,提出今后全省水产技术推广工作的主要任务:全面贯彻实施《农业技术推广法》,依法加强技术推广体系建设,充实和完善职能,理顺体制,创新推广机制,提升公共服务能力。为加快水产技术推广人员知识更新和能力提升,建立一支具有执行力的水产技术推广队伍。省水产技术推广总站于2013年11月11~30日举办了全省水产技术推广系统业务骨干培训班,共分为三期,每期一周,来自全省21个地级市的水产技术推广业务骨干共计120多名参加;于12月9~15日举办了全省站长培训班,21个地级以上市及部分重点县水产技术推广站站长、省总站各部门负责人共计50人参加。积极实施技术推广项目,组织专家对渔业科技推广专项的实施进展和效果进行分片检查、督促实施,加强对项目实施的规范管理。扩大水产养殖渔情信息采集工作,撰写了2013年度广东省水产养殖情况报告,有效地指导了全省水产养殖生产和市场经营活动的开展。通过网站推介发布广东省渔业主导品种和主推技术。筛选科技入户示范县,制订实施方案,组织专家开展入户技术指导。在雷州乌石镇、湛江遂溪县共为279名渔民进行海水水生动物种苗繁育工的进行职业技能考评鉴定,发放职业资格证书265本。

5. 加强水产疫病防控 省政府《关于推动海洋渔业转型升级 提高海洋渔业发展水平的意见》,要求加强水生动物疫病防控体系建设,扶持建设一批水生动物疫病监测点和鱼病诊所。完善水产种苗检疫和重大水生动物疫情应急处理制度。2013年,全省设立水产养殖病害常规监测点388个,监测池塘面积超过1.4万公顷,监测养殖种类32种,其中鱼类26种,甲壳类4种,其他养殖品种2种。全省常发、多发的58种水生动物疫病,其中细菌病26种,寄生虫病18种,病毒病7种,真菌病2种,其他病5种,已纳入监测预警范围,全年已发布的监测、预警信息和防治应对措施达27次。2013年,省海洋与渔业局组织市、县水生动物防疫机构共采集检测对虾白斑病、草鱼出血病、罗非鱼链球菌病、出血性败血症、细菌性烂鳃病、刺激隐核虫病、小瓜虫、指环虫病和三代虫病样本6 878个。其中包括对罗非鱼慢性链球菌病监测与开展了风险评估以及开展南美白对虾不明病因死亡病因调查。省水生动物疫病预防控制中心在省海洋与渔业局举办的水产品质量安全宣传日活动中,对广大渔民进行专题培训,指导规范渔药及渔用投入品使用知识。活动过程中还设置了咨询台,向渔民提供与水产品质量安全密切相关的咨询服务。活动期间,共发放《农产品质量安全法》、《广东省水产品标识管理实施细则》、《水产养殖质量管理规定》、《无公害食品渔用药物使用准则》、《水产健康养殖要点》等宣传资料4 000余份,解答群众咨询200余人次。

6. 监管水产品质量安全 生蚝、贝类等水产品重金属超标再次引起公众的关注。为保障群众吃上"放心鱼",省政府《关于推动海洋渔业转型升级 提高海洋渔业发展水平的意见》明确,广东将加强水产品质量安全源头监管,建立水产品质量安全市场准入和质量安全可追溯制度。在具体措施上,将采取省级财政轮补和地方财政配套相结合的办法,支持粤东西北地区水产品质量监测能力建设。为提高全省水产品质量安全水平,2013年全省250个乡镇挂牌成立水产品质量安全监管机构,省级抽检水产品样品超过1万个,同比增长60%,检测合格率达97.9%,同比提高了1.7个百分点。加强执法检查,全省共出动执法人员1.4万人次,检查苗种场、养殖场、批发市场近6 000家(次),查处案件102宗,全年未发生重大水产品质量安全事故。4.3万家养殖企业纳入水产品可追溯信息化管理系统。制定渔业地方标准20个,新建水产品质量安全示范区8个。12月18日,农业部召开农产品质量安全监管工作视频会议,部署落实《国务院办公厅关于加强农产品质量安全监管工作的通知》措施,全面加强农产品质量安全监管工作,确保我国农产品质量安全和公众消费安全。省海洋与渔业局局长文斌在会上作了以"健全监管体系 狠抓制度落实 努力提升水产品质量安全保障水平"为主题的典型发言。

7. 强化资源环境保护 省政府《关于推动海洋渔业转型升级 提高海洋渔业发展水平的意见》提出,在海洋渔业资源养护方面,支持在粤东、粤西开展以藻类繁养、贝类底播等为主要内容的生态修复,并继续开展人工鱼礁建设,加强人工鱼礁后续养护管理;在沿海主要渔港和内陆主要江河沿岸建立渔业资源监测站点,开展常年渔业资源动态监测,推进珠江口海洋环境自动在线监测体系建设,构建全省海洋监控网络。另外,还会组织开展入海污染源普查,加强陆源污染物排海治理。2013年,广东省顺利完成每年一次的伏季休渔、珠江禁渔。探索科学增殖放流,全年放流鱼虾贝类约4.6亿尾(粒)。建成水产种质资源保护区16个。完成惠东海龟国家级保护区首期改造升级工程。多年来,全省共放流淡水鱼苗26.5亿尾、罗氏沼虾3 000万尾;海水鱼苗2.3亿尾、海水虾苗32亿尾、贝类3 500吨、海胆和西施舌苗1 500万粒、中华鲟10万尾、海龟7万只。省海洋与渔业局按农业部统一部署安排,从9月23日到10月22日开展水生野生动物保护科普宣传月活动,由各地级以上市海洋与渔业主管部门、国家级、省市级自然保护区管理机构、部分水族馆、海洋馆等承办，并在广州海洋馆举行活动启动仪式，省市有关部门代表、大学社团及志愿者、新闻媒体记者、游客等200余人出席，举行水生动物保护知识问答，志愿者代表宣读充满激情的倡议书。

8.珠江禁渔和南海开渔 2013年4月1日12时至6月1日12时为珠江流域第三次禁渔期，广东省境内珠江流域的干流、重要支流和通江湖泊内禁止捕捞作业。据统计，广东省禁渔渔船共9 401艘，功率共80 660.69千瓦，涉及渔民27 799人。禁渔期间，全省各级主管部门和渔政队伍通力协作，禁渔工作抓得认真，管得扎实，做到了组织领导到位、宣传动员到位、责任落实到位、查处措施到位、经济保障到位、渔民配合到位。各地禁渔秩序良好，渔区社会稳定，成效较为显著，珠江禁渔期制度得到全面、平稳、有效实施，第三次禁渔取得圆满成功。为了认真做好2013年珠江流域禁渔工作，广东省渔政总队提前布局，主动作为：在禁渔期前夕派出多个检查组进驻各地检查指导珠江禁渔工作，检查禁渔渔船停泊情况、宣传工作和禁渔管理制度落实情况等；组织开展"护渔2013－1"珠江禁渔期专项执法行动，制定行动方案，采取积极措施，扎实开展执法行动。各级渔政队伍在两个月的禁渔期中，开展水上、陆上行动2 741次，出动车船艇4 355（辆）艘次，参加行动的渔政执法人员8 993人次，查获违规捕捞船213艘次，取缔迷魂阵及其他违规渔具279起，没收电鱼具91套，没收渔获物4 401.65千克，查处电炸毒鱼案件51起。渔业资源监测数据表明，珠江禁渔成效显著。2011年，西江肇庆江段虾笼作业船的单船日产量与2010年度同期相比增长69%，大规格虾在总重量中所占比例也大大增加，比2010年同期增长了51%；赤眼鳟、广东鲂、黄鱼等经济鱼类捕捞量明显增多。2012年，西江云浮段的鱼苗密度明显高于禁渔前，鱼苗总量分别达到禁渔前同期的10倍，其中广东鲂鱼苗约是2011年同期的15倍，四大家鱼（青、草、链、鳙）比例也明显上升。通过两个月的禁渔措施，不堪重负的珠江资源生态环境已得到初步的休养生息。在珠江禁渔期，开展了各种形式的"增殖放流"活动。通过放生活动，增强了社会各界对休渔放生工作的认识，促使广大群众意识到保护江河渔业资源的重要性。广东省内陆渔业大多是"生计渔业"，两个月的禁渔，对渔民生活带来一定影响。为了切实保障渔民基本生活，特别是解决困难渔民生计问题，省政府决定从2013年起每年安排专项资金，用于补助全省受禁渔影响的渔民，内陆渔民在禁渔期将获得禁渔补贴1 100元。各级政府将3 402位渔民纳入低保，投入补贴或救济金190.55万元。各级渔政队伍时刻关注禁渔渔民生产生活困难情况，组织做好禁渔困难群众慰问、业务培训工作，推动落实禁渔补助。8月1日，第十一届南海（阳江）开渔节开船仪式在海陵岛闸坡国家级中心渔港隆重举行，标志着为期两个半月的南海伏季休渔期结束。随着一声开渔令，上百艘小型渔船急不可待地扬帆起航，赶在台风到来之前开启新一轮的耕海征程。2013年是南海伏季休渔调整休渔时间和休渔对象的第五年，南海休渔期间，全省应休渔船实现了100%进港休渔。休渔期间，广大渔民自觉遵守伏季休渔有关规定。各级渔政部门加强执法检查，有效维护伏季休渔秩序。各级政府统筹安排妥善解决休渔禁渔期间渔民生产生活困难问题。休渔期间全省水产品市场供应充足正常，群众"菜篮子"没有受到明显影响，沿海渔区始终保持社会稳定。本届开渔节以"打造深蓝渔业聚集地，建设浪漫中国十大宝岛"为主题，祭海、开船仪式、民间增殖放流、渔家婚庆、渔家大宴、咸水歌表演、文艺晚会、摄影大赛等八大活动在海陵岛举行，展现了浓郁的渔家风情。

9.加强渔业安全生产 2013年，妥善处理"9·29"南沙渔船遇险事件，迅速组织开展渔船安全大检查，对全省南沙生产渔船实施全面上排检查。举办外海作业渔船安全生产警示教育培训班69期，培训船东、船长和船员近万名。制定广东省三沙生产渔船防御热带气旋应急预案、单船应急预案，完善防御热带气旋应急预案、渔业船舶水上安全突发事件应急预案。2013年渔业船舶安全事故造成死亡失踪12人，同比下降29.4%。全省执法队伍共参与渔业海难事故救助118起，救助渔民213人。6月28日，在汕头市海门中心渔港隆重举行全国渔船船用产品质量专项治理行动暨广东省渔业安全生产月活动。本次活动由农业部、广东省人民政府联合主办，活动主题是"为渔民群众办实事、让安全产品上渔船"，帮助渔民解决使用船用产品遇到的突出问题，推荐优质船用产品，杜绝不合格船用产品上渔船，促进渔业安全生产。农业部党组成员张玉香、广东省人民政府副省长邓海光出席活动并致辞。张玉香指出，我国是渔船大国，在渔区社会积极营造"关爱生命、关注安全"的良好氛围。各级渔业船舶检验机构要把好渔船和船用产品的安全监督关，最大限度地减少安全事故，最大限度地保障渔船渔民生命财产安全。邓海光指出，广东是渔业大省，抓好渔业安全生产，防范重特大安全生产事故，对保障广大渔民生命财产安全，促进全省安全生产形势稳定好转具有十分重要意义。努力营造"政府重视安全、企业追求质量、渔民关心安全"的良好氛围，建立船用产品质量保证体系和渔业生产安全长效机制，有效防范和坚决遏制渔业安全生产重特大事故。9月29日晚，受强台风“蝴蝶”影响，广东省4艘台山籍渔船（粤台渔61008号、62108号、62116号、62150号）、1艘香港流动渔船（台沙1698号）共171人在海南省西沙珊瑚岛海域遇险，其中粤台渔62116号、62150号、62108号沉没，3艘渔船共有88人。截止到9月30日上午9时，有13人已被救起，1人自行游至西沙鸭公岛，其余74人失踪。30日6时，一度失去动力的粤台渔61008号渔船已恢复动力，船上人员安全。“9·29”事故发生后，党中央、国务院高度重视，习近平总书记、李克强总理等多位中央领导同志当即作出重要批示，要求全力做好遇险渔民搜救工作，全力以赴减少人员伤亡。广东省委书记胡春华、省长朱小丹、省委副书记兼政法委书记朱明国、副省长刘志庚等省领导分别作出批示（指示），要求迅速协调有关单位，竭尽全力搜救。省委常委、常务副省长徐少华立即致电省海洋与渔业局、广东海事局主要负责同志，对搜救工作提出具体要求。副省长邓海光第一时间赶到省应急指挥中心，连夜主持召开视频会商会，部署指挥救援工作，要求把救人放在第一位，调动各方面力量，千方百计开展搜救。邓海光还致电海南省政府、三沙市和南海舰队负责同志，商请其尽最大努力尽快就近调集救援力量，第一时间搜救遇险人员。10月6日，省长朱小丹受胡春华书记委托，率副省长邓海光，省政府办公厅、省民政厅、省海洋与渔业局等有关部门负责同志赶赴江门台山市，对“9·29”台山市渔船沉没事故中的遇险渔民及家属进行慰问，转达党中央、国务院和省委、省政府的亲切问候，并在台山市召开座谈会，研究部署下一步的善后工作。朱小丹指出，希望大家继续发扬连续作战、顽强拼搏的精神，全力以赴做好下一步善后工作。重点要细致妥善做好遇难渔民善后和受伤渔民救治工作，尽快落实理赔和抚恤金，确保他们得到基本生活救济和保障。对在事故中受伤的渔民要全力进行救治，解决好他们的医疗费用和康复问题。朱小丹强调，各级党委、政府都要恪尽爱民为民职能，过细做好各项善后工作，不疏忽任何一个细节，务必让渔民群众放心、满意。12月3日上午，省海洋与渔业局、省安全监管局联合召开进一步加强渔业安全生产监管工作视频会议，传达中央和省领导近期关于加强安全生产工作指示精神；通报前阶段全省渔业安全生产工作情况；并部署冬季渔业安全生产工作。

10.积极组织抗灾救灾 2013年，积极应对“尤特”、“天兔”、“蝴蝶”等超强台风和强降雨灾害。8月14日15时50分，强台风“尤特”在广东省阳西附近沿海登陆，登陆时中心附近最大风力14级（42米/秒），是当年以来登陆我国大陆的最强台风。“尤特”登陆前的当天上午8时30分，省海洋与渔业局局长文斌到省渔政总队总值班室，检查11号强台风“尤特”防御工作情况，通过渔船安全生产指挥系统，与粤阳西渔23007船船长进行实时的语音通话，了解船上渔民的回港避风情况。要求切实做好台风防御工作，保障人民群众的生命财产安全。受“尤特”台风的影响，梅州、揭阳、惠州、江门、韶关、肇庆等市渔业经济遭受不同程度的损失，其中湛江、汕头、阳江、茂名等地损失严重，鱼塘漫顶、塘基崩塌、网箱损毁，大量鱼虾流失、死亡，渔民生产、生活受到严重影响。省海洋与渔业局紧急安排第一批渔业救灾资金200万元拨付受灾严重的市县，购买鱼苗、渔药等生产物资，修复受损的渔业生产设备与设施，组织渔民培训，加强疫病防控，购买消毒剂，防止次生灾害发生、扩散和蔓延。同时，派出5个由局领导带队的工作组，赴灾区指导渔业救灾复产工作。9月22日19时40分，第19号强台风“天兔”比预计时间提前登陆汕尾附近沿海，登陆时中心附近最大风力有14级（45米/秒）。“天兔”横扫粤东，带来狂风、巨浪和暴雨。全省8个市36个县（市、区）571万多人受灾，因灾死亡26人，紧急转移安置群众41万多人。省海洋与渔业局在台风登陆前多次召开专题会商会，按照“早准备、早部署、早落实”的要求，落实各项防御措施，并派出4个督导组赴沿海各地进行督导。防台期间，省海洋与渔业局局长文斌亲自指挥，经过努力，广东沿海14市渔船47 647艘，渔排作业人员19 751人全部回港或上岸避风，将损失降到了最低。9月24~25日，副省长、省防总总指挥邓海光受省委书记胡春华、省长朱小丹委托，率省府办公厅，省水利、民政、海洋渔业、气象等部门负责人赶赴汕头、惠州、汕尾、潮州、揭阳五市实地察看台风灾情，检查指导救灾复产工作。对受灾严重的沿海堤围和渔港逐一检查，并乘船出海察看深海网箱养殖基地因灾受损情况，妥善安置安抚受灾群众，加快修复损毁设施，尽快恢复正常生产生活秩序。要求把灾后重建工作与建设现代渔村结合起来，加快推进渔民安居工程和“深蓝渔业”工程。积极引导渔场和渔民转变生产方式，大力发展远洋捕捞和深水养殖，推动现代海洋渔业发展。10月14日，国家防总办公室副主任张士丰率国家防总工作组到广东省海洋与渔业局检查指导防御台风“百合”工作。为了做好防御“百合”的工作，省海洋与渔业局高度关注台风的动态，严密部署。12日，省朱小丹省长对防御台风“百合”作出批示，副省长邓海光要求省防总及海洋渔业部门认真按照国家防总及汪洋、小丹同志批示，督促各地务必抓好落实，确保无人员伤亡。12 日，省海洋与渔业局局长文斌参加了国家海洋局关于防御台风“百合”的异地视频会商会议后，马上召集局应急办、预报减灾处、渔政总队等部门主要负责人召开会议，具体部署全省渔业防台工作，并给沿海各市海洋渔业部门主要负责同志打电话落实，逐市确认在受影响区域的回港避风渔船数，要求做到不漏一船。

11. 实施民生工程　省海洋与渔业局联合省财政厅印发休(禁)渔补助实施方案，安排专项资金 6 630 万元，省级财政首次对休禁渔期渔民实施补助。建成渔民专业合作社 41 个、渔民保障性安居房 533 套。4 月 1 ~ 3 日，副省长邓海光率省有关部门同志到阳江、茂名、湛江三市开展调研，深入企业、港口、海岸和田间地头，详细了解农渔户和企业生产经营情况，邓海光充分肯定了三市农业及海洋渔业工作取得的成绩，希望三市善用资源、用好资源，努力提高产业组织化程度，推动全省农业和海洋经济持续发展。同时，要想办法提高农渔户的收益，充分调动农民的积极性，推动企业做大做活做久。邓海光强调，要按现代化标准建设更多的美丽的国家级渔港，要努力建设先进的交易平台，运用信息化手段提高渔港服务管理水平，要打造一批先进的远洋渔船船队，大力发展远洋和深海捕捞。4 月 16 日，省海洋与渔业局局长文斌到肇庆市，深入高要振业罗非鱼养殖场、大兴罗非鱼专业合作社进行了调研，对“基地 + 支部 + 协会”带动水产养殖发展的模式给予了充分肯定，并要求加强水产品质量监管和水产良种体系建设，服务渔民、渔村，为渔民致富奔康创造条件。文斌还调研了珠江禁渔情况，与渔民座谈，了解渔民生产生活存在的问题和意见、建议，并慰问了禁渔期生活困难渔民。9 月 16 ~ 17 日，文斌到国家级中心渔港阳东县东平渔港开展“驻渔港、上渔船、进渔户”调研，查找“六渔”(渔业、渔区、渔村、渔港、渔船、渔民)存在的问题，先后上渔船与渔民拉家常，到水产品批发市场了解销售情况，到渔委会座谈，听取海洋渔业发展、渔业安全生产、渔港建设维护等方面的意见和建议。这次调研活动轻车简从，严格按照“八项”规定，没有通知主管部门、没有当地人员陪同，真正实现了“转作风”、“接地气”、“闻渔味”、“听民声”。

【地级市渔业基本情况】

广东省地级市渔业基本情况

市别	总人口(万人)	渔业产值(亿元)	水产品产量(万吨)	其中				养殖面积(万公顷)	
				海洋捕捞	海水养殖	内陆捕捞	内陆养殖	海水	内陆
广州	1 283.9	70.9	47.7	2.4	5	5	33.6	0.3	2.5
深圳	1 054.7	5.8	4.2	2.8	0.3		0.1	0.2	0.1
珠海	158.3	62.4	27.5	1.1	2.9	0.2	17.3	1.9	1.6
汕头	544.8	44.4	42.7	16.3	18.1	0.3	7	1.1	0.4
佛山	726.2	104.5	59.5			0.7	58.8		3.8
韶关	286.9	7.8	7.7			0.3	7.5		2
河源	301	3.9	4.2			0.2	4		0.7
梅州	429.4	9.9	10.3			0.9	9.4		1.4
惠州	467.4	20.8	15.7	2.3	5.6	0.1	8	0.4	1.7
汕尾	296.9	50.6	59.8	26	29	0.3	4.8	2	0.7
东莞	829.2	7.9	7.5	1.1	0.4	0.1	5.9	0.1	1
中山	315.5	51.9	35.4	0.2	2	0.2	33.1	0.2	2.3
江门	448.3	110.6	72.8	10.8	22.7	1.2	38	2.5	4.2
阳江	247	119.9	114.5	37.6	65.6	0.8	10	2.5	1.6
湛江	710.9	154.8	120	28.8	75	0.6	15.6	6.3	3.2
茂名	596.8	64.1	86.8	16.2	45.4	0.4	24.7	1.5	2.2
肇庆	398.2	38.2	38			0.6	37.4		3.4
清远	376.6	13.9	11.4			0.2	11.2		1.7
潮州	270	20.3	19.9	2.8	10.9	0.2	4.9	0.7	0.6

（续）

市别	总人口（万人）	渔业产值（亿元）	水产品产量（万吨）	其中				养殖面积（万公顷）	
				海洋捕捞	海水养殖	内陆捕捞	内陆养殖	海水	内陆
揭阳	595.6	18	15.1	5.7	2.1	0.4	7.2	0.2	0.9
云浮	241.7	11.8	10.5			0.1	10.4		0.9

注：人口数据来源于《广东年鉴2013年卷》中的各市年末常住人口数，渔业数据来源于广东省海洋与渔业局编写的《广东省2013年渔业统计年报》。

【大事记】

[1]1月17日，澳大利亚驻广州总领事馆副总领事、高级商务专员唐杰夫先生一行来访广东省海洋与渔业局。双方就海洋生态环保、环境监测、海水养殖等各方面开展合作进行了深入的探讨与交流。

[2]2月1日，省海洋与渔业局召开视频会议，研究2013年全省海洋与渔业工作要点和部署春节前有关工作。局长文斌在会上讲话明确，全省海洋与渔业系统将重点实施“平安海洋平安渔业”工程，保障海洋生态安全、水产品质量安全、渔业生产安全；推动渔业转型升级，加快发展现代渔业，实现渔业增效、渔民增收，增加渔民福祉。

[3]2月12日，省海洋与渔业局副局长洪伟东率科技处、渔业处、办证中心赴湛江调研进口亲虾情况，并与湛江市海洋与渔业局、湛江虾苗协会、企业代表等有关人员召开座谈会，针对当前进口苗种免税审批工作存在的突出问题，查明原因，共商良策，进一步提高工作效率，缩短审批时间，更好地为企业服务，推动对虾产业健康发展。

[4]2月28日，中国水产科学研究院珠江水产研究所编制完成的《观赏鱼养殖技术规范 血鹦鹉》和《观赏鱼产品质量等级寿星金鱼》两项观赏鱼类广东地方标准通过省水产标准化技术委员会审定。这是广东首次通过审定观赏鱼类地方标准，对推动观赏鱼产业发展具有积极意义。

[5]3月13日，省政府在珠海市召开全省海洋与渔业工作会议，总结2012年全省海洋与渔业工作，部署2013年工作，副省长邓海光出席会议并讲话。省海洋与渔业局局长文斌作了题为《探索海洋强省建设 加快渔业转型升级 努力做好全省海洋与渔业工作》的工作报告，珠海市政府、广东省渔政总队湛江支队、饶平县政府作了典型发言。

[6]3月20日，省政府副省长邓海光到省海洋与渔业局调研，先后前往省海洋环境专题预报室、省渔政总队总值班室、省海洋与水产高科技园、省淡水名优鱼类种苗繁育中心等地，详细了解海洋防灾减灾、渔业安全生产管理等方面工作情况。要求推动渔业安全救助指挥、抓好名优水产良种繁育，优化水产养殖结构，大力发展远洋渔业，推动现代渔业发展，加快海洋与水产高科技园建设。

[7]3月20日，全省海洋与渔业执法暨政治工作会议在汕头市召开。省海洋与渔业局副局长，省总队总队长白桦在会上作了题为“全面践行务实、规范、服务理念，为海洋强省建设和渔业转型升级做出新贡献”的主报告，会议部署了全省队伍要在年内完成的8个方面重点工作。

[8]4月1日12时至6月1日12时，为珠江流域第三次禁渔期，广东省境内珠江流域的干流、重要支流和通江湖泊内禁止捕捞作业。禁渔期间，各地秩序良好，渔区社会稳定，取得圆满成功。省政府决定2013年其每年安排专项资金补助全省因禁渔受到影响的渔民，其中每人可获得禁渔补贴1 100元。

[9]4月18～19日，由中国水产流通与加工协会、湛江市人民政府主办的第五届中国对虾产业发展论坛在湛江市举行，来自国内外对虾研究领域的知名专家、养殖和加工流通龙头企业代表近300人参加。此次论坛旨在为规范国际市场秩序，携手应对国际贸易新挑战，实现各国对虾产业共同发展而努力。

[10]5月25日，汕头市海洋与水产研究所莱芜水产种苗场申报省级紫菜良种场通过检查验收，成为广东首个省级紫菜良种场。莱芜水产种苗场占地5 000平方米，有育苗室3座、育苗池30个，利用本地野生坛紫菜进行良种选育，目前，推广栽培面积330多公顷。

[11]5月27～30日，全国水产技术推广总站站长魏宝振一行前来广东省调研水生动物疫病防控工作情况，肯定广东水生动物疫病防控工作，并就如何进一步推进工作、解决工作中出现的一些问题提出指导意见。

[12]6月13日，省海洋与渔业局召开防范和遏制重特大渔业安全生产事故视频会议，对渔业安全生产大检查工作进行专项部署。局长文斌强调渔业安全生产人命关天，责任重于泰山，各地要按照“全覆盖、零容忍、严执法、重实效”的总要求，以保障人民群众生命财产安全为最高目标，全面落实船东船长安全生产

主体责任,推动建立渔业安全生产监管网格化管理机制。

[13]6月21日,广东省人民政府发出《关于推动海洋渔业转型升级 提高海洋渔业发展水平的意见》,提出将以加快转变海洋渔业发展方式和提升海洋资源保护开发能力为主线,全力推动海洋渔业转型升级,力争到2020年基本形成产业发展、产品安全、渔业增效、渔民增收、生态文明、渔区和谐、维权有力的现代海洋渔业发展新格局。

[14]6月26日,省海洋与渔业局与惠州市人民政府联合香港特区渔农自然护理署、澳门特区民政总署,在大亚湾畔共同举办2013年南海生物资源增殖放流活动,来自省市有关单位和渔民代表、媒体记者等约500人共同放流适合南海海域环境的海水经济鱼类苗种160万尾、虾类苗种600万尾和海龟188只。

[15]6月27日,省海洋与渔业局在中山市东升镇旭日广场举办了水产品质量安全宣传日活动,涉渔企业代表宣读了水产品质量安全承诺书,郑重承诺严格遵守各项法律法规,做到依法生产、守法经营。省水生动物疫病预防控制中心对广大渔民进行专题培训,指导规范渔药及渔用投入品使用知识。

[16]7月19日,省政府副秘书长颜学亮一行到省海洋与渔业局专题研究《广东农业全书》编写工作,局长文斌参加会议。会议就全书中海洋渔业部分的提纲进行了充分讨论,修改完善了工作思路和方案。颜学亮要求省海洋渔业局根据会议反馈的意见,进一步修改完善编写提纲,认真做好全书编写的各项工作。

[17]7月22~23日,全省二、三类标准渔港建设现场会在汕尾市召开。省海洋与渔业局、省财政厅和各地级以上市海洋与渔业主管部门、各渔港建设相关镇、村负责人近100人参加现场会,观摩了鲘门、小漠渔港建设现场,汕尾市海洋与渔业局、发改局、财政局介绍了标准渔港建设的经验和做法,深入研讨加快推进全省标准渔港建设。

[18]7月25日,省长朱小丹在广东礼宾府会见了汤加首相图伊瓦卡诺一行,表示广东愿意在新一轮的中汤友好合作中发挥积极作用,拓宽在生态文明、海洋渔业等领域的交流合作,省海洋与渔业局局长文斌参加会见。当天上午,图伊瓦卡诺首相一行到广东省淡水名优鱼类种苗繁育中心考察。图伊瓦卡诺首相饶有兴趣地参观了工厂化循环水养殖车间,并详细了解中心技术研发和经营运作等情况。

[19]8月13日,省长朱小丹主持召开省政府常务会议,审议并原则通过《广东省惠东海龟国家级自然保护区管理办法》。海龟是国家重点保护的水生动物,广东省惠东海龟自然保护区是全国大陆唯一以海龟及其繁殖栖息地生态环境为主要保护对象的水生野生动物自然保护区和国际重要湿地。该《办法》就海龟自然保护区的基本制度、管理机制、海龟保护机制及相关法律责任作出明确规定。

[20]8月14日,驻穗总领事聚会活动在广州香格里拉大酒店举行,本次聚会活动主办方印度尼西亚驻穗总领馆邀请广东省海洋与渔业局参加,就海洋领域合作与各国总领事进行了交流。俄罗斯、澳大利亚、厄瓜多尔等国总领事纷纷提出希望加强与广东省海洋与渔业的经贸合作。

[21]8月14~16日,农业部渔业局检查组赴广东省东莞、惠州市,检查2012年度增殖放流和海洋牧场转移支付项目执行情况。检查组听取情况汇报,翻阅核查台账,并实地考察了种苗场等,对广东省增殖放流和海洋牧场建设工作给予了充分肯定,特别是大规模开展人工鱼礁建设,取得的成果处于全国领先地位。

[22]8月20日,由省海洋与渔业局主办的"2013粤港澳中华白海豚保育工作交流会"在珠海召开,香港渔护署、香港海洋公园保育基金、澳门民政总署自然护理处、世界自然基金会香港分会、广东珠江口中华白海豚国家级自然保护区管理局、港珠澳大桥管理局、中山大学、汕头大学、中国水产科学研究院南海水产研究所等单位近60名代表参加了会议。与会专家交流了粤港澳中华白海豚的资源和生态监测、搁浅处理、宣传教育等保育工作,以及中华白海豚有机物污染、种群资源变动、细胞转录等研究成果。

[23]8月20日,广东省淡水名优鱼类种苗繁育中心通过合作方式从台湾省引进巨龙泥鳅亲本500千克,进行人工繁育获得成功,育出鱼苗600万尾,可培育成4~5厘米鱼种200万尾,现已开始推广养殖。

[24]9月2日,副省长邓海光率省府办公厅、省海洋与渔业局有关负责同志先后到国家海洋局南海分局、农业部南海区渔政局、中科院南海海洋研究所、南海水产研究所等中央驻穗单位实地调研,了解各单位情况,并听取对省政府工作的意见建议。邓海光对海洋渔业系统中央驻穗各单位长期以来为广东海洋与渔业事业所作出的贡献给予了高度评价。

[25]9月6日,广东省渔业互保协会召开第五届会员代表大会,回顾协会成立20年来的发展历程,全面总结第四届理事会工作,选举产生第五届理事会、监事会和协会班子成员,部署下一阶段协会的工作思路和重点。会议肯定"渔业保险工作涉及广大渔民群众的切身利益,是渔业安全生产的重要组成部分",要求切实抓好政策性渔业保险实施工作,重点抓好地方财

政补贴配套的落实工作，确保财政资金地方配套早日到位，争取早日落实渔业养殖保险试点，加强政策性渔业保险资金的监管和审核，杜绝滋生违法违纪行为。

［26］9月22日，广东省渔船交易管理系统正式上线运行。作为全省首个渔船动态交易服务管理信息系统，该系统对渔船买卖信息发布、委托购买（或出让）及交易合同签订等方面作出全面规范，并为广大渔民买卖渔船提供权威、公平、优质、便捷的交易信息服务平台。该系统的运行，标志着广东渔船交易从混乱、无序状态开始走上规范化发展的轨道。

［27］10月29日，广东省大鲵产业协会第一届会员大会在广州市番禺区举行，标志广东省大鲵产业协会正式成立。珠海恒碁金鲵水产科技有限公司董事长黄俊海当选首任会长。截止到2012年底，全国大鲵人工养殖总量已达500万尾，其中广东产量已超100万尾，拥有十多项发明和实用型专利。

［28］10月31日至11月3日，顺德区龟鳖养殖行业协会与区农业促进联合会联合在该区大良镇举办大型系列活动，该活动由第二届中国（顺德）“炜杰”龟鳖文化、实物、美食展和第五届中国（顺德）“南祥”龟鳖产业发展论坛、“仲信”龟鳖慈善拍卖会组成，来自广东以及全国21个省（自治区、直辖市）的同行近5 000人参加。

［29］11月23日，由广东雷州珍稀海洋生物国家级自然保护区牵头，联合广东徐闻珊瑚礁国家级自然保护区、广东雷州乌石国家级海洋公园等在湛江市召开联合国教科文组织“人与生物圈计划”第15届中国生物圈保护区网络大会。来自国家环保部等有关部委及国家级自然保护区、科研院校、国内外民间环保组织的100多位代表参加。大会围绕“公众参与保护、文化影响生态”主题，交流分享各地保护区建设与管理成果，研究探讨发展保护区事业。

［30］12月9日，省海洋与渔业局和汕尾市政府签订“推进汕尾海洋经济强势建设合作框架协议”，双方将在海洋产业发展、海洋规划、海洋生态文明建设、现代渔业建设、海洋管理体制创新等方面全面加强合作，并建立合作保障机制。

［31］12月25日，国际海事组织（IMO）颁发“2013年海上人命救助特别勇敢奖”给广东省渔政总队电白大队所属“中国渔政44246”全体船员。2012年8月17日3时30分，第13号台风“启德”肆虐粤西沿海，广东电白籍渔船“粤电渔53018”在电白县博贺港4号灯标附近因主机故障失去动力遇险，船上11人危在旦夕。因现场海况十分恶劣，救助飞机及专业救助船艇屡次救助未果。情况危急之时，“中国渔政44246”不畏艰险、冒风顶浪，经过多次尝试，最终于19时12分安全转移11名遇险船员。

［32］12月30日，省海洋与渔业局召开2013年广东省海洋与渔业局工作总结通报会，局长文斌作通报讲话，通报了省委省政府主要领导最近对海洋渔业工作的最新指示精神，总结了2013年全省海洋渔业工作的情况、机关工作情况和群众路线教育实践活动整改落实情况。

（广东省海洋与渔业局　姚国成　钟小庆）

广西壮族自治区渔业

【概况】 2013年，广西壮族自治区水产品总产量319.3万吨，同比增长5.09%；水产品总产值384亿元，同比增长10.03 %；渔民人均现金收入1.7万元，同比增长21.43%，排在全国第5位，是沿海渔民人均收入超万元省区之一。

1.渔业发展成效

（1）良种化推广效果作用明显。全区渔业经济形势发展良好，与近几年来推动实施良种化工程有很大关系。全区年养殖生产需要罗非鱼苗种近15亿尾，其中，有12亿左右是良种，良种化覆盖率达到80%以上，经济效益显著。广西水产科学研究院国家级南美白对虾良种场生产的有知识产权的“桂海1号”南美白对虾良种虾苗，具有抗寒、抗病力强，生长速度快，成活率高等优点，在全区对虾主产区推广应用后，病害发生率比较低，效益明显，受到广大养殖户的普遍好评。

（2）设施化建设拉动作用明显。2011—2013年，自治区安排中央财政现代农业生产发展项目资金支持良种体系建设和池塘标准化改造示范实施，三年共建设罗非鱼繁育场2个、罗非鱼越冬培育场31个，标准化示范改造池塘8 053公顷，并由此带动社会资金11.8亿元，带动全区共完成池塘改造2多万公顷。据统计，2013年全区罗非鱼产量28.6万吨，比2010年增产近8.6万吨，新增效益约10亿元，项目区农民年人均纯收入增收300元以上。罗非鱼繁育场每年可选育罗非鱼后备亲本鱼种100万尾以上，增加繁育优质罗非鱼苗种2亿尾以上，增加越冬苗种3 000万尾以上，有力地缓解了罗非鱼苗种不足的矛盾，夯实了产业发展的基础。

（3）市场化刺激拉动作用明显。与上年同期相比，全区主要水产品价格均呈现上涨的趋势。一是罗非鱼9～11元/千克，比上年增加1～2元/千克。二是南美白对虾市场价格高涨，规格为80～100尾/千克，塘边收购价达52～60元/千克；规格为20～30尾/千克，塘边收购价达 80～100 元/千克，比上年同期增长 50%以上。三是石龟苗市场价 500～600 元/只，同比增长 25%～50%，山瑞鳖苗 100～150 元/只，金钱龟苗 2.5 万元/只，安南龟苗 8 000 元/只，黑颈龟苗 30 000 元/只，价格空前高涨。四是大蚝 4～6 元/千克，比上年同期增加 0.5～1 元/千克。五是其他淡水品种如草鱼 13～18 元/千克，同比增长 12%，鲤鱼 9～10 元/千克，上涨 10%左右。六是海洋捕捞产品价格同比增长 15%～20%。在市场价格上涨、效益明显的刺激下，全区渔业生产呈现出蓬勃发展的态势，形势一片大好。

(4)规模化拉动作用明显。随着投入与风险的加大，规模化养殖正越来越成为水产养殖的发展趋势。不少地方特别在水面连片、养殖面积较大的地区，通过"大户租用小户"、"小区并成大区"等方式，实现了养殖水面的流转，全区规模养殖户(场)数量越来越多，养殖规模越来越大，抵御风险能力越来越强，效益越来越明显，全区水产养殖正朝着健康、良性的方向发展。据不完全统计，全区规模化水产养殖面积约超过 13 万公顷，总产量约达 160 多万吨。

(5)特色化推动作用明显。

①龟鳖养殖继续成为热门。一是规模养殖户不断增多。全区规模养殖户已达养殖 7.83 万户，同比增加 0.25 万户，产量 2.35 万吨，增长 8.80%，产值 76 亿元，增长 11.7%；二是养殖格局发生了明显的变化。呈现出全区普遍发展的态势，一些原来并不看好的地方如桂林市等地，龟鳖特色养殖规模也在不断扩大，桂林市甲鱼养殖户达 920 户，同比增加 55 户，年产量达 700 吨，产值超过 600 万元；三是其他行业的资金纷纷涌入养龟产业。

②亚冷性鱼类养殖发展快。全年全区亚冷水性鱼类产量 0.26 万吨，增长 13.04 %，产值 1.22 亿元，增长 15.09%。其中，以资源、龙胜、兴安、灵川等县为主的鲑鳟鱼养殖达 3.5 万平方米，以龙胜、兴安、临桂等县为主的鲟鱼养殖达 1.2 万平方米，投苗 80 多万尾；以金秀、龙胜、蒙山等县和柳州市区为主的大鲵养殖达 10 多万尾。

③禾花鲤稻田生态养殖保持稳步发展。全区全年禾花鲤稻田生态养殖面积约 3.87 万公顷，产量约 1.2 万吨，产值约 1.4 亿元。

④其他特色品种养殖呈点状发展态势。以漓江、邕江、左右江、桂江、贺江、龙江等水域为主的光倒刺鲃和倒刺鲃养殖规模不断扩大；桂林市永福、资源等县发展棘胸蛙养殖，全年产量达 60 吨，产值达 720 万元；桂林市阳朔县、来宾市兴宾区等地发展泥鳅养殖，也逐步形成规模。

2. 渔业生产工作经验

(1)开展调研制定规划，摸清情况做实基础。一是组织开展三个专题调研活动。为了贯彻落实国务院《关于海洋渔业可持续健康发展若干意见》和《全国现代渔业建设工作电视电话会议》精神，6～8 月，由自治区水产畜牧兽医局渔业处牵头组织三个调研组，分赴沿海三市开展加快海洋渔业发展专题调研，为代自治区政府草拟《自治区人民政府关于促进现代渔业跨越发展的意见(代拟稿)》打好基础；10 月份，组织开展"广西中央财政现代农业—优势水产品产业生产发展资金项目实施情况调研"，全面了解全区水产良种体系建设和养殖池塘标准化改造情况，并撰写了《广西中央财政现代农业—优势水产品产业生产发展资金项目实施情况调研报告》和《2014—2016 年广西中央财政现代农业(渔业)生产发展资金项目实施方案》，为争取项目做好充分准备；11 月初，为了落实自治区领导关于发展石斑鱼产业的指示精神，在自治区水产畜牧兽医局领导带领下，组织开展了开展全区石斑鱼产业发展情况调研，并撰写了《广西石斑鱼产业发展情况调研报告》和《2014—2016 年广西石斑鱼产业发展实施方案》，为领导决策提供科学依据。二是组织召开工作座谈会和现场会。7 月份，分别在北海、钦州组织召开了 2 次渔业产业发展助农增收工作工作座谈会，总结了工作，了解了问题，推进了工作。三是组织编制《广西南珠产业发展规划》，指导沿海各市编制《南珠养殖区规划》，为进一步推动南珠产业发展奠定基础。

(2)健全制度加强管理，规范有序保障安全。一是印发了《广西渔业生产项目规范管理暂行办法》，进一步规范了渔业生产项目立项、申报、审批、组织实施、过程管理、总结验收、资金拨付建议、督促检查等管理工作，明确了项目管理任务与责任，并按照管理权限，审核批复各市局、局直属各单位上报的 2013 年部门预算渔业生产项目实施方案。二是对 2012 年广西中央财政现代农业—优势水产品产业发展资金项目实施情况开展绩效考评和督查工作。为确保项目质量和资金安全，保障农民增收，6 月上旬，由自治区水产畜牧兽医局渔业处牵头组织 4 个工作组赴 8 个市 34 个县(市、区)对 2012 年项目实施情况进行绩效考评和督查，并将绩效考评和督查结果向有关市县局进行通报，总结推广好经验，肯定工作取得的成绩，指出存在的问题并要求限期整改。三是加强对苗种场和规模养殖场的监管。7 月初，印发《关于加强水产养殖监管通知》，要求全区各地加强"两证"制度建设，以水产大宗养殖品种、优势特色养殖品种及其规模养殖场和苗种场为重点对象，以检查持证生产、水产苗种检疫、“三项记录”建立、养殖投入品管理、质量安全管理制度建设等为重点内容，开展对水产苗种场和规模养殖场专项整治活动，指导苗种场和养殖场整治养殖环境、应用健康养殖技术，科学防控病害；8月初，又印发了《关于进一步加强水产苗种生产经营监管工作的通知》，要求全区各地严格实施水产苗种生产许可证制度、积极推进水产苗种产地检疫、开展水产苗种生产经营专项督查和加大对违规违法行为的打击力度，从源头上确保水产品质量安全。至10月底，全区各市（县、区）均已按照要求开展了水产苗种场和规模养殖场专项整治工作，并按照相关法律法规对违规违法行为进行了严肃处理和处罚。四是组织举办了两期广西水生动物检疫员资格认证培训班。为提高全区水生动物检疫队伍工作水平，促进水产苗种产地检疫规范化、法制化，8月23日、11月12日，分别在南宁举办了两期广西水生动物检疫员资格认证培训班，共认证培训水生动物检疫员300多名。五是组织开展海水贝类区划工作。六是组织开展水生动物疫病防控工作。

（3）强化扶持落实政策，产业发展助农增收。一是继续组织实施好2012年广西中央财政现代农业—优势水产品产业发展资金项目。1～6月份，组织各项目县（市、区）定期上报项目实施情况汇报材料，并每月编印一期《2012年广西中央财政现代农业—优势水产品产业发展资金项目实施进展情况通报》，及时了解掌握了情况，总结了好的经验，推广了好的做法，推进了项目实施工作，确保了项目取得实效。至2013年9月，各项目县（市、区）基本完成2012年项目建设任务，共建设罗非鱼越冬场12家，示范改造池塘面积3 133公顷，带动全区完成标准化改造池塘7 453公顷。在项目带动下，全区新增罗非鱼越冬苗种近3 000万尾，新增罗非鱼产量8万多吨，新增效益10多亿元，项目区农民年人均纯收入增收300元以上。二是组织落实2013年广西中央财政现代农业—优势水产品产业发展资金项目有关工作。1～11月，组织完成了项目申报指南印发、组织项目申报、对项目申报材料进行核实、对申报项目进行筛选和评审、组织编写项目实施方案、审核批复项目实施方案等工作。2013年项目在8个市38个县（市、区）实施，共安排中央财政补助资金9 734万元，计划建设罗非鱼越冬培育场15个，示范改造池塘3 115公顷（其中一类607.96公顷、二类2 487公顷）。项目已经进入实质实施阶段。三是组织实施“菜篮子”水产品生产项目。共安排财政资金800万元，在全区扶持16家渔业生产单位进行以改善基础设施条件为主的项目建设，已组织完成了印发项目申报指南、项目评审、项目公示、实施方案批复、项目建设、项目现场考核验收等全部工作。

（4）以点带面示范引导，突出特色推动发展。一是组织实施水产良种工程。积极争取农业部支持建设水产原（良）种场，全区共申报农业部水产良种场建设项目4个；通过项目安排在全区建设水产良种场苗种场8个、罗非鱼越冬培育场12家；组织开展自治区级水产良种场的资格认定工作，全区共认定自治区水产良种场9家。二是组织开展休闲渔业示范基地创建工作。8月份，组织开展广西和全国休闲渔业示范基地申报与评选工作，共评选“2013年广西休闲渔业示范基地”10家，其中5家获得农业部“全国休闲渔业示范基地”称号。三是组织开展水产健康养殖示范场创建工作。5月份，组织专家对2010年获得农业部和自治区水产健康养殖示范场资格的水产养殖场开展复查考核工作，分别有21家和3家水产养殖场通过了农业部和自治区水产健康养殖示范场资格复查考核。2013年，全区共有50家水产养殖场参加农业部水产健康养殖示范场创建活动，有32家水产养殖场参加自治区水产健康养殖示范场创建活动。于11月下旬组织有关专家按照有关验收标准，对这些创建单位进行现场考核验收，共有11家生产单位获得自治区级水产健康养殖示范场称号，40家生产单位获得农业部水产健康养殖示范场称号。四是做好示范项目的推进工作。“中华绒螯蟹养殖示范项目”已在桂林市首次成功实施，10月份，已完成了项目测产验收工作，养殖的中华绒螯蟹平均重量达150～200克/只，最大的达到266克/只，这些产品在中国东盟渔业文化周上进行了展示和品尝，得到了大家的一致好评；在百色、河池等地实施大水面网箱养殖示范基地建设项目，共改扩建网箱20 500平方米，投放鱼种200多万尾，年产成鱼1 000多吨，总产值1 000多万元；在沿海地区实施深水抗风浪网箱养殖示范基地建设项目，共新建深水网箱150个，全区深水抗风浪网箱养殖产量达0.4万多吨，同比增长50%左右；在沿海开展糙海参、石斑鱼、梭子蟹等新品种引进养殖示范项目，项目顺利实施并取得预期效果。

（5）制定标准积极推行，清洁养殖美丽乡村。一是印发《渔业“清洁养殖”活动工作指南》，并组织开展对全区各种养殖水体摸底调查、建立档案、清洁养殖规划等工作。二是印发池塘清洁养殖、村屯水塘清洁养殖、库（河）汊清洁养殖、滩涂清洁养殖、网箱清洁养殖等6个水产清洁养殖标准，指导全区各地开展水产清洁养殖。三是组织制定清洁养殖基础建设项目规划。

（6）牵头落实重大事项，圆满完成相关工作。一是牵头组织草拟《自治区人民政府关于促进现代渔业跨越发展的意见（代拟稿）》。6～10月，牵头成立专门的工作小组，深入调查研究，广泛征求意见，不断加强沟通，代拟稿几经易稿，反复修改，最后形成了报批稿并于10月份上报自治区政府待批。二是负责筹备召开全区现代渔业建设工作电视电话会议工作。三是参与举办第三届中国—东盟渔业文化周工作，成功举办了"2013中国—越南渔业产业交流合作暨水产品推介会"，圆满地完成了钓鱼比赛、龟鳖评比大赛等有关活动。

3. 渔业发展的存在问题

（1）渔业基础条件仍然比较薄弱。一是设施装备水平低。全区仍有近5万公顷老化池塘尚未改造，网箱、渔排、渔筏等养殖设施简陋，海洋捕捞渔船装备水平低。二是水产良种繁育场建设依然滞后，不能完全满足养殖生产需要，质量也得不到保证。三是是支撑体系薄弱，主要是水产动物病害防治机构人员、经费、设备缺乏，无法正常远行，不能完全发挥其应有作用。

（2）养殖规划和依法养殖仍然执行不完全到位。由于种种原因，全区各市县（市、区）所制定的水域滩涂养殖规划并以此为根据的依法养殖仍然执行不完全到位，表现在：库区网箱养殖缺乏统一管理机制，数量和规模不断扩大，养殖容量缺少控制，造成水质下降，影响养殖业发展；海水养殖用海用地得不到保障，沿海滩涂和适宜养殖海域被挤占现象严重，特别是传统优良的珍珠养殖海域和牡蛎养殖空间不断减小；沿海地区对养殖证核发工作不重视，养殖证发放率低；很多浅海滩涂因为养殖用海用地没有明确列入养殖规划区域，功能不明确，造成无法发放养殖证，业主处于无证养殖状态，权益得不到保障；基层发证人员培训工作滞后，影响了养殖证制度建设工作。

（3）指导与服务工作还不够到位。全区渔业生产普遍存在注重养殖生产，轻视加工、流通及休闲渔业等二、三产业，产业结构不完善；组织化程度低，产业化水平不高；发展方式仍较落后，整体效益不高等现象。

（4）生产成本继续保持高位态势。一是人工费不断增高。人工费月均增加500元/人左右，每月3 000～4 000元/人的工资待遇，也很难请到工人；二是水产饲料价格同比上涨了5%左右，鱼粉价格创下历史高价，达12 500元/吨，南美白对虾饲料涨幅10%左右，涨价之后达到7 100元/吨，渔用柴油6 500元/吨，比上年底上涨了400元/吨左右，上涨了6.5%；三是苗种价格也在提高，对虾虾苗价格150～160元/万尾，比上年提高100元/万尾左右。

（5）养殖病害频发。养殖病害已成为制约广西渔业经济健康发展的一个不可忽视的因素。近年罗非鱼链球菌病、南美白对虾病毒病、斑点叉尾鱼回细菌病及病毒病等病害频发，给每个产业都造成较大的损失，对养殖户的信心打击比较大。

4. 水产品加工　经过多年的招商引资和培育引导，广西水产加工企业得到了发展，2013年，水产品加工企业118个，产值达837 928万元。特别是百洋集团等大型龙头企业，以加工为先导，大力塑造名优品牌，有力地带动了产业的发展。百洋集团先后在南宁、钦州、防城、百色、桂平、平果等区内各地建立了十多个大型标准化罗非鱼示范养殖基地，养殖面积逾2 000公顷，直接和间接带动了数万户农户走上罗非鱼养殖致富之路，进一步提高了各地罗非鱼产业整体水平。

5. 水产品市场情况　据对全区主要城市渔牧产品价格监测显示，2013年1～12月，鲤鱼、草鱼、鳙鱼、鲢鱼平均批发价格分别为10.34元/千克、11.75元/千克、10.06元/千克、6.01元/千克，同比分别下跌3.26%、3.22%、2.33%、0.77%；鲤鱼、草鱼、鳙鱼平均零售价格分别为12.50元/千克、14.61元/千克、12.12元/千克，同比分别下跌3.91%、1.21%、2.94%；罗非鱼平均批发价格为11.15元/千克，同比上涨1.22%，平均零售价格为13.31元/千克，同比上涨0.74%；鲢鱼平均零售价格为7.97元/千克，同比上涨1.23%。广西主要水产品整体价格与上年同比（以下简称同

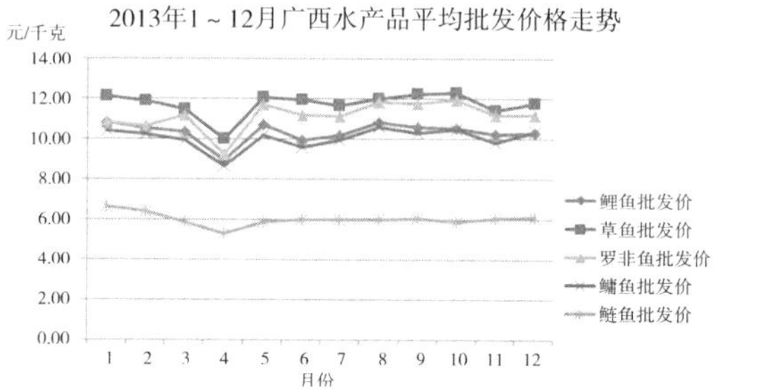

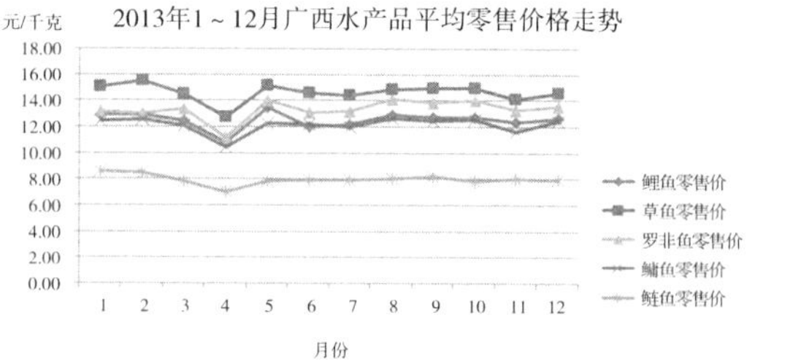

比）呈下降趋势，但总体保持平稳运行。

6. 渔业法制建设

（1）扎实开展简政放权工作，行政审批项目清理和优化办事流程工作取得新突破。按照自治区关于行

政审批项目清理工作要求，组织开展了“三服务、四清理”工作。

一是对自治区水产畜牧兽医局现有行政审批项目进行了全面清理，不断优化办事流程。经清理，共取消行政许可项目2项、非行政许可审批项目1项；接收农业部下放行政审批项目3项。截止到年底，全区水产畜牧兽医系统共保留行政审批事项55项（其中本局39项，局直属单位8项，市县级8项）。在此基础上，对所有拟保留事项的操作规范和流程图进行了重新修订，在原审批时间比法定办理时间减少50%的基础上，再压缩了15%，使行政审批办结时限提速达到了64.35%。

二是进一步加强政务服务，行政审批质量和效率都保持在较高水平。认真贯彻执行行政审批首问责任制、限时办结制、责任追究制，进一步强化政务服务窗口行政审批工作，做到了“一站式”办公、“一条龙”服务、阳光下操作、规范管理，窗口各项审批事项的受理权、审核权、协调处置权、办理结果送达权、应诉代理权授权率达100%。截止到12月24日，共受理行政审批事项866件，办结845件，所有办理事项均按时办结，群众满意率100%。

（2）大力加强行政执法规范化建设，依法行政工作有新突破。

一是完成规范性文件制定工作。组织完成了《广西壮族自治区水产畜牧兽医局规范性文件监督办法》、《广西壮族自治区水产畜牧兽医局行政执法个案监督办法》等规范性文件的起草工作；参与了《广西壮族自治区动物诊疗许可证发放管理办法》、《广西壮族自治区渔业违规行为成品油价格补助资金扣减实施办法（暂行）》、《广西壮族自治区官方兽医暂行管理办法》等规范性文件的制订工作；组织开展了《广西壮族自治区渔港渔业船舶管理条例》立法后评估，为《广西壮族自治区渔港渔业船舶管理条例》修订打好基础。

二是进一步加强行政执法规范化建设。通过组织局机关和直属单位参加无纸化六五普法网络考试，组织对直属单位依法管理、依法行政专项检查，组织编制《广西畜牧兽医行政执法文书》和《广西畜牧兽医行政执法文书制作规范》，组织执法专家编写《畜牧兽医行政执法文书范本（上下册）》，建立全区水产畜牧兽医行政执法专家库，开展行政执法案卷评查活动，开展行政执法个案监督，开展行政审批事项监督检查，组织行政执法人员参加全区行政执法考试，协助开展行政执法人员培训等行政执法、普法和行政执法监督活动，不断提高行政执法人员的业务水平和执法能力。

三是进一步加强行政复议规范化建设。按照《广西壮族自治区人民政府办公厅印发关于进一步加强行政复议工作规范化建设的实施方案的通知》要求，扎实开展行政复议规范化建设，印发了实施方案、制定了行政复议配套制度和行政复议法律文书，落实行政复议专项经费，保障了行政复议工作的顺利开展。

四是进一步加强依法行政具体工作。把全面提高局机关和直属单位依法管理、依法行政工作作为今年工作的重点，制定了2013年依法行政提升年工作要点。开展了局直属事业单位依法管理、依法行政专项检查，在自治区政府组织的依法行政考核中，自治区水产畜牧兽医局在连续5年获评优秀档次的成绩的基础上，首次把依法管理、依法行政考核工作延伸到局直属事业单位，为规范全系统依法管理、依法行政工作进行了积极的探索。

五是开展了法律宣传。紧密配合《广西壮族自治区动物防疫条例》的颁布施行，先后在《中国畜牧兽医报》、《广西日报》专版刊登解读文章，并印制《条例》单行本3万册下发各市、县有关部门和单位。

7.水产标准化工作 一是组织开展了“三品一标”产品认证工作。重新修改和完善“三品一标”申报、评审相关程序，修订了《广西养殖业无公害农产品产地认定管理办法（试行）》，制订了加强后续监管的工作措施，提高申报门槛，突出检查检测，注重属地管理。全年组织认定水产无公害产地24家，产地规模1 346公顷；组织申报并获得水产无公害农产品认证35个，年产量12 634吨；组织14个产品申报农产品地理标志登记，其中7个产品已经获得农产品地理标志登记。2013年底，全自治区拥有渔业无公害农产品产地85家（有效期内）、无公害农产品111个（有效期内）。二是组织有关单位实施技术标准制订计划，编制完成了《水生动物增殖放流技术规程》、《近江牡蛎苗种繁殖技术规程》、《长鳍鲤》和《常见淡水养殖鱼类疾病诊治技术规程》4项水产技术标准送审稿；编制完成了《广西拟水龟苗种》、《管角螺工厂化养殖技术规程》、《养殖鱼类主要疫病监测技术规程》、《绿色食品 鳖养殖技术规范》、《苏氏圆腹鱼芒苗种》、《水质 有机锡的测定 气相色谱—质谱法》和《罗氏沼虾诺达病毒检测 RT-PCR法》等7项广西地方标准报批稿，由广西质量技术监督局于2013年11月25日发布为广西地方标准，于2013年12月25日实施。组织筹建标准化技术委员会，由广西水产技术推广总站按照有关程序和要求，完成了广西水产业标准化技术委员会的筹建工作。2013年8月20日，广西质量技术监督局批准成立广西水产业标准化技术委员会。

8.水产品质量安全监管 为努力确保不发生重

大产品质量安全事件,2013年广西继续将产品质量安全整治工作目标纳入各级政府年终绩效管理和目标考核,推动各级各部门齐抓共管产品质量安全整治工作。年内广西持续开展水产苗种和水产品质量安全专项整治,落实生产、经营者的第一责任,要求规模养殖场(户)、兽药(渔药)、饲料和饲料添加剂生产经营企业、专业合作社必须签订《水产品质量安全监管工作责任书》。健全苗种生产单位数据库,严格规范水产苗种生产行为,重点查处无证生产、销售水产苗种和违法用药行为。开展水产苗种繁育场监管示范,监督指导苗种场建立健全生产、用药、销售等生产记录,完善苗种生产质量安全管理制度。全区共出动整治人员1 322人,检查苗种场和养殖场数627家,符合发证条件苗种场的发证率达100%,药残抽检合格率100%。责令整改109家,涉及金额0.27万元。实施《广西水产畜牧产品质量安全"黑名单"管理办法(试行)》,对违反有关规定企业列入"黑名单"管理。通过严格许可制度、规范生产记录、严查非法使用硝基呋喃类代谢物和氯霉素等违禁品的行动,全区依法应领取水产苗种生产许可证的苗种场领证率达到100%;水产健康养殖示范场、出口原料备案基地、无公害水产品生产企业、水产苗种场等四类生产单位100%建立生产记录、用药记录和销售记录,整治率达到100%;产地水产品监督抽查规范化、水产品药物残留监测合格率稳中有升。全年自治区级水产品例行监测样品2 500个,合格样品数为2 479个,合格率为99.16%,较上年提高0.59个百分点。农业部2013年产地水产品抽检广西区抽检130个样品,合格率为100%。

9.渔业安全生产 狠抓安全生产监管,渔业安全生产水平进一步提高。贯彻落实全国渔业安全生产暨文明渔港创建工作视频会议精神,继续组织开展"文明渔港"和"平安渔业示范县"创建活动,北海电建渔港、钦州龙门渔港继续保持"全国文明渔港"称号;经过考核,推荐大化县、桂平市、兴宾区参评"全国平安渔业示范县",有待农业部、国家安监总局审核确认。落实安全生产"一岗双责"和渔船安全生产主体责任,将安全生产责任落实到每个环节、每个责任单位和每一个人,全区签订安全生产责任书渔船达24 700艘,占全区渔船总数的92%。加强宣传教育和培训,围绕"安全生产月"主题,广泛开展安全生产咨询和警示教育活动,宣传普及安全知识,全年共举办各种类型培训班70多期,培训人员4 600多人。深化隐患排查治理和打非治违,在春汛及春节、"两会"期间集中开展了为期两个月的安全大检查基础上,按照自治区安委会的部署,6~9月再次组织开展为期4个月以"四查"、"四治"为重点的安全生产大检查,组织渔业安全执法专项检查550次,累计检查渔船18 600艘次,查处各类渔船安全违法违规行为327起,排查并落实整改安全隐患312项。强化渔船安全基础建设,新增或更新渔船消防、救生安全设施一批,全区渔船安全设施配备达标率达90%以上。据统计,2013年,全区共发生渔业安全生产事故24起,同比增加3起。其中,涉亡事故6起,较大事故1起,无重大以上事故。事故共造成死亡(失踪)11人,同比减少3人;沉船9艘,同比减少2艘。渔业安全生产形势保持总体平稳。

10.渔业应急管理 完善应急管理机制,应急处置能力进一步增强。认真贯彻落实自治区政府和局党组关于加强应急管理工作的指示精神,以广西海洋渔船安全救助信息系统为抓手,不断完善渔业应急管理机制,全面提升渔业安全应急处置能力。按照应急管理的要求,科学制订渔业安全生产事故和涉外渔业事件处置流程,明确广西渔业安全应急中心工作人员工作职责,落实24小时应急值班制度和领导带班制度,不断健全渔业安全应急工作机制。完善广西海洋渔船安全救助信息系统平台功能,针对系统第一代公网移动手机信号和电池耐久性差、部分船主没有按要求安装配备、使用渔船船载终端等问题,启动了系统二代公网移动手机换发工作,建立了广西海洋渔船安全救助信息系统专管员制度,公示未按规定安装配备、使用渔船船载终端的渔船名单,渔船救助系统应急平台的现代化综合调度能力切实增强。密切与广西海事局、交通运输部南海救助局、广西气象局等相关部门的协同配合,全面落实《渔船海(水)上遇险搜救联动机制》、《海上搜救应急联动合作协议》、《共建海洋渔业气象保障服务系统合作协议》,充分发挥部门间应急管理联动作用。全年,共处置安全生产事故42起,涉及渔船31艘、渔民468人,救助或协助救助渔民138人;处置涉外渔业事件10起,涉及渔船31艘、渔民293人,指挥31艘渔船撤离敏感海域,协助中国渔政310船成功解救了已被印尼炮艇抓扣的桂北渔58081船及船上的9名渔民,避免了重大的人员和财产损失;成功抵御了有史以来罕见的14次台风侵袭,全区没有发生一例渔民风灾伤亡事故。

11.水生生物资源 组织开展水生生物增殖放流活动,提高全社会保护生态环境的意识。2013年,广西共投入水生生物和珍稀濒危物种增殖放流资金1 324.56万元,其中中央财政下达894.28万元,地方财政安排资金114.1万元,社会各界投入316.18万元,共投放水生生物和珍稀濒危物种苗种40 110.05万尾(只)。举办增殖放流活动88次,其中国家级

1次、市县级87次。4月1日,农业部渔业局、农业部渔政指挥中心、珠江流域渔业管理委员会、广西壮族自治区水产畜牧兽医局和梧州市人民政府在梧州市成功联合举办了"珠江护渔行动暨珠江禁渔期同步执法行动启动仪式"。积极开展人工鱼礁与海洋牧场建设,继续执行农业部下达海洋牧场示范区项目,截止到10月底,已完海洋牧场示范区(2009年、2010年)项目的礁体投放工作。此外,在梧州市投放人工鱼巢11 300平方米,取得良好效果。继续委托北海市水产技术推广站开展海洋水生生物增殖放流效果评估。

12. 水生野生动植物保护与管理 加大水生野生动物宣传和管理力度,配合农业部开展以"关爱水生动物,添彩美丽中国"等为主题的水生野生动物保护科普宣传月活动,切实保护濒危物种资源安全。组织开展水生野生动物救护工作和水生野生动物管理执法检查,查处了一批违反水生野生动物保护法律法规的案件,规范了养殖经营水生野生动物的秩序。同时,积极推进广西泗涧山大鲵自然保护区等4个自治区级自然保护区和漓江光倒刺鲃金线鲃国家级水产种质资源保护区等3个国家级水产种质资源保护区建设。

13. 水域生态修复 一是做好涉渔工程生态环境影响评审和渔业污染事故调查处理工作。2013年,仅自治区级渔政机构共参加内河工程项目环境影响评价5项次,海洋工程项目环境影响评价评审33项次,依法依规提出渔业生态修复,投放人工鱼礁礁体5万多空方,并在人工鱼礁区增殖放流虾苗、恋礁性鱼类、贝类苗种等。二是渔业污染事故调查处理工作。全区共发生渔业污染事故20起,其中海洋1起,内陆19起,造成直接经济损失为1 385.80万元。广西各级渔政机构共调查渔业污染事故17起,办案率为85%;处理结案的渔业污染事故10起,结案率为50%;已获损失赔偿558.15万元,占直接经济损失总额的40.28%。全年初步落实内河生态修复、资源赔偿资金投入17 000万元,审查核实海洋工程资源赔偿、生态修复资金共约46 435万元。切实维护水生生物资源和渔业生态环境。配合自治区人民政府妥善处置了贺州贺江镉铊污染等渔业污染事故。继续做好渔业生态环境监控工作,2013年广西渔业水域生态环境监测对全区7个重要的渔业水域(其中海水水域4个,淡水水域3个)、共35个站点,进行海水20个指标项目(包括海洋沉积物7个指标项目)、淡水13个指标项目的重点渔业水域生态环境监测分析。

14. 渔政执法和渔船减船转产

(1)加强组织协调,渔政队伍整体功能作用进一步发挥。根据《农业部办公厅关于做好2013年专属经济区渔政巡航管理和"护渔行动"的通知》要求,组织全区海洋渔业执法机构开展广西"护渔2013"海洋渔业执法专项行动13次,检查渔船795艘次,查获违规作业渔船46艘次,切实维护了渔业生产的正常秩序。根据农业部南海区《关于做好南海伏季休渔管理工作的通知》要求,继续组织实施为期2个半月的2013年度海洋伏季休渔,全区2 926艘应休渔渔船全部按时进港休渔,休渔期间,渔港、渔船没有发生大的安全事故和大规模的违规事件,休渔秩序总体良好。根据农业部办公厅《关于做好2013年珠江流域渔政执法护渔行动有关工作的通知》要求,继续在内陆9市、53县2 010千米的江段组织实施珠江禁渔制度,全区应参加禁渔渔船11 300多艘全部按时停泊禁渔,为期2个月的禁渔期间,基本实现了"江上无生产渔船,水中无作业网具,市场无捕捞江鱼"的管理目标,渔民生活愉快,渔区社会稳定,达到了预期的效果。围绕休渔期间局部地区违规现象突出、渔民群众反映强烈的问题,组织广西渔政指挥中心和海洋渔政机构实施封港检查,一举查获了3艘套牌渔船,并监督相关渔政机构按规定进行了严厉处罚。

(2)强化执法能力建设,渔政发展基础进一步夯实。按照农业部关于积极推进大型渔政船和1 000吨级以下渔政船艇建造工作的要求,认真做好农业部批复下达的渔政船艇建设项目的协调、监督和配合等后续工作。截止到2013年12月,3艘1 000吨级渔政船总投资29 205万元,建造按计划推进,首艘已进入分段施工阶段;61艘1 000吨级以下渔政船艇按时完成了集中签约,其中,34艘内陆大型执法艇全面进入施工阶段,11艘内陆渔政船和16艘海洋渔政船艇陆续进入施工设计。针对中央电视台曝光北海市存在电捕鱼呈公开化且渔政人员涉嫌腐败问题,结合组织打击电鱼违法行为专项行动,自治区水产畜牧兽医局在全区渔政队伍中开展了作风和廉政警示教育,切实提高广大渔政人员的思想认识和能力素质。根据局党组的统一部署,12月中旬,还牵头举办了一期以"提高渔政队伍整体素质,规范渔政执法行为"为主题、各级水产畜牧兽医局分管渔政工作领导和渔政机构主要负责人参加的渔政执法培训班。局党组书记、局长梁雨祥亲自作动员讲话,中国渔政指挥中心督导处处长杨靖作了"队伍建设是发展现代渔业的有力保障"的专题辅导,自治区检察院职务犯罪预防局局长张坚作了"警醒每一步,走好人生路"的专题辅导。通过举办专业性强、层次性高的培训班,参训人员在思想上有了新的认识、理论上有了新的收获、业务上有了新的长进,为全区现代渔业发展保驾护航的能力进一步增强。

(3)启动渔民安居工程,专业捕捞渔民解困工作进一步推进。为了贯彻落实《广西壮族自治区人民政府办公厅关于解决专业捕捞渔民生产生活困难的意见》,经自治区人民政府同意,自治区水产畜牧兽医局牵头制订并印发了《自治区解决专业捕捞渔民生产生活困难工作实施方案》,明确了专业捕捞渔民、专业捕捞渔民无房户、专业捕捞渔民危房户的界定标准和专业捕捞渔民户籍登记管理办法,规范了享受安居工程政策对象的审批程序。结合贯彻住房和城乡建设部、国家发展改革委、农业部、国土资源部《关于实施以船为家渔民上岸安居工程的指导意见》,会同自治区住建厅拟定了《广西2013年以船为家渔民上岸安居工程实施方案》,共同向国家申报了2013年项目投资需求。11月,国家发改委安排广西的1 506万元资金下达,自治区财政配套的753万元资金也落实,12月12日,广西壮族自治区保障性安居工程领导小组城镇保障性安居工程办公室印发了《广西2013年以船为家渔民上岸安居工程实施方案》,标志着广西以船为家渔民上岸安居工程项目正式启动。

(4)积极开展调查研究,渔政执法管理思路进一步拓展。根据国家实行海上统一综合执法的要求,为适应新形势下海洋综合管理发展要求,2月下旬,自治区水产畜牧兽医局配合组织有关人员赴广东、海南两省进行了渔政执法体制改革的考察,结合考察学习情况和广西渔政执法体制方面存在的突出矛盾,提出了渔政执法体制改革的建议供领导决策参考。为了学习借鉴沿海兄弟省、市在海洋小型渔船玻璃钢化改造的经验,加快广西海洋小型捕捞渔船更新改造步伐,结合"美丽广西,清洁乡村"活动和群众路线教育实践活动的开展,7月21~24日,自治区水产畜牧兽医局与自治区财政厅组成联合考察组前往海南省、宁波市进行了学习考察。考察后提出的实施广西小型渔船更新改造建议获得了自治区财政厅的大力支持。为提升广西海上维权护渔能力,配合广西军区赴北海、防城港、钦州3市开展海上民兵建设调研,并结合渔政管理实际,提出了推进海上民兵建设的扶持政策和建议。

15.渔业科技与推广 2013年,扎实推进了渔业科技创新和技术推广工作,取得了较好的成效。年内科技项目立项77项,获得项目经费1 679万元;有8项科技成果通过技术鉴定和成果登记,"我国罗非鱼链球菌病分子流行病学与免疫防控技术研究"项目获广西科技进步二等奖;"大水面生态健康养殖技术集成与推广应用"项目获全国农牧渔业丰收奖二等奖。申报专利12件,授权专利6项,分别是:《石斑鱼池塘养殖收获装置》、《一种烟道加热装置》、《一种促进南美白对虾亲虾性腺成熟的饵料及其制备方法》、《一种罗非鱼育种标记方法》、《新尼奥罗非鱼的制种方法》、《雄性罗非鱼精巢细胞vasa基因表达的调控方法》。组织起草广西渔业技术标准4项;发表科技论文37篇,其中SCI论文7篇。罗非鱼方面,采用群体选育和家系选育法结合,对美国尼罗罗非鱼、埃及尼罗罗非鱼、吉富尼罗罗非鱼和美国奥利亚罗非鱼进行选育,构建了这四种罗非鱼的核心群;采用群体选育与家系选育结合,保证选育速度的同时,有效避免群体的遗传衰退;建立了4个罗非鱼大水面标准化养殖示范基地,平均产量88千克/平方米,获得的罗非鱼平均体重690克;编制技术操作规程1个;建立了鱼虾混养、鱼菜共生2种生态高效健康养殖模式,开发了越冬大棚微孔增氧、池塘围栏2种罗非鱼越冬技术;建立了国内最大的罗非鱼链球菌病原库,保存菌株200株,获得一株安全稳定的弱毒菌株,成功开发为弱毒口服疫苗,开发了免疫佐剂和免疫增强剂各1种。对虾方面,成功研发了1种南美白对虾幼体开口饵料;初步建立了南美白对虾育苗水质调控的方法;开发了1种南美白对虾室内工厂化养殖的新方法。扩繁耐寒型商品亲虾近3万对,已繁育SPF虾苗2.203亿尾,累计养殖近200公顷,养殖成活率超过80%。建立亲虾扩繁和苗种繁育生产线各1条。组织106个县(区)实施基层农业技术推广项目,选定技术专家359名、技术指导员3 638名,建立科技示范户17 035户,建立农业科技网络书屋2 662个,通过举办各类科技培训班培训基层技术推广人员17 505人次,推广渔业主导品种72个、主推技术72项。

【大事记】

[1]8月20日,广西质量技术监督局批准成立广西水产业标准化技术委员会。

[2]8月20日,广西3艘1 000吨级渔政船正式开工建设,由厦门船舶重工股份有限公司承建。

[3]9月24~26日,由自治区农业厅、自治区总工会、自治区人力资源和社会保障厅、自治区水产畜牧兽医局联合举办的第二届全区农产品质量安全检测技能竞赛在南宁圆满完成。此次竞赛农业、畜牧、水产各有一名同志获得"广西五一劳动奖章"荣誉称号。

[4]10月18~23日,自治区水产畜牧兽医局在南宁隆重举办2013中国—东盟(南宁)渔业文化周活动。本次活动共有来自越南、缅甸、马来西亚等东盟国家以及香港特区和广西壮族自治区内外的108家单位和企业参加投资合作项目签约,签约项目70个,总金额77.92亿元人民币,其中投资5亿元人民币以上的

重大项目有3个。

（广西壮族自治区水产畜牧兽医局）

海南省渔业

【概况】 2013年，海南省渔业总体上仍然保持增长态势。一是渔业经济总量保持增长。全省水产品总产量199.14万吨，同比增长5.82%；渔业总产值292.03亿元（2012年为349，有误），同比增长7.2%。二是渔民收入保持稳步增长。全省渔民年人均纯收入1.31万元，同比增加1 242元，同比增长10 %。

2013年，全省渔业生产呈现三大特点：（1）积极推动渔业转型升级，现代渔业建设步伐明显加快。一是稳步发展现代捕捞业；二是着力打造现代养殖业；三是大力开拓水产品国内市场；四是积极发展休闲渔业。（2）完善质量监管体系，水产品质量安全水平有效提升。一是加快推进在建渔港项目建设；二是加快推进执法基础设施和装备建设；三是做好海洋与渔业基础设施项目前期工作；四是强化水产品质量安全监管体系建设。（3）强化安全生产管理，渔业生产安全得到保障。一是建设渔船管理体系；二是加强维权执法和常规执法；三是积极争取并投入财政资金，海洋与渔业发展后劲稳步增强。

1. 海洋捕捞 据统计，全省渔业人口48.7万人，其中传统渔民25.9万人；2013年全省海洋捕捞总产量131.4万吨，占水产品总量的65.99%，其中内海捕捞产量80.3万吨，外海捕捞产量51.1万吨，外海捕捞产量中西沙捕捞产量5.4万吨，其中南沙捕捞产量2.6万吨。全省渔船以流刺网作业为主，流刺网作业捕捞产量56.8万吨；围网作业捕捞产量25.1万吨；拖网作业捕捞产量19.4万吨；钓具作业捕捞产量12.1万吨；张网作业捕捞产量3.4万吨；其他作业捕捞产量14.6万吨。全省捕捞产品以鱼类为主，鱼类108.5万吨，以金线鱼和带鱼为主，其中优质鱼类42.0万吨；甲壳类8.4万吨，以对虾和青蟹为主；头足类7.8万吨，以鱿鱼为主；其他贝类、藻类等共计6.7万吨。开展渔业资源调查，掌握近海渔业资源状况和重点渔场渔汛渔业资源情况；开展南沙渔业资源探捕，了解南沙渔业资源情况；做好渔业政策调研和捕捞生产情况调研，掌握渔民渔船生产生活情况；举办渔民培训，提高渔民捕捞生产技能。

2. 渔船管理 全省机动渔船总数26 805艘，其中海洋捕捞渔船25 878艘，占机动渔船总数的97%，总吨位42万吨，总功率116万吨；海洋捕捞渔船以小型渔船为主，小型渔船占渔船总数的80%以上；海洋捕捞渔船作业类型以刺网为主，刺网渔船占渔船总数的50%以上。实施渔船更新改造项目，通过报废旧小渔船更新改造大型钢质三沙捕捞渔船；推进压小造大工程，鼓励渔民报废旧小渔船制造大中型外海捕捞渔船；做好扶持壮大外海捕捞能力工作，安排300万元渔业产业化资金扶持30艘80吨以上外海捕捞渔船；引导渔民赴三沙外海生产作业。启动海洋渔船普查，建立健全渔船档案，全面掌握渔船情况，为油补发放提供依据。

3. 水产养殖 2013年，全省水产养殖面积5.79万公顷，同比增长2.76 %，其中淡水养殖面积4.11万公顷，海水养殖面积1.68万公顷；水产养殖产量65.36万吨，同比增长4.5 %，其中海水养殖产量24.42万吨，淡水养殖产量40.94万吨；水产养殖产值120.47亿元，同比增长15 %，其中海水养殖产值77.37亿元，淡水养殖产值43.1亿元。主要做法：第一，大力推进深水网箱养殖产业的发展。出台海南省和三沙市《深水网箱养殖发展规划》，组织编制《西沙群岛永乐渔业基地建设规划》，批准企业前往三沙开展深水网箱试养。2013年，全省共发展深水网箱4 030口。第二，积极做好低产池塘标准化改造工作。全省累计完成池塘改造面积1 300多公顷，完成投资9 403万元。第三，抓好水产健康养殖示范场的创建。全省共有12家第五批"农业部水产健康养殖示范场"复查合格并获农业部批复继续保留称号，有7家养殖场经考核验收合格并获农业部授予"农业部水产健康养殖示范场"称号。第四，做好水产苗种日常管理。加强对水产苗种场的行政检查，复查和验收通过5家省级水产良种场，协助企业申请农业免税进口苗种。第五，加强水产养殖病害测报体系建设。每月定期发布病害测报信息，为养殖户提供较为准确、有利的指导信息。

4. 渔业资源增殖 2013年继续加强伏季休渔管理。从5月16日至8月1日，全省休渔渔船9 007艘，总功率630 429.91千瓦，休渔船员34 780人。其中：拖网渔船1 144艘，张网渔船1 641艘，围网渔船2 858艘，定置网渔船880艘，笼壶类渔船286艘，其他渔船2 198艘。2013年农业部下达海南省渔业资源增殖放流项目440万元，省财政配套资金100万元，各市县配套资金50万元，资金总计590万元。本项目实施时间为2013年1～12月，共投入资金438万元（其中36万元为2012年度三亚海宝南洋珍珠养殖有限公司尚未完成的项目款），放流地区为海口、琼海、临高、三亚、陵水等5个市（县），放流苗种10个，其中海水鱼类4个、虾类1个、贝类1个、淡水鱼类4个。2013年全省共放流鱼、虾、贝苗3 575.78万尾，取得了较为显著的社会效益、生态效益。

5. 水产品质量安全 2013 年,农业部对海南省进行产地水产品质量安全监督抽查,抽取对虾、罗非鱼和草鱼样品共 120 个,合格率为 100%,连续 5 年保持稳定;农业部在海南省开展水产苗种质量安全监督抽查,抽取对虾和罗非鱼苗共 40 个,合格率为 100%,同比提高 10 个百分点,为全省水产苗种抽样检测合格率历史最高水平;完成农业部 4 次水产品质量安全例行监测,抽取罗非鱼、对虾、草鱼、乌鳢等样品 160 个,合格率为 97.5%。海南省产地水产品质量安全监督抽查范围扩大至全省 18 个市(县)和洋浦渔政渔港监督管理中心,抽样对象从以公司企业和合作社为主向以个体养殖户为主转移,共抽取样品 255 个,合格率为 96.1%。其中,水产品样品 150 个,合格率为 93.96%;水产苗种样品 60 个,合格率为 98.34%;投入品 45 个,合格率为 100%。为确保水产品质量安全,采取了以下措施:一是加强水产品质量安全监管。每季度开展一次水产品质量安全督查,推动了水产品质量安全工作稳步发展。二是妥善处理了"8.28 垃圾鱼"事件。三是首次开展了约谈活动。针对出现的水产品质量安全问题约谈了相关市县局领导,对妥善处理水产品质量安全事件起到很大作用。四是首次开展了全省水产品质量安全事故处置应急演练。五是开展水产品质量安全宣传和培训。全省共出动人员 3 600 人次、车辆 204 台次,发放宣传材料 7 4 00 多份,悬挂横幅 71 条,举办水产品质量安全培训班 80 多期,培训水产养殖从业人员 6 000 多人。六是推进无公害水产品产地认定和产品认证一体化及渔业标准化工作。2013 年全省有 18 家企业通过无公害水产品产地认定与产品认证(认定认证面积 560 多公顷),制订 4 项渔业标准,推进了全省渔业标准化管理工作,促进渔业经济可持续发展。

6. 科技兴渔 2013 年,积极推进科技工作。一是积极组织实施科研项目申报。根据国家和省科研项目申报指南,围绕全省海洋渔业产业发展,结合本省渔业科技储备、人才队伍、科研设施等实际,积极申报国家级和省级重大科研专项。二是积极开展成果登记、成果鉴定、奖项申报、专利申报工作。三是积极开展中沙群岛漫步暗沙的海洋渔业资源增养殖科研基地建设。四是加快科技成果转化,服务产业发展,加强科技合作与学术交流、加强科研平台建设。五是加强科研平台建设,积极推进"省海洋与渔业服务中心"建设和曲口、东水科研基地土地确权,海南省省级水生动物疫病监控中心项目建设。六是扎实推进各项公共服务工作,服务产业发展,加强名特优品种示范推广和先进实用技术普及工作,大力推广名特优养殖品种,重点抓住具有产业化优势和出口优势的优质水产品。大力推广罗非鱼、菲律宾鳗鲡、石斑鱼、卵形鲳鲹等名优养殖品种。同时,认真开展渔业实用技术培训。七是组织全省 18 个市(县)的 96 个测报点对南美白对虾、石斑鱼、卵形鲳鲹、东风螺、罗非鱼、菲律宾鳗鲡、鳖等海淡水养殖品种病害发生情况进行监测,及时掌握全省水产养殖病害的发生、流行和危害情况。八是积极指导渔民开展病害防控等工作。利用现代传媒平台对广大养殖户进行水产病害防控指导,有效地预防或减少了水产养殖病害的发生,促进水产养殖业的健康发展。九是开展重点渔场渔汛及渔业资源监测工作,调查各类渔船生产情况,认真制定渔场监测实施方案,科学确定渔场调查区域定位,指导渔民科学开展捕捞。十是结合"渔业科技活动月"活动的开展,在琼海、定安、澄迈、白沙、保亭、万宁等市(县)先后举办海、淡水养殖培训班 30 期,培训人数 2 500 多人次,提高了全省渔业从业人员素质,促进渔业标准化生产。

7. 渔业基础设施建设 2013 年,推进渔港项目建设。临高新盈、三亚崖州中心渔港、万宁港北、乐东岭头一级渔港分别累计完成投资 6 391 万元、98 032 万元、2 676 万元和 3 497 万元,分别占总投资的 70%、65.5%、66% 和 91%。琼海潭门中心渔港、昌江海尾一级渔港码头、护岸、防波堤等主体工程已完工,剩余部分港池疏浚未完成。儋州白马井中心渔港项目主体工程基本完成,剩余执法办证中心未完成,预计 2014 年完成全部建设工作。文昌铺前中心渔港和乐东莺歌海一级渔港项目前期工作已积极推进。推进水产原良种场建设,鞍带石斑鱼良种场项目已经农业部批复立项并下达投资,并积极推进项目建设。推进水生动物疫控系统建设,完成省级水生动物疫控中心项目建设工作。继续推进现代渔业项目建设,续建 5 个现代渔业基地,文昌潭牛万亩罗非鱼健康养殖基地、临高深水抗风浪网箱养殖基地、海口三江湾万亩罗非鱼健康养殖基地、儋州罗非鱼健康养殖基地、定安罗非鱼健康养殖基地建设完成。

8. 水产品加工与流通 2013 年,全省外贸水产品出口量 12.7 万吨,居全国第六,同比(下同)减少 8.3%,出口额 5.3 亿美元,微降 0.2%;其中罗非鱼及其制品外贸出口量 10.4 万吨,同比减少 4.2%,出口量居全国第二,出口额 3.5 亿美元,同比增长 10.4%。全省有水产品加工出口企业 32 家,水产品年加工能力近 60 万吨。主要做法:一是根据企业反映国内水产品滞销问题,深入企业开展调研。主要了解金鲳鱼、石斑鱼、东风螺等优质产品销售情况,指导企业找原因、寻销路。二是结合海南省金鲳鱼、罗非鱼、对虾等名特优产品,组织企业前往云南、贵州、湖南、安徽、河北、山西等地开展水产品市场调研,了解内地水产品消费习惯和供应渠道,扩大海南省水产品宣传,为企业寻找市场,扩大销路创造条件。三是组织企业参加美国波士顿国际水产展览会、比利时欧洲水产品展览会、第18届中国国际渔业博览会、上海中国国际食品展暨全国优质水产品推介活动、2013年第二届全国(北京)优质水产品交易会暨海南名特优水产品推介会和海南冬交会等渔业交流和贸易活动,有效地促进了全省水产品加工出口企业与国内外客商的交流与合作,促进了水产品的流通和出口。四是起草并印发了《海南省海洋与渔业厅驰名商标、著名商标、名牌产品和地理标志称号的奖励办法》,鼓励企业创建品牌,提高海南省水产品的知名度。

9.护渔执法 2013年,继续加强渔业综合执法,维护渔业生产秩序,省总队海监、渔政巡航27艘次,共计216天,航程5 770海里,观察记录渔船170多艘次,驱赶国外(越南)渔船20艘次,登临国内渔船60多艘次;解救和救助本省渔船3艘次,多次解救被非法、武装、不明来历船舶施行抢劫的本省进行正常渔业生产活动的作业渔船,多次在强风恶浪海况下成功救助因机器故障等原因遇险的渔船。加大海洋巡查力度,严厉查处违法违规行为,全年共投入执法人员4 290人次,执法车辆984辆次,执法船艇438艘次。全省海洋立案105宗,办结64总,在办41宗,作出处罚406.77万元,执收罚款406.77万元。2艘1 000吨级海监船建造完工,已于11月中旬全部交付使用,1 000吨级渔政船建设项目已经开始启动,海口、琼海基地建设得到积极推进。检验主机总功率在44.1千瓦以上大中型海洋渔业船舶2 354艘,总吨位214 199吨,主机总功率540 608.8千瓦,审查渔船设计图纸12套,检验收费2 761 223元,所检渔船均未出现检验质量问题。

10.渔业防风防汛 2013年,为减少汛期灾害损失,全省海洋渔业系统采取多项措施。2013年,在全省安全生产工目标考核评比中,省海洋渔业厅荣获"连接4年安全生产工作责任目标考核先进单位"。全年共有12个热带气旋和多次强降雨影响海南,汛风期全省渔船100%回港避风,最大限度地减少了渔民生命和财产损失。主要措施包括:一是提前部署汛前应急准备工作,加大检查力度,下发通知、完善预案机构、建立健全责任制,开展防汛防风安全隐患的排查,做到整改率100%。二是恪守防风防汛工作程序,成立专项应急工作小组,24小时不间断值班、及时发布台风动态、收集渔船回港和渔民上岸信息等,加强预警信息发布和排查、加强港内渔船安全管理、加强水产养殖防风管理、开展专项防风防汛检查。三是积极做好灾后调查和统计工作,组织专家筹集资金,第一时间赶赴受灾市(县)组织当地开展灾后自救、恢复生产工作。面对台风"蝴蝶",省海洋渔业厅高度重视,认真组织参与"9·29"搜救工作,通过组织协调附近渔船、调派海监和渔政执法船艇,开展落水人员漂移路径推算等手段,最终协助成功搜救26名渔民,最大程度减少了人员伤亡损失。

11.渔业安全生产 2013年,全省发生渔业船舶事故9起,渔民死亡(失踪)12人,事故起数与上年同期持平,渔民死亡(失踪)人数增加2人,直接经济损失220万元,渔业安全生产形势总体保持稳定。主要做法:一是建章立制抓基础。先后制定《2013年省海洋与渔业防灾减灾工作要点》等5个工作方案,组织召开了2013年全省海洋与渔业防灾减灾工作会议;对市(县)渔业部门2012年渔业安全生产工作责任目标进行了定性定量考核;完善实施渔船跟帮管理办法。二是立足教育抓宣传。"5·12防灾减灾日",开展海洋灾害知识普及活动;各市(县)对渔民和基层执法人员采取集中授课、上船讲解、现场实操等安全生产培训。据不完全统计,2013年全省召开各类渔业安全生产座谈会33次,图片展12次、悬挂横幅261条、印发安全手册1.1万份,举办各类安全培训班35期,培训渔民4 000多人。三是落实责任抓管理。市(县)层层签订责任书,严格实行领导"一岗双责"责任机制。对排查出的重大隐患实行"四定机制"(定内容、定人员、定责任、定时限),挂牌整改,跟踪督办,逐项整改销号;加强渔船属地管理,全面落实基层安全监管责任。四是完善措施抓处置。加强应急演练,提高应急处置能力。加强信息发布,提高预警预报能力。一优化升级海洋灾害信息预警预报发布系统和海洋渔业生产安全环境服务保障系统。二新增海南交通广播电台(FM100)和海南电视台新闻频道90秒的海洋环境预警预报信息播报,原有(FM88.6)增加了海洋预警预报信息的频率和时间。三完成《文昌、琼海市风暴潮高风险区增水没图和应急疏散路径图编制项目》。四开展海平面变化影响调查和警戒潮位核定工作。五是强化执法抓排查。2013年全省各级渔业部门开展渔业安全生产执法行动45次,调动渔政船(艇)91艘次,共检查渔船3 743艘,查出隐患552项,现场整改213项,到期整改339项,整改率100%。六是提升能力抓保障。初步统计,2013年省海洋渔业厅直接参与渔业海上救助92起,成功救助救援568人,救助渔船157艘,挽回经济损失2 400多万元;各市(县)加强渔港消防艇及安全设施设备配备,持续提高渔业信通等科技监管能力;发挥渔业保险转移社会管理的职能，积极争取财政保费补贴，2013 年全省共承保渔民 4.14 万人，渔船 6 353 艘，收取保费 3 571.19 万元，支付赔款 1 086.42 万元。

12. 全省渔业安全生产工作会议 2013 年 4 月，在海口召开了全省渔业安全生产工作会议，主要回顾 2012 年全省渔业安全生产工作情况，分析当前渔业安全生产形势，部署 2013 年渔业安全生产工作。省海洋渔业厅、省安全生产监督管理局、南海救助局海口基地、省渔业监察总队、省海洋监测预报中心等单位负责人和相关人员，各沿海市（县）海洋渔业局局长、分管副局长、渔政渔监机构负责人，中部市（县）渔业主管部门分管副局长等出席会议。会议要求，全省渔业主管部门要落实责任，强化措施，努力做好渔业安全生产工作。

13. 南沙捕捞专项行动 2013 年 5 月，省海洋渔业厅配合儋州市人民政府组织了第二次南沙捕捞专项行动，组织包括灯光罩网、灯光围网、钓业、拖网等不同作业类型渔船在内的捕捞船队，对北纬 6 度至 8 度之间、东经 110 度 30 分左右的南沙海域进行探捕，在了解南沙渔业资源情况的同时，起到了维护国家海洋主权的作用。

14. 中沙渔业资源增养殖科研基地建设 2013 年 6 月，海南省水产研究所在中沙群岛漫步暗沙举行"海洋渔业资源增养殖科研基地"建站启动仪式，并投放了该科研基地标牌浮筒 1 个、石斑鱼 2 万尾、马氏珍珠贝 2 万粒、企鹅珍珠贝 2 万粒、琼枝麒麟菜 2 万株。在漫步暗沙海域开展实地本底调查科研工作，科研调查主要采取通过潜水实行水下拍摄、设点采集样本、观察记录、水质测量分析等方式和内容开展，主要包括气象水文、地形地貌、底质、海洋生物等调查。其中，海洋生物调查主要采集漫步暗沙海域的浮游生物、底栖生物、鱼类等样品，测定叶绿素和初级生产力，同时调查海草原，珊瑚礁情况。并组织实施了灯光围捕，摸清中沙群岛海域中上层水生生物资源状况。

【重点渔业市（县）基本情况】

海南省重点渔业市（县）基本情况

市（县）	渔业人口	渔业产值（万元）	水产品产量（吨）	其中				养殖面积（公顷）	
				海洋捕捞	海水养殖	内陆捕捞	内陆养殖	海水	内陆
临高	73 476	816 747	550 575	495 865	44 339	832	9 539	1 782	2 194
儋州	111 910	722 793	430 529	326 045	61 007	4 170	39 307	3 708	4 288
文昌	45 370	530 010	237 131	31 791	35 469	1 138	168 733	3 642	8 580
陵水	25 532	241 336	102 408	88 441	10 453		3 514	467	588
琼海	20 537	205 614	106 919	58 225	7 546	2 434	38 714	553	3 703

（海南省海洋与渔业厅）

重庆市渔业

【概况】

1. 主要指标完成情况 2013 年，在政策、投入等有利因素推动下，重庆市渔业发展在由盘活做大向增效强能转变的内涵式发展道路上迈出了坚实的步伐。全市水产品总产量和渔民人均纯收入分别达 38.5 万吨和 10 500 元，同比增幅分别为 16.4% 和 14.4%。

2. 主要工作及成就

（1）规模化养殖势头良好。通过增容量、强种质和推技术等三项措施的落实，水产养殖效益得到提升，投资兴建水产养殖基地的业主大量增加。全市新建池塘面积超过 133 公顷的区（县）达到 8 个。据统计，全市投入财政性资金 1.3 亿元用于改造池塘 2 467 公顷、新建池塘 2 667 公顷，新增渔业专业合作社 99 家。

（2）水产品质量保持稳定。按照"稳中求进"的要求，通过采取推进专项整治行动、加大检测力度、引导"三品一标"认定认证、探索追溯体系建设等措施，实现了产地抽检合格率不低于 95% 的目标。全年产地水产苗种抽检合格率达到 100%，产地水产品抽检合格率达到 98.75%。据统计，全年完成部、市级水产苗种和水产品质量安全抽查 21 次，抽查样品 745 个，涉及 21 个区（县），199 个养殖场；新增"三品一标"认定认证产品或基地 56 个。

（3）健康养殖示范场创建力度加大。按照生产条件标准化、生产操作规范化、生产管理制度化和示范辐射规模化的要求，积极开展农业部健康养殖示范场创建工作，取得了历年最好成绩。全市争创示范场家达 32 家，涉及区（县）数量 14 个，双双创下历史纪录。最终，14个区（县）25家养殖场通过农业部认定创建成功。至此，全市农业部健康养殖示范场数量达到62家，面积逾1万公顷。在健康养殖示范场创建活动带动下，池塘鱼菜共生推广面积增加533公顷，达3 067公顷。

（4）水产种业基础得以夯实。按照协作壮大的原则和上档升级的要求，积极推进水产良种协作组织建设、三峡库区天然生态渔场良种场建设和市级水产良种场认定工作。重庆市水产原（良）种场协作组已经成立，共有17家水产原（良）种场参与协作。全市建成14家三峡库区天然生态渔场良种场，认定11家市级水产良种场。全市水产苗种生产面积突破2 000公顷，规模化苗种生产能力已达10亿尾以上，占全市水产苗种生产总量的近20%。

（5）特色水产品养殖势头不减。通过在珍稀鱼开发和集约化流水养殖上不断开创新路子，认真贯彻落实市政府办公厅《关于加快大鲵产业发展的意见》等措施，特色水产品养殖势头依然迅猛。全市大鲵驯养繁殖业主达120家，驯养繁殖业主中已经过评审获得经营利用资格的有8家，全市大鲵年苗种生产量已突破10万尾。全市特色水产品产量达到3.8万吨，同比增幅12%，其中三文鱼、乌鳢、甲鱼产量同比接近翻番，泥鳅产量增幅达36%。

（6）休闲渔业发展步伐加快。按照基地建设出形象的要求，都市近郊区县积极发展休闲渔业，其他区县郊区因地制宜发展休闲渔业，将垂钓、鱼餐饮、鱼文化等与休闲娱乐、农业科技展示、农耕文化体验等紧密结合，相得益彰，取得了较好的经济、社会和生态效益。全市成功创建了江津区闲云居渔庄、九龙坡区毛毛虫休闲渔业示范基地、长寿区大洪湖水产有限公司、渝北区重庆士瑞公司休闲渔业示范基地等4家全国休闲渔业示范基地，全市全国休闲渔业示范基地累计达到6家。

（7）三峡库区生态渔场建设成效明显。紧紧围绕“五大工程，四大体系”建设，三峡库区天然生态渔场建设步伐加快。在水域牧场建设上，忠县水域牧场的品牌效益显现，生产趋于稳定，万州、涪陵已签订协议，云阳正在协商有关事宜。全市增殖放流投入各类资金4 000万元，放流水生生物8 900余万尾，实现大幅度增长，落实涉渔工程生态补偿资金2 000余万元。同时，增殖放流苗种检疫上新增了孔雀石绿、氯霉素、呋喃类的快检项目，确保了放流鱼种的安全性和可靠性。通过春季禁渔、禁渔期打击非法电捕鱼、禁渔期雷霆行动和非法电捕鱼专项行动，以及违规渔具清理整治等行动，加之江津区、石柱县等开创性地开展设置人工鱼巢等形式的护卵行动，较好地保护了渔业资源，维护了生态安全。

（8）平安渔业建设扎实推进。按照在夯实基层基础上求长效的要求，推进渔船标准化更新改造工作，建设重庆渔民生命工程—GPS应急救援系统，开展渔业互保工作和“平安渔业示范县”创建活动，2013年渔船安全生产形势稳定，实现了“零指标”死亡，全面完成了市政府下达的目标任务。全市办理渔民平安互助保险9 000人，完成收入90万元，办理互保理赔35起，累计赔款45万元，极大降低了渔民生命财产损失。全市继九龙坡之后，已经有北碚、沙坪坝、永川、南岸、江北5个区（县）GPS应急救援系统正式投入运行。创建了云阳县、垫江县、渝北区、江津区、奉节县5个“重庆市平安渔业示范县”，推荐云阳县为“全国平安渔业示范县”。

3.主要问题 一是渔业科技支撑能力不强。表现为新品种选育、病害防治技术创新等成果较少，渔业科技含量不高等问题长期存在。二是水产养殖保障能力薄弱。自然灾害频发让水产养殖的保障性大大降低，而水产养殖保险在重庆市尚属空白状态，相对于全市每年2亿元左右的渔业灾害损失实际，市级以上200万元的财政性灾害补助资金可谓杯水车薪。三是水产种业建设水平不高。近年来，全市支持建设了十多家水产良种场，各类投入达到亿元之多。从实际建设水平看，数量高于质量，很多种场工厂化车间闲置浪费。

【重点渔业区（县）基本情况】

重庆市重点区（县）渔业基本情况

区（县）	总人口（万人）	渔业产值（万元）	水产品产量（吨）	其中		养殖面积（公顷）
				捕捞	养殖	
合川区	156.03	60 905.20	35 582	627	34 955	3 478
永川区	112.97	89 116.96	31 498	105	33 830	5 451
长寿区	90.63	50 720.37	25 000	641	26 573	12 420
铜梁县	83.78	29 581.97	23 865	1 188	22 677	3 842
开县	165.56	37 771.74	23 654	865	22 789	5 310

【大事记】

[1]2 月 27 日,市农业委员会主任夏祖相对重庆梁平现代渔业示范园区进行调研。

[2]3 月 19 ~22 日,重庆市完成了潼南县、合川区和忠县等 3 个试点区(县)的相关设备安装及操作技术培训工作,标志着全国水产品质量安全可追溯信息系统建设试点工作在重庆启动。

[3]3 月 26 日,重庆市水产原良种场协作组成立。

[4]3 月 30 日,国务院三峡办公室副主任卢纯一行深入重庆市忠县库区视察了"三峡鱼"水域牧场。

[5]4 月 13 日,农业部部长韩长赋莅临重庆市合川区视察指导重庆渔业工作。市委常委、市农工委书记刘光磊和副市长张鸣等陪同。

[6]5 月 16 日,"重庆微政务"微观三峡生态渔场活动在忠县举行。由市政府新闻办、区(县)政府等官方微博组成的"重庆微政务"22 个成员单位及重庆市 6 家主流媒体通过微博平台,以"微观三峡渔场"为话题,对三峡生态鱼的捕捞、包装、复合电网拦鱼、标志放流、现场烹饪等环节进行了直播。

[7]5 月 21 日,全市渔业工作会召开。市农委副主任吴纯出席会议并作会议主报告。

[8]6 月 8 日,潼南县渔业遭受严重暴雨洪涝灾害。县内局部最大雨量达 125 毫米。全县鱼池受灾面积 5 333 公顷,冲毁鱼池 56 公顷。

[9]7 月 11 日,《池塘鱼菜共生综合种养技术规范》(送审稿)和《池塘 80:20 养殖技术规范》(修订稿)两个重庆市地方标准通过市质监局组织的专家审查。

[10]8 月 2 日,市农委副主任吴纯做客"阳光重庆"直播节目,专题解读全市生态渔业发展问题。

[11]8 月 6 日,全市稻田综合种养技术现场及培训会在万州召开。

[12]9 月 11 日,重庆市首次发布产地水产苗种价格信息。

[13]10 月 15 日,市农委副主任吴纯到市水产品质量监督检验测试中心检查指导工作。

[14]10 月 29 ~30 日,重庆市三峡生态渔业公司在涪陵乌江段米汤沟码头、万州渔港码头等处将 132 万尾鱼苗放入长江和乌江,标志着 2013 年大宁河流域鱼类增殖放流项目秋季增殖放流活动正式拉开帷幕。

[15]11 月 3 日,由西南大学、重庆市水产学会等单位联合举办的重庆鲑鳟鱼产业国际化论坛在西南大学荣昌校区成功举办。来自美国、加拿大、丹麦、智利等国家及黑龙江、湖北、四川、青海、浙江、甘肃、山东、福建、北京、重庆等地区的 120 名渔业行政、高校、科研院所、推广机构及养殖企业的代表参加了论坛。

[16]11 月 12 ~14 日,在全国渔业主导品种、主推技术遴选会上,重庆报送的"池塘鱼菜共生综合种养技术"、"稻鳅综合种养技术"及"池塘微孔增氧技术"等三项技术被推荐为 2014 年全国渔业主推技术。

[17]12 月 4 日,农业部渔业局局长赵兴武到重庆调研指导渔业工作。

[18]12 月 11 日,市委副书记张国清调研指导渔业工作。张国清副书记指出,要着力在调结构和特色效益上下功夫,进一步促进农业向规模化、产业化、效益化方向发展。

[19]12 月 20 日,副市长张鸣到梁平县调研渔业工作。张鸣副市长指出,梁平在渔业园区建设上要进一步处理好规模拓展与上档升级、生产与销售、单干与联合、增量与增收等关系。

(重庆市农业委员会渔业发展处 任 军 妙晓东)

四川省渔业

【概况】 2013 年,面对"4.20"芦山地震灾害、多发重发的极端气象灾害和错综复杂的国内外经济形势,四川省水产行业坚持以科学发展观为指导,认真贯彻落实中央、省委、省政府决策部署,紧紧围绕"保供给、促增收、护生态"核心目标,扎实推进各项重点工作,水产经济继续保持了平稳较快发展势头。全省水产品产量达到 126.06 万吨,比上年增产 7.15 万吨,增长 6.01%。全省人均水产品占有量达到 15.61 千克,比上年增加 0.84 千克,增长 5.69%。全省渔业经济总产值达到 300.52 亿元,比上年增加 22.4 亿元,增长 8.05%。全省农民人均渔业收入 460 元,比上年增长 9.09%,人均增收 39 元。全省渔民人均实现纯收入 1.1 万元,比上年增收 1 477 元,增长 15.51%。

1. 水产养殖

(1)水产养殖面积稳步增加。全省水产养殖面积达到 19.75 万公顷(不含稻田养鱼面积),比 2012 年增加 0.47 万公顷,增长 2.44%;其中,池塘 10.28 万公顷,水库 7.10 万公顷,河沟 1.91 万公顷。稻田养殖面积 30.16 万公顷,比 2012 年增加 0.22 万公顷。

(2)水产养殖产量平稳较快增长。全省水产养殖产量达到 120.06 万吨,比 2012 年增产 7.18 万吨,增长 6.36%,占总产量的 95.24%。其中,池塘 60.35 万吨,水库 22.51 万吨,河沟 7.50 万吨,稻田 28.64 万吨。

(3)养殖品种受市场导向明显。常规养殖品种产量持续增长,占总产量的比重略有上升。鳊鲂、泥鳅、鲶鱼、黄颡鱼、鲈鱼、鲑鳟鱼、斑点叉尾鮰、长吻鮠等名优品种养殖稳步发展,继续成为渔业增效、农民增收的新亮点。常规品种产量90.66万吨,比上年增加5.37万吨,增长6.30%,占总产量比重71.92%,比上年提高0.2个百分点;名特优水产品产量35.40万吨,比上年增加1.78万吨,增长5.30%,占总产量比重28.08%。

(4)水产苗种生产能力稳步增强。新增省级水产良种场6个,改造提升省级良种场5个、国家级良种场2个,省级以上良种场累计达到38个;水产良种覆盖率达到60%以上。全年生产鱼苗超过202.2亿尾,同比增长7.15%;投放大规格鱼种19.74万吨,同比增长4.11%。

(5)水产养殖灾害损失较重。芦山4.20地震、旱洪灾害和病害对水产生产的影响较重,全省水产养殖灾害损失略有上升,受灾面积1.68万公顷,同比增加0.06万公顷;损失产量5.15万吨,同比增加1.51万吨;直接经济损失7.73亿元。

2.水产捕捞 扎实推进渔业生态文明建设,继续控制捕捞强度,压减捕捞产量取得进一步成效。全省水产捕捞产量6万吨,占总产量比重4.76%,下降0.31个百分点。

3.科技推广 深入推进基层水产推广体系改革与建设,落实项目补贴资金1 864万元,确定技术推广专家255人,县乡技术指导员1 600人;落实示范户4 000余户,示范基地300个,示范面积1.67万公顷。创建全国基层农技推广示范县6个。全省培训农渔民25万人次,获得职业技能等级证书的达到465人。

4.质量安全 加强水产地方标准体系建设,新发布16项标准,共计颁布实施90项标准。会同省农业厅等单位,制定了全省农产品质量安全规范化示范县考核认定办法,并对11个示范县进行了考核评审。会同省畜牧局进一步加强水产饲料安全监管。以省水利厅名义出台了进一步加强水产品质量安全监管工作的意见,督导各市、州、县成立了食品安全监管机构,明确了水产主管部门对辖区内水产品质量安全监管工作职责,落实了领导责任制。新创建农业部健康养殖示范场38个,累计达到179个。扎实推进无公害水产品基地建设和产品认证工作,全省无公害水产品基地达到269个,面积6.53万公顷,水产品866个。深入开展渔资打假暨放心渔资下乡活动、质量安全专项整治行动,出动执法人员5 755人次,发放宣传资料12.37万份,检查生产经营企业2 527家,查处案件74起,责令整改73起。开展技术培训294场次,培训7 853人次。为45个县(市、区)配备快速检测设备与试剂盒,在2个县、1个企业安装了远程水产品质量安全追溯系统,启动了质量安全可追溯试点工作。扎实开展水产质量安全抽检,全省抽检水产品样品4 102个,抽检总体合格率达到98.9%。

5.水产产业化 全省渔业三次产业产值分别达到194.34亿元、27.14亿元、79.04亿元,占渔业经济总产值的比重分别为65%、9%、26%。全省渔用饲料产值24.94亿元、渔药产值1.08亿元。渔业第三产业呈加速发展态势,其中:水产加工突破亿元大关,达到1.12亿元,同比增长26.66%;水产流通、运输和休闲渔业产值分别达到48.39亿元、10.75亿元、18.59亿元,涨幅均超过10%,分别增长11.85%、12.74%、10.43%。水产龙头企业和专业合作社等新型经营主体取得新发展,全省水产龙头企业、专业合作社分别达到307个、1 444个,其中,省级水产龙头企业9个;新增省级示范合作社23个,省级以上累计达到68个。新增6个全国休闲渔业示范基地,总数达到8个。有0.33公顷以上养殖池塘的水产家庭经营农户达到5.6万户。

6.新农村水产示范村 按照省委、省政府建设幸福美丽新农村的部署和要求,扎实推进新农村水产示范村建设,新增示范村44个,累计达到670个,示范村农民人均水产收入达到5 000元,养鱼农民人均收入超过万元。

7.资源保护及渔政渔船管理 采取大力宣传教育、加强执法检查、严厉打击违禁行为等多种措施,扎实开展春季禁渔工作,取得良好效果。全省投入资金4 000多万元,共放流四大家鱼、黄颡鱼、南方鲇等苗种1.2亿尾。建立了省级以上珍稀鱼类自然保护区电子考核系统。新建国家级水产种质资源保护区5个。南部县西河、芦山县玉溪河、稻城县贡巴3个水生生物湿地示范区建设项目得到农业部批准。截止到年底:全省水产种质资源保护区达到36个,其中国家级30个,省级6个;珍稀鱼类自然保护区达到9个,其中国家级2个,省级3个,市级2个,县级2个。办理水生野生动物经营利用许可证114个、驯养繁殖许可证105个、捕捉证2个、运输证4个。组织水下工程作业涉渔影响项目评价50余个。《四川省渔船渔港管理办法》经省政府常务会议审议通过,自2014年2月1日起施行。稳步推进四川省渔业船舶检验发证系统开发工作。推进渔政指挥系统二期建设项目,为24个新增站点发放了设备;加快推进渔政船、渔政快艇的招标、采购和发放工作,发放执法艇8艘、快艇7艘,完成执法快艇招标5艘,启动渔政船建造5艘。完成渔政执法制服换装、渔业柴油补贴申报、渔业船舶及船用产品的检验工作。

8. 项目资金 争取并下达中央、省两级财政资金2.3亿元，同比增长2.2%，其中中央资金1.3亿元、省级资金1亿元。

9. 抗震救灾 "4·20"芦山发生的7.0级强烈地震，使渔业遭受重大损失，基础设施损害严重，水产养殖受灾面积达761.3公顷，损失水产品2 400吨，直接经济损失3.37亿元。灾情发生后，省水产局立即启动抗震救灾工作，在及时了解汇报灾情的同时，迅速派出专家组实地指导重灾区开展死鱼无害化处理，核实灾损数据；组织轻灾户开展恢复生产工作，并组织省内有关单位筹集渔需物资对口帮扶养殖户，落实鱼饲料556吨、鱼药2 050件，鱼苗110万尾。进入恢复重建后，按照中央、省委及省政府的总体要求，积极参与恢复重建规划工作，规划渔业恢复重建项目资金1.11亿元，各项工作已在有序推进。

10. 渔业互保 新增泸州市江阳区代办处等16个县级代办机构，为356名渔政人员和7 877名渔民办理投保，保费收入首次突破百万元大关，达107.55万元，为渔政人员和渔民提供风险保障5.957亿元。

【重点渔业市（县、区）基本情况】

四川省重点渔业市（县、区）基本情况

市（县、区）	总人口（万人）	渔业产值（万元）	水产品产量（吨）	其中		养殖面积（公顷）
				养殖	捕捞	
仁寿县	159.62	117 063.84	39 835	39 835		7 955
东坡区	86.48	167 387.8	31 368	31 262	106	3 083
泸县	108.7	35 287	29 000	28 380	620	2 785
简阳市	148.1	47 541	26 000	25 132	868	5 249
乐山市市中区	59.84	40 600	24 298	23 938	360	985
资中县	130.8	52 425	24 137	23 226	911	2 958
井研县	41.64	3 471 1.65	23 700	23 670	30	1 440
内江市东兴区	88.76	49 378	21 812	20 976	836	2 155
安岳县	161.7	34 336	21 581	20 152	1429	4 166
隆昌县	78.71	65 606	21 275	19 654	1621	1 759

【大事记】

［1］1月4日，省水产局召开中层以上干部会议，学习传达中央农村工作会议、全国农业工作会议、全国农业技术推广体系建设专题会议和渔业工作会议精神，并部署2013年工作。

［2］1月9日，省科协2012年学会工作会议上，省水产学会被表彰为2012年度四川省科协学会工作先进集体。1月17日，省科协副主席黄竞跃，省科协常委、省水产局局长卿足平一行到通威都江堰冷水鱼养殖科普基地调研。

［3］1月22～23日，省水产局在广元市召开全省水产品质量安全监管工作会议，学习传达《国务院关于加强食品安全工作的决定》、农业部全国农产品质量安全监管工作会议和省政府全省食品安全工作会议精神，总结2012年工作，研究部署2013年工作。省水产局副局长漆乾余出席会议并讲话。

［4］2月1日，省水利厅巡视员刘俊舫带队，省渔政处、成都市水利综合执法支队及金堂县水务局渔政执法人员参加的检查组，检查了金堂县沱江流域春季禁渔落实情况。省水产局副局长何川、成都市水务局副局长丁鹤陪同检查。

［5］2月17日，省委书记、省人大常委会主任王东明，省委常委、秘书长陈光志深入到南江县黑潭乡南鹰村调研，先后前往4户水产养殖户家中看望和交谈，详细了解巴山新居建设进展、南鹰村特色水产养殖和村民生产生活情况。王东明对四川金凼农业科技有限公司在南鹰村采用"政府引导、企业经营、部门服务、股民参与、协会监督、股金保底分红"经营机制发展特色水产养殖的做法给予肯定。同时他要求，要充分抓好农村土地流转，促进土地集中经营，通过大户和龙头企业经营，带动农民增加更多的收入。

［6］3月8日，全省水产工作会议在成都召开。会议全面总结了2012年全省水产工作，分析了形势，部署了2013年水产工作。省政府副省长曲木史哈，省水利厅党组书记、厅长冷刚出席会议并作重要讲话。省

委农工委副主任宋全安出席会议。省水利厅巡视员刘俊舫主持会议。省水产局局长卿足平作工作报告。

[7]3月26日,省委常委、省委农工委主任李昌平在资阳市委常委、常务副市长邹蔚等陪同下深入到资阳市乐至县天池镇牛栏店村调研水产养殖情况。

[8]3月28日,省水产局在西昌市举办了全省渔业行政执法文书电子化制作培训班,来自全省21个市(州)和部分渔业重点县(市、区)的100余名渔政执法人员参加了培训。

[9]4月8日,省水产局局长卿足平、副局长何川一行,先后深入到井研县分全乡红庙村特色水产示范园区、乐山市中区童家镇朝阳村和白马镇桐麻山村水产养殖基地,与当地养殖农户、水产养殖合作社负责人、基层干部进行交流,调研水产发展情况。

[10]4月20日,雅安市芦山县发生7.0级地震,灾区渔业受损严重。省水产局立即行动,成立了"4·20"芦山地震抗震救灾领导小组,并通过短信、电话等方式及时与雅安市及各区县水产部门、养殖企业联系,了解渔业受灾情况,及时将灾情报送到农业部渔业局、省水利厅。

[11]4月22日,省水产局召开渔业抗震救灾工作专题会议,切实做好抗震救灾工作。据统计,雅安市渔业系统无人员伤亡,渔业受灾面积达到180公顷,损坏网箱378个,损失水产品1 288吨,部分渔业基础设施损坏,直接经济损失1.66亿元。

[12]5月6~8日,省水产局在崇州市举行了2013年第二期渔业职业技能培训鉴定会。来自省级水产原良种场、农业部水产健康养殖示范场、渔业专业合作社的140余名技术骨干参加了此次培训,216人次参加鉴定考试,合格206人次,合格率为95%。

[13]5月8日,省水利厅巡视员刘俊舫、省水产局局长卿足平、副局长何川一行到雅安市检查指导渔业抗震救灾工作。

[14]5月20日,由省委农工委牵头组织,省水利厅、省农业厅等部门共同参与的农业产业进灾区活动在芦山县举行。省委常委、农工委主任李昌平出席活动并讲话,省政府副省长曲木史哈出席。省水利厅巡视员刘俊舫,省水产局局长卿足平、副局长何川出席捐赠活动。8家水产企业为雅安地震灾区捐赠了包括饲料、鱼苗、鱼药在内的价值270万元的重建急需物资。

[15]5月20日,省水利厅巡视员刘俊舫、省水产局局长卿足平、副局长何川一行到荥经县调研水产工作。刘俊舫强调,要充分利用丰富的冷水资源,制定科学规划,加大招商引资力度,强化政策扶持和引导,发挥大户带动作用,推动农民发展水产养殖,进一步壮大鲑鳟鱼、雅鱼等冷水鱼产业,配套发展观鱼、品鱼、钓鱼等休闲渔业,在丰富城乡居民菜篮子的同时,促进农民增收致富。

[16]5月22日,省水产局副局长何川带队到汶川县调研冷水鱼产业发展情况。

[17]5月30日,副省长曲木史哈在南充现代农业示范园区东观特色水产养殖基地调研。他对南充发展特色渔业、休闲观光渔业的做法给予肯定。他要求,要充分发挥龙头企业带动作用,构建企农利益联结机制,加快发展现代渔业,确保农民持续稳定增收。

[18]6月9日,省水产局与蓬溪县水务局在常乐镇拱市村联合举办了"稻田综合种养技术示范与推广"现场培训,来自常乐镇的120余名稻田养鱼户及基层水产技术推广人员参加了培训。

[19]6月20日,省水利厅巡视员刘俊舫率领省水产局有关人员前往广安市前锋区护安镇岩口村进行调研。

[20]6月17~19日,省政府法制办副主任彭矛,在省水利厅巡视员刘俊舫、省水产局副局长何强的陪同下,到广安市武胜县、达州市宣汉县开展《四川省渔船渔港管理办法》立法调研。

[21]7月30日,省水产局局长卿足平到射洪县村社、养鱼户调研渔业生产工作。

[22]8月27日,四川省科协副主席黄竞跃,在省水产局副局长、省水产学会常务副理事长漆乾余,省水产学会副理事长吴宗文等陪同下,到双流县调研水产学会、协会工作。

[23]9月3~6日,省水产局检查组深入广安市武胜县、南充市升钟水库、高坪区、顺庆区调查了解当地渔业船舶安全管理、船用产品质量专项治理和违规渔具整治等工作开展情况。

[24]9月13日,省委农工委副主任杨秀彬一行3人在省水产局局长卿足平、副局长何川的陪同下,检查了通威集团位于双流县永兴镇的池塘底排污环保节能渔业工程研究现场和永兴渔业养殖专业合作社工作。

[25]9月24~25日,省水产局在成都举办四川省渔业船舶水上突发事件应急处置培训班。各市(州)、重点县(市、区)水产渔政机构渔船管理负责人130余人参加培训。

[26]10月22日,由农业部东海区渔政局副巡视员张鸣鸣、处长秦飞文组成的督查组,对内江市开展清理整治违规渔具专项行动情况进行了检查。

[27]10月30日,省水产局局长卿足平、副局长何川一行,深入德阳市旌阳区"菜篮子"水产品生产扶持

基地、流水渔场调研水产工作。

［28］11月2～3日，广西壮族自治区水产畜牧兽医局局长梁雨祥、渔业处处长罗春业、水产技术推广站站长龙光华一行对四川省休闲渔业发展情况进行了考察。省水产局局长卿足平、副局长漆乾余陪同考察。

［29］11月11～15日，四川省渔业船舶验船师资格证书培训班在四川省水产学校成功举办。

［30］11月25～27日，农业部渔业局副局长李书民、中国农林水利工会副主席王君伟一行到四川调研水产养殖保险开展情况。

［31］11月28～29日，全国水产品市场信息工作会在成都召开，来自各地水产行业主管厅局处室负责人、市场分析专家和信息员代表共119人出席会议。

［32］12月2日，省委书记王东明、省委常委陈光志、李昌平深入荣县双石镇金台村综合体调研，先后前往四川巴尔农牧集团、荣县桂香湖水产养殖有限公司、金台养渔专业合作社的水产养殖基地，了解农业生产经营模式创新实践情况。王东明对金台村"龙头企业＋专业合作社＋专业大户"带动农户发展的做法给予肯定。他指出，加快构建新型农业经营体系，扶持发展规模化、专业化、现代化经营，是提高农业生产效率、增加农民收入的必由之路。

［33］12月3日，省环境保护厅组织省级自然保护区评审委员会委员对四川汉王山东河水生生物湿地自然保护区申报建立省级自然保护区进行了审查。评审专家经过认真评议，同意推荐建立四川汉王山东河水生生物湿地省级自然保护区。

［34］12月25～26日，全国水产技术推广总站副站长李可心、技术示范处处长高勇一行到成都、德阳、绵阳等地调研渔业节能减排和水产养殖保险工作。

（四川省水产局）

贵州省渔业

【概况】 2013年，贵州省水产品产量16.7万吨，同比增长24%；养殖面积5.6万公顷，同比增长14.2%；渔业经济总产值达到49.5亿元，增长9.9%，其中，大鲵产值11.8亿元。

1.特色渔业持续发展 一是全省共有70个县（市、区），233家养殖企业涉及农户3 544户，开展了大鲵驯养繁殖，建设大鲵养殖小区33个，繁殖场15个，养殖面积32.64万平方米，繁殖大鲵苗种近20万尾，大鲵存池数50.4万尾，产值达11.8亿元。正安县获得了国家野生动物保护协会水野分会授予"中国大鲵之乡"称号，国家质监总局授予"大鲵地理标志"。二是冷水鱼养殖稳步发展。养殖面积达71公顷，产量7 919吨，同比增长9.2%，产值2.37亿元。养殖品种从以鲟鱼为主向多品种方向发展，兴仁、安顺、花溪、桐梓等地建立了冷水鱼养殖及"一鱼多吃"饮食加工基地，冷水鱼价格得到提升。三是河蟹等特色养殖成为水产养殖新亮点。铜仁、黔南、遵义、黔西南等地开展河蟹养殖，面积200公顷，最大个体达300克，取得了良好效益。

2.渔业科技推广成效明显 一是突破了大鲵、裂腹鱼、云南光唇鱼及鲟鱼人工繁殖技术。二是组织开展了水生生物疾病远程辅助诊断服务、稻田综合种养技术示范、阳光工程渔民培训、健康养殖示范场创建等工作，开展了现代水产种业建设、大鲵繁殖与产业化发展研讨等活动。

3.渔业综合生产能力不断提升 一是创建健康养殖示范场25家，同比增长47%；创建全国休闲渔业示范基地4个。二是水产种业基地建设进一步扩大，通过争取项目、招商引资整合资源，建设省级水产种业基地15个。引资建设泥鳅、河蟹、冷水鱼特色种业基地4个。其中，修文县贵州秋兴泥鳅繁殖基地当年投产，当年受益，年产泥鳅苗8 000万尾，产值600万元。三是大水面生态健康养殖不断扩大，通过示范推广，在万峰湖、乌江、三板溪、龙滩等大型水域发展生态健康网箱养殖，面积360万平方米，产量9.4万吨，同比分别增长22.4%和33.5%。四是渔业园区建设初见成效，在罗甸县建立现代高效渔业示范园区，集苗种生产、水产养殖、饲料加工、水产品加工为一体，实现了产业链有效延长。培育渔业企业10家，专业合作社3个、捕捞合作社2个、养殖大户93户，全年水产品产量1.7万吨，产值2.8亿元，销售收入1.5亿元。

4.渔业安全形势总体平稳 一是通过"平安渔业示范县"创建、渔业船舶安全生产大检查、船用产品抽查和质量专项治理，以及黔粤"结对发展"等工作的开展，全面提升了渔业船舶检验监督质量，确保了全年渔业安全生产零事故。其中，金沙县、锦屏县、罗甸县、兴义市被评为"省级平安渔业示范县"，兴义市被评为"全国平安渔业示范县"。二是通过开展水产品药物残留监测、水产品质量安全专项整治行动等工作，强化水产品质量安全监管，水产品抽查合格率达到97.8%，同比提高5.7个百分点。全年没有发生重大水生动物疫病。

5.渔业资源养护和渔政执法成效显著 一是全省举办渔业资源增殖放流活动109次，投入资金903.68万元，放流水生生物苗种5 529万尾。二是组织开展清理整治违规渔具专项行动，禁渔工作已形成长效机制,共查获违规渔船111艘,清理违规渔具4 071张(套),没收违法捕捞渔获物2 570.9千克,罚款11.6万元,没收电鱼机161台。三是水产种质资源保护区工作进一步推进,新设立国家级水产种质资源保护区2个。赤水河长江上游珍稀鱼类国家级自然保护区建设全面完成。开展了赤水河航道扩能工程、铜仁灯塔循环工业园区等建设规划对国家级自然保护区和水产种质资源保护区影响评价等工作。

6.存在的问题 渔业基础仍然薄弱,经济总量不大,生产经营分散,组织化程度和产业化水平较低;渔业安全生产形势不容乐观,渔政管理、渔船监管及渔业资源保护经费缺乏等。

【重点渔业市(县)基本情况】

贵州省重点渔业市(县)基本情况

市(县)	渔业产值(万元)	水产品产量(吨)	其中		养殖面积(公顷)
			捕捞	养殖	
兴义市	37 769	17 191	1 305	15 825	253
遵义县	35 262	15 378	114	11 629	4 265
安龙县	26 984	11 235	1 073	10 162	472
罗甸县	17 754	7 746	706	7 040	1 471
息烽县	11 465	5 000	129	4 871	265

(高 敏)

云南省渔业

【概况】 2013年,云南渔业继续保持快速健康发展,水产养殖面积13.5万公顷,同比增加1.1万公顷、增长9%;水产品总产量78万吨,同比增加10万吨、增长15%;渔业经济总产值171亿元,同比增加26亿元、增长18%;渔业人口人均纯收入7 772元,同比增加1 251元、增长19%。全省重点扶持发展的"两条鱼",罗非鱼产量达到19.8万吨,连续两年保持各养殖品种产量第一位,同比增加3万吨、增长18%;鲑鳟鲟冷水鱼产量达到13 980吨,同比增加2 409吨、增长21%。

1.渔业生产得到进一步重视 全省各级政府和相关部门领导共4 857人参加国务院6月召开全国现代渔业建设工作电视电话会议,认真听取了副总理汪洋关于全国渔业生产和工作情况的报告。昭通市2013年11月首度以市政府名义召开渔业工作专题会议并在会后研拟出台扶持渔业发展的政策措施。水富县对水产养殖实行考核奖补,县委、政府"两办"印发了相关办法。临沧市临翔、双江、耿马三区(县)党委、政府出台了扶持渔业发展的政策文件。

2.各级财政性资金投入增加 省级财政渔业经费预算1 200万元,比上年增加200万元,增长20%。曲靖市决定从2013—2015年,市级财政每年拿出1 000万元,对落户当地发展鲟鱼和红球藻养殖加工的两家龙头企业,各给予500万元的扶持。临沧市临翔区财政每年预算安排300万元,双江、耿马县财政每年预算安排200万元扶持渔业发展。其他一些州(市)和县(区)对渔业的财政性资金投入都较以往有不同程度的增长。

3.养殖基地建设成效显著 全省继续重点推进养殖基地建设。2013年省级财政预算的1 000万元水产技术推广经费,其中980万元安排水产养殖基地建设,重点用于养殖设施标准化改造建设。在各级财政经费的支持带动下,全省投入养殖池塘标准化改造建设经费1亿多元,改造养殖池塘127公顷、新开挖鱼塘37公顷。养殖基地建设对促进渔业发展起到了十分明显的作用,2013年水产品产量达到万吨以上的县35个,比上年增加6个(超过计划数3个),其产量达到50万吨,占全省水产品总量的64%,比上年提高8个百分点;普洱、临沧两市养殖池塘单产分别达到1 323千克和1 260千克,在全省率先达到"吨鱼塘"养殖生产目标。

4.科技兴渔工作大力推进 福瑞鲤、长丰鲢、芙蓉鲤鲫、异育银鲫"中科三号"、罗非鱼"鹭雄一号"、云斑鮰、黄金鲫等全国主推品种养殖在昆明、曲靖、红河、普洱、版纳等大宗淡水鱼主产区推广养殖发展较快。施甸县的水蛭养殖保持良好发展。红河哈尼族彝族自治州对阿庐金线鲃、本地泥鳅、双团棘胸蛙、棍子鱼的人工驯养繁殖研究进展顺利,引进和养殖鳄鱼、河豚鱼等品种取得较大突破。西双版纳傣族自治州开展青虾、本地泥鳅、攀鲈人工驯养繁殖研究获得成功并推广养殖面积367公顷,丝尾鳠推广养殖突破133公顷。昆明、曲靖等地针对干旱条件下渔业用水难以得到补充和更新的实际情况,以推广光合细菌技术为重点,加强池塘生态环境治理,保持了渔业生产的稳步发展。大理白族自治州建设一批科技含量高、示范引领能力强的水产示范点,养殖规模在百亩以上的养殖户有72户,总面积达2 034公顷。省渔业科学研究院鼓励职工参与4个水电站鱼类增殖放流站运行管理及鱼类人工繁殖技术研究,功果桥鱼类增殖放流站在国内首次人工繁殖光唇裂腹鱼成功,繁育出鱼苗2万多尾。省水产站依托国家大宗淡水鱼类产业技术体系项目建设,省内首次引进移动式太阳能水质调控机、涌浪机,在陆良县开展试验示范;在麒麟区开展"生态基"试验示范;在开远市开展草鱼"三病"免疫技术应用;在宜良、寻甸、麒麟、陆良、开远、元阳等6个示范县及西双版纳州、玉溪市开展防治水霉病新药"霉灵"的推广应用;引进异育银鲫"中科3号"、长丰鲢、芙蓉鲤鲫、福瑞鲤四个大宗淡水鱼类新品种3 455万尾,提供示范县及大理白族自治州、保山市、昆明市进行养殖推广和试用。另外,省水产站还引进鹭雄1号罗非鱼195万尾,分别在勐海县、罗平县、墨江县、元江县、蒙自县进行养殖试验及推广。相关单位抓好土著鱼类繁育及推广养殖协作项目的实施,繁育丝尾鳠、滇池高背鲫、大头鲤、滇池金线鲃、鳔鲀白鱼、云南裂腹鱼等六大名鱼2 845万尾,新增繁育土著鱼类春鲤500万尾、杞麓鲤300万尾、云南倒刺鲃1.5万尾、抚仙四须鲃1.5万尾,为云南省土著鱼增殖放流和推广养殖做出了贡献。全省创建农业部水产健康养殖示范场25家。

5.库区养殖开发力度加大 省农业厅引导支持各地将电站库区养殖开发整体打包进行招商引资,联系推介社会资本注入渔业。文山壮族苗族自治州在继续做好百色水利枢纽富宁库区渔业开发的同时,已加速推进麻栗坡马鹿塘、丘北云鹏、广南板蚌等电站库区的渔业开发。普洱市、临沧市启动糯扎渡电站库区渔业资源保护与发展规划编制工作,引进龙头企业(深圳惠科)在糯扎渡电站库区开展了罗非鱼标准化网箱养殖示范。云县欣荣观光渔业有限公司7月份成立,公司计划投资1亿元在漫湾电站库区建设养殖网箱2 000口,有关前期准备工作已紧张有序进行。绥江县、水富县重点结合金沙江电站库区渔业开发,组织编制了当地渔业发展规划。

6.渔业产业化快速推进 云南新海丰食品有限公司在富宁县投资建设年加工能力10万吨的罗非鱼加工厂10月28日投产运行,对带动滇东南片区罗非鱼产业发展意义重大。云南格林水产公司在德宏投资建设的3万吨罗非鱼加工生产线于6月底安装完毕,已经可以投入生产。小湾生态渔业公司计划投资6 000万元的鱼制品加工厂10月30日在凤庆县小湾镇蕨菜村奠基开工建设。昭通市引进投资1.77亿元在水富县邵女坪建设现代农业示范园项目,以水产养殖为基础,实行种养殖业与休闲观光、餐饮娱乐综合开发。项目建成后,将成为西南最大的渔业生态园。2013年全省渔业二、三产业的产值占渔业经济总产值的比重提高到35.8%,用于加工的水产品量增加到8.5万吨,水产品加工产值增加到10.8亿元。申报创建国家级休闲渔业示范基地3家。

7.水生生物养护工作有突破 全省争取水生生物增殖放流资金2 846万元、同比增长28%,完成水生生物增殖放流5 673万尾、同比增长11%。审批设立省级水产种质资源保护区2个,申报国家级种质资源保护区1个。组织审查涉渔工程水生生物专题影响评价15个,争取生态补偿资金达6 905万元,其中水产种质资源保护区11个、生态补偿资金4 905万元;水生生物自然保护区4个、生态补偿资金2 000万元。审查专题影响评价、争取生态补偿经费的数量均为历年之最。积极主动开展涉渔工程水生生物资源修复监督检查,昆明市乌东德电站、丽江市阿海电站、曲靖市牛栏江引水入滇工程、大理州功果桥电站和苗尾电站水生生物资源修复补偿工作稳步推进。组织开展水生野生动物保护与救护宣传月活动,编印发放《云南省水生野生动物保护与救护宣传》(折页)1 000份、《水生野生动物保护知识手册》4 000余份、法律法规资料3 000余份、水生动物贴纸200张、水生动物宣传扑克100副,展出展板100多块。继续组织开展好长江、珠江等江河及各重点湖泊的禁渔和"打非"工作。8月5日至9月6日,全省组织开展清理整治违规渔具专项行动,省、州、县统一开展检查行动451次,出动检查车辆1 112台次、检查船艇349艘次、执法人员4 789人次,查处违规船只287艘次,清理违规渔具7 686套(张),没收非法渔获物1 594千克,行政罚款31 750元。

8.渔业生产保持平安和谐发展 继续推动重点渔业州(县)和湖泊建立渔船检验机构,新成立6家渔船检验机构并报国家船检局给予机构认可和业务授权,全省已有渔船检验机构48个,渔业安全生产监管体系不断完善。选定罗平县万峰湖、富宁县剥隘库区、大理市洱海为全省渔业互助保险工作试点地区,组织三县(市)渔业互保业务人员进行了相关知识培训。切实抓好元旦、春节等节假日渔业安全生产,继续开展

"平安渔业示范县"创建活动、渔业行业"打非治危"专项行动和渔船船用产品质量治理行动。6月26日至8月10日，全省统一组织开展渔业安全生产大检查活动，共出动执法车辆2 303台次、执法船艇1 647艘次、执法人员3 976人次，发放资料33 305份，张贴标语2 428条，悬挂横幅111条；举办安全培训班181期，参加培训的渔民群众21 446人；在有关网站发布工作信息700多条；查处安全生产等违法案件98件，暂扣和没收渔船51条，收缴违规渔网101张和其他禁用渔具1 576件(套)，罚款35 000元。自2009年以来，全省渔业安全生产连续5年保持零事故、零死亡。继续开展水产品质量安全整治，组织好产地水产品质量安全监督抽查，抽检水产品样本80批次，合格率100%；抓好大中城市水产品质量例行监测，抽检水产品样本160批次，合格率98%。全省没有发生水产品质量安全事件。

9.挑战与问题 云南淡水渔业发展面临4个方面的突出问题。一是丰富的库区资源尚未得到充分利用。全省江河、湖泊、水库众多，宜渔水面超过40万公顷，开发利用率仅为1/3。二是财政性经费投入渔业总体偏少。省级财政预算渔业项目经费仅占渔业产值的0.1%，多数州(县)很多年没有财政资金投入渔业。全省水产养殖设施总体上老化陈旧，生产能力偏低。三是渔业发展的支撑保障体系有待完善。有的地方还没有设立专门的水产技术推广和服务机构，水生动物防疫站点不健全，渔业管理和服务能力总体上比较薄弱。四是部分州(市)水产养殖空间受到挤压。昆明、玉溪等地及城市、县城郊区因为市政建设、产业转换等原因，出现了池塘被填埋、养殖面积缩减的情况。

【重点渔业县(区)基本情况】

云南省重点渔业县(区)基本情况

县(区)	渔业产值(万元)	水产品产量(吨)	其中		养殖面积(公顷)
			捕捞	养殖	
罗平县	114 186	32 000	2 650	29 350	4 000
景谷傣族彝族自治县	38 576	30 044	1 193	28 851	2 000
富宁县	62 354	25 000	2 400	22 600	3 137
景洪市	40 143	23 166	2 094	21 072	2 237
墨江哈尼族自治县	76 253	23 023	2 743	20 280	482
勐海县	26 244	19 756	758	18 998	1 403
思茅区	34 357	18 077	110	17 967	2 768
澜沧县	20 619	14 600	6 190	8 410	819
景东县	26 657	14 000	100	13 900	692
麒麟区	28 101	13 811	78	13 733	2 006

【大事记】

[1]3月25日，省农业厅召开全省渔业工作电视电话会议，对上年及过去5年的工作进行了总结，确定了2013年全省渔业发展的三大目标(水产品产量达到75万吨，比上年增长10%；渔业经济总产值达到165亿元，比上年增长12%；渔民人均纯收入达到7 500元，比上年增长16%)和八项重点工作。

[2]6月26日，云南省各级政府和相关部门共4 857人参加全国现代渔业建设工作电视电话会议会议，认真听取了副总理汪洋对全国渔业生产和工作情况的报告。

[3]6月26日至8月10日，按照省政府和农业部的部署安排，省农业厅组织开展了全省渔业安全生产大检查活动。省农业厅派出5个检查组，对16个州(市)和9个重点湖泊进行了排查。副厅长孙海清带领其中1个检查组，对昆明、曲靖、楚雄及滇池、阳宗海的渔业安全生产情况开展了督促检查。

[4]7月10日，省农业厅、玉溪市人民政府联合在星云湖举行土著鱼增殖放流活动，放流大头鲤等土著鱼苗71万尾。省农业厅副厅长孙海清、玉溪市政府副市长李平出席放流活动。

[5]8月5日至9月6日，根据农业部的统一部署，全省组织开展清理整治违规渔具专项行动。省农业厅派出3个检查组，督导有关州(市)重点开展好金沙江、南盘江、澜沧江流域的专项行动。8月20日，省

农业厅、昆明市农业局和滇池管理局联合开展滇池违规网具公开销毁活动，共销毁违规网具2 000多张。

[6]9月22日，省农业厅批准设立南汀河和黎明河2个省级水产种质资源保护区。

[7]10月10日，农业部渔业局、省农业厅、玉溪市人民政府联合举办抚仙湖水生生物资源增殖放流活动，农业部渔业局局长赵兴武、省农业厅副厅长孙海清、玉溪市人民政府副市长孙云鹏出席放流活动。

[8]10月28日，云南新海丰食品有限公司富宁县罗非鱼加工厂建成投产，对带动滇东南片区罗非鱼产业发展意义重大。该厂设计加工能力10万吨/年。

[9]11月15日，昭通市人民政府在水富县召开全市渔业产业发展现场会。副市长余扬举出席会议并讲话。这是昭通市历史上以市政府名义召开的第一次渔业工作会议。

[10]12月26日，受农业部渔业局委托，由中国水产学会主办的全国渔业统计工作研讨会在玉溪市召开，广东、广西、江苏、浙江、山东、辽宁、湖北、湖南等渔业大省渔业主管部门代表共30人参加。

（梁剑鸿）

西藏自治区渔业

【概况】 2013年是实施"十二五"规划承前启后一年，在西藏自治区党委、政府的正确领导和农业部渔业局的大力支持下，全区农牧部门深入贯彻落实中央第五次西藏工作座谈会、全国农业工作会精神，坚持渔业资源保护为主的工作方针，在湖泊继续实施禁渔措施，在大江大河积极开展增殖放流工作，积极开展水产种质资源保护区建设，渔业生产保持稳定。全区水产品产量400吨，与上年持平，其中捕捞产量335吨、养殖产量65吨。全区实现渔业生产产值1 035万元。

1.水产养殖 受历史、生活习惯的影响，过去西藏没有鱼类养殖的习惯，鱼类养殖在20个世纪90年代起步，从事水产养殖的都是区外渔民，受多种因素制约，目前养殖规模也比较小，渔业部门鼓励他们扩大规模，提升效益，协助他们积极向农业部申报水产良种项目，乃东县虹鳟鱼原种场、自治区农科院冷水鱼良种场得到立项建设，落实建设资金400万元，是近年来落实资金最多的一年，对推动西藏水产养殖业发展必将发挥积极作用。

2.渔业资源保护 一是积极开展鱼类增殖放流工作。国家下达西藏鱼类资源增殖放流补助经费150万元，全区及时组织供苗单位开展放流鱼苗培育、筛选，明确了放流地点，2013年7～10月，在拉萨河、尼洋河、亚东河放流鱼苗157.9万尾，有力促进了渔业资源的增殖保护。二是积极开展国家级水产种质资源保护区申报工作。西藏地处高原，生态环境独特，鱼类资源较丰富，亚东鲑仅在西藏亚东河有分布，该河流还有国家级重点保护水生野生动物——小爪水獭。为加强该河流水生生物的保护，申报了亚东鲑国家级水产种质资源保护区，通过了农业部审定，农业部第2018号公告进行了公布。

3.存在的主要问题 一年来，全区渔业生产虽有一定收获，但存在问题依然十分突出，主要表现在：一是自治区、地（市）、县三级都没有单独的渔业管理机构，也没有专职管理人员，水产工作职责与畜牧草原管理职责设在畜牧草原水产处（科），处（科）室人员少，3～5人，管理力量十分薄弱，而畜牧业是西藏农村经济的支柱产业，在大农业中的比重达到50%，西藏又是全国草原面积最大的省（自治区），草原面积占全国草原面积的1/5，畜牧草原工作任务十分繁重，渔业工作经常放在空挡。二是渔业投入严重不足，自治区没有渔业专项资金。三是受自然条件、技术力量等制约，渔业发展难度大。

【大事记】 9月23日，农业部渔业局在拉萨召开了全国渔业援藏援疆工作座谈会，副局长李彦亮主持会议，农业部有关单位以及山东、江苏、福建、广东、湖北、新疆、西藏等省（自治区）渔业主管部门的领导参加了会议。会议总结了渔业援藏援疆工作取得的成绩和存在的问题，确定了今后以技术援助和人才援助为主的工作思路，为两个自治区渔业经济发展提供重要保障。

（西藏自治区农牧厅畜牧草原水产处）

陕西省渔业

【概况】 2013年，陕西省渔业工作按照中央、省及省水利厅党组的统一部署，以中共"十八大"精神为指导，认真贯彻落实全国现代渔业建设工作会议精神，以渔业增效、渔民增收为目标，保安全、调结构、转方式，加强渔业基础设施建设，强化水产品质量安全监管和水生野生动物资源增殖管护，渔业保持健康发展的良好势头。陕西省渔业局被农业部评为全国农业先进集体、陕西省渔业船舶检验局被国家船检局授予"优质船检机构"称号。

依据年度统计报表显示，2013年目标任务：完成水产品产量13万吨、渔业经济总产值50亿元。据统计，实际完成水产品产量15.1万吨、渔业经济总产值59.5亿元，分别完成全年目标任务的116%和119%，渔民人均纯收入达到 10 598 元，比上年度增加 1 515 元，增长 16.7%。

1. 渔业结构调整 始终坚持解放思想，明确现代渔业发展必须走集约化发展模式的思路，不断依靠科技攻关调整渔业产业结构，引进名优水产品品种并开展繁养、病害技术攻关，全面推进池塘渔业、水库湖泊渔业、流水养鱼和网箱养鱼等技术应用，全面促进水产养殖业、都市渔业、稻田生态渔业等协调发展，形成了新品种、新技术广泛应用，资源养护和渔业生产全面发展，产业链进一步拓展，渔业经济结构优化的良好态势，到 2013 年，全省二、三产业产值 11.43 亿元，占渔业经济总产值的 22%。随着渔业经济的持续发展，综合生产能力的不断提高，适应市场需求的渔业优势产业发展迅速，形成了发展陕西特色渔业的基本架构和发展基础。

2. 基础设施建设 重点实施了水产原（良）种建设改造、池塘标准化改造、休闲渔业、渔业示范园区建设、支撑能力建设、渔业科技创新与推广、服务保障体系建设、"菜篮子"水产品生产等基础设施和服务体系建设，全年池塘标准化改造面积 400 多公顷，"菜篮子"水产品生产扶持项目 18 个，新增 5 家全国休闲渔业示范基地，建成现代渔业产业示范园区 3 个；强化项目建设管理，制定下发了《关于开展 2013 年渔业建设项目专项检查工作的通知》，对全省在建项目计划执行情况、资金使用和管理情况进行了自查和抽查；实施"菜篮子"水产品生产项目绩效评价管理试点，健全绩效评价工作机制，对项目完成情况、资金使用情况、最终成果和绩效目标进行评价，提升了项目管理水平，提高了资金使用效益；完成 2014 年中央财政补助项目网上申报工作，编制《陕西省农村居民收入倍增规划（渔业部分）》；组织对石头河水库渔场、黄陵县良种场、养殖公司兴平团头鲂良种场等项目竣工验收。渔业资金投入力度不断加大，融资渠道不断拓宽，有力推动了渔业经济快速发展，渔业各项政策在全省逐步得到落实，渔业发展势头良好。

3. 水产苗种生产 强化水产苗种生产管理，开展水产苗种场执法检查，杜绝使用违禁药物，严格落实生产记录、用药记录和销售记录等管理制度和苗种生产行政许可制度，2013 年全省共生产水花苗种 9.08 亿尾，仅新民国家级家鱼原种场生产鱼苗 4.8 亿尾；完成《陕西省水产种苗管理办法》修订工作，省政府第 22 次常务会议审议通过。初步形成以新民国家级家鱼原种场为引领，覆盖陕南、陕北、关中地区水产良种体系，苗种自给率大幅提升，基本能满足本地区苗种供应，为全省渔业发展奠定了坚实的基础。

4. 渔政管理 积极开展"全国渔业平安县"和"渔业文明执法窗口"创建活动，完成全省渔政执法服装换发工作；加大渔政执法装备建设，完成 12 艘渔政船艇下水开展执法工作，执法船艇总数达到 39 艘，改善了覆盖全省湖泊、大型水库等大水面执法条件；重点开展了汉江、渭河、丹江、嘉陵江等重要水域的资源保护执法和重大节日、重点养殖区域、渔需投入品的执法检查督查，启动了渔业行政执法协作办案工作制度，开展了清理整治违规渔具专项行动，累计开展各类执法活动 1.2 万余人次，查处和收缴各类非法捕捞渔具 500 余件，严厉打击了毒、电、炸鱼以及违规采用捕捞网具非法捕鱼行为，维护了渔业发展秩序，执法能力和水平明显提升。

5. 水产品质量安全 扎实开展水产品质量安全专项整治工作，制定下发专项整治实施方案和水产品质量安全抽检方案，清理和规范渔药、鱼饲料投入品市场，查处和打击非法添加和滥用添加剂等行为，落实"五项制度、两项登记"；利用展板、发放宣传册、现场说法等方式开展水产品质量安全宣传活动；全面推进健康养殖新模式，大力实施无公害产品认证和健康养殖示范场创建活动，组织对 20 家产地和 21 个产品进行了复查验收，创建省级健康养殖示范场 18 家；安排部署国家级农产品质量安全监管示范县试点工作，开展例行监测和监督抽查 8 批次，检测样品 340 个，市场合格率 98%、产地合格率 100%，全省组织开展快速定性检测 5 000 多个样品，合格率均在 90% 以上；成功举办第三届陕西省农产品检测技能竞赛（水产品）活动，来自全省 11 名基层质量检测人员参加了比武，水产品质量得到保证，确保了全省水产品安全有效供给。

6. 渔业生态环境保护 强化水生生物保护区建设和管理，启动了水生生物自然保护区管理工作考核系统；申报建设宝鸡通关河、渭河眉县段 2 个国家级种质资源保护区，华县大鲵水生野生动物市级自然保护区、略阳珍稀水生动物省级自然保护区分别晋升为省级和国家级保护区；落实国家重点建设工程对渭河种质资源保护区、陇县秦岭细鳞鲑国家级自然保护区、嘉陵江源特有鱼类国家级水产种质资源保护区生态补偿资金 917 万元；科学安排水生生物资源增殖放流活动，陕西电视台全程直播"汉江安康段百万鱼类增殖放流活动"，时间长达 45 分钟；11 月分别在渭河、黄河、汉江流域全线开展水生生物增殖放流活动，各地市在春秋两季不同时期分别在汉江、黄河、渭河、嘉陵江、丹江以及国家自然保护区开展了增殖放流工作，全年累计放流各类水生生物苗种 1 165 多万尾，向自然保护区放流大鲵7 000多尾,放流人工繁育秦岭细鳞鲑苗种310尾。渔业生态环境进一步改善,生物多样性得到有效恢复,社会效益、生态效益、经济效益显著提高。

7.水生生物病害检测防治 向社会公开发布了《陕西省渔业生态环境状况公报》、《陕西省水产养殖病害检测及防止状况公报》;将全省27个测报点拓展到28个,并在陕北、陕南和关中建立渔业病害精准测报点,年内上报病害监测月报8期;切实抓好全省出入境及放流的各种水产苗种监督与管理,据统计,全省共检疫各类水产苗种80批次,6.5亿尾,超年度计划任务132%;参加渭河、黄河、汉江增殖放流活动,出具检疫报告18份;积极开展病原微生物检测和病害诊治,先后通过鱼病远程辅助诊断系统,国内专家为陕西有关县渔场出具鱼病诊断报告26份。

8.渔业科技创新与推广 召开全省渔业及水产技术推广工作现场会、稻田生态养鱼现场会、网箱养殖匙吻鲟技术示范推广座谈会,交流探讨生态养鱼新模式,谋划现代渔业发展新思路;认真组织"商品大鲵规范化健康养殖技术示范与推广"、"网箱养殖匙吻鲟等名优品种技术示范与推广"和"黄河滩区及陕北库区养殖河蟹等名优品种技术示范与推广"三项重点技术推广项目,实施面积达到647公顷;加强名特优水产品苗种繁养和病害防治攻关,"陕西省黄河滩区黄河鲇繁养技术研究与推广项目"获2013年陕西省农业技术推广成果二等奖、"匙吻鲟高效养殖技术研究与示范项目"获2013年陕西省科学技术三等奖,水产主要养殖品种由单纯的"四大家鱼"为主发展到30多个;鱼病远程辅助诊断系统作用发挥明显,池塘微孔增氧技术在全省普遍推广应用;全省组织各类养殖技术培训80余期,健康养殖技术水平不断提高,用药进一步规范,技术人员服务意识明显增强,渔业科技为渔业发展提供了强有力的技术支撑和服务保障。

9.渔业船舶检验 认真学习宣传和贯彻落实《陕西省渔业船舶管理办法》,逐级签订安全生产目标责任书,落实各级监管责任;开展了"渔船船用产品质量专项治理"和"为渔民群众办实事、让安全产品上渔船"活动,安排部署了汛期渔业安全生产,加强渔业船舶安全管理;组织核查渔船数量、渔船检验业务统计以及油料补贴的申报、审核和发放工作;强化安全教育和业务培训,举办一期渔船检验业务培训班,先后选派渔船检验人员参加各类培训60余人次;进一步完善了"渔业船舶水上突发事件应急预案",落实渔船应急救助措施及物资储备;积极协调与重庆市渔船检验局建立了协作伙伴关系,形成相互学习、共同提高的互动机制;严格渔船检验、登记、发证等工作,渔业船舶管理走上规范化、制度化、经常化轨道。启动了中国渔业互助保险工作,对提升渔业从业人员安全保障、降低广大养殖户损失将起到重要作用。全年未发生安全事故,确保了渔业生产安全。

【重点渔业市(县)基本情况】

陕西省重点渔业市(县)基本情况

市(县)	渔业产值(万元)	水产品产量(吨)	其中		养殖面积(公顷)
			捕捞	养殖	
汉中市	391 186	31 318	1 482	29 836	7 456
安康市	270 399.55	42 572	5 294	37 278	13 614
渭南市	545 77.9	31 956	463	31 493	5 256
西安市	59 097	14 200		14 200	1 554
宝鸡市	16 513.2	7 173		7 173	3 048

【大事记】

[1]1月5日,组织召开省水利厅直渔业系统领导干部会议。会议传达学习了全国农业工作会议、农技推广体系建设专题会议、全国渔业工作会议精神,提出了全省贯彻落实意见和措施;厅直渔业单位做了工作汇报。

[2]2月18日,渔业系统获得2012年度全省水利系统领导干部优秀调研成果奖三项,其中,"陕西大鲵养殖产业现状调查研究"获一等奖,"以科技示范园区来推动陕西现代渔业快速发展"及"汉中市渔业科技促进年活动及渔业发展状况调研报告"获三等奖。

[3]2月24日,"陕西黄河滩区黄河鲇繁养技术研究与推广"项目获陕西省农业技术推广成果二等奖。

[4]3月7~8日,农业部渔业局局长赵兴武等来陕西调研渔业工作,先后深入延安市安塞县、延川县调

研渔业发展及渔政队伍建设和农(渔)民收入情况。

[5]3月25日,省渔业局组织召开《中国石化新疆煤制天然气外输管道工程(陕西段)对渭河国家级水产种质资源保护区的影响专题报告》评审会,会议邀请农业部渔业局、省动物研究所、省水产研究所、省水产工作总站、省水产学会、西北大学等9位专家组成评审组,听取了业主单位关于工程建设基本情况的介绍以及报告编制单位专题汇报,审阅了相关资料,经认真讨论和评议,原则通过《中国石化新疆煤制天然气外输管道工程(陕西段)对渭河国家级水产种质资源保护区的影响专题报告》,并提出修改意见和建议。

[6]4月17~18日,省政府法制办主持召开《陕西省水产种苗管理办法》立法后评估修订会。会议邀请了法律和水产种苗方面的专家参加,省政府法制办、省水利厅政法处、省渔业局等单位有关领导参加修订。

[7]4月20~21日,省渔业协会主办、安康市汉水兄弟水产公司承办的名特优水产品推介会在安康市举办,省渔业协会会长刘兴连主持推介会。参会企业共签订名特优水产苗种——匙吻鲟订单达300多万元。会上还邀请水产专家对名特优水产品养殖、疫病防治等方面进行了专题讲座,参观了安康市名特优水产品苗种繁育基地和名特优水产品养殖场。来自全省各地市的水产养殖企业、水产技术推广站和外省水产企业的50多家企业共100多人参加会议。

[8]4月23日,省渔业局邀请西北农林科技大学、西北濒危动物研究所、省水产工作总站、省水产研究所及有关地市对《陕西省特色产业(渔业)发展促增收专项规划》的编制工作进行了商讨。

[9]5月10日,全省渔业暨水产技术推广工作现场会在合阳县召开,省水利厅副巡视员左占清出席并做讲话。会议总结了2012年全省渔业及水产技术推广成效,安排部署2013年渔业及水产技术推广工作,渭南市水务局等4个单位进行了经验交流发言,会议还组织观摩了新民国家级水产原种场等渔业养殖基地。省渔业局、各市(区)水利(务)局主管渔业的负责同志、水产站(科、处)长和渔业企业代表150余人参加了会议。

[10]5月24日,陕西省人民政府批复华县大鲵水生野生动物自然保护区升级为省级自然保护区。该保护区是以保护大鲵、水獭、多鳞铲颌鱼等珍稀水生野生动物及栖息生境为主的保护区。

[11]6月13~18日,省水利厅副巡视员左占清率省渔船检验管理局局长贺玉良、副局长王明文一行5人深入榆林市、延安市渔业重点县区渔业生产一线调研渔业亮点、难点、热点问题。

[12]6月26日,国务院召开全国现代渔业建设工作电视电话会议。省委、省政府38个部门有关负责同志在省政府视频会议室参加会议,10个设区市主管农业市长及相应部门分别在分会场参加了会议。会议主题是学习贯彻《国务院关于促进海洋渔业持续健康发展的若干意见》,全面部署加快推进现代渔业建设各项工作。国务院副总理汪洋出席会议并讲话。国务院电视电话会议结束后,副省长祝列克就陕西省贯彻落实本次会议精神和推进现代渔业建设作了重要讲话,并提出五点要求。

[13]6月22日,在中国水产科学研究院主持下,由长江水产研究所承担的"川陕哲罗鲑保育与人工繁殖"课题在陕西省太白县进行了现场验收。川陕哲罗鲑是我国特有珍稀鱼类,也是陕西省重要的冷水鱼类种质资源。

[14]8月9日,全省鱼病远程辅助诊断系统设备配发仪式及技术培训会在渭南举办。来自全省相关市、县水产站和养殖企业代表40余人参加仪式和培训会。

[15]8月16日,农业部渔业局局长赵兴武来陕西考察渔业工作及大鲵产业发展情况,并参观了渭河综合治理工程,省水利厅副巡视员左占清陪同。

[16]8月31至9月5日,省水利厅直渔业系统联合榆林市水利局在榆林市举行群众路线教育暨渔业科技服务活动。期间,省市县联合举办了三次培训班,辅导讲座,现场解答疑难问题。

[17]9月9~12日,全国水产技术推广总站站长魏宝振等一行3人,来陕在延安、安康就《农技推广法》学习贯彻及"一衔接,两覆盖"政策落实情况进行调研,省水利厅左占清副巡视员及相关领导陪同调研。

[18]9月23日,全省稻田生态养鱼示范现场会在榆林市横山县召开,省水利厅副巡视员左占清到会并讲话。榆林、汉中、安康、靖边、榆阳、合阳等市县介绍了当地渔业发展情况,横山、汉阴、南郑县在大会上做了稻田养鱼经验交流。水稻种植主产区市县渔业部门负责人和科技人员,厅直水产单位负责人和科技人员等70余人参加了会议。

[19]11月15日,2013年渭河流域水生动物增殖放流活动全面启动,主会场启动仪式在渭河西安段西安湖举行,宝鸡、咸阳、渭南、铜川以及杨陵区等沿渭市(区)在分会场同步举行了启动仪式。省水利厅副巡视员左占清在主会场出席了启动仪式。从启动仪式开始到年底共向渭河流域放流鲢鱼、鳙鱼、鲫鱼、鲤鱼、鮎

鱼、黄鱼、黄颡鱼、中华鳖、乌鳢等种类527万尾鱼苗。

[20]12月16日，2013年《陕西渔业生态环境状况公报》和《陕西省水产养殖病害监测及防治状况公报》公布。

[21]12月20日，农业部表彰全国农业先进集体和先进个人，省渔业局获"全国农业先进集体"荣誉称号，渭南市水产建设管理处处长廉顺安，南郑县水产工作站站长李万春2位同志获"全国农业先进个人"荣誉称号。

（陕西省渔业局 倪德强 段荣娟）

甘肃省渔业

【概况】 2013年，甘肃省各级渔业部门认真贯彻中央1号文件和省委1号文件精神，积极推进渔业结构调整，大力发展现代渔业，不断提高渔业产业化水平，渔业经济保持了持续平稳发展的良好态势。全省养殖水面13 878公顷，同比增长4.3%；水产品总产量13 884吨，同比增长4.09%；渔业产值2.3亿元，同比增长9.5%。

1.水产养殖 一是苗种投放较好。据统计，全省水产苗种投放1.6亿尾，和上年基本持平。其中常规经济鱼类苗种投放1.4亿尾，鲑鳟鱼苗种投放2 000万尾。临夏国家级鲑鳟鱼良种场繁殖鲑鳟鱼发眼卵800万粒，向雅安地震灾区无偿捐赠虹鳟鱼苗20万尾，金鳟鱼苗20万尾；碧泊公司繁殖鲑鳟鱼发眼卵200万粒；陇南自繁虹鳟、金鳟鱼苗250多万尾；张掖自繁虹鳟鱼苗50万尾；人工繁殖秦岭细鳞鲑鱼苗5万尾。大鲵自繁苗种5万尾，引进苗种约3万尾。二是养殖方式发生新变化。全省池塘、水库等传统养殖面积与上年持平；网箱面积又有新的突破，甘南藏族自治州卓尼县通过鼓励个体投资、为当地群众提供贷款担保等多种措施，网箱养殖发展到21家，养殖面积3公顷，主养虹鳟、金鳟、鲟鱼等品种。陇南市继续开发大水面网箱养殖潜力，新增网箱150只，网箱养殖面积达到6.13公顷，全省面积达到17.63公顷。三是市场价格有变化。根据部分水产品零售市场价格调查，与上年相比，陇南地区商品鲟鱼价格上涨12%，虹鳟价格上涨8%，草鱼、鲤鱼、鲫鱼等价格基本与上年持平；临夏虹鳟均价30元/千克，金鳟均价38元/千克，价格微幅下调；虹鳟兰州均价为42元/千克，价格微幅上涨。

2.特色渔业 鲟鱼苗种人工孵化继续取得突破，敦煌孵化培育西伯利亚鲟、俄罗斯鲟、杂交鲟等名优鲟鱼苗种40万尾，成活率达到80%。鲟鱼养殖开始从点向面扩展，酒泉、张掖、临夏、甘南、陇南等地鲟鱼养殖面积逐年扩大。鲑鳟鱼养殖开始出现复苏，在陇南文县、甘南卓尼形成了2个新的主产区，新增养殖面积逾3公顷。大鲵养殖持续良性发展，今年新增养殖户30户，新增养殖面积4公顷，全省大鲵养殖户超过500户，养殖面积超过18.67公顷，存塘数量超过11万尾。休闲渔业蓬勃发展，经营企业700多家，经营面积达到1 700多公顷。天水九华山生态农业实验场（澎海娱乐园）、平凉市崆峒区休闲渔业示范基地、陇西永昌生态园、酒泉市铧鑫荷花园休闲渔业示范基地4家单位获得了"全国休闲渔业示范基地"称号。

3.技术推广 在全省组织实施了新品种新技术引进示范推广、土著鱼类驯养繁殖开发、冷水性鱼类名优品种养殖技术示范3类项目，加强了鲑鳟鱼传染性造血器官坏死病防控工作，完成了3批疫病采样送检工作，疫情没有扩散，疫区没有扩大。开展了渔业病害测报和预防指导工作，设置测报点70个，完成了2次测报数据的整理上报工作。加强大宗淡水鱼类产业技术体系建设，各示范县开展福瑞鲤、芙蓉鲤鲫等品种养殖示范，示范面积超过133公顷。举办全省渔业技术人员培训班2期，培训人员220人次。

4.良种体系 完成了甘肃文祥生态渔业公司所属省刘家峡鲑鳟鱼良种场、漳县金海水产养殖公司所属省定西市冷水性鲑鳟鲟鱼良种场2个项目初步设计评审，组织实施了泾川县综合水产良种场建设项目，项目总投资234万元。按照《甘肃省省级水产原种场资格验收办法》的规定，对酒泉市万聚渔业开发有限责任公司省级水产良种场进行了资格复核，临泽县玺萍水产养殖场、张掖市新世纪渔业有限责任公司、临洮县冷水鱼种苗养殖场、天水九华山生态农业试验场、武山县力泉冷水鱼养殖场5个良种场晋升为省级水产良种场。组织对临夏、永登、永昌等地的23家苗种生产单位使用违禁药物情况进行了专项执法检查，重点检查了苗种场"三项记录"建立情况，对未建立相关制度的督促其整改。组织了全国现代渔业种业示范场创建活动，甘肃省鲑鳟鱼引种育种中心（甘肃临夏鲑鳟鱼良种场）取得了"全国现代渔业种业示范场"资格。

5.质量安全 积极深化水产健康养殖示范场创建工作，全年新批准农业部水产健康养殖示范场6家，完成了第五批3家企业的复核。在全省安排8个养殖场实施了"菜篮子"渔业生产项目，安排5个养殖场实施了养殖环境修复示范项目，每场50万元，共计550万元。更新完善了《产地水产品质量安全监督抽查生产单位数据库》，更新修改信息500多条。开展水产品禁用药物和有毒有害物质专项整治，全年共开展4次例行抽检和2次产地质量安全抽检，采集样品63个，连续4年抽检合格率达到100%，并对全省抽检结果进行了公开通报。开展了永靖县刘家峡库区8个部级水产健康养殖示范场"三项记录"检查，4个省级水产良种场苗种生产情况督查，对存在问题的6家企业和个人进行了指导教育。

6.渔政执法 进一步加大了全省自然水域禁渔执法检查、长江流域渔政执法护渔行动和黄河流域渔业资源保护执法检查力度，累计开展执法行动15次，出动执法车船39台(艘)，执法人员159人次，教育处罚非法捕捞人员23人次。组织市县基层渔业执法人员34人分别参加了黄河流域渔业资源管理委员会和长江渔业资源管理委员会组织的渔政执法培训，在全省推广应用渔业行政处罚系统及渔业执法数据统计系统软件，办理水生野生动物驯养繁殖证17本，经营利用证3本，对4户申请大鲵经营利用的养殖场进行了现场勘查评估。开展了渔船船用产品检验业务，完成了兰州电机厂42种产品的型式认可和5份船用图纸审图，完成了87台产品的检验。认真贯彻农业部和甘肃省有关部署和安排，积极开展渔业安全生产检查，每季度组织一次渔船安全生产隐患排查，有效遏制渔船重大事故发生。

7.生态保护 积极开展渔业生态环境保护，漳县珍稀水生动物国家级自然保护区已得到国务院正式批复，这是甘肃省第一个国家级水生野生动物自然保护区，农业部安排投资828万元。秦州大鲵省级自然保护区升级国家级自然保护区工作进展顺利，农业部已正式上报国务院。完成了陇南市宕昌县、天水市张家川县、平凉市灵台县3个省级水产种质资源保护区的划定，上报农业部拟晋升国家级水产种质资源保护区。争取水生生物放流资金480万元，采取公开招标的形式，增殖放流水生生物淡水经济鱼类1 700万尾，大鲵4 600尾，黄河裸裂尻、极边扁咽齿鱼各20万尾，祁连山裸鲤20万尾。先后开展了10多次的涉渔工程环境影响评价工作，为相关保护区争取生态补偿资金1 000多万元。完成了康县、甘谷、武山等12个县的重金属采样检测，采样点8 650个，培训基层检测人员130人次。

8.基础设施 全年共争取中央资金2 491万元，其中增殖放流资金480万元；渔政船、渔政快艇资金180万元；漳县秦岭细鳞鲑国家级自然保护区项目投资828万元；水产原(良)种场建设项目投资390万元；渔业资源保护和渔政管理项目资金493万元；渔业"菜篮子"产品生产项目投资300万元。这些基础项目的建设，提升了全省渔业发展后劲，促进了全省渔业更好更快发展。

9.主要问题 一是鲑鳟鱼因疫病生产尚未恢复。鲑鳟鱼主要产地永昌、永登、临泽3县的存塘鱼捕杀和无害化处理仍然没有完成，恢复生产困难重重。二是渔业因灾损失较大。玛曲、康县、秦州、崆峒等地养殖场遭受地震、暴雨洪灾袭击，保护区各种设施水毁严重，造成经济损失1.3亿元。

【重点渔业市(州)基本情况】

甘肃省渔业重点市(州)基本情况

市(州)	渔业产值(万元)	水产品总产量(吨)	养殖面积(公顷)
张掖市	2 300	3 750	1 706
酒泉市	1 720	3 182	1 820
白银市	1 610	2 256.2	168
临夏州	1 572	2 265.91	6 537
定西市	1 512	1 228.2	55
兰州市	1 300	1 492.64	133
天水市	1 174	968.57	140
陇南市	1 120	2 016	2 000
平凉市	1 020	1 598	105

【大事记】

[1]1月24日，甘肃省玛曲青藏高原土著鱼类自然保护区管理局成立。

[2]2月21日，《2013年甘肃省水产品质量振兴工作计划》发布。

[3]3月28日，甘肃省农牧厅举行农业部水产健康养殖示范场授牌仪式，全省27家农业部水产健康养

殖示范场获发铜牌,接受社会群众公开监督。

[4]4月10～11日,农业部黄渤海区渔政局局长马毅检查指导天水市渔业生态环境保护工作。

[5]4月12日,2013年黄河流域渔业资源管理委员会会议在兰州召开。农业部渔业局副局长、黄河流域渔业资源管理委员会副主任委员李彦亮,农业部黄渤海区渔政局局长、黄河流域渔业资源管理委员会副主任委员马毅出席会议并讲话,甘肃省农牧厅巡视员王亨通发表致辞,会议由农业部黄渤海区渔政局副局长王守民主持。沿黄9个省、自治区的渔业行政主管部门、渔政管理机构、渔业环境监测机构、渔业科研机构和部分市县的渔业机构、渔政机构的代表共60多人参加了会议。

[6]4月26日,2013年甘肃省水产品禁用药物和有毒有害物质专项整治行动方案发布。

[7]5月9日,由宁波市海洋与渔业局、宁波市水产协会主办的"宁波水产西部推介会"在兰州举行。

[8]6月5日,国务院办公厅发布《关于公布辽宁大黑山等21处新建国家级自然保护区名单的通知》,甘肃省漳县珍稀水生动物国家级自然保护区获批晋升为国家级自然保护区。

[9]6月9日,由甘肃省农牧厅、天水市政府主办,秦州区政府、天水市畜牧兽医局承办的甘肃秦州大鲵增殖放流活动在秦州区珍稀水生野生动物自然保护区北峪河区域举行,共放流大鲵200尾。

[10]6月14日,全国《渔业水上交通肇事逃逸案调查处理规定(讨论稿)》研讨会在兰州召开,农业部渔政指挥中心副主任胡学东出席会议并讲话,农业部渔政指挥中心调查处、农业部东海区渔政局、甘肃省农牧厅渔业处、省渔政管理总站及山东、广东、上海、天津、河北、江苏、浙江、安徽、福建、四川等省(直辖市)渔政机构负责人参加了研讨会。

[11]7月1日,国家林业局驻西安森林资源监督专员办事处牵头成立了甘肃省部门间《濒危野生动植物种国际贸易公约》(简称CITES)执法工作联系协作小组,成员单位有西安专员办、甘肃林业、农牧、公安、工商、出入境检疫检验及兰州海关等7个,为甘肃省更好地开展CITES执法工作,保护濒危野生动植物种建立了长效稳定的协作平台。

[12]7月5日,甘肃省渔业工作会议在临夏州永靖县召开。各市州农牧、畜牧、渔业、水务局分管渔业局长及渔业站长,金塔县、肃州区、敦煌市等37个县区渔业负责人,省级渔业单位代表及有关企业代表共计80多人参加了会议。省农牧厅副厅长妥建福、临夏州副州长马旭林出席了会议。会议传达学习了全国现代渔业建设工作电视电话会议精神,参观了永靖县刘家峡库区4个现代渔业养殖现场,陇南市等4个单位交流了现代渔业发展经验,安排部署了全省渔业重点工作。

[13]11月21日,农业部黄渤海区渔政局发布《关于表彰黄渤海区暨黄河流域渔业政务信息宣传工作先进单位和先进个人的通报》,甘肃省农牧厅渔业处被表彰为政务信息宣传工作先进单位,甘肃省农牧厅渔业处李琦被表彰为先进个人。12月26日,农业部渔业局发出《关于2012－2013年度全国渔业政务信息与宣传工作有关情况的通报》,甘肃省农牧厅渔业处李琦被通报表彰为先进个人。

[14]11月12日,农业部办公厅发布《关于公布全国休闲渔业示范基地(第二批)名单的通知》,甘肃省天水九华山生态农业实验场(澎海娱乐园)、平凉市崆峒区休闲渔业示范基地、陇西永昌生态园、酒泉市铧鑫荷花园休闲渔业示范基地4家企业荣获全国休闲渔业示范基地称号。

[15]12月20日,农业部发布《关于表彰全国农业先进集体和先进个人的决定》,甘肃省渔业技术推广总站李勤慎、定西市渔业技术推广站王晓琴(女)荣获全国农业先进个人。

[16]12月25日,农业部办公厅发布《关于公布农业部水产健康养殖示范场(第八批)名单的通知》,甘肃省渔业技术推广总站(所属刘家峡水库渔场)、白银区金锋刘玉甫渔场、镇原新海养殖专业合作社(所属水产养殖场)、庆阳景宏鑫养殖农民专业合作社(所属水产养殖场)、武山县金水湾冷水鱼养殖专业合作社、康县田竹源大鲵养殖有限责任公司6家企业荣获第八批农业部水产健康养殖示范场称号。

(甘肃省农牧厅渔业处　李　琦)

青海省渔业

【概况】 2013年,青海省渔业工作认真贯彻全国渔业专业工作会议和省委农村牧区工作会议精神,坚持保护与发展并重的原则,紧紧围绕年度工作目标,在开展渔业资源保护的同时,大力发展以鲑鳟鱼为主的冷水鱼网箱养殖,渔业资源保护得到进一步加强,养殖渔业呈现出了强劲的发展势头,开创了高原渔业工作的新局面。全年水产品产量达到6 000吨,渔业产值达到21 925.6万元。

1. 渔业资源保护 2013年,省、州、县三级农牧、公安、工商联手开展了首次集中打击盗捕贩卖湟鱼违法行为行动,制订了"私房菜"馆加工销售湟鱼专项执法检查行动方案,加大查处力度。全年共办理行政案件25起,查处违法人员30人;办理治安案件8起,行政拘留10人;办理刑事案件11起,查处违法人员23人,刑事拘留21人,判刑8人;没收湟鱼7 201千克,没收渔网7 585盘,查扣汽车5辆、三轮摩托车17辆,查处非法经营湟鱼餐馆24家。有效地保护了青海湖渔业资源。

2. 渔业环境监测 继续开展渔业环境监测。2013年,开展三江源区、国家级水产种质资源保护区、柴达木盆地、黑河及渔业养殖水域等渔业生态环境监测,共设监测点76个,比上年增加11个,新增17%。水质监测项目24项、水生生物监测5项,全年监测频次达到2次以上。完成各类监测报告98期。全省渔业环境监测已形成较为规范的监测网络体系,重点渔业水域监测工作稳步开展。

3. 增殖放流 2013年,加大土著鱼类增殖放流力度。根据年初制定的增殖放流任务,依托青海湖裸鲤救护中心沙流河增殖放流站和黄河流域苏只增殖站,共组织举行15次放流活动,放流土著鱼苗897万尾,其中,青海湖裸鲤700万尾;花斑裸鲤167万尾;极边扁咽齿鱼20万尾;齐口裂腹鱼10万尾。比计划的850万尾超额完成47万尾。放流数量比上年增加115.4万尾。

4. 水产种质资源保护区建设 2013年,申报的格尔木河、年宝玉则特有鱼类国家级水产种质资源保护区已获农业部批复,到2013年年底,全省国家级水产种质资源保护区由11个增加到13个。

5. 养殖渔业 2013年,渔业生产在各项惠农政策的支持下,显现出了强劲的发展势头,全省水产品产量达到6 000吨,其中池沼公鱼1 380吨、鲑鳟鱼3 641吨、河蟹125吨、鲤科鱼类854吨。总产量比上年的4 520吨增加1 480吨,增长33%。鲑鳟鱼产量比上年的2 580吨增加1 061吨,增长41%。

(1)积极争取资金加大渔业投入。2013年,渔业发展总投入达到16 719.52万元。其中,中央及地方财力投入渔业发展资金共计6 509.52万元,比2012年的1 641.5万元新增4 868.02万元,新增297%。拉动社会资金投入10 210万元。

(2)网箱建设发展迅速。积极推进水产健康养殖示范场创建活动,鼓励各养殖场按照创建标准积极参与创建活动。在已有16家养殖户(企业)获得农业部水产健康养殖示范场称号的基础上,又有10家养殖户(企业)获得农业部水产健康养殖示范场称号。全省获得农业部水产健康养殖示范场称号的养殖户(企业)已达26家。2013年新增网箱养殖面积30 000平方米,实现了年度网箱建设的预期目标。网箱建设面积累计达到139 155平方米,比上年新增27%。

(3)苗种繁育规模逐步扩大。2013年,强化了良种繁供体系建设,一是在农业部和省级财政的支持下,对大通县鲑鳟鱼良种场进行了改扩建。二是启动实施了“水产良种补贴”惠农政策。年内向养殖户(企业)提供大规格的鱼苗310万尾,基本解决了沿黄库区冷水鱼网箱养殖苗种短缺的问题。

(4)水产品产地检测 积极开展水产品产地质量安全全程监控示范试点。在共和、尖扎、化隆、循化4县的养殖场,对从苗种质量管理、养殖环境监测、养殖模式选择、疫病检疫及病害防治、投入品质量管理、水产品质量检测及养殖水产品质量可追溯制度等7个方面进行了水产品质量安全全程监控,为在全省范围内开展水产品质量安全监控积累了经验。

(5)疫病防控 2013年,对鲑鳟鱼苗种输入输出实现严格的管理,并及时进行检测,建立检疫备案制度和可追溯制度。同时对沿黄流域鲑鳟鱼养殖区域设立21个测报点,及时控制养殖病害发生,年内未出现疫情,确保了养殖安全。

6. 科技推广和技术培训 2013年,依托鲑鳟鱼网箱养殖实训基地,组成专家服务团,在实训基地对全省鲑鳟鱼网箱养殖的技术人员进行现场操作手把手的培训,全年共组织举办“深水网箱养殖技术”、“鲑鳟鱼养殖技术”、“鲑鳟鱼养殖模式与药残检测技术”、“鲑鳟鱼良种选育”、“专用饲料应用”、“鱼病防治”等培训班9期,培训350人次。通过技术培训,提高了养殖户的科学养鱼水平。

【大事记】

[1]1月5日,省农牧厅召开封湖育鱼工作座谈会,海南藏族自治州、海北藏族自治州渔政执法支队,西宁市、共和、刚察、海晏、湟源、湟中、大通、互助县渔政站的领导参加了会议。副厅长祁生援到会并做了讲话。会议要求从领导重视、重点打击、加大宣传、队伍建设等四个方面抓好2013年的封湖育鱼工作,遏制违法偷捕贩销湟鱼的势头。

[2]1月7~9日,中国水产科学研究院上海渔业机械研究所倪琦副所长一行到青海省进行了现代渔业发展调研,先后考察了公伯峡、李家峡水库鲑鳟鱼网箱养殖基地。

[3]3月29~31日,省农牧厅在黄河化隆、贵德段干流及湿地开展2013年春季黄河鱼类增殖放流活动,共放流8厘米以上规格花斑裸鲤鱼苗80万尾。

[4]4月24日,省农牧厅与省直机关工委联合举

办2013年“保护湟鱼资源,共建美好家园”宣传周活动仪式暨万人签名活动。

[5]6月23～25日,中国水科院第三届“三北渔业科技合作协会”论坛在西宁召开,省农牧厅副厅长祁生援出席会并致辞。论坛以围绕盐碱地渔业开发利用、现代种业发展、渔业科技协作等议题进行了广泛的交流和探讨。

[6]6月28日,省农牧厅组织中科院水生所、中国水科院长江水产研究所、黑龙江水产研究所,华中农业大学,西南大学等国内知名专家对青海省渔业环境监测站、海南州农牧局和青海民泽龙羊峡生态水殖有限公司联合编制的《龙羊峡水库网箱养殖容量及产业发展规划》进行了评审,专家组一致同意通过评审。副厅长祁生援出席了会议。

[7]6月29日,青海省黄河水电公司在循化县积石峡水库举行土著鱼类增殖放流活动,现场放流花斑裸鲤、极边扁咽齿鱼30万尾。省人民政府副省长马顺清出席活动,省农牧厅副厅长祁生援参加活动。

[8]7月6日,省农牧厅与海北州政府在刚察县沙柳河畔共同举办2013·青海湖裸鲤增殖放流暨观鱼放生节活动,省政府副省长严金海出席活动仪式,省农牧厅厅长张黄元、副厅长祁生援参加活动,当天放流1龄大规格青海湖裸鲤鱼苗100万尾。

[9]7月9日,全国政协常委、省政协副主席马志伟率领省政协人口资源环境委员会10余名委员,对省渔业环境监测站进行了视察,省农牧厅副厅长祁生援参加并介绍了青海渔业发展情况。

[10]11月12日,《农业部办公厅关于公布全国休闲渔业示范基地(第二批)名单的通知》,青海省共和县民泽龙羊峡生态水殖有限公司和循化县丰盛水产养殖有限公司荣获全国休闲渔业示范基地称号。

[11]11月25～27日,省农牧厅副厅长都茂庭带队,组织厅渔业局、省渔业环境监测站等相关负责人赴海南州开展“百日千人”下基层转作风抓落实促发展活动进行调研。

[12]12月11～16日,省农牧厅组织专家组,对2013年“菜篮子”水产品扶持项目进行了考核评审,通过对拟定并公示的7家养殖合作社项目建设任务完成情况的考核,最终有6家通过考核验收。

[13]12月25日,《农业部办公厅公布农业部水产健康养殖示范场(第八批)名单的通知》,青海省化隆县建明水产养殖合作社、化隆县翔林冷水鱼养殖专业合作社、民和县青海长丰农业开发有限公司、乐都县思安特种水产养殖专业合作社、互助县塘川镇玉伟养鱼场、贵德县高原绒蟹养殖专业合作社、尖扎县坎布拉镇伊尊水产养殖专业合作社、尖扎县康杨丹霞水产养殖专业合作社、尖扎县坎布拉镇黄河清石花冷水鱼养殖专业合作社、尖扎县才让农业开发有限公司荣获农业部水产健康养殖示范场称号。

(青海省渔业局)

宁夏回族自治区渔业

【概况】

1.主要渔业经济情况 2013年,宁夏渔业按照“稳中求进、生产生态并重、增收增效并举”的工作总基调,进一步推进百万亩适水产业建设,全面完成各项目标任务,全区水产品质量安全水平、渔业生产安全水平、渔业生态安全水平进一步提升,渔业经济继续保持快速、健康的发展态势。全区水产养殖面积达到4.56万公顷,水产品产量15.2万吨,渔业经济总产值27.4亿元,产地水产品抽检合格率达100%,从渔农民人均纯收入8 500元,人均水产品占有量23.2千克。

2.产业发展的主要举措、成就及特点

一是现代渔业建设有力推进。首先,现代水产种业发展加快推进。以养殖主导品种为重点,坚持水产良种引进与自繁同步推进,积极培育国家级、突出加强自治区级水产原(良)种场建设,带动重点市(县)苗种繁育场上规模、上水平。申报全国渔业种业示范场4个,新建自治区级良种繁育场2个,全区区、市、县三级苗种繁育场总数达到24个,苗种自给率达到65%。开展了黄河鲶、黄河鲤等当地品种良种选育与繁育,福瑞鲤、“中科3号”等优良品种扩繁与养殖,为全区7个重点苗种繁育场更换福瑞鲤、“中科3号”等亲本7 000组,并建立亲本档案,有效解决传统养殖品种混杂、退化严重的问题,育种、扩繁、推广三位一体的现代种业体系建设取得突破,良种覆盖率达到65%。其次,池塘标准化改造实施力度加大。围绕高产高效,以生态、健康养殖基地为重点,坚持新塘建设与旧塘改造同步推进,由以往重池塘开挖、淤泥清理与完善水、电、路配套等基础设施建设变为加强基础设施建设、推广应用微孔增氧机、微生物制剂等池塘底质改良与水质净化调控技术、积极实施信息化管理等并重。全区共改造养殖池塘2 333公顷,建设标准化养殖基地22个,渔业生产条件得到新的改善,每公顷增产4.5吨以上,带动养殖规模进一步扩大,生产能力进一步提高。第三,养殖结构调整优化。围绕优质高效,以国家级水产健康养殖示范场为重点,坚持池塘标准化养殖与大水面生态养殖同步推进,强化名优新品种规模化健康养殖的示范与推广。积极开展草鱼、鲢鳙鱼、乌克兰鳞鲤等适销对路的大宗水产品大水面生态养殖，提升品质增效益；着力发展黄河鲤、黄河鲶等地方特色品种和斑点叉尾鮰、丁鲹、泥鳅、河蟹等名优品种池塘标准化养殖，提高产量增效益。全区特色及名优水产品健康养殖面积达到 1.83 万公顷，比重占到养殖总量的 50% 以上。其中斑点叉尾鮰、丁鲹、泥鳅、南美白对虾等主养效益显著，每公顷平均效益达到 9 万元以上。第四，产业化经营水平进一步提升。推进休闲渔业发展，创建全国休闲渔业示范基地 4 个，全区休闲观赏渔业及养殖场点 225 家（其中工商注册 118 家），年产值达 2.5 亿元以上。做强渔业品牌，以龙头企业为重点，充分发挥宁夏养殖水质、环境优势及黄河文化、特色优势，加快打造宁夏淡水鱼“绿色”品牌、特色品牌。在“沙湖大鱼头”、“灵汉鱼”等全国知名品牌，“星海湖”、“翰泉海”、“龙湖一宝”等地方特色品牌的基础上，2013 年新申请注册了“冰川苍鳌”等 4 个渔业品牌，在北京、甘肃、西藏、青海等设立品牌水产品直销店，品牌水产品市场销售价每千克比普通水产品高2～6 元，基本实现品牌水产品的区域化布局、规模化生产，实现了资源优势向品牌优势、价格优势的转变。

二是稻田生态综合种养多元化发展。围绕生态高效，以规模化水稻种植、加工企业（合作组织）为重点，推动“企业＋合作社＋农户”经营，发展稻田生态种养 1.11 万公顷，比上年增长 21.2%；据测产测算，“蟹田稻”平均每公顷产 8 505 千克，“稻田蟹”平均每公顷产 223.5 千克，每公顷平均增收 1.62 万元。在稳步推进稻田养蟹的同时，广泛开展稻田养鱼（品种包括泥鳅、鲫鱼、鲤鱼、甲鱼、田螺等）、稻田养鸭、稻田排水沟栽种花卉、蔬菜等试验示范，进一步拓展稻田生态综合种养发展内涵。加大稻田养蟹种力度，面积达到 6.4 万公顷，为提高湖泊湿地、水域资源利用率，促进河蟹产业化发展打下了坚实的基础。

三是水产品质量建设不断强化。组织开展了农业部第八批健康养殖示范场创建，新创建农业部健康养殖示范场 8 个。选择 6 家水产健康养殖示范场推进“菜篮子”工程建设。建设由自治区、银川市、石嘴山市、吴忠市及 9 家现代渔业养殖示范龙头企业互联的“全国水产品质量安全可追溯信息系统”平台，形成了由区、市和监控场点构成的三级水产品质量全程综合监控、可追溯信息平台体系。全面加强渔业生态环境监测和水产品质量检测，开展渔业水体环境监测 1.33 万公顷，检测水样、水产品、苗种、饲料样本 580 个，其中水产品、苗种、饲料样本 384 个，自检合格率 100%。2013 年，农业部两次对宁夏产地水产品开展质量安全监督抽查，共抽检样本 65 个，合格率达到 100%。加大水生动物疫病防控力度，组织开展了重大疫病专项监测和水产养殖病害测报工作，设置水生动物疫病防控点 63 个，在平罗、贺兰、吴忠、青铜峡等草鱼主养区试点推广草鱼“三联”疫苗免疫接种技术 700 公顷。组织开展水产养殖及水产品质量安全专项执法督查活动和苗种检疫，共检疫鉴评各类水产苗种 13 亿尾，鉴评率达到 96.1%。

四是渔业科技创新与推广持续加强。推进水产新技术应用，综合应用传统选育技术和分子标记辅助育种技术，启动亲本选育分子标记技术，加强病害防控，启动草鱼“三联”疫苗免疫接种技术，熟化黄河鲶大规格苗种培育技术，开展南美白对虾苗种梯度淡化技术试验示范等。加强成果转化与推广服务，在全区组织科技服务活动，渔业科技入户工程，开展池塘集约化节水高效养殖、大水面生态养殖、名优新品种规模化健康养殖等，建设水产健康养殖示范点 182 个，示范和带动面积 4 万公顷以上，并在贺兰县、平罗县、青铜峡市、金凤区等推进特色高效渔业建设。组织实施渔农民培训工程，全年培训渔农民 10 000 人次以上。建立了渔业首席专家制度，形成了以 3 个首席专家团队为核心、基层渔技员为补充的技术推广服务体系。

五是渔业资源和生态养护工作扎实推进。坚持和完善黄河休渔禁渔制度，开展违规捕捞渔具清理专项整治。扩大水生生物资源增殖放流规模，加大渔业资源增殖放流力度，根据农业部要求，放流工作简化了仪式，更注重成效，全区共举办不同规格增殖放流活动 21 次，放流黄河鲤等鱼类 3 000 余万尾，共投入各类资金 1 211.8 万元，首次在泾河宁夏段开展了大规模增殖放流活动。积极开展涉渔生态环境影响评价，签订生态补偿协议两份，涉及补偿资金 365 万元，完成西气东输三线天然气管道工程生态补偿兑付手续。继续推进水产种质资源保护区建设，沙湖特有鱼类国家级水产种质资源保护区获农业部批准，宁夏国家级水产种质资源保护区达到 4 个。完成全年渔业水域生态环境监测工作，加强渔业污染事故调查处理，及时妥善处置突发污染事件。

六是渔业安全生产和执法等工作取得实效。提高保障渔业健康发展的能力，重点加强了渔业安全生产监管，全面推广养殖生产用船登记管理制度，加强对公共水域和养殖湖泊、池塘垂钓、水库安全生产及“三无”船只、养殖生产用船、渔政执法船舶安全排查。在全区开展“平安渔业示范县”创建工作，提升渔业安全管理水平。加强渔政执法管理，组织开展渔业安全生产、水生生物资源养护与保护等专项执法行动。强化水产养殖执法，保障水产品质量安全。落实各项强渔惠渔政策，积极争取各级财政加大对现代渔业的投入。加强对渔业专项补助资金、渔业建设项目情况的督查，确保专款专用，提高资金使用效率。推进渔业金融信贷支持，拓宽投融资渠道，青铜峡市与建设银行签订渔业建设贷款金额 5 200 万元，开创了金融机构贷款水产养殖的先河，为全区渔业发展形成多层次、多元化投入机制的建立取得重大突破。

3. 存在的主要问题

一是渔业投入水平与特色产业地位不相适应。旧池塘改造、宜渔盐碱荒地和湖泊湿地生态渔业开发缺乏资金引导，近几年宁夏引黄灌区开发和恢复的一些湖泊湿地，特别是黄河金岸形成的水面，还没有很好地利用起来；养殖池塘标准化改造推进缓慢，部分精养池塘淤积老化严重，生产能力下降，池塘单产比全国平均水平低 100 千克，同时对水产品质量安全也构成了威胁。

二是科技创新能力与结构调整的要求不相适应。在科研上，基础研究薄弱，自主创新能力不强，许多严重制约生产发展的技术问题没有得到及时解决，科技成果的储备及有效供给不足，技术到位率低。

三是渔业基础体系与快速发展的养殖生产不相适应。水产苗种生产能力低，养殖主导品种、土著鱼类提纯复壮滞后，良种育繁推体系不健全，自繁总量严重不足。原(良)种生产不成体系，一些苗种生产单位亲本老化，种质退化，水产苗种质量参差不齐；水产品质量安全体系不健全，没有形成覆盖全区的水产品质量安全检测体系。

四是产业化发展水平与现代渔业发展要求不适应。全区渔业经济一、二、三产业中，一产产值占渔业经济总产值的比重仍高达 50% 多。特别是，优质水产品市场开拓力度小，知名品牌少，缺乏高端市场引领，不能实现优质优价，影响产业效益。

【重点渔业市(县、区)基本情况】

宁夏回族自治区重点渔业市(县、区)基本情况

市(县、区)	总人口(万人)	渔业产值(万元)	水产品产量(吨)	其中		养殖面积(公顷)
				捕捞	养殖	
贺兰县	22.85	36 712.24	35 044	76	34 968	7 508
平罗县	30.33	33 581.04	34 299	50	34 249	11 407
青铜峡市	27.68	14 044.87	15 146	32	15 114	4 699
大武口区	28.7	13 620.78	12 700		12 700	3 866
沙坡头区	38.72	10 499.54	11 050		11 050	2 765
金凤区	26.86	8 312.28	8 900	20	8 880	2 833
永宁县	21.83	8 662.86	8 762	2	8 760	1 343
兴庆区	69	5 882.6	5 850	10	5 840	1 888
灵武市	23.95	5 831.78	5 097		5 097	1 227
中宁县	31.97	3 919.98	3 730	28	3 702	2 333

【大事记】

[1]1 月 4 日，宁夏农牧厅渔业局印发《关于做好冬季渔业安全生产工作的通知》，要求各地切实做好冬季渔业安全生产工作，有效防范渔业安全生产事故的发生，保持渔业安全生产形势稳定。

[2]2 月 25 日，农业部、国家安全监管总局召开全国渔业安全生产暨文明渔港创建工作视频会议。宁夏组织有关市、县(区)渔业部门负责人，自治区水产技术推广站、水产研究所主要负责人参加会议。

[3]2 月 28 日，全区渔业工作会议在银川召开。自治区农牧厅厅长张柱强调抓好“一个品种、一种养殖模式、一条营销策略、一个时间差、一个拓展”等“五个一”，推动全区水产养殖业发展再上新台阶。农牧厅巡视员黄全福做了会议报告。会议表彰了 2012 年度全区渔业工作先进单位和先进个人，签订了 2013 年渔业重点工作目标责任书和安全生产责任书。自治区农牧厅渔业局对 2013 年渔业重点工作进行了安排部署。

[4]4 月 22 日，宁夏农牧厅渔业局印发《关于开展水产苗种检疫、鉴评工作的通知》，要求各地深入开展水产苗种生产专项检查并强化入境苗种检疫，进一步规范水产苗种生产、销售行为，切实维护从渔农民利

益,从源头上保证水产品质量安全。

[5]4月26日,宁夏渔政局印发《关于开展渔业船舶安全专项治理整顿工作的通知》,安排部署5~6月份全区渔业船舶专项安全治理整顿工作。

[6]6月7日,为做好汛期渔业安全生产及防汛工作,宁夏农牧厅渔业局印发《关于做好2013年汛期渔业安全生产的通知》,要求各地高度重视,加强组织领导,认真组织检查,排除水产养殖灾害隐患,落实汛期值班制度和渔业安全预警信息通报制度,确保池塘、湖泊养殖鱼类安全度过汛期。

[7]6月8~9日,宁夏农牧厅渔业局按照农业部水产健康养殖示范场复查工作方案,组织有关人员成立复查验收组,对宁夏水产研究所、灵武市金河渔业专业合作社、宁夏泰嘉渔业有限公司、平罗县多利农业产业有限公司、平罗黄河三水产业开发有限公司、平罗县鑫垚源养殖有限公司、中卫市晓燕渔业专业合作社等7家第五批农业部水产健康养殖示范场进行了复查验收。

[8]6月13日,自治区党委副书记崔波先后深入自治区水产研究所科研基地、贺兰县新明渔业科技示范园区、贺兰县月亮湾现代渔业示范园区以及农垦沙湖生态渔业有限公司进行调研。崔波副书记认为宁夏发展适水产业有优势,潜力大。今后渔业发展,一要进一步深入调研、讨论,广泛征集各方意见,进一步理清产业发展的思路,拓展产业的内涵和外延。二要突出解决规模效益的问题,以产业大县和农垦为重点,加快发展家庭渔场。三要整合科研推广、养殖、流通、饲料加工、渔需物资供应等各个环节,成立行业协会,通过协会引领带动产业发展。四要坚持科技工作应以市场为导向,着力解决科研与实践相结合的问题,促使渔业有一个大发展。自治区副主席屈冬玉,自治区农牧厅厅长张柱、巡视员黄全福参加了调研与座谈。

[9]7月5日,由农业部渔业局和自治区农牧厅联合举办的2013年黄河宁夏段渔业资源增殖放流活动在青铜峡金沙湾举行。农业部渔业局副局长李彦亮、自治区农牧厅巡视员黄全福参加活动。共向黄河放流黄河鲤、黄河鲶、鲢鱼、鳙鱼等580万尾。灌区渔业、渔政人员及当地群众300余人参加活动。

[10]7月9日,宁夏农牧厅渔业局印发《关于集中开展渔业安全生产大检查的通知》,安排部署7月15日至9月30日的渔业安全生产大检查活动。

[11]7月22日,宁夏农牧厅制定并印发了2013年全国现代渔业种业示范场创建活动宁夏实施方案,方案明确了宁夏创建全国现代渔业种业示范场的目标、示范场标准、申报程序、示范场管理等。

[12]7月31日、8月2日、8月4日,宁夏农牧厅渔业局分别在银川市、石嘴山市和吴忠市开展党的群众路线教育实践活动征求意见座谈会,广泛听取基层一线渔业工作者、水产养殖大户代表以及渔业企业代表在当前工作、生产中存在的问题,迫切需要支持解决的难题,对自治区产业化扶持政策的建议,2014年及今后渔业工作思路,对自治区农牧厅渔业局及主要负责人工作的意见。

[13]8月29日,宁夏农牧厅渔业局举办了全区渔业系统以"我为宁夏现代渔业发展献一计"为主题的演讲比赛。参赛选手紧紧围绕演讲主题,立足工作岗位,结合个人实际,从不同角度、不同层次阐述了自己对宁夏现代渔业发展的理解与感悟。全区渔业系统干部职工120余人参加了活动。

[14]10月29~31日,宁夏农牧厅渔业局组织有关人员,按照农业部水产健康养殖示范场验收标准对宁夏8家农业部第八批水产健康养殖示范场进行了验收。

[15]11月13日,农业部办公厅公布了全国休闲渔业示范基地名单,贺兰县洪广新明庄园、中卫市腾格里渔业有限公司、宁夏云乐生态旅游度假村、中宁县龙泉山庄生态农业有限公司和宁夏石嘴山市星海湖休闲渔业示范基地获得该项称号,有效期自2013年11月13日至2017年12月31日。

[16]12月2~4日,宁夏农牧厅对2013年"菜篮子"水产品生产扶持项目7个初选单位进行技术考核验收,验收采取项目实施单位汇报、现场核查、资料审查相结合的方式。

[17]12月23日,宁夏农牧厅渔业局印发《关于做好"双节"期间渔业安全生产工作的通知》,要求各地切实做好元旦、春节期间渔业安全生产工作,防止和遏制渔业安全事故发生,确保节日期间渔业安全生产形势稳定。

[18]12月25日,农业部办公厅公布了农业部水产健康养殖示范场(第八批)名单,宁夏8家水产养殖场获得该项称号,分别是中卫市天阔渔业农民专业合作社、中卫市惠大水产流通专业合作社、青铜峡市瑞丰种植养殖专业合作社、银川市辉瑞商贸有限公司、银川市西河滩渔业养殖专业合作社、宁夏蓝湾生态园林有限公司、宁夏海辰生态农业旅游开发有限公司、宁夏明博渔业有限公司,有效期自2014年1月1日至2018年12月31日。

[19]12月26日,宁夏农牧厅邀请中国科学院院士桂建芳教授做了《鱼类遗传育种与水产种业建设的发展》专题报告。

[20]12月26日,宁夏渔业产业协会成立大会暨第一届理事会在银川召开。全区渔业行业技术推广科研部门技术人员,水产养殖、流通、加工等企业、渔业专业合作社代表近200人参加会议。会议表决通过了《宁夏渔业产业协会章程》和《宁夏渔业产业协会理事会选举办法》,并进行了第一届理事会选举。

(宁夏回族自治区农牧厅渔业局)

新疆维吾尔自治区渔业

【概况】 2013年,新疆水产品总产量131 704吨,同比增加6 404吨,增长5.1%,其中养殖产量118 551吨,同比增长6.17%,捕捞产量13 153吨,同比增长3.57%。养殖面积70 707公顷,同比减少401公顷,降低0.6%,渔业经济总产值22.35亿元,同比增加3.33亿元,增长17.5%,渔民人均纯收入12 409元,增加2 109元,同比增长20.5%。

水产品产量的增长主要是池塘养殖产量的大幅增加,池塘养殖产量95 052吨,增加10 561吨,同比增长12.5%,这两年加大了池塘改造力度,2013年池塘改造面积747公顷,养殖单产进一步提高,平均每公顷产量达到8 265千克,伊犁哈萨克自治州、阿克苏地区、兵团等地又新开挖池塘600多公顷,面积增长6.3%,主要得益于中央援疆战略的确立及自治区财政政策的实施,有力地推进了新疆渔业养殖的大发展,自治区政府也加大了池塘建设资金补助投入力度,大大调动了渔民养殖热情,并通过不间断的技术培训,进一步提高了池塘养殖技术生产水平,为市场提供优质、安全的水产品。

2013年全疆农牧民人均纯收入7 442元,渔民纯收入为12 409元,是全疆农牧民纯收入的1.7倍。

1.现代渔业发展步伐进一步加快

一是大力开展"科技之冬"系列培训活动。全年组织水产健康养殖技术、水产品质量安全管理、冷水鱼养殖技术专题培训等各类培训班20余期,培训专业技术人员1 100余人次。二是开展送良种下乡活动。为各地(州)市免费发送虹鳟鱼、罗非鱼、花白鲢、草鱼等原良种1.2亿尾,推进了各地水产养殖品种改良。

三是养殖池塘标准化改造、健康养殖示范场创建工作稳步推进。新创国家级健康养殖示范场33个;全国休闲渔业示范基地创建工作取得良好开局,2个休闲渔业场获得"全国休闲渔业示范基地"称号;苗种生产监督管理、水产养殖标准化建设扎实开展。

四是特色冷水渔业、休闲渔业、设施渔业发展蓬勃兴起,投入强劲。休闲渔业已成为全疆渔业发展的重要组成部分。随着全区居民可支配收入的不断增加以及旅游业的快速发展,更加确保了休闲渔业客源市场的稳步发展,养殖单位和养殖户开展以生产、游钓、餐饮为一体的休闲渔业步伐正在加快,乌鲁木齐市、昌吉回族自治州、巴音郭楞蒙古自治州、阿勒泰地区、阿克苏地区、石河子市等地进一步加大休闲渔业健康发展力度,全疆实现利润3 231.25万元。

2.水产品质量安全监管力度进一步强化

一是抓好水产品质量安全监督抽查。以元旦、春节、五一、国庆、亚欧博览会等重要节假、活动日为重要时点,加强水产品监督检查,全年检查水产养殖单位(户)763家,向有问题的31家养殖单位下发限期整改通知书。组织开展水产品抽查检测4次,抽检样品共200个(水产品189个,饲料11个),合格率为100%;配合农业部对乌鲁木齐市场抽检4次共80个样品,4个样品不合格,合格率95%,其中2个不合格样品为内地流入乌鲁木齐的冷冻水产品,已向相关省发送了不合格产品追查函,另外2个不合格样品为地产样品,已做追溯。通过开展不间断的水产品质量执法检查,进一步规范了全区水产养殖生产行为,增强了养殖生产单位(个人)依法生产、规范用药意识,水产品抽检合格率逐年上升。

二是加强水产品投入监管。对全区渔药、渔用饲料经营主体进行全面摸查清理,严格登记,建档管理。规范完善投入品使用记录,坚决杜绝非法添加禁用药物及非法添加物行为。

三是加强水产品质量安全宣传。组织全疆渔业主管部门开展水产品质量安全宣传周活动。活动期间举办了"新疆水产品质量检测中心开放日"活动。

3.水产品市场开拓与品牌建设扎实开展,渔业产业化进程进一步推进

一是加快无公害、绿色、有机水产品认证步伐,积极推进水产品地理标志登记和GAP认证。重点打造区域绿色品牌和新疆天然有机品牌,着力塑造"绿色新疆、品质渔业"的整体品牌形象,"蓝翔"、"赛湖"、"冰川"等品牌知名度不断提高;新认定无公害水产品产地15个,认证产品50个。

二是积极支持各地开展展销、促销、品牌培育、推介等活动。首次以水产为单位组团参加亚欧博览会。

三是进一步加强了对水产品加工龙头企业的支持和投入。

四是着力提高渔业组织化程度。通过扶持专业合作组织、中介服务组织和龙头企业,打造区域品牌等措施,提高渔业组织化程度和产业化水平,提升渔业市场竞争力。

4. 渔业法制化管理进程进一步加快

一是水产种质资源保护、养殖业专项执法、涉渔水利工程专项执法、水生生物增殖放流活动等更为规范深入，渔政人员培训力度进一步加强，政治素质和执法水平进一步提高。

二是进一步规范渔政执法行动，依法维护渔业生产秩序。自治区水产局印发了《自治区2013年护渔行动实施方案》、《关于做好2013年禁渔期（区）渔政执法检查工作的通知》、《关于开展涉渔工程检查的通知》等文件，组织各地有序开渔业专项执法检查。2013年全疆开展各级渔政执法行动709次，办理渔业违法案件107件。

三是全面启动涉渔水利水电工程执法检查工作。印发《关于开展涉渔工程检查的通知》，组织各地（州）对14个水利工程单位开展涉渔工程执法检查。8月根据各地检查总结情况，召开涉渔工程执法检查研讨会，专题研究涉渔工程执法检查工作中存在的问题，探索执法检查工作的方式和方法，确保执法检查取得成效。

四是加强渔业行政执法人员培训，提高渔政执法能力。开展不同层次的渔政执法人员培训，努力提高渔政人员的政治素质和执法水平，推动渔政队伍规范化、专业化建设，2013年全区共举办渔政人员培训11期，478人参加培训。其中：自治区级2期150人，地区级7期202人，县级3期126人。培训内容涉及渔政管理各方面。同时还开展了军事训练，强化渔政执法人员综合素质，执法能力得到进一步提高。

5. 强化渔业资源养护工作

一是组织实施好增殖放流活动。修订并印发《新疆维吾尔自治区水生生物增殖放流管理规范》，推进增殖放流活动科学、规范、有序、有效实施。2013年，全区开展多层次不同形式的增殖放流活动54次，投放各类水产苗种1.35亿尾，其中濒危物种23.8万尾，共计投入资金3 569.1万元。

二是加快推进水产种质资源保护区建设。积极组织各地申报自治区级水产种质资源保护区。全年新建国家级水产种质资源保护区2个，累计建成9个。

三是积极开展水生野生动物保护宣传月活动。根据农业部统一安排，自治区水产局组织开展了以“关爱水生动物，添彩美丽中国”为主题的水生野生动物保护科普宣传月活动启动仪式。同时组织伊犁河流域的伊犁哈萨克自治州水利局、伊宁市水务局、察布查尔锡伯自治县水利局、特克斯县水利局、新源县水利局开展了水生野生动物的宣传活动，共出动宣传车辆18台次，发放宣传材料1 000余份，宣传品300件。

6. 渔业船舶监管进一步加强 通过组织开展“安全生产年”、“打非治违”、“安全生产大检查”、“安全生产月”等专项行动和活动，进一步巩固全疆渔业安全生产工作基础；渔业船舶检验工作逐步规范，船舶受检率达到72%；渔业安全生产培训、应急演练等工作进一步强化；“平安渔业示范县”创建工作扎实开展；渔业互保工作取得新突破，参保人员增加到900余人。

7. 渔业项目管理更为规范 部门预算资金执行、国库集中支付、公务卡使用管理、渔业专项资金的管理进一步规范。严格遵守项目申报程序，加强专项资金绩效评价和监督检查，逐步实现了从偏重争取和分配资金向实行项目全过程监管的转变。

8. 信息服务与宣传工作有力开展 加强与新闻媒体合作，充分利用《新疆渔业网》、《中国渔业政务网》及其他网络媒体强化对全区渔业优势资源、优质水产品及其食用方式的推介宣传，不断拓展水产品市场空间，为渔业健康快速发展营造良好的舆论氛围。自4月开始开展手机短信服务，定期向渔民提供生产管理、灾害防控、市场信息、技术服务等服务信息。目前服务用户1 000余人，已发送服务短信2万余条。

9. 存在的主要问题 渔业生产规模化、集约化、产业化和组织化程度及从业者素质较低，缺乏有较强带动能力的水产龙头企业，产业化经营水平不高，水产品仍以初级加工为主，精深加工程度较低，有些企业加工原料难以保证，影响水产加工企业持续发展，知名品牌少，缺乏高端市场引领，名优产品品牌打造不够，市场竞争力不高，不能实现优质优价，产业升级拓展的要求更加紧迫。渔业合作经济组织薄弱，渔民合作社普遍缺乏善经营、会管理、懂技术的优秀人才，多数养殖户处于分散经营状态，规模小，风险市场竞争力弱，服务能力与现代渔业发展需求有一定距离，渔业增效、渔民增收难度加大。休闲渔业较少且不强。

基础设施投入严重不足。大部分建于20世纪的池塘基础设施老化严重，其中70%淤泥严重，配套简陋，对养殖病害和自然灾害的抗御能力差，养殖效益、质量控制难度较大，影响了渔业生产发展能力。

鱼类病害防治与测报工作有待进一步加强。随着大市场、大流通格局的形成以及水产养殖生产集约化程度的不断提高，水产养殖鱼类病害的测报与预防工作越显重要，但是，全区在技术人员、设施、机构以及经费等方面均严重不足，远远不能适应经济发展的现实需要。

推动渔业发展的人才力量非常薄弱。虽然重点渔业县设有水产推广机构,但水产技术人员严重缺乏,制约了水产业的健康持续发展,渔业从业者文化水平和业务技能偏低。

【重点渔业县(市、区)基本情况】

新疆维吾尔自治区重点渔业县(市、区)基本情况

县市	渔业产值(万元)	水产品产量(吨)	其中		养殖面积(公顷)
			养殖	捕捞	
昌吉市	24 835	10 000	10 000		1 267
博湖县	14 549	9 101	3 016	6 085	1 720
伊宁县	14 055	9 050	9 050		583
福海县	9 994.02	5 962	3 759	2 203	8 991
温宿县	9 030	6 020	6 020		415
呼图壁县	7 217	4 860	4 860		820
拜城县	5 956	4 500	4 500		500
新市区	4 708.1	3 478	3 478		284
泽普县	5 309.6	3 424	3 424		374
米东区	3 928.4	3 300	3 300		667

【大事记】

[1]1月中旬、4月下旬、6月下旬和10月下旬,自治区渔政人员对乌鲁木齐市、克拉玛依市、昌吉市等重点渔业养殖基地、养殖户进行了水产品质量安全专项执法检查。按照农业部的安排和部署,协助农业部水产品质量监督检查测试中心(上海)在乌鲁木齐市批发市场、超市进行了4次水产品质量安全监督抽查任务。

[2]3月3日,自治区2013年水产工作会议在乌鲁木齐市召开,自治区水产局局长古力努·阿不都热扎克做了 重要报告,并对2014年的渔业重点工作进行了部署。

[3]3月,《自治区水生动物防疫检疫办法》颁布实施。

[4]3月,由新疆水产技术推广总站组织举办的“第十一期新疆渔业行业职业技能鉴定培训班”在乌鲁木齐市举行,来自全疆渔业专业合作社和水产养殖场的70余名养殖户参加了培训。

[5]4月,在昌吉州、喀什地区、阿克苏地区等地举办渔业科技入户启动仪式,现场发放宣传资料1 000余册;5月中旬在昌吉市进行了科技咨询服务活动,现场为渔民解答技术难题。

[6]5月,自治区水产技术推广总站在伊犁河上游支流特克斯河放流新疆裸重唇鱼苗9万尾、斑重唇鱼4万尾。

(新疆维吾尔自治区水产局 杨小蕾)

大连市渔业

【概况】 2013年,大连市实现渔业(不含辽宁省属企业在连分支机构)经济总产值837.7亿元,比上年增长12.7%,其中渔业产值415.3亿元(含苗种),增长14.2%;渔业经济增加值415.5亿元,增长13%。渔业产值中,海洋捕捞产值84.4亿元,海水增养殖产值275.6亿元,淡水养殖产值0.95亿元,苗种产值54.4亿元。全市地方渔业水产品产量230.5万吨,比上年增长6.3%;出口水产品54.6万吨,比上年增长10.8%;出口贸易额19.7亿美元,比上年增长4.6%;渔民人均收入24 000元,比上年增长14.3%。

2013年大连市地方渔业产量及产值

地 区	产量(万吨)	产值(亿元)
大连市	230.5	415.3
长海县	57.0	96.8
庄河市	55.4	113.5
金州区(金州新区)	36.0	43.7
普兰店市(普湾新区)	21.4	48.1
旅顺口区	19.2	26.0
瓦房店市	13.6	52.1
高新技术产业园区	9.9	7.5
甘井子区	6.5	7.5

（续）

地　区	产量(万吨)	产值(亿元)
花园口经济区	3.6	6.6
中山区	2.8	3.4
市直	2.8	4.0
长兴岛临港工业区	2.3	6.1

2013 年大连市地方渔业生产基本情况

项目	数量	比上年增长(%)
渔业经济总产值(亿元)	837.7	12.7
渔业(含苗种)	415.3	14.2
渔业工业和建筑业	253.8	12.4
渔业流通和服务业	168.6	9.9
水产品总产量(万吨)	230.5	6.3
海洋捕捞	74.3	-0.5
海水养殖	155.5	9.8
淡水养殖	0.7	16.7
养殖面积(万公顷)	67.5	22.1
海水养殖	66.6	22.4
淡水养殖	0.9	
渔业船舶拥有量(万艘)	2.66	-11.3
渔业船舶总吨位(万吨)	33.5	-8.2
渔业船舶总功率(万千瓦)	73.3	-0.7

1. 渔业基础设施建设　2013 年，大连市继续加强渔业基础设施建设，提高渔业生产保障能力。投资 7 122万元，维修、改造和扩建中小型渔港 13 座；投资 47 万元，维修养护大连地区 11 个涉渔区市县 38 座渔港区域的 41 座航标；完成 196 座渔港数据收集和渔港定级工作，建立渔港信息数据库。至年末，全市有各等级渔港 196 座，其中国家中心渔港 3 座，国家一级渔港 5 座，国家二级渔港 44 座，国家三级渔港 74 座，自然渔港 70 座。新建 300 吨级、400 吨级、1 000 吨级海监执法船各 1 艘，海岛执法快艇 13 艘，并纳编入列；完成 600 吨级、1 500 吨级海监执法船各 1 艘主体建造工程。继续推进渔船安全救助信息服务系统中心平台建设，在 4 000 艘渔船安装配备电子标签身份识别系统终端；在 33 座渔港和 20 艘执法船上安装电子标签身份识别固定阅读器 76 套，同时配备手持阅读器 98 个；建设身份识别信息接收和网络传输监控平台 49 座。

2. 渔业监督执法　2013 年，大连市各级渔业执法部门加强渔业监督管理，努力提高执法能力水平。严格执行伏季休渔制度。6 月 1 日至 9 月 1 日为伏季休渔期，除 732 艘钓具作业渔船外，11 320 艘其他作业类型渔船全部休渔。建立渔业乡镇政府、村委会、边防派出所、渔政基层管理站“四位一体”包保责任制，首次实行“海查陆处”管理手段，确保大连地区伏季休渔秩序稳定。伏季休渔期间，出动检查人员 1.3 万人次，执法船艇 1 630 航次、航程 5 万余海里，出动执法车辆 1 800余台次、行程 8.5 万余公里，检查渔船 4 400 余艘，查处违规渔船 490 艘，没收渔具 186 件，清理“绝户网”34 件，收缴罚款 581.5 万元。制止非法越界捕捞，逐一检查排查全市 3 000 多艘 29.42 千瓦以上有越捕能力的渔船，与船主签订不越界捕捞保证书，强化港口监管和海上巡查，防止因渔船越界捕捞而发生涉外事件。加强对“三无”（无船名船号、无船舶证书、无船籍港）渔船和随意涂改标识、未标识或未按要求标识渔船的整治，没收拆解“三无”渔船 1 艘。参加黄渤海区渔政管理局组织的 200 海里专属经济区巡航检查，历时 21 天，航程 900 余海里；参加辽宁省海洋与渔业厅组织的黄海北部联合巡航检查，历时 10 天，航程 500 余海里；参加海军演习护航，历时 6 天，航程 200 余海里。

3. 渔业管理　2013 年，大连市各级海洋与渔业主管部门加强渔业管理，换发新版养殖证 4 188 本，发证面积 10.78 万公顷；新发、换发市本级以上苗种生产许可证 147 本，发证水体 123.4 万立方米；发放市本级以上苗种生产许可临时证 45 本，发证水体 22.6 万立方米；发放职务船员证书 4 918 本，发放普通船员证书 4 034本。年审渔船 25 173 艘次，检验渔船 22 267 艘次。继续实施渔业生产损失救助项目，向 1 256 艘渔船发放渔船救生筏检修费用补贴 45 万元；根据国家相关政策，向 18 165 艘渔船发放渔业油价补贴 11.85 亿元。

4. 渔业安全生产监管　2013 年，大连市加强渔业安全生产监管，定期召开渔业安全风险预警季度工作例会，下发《关于切实加强渔港、养殖渔船安全监管的通知》、《大连市渔业船舶海上安全突发事件应急预案》、《关于上报渔业海难救助事宜的通知》等安全生产通知 24 个，开展大连市渔业打非治违专项行动、渔港水域执法年专项行动、大连市海洋渔业百日安全生产大检查专项行动、大连市海洋渔业秋冬季海上联合执法检查专项行动等安全专项整治行动 8 项，发布安全生产信息 100 次。开展各区(市)县渔船船东、船长海上求救、安全避险技能专项培训，以及安全警示教育宣传活动 228 场次，发放安全教育宣传材料 2.7 万份，受教育渔民 2.3 万人次。继续推广渔业互助保险，涵盖渔业船舶险、渔业船舶雇主责任险、渔业雇主附加医疗险 3 个险种，投保渔民 23 880 人次，投保渔船 2 810

艘,其中渔业船舶险为投保的29.42千瓦以上的1 209艘渔船提供中央财政补贴175万元、地方财政补贴68万元(金州新区、旅顺口区、高新园区配套资金)。实施各项执法检查1 573次,检查渔船31 838艘次,纠正违章船舶1 568艘次,处置海上突发事件76次。实施抢险救助45起,救助渔民142人,避免损失6 000多万元。年内,庄河市和大连高新技术产业园区被评为全国平安渔业示范县。

5.渔业科技 2013年,大连市加快发展渔业科技,服务渔业生产。大连市海洋与渔业局与大连市质量技术监督管理局联合颁布《海参与对虾混养技术规程》、《中间球海胆亲胆苗种》、《中间球海胆育苗及增养殖技术规程》、《红鳍东方鲀增殖放流技术规程》、《红鳍东方鲀配合饲料加工及投喂技术规程》、《星鲽工厂化人工繁育及养殖技术规程》、《海带、裙带菜移植技术规程》、《湖泊水库鲢鳙增殖放流技术规程》8项大连市渔业技术规范。实施基层水产技术推广补助项目,在长海县、金州区(金州新区)、旅顺口区、瓦房店市、普兰店市5个区市县推广海水池塘海参生态养殖技术和海参自然生态底播增殖技术,遴选科技入户指导员39名,确定科技示范户136户,建立科技示范基地13个,建立技术人员培训、示范基地、技术指导员和科技示范户档案,开展入户指导1 300多次。重点推广海水池塘海参生态养殖技术和海水浮筏吊笼、海水池塘网箱海参生态育苗养殖技术2项新技术,以及"海大金贝"、刺参"水院1号"2个新品种。其中,海水池塘海参生态养殖技术以微管充氧、微生态制剂调水和生态苗种培育为核心,推广面积8 133.3公顷;海水浮筏吊笼、海水池塘网箱海参生态育苗养殖技术以海参生态育苗为核心,推广面积1.08万箱;"海大金贝"推广面积5 333.3公顷,刺参"水院1号"扩繁面积666.7公顷。当年,大连天正实业公司"红鳍东方鲀健康高效养殖综合标准化示范区"被农业部批准为国家农业综合标准化示范区,填补了行业综合标准化示范区空白;溢油监测设备产品化研发及灾后处置决策支撑技术研发集成与示范项目正式启动;新型海水养殖疾病防治绿色系列产品研发及其产业化应用项目、黄渤海区域主要水产品加工副产物高值化利用产业化关键技术集成及示范项目2个重大海洋公益专项经费项目通过国家海洋局立项,获得扶持资金4 200万元;菲律宾蛤仔浅海增养殖技术推广应用项目获2011—2013年度全国农牧渔业丰收奖三等奖,海洋功能寡糖农用生物制剂研究及应用项目、海洋入侵赤潮生物规模化快速经济处理新技术项目获海洋科学技术奖一等奖,系列卡拉胶寡糖的酶法制备技术与生产工艺项目、刺参疾病的发生机制及无公害防控技术研究与示范项目获海洋科学技术奖二等奖,离岸抗风浪网箱动力特性的数值模拟与应用项目、辽宁贝类资源恢复及浅海增养殖技术研究与示范项目获海洋工程科学技术奖二等奖。

6.科技兴海基地建设全面启动 2013年,市海洋与渔业局按照《全国科技兴海规划纲要(2008—2020年)》和国家海洋局的有关要求,加快大连现代海洋生物产业示范基地建设。该基地于2012年12月25日经国家海洋局批准成立,是4个国家科技兴海产业示范基地之一。根据《国家级大连现代海洋生物产业示范基地建设规划》和《国家级大连现代海洋生物产业示范基地建设实施方案》,大连市将在5—10年内,分步实施"一个中心、四个示范区"(大连海洋科技中心,生态型海洋牧场先导示范区、大连名特优海洋生物良种示范区、海洋生物工程化养殖及装备制造示范区、海洋生物制品与制药产业示范区)的重点建设,在全产业链的一产、二产、三产的重要环节建立示范区,构建以海洋生物制品等战略性新兴产业为先导,以生态产业建设为特色,政产学研用相结合的现代海洋生物产业体系,加快全市海洋生物产业结构调整和优化升级,推进海洋生物科技创新,提升大连海洋经济的竞争力。其中,大连海洋科技中心下设海洋科技创新与服务中心、海洋科技培训中心、海洋生物企业技术研发与对外交流中心和海洋高新技术企业中试基地,计划吸引企业、高校、高科技项目、各类投资资金进入园区,建立资源共享、联合攻关、科技成果转化、人才交流互动、政策支持、资金投入的直接互动渠道;生态型海洋牧场先导示范区以长海县和大连南部滨海海域为重点区域,通过投放人工鱼礁、海底藻礁,建立海洋牧场,利用海洋牧场独特的人文景观,发展现代服务业,建立生产、生态、生活高度和谐,现代海洋产业与现代服务业有机结合的产业发展新模式;大连名特优海洋生物良种示范区依托国家级原良种场,建立原种保护区和良种繁育基地,通过对药源性海洋生物良种的开发、培育和规模化养殖,促进药源性海洋生物产业的兴起和壮大;海洋生物工程化养殖及装备制造示范区开展工业化循环水养殖、离岸型智能化深水网箱养殖和海洋生物工程装备制造,并进行产业化示范,引领产业由粗放型经营向集约化经营转变,由高消耗、高污染、低产出向节能、环保、高效转变;海洋生物制品与制药产业示范区开发医用农用海洋生物制品和海洋功能食品,重点建设高新技术企业,优化升级产业链条,带动产业向更高层次发展。当年,基地成立科技兴海工作领导小组、大连现代海洋生物产业示范基地建设工作协调委员会和基地专家咨询委员会，制定《国家级大连现代海洋生物产业示范基地建设规划》和《国家级大连现代海洋生物产业示范基地建设实施方案》，与大连海洋大学、大连工业大学、辽宁省海洋水产科学研究院签订技术合作协议，成立海洋生物繁育与养殖技术中心、海洋食品工程技术研究中心、海洋生物制品工程技术中心，推进建设生态健康养殖示范工程、标准化示范工程和水产品出口示范区工程三大工程。

7. 苗种增殖放流 2013 年，大连市继续开展渔业资源增殖放流工作。大连市海洋与渔业局通过网站公示放流计划，以及放流品种、数量、规格、时间和放流海域；项目组织单位制定切实可行的实施方案和验收方案，通过政府采购招投标确定苗种供应商，并对供应商放流苗种培育全过程进行监督检查；供应商严格执行苗种质量和种质检验检疫制度，对放流苗种进行质量检测，确保放流苗种亲体为本地种(原种)子一代，同时进行感官质量、可数指数及病害方面的检验检疫；放流海域主管部门按照放流要求，从 5 月 15 日撤网禁渔，避免对放流幼体的损害，并组织回捕生产和效益评估工作。全年投入苗种资金 4 771.58 万元，比上年增长 5.5%；放流各类苗种 26.44 亿尾(只)，比上年增长 6.2%，其中中国对虾 15.73 亿尾，日本对虾 8.03 亿尾，三疣梭子蟹 2.51 亿只，牙鲆鱼 738.56 万尾，淡水鱼 920 万尾；放流海域为庄河市、花园口经济区、普兰店市、金州新区、高新园区、旅顺口区、甘井子区、普湾新区、瓦房店市的黄海或渤海海域。全年实现放流增殖产量 4 600 吨，增加产值 3.8 亿元，与上年基本持平。年内，对中国对虾、日本对虾和三疣梭子蟹 3 个品种 2009—2013 年放流情况进行评估，3 年间，3 个品种累计放流苗种 88.06 亿尾、投入资金 1.21 亿元，至 2013 年底，累计实现增殖产量 15 384.2 吨、增加产值 12.18 亿元，由此得出，增殖放流投入产出比在 1∶10 以上。

8. 海洋牧场示范区建设 2013 年，大连市大力发展海洋牧场，推进现代渔业建设。大连市海洋与渔业局通过财务审计、施工工程监理等方式加强海洋牧场建设项目管理，首次委托大连海洋大学对獐子岛海洋牧场示范区项目进行海底勘测，准确定位牧场海域 1 万余块混凝土构件鱼礁的投放位置，验证项目施工的技术水平。长海县人民政府实施海洋牧场建设生态改造“1118”工程，即建设 1 个示范区(獐子岛集团深水人工鱼礁建设示范区)，1 个试验区(林阳水产有限公司浅水海底改造试验区)，18 个推广区(18 家公司进行海底改造)，规范人工鱼礁投放行为，合理增殖放流渔业资源，保护和改善海洋生态环境。至年末，全市累计投入资金 9.5 亿元(含国家财政拨付 1 200 万元、市财政投入 2 000 万元)，投放人工鱼礁 639 万立方米，改造海域面积 9 533.3 公顷。其中，长海县投入资金 7.2 亿元(含国家财政拨付 1 200 万元、市财政投入 1 451万元)，投放人工鱼礁 469 万立方米，改造海域面积 7 218.3 公顷；金州新区、旅顺口区、瓦房店市、高新园区投入资金 2.3 亿元(含市财政投入 549 万元)，投放各类礁体 170 万立方米，改造海域面积 2 315 公顷。

9. 水产品出口示范区建设 2013 年，市海洋与渔业局与大连市农村经济委员会联合制定《大连市创建农产品出口示范区实施方案》，根据水产品产业特色及分布、出口情况，选择具备一定出口规模或出口潜力较大的水产品生产基地，推进标准化体系、产品追溯体系、化学投入品控制体系、预警通报与应急体系、企业诚信体系、保障体系六大体系建设，积极开展国家、省、市三级水产品出口示范区创建工作。当年，长海县贝类出口示范区、旅顺口区裙带菜出口示范区 2 个水产品出口基地被批准为省级农产品出口示范区，旅顺口区出口裙带菜质量安全示范区被认定为国家级出口食品农产品质量安全示范区。至年末，全市有国家级出口食品农产品质量安全示范区 1 个、省级农产品出口示范区 2 个。

10. 无公害水产品建设 2013 年，大连市以无公害水产品产地认定和产品认证为重点，继续推进渔业标准化生产。全市新认定无公害水产品产地 27 个，面积 2.2 万公顷；复查换证产地 45 个，面积 1.64 万公顷。全市无公害水产品产地总数达 256 个，总面积达 29.7 万公顷。新认证无公害产品 22 个，复查换证无公害水产品 28 个，无公害水产品总数达 216 个，复查换证率 90%。

11. 水产品质量安全监督管理 2013 年，大连市各级海洋与渔业主管部门加强水产品质量安全监督管理。增加旅顺口区水产技术推广站、金州新区水产服务管理站、庄河市水产技术推广站、长海县水产技术推广站 4 个县级站水产品质量检测职能，为旅顺口区水产技术推广站、金州新区水产服务管理站、庄河市水产技术推广站 3 个县级站配疫病检疫设备，金州新区水产服务管理站通过省级计量资质认证，成为辽宁省首个通过这一认证的县级检测机构；与大连海洋大学合作开发大连市水产品初级加工企业质量安全监管信息系统，对全市水产品初级加工企业进行备案监管，年内备案企业 180 家；制定全市贝类划型工作方案，完成 33.3 万公顷贝类生产区的分区划型，设定监测站位 70 个，对贝类样品进行定期抽检；加强各生产环节的质量安全监控，抽检贝类、河豚、对虾、海参、鲆鱼等品种

2 685样次，药残合格率98.8%，在农业部对大连市各大水产批发市场和超市进行的4批次抽检中，样品合格率100%；完成欧盟对獐子岛海域出口贝类的检查工作；开展全市水产品质量安全专项整治，以水产育苗、工厂化养殖为重点生产环节，以硝基呋喃类禁用渔药为重点查处对象，出动执法人员1 200多人次，对全市1 500余家水产育苗室、工厂化养殖场进行拉练检查、联合检查、专项执法检查等20余次，对检查出的问题及时处理；保障第十二届全国运动会食用水产品供给，对大连乾日海洋食品有限公司、大连瑞驰企业集团有限公司、大连獐子岛集团股份有限公司、大连凯洋食品有限公司4家"十二运"供货企业进行产品检测和质量安全监管，确保供应的14个品种22批次的3 576.4千克水产品全部合格。

12. 海洋捕捞 2013年，大连市有渔业船舶26 633艘，比上年下降11.6%，其中机动渔船26 253艘，非机动渔船380艘。机动渔船中，生产渔船25 752艘，辅助渔船501艘。生产渔船中，捕捞渔船11 746艘，养殖渔船14 006艘。此外，全市有远洋捕捞渔船264艘。全年海洋捕捞产量74.3万吨，其中，近海捕捞产量62.5万吨，远洋捕捞产量11.8万吨。海洋捕捞产值84.4亿元，其中，近海捕捞产值71.1亿元，远洋捕捞产值13.3亿元。

13. 远洋渔业 2013年，大连市有大连国际合作远洋渔业有限公司、大连远洋渔业金枪鱼钓有限公司、大连孟鑫远洋渔业有限公司、大连长海远洋渔业有限公司等远洋渔业企业17家，拥有远洋渔船268艘。其中，远洋捕捞渔船264艘（拖网船221艘，超低温金枪鱼钓船28艘，冰鲜金枪鱼钓船2艘，鱿鱼钓船13艘），运输船4艘。捕捞区域涉及西非7国、印尼、斐济、乌拉圭、阿根廷、阿曼、斯里兰卡等15个国家和地区的南北太平洋、大西洋、东南太平洋等海域。全年远洋渔业产量11.8万吨，产值13.3亿元，分别比上年下降6.3%和10.1%；运回国内水产品产量6.8万吨，比上年下降4.2%。

14. 入韩渔船管理 2013年，大连市获批赴韩国专属经济区管理海域从事捕捞生产渔船286艘，比上年增加10艘，其中拖网船148艘、流网船124艘、运输船14艘。入韩渔船按中韩两国渔业协定进行捕捞作业。市各级渔业行政主管部门加强对入韩渔船日常生产作业管理，汇总上报渔船进出通报4 200艘次，每日生产作业通报3.1万艘次，通报准确率100%。组织具有进入中韩协定水域捕捞作业资格渔船的船长、船东进行集中培训，开设培训班4个班次，培训船长、船东近300名。

15. 海水增养殖 2013年，大连市海水养殖面积66.57万公顷，比上年增长22.4%；海水养殖产量155.5万吨，比上年增长9.8%；实现产值（不含苗种）275.6亿元，比上年增长16.2%。鱼、虾、贝、藻、参、蜇六大类30多个品种的苗种实现产值54.4亿元，比上年增长16.5%。

16. 水产健康养殖示范场建设 2013年，大连市积极推进水产健康养殖示范场建设。新建水产健康养殖示范场14家，总数达358家，其中国家级151家、省级130家、市级77家；新增水产健康养殖示范场面积2 200公顷，总面积达3万公顷。大连海洋岛海利奥水产养殖有限公司、长海县小长山岛滨海活鱼有限公司、大连海明水产养殖有限公司、大连长海福和水产养殖有限公司等14家企业通过农业部第五批部级水产健康养殖示范场复查验收，大连德心海产品养殖有限公司、大连东泓水产养殖有限公司、庄河市小王岛海珍品养殖场、普兰店市富毓海参养殖专业合作社等26家企业被评为第八批农业部水产健康养殖示范场。

17. 水产原良种场建设 2013年，大连市积极开展水产原良种场建设工作。新增省级水产原良种场2家，即大连万众海洋科技发展有限公司的刺参良种场和大连金州汇鑫渔业科技发展有限公司的大菱鲆良种场，总数达32家，其中国家级2家、省级30家；新增良种场养殖水体4.5万立方米，总规模55.5万立方米，涵盖刺参、皱纹盘鲍、虾夷扇贝、黄海胆等13个品种。大连万众海洋科技发展有限公司总投资455万元，养殖水体4万立方米，年可选育和保存海参良种2万尾，年可生产海参良种苗种10亿尾，实现效益1 000余万元；大连金州汇鑫渔业科技发展有限公司总投资1 750万元，养殖水体5 000立方米，年可生产大菱鲆亲鱼1 500余尾，大菱鲆良种300万尾。

18. 水产品加工 2013年，大连市有水产加工企业603家，比上年增长1.2%；加工能力192.4万吨，比上年增长2.6%。用于加工的水产品209万吨，比上年增长0.5%；水产品加工产量156.1万吨，比上年增长4.2%。水产品加工产值229亿元，比上年增长11.4%；出口加工水产品54.6万吨，比上年增长10.9%；水产品出口贸易额19.7亿美元，比上年增长4.7%。

19. 水产品加工企业发展 2013年，大连市水产品加工企业规模化发展，新增投资额10亿元以上渔业产业化项目3个。其中，大连壹桥海洋苗业股份有限公司的海珍品全产业链建设项目位于房店市谢屯镇沙山村，总投资16.26亿元，计划建设13万立方水体育苗室，海珍品加工基地及配套设施，3 333.3公顷养殖围堰及配套设施,年内完成投资12.6亿元;大连富谷水产有限公司的现代渔业园区河豚及海参全产业链项目位于庄河市大郑镇小唐府,总投资16.5亿元,计划建设集育苗、养殖、加工、科研为一体的现代渔业园区,年内完成投资7.5亿元;辽渔集团的国际水产品加工贸易物流园区项目位于辽宁省大连市甘井子区大连湾,总投资29亿元,主要建设项目为购进南极磷虾大型拖网船、大型金枪鱼围网船、大型冷藏运输船、专业鱿鱼钓船、超低温延绳钓船27艘,新建水产品交易市场,配套外贸冻鱼拍卖展示厅,渔需物资供应设施,国际标准的食品检测机构,5万吨级冷库2座,3.5万吨冷库1座,符合欧盟标准的南极磷虾加工和金枪鱼罐头加工车间等,年内完成投资5.5亿元。至年末,全市新建、扩建水产加工企业22家,总数达到603家。

(大连市海洋与渔业局 叶 勇)

青岛市渔业

【概况】 2013年,青岛市海洋与渔业工作着力服务全市蓝色经济发展大局,着力促进现代渔业健康发展,着力营造平安发展环境,着力加强海洋执法监察,全市海洋与渔业工作实现持续较快发展,全年完成渔业经济总产值441亿元,同比增长5.1%,完成水产品总产量110.4万吨,实现产值139亿元,同比增长5.8%。年内争取省以上海洋与渔业扶持资金5.6亿元。

1.远洋渔业 完善政策配套,积极争取上级支持,研究出台了远洋渔业发展专项资金管理办法,大力宣传推介青岛市远洋渔业政策和发展环境,吸引有实力的企业来青岛落户。截止到年底,全市共注册远洋渔业公司19家,作业远洋渔船31艘、已批在建远洋渔船20艘、已批待建远洋渔船33艘。鲁海丰、青岛远洋、巨容等企业分别与印度尼西亚、毛里求斯、纳米比亚、俄罗斯等8个国家建立合作项目。远洋渔业口岸开放和配套码头建设加快推进。

2.渔业养殖 提高养殖设施标准,新改造池塘867公顷,全市60%池塘完成标准化改造;新建工厂化养殖车间3.6万平方米;新发展深水抗风浪网箱70个。在灵山湾、王哥庄等海域集中发展海带、麒麟菜、龙须菜等大型藻类养殖1 733公顷。稳步发展海参、对虾、鲍鱼等既有优势品种,积极探索东星斑、星川斑鲽、海葡萄等新品种育苗、试养和工厂化养殖。培育了宏泰、贝宝等10家育苗水体在1万立方米以上的大型水产育苗基地和斑点鳟鲑、澳洲雪鲈等新品种示范基地,建成省级以上良种场7家。

3.渔业资源修复 加强海洋牧场建设,启动1处公益型海洋牧场、2处增殖型海洋牧场建设,续建增殖型海洋牧场1处,投放礁体13.7万空方,开展《青岛市人工鱼礁管理规定》立法调研。大力开展渔业资源增殖放流,争取各级放流资金2 370万元,全市放流水产苗种总数达到11亿单位,对虾、梭子蟹等渔获物明显增多。积极培育休闲渔业,发展国家级休闲渔业示范基地6处、省级休闲渔业示范点19处,面积达1万多公顷,年可接待游客140万人次。

4.水产品加工 全力推进中国北方(青岛)国际水产品交易中心和冷链物流基地项目进展,积极推动城阳、黄岛水产品加工基地和明月、聚大洋海藻加工基地等项目建设。加强渔业品牌宣传推介,组织企业积极参加2013台湾? 山东周、绿色食品博览会、农产品交易会等活动,扩大品牌知名度和影响力。稳定发展来进料加工,积极发展海参、对虾、贝类和大宗鱼类等养殖品种加工,2013年,全市水产品进出口总量130.2万吨,进出口总额30.9亿美元;其中出口43.9万吨,出口额16.6亿美元。

5.平安渔业建设 严格执行渔船进出港签证、渔船年审制度,深入开展安全生产治理专项行动,检查渔船6 166艘次、渔港码头456个次,排查整治安全隐患210处,培训渔民、渔企负责人近万人。结合远洋渔业快速发展实际,研究拟订了远洋渔业安全生产意见。针对笼壶作业渔船安全隐患,开展了标准化笼壶作业渔船研发设计和安全生产专项整治。实施渔船通信安全保障工程,为全市1 100艘44.1千瓦以上渔船安装了北斗卫星船载终端,建设了渔船信息管理系统和渔业安全生产短信平台,渔业安全设施装备水平有效提升。积极做好海泊河下游河道渔船清理工作。认真配合做好日照市山海天管委养殖区渔业污染损失、海洋环境生态调查评估,维护渔区稳定。大力推进渔业标准化,申报创建农业部水产健康养殖示范场24处,新通过农业部无公害水产品认证21个、无公害水产品产地认定22个。实施水产品质量安全"红名单、黑名单"制度,建立乡镇分区划片包干责任制和企业承诺制,强化产地环境、渔用投入品、生产标准化三个重点环节监管和重点养殖品种、苗种抽检力度,抽检水产品879批次,检查企业400余家,全市水产品质量综合合格率达到99.5%。

6.惠渔政策落实 实施良种良法"双十行动",培育"黄海一号"中国对虾、优质刺参、"黄选一号"三疣梭子蟹等十大优良品种5.3亿尾,示范推广2 700多公顷;推行池塘微孔增氧养参、工厂化循环水养鱼、池塘生态养虾等十大先进养殖技术3 300多公顷多亩。开展科技服务"双百工程",百名科技指导员、百个科技示范户组成科技指导队伍，落实示范面积逾 1.3 万公顷，惠及渔户 2 000 多个。加强病害防治体系建设，建成远程会诊站点 78 个，举办海参养殖、鱼病防治等专题培训，开展监测预报，提高水产养殖病害防治能力。围绕渔业资源保护、渔民转产转业、渔业综合开发等内容，加大项目政策争取，全年争取中央渔业扶持资金 3.3 亿元。突出标准化养殖、良种繁育、地产品加工等项目扶持，下达市级补助资金 3 200 万元。扎实推进政策性渔业互保，渔民保费补贴比例达到 60%，居全国领先，全市入保渔民 1.5 万名，人均保额达 32 万元，人险船险保额总数达到 60 亿元。落实油价补贴政策，规范燃油补贴发放。

7. 渔业资源管护 开展“护渔”专项执法，严厉打击使用破坏渔业资源行为，深入开展清理整治违规渔具专项行动，查处渔业违法案件 240 起，清理销毁绝户网等违规网具 6 571 套。伏季休渔期间，实施海陆联动、分片监管、海查陆处，查处违规渔船 198 艘。加强水产品质量安全执法，积极开展无公害生产基地“三项记录”专项检查，查处违规养殖企业 7 家。开展水生野生动物保护救助，建立动物保护档案，救助水生野生动物 7 头，突出春、秋两季执法检查，查处了违法销售国家二级水生野生动物“俄罗斯鲟鱼”等行为。积极参加专属经济区巡航执法和 35°线执法检查。研究出台“三步式”行政处罚模式实施意见，确定了首批推行的 21 项违法行为及处罚流程、文书格式。大力开展群众性普法工作，深入开展“普法进社区、普法到基层”活动。不断加强执法队伍规范化建设，制定海洋与渔业执法支队工作规则，建立了执法船管理、执法巡查通报、执法人员廉洁自律等六项制度，开展了执法队伍军事体能训练、执法理论与实务探讨等培训。

【重点渔业市(区)基本情况】

青岛市重点渔业市(区)基本情况

市(区)	渔业产值(万元)	水产品产量(吨)	其中			养殖面积(公顷)	其中	
			海洋捕捞	海水养殖	淡水养殖		海水	淡水
青岛市	1 394 753	1 104 591	266 471	792 798	45 322	51 155	35 030	16 125
青岛开发区	101 426	84 012	22 690	60 502	820	4 184	3 881	303
崂山区	80 800	71 524	52 496	19 028		1 600	1 600	
黄岛区	397 004	250 196	56 792	186 695	6 709	9 234	7 251	1 983
城阳区	228 699	263 007	40 782	220 700	1 525	10 092	8 331	1 761
胶州市	208 809	115 577	28 663	74 830	12 084	4 288	1 888	2 400
即墨市	346 161	298 090	65 048	231 043	1 999	13 253	12 079	1 174
平度市	17 092	11 009			11 009	3 800		3 800
莱西市	14 762	11 176			11 176	4 704		4 704

【大事记】

[1]3 月，在鳌山卫街道神汤沟村近岸海域进行了鼠尾藻筏式养殖试验并获得成功，养殖面积 20 公顷，获产鼠尾藻 100 吨。

[2]3 月 15～17 日，田横祭海节在即墨市举行，吸引海内外游客近 6 万余人次。田横祭海节被列入第二批国家级非物质文化遗产名录，为中国北方最大的祭海节庆活动。

[3]5 月 10 日，全市渔业安全生产暨水产品质量安全工作座谈会召开，对渔业安全生产和水产品质量安全工作进行了部署，并在会上签订《2013 年度渔业安全生产目标责任书》。

[4]5 月 12 日，市海洋与渔业局分别在青岛市奥帆中心心海广场、在积米崖渔港、即墨市田横街道举行海洋自然灾害防灾减灾系列宣传活动，开展了海洋防灾减灾知识宣传和普及。

[5]5 月 17 日，市政协副主席王修林带队调研青岛市海洋生态建设工作，实地考察了石岭子人工渔礁项目，并在鲁海丰食品集团公司进行座谈。

[6]5 月 25 日，首届中国海洋生物资源高效利用发展论坛在青岛举行，农业部党组成员张玉香出席活动。

[7]6 月 8 日，青岛市组织 230 艘渔船组成应急打捞船队，对进入青岛近海重点区域的浒苔实施拦截打捞。至 8 月 5 日浒苔灾害Ⅳ级应急响应结束，累计出动船只 3 323 艘次，海上打捞浒苔约 5.55 万吨。

[8]6 月 8 日，2013 年世界海洋日暨全国海洋宣传

日系列活动启动仪式在青岛举行，同时在情人坝举行了社会各界共同参与的海洋渔业增殖放流活动。中国工程院院士雷霁霖、青岛市有关领导、部门代表、人大代表和政协委员，及部分学生、市民代表参加活动。

[9]6月26日，市政府召开会议专题研究浒苔处置及前海一线非法养殖、胶州湾设施养殖综合整治工作，青岛市长张新起主持会议并作部署。

[10]7月22日，青岛市政府下发《关于清理胶州湾海域养殖设施的通告》，决定对胶州湾海域养殖设施进行清理。

[11]8月16日，全国水产技术推广总站副站长李可心一行到青岛瑞滋海珍品有限公司调研新品种新技术实施和推广工作。

[12]8月16日，市政协副主席麦康森到市海洋与渔业局现场督办重点提案办理情况，麦康森一行先后考察青岛开发区唐岛湾岸线生态修复工程、石岭子人工渔礁项目，并围绕海洋生态保护情况及提案办理情况进行座谈。

[13]9月12日，青岛中泰远洋渔业有限公司远洋渔船首航仪式在黄海造船有限公司成功举办，此次首航的“鲁黄远渔105”、“鲁黄远渔106”号渔船，是专业远洋大型秋刀鱼渔船。两艘远洋渔船于2012年10月经农业部批准建造，是青岛市2012年出台《关于加快远洋渔业发展的意见》以来建成的第一批远洋渔船。

[14]9月25日，青岛市委常委、副市长王晓方带领检查组前往沙子口国家中心渔港督查海洋渔业安全生产工作。

[15]10月21日，市政府主持召开中国北方（青岛）国际水产品交易中心和冷链物流基地项目专题会议，会议确定建立中国北方（青岛）国际水产品交易中心和冷链物流基地项目联席会议制度，由副市长徐振溪任总召集人，有关部门和单位负责人任成员，定期调度和推进冷链物流基地项目。

[16]10月22日，黄岛区2艘2 400千瓦远洋渔船在威海石岛首航，该2艘渔船由青岛金城远洋渔业有限公司建造，总投资1.12亿元，首航后将赴阿根廷开展远洋捕捞秋刀鱼作业。

[17]11月，青岛市成功引进并正式启动山东壬海对虾良种工程项目，为我国规模最大、档次最高的对虾良种繁育项目。

[18]11月5～8日，东北亚地区地方政府联合会海洋与渔业专门委员会在青岛市主办“海洋新兴产业和蓝色硅谷建设论坛”。

[19]11月12日，一艘渔船（鲁胶渔61136）在大公岛海域附近发生故障失去动力，青岛市海洋与渔业局行政执法支队执法船紧急出海，在海上搜救5个小时，将3名渔民和故障渔船安全拖回小港码头。

[20]11月21日，市海洋与渔业局举办全市渔船安全生产执法培训班，全市50多名从事海上执法的一线执法人员参加培训。

[21]11月28日，青岛市首艘新建远洋渔船“鲁黄远渔105”号顺利返航，共收获回运秋刀鱼500吨。

[22]12月12～14日，在农业部、全国总工会、人力资源和社会保障部共同举办的第二届全国农产品质量安全检测技能竞赛决赛中，青岛市渔业技术推广站（青岛市渔业环境监测和水产品质量检测中心）刘莹在参赛中一举夺魁，荣获水产类个人总成绩全国第一名，团体二等奖，并获授“全国五一劳动奖章”。

[23]12月26日，中国北方（青岛）国际水产品交易中心和冷链物流基地建设合作协议签署仪式举行，青岛港口投资建设（集团）有限责任公司与鲁海丰投资有限公司就有关合作事宜签署协议。

（青岛市海洋与渔业局　于　晓）

宁波市渔业

【概况】 2013年，宁波市渔业部门狠抓产业升级，注重基础能力建设，勇于探索创新实践，不断促进渔业转型升级，在复杂多变的国内外形势下，抵御灾害恢复生产，全市渔业经济实现平稳发展。全市实现水产品产量99.2万吨，比上年增长0.05%；养殖总面积合计59 597公顷，较上年同期减少0.45%；实现渔业经济总产值248.3亿元，增长1.78%，其中第一产业渔业总产值120.2亿元，比上年增长2.05%；渔民人均纯收入2.26万元，增长9.08%。

1.渔业经济运行

（1）捕捞。国内捕捞生产产量和产值都有所增长。全年实现国内海洋捕捞产量60.75万吨，比上年增长1.33%；实现产值51.40亿元，比上年增长3.65%。由于大量作业渔船以及不合理作业网具对海洋渔业资源的过度捕捞，海洋渔业资源衰退情况无明显改善。渔获物品种杂，主要以虾蛄、梅子、鱿鱼及其他小杂鱼虾等见多。传统经济鱼类方面，带鱼、鲐鱼等产量比上年有所增加，梭子蟹和鮸鱼旺发，小黄鱼、鲳鱼、鳗鱼和虾类产量减少，大规格的经济鱼类非常少见。渔货销售价格继续保持上涨态势，全年渔货价格与上年同期相比平均上扬约8%，上涨幅度同比下降2个百分点。全年渔用柴油价格较上年有所降低，全年平均油价为7 538元/吨，比上年平均下降6.8%。受

"用工荒"影响，劳动力成本继续上涨，一艘普通拖网渔船一个月人工工资约 6 万元。淡水捕捞产量略增、产值增幅较大。全年全市淡水捕捞产量 10 503 吨，比上年略增 1.09%；实现产值 17 866 万元，比上年增长 7.58%。全市淡水捕捞产地主要是慈溪、余姚、鄞州的一些内陆水域，产量基本稳定；产值增加主要是淡水捕捞品售价上升，淡水捕捞产品平均销售价格达到 17.0 元/千克，比上年增长 6.25%。

（2）养殖。淡水养殖产量和产值减幅较大。全年淡水养殖产量 73 147 吨，比上年下降 5.73%；产值 168 276万元，比上年下降 6.65%。淡水养殖产量、产值减少主要是台风菲特造成的洪灾，使余姚等地大部分养殖面积受淹或过水，造成大量养殖品外逃。海水养殖产量和产值增加。全市海水养殖产量 281 930 吨，比上年增长 1.81%，海水养殖面积与上年基本持平。全市海水养殖总产值 462 120 万元，比上年增长 4.41%。

（3）水产苗种。2013 年全市共有水产苗种场 170 余家，育苗有效水体 7.5 万立方米，育苗的种类包括鱼、虾、蟹、贝、藻 30 余种。全市繁育淡水鱼苗 8.39 亿尾，同比增长 23.5%；龟鳖苗 280 万只，同比增长 21%；蟹苗 5 460 千克，同比增长 13.5%；虾类苗 128.8 亿尾，同比增长 14.5%；贝类苗种 78.5 亿粒左右，同比增长 15.3%；海水鱼类 1 890 万苗，同比增长 18.1%。启动大黄鱼原种采捕和第三代选育，突破繁育岱衢族大黄鱼 1 000 多万尾育苗能力。全市水产养殖和增殖放流苗种供应得到保障，主导养殖品种的苗种供应基本自给，并能供应和辐射周边地区。

（4）远洋渔业。2013 年，宁波有 7 家农业部远洋资格的企业和 30 艘远洋渔船在外生产，作业区域主要位于东南太平洋、西南太平洋、北太平洋等海域。据统计，全年远洋渔业产量为 18 994 吨，比上年下降 30%；远洋产值 14 348 万元，比上年减少 21.3%。主要是远洋捕捞竞争日趋激烈，资源情况不如往年，单船产量和平均售价同比均呈下降，国际市场出口需求大幅减少，鱿鱼价格直线下跌。2013 年全市 7 家远洋企业除个别企业外，大部分企业都亏损。

（5）水产品出口。据宁波海关数据：2013 年全市水产品出口总量 199 078 吨，比上年增长 12.57%；出口创汇 73 835.37 万美元，比上年增长 10.02%。水产品出口稳居全市农产品出口第一位，成为全市农产品出口中最具活力的产业。

2. 发展现代渔业 渔业产业结构进一步优化。一系列高产高效健康生态养殖模式得到发展，全年集中规划建设 18 家水产养殖示范区（精品园），新增 1 家水产养殖院士工作站，建成一个、启动一个国家级水产良种场，"3 + 2" 主导产品养殖总面积达到 2 万公顷。完成渔业节能考核目标，起草《宁波远洋渔业发展规划》，大力推进远洋渔船更新改造，开工建造一批新远洋渔船。

资源增殖业得到发展。继续实施渔业资源修复工程，开展海洋牧场建设技术集成研究，推进人工鱼礁和海洋牧场建设，大力发展休闲渔业，国家级休闲渔业示范基地达到 4 家，象山港海洋牧场试验区基本完成各项建设内容，全年共计增殖放流 2.887 亿尾（颗），11 家企业共无偿捐献近百万元苗种，实现社会捐助放流新突破。

海洋渔业科技攻关和推广力度加大。实施海洋经济创新发展区域示范工作，组织渔民科技培训，推进渔业标准化建设，加快提升渔业技术推广公共服务能力，强化渔业科技推广与科技信息服务工作。全年共争取各类科研资金超 1.1 亿元，培训渔民 2 694 人，新增地方标准 5 项、市级渔业标准化示范区 18 家。

水产品质量安全"天安行动"扎实推进。积极开展水产品质量安全专项整治、监督抽查等工作，共检查 208 家单位，抽检 610 批次，首次对水产专业批发市场实施监督抽检，产地抽检合格率 99.85%，不合格样品追溯查处率 100%，全市无公害产地 278 家。水产品产地准出和产品追溯试点开局良好，18 家水产养殖场获得产地准出证书，奉化市水产品追溯体系建设投入试运行。

平安渔业工程扎实推进。落实"打非治违"、"专项整治"、"隐患排查"三项任务，健全安全管理制度，强化安全生产培训教育，加强渔船检验工作。全年共发生渔业船舶水上安全事故 19 起，死亡 17 人，组织开展海上抢险救助 144 起，救助渔民 898 人次，挽回经济损失 1 393 万元，安全态势基本稳定；渔业燃油补贴资金 14 亿元顺利发放，渔船互助保险保持良好势头，渔民保额提高到 50 万元，养殖保险全面推广，总承保面积 2 853 公顷，同比增长 115%，共赔付养殖户损失 1 185万元。

3. 渔业行政执法 结合"护渔"专项行动，加强对"三无"渔船的督促检查，加大非法渔具监督管理，全年查处违规渔船 216 艘次，清理违法网具上万顶，依法拆解渔船 27 艘。全面落实伏季休渔管理工作，共查处违规渔船 53 艘。基础能力建设有序进行，梅山渔业应急救助基地交付使用。海洋与渔业法规建设进展顺利，完成《宁波市渔业互助保险管理办法》立法前期调研、论证，落实行政规范性文件"三统一"制度，加强行政执法案卷管理，完成"企业政策查询平台"建设。

【重点渔业市(县、区)基本情况】

宁波市重点渔业市(县、区)基本情况

县(市、区)	水产品产量(吨)	其中				养殖面积(公顷)	其中	
		海洋捕捞	海水养殖	内陆捕捞	内陆养殖		海水	内陆
象山县	576 785	449 706	113 220		10 714	13 502	10 832	2 670
宁海县	150 064	9 185	135 466	226	5 187	17 278	15 192	2 086
奉化县	143 341	134 138	6 237	886	2 080	3 256	1 650	1 606
慈溪市	51 154	4 540	2 1504	2 045	23 065	13 411	6 993	6 418
余姚市	27 189	1 748	107	2 668	22 666	5 537	30	5 507
鄞州区	19 785	3 148	4 990	3 505	8 142	5 085	1 020	4 065

【大事记】

[1]7月18日,浙江省、宁波市在宁波象山石浦博海船业有限公司召开了现场拆解会,对7艘钢质及20艘木质“三无”渔船依法拆解。

[2]10月6日,受第23号强台风“菲特”影响,宁波市出现大暴雨、特大暴雨,渔业遭受了巨大的经济损失。市渔业局组织各级渔业部门积极采取应对措施,被市政府授予抗洪先进集体称号。

[3]11月25日,宁波市象山县石浦镇渔船浙象渔42018船返航途中,在东经122度24分、北纬29度25分概位海域因大浪导致该船沉没,船上8人落水,4人被救起,4人下落不明;11月26日12时30分左右,浙奉渔22028在东经123度55.016分,北纬30度9.817分(187海区9小区)拖网作业时与伊朗籍货船 Basht发生碰撞,造成浙奉渔22028船沉没,船上3名船员失踪。

[4]11月,宁波市渔业应急救助基地(梅山基地)正式投入使用。宁海海景坊获评全国休闲渔业示范基地。

[5]市海洋渔业局在全省海洋与渔业系统考核中优秀,被评为文明机关、重点工程建设先进集体服务奖、安全生产工作先进集体、新农村工作先进集体、政务信息工作先进集体等荣誉,象山县海洋与渔业局、鄞州区农林局被评为全国农业工作先进集体。

(宁波市海洋与渔业局 刘御芳)

厦门市渔业

【概况】 2013年,厦门市渔业系统坚持科学发展观,深入贯彻党的十八大精神,积极推进国务院现代渔业建设电视电话会议精神以及省、市关于加快海洋经济发展的任务目标的落实,坚持“突出重点、科技创新、政策引导、项目带动”原则,围绕“创业增收、增殖环保、保障供给、确保安全”目标,做强水产种苗产业,促进远洋渔业发展,推动加工流通升级,提升休闲渔业水平,拓展两岸渔业交流,做好渔港经济规划,促进了渔业增效、渔民增收和渔业经济的可持续发展。2013年水产品总产量31 535吨,同比增长6.5%,其中捕捞产量4 576吨,同比增长3.18%;海水养殖产量15 120吨,同比增长14.95%;淡水养殖产量11 839吨,同比减少1.52%。全市水产品加工量165 731吨,同比增长7.83%,加工产值254 118万元,同比增长2%。

1.渔业立法 抓好立法工作,完成《厦门市水产品批发市场管理规定》(政府规章)修订,开展《厦门市休闲渔船管理办法》立法调研,公布了《厦门海域主要经济鱼类的最小可捕规格名录(第一批)》,明确了19种最小可捕规格经济鱼类名录。

2.渔业生态保护和水生野生动物保护 开展红树林生态系统的重建,完成下潭尾湿地公园一期项目建设,总面积115公顷,建有红树林人工滩涂岛5个,面积47.4公顷,整治滩涂面积15.5公顷,种植红树林42.8公顷。继续开展二期工程项目建议书的编制,争取立项;加强火烧屿基地建设,完成“火烧屿修复及中华白海豚救助繁育基地保护一期工程”的验收,推进繁育基地的完善工程。着力开展白海豚的救助和人工繁育,组织“海豚人工繁育基础研究”和《中华白海豚引进论证可行性报告》等课题的研究,白海豚人工种群建立项目可行性获得农业部水生野生动植物保护办公室批准;2013年,厦门海洋珍稀物种保护区管理工作全国综合考评第一名,获得农业部渔政指挥中心和水生野生动植物保护办公室的通报表扬;完成文昌鱼、黄鳍鲷、黑鲷等苗种人工增殖放流128.7万尾,虾苗1.3亿尾,丰富海洋生物多样性,保护海洋生态环境。顺利实施伏季休渔制度,全市1 095艘渔船休渔。出台2013年度海洋伏季休渔方案，协调市区执法力量发放宣传材料近2 000份，海上巡查343航次，执法人员1 946人次，检查渔船182艘次，处罚各类违规渔船32艘次。三是认真清理整顿违规渔具。发放宣传单400余份，到11个重点渔村制作宣传栏。组织海上巡查250航次，出动执法人员1 246人次，检查渔船160艘次，处罚各类违规渔船10艘次。四是切实管理渔业资源。扎实推进捕捞许可证年审，共完成376艘渔船的年审工作，收取资源费48 151元。

3. 休闲渔业 一是成功举办"2013年中国(国际)厦门休闲渔业博览会"。通过公开招标引入专业公司承办展会，逐步由政府主导办展向市场化运作过渡。2013年11月9～11日在厦门国际会展中心举行，面积1.1万平方米、400多个标准展位，观众近3万人次。展会内容丰富，包括水族产品展、钓具产品展、渔业休闲文化展、拍卖活动与贸易洽谈等。以展会带动项目落地，签约金额2亿元，比上年增长233.3%。二是成功举办"2013中国(厦门)第三届休闲渔业高层论坛"。与渔博会同期举办的休闲渔业论坛，吸引了来自英国、美国及我国台湾省、中国水产科学研究院、上海海洋大学等科研机构10多位知名专家，以及国内19个省市的海洋渔业部门、科研院校和产业界人士100余人，为厦门休闲渔业的发展提供了理论指导和参考经验。三是稳步发展休闲渔船。下发2013年进一步发展休闲渔船的文件，批准全市6个区各10艘合计60艘休闲渔船的发展指标，用于扶持退养退捕渔民转产就业。还尝试引导公司化经营，批准翔安集团6艘、鲜之源合作社2艘、小嶝休闲渔村2艘的单列指标。海湾垂钓公司原有2艘试点休闲渔船正常运营，另有4艘已开始建造。同时，各区也已逐步推进休闲渔船发展工作。

4. 远洋渔业 一是积极促进企业落户。着手制订厦门远洋渔业2013—2020年发展规划，跟踪敦促财政部门尽快出台扶持政策，吸引9家远洋渔业企业落户厦门，获得农业部批准30艘远洋渔船和3艘辅助船船网工具指标。厦门海顺公司20艘捕捞船建成，2艘辅助船在建，已有8艘于10月底到印度尼西亚海域生产。厦门永迅公司7艘和厦门海信天公司4艘围网船已开建，预计2014年5月份赴太平洋作业。中菲(厦门)集团旗下10艘次远洋渔船从厦门通关，靠泊卸货3 000吨。二是热情做好服务保障。热情指导帮助企业申报项目、组建船队和申请中央扶持资金。会同口岸办协调厦门海关、边防检查、检验检疫等部门，简化远洋渔船出入境和减免相关费用，为远洋水产品入厦开辟绿色通道。及时将中央财政渔船更新改造补助资金4 795.5万元发放给企业。三是持续推动渔港开放。会同市口岸办，协调厦门海关、检验检疫、边防检查、厦门海事等部门，推进高崎渔港软硬件的整改完善，力求早日对外开放。厦门海顺公司8艘远洋渔船10月30日出境生产时，各口岸单位联合进驻高崎渔港办理通关手续。

5. 水产品加工流通业 一是推进水产精深加工项目建设。2013年，通过产学研相结合，厦门新阳洲水产品工贸有限公司的夹心紫菜生产线改扩建等8个水产品精深加工项目被南方海洋中心立项。二是推进水产产销一体化。厦门已成立130家水产产销专业合作社。鲜之源、舟和兴、永兴港三家合作社被授予水产品菜篮子调控基地。通过产销合作社成立，推进鲜活水产品流通体系的完善，保障水产品质量安全和价格稳定。三是推进水产物流冷链建设。开展普查摸底，基本掌握全市水产加工企业和冷链物流企业现状。协调推进夏商集团建设水产品批发市场信息系统、电子计算系统和超低温冷库。

6. 水产苗种业 一是拓展水产种苗业发展空间。编制水产种苗业十年发展规划，研究报告已进入统稿阶段。努力推动水产良种繁育综合基地征地拆迁，该项目已完成前期工作。大力协调翔安农林水利局、翔发集团，推动翔安区苗种产业园区规划。密切沟通规划、土地部门，争取保障刘五店和吴冠村的虾苗场用地。二是推进厦门种苗品牌培育。以前埔基地为平台，以海洋与渔业研究所和水产良种繁育场为基础，以在厦科研院所为支撑，海马、石斑鱼、观赏鱼、南美白对虾和牛蛙等种苗的提纯复壮繁育稳步推进。以海沧厦兴龙公司为抓手，推进"厦门虾苗"品牌创建。虾苗生产巩固，优质虾苗价格(150元/亿尾)高出一般虾苗(17元/亿尾)数倍。三是加强技术培训和宣传教育。在集美区开办16期、培训350人次，同安7期、培训300人次，翔安5期、培训200人次，海沧5期、培训180人次，发放宣传材料2.1万份，宣传挂图1 500张。提升了技术水平，规范和改善了水产苗种生产。

7. 渔港经济建设 一是全面开展渔港港汊摸底调查。先后于6月份、8月份开展两轮工作，摸清全市56个渔港、避风坞和自然港湾现状。对可利用为渔港、避风坞以及休闲渔船、游艇等停泊澳口的，委托中交三航设计院进行建设规划。二是稳步推进中心渔港设施建设。完成高崎渔港安全配套设施工程的施工图设计和审查工作。完成欧厝渔港对台渔业基地项目的工程报告可报批版，并委托相关单位编制项目的环评和海域使用论证。

8. 水产品安全监管 一是健全完善规章制度和

工作方案。完成《厦门市水产品批发市场管理规定》修订工作，实行水产品批发市场的准入、准出制度。制定和下发2013年的水产品质量安全监管方案、监测计划、农资打假治理方案、安全事故应急预案以及水产品批发市场整治与监测方案等，有计划、有步骤地开展监管工作。二是加大市场质量监测。与市场开办单位签订水产品批发市场目标管理责任状。抽检甲醛2 480批次、药物残留和重金属420批次，发出整改通知书6份，查扣不合格水产品185千克，并给以退市处理。农业部对厦门市市场水产品药物残留监测80批次，合格率为97.5%，居全国领先水平。三是盯要害适时查，加强产地质量监管。全年开展渔业环境水质监测11次。对大宗养殖水产品药物残留监测等项目例行检测246批次。依托市区联动执法机制，出动执法人员213人次，检查苗种场和养殖场304家。对小嶝水产科技公司小嶝水产养殖基地进行无公害产地认定。四是广泛开展宣传和培训。组织水产质量安全培训23场1 030人次。在"食品安全月"、"质量月"及重要节庆日开展广场、社区宣传活动，分发各类宣传材料2.1万份。布置"两高"关于食品安全刑事案件解释的学习宣传贯彻工作，编印宣传手册1万本。

9.防灾减灾和渔业安全生产 2013年，认真按照《厦门市赤潮防灾减灾应急预案》，利用海域浮标水质自动在线监测系统，做好厦门海域赤潮等级预报和预警工作。2013年厦门海域在赤潮等级预报期间，共发布了赤潮等级预报184期。厦门海域发生赤潮1起，赤潮生物无毒，没有造成直接经济损失。认真做好渔业生产安全工作，出色完成渔业安全生产监管任务，全年度无重大事故发生；全年应对台风14个，无人员伤亡；组织渔业海滩救助2起，成功救助遇险船员18人次；扎实推进渔业安全生产标准化建设，渔船覆盖率达100%。

10.渔业对台合作交流 一是增进对台休闲渔业合作。2013年的休闲渔业博览会"突出"对台产业合作与交流主题。同时，还与台湾省水族协会、台湾屏东观赏水族生产协会等共同承办展会。5月份，市海洋与渔业局副局长周鲁闽带队赴台湾省开展渔业交流与合作，并为2013年休闲渔业博览会进行招展。二是推动台湾省水产品登陆厦门。通过大嶝小额贸易平台、大小三通等渠道，每年批量从台湾省引进石斑鱼、观赏鱼和水产苗种等。推动引进台湾水产新技术、新产品，台湾省屏东研发的水晶虾，已植根于厦门并已成为大陆最大的水晶虾生产基地。厦门对台区位优势在水产品物流上的效果得到初步体现。三是与台湾省行业协会建立良好的联络机制。特别突出的是与台湾省渔会、"中华台北水族协会"、台湾省水族协会、屏东观赏水族养殖协会等联系密切，合作编撰《海峡两岸观赏鱼名录互认图册》。

11.渔业支农惠农 一是积极稳妥处理信访案件。全年接访老鑫旺渔业公司和鼓浪屿渔业公司来人信访81次，办理信访件、市政府阅办单及市领导接访件9件。市海洋与渔业局局长林金平、副书记方胜国、副局长赵晓武等局先后26次亲自约谈、接待，有效地安抚信访群众的情绪，杜绝了发生越级信访事件。二是全力做好渔业保险续保及理赔工作。共为3 110名渔工办理保险，收取保费97.9万元。共为41艘渔船办理保险，收取保费36.54万元。完成理赔5起，赔付37.52万元。三是积极完成油价补助工作。符合补助条件的机动渔船共1 190艘，国家下达渔业成品油价格补助1 758万元。切实做到"补助对象一个不落、渔船数据一个不差"。四是积极争取伏季休渔生活补助资金。市海洋与渔业局给124位城市渔民发放12.5万元，各区给2 322位渔民发放169.91万元。五是首次部署全市退捕退养渔民数据统计。涉及6个区，16个镇(街)，68个村(居)67 292个失海渔民，为各级政府部门有关民生决策提供基础数据。

（厦门市海洋与渔业局）

深圳市渔业

【概况】 2013年，深圳市渔业工作深入贯彻落实科学发展观，加快转变渔业发展方式，以"调结构、扩内需、保增长、惠民生"为工作目标，发展现代渔业建设，全力推动远洋渔业健康发展，推动资源节约、环境友好型渔业结构的调整，取得了一定成绩。全市渔业经济总产值86 034万元，水产品总产量42 183吨，其中养殖水产品产量3 643吨，远洋捕捞产量34 894吨，拥有远洋渔船98艘，占广东省远洋渔船的80%。

1.有序推进远洋渔业工作

一是为加快推进项目建设，市渔政处积极协调市发展和改革委员会，积极开展项目投融资模式的调查研究，向市政府建议引入资本加快远洋渔业基地项目建设。经市政府研究，要求市经济贸易和信息化委员会、市规划国土委就新渔港规划选址进一步深化研究，突出现代化理念，并同意渔港建设转为社会投资模式。

二是出台新的远洋渔业发展扶持政策，促进远洋渔业持续健康发展。根据《深圳市农业发展专项资金管理办法》有关规定及远洋渔业政策绩效评估报告意见，结合全市远洋渔业发展方向，市经济贸易和信息化委员会和市财政委员会向市政府建议对原扶持政策进行修改和完善，并制定《深圳市农业发展专项资金扶持远洋渔业发展暂行办法》配套文件，延续远洋渔业扶持政策。

2. 积极落实渔业油价补助政策 按照财政部、农业部《渔业成品油价格补助专项资金管理暂行办法》及上级部门有关文件要求，市经济贸易和信息化委员会制定了深圳市2012年渔业油价补助资金发放工作方案，成立了渔业油价补助工作领导小组，认真组织各区、渔政部门及各远洋渔业企业开展渔业油价补助用油量的测算、审核及申报工作。

3. 积极推进政策性渔业保险工作 自2013年3月开始，由市金融办牵头，经征求深圳保监局、市财政委、省渔业互保协会、人保财险深圳分公司、市渔政处、流渔办、渔业服务水产推广站的意见和建议后，市经济贸易和信息化委员会对《深圳市政策性渔业保险实施方案（试行）》进行了修改完善，并编写编制说明，并已联合市财政委、金融办、深圳保监局将实施方案报请市政府审议。

4. 加强渔业捕捞许可管理工作 一是按照市政府深化行政审批制度改革的要求，积极梳理审核审批程序，压缩审批环节，提高审批效率。二是加强捕捞许可审核审批工作。严格按规定程序对捕捞许可申请材料进行审核把关，截止到11月14日，共受理约300艘渔船捕捞许可证及船网工具指标申请。

5. 落实海洋伏季休渔及渔业资源增殖放流工作

（1）做好伏季休渔管理工作。为确保全市伏季休渔工作顺利进行，保证渔区社会稳定，促进南海渔业资源的养护与合理利用，一是制定《2013年深圳市海洋伏季休渔管理工作方案》，成立休渔工作领导小组，明确各有关单位的职责分工，确保休渔工作有序开展。二是认真界定休渔渔船。经市渔政处及市流渔办统计，全市2013年应休渔渔船899艘（其中本港渔船367艘，港澳流动渔船532艘），同时对休渔渔船进行登记造册，张榜公布。三是加大宣传工作力度。通过竖立休渔倒计时牌、制作休渔旗、悬挂宣传横幅、发放宣传资料等方式向渔民宣传休渔政策，强化渔民保护渔业资源的意识。四是加强渔船安全管理。休渔期督促各区、各级渔政部门认真做好“三防”工作，开展渔业安全大检查，严格执行24小时值班制度，加强渔港渔船巡查，确保渔民群众生命财产安全。五是做好休渔补助实施方案制定及发放工作。

（2）开展渔业资源保护和增殖放流工作。为增强全民保护海洋、共建和谐海洋的意识，营造热爱海洋的社会氛围，促进全市海洋渔业资源的保护与利用，6月6日，由市经济贸易和信息化委员会组织的第六届休渔放生节“2013年深圳渔业资源增殖放流活动”在大鹏新区杨梅坑码头举行，此次活动共放流对虾苗634.3万尾、海水鱼苗120万尾。其中22家热心企业及33位热心市民捐赠海水鱼苗40万尾、对虾苗234.3万尾，取得了良好的社会反响。

6. 以渔船管理为抓手，确保渔业生产安全 一是层层落实安全生产责任。为提高基层渔政部门安全生产责任意识，4月份，市经济贸易和信息化委员会召开全市渔业安全工作会议并与各区渔业主管部门、渔政大支队、各远洋渔业企业签订了海洋渔业安全生产责任书，明确安全监管责任，落实监管责任。二是严格执行渔业安全生产突发事件应急制度。三是强化渔船、渔港安全管理。四是借力科技，提高渔业安全生产水平。加强渔业航标的管理和保护，采取了对渔业航标进行定期巡视检查措施，做好维护工作，保证渔业航标处于良好的使用状态。五是严密防范重特大渔业安全事故发生。贯彻全省、视频会议与上级文件精神，杜绝重特大渔业安全事故发生。六是封港查船保安全，将封港查船行动制度化、常态化。七是全力做好防御热带气旋工作。根据省、市防台工作和应急预案，及早部署、及早防御，严格按照“两个百分之百”要求。八是开展海洋渔业突发事件应急演练。6月中旬，市渔政处联合交通部南海救助局深圳基地、深圳市公安边防支队等涉海管理部门，在蛇口渔港组织开展了海洋渔业突发事件应急演练，提高了渔民的自救能力和渔业安全生产水平。九是加强安全培训，提高安全生产技能。举办职务和普通船员培训班，通过上渔船、进社区等多种形式开展渔业船员安全培训，开展渔业安全培训，提高了渔业生产上岗持证率。

7. 渔政执法管理 全年共出动海监渔政执法人员共16 000余人次，执法船艇3 200余艘次，航行10 000余海里。办理海监案件20宗，渔政案件158宗，水产品质量案件2宗，水生野生动物案件13宗，均无行政复议及行政诉讼行为。未发生安全生产责任事故，较为出色地完成了全年各项工作任务。

8. 渔政队伍建设

（1）队伍建设取得明显成效。一是廉政建设常抓不懈。每日向工作人员（包括临聘人员）发送廉政警言，开展“纪律教育学习月”活动，邀请市检察院领导举办警示讲座等。严格执行廉政预警和风险防控制度，全年未发生违反廉政建设问题。二是督察工作常态化开展。确立“每周三”督察日制度，督察工作覆盖全面，发挥了重要作用。三是“渔政队伍建设年”活动成绩突出。购买服务24人，招录公务员6人，基层力量得到扩充。蛇口大队成为全省活动标兵单位。大鹏大队也得到省总队检查组肯定。宝安大队成功升格为副处级单位,各方面工作取得很大进步。整个队伍文化活动丰富多彩,军事训练取得实效。信息宣传位列广东省前三名。

(2)海监基地项目建设稳步推进。目前该项目已获得深圳市发改委可行性研究报告的批复,完成了工程勘察招标并签订合同,正开展陆域配套工程建筑概念设计和初步设计。

【重点渔业区基本情况】

深圳市重点渔业区基本情况

重点渔业区	渔业总产值(万元)	水产品总产量(吨)	其中		养殖面积(公顷)	
			海洋捕捞	海水养殖	内陆养殖	海水养殖
大鹏新区	10 165	5 170	2 781	2 354	3	783
宝安区	6 835	7 533	735	312	52	190
南山区	18 780	325	130	160	3	28

(深圳市经济贸易和信息化委员会)

新疆生产建设兵团渔业

【概况】 2013 年,新疆生产建设兵团渔业以转变渔业发展方式为主线,以建设现代渔业为方向,加快渔业基础设施和支撑保障体系建设,推进水生生物养护工作,深化养殖品种结构调整,大力发展本地特色鱼类养殖和休闲渔业,努力转变渔业经济增长方式,着力推进水产健康养殖行动,提高水产品质量安全水平,实现了渔业经济的稳定发展。水产品总量 3.93 万吨,同比增加 3 965 吨,增长 11.2%,其中养殖产量 38 603 吨,同比增加 3 793 吨,增长 10.9%;淡水捕捞产量 731 吨,同比增加 172 吨,增长 30.8%;养殖水面面积 36 442 公顷,同比增加 110 公顷,增长 0.3%;渔业产值 5.496 亿元,同比增加 7 383 万元,增长 15.5%;渔业职均收入 32 000 元,同比增加 2 000 元,增长 6.7%;人均水产品占有量 14.55 千克,同比增长 8.3%;繁育各类鱼苗 12.2 亿余尾,同比增加 2 亿尾,增长 19.6%,生产各类鱼种 1 941 吨。

1. 养殖证制度建设 新版水域滩涂养殖证自 2011 年在全国正式启用以来,由于种种原因,兵团新版养殖证发证一直为零,2013 年继续加强了养殖证发放的宣传、引导等推动工作,对各师水利局渔业管理人员培训了中国渔政指挥系统上网操作程序,发放了动态密码令牌,2013 年共发放新版养殖证 27 本,发放面积 81 558.84 公顷,水产苗种许可证换(发)证 6 本,苗种水花生产能力 10.3 亿尾。

2. 水产品质量安全监管 围绕水产品质量安全监管"两个努力确保"目标,坚持标本兼治、打防结合和属地管理原则,制定了《2013 年兵团产地水产品质量安全监管工作要点》,开展水产禁用药物和有害物质残留专项治理,重点加强育苗环节监管和查处违法用药行为,并联合自治区水产局,强化水产品市场运行和质量安全舆情监测,完善水产品质量安全突发事件应急预案,全年兵团未发生水产品质量安全事故,水产品市场价格保持平稳。

3. 开展清理整治违规渔具专项执法行动 针对部分地区存在的"绝户网"等违规捕捞网具、破坏渔业资源的突出问题,严厉打击使用各类违规渔具非法捕捞行为,切实加强兵团渔业资源保护,根据农业部《清理整治违规渔具专项行动实施方案》总体安排,结合兵团实际,制定了《新疆兵团清理整治违规渔具专项行动实施方案》,各师开展了一个月的专项清理整治执法行动,共开展检查 17 次,检查船艇 54 艘,发放宣传材料 220 份。因兵团主要捕捞水面是养殖水域,为保证可持续发展,水库管理单位和承包人员非常重视网具设置和网眼的规格,不存在使用"绝户网"和密眼定置网的现象。

4. 农业部健康养殖示范场创建 为做好水产品安全有效供给,从源头规范渔业生产和管理,确保水产品质量安全,继续开展农业部健康养殖示范场创建工作,指导新疆兵团一师水产技术推广站等 6 家单位申报农业部健康养殖示范场,创建面积 582 公顷,创建规模 1 765 吨,经考核验收,均已获得农业部第八批健康养殖示范场称号。

5. 全国休闲渔业基地创建 为促进渔业产业升级,推动休闲渔业又好又快发展,实现渔业增效、职工增收,继续开展全国休闲渔业示范基地(第二批)创建工作,遴选了六师水管处等 4 家单位参与创建活动,均已通过了农业部渔业局的网上公示,并获得命名。

6. 水生生物资源增殖放流 在农业部的大力支持下，兵团开展以淡水鱼类资源增殖放流为重点的水生生物资源养护工作，9～10 月，一师新井子水库、三师小海子水库、四师红旗水库、六师猛进水库、七师奎屯水库、八师大泉沟水库、十师阿克达拉水库、十四师皮墨水库分别开展鱼类增殖放流，除以上 8 座水库外，兵团还有其他十余座水库自筹资金开展鱼类增殖放流活动，共投放鲢、鳙、草、鲤、鲫及河鲈、丁鲅、江鳕等各类鱼种 730 万尾，投入资金 600 万元，促进了水域生态环境的改善和渔业的可持续发展。

7. 水产品认证 积极推进水产品无公害、绿色、有机水产品的认证，2013 年有 9 家较大规模渔场取得无公害水产品产地、产品认证，认证品种 30 个，认证养殖规模 3 971 公顷。

8. 渔业油价补助 根据《渔业成品油价格补助专项资金管理暂行办法》的要求，兵团及各师水产局认真组织符合油价补助条件的渔业生产者完成了补助申请、初核、汇总、公示、补助发放工作。2012 年度兵团共有 8 个师、222 条机动船领取了补贴，补贴用油量 642 吨，补贴金额 250 万元。

【重点渔业生产单位基本情况】

新疆生产建设兵团重点渔业师基本情况

单位	总人口（万人）	渔业产值（万元）	水产品产量（吨）	其中		养殖面积（公顷）
				捕捞	养殖	
第一师	31	7 730	4 385		4 385	8 487
第二师	19.05	6 078	4 505		4 505	921
第四师	22.85	8 900	7 602	361	7 241	862
第八师	58.11	5 250	5 322		5 322	2 819
第十师	8.41	13 961	7 193	370	6 823	9 812

（王雪梅）

全国渔业重点事业单位

农业部渔业船舶检验局

【概况】 2013年是全面贯彻落实党的十八精神的开局之年，也是渔业船舶检验改革、发展的重要一年。一年来，在农业部党组的正确领导下，在农业部人事劳动司、渔业局等有关司局的指导和帮助下，在各渔业船舶检验机构及全局同志的共同努力和辛勤工作下，全国渔业船舶检验系统紧紧围绕农业部中心工作，根据十八大精神以及中央农村工作会议、全国农业工作会议精神，以群众路线教育实践活动为动力，积极探索渔业船舶检验监督管理体制改革，创新监管模式，加强体系建设，严格履行监督职能，推进远洋渔船、大型渔政船等重要渔业船舶安全检验管理、船用产品打假监督抽查等重点工作和日常检验监督管理工作同步开展，在已经开展检验业务工作的29个省（自治区、直辖市）中，产品检验80万台件，监督抽查重点安全产品29万台件；完成海洋渔船检验20万艘；有效促进了全国渔业船舶生产作业安全，为海洋渔业持续健康发展奠定了牢固基础。各级渔业船舶检验机构服务于渔业行政主管部门中心工作的能力和水平不断提高，为行业、为企业、为渔民和基层服务的宗旨意识大大增强，较好地完成了国家赋予渔业船舶检验保障渔业船舶航行作业安全的各项工作任务。

【重点工作】

1.积极探索开展船检法规和管理制度创新 一年来，全国各级渔船检验机构在研究和梳理当前渔业船舶检验工作制度和法规执行中存在的问题基础上，把改革创新、完善船检法规制度建设摆在了十分重要的位置，通过制订法定检验规则、探索产品分类和检验分级管理制度，构建了渔船质量安全多元共治格局。

一是制定远洋渔船法定检验规则，创新监管方式。鉴于2012年10月通过的《国际渔船安全公约2012年协定》的生效进程逐步加快，并为逐步提高我国远洋渔船安全作业水平，为拓展我国远洋渔业发挥重要作用，在2000年发布的《渔业船舶法定检验规则》基础上，结合当前远洋渔船技术发展现状和相关国际公约的要求，立足当前，着眼长远，专门制定了一部远洋渔船的法定检验技术法规——《远洋渔船法定检验规则》（待2014年报农业部批准后实施）。该法规涵盖了最新国际海事公约对渔船安全及环保的要求，将重点解决渔船建造企业、远洋企业关注的渔船质量安全及境外检验无缝衔接问题。法规建立了船舶制（修）造企业、技术检测单位等围绕船舶质量应出具检查、检测、试验报告的制度，以及远洋企业对船舶进行安全自我检查并进行安全状况声明的制度；法规切实落实了远洋企业对渔船安全全面负责的责任，建造企业、检测机构技术把关责任，渔船检验监督部门依法监管责任，形成了“权责对应、多元共治”的监管新模式。

各省也加强了对辖区渔船检验监管研究，并出台相关规定。浙江制定了提高国内渔业船舶建造质量的指导意见、沿海小型乡镇涉渔船舶安全适航基本条件、聚乙烯渔业船舶检验技术要求（试行）等办法规定，对具有地域特点的渔船技术要求、设计图纸质量、检验重点环节把关和完善申报程序进行了明确要求。辽宁针对辖区渔船检验改革，专题对《辽宁省渔业船舶监督检验条例》进行修改，聘请律师对修改内容予以推敲，形成比较完善的修改意见报上级部门。山东在渔业船舶设计、修造企业行政审批取消后，根据农业部渔业船舶检验局下发的关于加强渔船修造开工前检查工作的通知，制定颁布了《山东省渔船设计与修造管理暂行规定》，防止产生新的“三无”船，最大限度减少行政审批取消后出现的监管空白；还探索并创新性实现了以省渔业船舶协会发起成立的“山东省渔船设计图纸审查中心”负责设计图纸的技术审查，提供行政许可支撑，检验机构对审查的设计图纸进行复核，合格后予以批准的管理模式。

二是建立船用产品检验分类管理制度和渔船分级分类检验制度。重点针对渔船检验工作中存在的法定检验监管责任与企业质量管理责任不明确，渔船检验工作目标以及检验制度与行政执法监管要求和目标不相适应的问题，农业部渔业船舶检验局通过对渔船用产品法定检验种类及渔船法定检验项目进行科学分类，根据不同的管理目标，实行差异化管理，明确检验责任和实际检验要求。已制订完成并发布了《渔业船舶船用产品检验管理规定》，对137项法定检验的船用产品，进一步细分为A类51项、B类48项、C类38项，分别实行不同的监督检验方式，明确细化了检验执法部门的监管责任和企业强化质量管理责任，以实现知责、履责、问责，提高依法行政水平，强化行政责任追究和监管责任落实，并使之成为今后船用产品检验工作的重要指导性工作制度。

三是制定检验指南、梳理执法依据，统一规范全国检验程序。为统一规范各级检验机构严格执行法定检验，解决船检工作指南缺位的问题，着手有重点、分步骤地组织编制相关检验工作指南，其中船用产品认可操作指南和12米以下国内渔船、24米以上国内海洋渔船检验工作指南均进入了征求意见阶段。针对新技术装备在渔船上的试用及境外检验工作的特殊性，制订了《渔业船舶试用新技术新装备检验管理办法(暂行)》、《远洋渔船境外检验点管理办法》等一批规范性管理制度。还组织对近30年来发布的各类船检工作规范性文件进行了全面梳理，对已不适应船检工作当前和今后管理需要的规定研究提出了处理意见，为下一步的工作打下了基础。

2. 船用产品质量专项治理取得新成效

一是统一行动，深入开展船用产品质量专项治理，查处了一批质量不合格船用产品。集中开展船用产品专项治理执法检查是转变政府职能，加强船用产品流通和使用环节监管，强化产品检验事中和事后监管，确保安全产品顺利地上渔船的重要手段。2013年全国各级渔船检验机构结合全国农资打假专项治理行动电视电话会议和全国农资打假和监管工作要点要求，在船用产品集中生产地、经销地和渔船修造地等区域，利用伏季休渔期和渔船回港维修期，统一集中开展了船用产品专项治理执法检查，查处了一批质量不合格产品。据统计，全国各地全年共开展船用产品质量专项治理行动执法检查1 864次，参加执法检查人员5 347人，检查渔船56 672艘，检查船用产品生产(经销)企业783家，检查船用产品289 839台(件)，查处(更换、销毁、没收、召回)假冒伪劣船用产品109 804台(件)，有效维护了船用产品质量安全和震慑了假冒伪劣生产者。

二是开展安全产品知识宣传普及行动，提高了渔民对船用产品识假能力和操作水平。2013年6月28日，农业部和广东省人民政府在广东联合举办了"为渔民群众办实事、让安全产品上渔船"大型现场活动，农业部党组成员张玉香和广东省人民政府副省长邓海光出席了活动并分别作了重要讲话。辽宁、上海、江苏、山东、广东和内蒙古等省(自治区、直辖市)也相继在渔港码头举办了现场活动。活动展示上百种优质产品，依法销毁查处一大批假冒伪劣产品，演习了渔船安全救生、消防设备，向渔民群众赠送上万件救生衣和救生圈。一年来，各级渔船检验机构还为渔民举办了各类渔船安全产品知识和操作技能培训班167期，培训渔民29 900人次。农业部渔业船舶检验局专门组织编印了《渔船安全知识手册》4 000册免费发放给渔民，各省也加大宣传力度，辽宁累计向渔民发放宣传手册3万多册，山东向渔民印发培训教材和宣传材料8 000余套，江苏编印安全宣传手册2 000余份，福建印发通信导航救生设备宣传材料1万多册，广东印发安全知识宣传手册9 000余册，均取得较好效果。

三是实行联控和产品召回制度，巩固扩大质量监督抽查成果。农业部渔业船舶检验局针对渔船救生产品质量问题严重的情况，重点组织开展了对救生衣、救生圈和救生筏检修站的监督抽查工作，并针对抽查结果进行溯源，已查出4家救生设备生产企业产品存在生产不合格产品的情况，并对这些企业进行严肃处罚；针对抽查发现的流通环节存在的产品质量问题，进行了通报并联合技术监督和工商等部门进行联合查处，防止劣质产品上渔船。加强对船上产品安全质量隐患排查和召回，是监督检验工作职责的具体体现。2013年，浙江省针对省内相关企业救生筏存在的安全质量问题，开展了由生产企业召回质量隐患产品工作，责令该企业对其销往浙江、山东等8个省份季休渔的1 235只救生筏实施了召回处理，有效地避免了"救生筏不救人"事故发生。

3. 有效组织开展渔船检验和安全隐患监管工作

为贯彻落实好《农业部关于贯彻落实〈国务院关于促进海洋渔业持续健康发展的若干意见〉的实施意见》，配合我国发展壮大外海和远洋渔业战略顺利实施以及确保国家大型渔政船设计建造质量安全，农业部渔业船舶检验局将远洋渔船和大型渔政船作为全系统重点服务船舶，组织系统全力保证检验工作顺利进行。

一是认真组织力量做好远洋渔船建造检验工作。针对近年来渔船特别是远洋渔船更新建造数量激增的情况，将远洋渔船检验工作与远洋项目管理工作密切配合，建立了检验与远洋项目紧密挂钩的有效管理制度和境外检验制度，强化规范远洋渔船检验工作，下发了《关于做好渔业船舶技术安全检查治理工作的通知》和《关于加强渔船修造开工前检查工作的通知》等文件，通过严格规范图纸审查，开发推行审图监督管理软件，加强开工前检查和进一步明确检验重点要求等措施，坚决杜绝存在安全隐患的渔船下水。全年共组织进行远洋渔船的建造初次检验 713 艘，其中完成检验 454 艘。同时还对一年多来新建造远洋渔船情况进行了系统分析，对加强新建造远洋渔船检验工作提出了建议并形成了报告，副部长牛盾对报告给予肯定并对这项工作提出了要求。

另外，为进一步提高对远洋渔业发展的服务水平，规范和完善了远洋渔船检验行政审批程序和标准，还增设了一批境外检验点，使境外检验点覆盖了近 80% 的境外检验工作，建立了远洋渔船境外检验服务信息发布平台，已累计发送短信约 8 000 条。这些措施提高了对远洋企业的服务能力，受到了企业的普遍欢迎。

二是努力组织协调做好大型渔政船建造检验工作。2013 年 12 艘 3 000 吨级和 13 艘 1 000 吨级大型渔政船集中开工建造，为做好建造检验工作，农业部渔业船舶检验局针对渔船检验队伍存在的检验力量不平衡、对大型船舶检验力量和经验不足、检验工作经费严重缺乏等问题，以高度的大局意识和服务意识，认真研究应对，采取了统一协调组织全国力量、统一检验工作标准、实行集中审图等工作措施，制定了《大型渔政船建造检验工作方案》和《关于大型渔政船建造检验有关事项的通知》等系列办法，协调确定各驻厂检验工作组，研究制定出大型渔政船检验大纲，做到检验管理工作程序和要求统一规范，保质量、保进度，确保了这一国家重点工作任务的正常开展。

三是加强对渔船安全隐患重点领域的安全监管工作。针对氨制冷在陆上加工企业频发安全事故的情况，组织专家认真研究，制订了氨制冷渔船的技术安全要求，下发了《规则》修改通函，并结合国家安全生产管理委员会的工作要求，起草了涉氨制冷渔船专项治理工作的相关材料报农业部渔业局，以部办公厅文件对此项工作进行了部署，各地对使用氨制冷渔船进行了拉网式的安全检验监管，确保渔船使用氨不发生事故。广东省组织开展了赴西沙、南沙海域生产渔船“地毯式”安全隐患检查，对渔船安全隐患采取“零容忍”，严格整改要求，并开展了 24 米及以上老旧渔船油路电路改造工作；宁波对老旧渔船的防火结构等安全隐患进行强制改造，推进救生筏架更换工作，促进了渔船安全健康发展。

4. 加强指导推进检验队伍能力建设

一是搭建全国渔业船舶检验机构“结对发展”活动平台，促进了地区机构间协调发展。针对全国各省之间渔船检验发展不同步，部分地区特别是内陆地区检验能力不足的问题，在全国省级船检机构之间，组织开展了“结对发展”活动，依托检验力量优势省，通过传、帮、带形式，实现沿海、内陆省机构之间工作优势互补、双向互动、彼此促进、资源共享，目前已有 27 个省级机构开展了“结对发展”活动（沿海 10 个机构与内陆 17 个机构）。一年来结对发展的省级机构之间通过开展工作经验交流、现场考察取经、代行培训验船人员、帮助开展检验工作等形式多样的活动，有效地带动了内陆地区船检机构检验能力的提升，促进了各省检验机构监督管理工作和检验业务工作均衡协调发展，获得了各省的高度认同。

二是改革验船人员上岗考核制度，突出考核指导管理职责。改变以往验船人员上岗培训由全部由农业部渔业船舶检验局统一组织的做法，实行统一考核发证、分级组织实施指导，加强师资协调、考核试题库和在线考试软件的完善，支持和协调结对省份之间代为培训，既调动了各省在培训工作中的主动性和资金条件投入的积极性，解决了验船人员上岗培训的需求，又保证了培训的标准和质量的统一。全年共有 14 个省份举办了 15 期涉及 26 个省份人员参加的验船人员上岗资格培训，培训人员达 1 549 人，取得了良好效果，也为全系统的验船人员上岗培训工作的良性发展打下了制度基础。

三是不断创新培训工作方式，为基层培训骨干业务人员。针对基层船检机构普遍存在工作任务重、缺乏具备专业基础骨干验船人员的实际情况，农业部渔业船舶检验局制定并启动了全国骨干县（市）验船人员基础专业长训班千人培训计划，利用专业院校的培训条件，开展了充分的需求调研和课程的科学设计，完善了培训单位的条件建设，计划用 3 年左右时间，为全国各骨干渔业县（市）培训 1 ~ 2 名具有较好专业基础知识和船检业务能力的技术骨干。目前，已实施完成了一期海洋验船人员及两期内陆验船人员长训班的培训工作，全国 25 省 123 名验船人员参加为期 3 个多月的长训学习，达到了预期目标。各地也组织辖区验船人员开展多项检验技能培训，浙江组织 200 余人（次）参加焊接质量检验、船用配电电气检验、救生设备检验和渔船检验档案管理工作培训；辽宁抓住省内木质渔船数量众多的特点，举办全省木质渔船检验交流培训班，讲解木质渔船的图纸审核、规范应用、检验方法、检验要点，提高检验人员执法能力。

四是探索以检验能力核定检验业务的机构建设管

理方向。为科学设置渔业船舶检验机构，优化检验业务核定管理，在对全国渔船情况、机构业务开展情况进行充分调研的基础上，开展了以能力核定检验业务工作的研究，充分听取基层意见，努力探索以能力核定业务范围的工作方式，探讨机构能力分类建设标准，提出了《以检验能力核定船检机构检验业务范围的意见》草案，为寻求业务量与能力平衡发展的体系建设机制打下了基础。全国已经业务核定认可渔业船舶检验机构共1 021个，其中省级机构29个，分局42个，单列市局3个，检验处222个，检验站726个。

5. 推进技术进步提高服务行业管理能力

一是开展了《钢质海洋渔船建造规范》修订工作。这是自1998年《钢质海洋渔船建造规范》发布15年来第一次对该规范进行系统的重新修订，新规范将重点解决我国船舶工业现代化的新技术、新装备、新材料在海洋渔船建造中的同步问题，修订已不适应当前渔船技术发展现状的要求以及厘清规范标准与渔业船舶法定检验规则之间的界限不清等问题，这些问题制约了我国现代化渔船设计和建造等方面的发展，也影响了渔船法定检验工作的依法行政效果。新规范借鉴和吸收了国际上先进的技术要求，对电力推进技术、氨制冷技术等时下的热点进行了明确规定，具有很强的可操作性和适当的前瞻性，与我国积极稳妥发展远洋渔业的方针政策相适应，与我国渔船技术装备状况和渔民可承受能力相适应，新规范将极大推进渔船装备技术现代化。

二是积极推进渔船标准化和安全评价工作，提高渔船技术水平。为加快推进全国渔船标准化工作进程，积累和推广渔船标准化工作经验，农业部渔业船舶检验局重点在山东、重庆推进标准化试点工作。山东主要选择了沿海养殖渔船、远洋渔船作为首要标准化对象，根据“线型相同、尺度相近、突出作业特点、发展前景良好、数量集中、主机功率略同”等六个原则推荐了养殖船18个船型，远洋渔船9个和国内捕捞船2个标准化船型，目前已经进入优化设计阶段。此外，山东还率先完成了24米以下海洋渔船安全技术状况的评价工作，抽样采集了近万艘各类海洋渔船，为地方政府摸清渔船安全状况家底、开展渔船标准化更新改造提供了决策依据和强有力的技术支持。重庆遴选出12个优化船型作为标准船型的母型船开展示范推广工作，目前三峡库区和长江、嘉陵江、乌江等支流渔船的95%已完成标准化改造。在试点带动下，其他各省也积极探索本地渔船标准化新路子。北京联合渔船设计单位对辖区水库渔船进行了实际测量和基础数据采集，优化开发出4种渔船船型。江苏在前两年设计研究基础上精心确定了6个标准化船型，出台了江苏省标准化渔船图纸使用规定，严格筛选标准化渔船建造企业，规范标准化渔船图纸使用及建造工作，加强标准化渔船建造监管，已建造完工标准化渔船145艘，在建标准化渔船43艘，并编印了近200艘已建渔业船舶船型图册，提供给船厂、船东参考选用。广东编制了国内渔船“优选钢质(或玻璃钢质)标准船型在全省推广应用”项目方案，组织开展了渔船集体救生设备救生示位标产品研发和应用推广工作，提高渔船遇险救助能力。

三是加强对渔船双控管理工作和渔船节能减排工作的支撑力度。渔船柴油机型谱的确定，是困扰渔船功率控制监管工作多年的难题，按照农业部渔业局的要求，在大量调研和认真研究的基础上，提出了渔船用柴油机型谱和标识管理科学有效的方案，较好地解决了技术上的不确定性和管理上的可操作性之间的矛盾，实现了行政监管措施和技术监管措施的有效对接，为下一步加强渔船柴油机功率管控工作打下了基础。按照农业部渔业局开展节能减排的工作要求，组织各地积极开展节能减排实施工作。农业部渔业船舶检验局联合广东船舶设计院拟定了《LNG动力渔船检验办法》，推进清洁能源在渔船上的安全使用；山东省结合渔船数量多、性能差、能耗高、污染重的实际，确定了7种柴油机节能机型，已推广渔船节能环保渔机超过267台(套)，并启动了天然气动力渔船推广工作。

四是推进地方渔政船型标准化进程。受农业部渔政指挥中心委托，组织开展了1 000吨级以下地方渔政船艇建造项目标准化设计方案研究，从18家设计单位的设计方案中优选出5家单位的设计方案，从安全性、功能性、适用性、适居性等各方面对各船型的详细设计方案提出改进意见和优化建议，最终审定通过了5个1 000吨级以下地方渔政船艇建造项目设计方案。

五是扶持提高渔船修造企业、船东技术能力。各地在船厂修造资质许可取消后，按照农业部渔业船舶检验局的统一部署，加大了渔船建造质量的事后监管和指导工作。浙江、江苏、福建通过编写渔船建造质检员培训教材，举办质检员、特殊技术工人现场培训班等，加强对质检员培训，提高其质量意识和业务水平；辽宁联合船舶院校对无图纸资料的大中型渔船采取陆上测绘、港池内作倾斜试验等方法，勘察渔船稳性；山东建立了修造企业生产条件评价制度、“旬巡查旬报告”制度、违规修造渔船黄红牌警示制度，广西采取“一月两巡查”措施，严肃查处违规造船行为，基本遏制住违规造船势头，切实维护渔船修造秩序；福建开展了“十佳渔业船舶修造企业”活动，极大促进了企业提高渔船建造技术水平。

6. 探索推进渔船检验技术支撑体系建设

一是研究改革中国渔船技术委员会工作机制。结合中国渔船技术委员会的换届工作，制定了《中国渔船技术委员会组建方案》，修订了章程，调整了机构和职能设置，加强了该机构对船检工作的技术管理和技术决策的支撑作用；优化了构成，强化在技术管理和技术决策方面的能力；在机构上确定了在常委会下设置专业委员会和工作委员会，以各专业委员会和工作委员会作为工作单元，强化了中国渔船技术委员会在技术管理和决策工作中的可操作性。

二是进一步发挥渔船标准制定对渔船安全检验的支撑作用。搜集整理渔船标准储备项目100多项，完成2014年渔船标准项目申报准备工作，顺利完成全国渔船标准化技术委员会换届工作，加强了秘书处工作，有序开展渔船标准体系修改完善工作。并结合行政审批制度的改革，面对新形势，转变工作思路，积极探索如何强化渔船修造企业的能力提升和监管等，用标准的制定和执行替代传统的行政审批手段。

三是加强与海洋船舶科研院所在渔船安全技术发展的合作共建。与大连海洋大学共建成立了渔船安全研究中心，重点加强渔船安全评价研究、渔船安全管理研究和渔船装备安全技术研究；筹备了与中国水产科学研究院在渔业机械仪器研究所共建国家渔业船舶审图中心以及与七零一研究所建设渔船规范研究中心的工作；组织认定了上海海洋大学等4所院校为检船师培训基地；与中国船级社签署了战略合作协议，启动了“国外渔业船舶船用产品检验监督管理体制机制研究”项目，为推动我国渔船安全管理和现代渔船装备技术快速发展，提升渔船安全管理水平，积极探索依托社会力量建立渔船检验技术支撑体系的有效路径。

7. 深化合作领域，对外交流工作拓展新局面 一是与日本国土交通省海事局建立了工作联系，开展了渔船检验工作的会谈交流，举行了中韩第七次渔船安全技术会议，积极探索在船用产品检验等方面合作开展检验工作的方式，并取得初步结果。二是组织与香港特别行政区政府海事处、澳门特别行政区海事及水务局的第一次渔船检验管理合作会议，建立了三方合作交流机制，完善了渔船委托检验的具体措施。三是参加了国际海事组织（IMO）稳性载重线渔船安全分委会第55次会议（SLF55）和国际渔业劳工公约论坛，会前准备好相应的预案，适时提出意见，使得会议最后通过的文件符合我预案精神。

8. 加强调研学习打造机关新面貌 2013年既是全局的“树新风、强作风、抓实干、促发展”的主题活动年，又是船检工作基层调研年，通过贯彻中央和农业部党组改进工作作风、密切联系群众的有关规定，通过开展党的群众路线教育实践活动，召开高质量的专题民主生活会，深入分析渔船检验工作和机关内部存在的问题及根源，以绩效管理为抓手，不断强化制度建设和执行力，以机关新面貌来推动各项工作的有效落实。一是建立健全局内各项规章制度，根据工作实际，先后制（修）订了《农业部渔业船舶检验局工作规则》、《农业部渔业船舶检验局绩效管理办法》、《渔业船舶及船用产品检验费计收工作内部管理办法》以及临时聘用人员管理办法、厉行节约措施规定、差旅费开支管理规定、招待费管理办法、经费预算管理规定等一系列规章制度，并注重要求和把握在具体工作中严格按制度执行和管理，同时还通过举办财务制度专题讲座，让干部职工进一步熟悉财经制度和财务办事流程。二是局领导带头主动下基层调研，每次调研都做到提前拟订调研题目，有的放矢，调研中注重把握渔民关切的焦点、社会关注的热点、领导关心的重点，及时研究分析原因及解决措施，为基层和渔民群众解决实际问题。三是局领导讲党课，从为基层和群众着想、为渔民和企业减负、为一线验船人员减压等方面分析了渔船检验工作的群众路线工作方向，并结合局内干部职工存在的一些现象，就如何提高干部践行党的群众路线的能力提出了要求。四是落实平安建设有关要求，坚持安全保密宣传教育和日常监督检查，落实安全责任制，农业部渔业船舶检验局被评为2013年度平安建设优秀单位。

另外，针对国家事业单位机构改革工作以及检验检测机构整合工作，局领导班子高度重视，认真研究应对，专门组织力量编写和提供各种相关材料，积极向农业部领导、劳动人事司、渔业局和中编办等有关部门汇报、沟通。在部领导和人事司、渔业局的高度重视和支持下，取得了积极的效果。同时，全局还积极指导地方有关船检机构，积极向当地政府和有关部门反映船检工作对三农工作和安全生产监管的重要性和必要性，争取在地方的机构改革中取得应有的地位。

（农业部渔业船舶检验局）

农业部黄渤海区渔政局

【概况】 2013年是黄渤海区渔政局面临机构改革考验，各项工作提质务实、稳步推进的一年。一年来，面对艰巨的海上护渔维稳任务和机构改革的形势变化，全局干部职工在农业部党组的正确领导下，坚持思想不散、秩序不乱、工作不断，以积极的心态迎接机构改革考验，毫不放松抓好渔政管理，着眼长远加强队伍建设，统筹兼顾加强班子自身建设和机关内部管理，各项工作平稳有序开展。

1. 牢固树立大局意识，积极迎接机构改革考验 在3月份机构改革启动之前，全局工作的着眼点主要放在谋划今后一个时期的发展上。年初研究制订了《黄渤海区渔政局2013—2015年工作目标》，重点从加强渔政执法设施装备建设、开展综合执法等八个方面明确了今后三年的发展目标和总体任务，并按年度进行了分解，旨在通过重点工作的推进和突破，为未来一个时期的发展夯实基础、积蓄能量。

进入3月份，中央作出整合海上执法力量、重新组建国家海洋局的决策部署之后，渔政部门的机构改革也随之启动。黄渤海区渔政局领导班子带头统一思想，牢固树立大局意识，积极支持和配合改革，以班子的共识带动全局干部职工的思想统一。先后召开了全局干部职工大会和党组理论学习中心组读书会，传达贯彻农业部党组关于机构改革的指示精神，学习国务院副总理马凯《做严明党的纪律的模范》的讲话，教育引导干部职工站稳立场、服从大局。尤其在严守纪律方面，坚持对内一条心、对外无杂音，坚决服从组织安排和统一分配；规范行文和请示汇报工作程序，所有的请示汇报都是针对农业部渔业局和渔政指挥中心，做到不越位、不走样；对干部调配使用和管理严格按程序操作，不搞先斩后奏，不搞既成事实；严格按制度规范津贴补贴，不搞变通，不搞“人情工资”；规范大型渔政船设备供应商确定、驻厂监造等工作，加强廉政风险防控；严格考勤制度和请休假管理，防止松弛懈怠。

围绕做好机构改革前的准备工作，对上级征求意见的有关改革方案进行充分研究论证，提出了参考意见和建议。组织对2012年以来的财务工作进行了“回头看”，对内部资产进行了逐一清点，确保各类资产账账相符、账实相符。把历史遗留问题逐一摸清楚，并认真研究解决办法。积极配合审计署进行机构改革审计，财务制度的规范和执行、资产管理等工作得到审计组的高度评价。对每名干部职工进行了综合评价，为改革后的人事安置提供了参考。这些都为今后的人员和资产交接做好了充分准备。

2. 把握提质务实的工作基调，毫不放松抓好业务工作 在机构和职能没有作出明确调整之前，坚持不敷衍、不松懈，继续按照农业部党组、渔业局、渔政指挥中心的部署和年初制订的计划逐项落实，扎实推进。

涉外渔业管理和护渔维稳创出了新业绩。在涉外渔业管理上，通过加强专属经济区巡航，深化与韩方执法部门的沟通与合作，加大对无证作业、侵入领海、暴力抗法等严重违规渔船的移交和处罚力度，开发涉韩入渔软件提高管理信息化水平，维护了涉外渔业秩序的总体稳定。全年累计移交严重违规渔船42艘次，比2012年增加28艘次，创下了历史新高。牵头组织开展了4次较大规模的专属经济区联合巡航，并首次实现海陆空联动。积极与韩方执法部门交涉，妥善处置涉外渔业事件，维护渔民切身利益，先后为渔民挽回直接经济损失220多万元，并化解了3次集体访。在近海渔业管理上，通过加强省际的沟通协调，组织开展一系列护渔执法行动，强化清理整治违规渔具工作督查，进一步稳定了海上作业秩序，渤海中部渔场秩序是近几年最好的一年。在日常管理任务繁重、执法人员和装备紧张的情况下，坚持不讲条件、不计回报，积极配合军事演训活动，全年共组织实施扫海15次、40航次，发布禁渔禁航通告83次，是历史上扫海任务最重、出动船只最多的一年，军方先后两次发来感谢信。在安全生产管理上，积极发挥组织协调作用，认真做好渔船碰撞事故协查和遇险船只救助工作，全年共协调事故调查35次，救助遇险船员10余人。

伏季休渔管理开创了新局面。2013年是黄渤海区全面实施伏季休渔制度以来伏休管理压力较大的一年，渔业资源偏差、捕捞效益下滑、渔政队伍改革、朝鲜东西海岸合作捕捞项目实施等多重因素交织在一起，对伏季休渔秩序造成了很大冲击。通过加强形势研判，抓好全程调研和督导，加大海陆查处力度，建立专职执法员制度和“歇人不歇船”，并联合公安边防、海监部门开展海陆空立体执法检查，有效地提升了管理水平。尤其在国家停止执行朝东合作捕捞项目的关键时段，顶住压力加强管控，并督促三省一市迅速召回渔船，避免了大规模、群体性违规的发生。伏季休渔期间，5艘渔政船共查获违规渔船228艘，移交地方处理36艘，查处力度为历年之最。

渔业资源修复实现了新突破。在海洋渔业资源养护上，通过严把涉渔工程环境影响评价关和渔业资源补偿修复方案审核关，启动北戴河和长岛生态修复示范区建设，认真抓好已签协议项目的落实，使渤海渔业资源修复工作跃上了新的高度。全年共与8家企业签订渔业资源补偿项目11个，协议补偿资金1.08亿元，到位补偿资金1 409万元。黄河流域资源养护工作也取得了新进展，先后对中石化山东菏泽天然气管道工程等6个项目进行了渔业环境影响评价，明确渔业生态补偿资金1 863万元，已签协议补偿资金656.6万元。这是农业部黄河流域渔业资源管理委员会办公室管理的国家级水产种质资源保护区建立以来争取到的首批渔业生态补偿资金。

热点难点问题研究取得了新进展。强化问题导向和责任意识，成立了政策理论研究小组，组织全局业务骨干对黄渤海区多年沉积的“老大难”问题进行深入研究，把问题界定清楚，把问题产生的根源找准找透，对今后解决问题提出了意见和建议。局班子成员带头参与课题研究，每人牵头1~2个课题，围绕涉外渔业、伏季休渔、过度捕捞、渔业资源环境、“三无”渔船、燃油补助、渤海中部管理、机构改革后的渔业执法衔接等8个方面的热点难点问题进行广泛调研，凝聚集体智慧形成了一批研究成果，为今后移交工作和解决相关问题提供了参考依据。调研规模之大、参与范围之广、投入精力之多是近年来所没有的。

3.坚持当前与长远兼顾，切实加强干部队伍建设 一年来，坚持群众路线教育、机关文化建设、学习型组织建设三管齐下，着力提升干部职工的思想作风和能力水平。重点发挥好“三个作用”：

一是注重发挥群众路线教育的整肃作用。把群众路线教育实践活动作为整肃队伍、解决问题、转变作风、提振士气的契机，一丝不苟抓好“三个环节”，不因机构改革而使教育实践活动打折扣。认真开好党组民主生活会、处级干部组织生活会和联合支部组织生活会，深入剖析“四风”方面存在的突出问题，真刀真枪提意见、满腔热情帮同志，对“四风”之外的其他问题也不放过，逐一查摆出来，逐一制订整改措施并建章立制，把“照镜子、正衣冠、洗洗澡、治治病”的总要求落到了实处。与此同时，先后组织部分干部职工到革命圣地延安、淄博焦裕禄纪念馆、伏季休渔执法一线、天津新船重工接受思想教育，通过正能量的传递，引导大家把心思放在工作上，把重心放在学习上，把智慧用在创新发展上，在机构改革过渡时期始终保持积极的心态。

二是注重发挥机关文化建设的凝聚作用。坚持“文化强局、人才强局、学军强局”不动摇，在2012年出台《关于加强机关文化建设的意见》的基础上，2013年又开展了共同价值取向核心词征集活动，在广泛征集和反复讨论中激发正能量、增强向心力，形成了以“崇学、厚德、务实、和谐”为核心的共同价值取向。积极倡导“快乐工作、幸福生活”的理念，通过组建职工艺术团和业余兴趣小组、举办职工运动会和青年职工辩论赛、开设医疗保健知识讲座、文明礼仪讲座等多种形式，引导干部职工养成健康文明的生活方式，自觉抵制不良风气。开设了“大家讲坛”，局领导带头讲课，引导干部职工掌握和应用科学思维方法，培养系统思维、辩证思维、底线思维和创新思维。开展了全员封闭式军训和青年干部“走进军营”活动，锤炼干部职工服从命令、听从指挥的团队精神和吃苦耐劳的意志品质。邀请驻地先进模范人物举办了“奉献爱心·传承美德”先进事迹报告会，教育干部职工从身边的典型学起，养成良好的道德品行。

三是注重发挥学习型组织建设的促进作用。着眼未来发展需要，组织开展了一系列有针对性的业务培训和专题讲座。先后举办了行政执法、涉外渔业管理、水生生物资源养护等8期专题培训班，授课人员全部为各处室的业务骨干，既普及了知识，又锻炼了干部职工的组织表达能力。开展了全员业务知识测试和知识竞赛，形成了以考促学的倒逼机制。各业务处室也面向基层举办了一系列业务培训班，并吸收局内干部职工旁听。积极为干部职工外出学习和锻炼创造条件，先后派出20多名干部职工参加了上级组织的各种业务培训，回来后再组织干部职工集体学习，共享培训内容。抽调15名青年干部到执法一线蹲点锻炼，并举办了学习锻炼汇报会，引导干部职工在彼此交流中提升实践技能，收到了良好成效。

4.认真履行岗位职责，强化班子自身建设和机关内部管 具体工作中，带头加强政治学习，认真开好党组理论学习中心组读书会，深入学习党的十八大和十八届二中、三中全会精神以及习近平总书记的一系列重要讲话精神，在提高政治理论水平上做到先学一步、学深一步。带头践行群众路线，通过建立局领导联系渔政船制度、参加所在支部集体学习和组织生活会制度，密切了与干部职工的联系，解决了专业技术船员工资、事业编制职工医疗保险、劳务派遣人员住房公积金等一批群众关心的热点问题。带头弘扬务实作风，坚持说实话、出实招、办实事、求实效，无论三年规划的提出还是年度工作计划的制订、具体工作的推进，都把出发点和落脚点建立在务实的基础之上，不提不切实际的空口号，不搞哗众取宠的政绩工程。带头搞好内部团结，班子成员之间既讲分工又讲配合，遇困难多分担不推脱，遇分歧多沟通不掣肘，既把分管的工作做到位，又能及时补位而不越位，以班子自身的团结带动了全局干部职工的团结。带头落实民主集中制，坚持集体领导与个人分工负责相结合，每名班子成员各司其职、各负其责，在纪律和制度面前人人平等，不搞特殊化，“三重一大”事项都由集体讨论决定。带头加强廉政建设，自觉贯彻执行中央“八项规定”，自觉抵制形式主义、官僚主义、享乐主义和奢靡之风。机关发文数量比2012年减少46%，公务接待和公务用车进一步规范，一些会议和出差活动都大幅度精简了参加人员，在内容安排上能合并的尽量合并。造船项目开工和生态修复示范区的启动及增殖放流活动一律不搞仪式、不搞宴请、不发放纪念品，不邀请无关人员，而是以座谈会的形式组织相关单位就具体工作的推进进行研究和督导，营造了作风清新、为政清简的良好氛围。

在机关内部管理上，进一步加强规章制度建设，组织开展了规章制度建设"回头看"，修订完善制度9项，新制订"首问负责制"等制度4项。加强机关考勤管理，严格请销假制度，并强化了日常监督。加强建设项目管理，认真做好大型渔政船项目监理招标、建造设计、设备订货和驻厂监造等工作，并在资金监管上实行三方共管资金账户，保障了建造工作扎实推进。加强机要保密和档案管理，通过开展保密培训、警示教育和保密检查，提高了干部职工的保密意识，防止了失泄密事件的发生。

（农业部黄渤海区渔政局）

农业部东海区渔政局

【护渔维权和涉外渔业管理】 组织实施钓鱼岛海域护渔维权巡航任务22个航次，累计巡航342天，航时5 208小时，航程46 082海里，观察记录日本海上保安厅巡逻船109艘次，日本渔船1艘次，我国渔船582艘次（含台湾省渔船85艘次），登临慰问在钓鱼岛海域生产的我国渔船10艘次。

进一步做好敏感水域护渔维权信息的沟通与联络协调。制作了《亮剑东海》宣传片，宣传海上维权执法队伍良好形象；建立处以上干部带队出海、派员赴基指和前指值班以及上其他海警船执法交流三支队伍，确保了护渔维权工作的顺利开展。大力推进涉外渔业管理和中日、中韩渔业协定实施，积极开展双边渔业协定实施情况调研，强化东海区涉外渔业宣传培训工作，组织举办培训班，实现了东海区涉外渔民培训的全覆盖。做好涉外渔业案件应急处置工作，全年共妥善处置了54起东海区渔船被外方抓扣案件。

【渔业执法管理】 2013年，东海区休渔渔船共计53 283艘，总体数量与上年持平。东海区渔政局按照农业部伏季休渔管理工作的总体部署与要求，早宣传、重落实、强监督、抓成效，确保了伏季休渔制度的顺利实施和东海区伏季休渔大局的稳定。根据农业部渔业局指示，东海区渔政局深入开展了伏季休渔政策调整专题调研，形成了东海区完善伏季休渔制度的相关建议，并召开专题研讨会，确保政策制定的科学性和严肃性。

不断深化"护渔2013"海洋渔业执法行动，海陆并重，在加大海上执法检查力度的同时，多次结合伏季休渔组织开展陆上督察。除参加农业部渔业局组织交叉督察1次外，全年共组织陆上督察6批次，累计检查20个区（县）、27个渔港，抽查渔船200余艘。在东海区渔政局积极推动下，东海区三省一市"护渔2013"执法行动有序开展，有效打击了渔业违法行为，维护了正常渔业生产秩序和广大渔民合法权益。注重制度创新，出台并试行了《东海区渔业船舶买卖通报制度》。进一步加强长江口和谐渔区建设，牵头联席会议成员单位开展了长江口水上专项联合执法行动。

【水生生物资源养护和水域生态环境修复】 一是稳步推进保护区管理与建设。全方位推动保护区宣传工作，社会知晓度大幅提升。加强保护区管理工作制度化建设，研究出台《东海区国家级水产种质资源保护区渔政巡航管理规定（试行）》、《东海区国家级水产种质资源保护区联合协调工作机制（试行）》，确保了保护区工作有章可循。开展保护区巡航执法检查和陆上监控，全年共开展保护区巡航6个航次。二是深入开展渔具渔法管理。根据农业部渔业局要求，认真做好《全国海洋捕捞渔具目录》修改工作，协调开展渔具补充调查，广泛征求各地渔民和基层渔政管理部门、专家学者对渔具目录标准的意见，形成调研报告和专家建议上报农业部渔业局，为全国渔具准入制度的实施奠定了良好基础。三是加强渔业资源和环境保护工作。召开东海区渔业资源、环境动态监测网年会，组织开展东海区渔业资源、环境监测调查。继续做好东海区海洋捕捞信息采集工作，并为东海区海洋捕捞信息采集网络成员单位提供了相应的补助支持。开展涉渔工程建设环境影响评价，在推动保护区渔业生态补偿方面实现了新的突破。

【加强渔业安全和信息通信管理，保障渔民群众生命财产安全】 一是有效开展渔业安全生产监管工作，开展了渔港和渔船安全督查，推动各地切实加强渔业安全生产工作。积极参与"全国平安渔业示范县"申报考核，东海区申报的11家平安渔业示范县全部通过了评审认定。据统计，2013年东海区共发生渔业船舶水上事故（包括渔业船舶水上安全生产事故、交通事故和自然灾害）184起，死亡（含失踪）169人，沉（毁）渔船80艘，直接经济损失4 923万元。同期，东海区各级渔业行政主管部门及其渔港监督管理机构共组织海上救助639起，救起渔船1 903艘，救起渔民4 544人，挽回经济损失55 159.4万元，救助能力持续提升。二是不断深化渔业安全管理制度建设和政策研究，参与《渔业船员管理办法》及《渔业船员考试科目和考试大纲》修订，组织参与《渔业船舶水上事故报告和调查处理操作指南》及其文书、《渔业船舶水上突发事件应急预案操作指南》和《水上交通肇事逃逸案件调查处理规定》的制订和修改工作。开展《全国渔业安全应急装备建设》项目研究和《全国渔业船舶安全管理与应急处置》教材编写工作。

【加强长江渔业管理，推动流域生态文明建设】 一是加强长江渔政执法监督管理，创新工作思路，组织实施禁渔管理，举行禁渔期同步执法启动仪式，派遣长江特编渔政执法船队执行巡航任务12艘次，并会同沿江有关省（市）组织开展督察，推动了长江禁渔期制度的有效落实。加强专项捕捞品种管理，调用长江特编船队在长江口水域开展非法捕捞整治联合行动，重点查处使用非法网具、无证违规捕捞行为；与农业部渔政指挥中心组成督查组，督促重点地区做好末期捕捞管理，切实保护长江刀鲚资源。二是创新开展长江渔业资源和生态环境保护工作，与世界自然基金会联合主办了“长江上游联合科考活动”、“为江豚来奔跑”等活动，社会反响热烈。继续推进和加大生态修复力度。组织开展2013年“四大家鱼”亲本人工增殖放流和效果评估，继续推进生态调度工作。召开长江渔业资源与环境监测会议，切实发挥监测工作的基础指导作用。加强保护区建设和管理。由东海区渔政局组织申报的长江口刀鲚国家级种质资源保护区已经农业部公告批准设立。三是继续深化国际合作与交流，与大自然保护协会签署了2013—2018年合作备忘录，确定了未来5年双方将在长江渔业可持续发展与淡水生物多样性保护等6个方面继续开展合作。派员参加了在美国华盛顿召开的中美绿色合作伙伴计划研讨会，得到了中美双方高层的充分肯定。

【加强渔业执法基础能力建设，提高渔政管理规范化水平】 一是前瞻性开展渔业政策理论研究和执法制度建设。以人大代表建议的形式向上海市人代会提交了“关于积极推进涉嫌犯罪渔业违法案件行政执法与刑事司法衔接工作的建议”。集中开展海洋渔业执法相关课题研究，通过对今后工作的前瞻性思考，为中国海警队伍开展渔业执法工作打下坚实的理论和工作基础。组织编写《典型渔业案例选编》、《渔业行政执法手册》等。二是有序开展基建项目规划和建设工作。大力开展渔政船建造工作。新建渔政船按计划施工，东海区渔政局成立驻厂工作组加强对渔政船建造工作的监督管理。密集开展信息通信建设工作，组织实施了东海区海上渔政执法移动指挥平台建设、网络与信息系统安全防御能力提升、网络安全改造、信息网络机房改建、视频会议系统建设、2506舰卫星宽带通信系统建设等6大信息化基建项目。

【加强自身建设，为机构改革做好准备】 一是深入开展群众路线教育实践活动。根据农业部部署，成立班子，拟定方案，广泛动员专题调研，走访基层联系点，广泛征求各方意见建议。召开民主生活会，开展批评与自我批评；强化措施整改落实，推动制度立改废工作，用制度的建立健全巩固作风建设成果，群众路线教育实践活动取得明显成效。二是全力做好机构改革准备工作。完成局史《征程》的编辑出版工作和相关纪录片《我们的五十五年》的摄制工作。根据机构改革要求，认真做好人事、财务、办公综合等前期各项准备工作。深入开展“如何做一名合格的海警战士”大讨论活动，通过集中学习、集中讨论、成果交流等形式，引导干部职工深入思考海警战士的素质、能力、责任和作风要求，使广大干部职工对合格海警战士政治过硬、作风优良、纪律严明、业务精湛、身心健康的标准形成了共识，明确了努力方向。集中开展海洋渔业执法相关课题研究，共进行了12个方向的课题研究，旨在通过对今后工作的前瞻性思考，为中国海警队伍开展渔业执法工作打下坚实的理论和工作基础。通过思想建设、作风建设、能力建设，进行了转型的思想储备、能力储备、知识储备，以尽快完成从渔政队伍向中国海警队伍的转型，努力做到人心不散、队伍不乱、工作不断。

（农业部东海区渔政局）

农业部南海区渔政局

【护渔维权】 组织执行专属经济区巡航任务63航次，巡航1 682天，观察渔船3 650艘次，登临检查渔船905艘，驱赶外国渔船214艘次，成功解救被印度尼西亚武装船只抓扣的我国渔船1艘、渔民9人，查处国内违规渔船5艘，罚款14.8万元。

【南沙守礁与渔业管理】 二十年如一日继续坚守南沙美济礁。执行守礁任务9航次，救助遇险渔民33人次，驱赶外国渔船27艘次。2013年办理南沙渔业捕捞许可专项证书的渔船达716艘。加强监控值班制度，随时掌握南沙海上渔船动态，强化与农业部、外交部及驻外使领馆的联系，努力构建南沙渔业涉外事件“海陆一体”救援模式。举办3场南沙渔业生产专题培训班，培训渔业基层管理人员和生产渔民超过500人次。逐步完善中国渔业协会南海渔业分会架构建设，充分发挥分会的桥梁纽带、参谋助手、服务渔民等作用。

【南海伏季休渔】 2013 年南海三省（自治区）共有应休渔船 26 008 艘，涉及渔业劳动力约 13 万人。与 2012 年相比，休渔渔船增加 188 艘，渔业劳动力增加 900 多人。召开南海区休渔工作会议和南海休渔新闻通报会，做到早准备、早动员、早部署。指导南海三省（自治区）各地政府及渔业行政主管部门严格按照休渔工作部署，统一思想，提高认识，落实管理责任制，宣传及时到位，确保安全，增进实效。加大渔政执法检查力度，加强北部湾及海南岛附近海域和闽粤交界水域护渔执法，有效维护南海休渔秩序。派督察组赴各地开展休渔督察工作，及时收集数据资料开展休渔效果评价。南海伏季休渔制度取得了较好的生态效益、经济效益和社会效益。

【北部湾渔业监管】 7 月 25～26 日，中越开展北部湾海上第八次联合检查行动，中国渔政 301、45039 船与越南海警 2008、2009 船执行联检任务，实现了第二次中越双方海上友好互访。筹建中越北部湾渔业活动突发事件联系热线，管控双方海上分歧，保障渔业协定平稳实施，维护中越关系大局。依据《中越海上渔业活动突发事件联系热线使用规定》，南海区渔政局为海上渔业活动突发事件联系热线的中方联络部门。妥善安排我方 2012—2013 年度进入共同渔区越方一侧水域作业的生产许可指标，共安排生产渔船 670 艘。

【护渔 2013 执法行动】 按照农业部的统一部署，加强对南海三省（自治区）“护渔”执法工作的组织、指导和协调，先后 12 次派员与农业部渔政指挥中心及三省（自治区）渔政部门组成联合工作组，深入渔区、渔港、渔村、渔船开展督促检查。全年出动渔政船 7 612 艘次、渔政执法人员 15.9 万人次，登临检查渔船 13. 7 万艘次，查处违规案件 8 733 宗，罚款 1 771.54 万元。

【珠江禁渔】 进一步完善“政府领导、职能部门主管、相关部门配合”的领导机制，制订层层落实、行之有效的管理措施。召开珠江禁渔管理工作动员部署会、珠江禁渔通报会，举办珠江禁渔启动仪式，加强对禁渔工作的督促指导，深入基层和禁渔水域开展调研，加强禁渔重点水域巡查监督。有效开展宣传教育活动，编印分发禁渔宣传手册 1 万份，组织媒体记者乘坐渔政船沿西江粤桂交界水域进行现场巡航宣传采访。关心特困渔民生活，据不完全统计，禁渔期间各级政府投入补贴或救济金共 436 万元，纳入低保的渔民 6 784 人，开展技能培训 216 场次，有 325 户渔民转产转业。通过两个月的珠江禁渔措施，江河资源生态环境得到休养生息，扩大了资源养护的社会影响力，达到了预期的目标。

【港澳流动渔民管理】 根据有关规定要求，秉承公开、公平、公正、透明的原则，及时制定工作方案，认真开展港澳流动渔民油价补助工作。2012 年度流动渔船油价补助资金分两次共发放约 7.38 亿元，惠及流动渔船 1 963 艘。加强与流动渔民管理机构、港澳渔民团体的交流沟通，掌握流动渔民生产生活信息，有针对性地开展专题调查研究，认真协调解决港澳流动渔业发展中存在的问题。

【许可管理和资源养护】 审核捕捞许可证申请材料，完成 67 本捕捞许可证书注销和 326 本捕捞许可证换发工作。配合开展《渔业捕捞许可管理规定》第三次修订工作，推进渔船动态管理系统建设，完善南海捕捞基础信息采集网络。根据农业部统一部署，扎实开展清理整治违规渔具行动，8 月和 10 月组织 7 个督查组赴南海区与珠江流域七省（自治区），督促各地严格按照要求清理整治违规渔具，9 月制定了《南海区违规渔具清理整治专项行动方案》并具体组织实施，共出动南海区渔政局及南海三省（自治区）执法船 9 艘、执法人员 200 余人，海上观察渔船 945 艘次，登临检查渔船 779 艘次，发出整改通知书 159 份。组织开展生物资源增殖放流，有序推进种质资源保护区建设。修订完善《南海海洋渔具目录》，配合开展南海渔具管理工作。积极参与有关工程环境影响评价，对涉渔工程及时介入、严格把关，跟踪推进涉渔工程生态补偿措施的落实并监督实施。

【渔业安全通信管理】 2013 年南海区渔业安全生产形势十分严峻，全年 31 个台风中有 13 个对南海产生较大影响。坚持“安全第一、预防为主、综合治理”方针，深入学习贯彻《渔业船舶水上突发事件应急预案》和《渔业船舶水上安全事故报告和调查处理规定》，组织指导、周密部署南海区全年渔业安全生产和防抗热带气旋的各项工作。以开展“平安渔业示范县”创建活动为抓手，认真落实安全生产责任制，开展安全培训和安全大检查，妥善做好渔业突发事件应急处置工作。及时协调和组织力量参与渔业海难救助，全年组织参与渔业海难救助 221 起，指挥调动执法公务船 219 艘次、渔船 429 艘次，投入救助经费 2 057.71 万元，救起渔民1 090人，救助渔船386艘，挽回经济损失7 597.9万元。9月29日，受21号强台风“蝴蝶”正面侵袭，广东台山5艘渔船共171名渔民在西沙珊瑚岛海域遇险。中共中央总书记习近平，国务院总理李克强等党和国家领导人第一时间对搜救工作作出重要批示。南海区渔政局高度重视、快速反应，坚决贯彻中央领导同志批示精神，迅速组织海警、海监、渔政、渔船等有关力量开展海上搜救行动。9月29日至10月10日组织7艘执法公务船1 879人次以及13艘渔船参与搜救行动，成功救起落水渔民12人。10月2日，海南省海上搜救中心受交通运输部委托专门向南海区渔政局致慰问函，转达国务院副总理马凯等的慰问。增强信息通信保密责任意识，加强渔政船安全保密通信和海上生产渔船监控，妥善处理海上渔船预警、报警信息，切实为渔民服务。

【队伍建设】 一是扎实开展以为民务实清廉为主要内容的党的群众路线教育实践活动，着力抓好“学习教育、听取意见，查摆问题、开展批评，整改落实、建章立制”三个环节工作，做到高度重视、准确把握、细心组织、周密安排，确保不走形式、不走过场，取得实实在在的成效。组织党员干部从根源上深入查摆形式主义、官僚主义、享乐主义和奢靡之风等四个方面存在的问题，实事求是开展批评和自我批评，努力清除“庸、懒、散、木、推”现象。坚持边学边改、边查边改、立行立改，针对从根源上查摆出的“四风”方面的14个突出问题，制定了5个方面的整改措施，以问题的解决和工作的改进来检验教育实践活动和作风转变的效果。二是以中心组学习为龙头带动支部学习，以党支部为单位组织党员认真研读有关文件，深入贯彻落实党的十八大和十八届三中全会精神。三是加强党风廉政建设，改进工作作风。以“严纪律、正作风、促廉洁”为主题，以筑牢拒腐防变的思想道德防线为切入点开展纪律教育学习月活动，增强拒腐防控能力。健全各项规章制度，认真落实中央关于厉行节约、反对铺张浪费条例的各项规定，有效提高资金使用效益。四是以国家机构改革决定为契机，着力提升队伍思想素质和业务能力。根据中央新一轮机构改革方案要求，及时传达学习有关指示精神，严格按照政策梳理人事关系，做好机构合并前的资产清理工作，保证机构改革期间思想不散、工作不断、队伍不乱。组织机关干部开展为期一个月的业务知识和能力培训，组织干部职工参加农业部和地方各类政治理论考察和业务知识培训473人次。

（农业部南海区渔政局）

中国水产科学研究院

【概况】 2013年，在农业部党组的领导下，中国水产科学研究院按照“抓机遇，重产出，育人才，促发展”的总体思路，转变工作作风，狠抓工作落实，推动了渔业科技创新和支撑保障能力持续提升，全院各项事业取得了新的发展。

1.科研项目与成果产出 2013年，全院获得科技成果奖励52项次，其中，省部级以上奖励23项次，有9项成果荣获省部级科技进步一等奖。全院有2个水产新品种通过审定；35项成果通过鉴定或评价；获得专利授权456项，其中发明专利232项；取得软件著作权29项；出版专著32部；发表学术论文1 549篇，其中，SCI或EI收录论文404篇，较上年增长62%。《中国水产科学》入选“全国百强科技期刊”。

2.科技支撑与公益服务 牵头研究制定了《全国海洋捕捞渔具目录》，为规范我国海洋捕捞渔具、促进海洋生态文明建设提供了技术支撑；牵头水产品质量安全风险评估工作，为科学应对水产品质量安全事件和防范消费风险，确保水产品质量安全提供了有力支撑；首次赴南沙海域进行大规模渔业科考调查，为南沙渔业管理与合理开发利用提供了科学依据；牵头开展水产种业发展战略研究，谋划水产种业发展和科技创新体系建设布局，推动现代水产种业发展；实施“122惠民工程”，主推了10个品种、20项技术和20项专利，促进了渔业增效、渔民增收；深化产学研大协作，合作共建研发平台9个、科技示范基地13个、院士工作站2个；牵头冷水性鱼类产业技术创新联盟发挥显著作用，获批成为国家级联盟试点；组织渔业科技协作网成员协同创新，有效支撑产业发展；首创的标准化节能船型，加快了我国渔船升级改造。

3.开放办院与国际交流 加强国际交流与合作谋划，编制完成《中国水产科学研究院国际合作研究项目规划》，梳理了国际合作的目标和重点领域。拓展国际合作平台取得实效，启动建设中韩渔业联合研究中心和中美、中匈3个国际联合实验室，部分已进入实质性运行阶段。全院对外签订10个合作协议，其中，首次在院层面与我国台湾地区渔业组织和高等院校开展了实质性互访和学术交流，提升了海峡两岸渔业科技合作层次。

4.财政支持与条件建设 全院预算盘子继续扩大，全院人员经费有较大幅度的增长，公用经费也有不同程度的增长。运转经费首次实现各研究所全覆盖，院属部分单位的老大难问题在一定程度上得到了缓解。全院基建项目立项9个，总投资2亿多元，落实资金1.21亿元，分别比上年提高32%和60%。重大项目取得实质性进展，黄海水产研究所、东海水产研究所2 500吨级渔业资源调查船已通过国家发展和改革委员会组织的项目建议书专家评审，黄海水产研究所种质资源库项目进入项目建议书批复阶段。全院共有6个项目通过竣工验收，基建投资完成率达到81%，保持了较高的执行水平。

5. 人才队伍建设 中国水产科学研究院“5511人才工程”得到进一步落实，院所两级细化工作措施，在人才培养和引进方面做了积极探索并取得了实效。唐启升院士领衔的科研团队荣获中华农业科技奖优秀创新团队，全院遴选产生优秀科技创新团队3个、中青年拔尖人才4名，新增“百名科技英才培育计划”人选47名，科技人才队伍结构进一步优化。全院有12人获得国家留学基金资助，2人获留学人员科技活动项目择优资助，共派出13人赴海外进行半年以上的脱产学习和研修，促进了青年人才的国际化培养。

【黄海水产研究所】

（1）科研项目与成果。2013年共主持、承担课题407项，其中973计划课题3项，参加5项；863计划课题15项；科技支撑计划项目1项，科技支撑计划课题19项；国家自然科学基金对外合作与交流项目1项、重点项目1项、面上青年等各类项目47项；科技部国际合作项目5项；全年新上项目165项，新上项目合同总经费8 248.19万元。获国家授权专利82项（发明64项，实用新型18项）；获软件著作权登记11项。共发表论文445篇，其中SCI134篇；出版专著8部；制定并实施标准10项。获各级科技奖励17项，其中山东省科技进步一等奖1项、二等奖1项、三等奖1项（参加），山东省自然科学三等奖1项（参加）；浙江省科技进步一等奖1项（参加）；青岛市科技进步一等奖1项，青岛市科技进步三等奖1项；中华农业科技奖科学研究成果一等奖1项；中国水产科学研究院科技进步一等奖1项，二等奖2项（参加1），三等奖2项；山东省技术市场科技金桥奖一等奖1项；中国产学研合作创新与促进奖创新成果奖1项；威海市科技进步二等奖1项（参加）；蓬莱市科技进步一等奖1项（参加）。

（2）成果转化与科技服务。修订印刷《水产科技成果与实用技术选编》2 000册，并向主要合作单位、地方政府发放，进一步提高技术信息覆盖率、推广度和影响力；参加世界海洋日暨全国海洋宣传日、中国·海峡项目成果交易会等近10场展会，宣传水产技术成果，推动产学研合作；通过报刊、媒体推介相关技术成果，以及在渔业水域生态环境监测、水产品质量监管、防灾减灾等活动中对行业的支撑作用。组建由46位专家组成的“黄海所渔业技术宣讲团”，举办“百场科技入户工程”活动，继续实施渔业科技入户工程。所内专家在山东、天津、江苏、河北、辽宁、广西、福建等地开展科技下乡70余次，主办和参与各类培训班50余次，培训基层技术人员约8 400余人。

（3）学术交流与国际合作。2013年新上国际、地区科技合作项目5项，其中科技部国际合作项目1项、农业部国际交流与合作项目1项、国家基金委交流项目1项、948项目2项，合计承担国际、地区合作与交流项目14项。“中韩渔业科学研究中心”在黄海水产研究所和韩国西海水产研究所同时揭牌。全年组织各种类型的学术交流活动近30个。参加国际、地区学术交流会议30余人次，参加国内学术会议近30个，接待国外来所专家22余批次，近百人。

（4）人才队伍建设。3人为享受政府特殊津贴人员。获评青岛市政府特殊津贴专家1人，第十六届中国科协“求是杰出青年成果转化奖”1人，山东省有突出贡献中青年专家1人，青岛市科学技术最高奖1人，青岛拔尖人才5人，青岛市青年科技奖1人，青岛市创新领军人才1人，中国水产科学研究院中青年拔尖人才1人，中华农业科技奖优秀创新团队1个，中国水产科学研究院优秀科技创新团队1个。7名青年科技人员赴美国等进行为期半年以上的公派留学或合作研究，选派6人次参加部高级专业技术人员理论业务培训班、农业部第25期处级干部任职培训班等。2人获国家公派出国留学基金和留学人员科技活动项目资助。共录用毕业生19人，其中博士11名，硕士6名；海外留学人才3名。所学术委员会批准8名研究员为博士后合作导师。14名博士后进站，3名出站。招收联合培养博士生10名，硕士生101名。“海洋渔业资源与生态环境研究团队”获2012—2013年度中华农业科技奖优秀创新团队、2013年度中国水产科学研究院优秀创新团队称号。

（5）科研条件建设。完成300吨级渔业资源调查船建设项目的可研报告编制、协助设计单位完成船舶的初步设计并上报，项目已获得农业部的立项批复，批复资金2 710万元。完成2 500吨级海洋渔业综合科学调查船建设项目的项目建议书编制和上报。完成2项农业基本建设项目可行性报告编写及上报工作，已获得立项项目1项，已批复资金2 563万元。完成6项修缮购置专项资金项目申报书、可研报告编制及申报，已获得立项项目1项，已批复资金1 445万元。国家级海洋渔业生物种质资源库项目已通过国家发改委农经司审查,农业部计划司已将项目提升为国家层面“资源库”体系规划。

【东海水产研究所】

(1)科研项目与成果。在研项目共404项,其中主持363项、参加41项,包括973计划2项、国家科技支撑计划9项、863计划8项、国家自然科学基金23项、科技基础条件平台专项2项、科技基础性工作专项1项、产业技术体系建设1项、行业科研专项9项、948引进计划1项、国家和部级其他项目30项、标准制修订项目5项、省级计划项目38项、地方其他项目8项、国际合作项目8项、基本科研业务费专项项目69项、其他项目计划190项。共新上项目190项,其中主持172项、参加18项,包括国家科技支撑计划6项、863计划2项、国家自然科学基金6项、科技基础条件平台专项1项、科技基础性工作专项1项、行业科研专项1项。新上项目合同经费超1.3亿元。共组织成果验收9项、鉴定2项;获得各项奖励9项,其中中华农业科技成果二等奖1项、海洋科学技术二等奖1项、上海海洋科学技术一等奖1项、二等奖1项,中国专利优秀奖1项,作为参加单位获得湖南省科技进步二等奖1项,威海市科学进步一等奖1项, 中国水产科学研究院科技进步三等奖2项。共发表论文258篇,其中SCI 58篇、EI 26篇,核心期刊143篇。出版专著2部。申请专利131项,其中发明专利59项;授权专利114项,其中发明专利35项;授权软件著作权7项。

(2)技术支撑与科技服务。做好东海渔业资源环境监测与信息采集分析,组织开展了2个航次的定点渔业资源科学调查,累计124个站位;每月取样分析重点渔场的渔获结构组成;共测定和记录了3万个渔业生物学数据。每月开展东海区拖网作业渔业资源常规调查与监测工作。开展了东海鲐鲹鱼围网渔业监测调查。进行了海洋捕捞信息与水产养殖遥感信息的采集。完成2013年水产品质量安全例行监测,汇总全国例行监测数据、产地水产品质量安全监督及苗种质量监督抽查、例行监测复检及数据有效性复查工作、水产品潜在危害因子摸底排查评估工作,并对上海市城区批发市场、农贸市场、超市及餐饮企业销售的水产品开展监测工作。以“走基层,接地气”为主题,先后深入到福建福州、河北沧州、山东荣成、云南腾冲、湖南沅江、甘肃酒泉、江苏启东、大丰、赣榆、浙江宁波、舟山等地区以科技服务、咨询、培训、指导等方式开展渔业科技服务活动。共派遣科技人员40人,举办培训班18场、培训人数3 100余人。

(3)学术交流与国际合作。在研国际合作项目共8项。共派出19人次前往加拿大、日本、瑞典等,就研究取得的最新研究成果与国外专家进行学术交流。2批4人到小浜丸海产物株式会社研修。与中水公司合作派遣到西非技术人员3名,目前通过东海水产研究所派往国外共有16人。邀请美国国家海洋和大气局、奥本大学农学院等专家到所交流。积极组织科研人员参加了各类学术会议,累计约200人次。

(4)人才队伍建设。21人获批成为硕士生导师。截止到2013年底,已拥有博士生导师3人、硕士生导师50人。与各高等院校和研究所联合培养在读研究生116人,其中博士研究生5人,硕士研究生111人。24人签订招聘录用协议。招收2013级上海海洋大学硕士研究生39人,南京农业大学博士研究生1人、硕士研究生2人。博士后工作站进站1人。2人获批国家留学基金委出国项目。

(5)科技条件建设。福建福鼎养殖试验中心建设项目土建工程基本完成,试验中心淡水供水系统与排洪设施改造、东海区渔业资源评估与管理功能实验室基础设施改造、国家贝类加工技术研发分中心(上海)设备购置等3个修购项目进展顺利。远洋渔业资源环境调查船项目通过了项目建议书评审和节能评估评审,2艘300吨级渔业资源调查船项目取得项目初步设计的批复。

【南海水产研究所】

(1)科研项目与成果。主持和承担各类科研项目364项,合同经费累计达2.17亿元,全年到位经费8 064万元。其中,新上项目147项,到位经费5 775.9万元。发表学术论文252篇,其中SCI收录46篇、EI收录17篇;出版专著12部。获得奖励11项,其中2012年度海洋科学技术奖二等奖1项,第二届中国水产学会范蠡科技奖一等奖1项,2012年度广东省农业技术推广奖一等奖、二等奖各1项,2013年度广东省轻工业协会科学技术进步奖二等奖1项,2013年海南省科技进步二等奖1项,2013年度广西科学技术进步奖二等奖1项,2013年度中国水产科学研究院科技进步奖一等奖2项、三等奖2项。获得授权专利51项,其中发明专利17项。颁布标准6项,送审9项,报批18项。

(2)科技支撑与服务。完成了农业部财政项目“南海渔业资源调查与评估”2013年任务。调查范围覆盖了我国传统的南沙群岛及附近海域,是历次南沙海域渔业调查中范围最广、时间最长、方法最多、手段最先进、站位最密集的一次大规模调查,取得了一系列调查成果。切实为渔业生态养护提供科技支撑,主要包括支撑渔业增殖放流和人工鱼礁效果评价、支撑南海捕捞科学化和精细化管理、支撑渔业生态环境保护等。质检中心通过了中国国家认证认可监督管理委员会和农业部组织的“2+2”认证评审，检测范围和能力以及社会影响力进一步扩大。筛选出64项科技成果和技术，汇编整理成《现代渔业应用技术手册》，将最新科研成果及时宣传、促进推广。派出专家近百人次，培训渔业从业者3 910多人，派发技术资料4 000多份。

（3）学术交流与国际合作。全年接待国内外专家考察调研、参观访问和学术交流200多人次，以“庆所庆、促发展”为主题开展了学术交流系列活动，先后举办各类学术交流会27次，组织参加学术交流会17次。作为承办单位，完成了以“热带渔业工程与技术”为主题的2013水产科技论坛。主办期刊《南方水产科学》入选中国科学引文数据库（CSCD），期刊影响因子列全国水产类期刊首位，获得了RCCSE中国核心学术期刊（A）荣誉。

（4）人才队伍建设。2名英才培育计划人选到国外作访问学者，2名取得公派留学资格，5位科技骨干被列入第二批中国水产科学研究院百名英才培育计划人选。1人获第12届广东省丁颖科技奖，1人获院“中青年拔尖人才”称号，1人入选中央电视台第二届“大地之子”2012年度十大农业科技人物。首批博士后人员出站，新接收博士后3人；录取联合培养研究生52人，14名专家被新聘为研究生兼职导师。

（5）科研条件建设。“300吨级渔业资源调查船建设项目”获得农业部批准立项，新建300吨渔业资源调查船1艘，总投资2 743万元；“农业部水产品加工重点实验室建设项目”获得农业部批准立项。牵头完成了“南海区渔业资源调查船体系建设规划”编报工作，为农业部制定实施“渔业资源调查船体系建设规划”提供了科学决策依据。完成了2011年度和2012年度共6个修购项目的竣工验收。深圳试验基地建设通过了规划验收，为开启和加快新一轮建设创造了条件。

【黑龙江水产研究所】

（1）科研项目与成果。在研项目总计123项，其中省部级以上项目72项，新上项目42项，其中省部重点项目2项、国家自然科学基金项目3项、农业财政专项和行业标准项目11项、中国水产科学研究院基本科研业务费项目6项。在研项目合同总经费11 735万元。获范蠡科学进步一等奖1项，黑龙江省科技进步三等奖1项，黑龙江省农业科技进步一等奖1项；天津市科技进步三等奖1项；“松浦鲤新品种培育”项目申报了黑龙江省长特别奖，已进入公示阶段。共发表科技论文136篇，其中SCI、EI第一作者收录21篇、第二作者收录4篇，核心期刊101篇；申报专利82项，获得授权86项，其中发明专利11项。

（2）成果转化与科技服务。“唇䱻规模化繁育与养殖技术示范”项目通过专家验收。年内通过院、省两个平台共申报科技成果转化资金项目3个，其中通过“冷水性鱼类产业技术创新战略联盟”平台申报的“高寒止水池塘鲟鳇鱼规模化繁育与养殖技术中式示范”和通过院平台申报的“大鳞鲃规模化繁育与养殖技术示范”两个项目获得批准，经费各为60万元。签订横向课题及技术服务合同总额211万元。协助新疆生产建设兵团完成了松浦镜鲤引进工作，在鄂尔多斯市开展冷水性鱼类养殖技术指导，做好盐碱养殖鱼类引进与推广工作。全年举办科技下乡39次，召开冷水性鱼类健康养殖及新品种推介会14次，科技入户及现场指导农户25次，总计培训人员1 100多人。

（3）国际合作与学术交流。2013年共有8人先后赴加拿大、新加坡和芬兰等国参加国际鱼类基因组学、世界鲟鱼保护、鱼类病害防治等国际学术会议；邀请美国、挪威、加拿大以及立陶宛等国专家学者12人次来所就鱼类选育数量学、大西洋鲑品种引进、松浦镜鲤新品种选育等方面开展学术交流活动。主办或承办“冷水性鱼类产业技术创新战略联盟”第三次工作暨产业技术研讨会、“中国—立陶宛渔业合作研讨会”、大宗淡水体系“鱼类病害防治学科年会”、“鲤鱼产业发展论坛”等学术交流及研讨会议10余次，派出青年科研人员参加水产科技论坛、内陆渔业会议、世界华人鱼虾大会等各种学术交流会议100余人次。

（4）人才队伍建设。派出访问学者1人赴美国进行生物技术育种方面的学习；申报黑龙江省领军人才项目1项，现已完成测评；制定创新团体的后备领军人才计划，全力打造优秀科研创新团队；2013年完成了4批次的人才招聘，最终选拔4人入所工作，完成院科技创新团队和拔尖人才评选推荐工作。出站博士后2名，进站工作1人，

（5）科研条件建设。“淡水鱼类应用基因组研究中心建设项目”顺利通过竣工验收；新上基本建设项目“农业部黑龙江流域水产品质量安全监督检验中心”、“宽甸鸭绿江试验基地建设项目”前期工作得到落实并分别开工建设；完成了科学调查船项目的论证工作。4个修购项目进展顺利。组织完成2014年2个基础设施改造类和3个仪器设备购置类共计5个修缮购置专项的申报工作。

【长江水产研究所】

（1）科研项目与成果。承担各类科技项目 188 项，项目合同经费 16 817.15 万元，年度到位经费 4 815.28万元。新上项目 118 项，新上项目合同经费 4 351.82万元，年度到位经费 2 377.70 万元。获得成果奖励 3 项次，鉴定成果 3 项，通过验收项目 8 项，结题 13 项，发布标准 8 项。全年发表论文 155 篇，其中 SCI 收录 55 篇，EI 收录 6 篇，CSCD 核心库 46 篇，CSCD 扩展库 27 篇；出版专著 4 部。SCI 论文和 EI 论文数量同比增长 75.86%。获授权专利 31 项，其中发明专利 9 项，实用新型专利 22 项。

（2）科技支撑与服务。承担了重庆市 2013 年水产品质量安全例行监测任务，抽检了 120 个样品、600 个指标。完成了农业部电子数据库“国家农产品质量安全监测信息平台数据采集系统”的数据录入和上报工作。承担了农业部 2013 年第一次和第二次产地水产品质量安全监督抽查任务，共抽检样品数 80 个、222 个指标。继续承担湖北省水产局下达的湖北省无公害产品及产地的检测任务，共接受样品 62 个，已完成报告数 62 份，完成指标数约 600 个。共承担社会委托 200 个，其种质检测 31 个，完成报告 31 份。分 4 次对湖北省洪湖市、仙桃市、潜江市和荆州市等 4 个地区的 12 家大型养殖场及 6 家水产品批发市场的黄鳝及河蟹进行了现场采样及调研，共采集样品 126 个。对 8 项种质标准和 2 项亲本苗种标准共 10 项国家标准和行业标准进行了审查，对通过会议审定的 7 项淡养分技委归口的标准进行了核审，并协助完成了报批工作。开展科技入户和科技下乡活动 81 次，派出科技人员 48 人次，培训农（渔）民 947 人次，扶持渔业示范户 75 户，辐射带动示范户 209 户，发放技术资料 3 000 份。

（3）国际合作与学术交流。“水产创新讲座”学术平台成立，2013 年共组织举办水产创新讲座 14 场，邀请到国内外专家 20 名，包括 15 名外籍专家。与东京大学海洋研究所、日本北极研究所在鲟鱼游泳行为、生物记录仪应用等方面开展合作研究。与捷克南波西米亚大学在国际合作项目申报、研究生培养及人员互访等方面开展了卓有成效的合作。与韩国姜尚国立大学海上警务和生产系统系签订了合作协议。与新加坡国立大学初步达成中华鲟的胚胎显微注射和基因转移及鲟鱼种质冻存和复种生物技术两项合作协议。《淡水渔业》杂志学术水平继续提高，与西南大学科技成果转化中心签订了为期 3 年的办刊合作协议。

（4）人才队伍建设。2 人获批得到国家留学基金资助。完成了所内高级专家信息采集和审核工作；完成了农业科研杰出人才及其创新团队管理工作报告，并向上级提出了工作建议。新上博士生导师 1 人，硕士生导师 7 人。上报华中农业大学博士生导师 1 人，学术型硕士生导师 6 人；上报上海海洋大学硕士生导师 5 人。10 名博士（含博士后）、3 名硕士来所工作。共招收研究生 38 人，其中博士研究生 5 人，硕士研究生 33 人。

（5）科研条件建设。农业部渔用药物残留及饲料质量安全监督检验中心建设项目通过竣工验收。武汉试验场筹建工作顺利进行。中草药提取浓缩机组购置项目的公开招标及采购任务已完成，购置的设备已投入使用。鲢遗传育种中心建设项目通过竣工验收。农业部修缮项目中华鲟保育与增殖放流孵化大棚和综合楼改造完成。重庆长江中上游渔业资源环境重点野外科学观测试验站建设项目和长江上游珍稀特有鱼类国家级自然保护区监测能力建设项目进展顺利。

【珠江水产研究所】

（1）科研项目与成果。编写了“十三五”重大科研项目规划蓝图。组织编报各类项目建议共 45 项，其中国家级 3 项、省部级 28 项、国际合作 14 项，积极争取项目入库。在研项目 185 项，合同总经费约 8 070 万元，年度到位总经费 2 091 万元。新上项目 91 项，合同总经费约 2 620 多万元，年度到位经费约 1 594 万元。其中国家级项目 14 项，省部级项目 34 项，横向项目 37 项。完成项目结题验收 21 项、成果鉴定 1 项；共发表论文 135 篇，其中 SCI26 篇、核心期刊 92 篇；组织申报专利 44 项，授权专利 23 项，其中国家发明专利 8 项；出版专著 10 部，其中主编 5 部；颁布标准 4 个；12 项成果获得奖励，中国水产科学研究院科技进步一、二、三等奖各 1 项，中华农业科技进步二等奖、科普奖各 1 项，全国农牧渔业丰收一等奖 1 项，广东省农业技术推广二等奖 1 项。茂名市科学技术一等奖 1 项，清远市、云浮市科技进步二等奖各 1 项。

（2）成果转化与科技服务。组织了各类培训班 84 次，派出科技人员超过 120 人次，培训渔民和养殖户 6 463人次，现场指导渔业生产 61 次，扶持示范户 69 户，辐射带动 601 户，发放各类技术资料、书籍超过 5 966份，赠送渔药 2 020 多套。年内新增与地方政府、企业签订了科技合作协议 8 项，新建挂牌基地 2 个。围绕草鱼疫苗免疫技术、新品种和健康养殖技术等分别在山西、江西、宁夏、山东、江苏和广东等地开展了技术培训、技术咨询等多种形式的科技服务活动。在第十一届 618 中国海峡项目成果交易会推广了大口黑鲈“优鲈 1 号”新品和宝石鲈苗种繁育及养殖技术；在南海区九江鱼苗节上，展示了水产疫苗、新品种等科研成果。

（3）学术交流与国际合作。组织申报国合项目或建议共14项。签订相关合作协议4项：与法国图卢兹第三大学签订了有关渔业资源与生态环境方面合作协议；与美国俄亥俄州立大学水产研究中心签订了有关生物技术方面合作协议，并聘任该大学1名专家为珠江所客座教授；与新加坡国立大学开展水产遗传育种合作；与德国动物健康研究院病原学研究所在水产病害与免疫方面就项目合作申报、人才培训与交换签署了资源共享协议。全年共举办24场次学术交流活动，累计1 000余人次参与。共接待来自加拿大、法国、新加坡、韩国、巴基斯坦等12个国家和地区的代表团共34人次、16个团组。主办或承办各类学术研讨会6次，本年度累计180人次参加国内学术交流，参加国际学术交流6人次。

（4）人才队伍建设。高层次人才引进工作取得突破，引进1名新加坡国立大学博士后研究人员。录用毕业生、社会人员共13人，其中博士7人，硕士5人。1名中青年骨干新当选中国实验动物学会水生实验动物专业委员会主任委员；1人入选中国水产科学研究院中青年拔尖人才、5人入选“中国水产科学研究院百名科技英才培育计划”人选。3名青年科技骨干分别赴美国、挪威留学，1人赴德国学习进修1个月。选派1人赴法国图卢兹第三大学在职攻读博士学位，2人国内报考博士学位，4人报考农业推广硕士渔业专业硕士学位。共招收硕士研究生31人，较同比增长48%，博士研究生2人。年内培养毕业生24名。5人被高校遴选为硕士研究生导师，2人被高校遴选为博士研究生导师。

（5）科研条件建设。农业部珠江中下游渔业环境重点野外科学观测试验站建设项目、围墙维修改造财政专项、水生动物培育房建造3个项目完成竣工验收。热带亚热带渔业生物综合实验室基本建设项目完成主体结构。供电设施升级改造财政专项工程、场区内低压线路基础设施改造财政专项工程和外来水生生物入侵风险评估中心基础设施改造财政专项工程进展顺利。组织编写及申报2014年修缮购置项目3项，完成广州芳村试验基地建设、场区基础设施建设项目、珠江下游及河口100吨级渔业资源与生态环境调查船建设项目以及珠江中上游50吨级渔业资源与生态环境调查船建设项目等4个基本建设项目申报。

【淡水渔业研究中心】

（1）科研项目与成果。在研项目215项，到位科研经费2 984.56万元。新上项目103项，其中：国家自然科学基金4项、农业行业专项1项、省部级项目75项，新上项目合同经费2 496.93万元，新上项目到位经费1 737.13万元。获科技成果奖励13项，其中国家科技进步奖二等奖1项，中华农业科技奖二等奖1项，全国农牧渔业丰收奖农业技术推广成果奖二等奖1项，范蠡科学技术奖一等奖1项，其他省部级奖励9项。发表学术论文186篇，其中SCI/EI论文37篇，核心期刊论文110篇；出版专著7部；申报专利99项，其中发明专利69项；获得授权93项，其中发明专利58项；获软件著作权登记2项。

（2）成果转化与科技服务。加强所地、所企合作，与南京市人民政府、茂名市人民政府等6个渔业重点市、县，以及湖北武昌鱼股份有限公司等7家龙头企业签署战略合作协议。组织专家深入农村、渔区，开展技术培训、技术指导123次，派出技术人员151人次，培训渔（农）民9 276人，扶持渔业示范户210户，辐射带动示范户780户，发放科技资料7 300多份（册）。加快培育的水产良种示范推广，提高良种覆盖率，共推广杂交青虾“太湖1号”亲本5 000千克，福瑞鲤、建鲤水花、夏花苗种3 382万尾，生产奥利亚罗非鱼“夏奥1号”、吉富罗非鱼50万尾。

（3）学术交流。中心与匈牙利渔业、水产养殖和灌溉研究所共建的“中匈鱼类免疫药理学国际联合实验室”、与美国弗吉尼亚理工及州立大学共建的“中美淡水贝类种质资源保护及利用国际联合实验室”揭牌成立，“FAO水产养殖及内陆渔业技术转移和培训参考中心”通过考察评估，中心国际科技交流合作创新平台建设取得重要突破。承担国际合作项目5项。接待了FAO助理总干事劳伦特托马斯先生等52批次批团组到中心访问交流，派出16批次、25人访问了10个国家。主办、承办了中国南南合作网第十八届年会、首届全国淡水渔业与种质资源利用学术研讨会等6个大型学术会议。主办的《科学养鱼》发行量和影响力持续增强。

（4）国际培训与国内教育。承担实施了商务部、农业部、科技部等部委下达的国际培训班5期，培训了35个国家的89名高级渔业技术和管理官员，其中首次承担了部级研讨班——“发展中国家渔业发展和管理部级研讨班”。与南京农业大学合办的无锡渔业学院共招收全日制硕士研究生51人，博士研究生9人，国际留学生4人；51名本科生毕业。举办“中国水产科学研究院系统第五期业务骨干英语培训班”、“昆山市基层渔业技术推广人员培训班”、“江苏省渔业三新工程重大项目首席专家（执行专家）研修班”、“新疆淡水养殖技术培训班”、“泰州市基层渔业技术推广人员培训班”等国内短期培训班5期,培训学员206人。

(5)人才队伍建设。贯彻落实中国水产科学研究院“5511”人才工程,着力加强中青年学科带头人的培养,1人入选院中青年拔尖人才,4人入选院科技英才。傅洪拓研究员被评为江苏省有突出贡献中青年专家。引进新职工8人,其中博士4人、硕士2人、本科2人;8人考取了南京大学等国内知名高校的博士研究生。班子成员万一兵参加农业部党校学习,袁新华参加中组部组织的第14批博士团赴贵州省农业科学院挂职副院长;10名中层干部通过试用期期满考核正式任职,新任命1名中层干部、3名处室助理。

(6)科研条件建设。“淡水水产品质量安全风险评估实验室”获得农业部正式批准建设。依托中心建设的“淡水渔业与种质资源利用学科群”条件建设正式启动。“FAO淡水养殖实验基地建设项目”通过初步验收,“长江流域鱼类遗传育种中心备份基地”建设项目通过竣工验收。“淡水生物遗传育种研究平台仪器设备购置”项目完成。在江苏省扬中市征用土地逾4.7公顷,筹建长江特色鱼类研究保护中心和水产种业基地。

【渔业机械仪器研究所】

(1)科研项目与成果。新上纵向项目27项,合同经费3 968万元,包括国家级课题3项,省部级项目12项。新上横向项目87项,合同经费2 678万元。在研项目合同总经费1.258亿元,其中纵向项目到位经费2 974万元,自用经费1 668万元;横向项目到位(自用)经费2 780万元,年度纵、横向合计自用总经费4 448万元。7项成果获得奖励:农业部全国农牧渔业丰收奖推广成果奖一等奖1项,全国农牧渔业丰收奖合作奖1项,环境保护部环保科技进步奖三等奖1项,山东省科学技术奖一等奖,浙江省科学技术奖三等奖1项,中国水产学会范蠡奖二等奖1项,中国水产科学研究院科技进步奖二等奖1项。全年共发表论文80篇,其中SCI收录3篇,EI收录13篇;授权专利33项,其中发明专利30项。

(2)科技支撑产业。淡水养殖池塘生态工程化构建技术在全国池塘改造和标准化建设中得到运用和推广。技术成果在全国10余省区成功推广,设计推广标准化池塘302余万公顷,增加直接经济效益5亿元以上,技术辐射20万公顷,为淡水池塘改造和产业模式升级探索了一条有效途径。淡水鱼工厂化循环水养殖关键装备全面提升,模式得到运用与推广。在全国各地建立9个示范点,设计建设了一批工厂化养殖车间。水产养殖环境数字化监控与智能化管理系统技术成为支撑现代渔业建设的新亮点。在天津、内蒙古等地的区域性渔业信息化建设中发挥支撑作用,相关技术还应用于河南、宁夏、北京等地。渔船船型研发突破关键共性技术,符合“安全、节能、高效、适居”要求的多种船型深受渔民欢迎。科研人员通过参加专家服务团、国家产业技术体系等形式在全国开展科技入户工作,先后在上海、安徽、重庆、天津、内蒙古、宁夏、浙江等地进行技术入户和技术培训,累计培训人员在1 000人次以上。

(3)学术交流。组织开展国内渔业装备与工程学科学术交流2次,所内学术交流6次,所内报告人数达60人次,配合中国水产科学研究院种质平台组织了全国种质平台总结会,参与所外报告交流人数达30人次。选派2人作为访问学者赴华盛顿州立大学,完成为期3个月的学习与合作交流。

(4)人才队伍建设。聘任2名所学科首席专家及5名学科领域带头人。1人获评上海市领军人才,1人成为农业部推荐创新人才推荐计划评议专家。共选派23人次分别赴西班牙、英国和挪威等12个国家进行技术考察和学习。组织选送300多人次参加各类培训教育。

(5)科研条件建设。建设地点位于江苏省如东县东安科技园区的“水产养殖生态工程实验研究基地”项目,总投资1 761万元。该项目新建了工厂化循环水养殖试验车间、温室(大棚)循环水养殖试验系统、池塘生态工程化养殖综合试验系统和综合实验用房等,购置了微滤机、杀菌器、配电系统等仪器设备98台(套)。完成了2012年度5个修购项目、预算总额为495万元的验收工作。

【渔业工程研究所】

(1)科研工作。承担科研课题15项,其中农业部行业专项1项,农业行业标准制定2项,国家基础条件平台项目1项,中国水产科学研究院基本科研业务费科研项目11项。获得实用型专利1项,软件著作权1项。发表论文16篇,其中SCI1篇,EI1篇。

(2)技术支撑与服务。完成“渔业工程评审中心”及“渔港工程质量监督中心”的筹建工作。《农业部渔港工程质量监督中心组建方案(讨论稿)》及《渔港工程质量监督规定(初稿)》已经农业部有关司局讨论,并按要求开始实施操作。继续开展“中国渔政管理指挥系统”渔业信息化与行政业务管理紧密结合的业务支撑工作,完成系统运行维护队伍的引进和搭建工作,人员引进后,技术结构更加完善,支撑能力显著提升。2013年,完成了“中国渔政管理指挥系统”软件问题修正500余处，进行业务咨询5 000余人次，清理、整合渔船管理历史遗留数据近2万艘次，为超过200亿元的渔用柴油补贴发放提供咨询和审核。评审各类项目106项，其中可研报告评审100项，初步设计评审6项。

（3）交流合作。承担的“援纳米比亚哈达普水产养殖中心改造项目”以及“援突尼斯对虾养殖中心项目”已进入施工阶段；援助埃及苏伊士运河大学水产教学与培训中心项目完成了后续施工图设计。2013年承担的商务部3个外援项目的工作均完成。完成出国交流2人次，国内交流活动40人次。参加5月份在瑞士召开的国际电联ITU－R WP5B会议，就水上通信与信息技术展开讨论。参加9月亚洲地理论坛，讨论GIS技术在渔业应用的现状与前景。

（4）人才队伍建设。推荐2人申报了第二批中国水产科学研究院百名英才人选，均已入选。2013年8名招录计划全部完成，并组织了新入职培训，全部指定了培养导师。

（中国水产科学研究院）

全国水产技术推广总站

【《推广法》宣传贯彻】 2013年是新修订的《农业技术推广法》颁布施行的第一年，根据农业部安排部署，各级水产技术推广部门将《推广法》宣传贯彻列为年度重点工作，制定了活动方案，开展了形式多样、内容丰富的学习培训、专题研讨、主题征文、知识竞赛、专栏宣传等活动。全国水产技术推广总站积极组织参加“农业部学习贯彻《推广法》主题征文活动”，水产系统有34篇论文获奖，占全部获奖论文的17%。同时举办了《推广法》宣传贯彻工作骨干人员培训班，培训各省（自治区、直辖市）推广骨干70余人。山东结合实施基层农技推广体系改革与建设补助项目，强化《推广法》的宣传和培训。河南、吉林组织开展《推广法》知识竞赛。陕西利用“世界水日”和“中国水周”等活动契机开展宣传。《中国水产》、《四川水产》等报刊网站开设了专栏，及时宣传各地典型经验和好做法，营造了良好的社会宣传氛围。

【体系改革与建设】 一是启动基层水产技术推广体系示范站创建活动。为促进《推广法》的深入贯彻落实，引导和带动各地基层水产技术推广体系建设，按照农业部渔业局“贯彻落实《推广法》实施方案”的要求，全国水产技术推广总站组织制订了基层水产技术推广示范站建设标准和考核评分参考表，启动了基层水产技术推广示范站创建活动。各省在组织本地区基层示范站创建的基础上，推荐了180个示范站参加全国示范站的评比。经专家评审，确定了83个基层站为第一批“全国基层水产技术推广示范站”。二是组织开展基层推广机构建设基础研究工作。以农业部和住房和城乡建设部“基层农技推广机构基础设施建设标准项目”为契机，在水产技术推广系统内组织广泛的调查和研究，完成了《基层水产技术推广机构基础设施建设标准建议》的起草、征求意见、函审及报送工作。为推进基层水产技术推广机构工作经费保障提供依据，组织开展了基层水产技术推广工作经费保障情况的调查和研究，举办了工作经费专题培训班，交流了各地水产技术推广机构工作经费测算标准，并对工作经费统计口径进行了统一和规范，完成了《基层水产技术推广机构工作经费保障情况研究报告》。三是继续抓好“一个衔接、两个覆盖”政策落实。2013年，全国基层水产技术推广体系改革与建设补助项目落实了2亿多元，基本覆盖了渔业重点地区，河南、山东、浙江、四川等8个省实行了项目经费切块管理。福建补助项目县新增26个，达到了54个，基本覆盖了全省渔业重点县。吉林又有36个县（市）获得了530万元补助项目资金，项目县数量同比增长64%，在水利管理所加挂水产推广站牌子的乡镇比2012年增加11个县、106个乡镇。广东共有250个乡镇站取得编办批复（独立站或加挂水产站牌子），其中水产专业站121个、综合站129个。

【技术示范】 一是开展渔业节能减排技术服务。在农业部渔业局的指导和支持下，全国水产技术推广总站印发了《关于开展水产养殖节能减排技术集成的指导意见》、《水产健康养殖节能减排技术手册》；各级水产技术推广人员积极开展水产养殖节能减排服务，推动全国水产养殖节能减排工作健康有序发展。二是开展渔业主导品种和主推技术遴选。浙江遴选、推荐了15个主推品种、18项主推模式和技术，汇编典型案例，制定联合推广行动方案，累计推广面积达10多万公顷。在各地工作基础上，全国水产技术推广总站组织编发了《2013年渔业主导品种和主推技术》，并开展了2014年渔业主导品种和主推技术的遴选和推荐工作。三是开展先进适用技术示范推广。在山东日照、宁波象山建立了海水池塘多营养层次生态养殖模式试验示范区。继续在13个省（自治区、直辖市）组织实施“稻田综合种养技术示范推广”，创建了“以渔促稻、稳粮增效、生态环保”的农业发展新模式，出版了《稻田综合种养产业化配套技术和典型模式》，这项成果获得了全国农牧渔业丰收奖一等奖。湖北在13个县(市)建设稻田综合种养示范区面积达1 300多公顷。河北承担该省淡水养殖产业创新团队建设项目,研发集成技术6项,集成示范推广新技术16项,建立示范点39个,示范面积1 133公顷。山东以基层农技推广体系改革与建设补助项目为依托,培育科技示范户约1万多户,示范面积近7万公顷。四是开展优良品种示范推广。各地水产技术推广部门继续发挥体系优势,组织引进和开发新品种、优良品种,开展良种良法示范推广。辽宁"海水池塘海参生态养殖示范推广"、黑龙江"名优鲤鱼池塘健康养殖技术"、青岛"十大良种推广"等都显著提高了优良品种的普及应用水平。贵州、云南等地利用资源优势,在土著鱼类繁育和推广上大做文章。内蒙古、甘肃、宁夏、新疆和新疆生产建设兵团则进一步加强名优新品种引进示范推广,优化当地养殖品种结构。

【病害防治】 一是开展水产养殖病害测报。2013年全国各类养殖模式监测总面积30多万公顷,占全国水产养殖总面积的3.7%。全国设置病害测报点4 222个,8 000余名测报员参与这项工作;共监测了73个养殖种类,监测到75种疾病。全年发布9期全国水产养殖动植物病情月报。此外,针对全国主要养殖种类易发疾病的预测预报范围进一步扩大,由原来的17个省增加到25个省。全年发布7期水产养殖病害预测预报信息。二是开展水生动物疫病监测、检疫防疫。协助农业部渔业局组织了19个省(自治区、直辖市)开展对鲤春病毒血症等5种重大水生动物疫病的国家专项监测工作,全年计划采样数量2 985个,实际完成4 300多个。江苏、广东等省份积极争取财政支持,加强疫病监测。受农业部渔业局委托,全国水产技术推广总站组织对2012年水生动物疫病情况和近十年来我国水生动物防疫工作进行总结,发布了《2012年中国水生动物卫生状况报告》,这是我国首次对外公开发布水生动物卫生情况。同时组织培训省级水生动物检疫实验室技术骨干130多名,带动了各省对实验室技术人员培训工作的开展。此外,山西、江西开展了草鱼无疫区项目试点,并对相关疫病实施监测。江苏完成了41个县级水生动物疫病防治站建设项目,目前已有8个站通过了省质监局的资质认定。

【用药指导】 继续在重点水产养殖省份开展"规范用药科普下乡系列宣传活动"。据统计,2013年共有24个省(自治区、直辖市)、1 161个县和5 300多个乡镇开展了该项活动,参与活动的推广人员达1.2万余人次、渔业专家2 600余人次。这项工作连续开展了7年,成效显著,渔民规范用药、科学用药水平显著提高。

【质量安全服务】 一是开展水产品养殖全程质量监控技术服务。在全国13个省(自治区、直辖市)60个县的94个养殖场开展水产品养殖全程质量监控技术示范试点,监控种类42个,监控面积逾5.5万公顷,初步形成了"养殖水产品质量安全技术监控制度与技术服务运行机制",有效地推动水产养殖的规范化、标准化、规模化生产,促进了养殖水产品质量安全水平的提高。二是开展养殖水产品质量追溯。在10个省(自治区、直辖市)30个县、90个养殖企业、渔业合作社等安装了水产品质量追溯系统,启动养殖水产品质量追溯系统建设试点工作,参照其他农产品质量追溯制度,加快探索各种形式的养殖水产品质量追溯制度。上海按照"强化源头管理,加强供应监测,完善产销对接,实施全程监控"的原则,开展了水产养殖场食用水产品"准出"试点工作。三是开展水产品质量安全监管服务。部分省(市)推广机构充分发挥体系优势,承担了水产品质量安全监管服务工作,如农业部监督抽查、无公害水产品认证、市场监督检查、产地抽检等。江苏产地认定规模和产品推荐认证数量均创2004年以来最高水平。河南在省内主要养殖区域不仅开展了水产品质量检测,对饲料、渔药等养殖投入品也进行了抽检。湖南在长沙试行凭证入市制度,探索建立质量安全监管新模式。

【水产种业】 积极参与国家级、省级水产原(良)种场管理服务工作。全国水产技术推广总站组织完成了2013年度国家级水产原良种场的验收和复查工作,组织审定了水产新品种。浙江、广西组织开展水产种苗企业和生产情况调查,指导水产良种场建设,推进种业主体培育。重庆组建"市水产原(良)种场协作组",并组织成员单位实施亲本更新换代。这些工作有力地推进了水产良种的规范生产和示范推广。

【资源养护】 2013年,全国水产技术推广总站在黄渤海放流黑鲷、牙鲆400多万尾,促进了黄渤海渔业资源的修复。福建放流大黄鱼等29个品种5.3亿尾,并参与环境生态修复和放流评估试验等工作。宁波、深圳积极参与海洋牧场试验区设计、建设工作。安徽、青海、厦门、大连等地加强水域环境监测,积极开展渔业污染事故调查、鉴定与评估工作,为渔业生态环境监管、污染事故处理提供了技术支撑。

【信息服务】 继续组织16个省(自治区)水产技术推广部门开展养殖渔情信息采集和分析,重点加强了渔情数据的分析和利用,完成了海、淡水养殖渔情信息采集系统整合工作。“水生动物疾病远程辅助诊断服务网”建设进一步完善,对188种疾病进行了详细描述,“自助诊断”养殖品种从17个增加到32个。开通了“养殖水产品质量安全信息服务网”。渔业物联网建设取得新进展,开展了平台的手机客户端、知识库、数据库等相关建设,并新建5个高水平渔业物联网示范基地。北京顺应“微时代”潮流,开通微信公众服务平台。天津将信息化手段引入水产养殖示范园区提升工程建设中,提高了养殖企业信息化管理水平。海南利用省电视台公益性农业栏目《绿色进行时》开办水产养殖病害防治专题讲座,反响良好。

【渔民培训】 结合示范推广项目、科技下乡等活动积极开展各类培训,切实增强水产技术推广人员服务能力,提高渔民综合素质。农技推广万人大培训计划开始实施,共培训基层水产技术人员300人。全国水产技术推广总站组织开展了《推广法》宣传贯彻骨干人员培训、水生动物检疫实验室技术培训、稻田综合种养技术骨干培训和水稻稳产关键技术培训、养殖渔情信息采集队伍培训等。渔业行业职业技能鉴定指导站全年共组织鉴定1.2万余人次。山东整合培训资源,开展分层次、分类别、分专业培训,全年举办培训班500多期,培训4.3万余人。湖北坚持常年开展技术培训,全年举办各类培训班260多场次,培训渔民近2.7万人次。

【休闲渔业】 积极拓展休闲渔业服务新领域,指导、扶持休闲渔业发展,助推产业结构优化升级。北京成功举办“金鱼锦鲤大赛暨水族休闲渔业展”,展示观赏鱼产业最新成果,弘扬观赏鱼文化,为企业搭建宣传平台。广西举办钓鱼大赛、龟鳖大赛,影响广泛,并开展海钓情况调研,对北海主要海钓场进行测试。针对各地休闲渔业的蓬勃发展,全国水产技术推广总站组织开展了休闲渔业发展调研,对休闲渔业发展现状进行了摸底调查,并参与了全国休闲渔业示范基地的评审工作。

(全国水产技术推广总站)

渔业社会团体

中国水产学会

【概况】 2013年,在农业部和中国科学技术协会的正确领导下,中国水产学会继续坚持以邓小平理论、“三个代表”重要思想、科学发展观为指导,紧密围绕中心工作,以服务“三农”,促进农业和农业经济科学发展为主线,以实现“两个千方百计、两个努力确保、两个持续提高”和“三服务一加强”为目标,较好地完成了2013年的工作任务。

【支撑服务工作】

1.渔业统计 圆满完成2012年报数据汇总工作。通过召开专家会商会、统计年报汇总会等有关工作,最终编印《2013年全国渔业统计手册》《分省份主要渔业统计指标情况手册》及2013年全国渔业主要统计数据卡片,印刷出版《2013年中国渔业统计年鉴》,圆满完成中国渔业统计年鉴的出版工作。

认真做好新一轮渔民家庭收支调查工作。2013年,全国渔民家庭收支调查执行了新的调查方案。学会多次组织技术人员及国家统计局相关专家座谈,探讨完善系统与调试数据上报程序。组织各省进行了调查户基础信息的录入和全国1万样本户2013年渔民家庭收支情况台账的上报工作,并于11月20~21日召开工作总结研讨会。开展全国渔业统计培训。学会分别于6月和9月先后在厦门、延安举办2013年第一、二期统计培训班。共计23个省(自治区、直辖市)渔业重点县负责渔业统计工作人员共计248人参加了培训。培训班围绕统计基础理论、制度办法、操作方法等进行了详细讲解。

7月在湖北召开了抽样调查项目工作总结会,通过了验收专家组的验收。项目实施,完善了我国渔业统计数据采集方法,提升了统计调查能力。做好渔业统计日常工作。一年来,学会做到按时为农业部渔业局提供月报产量和季报产量,为渔业局各处室领导及时提供统计咨询服务。

2.信息监测 认真完成水产品市场信息采集工作,数据采集质量稳步提升。学会每天对信息员上报的数据进行检查和纠正,每月完成水产品市场信息简报和水产品批发市场月度数据报表,每季度完成一篇水产品季度分析报告。截止到2013年12月,80家定点水产品批发市场共报送价格信息24 625次,同比增长3.28%;价格条目393 382条,同比增长2.42%;品种成交量条目24 625条,同比增长3.39%;月成交量、额904条,同比增长6.98%;市场动态1 151篇,同比增长38.84%;省级渔业部门市场分析报告203篇,同比基本持平。

高效准确处理突发事件和应急事件。3月江浙沪地区爆发H7N9型禽流感和4月四川省雅安地震期间,学会积极与当地市场专家和信息员沟通、采集数据、分析禽流感对我国水产品市场的影响情况。有时为及时向农业部渔业局提交水产品批发市场价格和成交分析报告,紧急加班完成任务。

3.水产贸易研究 开展渔业对外贸易跟踪研究。3月在烟台召开了渔业国际贸易跟踪研究专家座谈会,交流当前渔业国际贸易特点问题和渔业国际贸易研究进展情况,讨论2013年度渔业国际贸易重点研究内容和研究计划,设立10个课题供专家研究,与专家签订课题研究合同。

开展水产品贸易研究。学会先后撰写了《水产品突破180亿美元,贸易总额再创新高——2012年全国水产品贸易分析报告》、《全球渔业经济与贸易》、《WTO渔业补贴谈判十年回顾与展望2002—2012》和《世界养殖鱼类50强》等研究报告。

加强对水产品国际贸易监测预警工作。收集、汇总、分析和发布了中国水产品国际贸易月度、季度、半年和前三季度监测报告共15篇,并在有关杂志、报刊和网络上刊发。编辑出版了《2013年中国渔业进出口统计年鉴》。针对年初欧盟爆发“马肉造假丑闻”风波,由于波及水产品,学会及时组织专家起草《“马肉丑闻"对我国水产品出口贸易影响分析》预警研究报告并提交农业部相关部门。

4. 决策咨询 组织参加中国科协生物灾害防治研讨会，完成2013年中国科协生物灾害防治报告水产部分，并由中国科协上报国务院，获得国务院副总理刘延东的批复，由科学技术部研究落实有关建议。

【学术交流】

1. 学术会议 10月23～24日，2013年中国水产学术年会在合肥召开，来自全国各地的近500名水产科技工作者参加了本次会议。会上颁发了2012年中国水产学会学术年会优秀论文，30篇优秀论文受到表彰。年会以"创新驱动与渔业转型发展"为主题，就生物技术与水产育种等7个专题作学术报告，交流论文158篇。期间召开了水产生物技术与现代渔业学术研讨会和国内主要水产学术期刊编辑交流座谈会。

学会各分支机构充分利用各自的独特资源和优势，开展丰富多彩的学术交流活动。13个分支机构举办了学术研讨会或分会年会。11个分支机构组织开展了科技咨询、科技培训、展览、展示、出国进行学术交流等工作。

2. 学术期刊 2013年，学会主办的6种学术期刊和1种科普期刊办刊质量都有了提升，其中《水产学报》继续获得中国科协精品科技期刊的资助，荣获"百种中国杰出学术期刊"称号，进入中国科技核心期刊的前100名。《中国水产科学》荣获国家新闻出版广电总局颁发的"中国百强报刊"称号。

3. 学科发展研究 11月15～17日，学会承办的中国科协第264次青年科学家论坛在武汉举办。论坛主题为"水产动物育种与生物技术"。来自全国27家单位的100多位青年专家学者参加了本次论坛。本次论坛围绕"水产动物育种与生物技术"这一主题开展了深入广泛的学术交流与讨论。针对"基因组学与分子选育"等4个方面议题做了最新进展论述和总结，引发了与会学者的广泛交流与讨论。

10月29～30日，主办的水生动物行为学及其应用研讨会在武汉召开。这是学会第二次举办水产动物行为方面的专题研讨会，研讨会的成功举办，对我国水产动物行为学学科发展产生了积极推动作用。

4. 第二届中国水产学会范蠡科技奖评审 组织了第二届范蠡奖的评审工作，经过专家认真评审，共评出一等奖3个、二等奖5个，于12月在第九届第二次理事会召开期间颁奖。

【科学普及】

1. 科普活动 2013年，学会先后在昆明、呼和浩特举办水产健康养殖及生态环境修复技术培训班，25个省（自治区、直辖市）的140名渔业技术人员参加了培训。围绕热点问题进行水产实用技术培训。

6～11月，联合兄弟学会开展"食品安全进学校、进社区"活动。先后在北京、重庆等地举办活动，让"食品营养健康，您的美好生活"主题深入人心，向大众宣传与日常生活息息相关的食品安全知识。活动展示了"吃鱼健康"专题知识，开展了专家咨询、有奖答题等活动，发放《水产品营养与健康宣传手册》等。

2. 科技下乡 继续开展科技下乡活动。为落实中央1号文件精神，各分支机构充分发挥学科优势和技术优势，积极组织会员参与科技扶贫和科技下乡活动。各分支机构组织会员专家深入基层，送技术、送知识到村边到塘头，为生产一线的渔民排忧解难。

3. 科技扶贫 2013年，学会在吕梁扶贫工作方面开拓了新方式，全方位做好扶贫工作。一是组织会员单位、分支机构、科普教育基地积极捐赠书刊、标本、文具，近30家单位积极响应。二是学会科普教育基地上海育民中学与吕梁临县中学结成一对一互帮活动。三是帮助横泉水库建设水产养殖科普培训基地和农村书屋，捐赠300多本各类科技图书和2台电脑，并向玉坪中学赠送3台电脑、500多份学习用品和200本科普书刊。当地反响很大，效果很好。当地还向学会赠送了一面锦旗：博爱校园，爱心助教。

【国际交流】

1. 国际学术会议 动物营养与饲料专业委员会举办的第九届世界华人鱼虾营养学术研讨会，吸引了美国等10多个国家和地区的1 100多名水产动物营养与饲料学界专家、学者及企业界代表参会，集中展示了当今全球鱼虾营养与饲料领域最新科研成果。

2. 两岸交流 9月13～14日，由学会承办的中国科协2013年海峡两岸青年科学家学术活动月暨海峡两岸海洋渔业资源养护和共同开发青年科学家学术研讨会在福州举办。来自台湾海洋大学等单位的13位青年科学家，以及来自祖国大陆水产相关高校和水产科研院所、渔业管理和科技推广单位的150余位青年科学家和科技工作者参加了研讨，会上共交流了56篇学术报告。

3. 国际组织任职 学会常务理事、上海海洋大学副校长黄硕琳任亚洲渔业学会理事长，学会理事、浙江大学教授吴信忠任亚洲渔业学会理事。

4. 国际交往 7月10～17日，学会组团参加在苏格兰格拉斯哥大学举办的英国水产学会学术年会，随后访问了英国淡水生物学会和丹麦农业部渔业局。此次考察圆满完成了交流任务，取得了实质性的效果，双方签署了学术交流合作备忘录。

8月29日至9月5日，学会应邀组织国内有关专家学者访问澳大利亚和新西兰，重点了解两国渔业发展特别是水产品市场建设情况，分别举行了双边学术交流，听取有关方面的情况介绍，实地考察了海洋牧场、游钓基地、水产品超市和批发市场，并与新西兰水与大气局签署了双边合作协议。

3月1日，学会接待来自智利、巴西、西班牙大使馆的农业参赞，共商如何建立与这三个国家的水产学术团体、科研院校合作交流机制。

7月3日，智利渔业局前往学会访问。双方就两国捕捞业和养殖业发展状况及贸易情况做了相互交流，希望在如何促进捕捞资源的可持续健康发展，开拓创新先进的节水养殖技术和发展生态友好型的养殖等方面有进一步的交流合作。

9月1~4日，澳大利亚西澳州渔业部常务副部长史密斯一行8人拜会学会，进行人工鱼礁项目合作协商，并在京、津进行了为期4天的考察访问。双方进行了广泛深入的交流，一致认为应当在人工鱼礁建设与投放、增殖放流、休闲渔业、生态修复等诸多方面开展更多的对话与合作。

10月31日，英国水产学会会长温菲尔德先生前往学会访问。双方就共同关心的水域生态环境保护、现代化渔业发展趋势及如何促进渔业资源的可持续健康发展，开拓创新先进的节水养殖技术和发展生态友好型的养殖进行了深入的讨论，并探讨了两国渔业学术交流合作的方向。

11月10日，学会与厦门市人民政府共同举办了第三届中国(厦门)国际休闲渔业高层论坛，邀请美、英两国水产学会会长参加会议并作学术报告。会议期间，与美国水产学会签署合作协议，为加强中美两国水产科学领域的学术交流，为今后两国学会在水产科研、科技传播及热点问题的交流与合作搭建了新的平台。

【会员服务】 学会各科普教育基地和学会会员工作站结合自身特点和优势，积极开展节能减排、技术推广和科学知识普及工作，为提高广大会员的科学素质做贡献。

学会下力气狠抓科学道德和学风建设，各分支机构的科学道德和科学精神得到进一步加强，学风建设取得新的突破。9月在上海海洋大学召开食品中国水产学会科学道德和学风建设宣讲教育报告会，邀请华东师范大学杜震宇教授和上海海洋大学陈良标教授结合自己的成长经历和科研成就，面向全校2013级研究生的学生会员现身说法，取得了很好的效果。

5月15日，2013年水产科技周启动仪式在无锡举行。学会科普工作委员会委员、无锡渔业技术人员及部分企业代表等共计350多人参加启动仪式。本次活动主题是水产科技创新，共建美好生活。活动包括专题科技讲座和科技展览。启动仪式后各省级学会和有关分支机构根据当地产业发展需求和基层企业养殖户的实际开展科技下乡和科普宣传活动。

9月14~20日，以“水域生态保护”为主题参加2013年全国科普日北京主场活动。14日上午，中央书记处书记赵乐际一行参观了学会展区，学会专家向赵书记重点讲解了工厂化海水循环养殖及鱼菜共生养殖的理念及与水域环境的关系。赵书记对学会活动的开展予以肯定，并指出“现代化的养殖模式能够实现节水、节能，避免了传统养殖造成的水质污染问题，达到生态和经济效益共赢，非常符合我们这次活动的理念”。

【自身建设】

1. 党建强会 6月，整合相关学会党组织资源，深入基层联合开展“为基层服务，为党旗争辉”为主题的党建强会特色活动，在河南省荥阳市王村镇开展。河南省水产局领导、中国科协学会服务中心党委代表和当地水产养殖户代表合计100余人参加。活动中，学会共向当地赠送电脑3台，书籍、技术资料千余册，帮助当地建立“渔民书屋”，举办水产养殖实用技术培训班，邀请专家针对水产养殖及病害防治等方面进行授课，并进行了现场解答。此项活动得到了中国科协的表扬，荣获“优秀组织奖”。

2. 队伍建设 学会九届理事会成员170人，其中常务理事61人。学会共有淡水渔业专业委员会等17个分支机构。截止到2013年底，个人会员数量发展到19 589人，其中资深会员1 822人，学生会员2 589人。团体会员发展到207个。

3. 民政部社会组织评估 4月，学会通过全国性社会组织评估工作。评估专家组通过听取汇报、查阅资料、质询了解、实地考察等形式，围绕基础条件、内部治理、工作绩效、社会评价等4个方面对学会进行全面考评。经过评估委员会集中评审、网上公示等程序，学会被评为5A等级。

4. 开展党的群众路线教育实践活动 组织深入学习，学会认真听取了常务理事、学会职工的意见，围绕“四风”查摆了问题；通过“每月2次”学习活动，组织职工认真学习党的十八大精神和中国特色社会主义理论体系，加强党员宗旨意识和理想信念教育。

（中国水产学会 李利冬）

中国渔业协会

【秘书处】 2013 年，中国渔业协会秘书处在理事会的领导和支持下，注重协会自身能力建设，大力提倡创新服务，不断扩大服务领域，提升为行业、为会员、为政府的服务能力，较好地完成了各项工作。

1. 开拓工作新领域

（1）经农业部渔业局批准，由中国渔业协会与韩国水产会作为中方涉韩渔船担保工作的指定窗口单位，负责中方涉韩渔船的罚金交纳工作，维护我国渔民合法权益。12 月 24 日，中国渔业协会会长齐景发率团赴韩国济州岛，与韩国水产会落实此项担保工作的具体细节，并签订合作协议。

（2）积极推广新技术。与国际铜业协会、中国水产科学研究院东海水产研究所共同成立了"铜合金网衣网箱健康养殖产业联盟"，并召开了第一次代表大会。为铜合金网衣网箱制造企业、水产养殖企业和金融机构搭建合作平台，推动这项技术的推广与应用。

2. 加强服务，提升工作水平

（1）继续办好协会会刊《渔业文摘》，加大对会员单位的报道和宣传力度，增加了数据类资讯等内容，不断拓展视角，增强会刊的可读性和实用性。

（2）协会网站全新改版上线，页面更加直观，内容更加丰富。对协会的重点工作开辟了专题版块加以宣传，增加了与会员的友情链接，及时更新会员动态，给会员提供了广告宣传位，展示会员产品，更好地发挥了会员企业展示平台的作用。

（3）举办了 5 期以水产健康养殖为主题的技术培训，一期休闲渔业培训。专家为学员现场答疑，受到欢迎。

（4）组织会员参加香港"第十五届国际食品及饮料、酒店、餐厅及餐饮设备、供应及服务展"和"中国（海南）国际海洋产业博览会暨中国渔业装备博览会"。

（5）开展了首批渔业行业企业信用评价工作，为 5 家会员企业进行了信用评级，其信用信息将对外公布并可供查询。这有助于会员展示其信用能力，也有利于提升会员信用自律意识与风险防范能力。

3. 推动渔业品牌建设

（1）经地方申请，中国渔业协会专家委员会评审，秘书处同意授予福建省福州市"中国金鱼之都"和"中国鳗鲡之都"荣誉称号；授予江苏省昆山市巴城镇"中国阳澄湖大闸蟹之乡"荣誉称号；授予山东省东阿县"中国黄河鲤鱼之乡"荣誉称号；授予广东省珠海市斗门区"中国河口渔业示范区"荣誉称号。

（2）组织专家考察并发布了《潜江龙虾"虾稻共作"技术规程》，主办了"淡水龙虾产业发展研讨会"、"2013 中国（合肥）龙虾节"、"2013 第二届世界海洋大会"、"中国大黄鱼产业研讨会"等活动，为地方特色渔业的发展起到了推动作用。

（3）继续与有关单位开展"新农村建设——200 场水产品安全健康养殖科技入村公益培训活动"，根据基层水产养殖者的需求，提供专业科技指导服务，作为一项协会品牌公益项目，取得了良好的社会效益。

4. 开展国际交流与合作

（1）根据中国渔业协会与韩国水产会签订的《中韩民间渔业安全作业议定书》有关条款，编印了 5 000 册图文并茂、通俗易懂的《中韩民间渔业安全作业议定书宣传画册》，发放给黄渤海区和东海区渔民，宣传在韩水域入渔的安全作业知识。

（2）6 月，中国渔业协会秘书长林毅一行 3 人出席在印度尼西亚泗水召开的"第三届世界渔业合作日"活动，与参会成员代表沟通交流，并考察当地渔业合作组织。会议强调了政府和社会应扶植各级渔业合作社组织的成长，通过各种措施改善渔民家庭的福祉，并加强各成员国间的交流合作，实现共同发展。

（3）应邀参加韩国水协中央会 8 月份在首尔举办的题为"未来工业化对渔业产业复兴的影响"研讨会，与各国专家学者就相关问题进行广泛探讨。

（4）9 月，与大日本水产会在上海召开中日民间渔业协议会，就海上安全作业、渔业资源养护，以及民间团体交流与合作等问题进行商讨。

5. 完成主管部门交办的工作

（1）完成了中国渔政指挥中心交办的每月一期《周边国家与地区渔业动态》的编辑工作。

（2）与农业部渔业局、中国农林水利工会召开 2013 年联席会议，总结 2012 年三方联合开展调研的情况，并商讨年内开展建立健全基本渔业水域保护制度和渔业养殖保险等调研工作。11 月，三方赴四川调研当地渔业养殖保险情况，并提交了调研报告。

【南海渔业分会】 2013 年，中国渔业协会南海渔业分会认真结合自身特点，找准"政府所想、会员所需、协会所能"的结合点，积极努力协助海区局及有关市县渔业局做好渔业特别是南沙渔业管理与服务工作，为维护会员乃至广大渔民的合法权益，促进南海渔业健康稳定发展发挥了积极作用。

(1)3月,分会组织编印了《中国渔业协会南海渔业分会》会刊。会刊采用彩色铜板印刷,图文并茂,内容丰富、新颖。会刊的印发,有效地扩大了分会的社会知名度和影响力。

(2)为避免或减少涉外事件发生,保障南沙渔业安全稳定发展,从7月中旬开始,分会与海区局南沙渔业处密切合作,先后组织举办了3场南沙渔业涉外安全管理培训班,共培训南沙渔业行政管理人员、南沙渔民协会与生产企业负责人、主要职务船员等约500人。培训内容包括:南沙海域主权纷争及渔业涉外态势、南沙渔业规避涉外风险措施与建议、南沙船位监控使用知识与管理规定、近年南沙渔业资源调查与分析、海上伤病救护知识等。培训班内容丰富、实用性强,老师讲课深入浅出、简明易懂,颇受欢迎。

(3)为了解掌握、协调并解决南海海洋渔业发展面临的渔业资源问题、渔具渔法问题、渔船管理等问题,分会积极配合海区局,前往广东、广西、海南各地,深入基层管理单位,生产企业,渔港、渔村和渔民家庭等调查研究,并撰写调研报告,为政府制定今后南海海洋渔业发展政策提供参考资料。分会支持部分市县渔民协会,就如何解决制约南海特别是南沙渔业稳定发展问题,认真收集渔民意见和建议,并主动向分会或渔业行政管理单位反映。

(4)分会根据会员以及南海渔业的实际情况,始终把服务南沙渔业作为主要工作。一是及时为会员提供渔业生产信息,为南沙生产渔船申请办理证件提供服务。在日常管理工作中,分会主动与南沙渔业处、信息处值班电台联系、沟通,及时掌握南沙生产渔船渔民实际情况,发现异常及时提醒;有紧急情况时,主动协调沟通,尽力帮助解决。此外,协助南海区渔政局进行南沙柴油补助分配工作,联系基层渔民协会、专业合作社,认真组织核查,确保柴油补助分配公平、公正、公开,使党和国家的关怀切实落实到渔民手中。

【鮰鱼分会】

(1)2008年通过的美国法案《联邦肉类检验法案修正案》(FIMA),此法案旨在保护美国本土鮰鱼生产商的利益、免受外国同行竞争,自2008年通过实施以来,一直是我国鮰鱼对美出口的一项贸易壁垒。近年来,中国渔业协会鮰鱼分会秘书处一直积极地为争取废除此法案而努力,并积极向农业部渔业局反映进展情况,提交汇报材料,及时联络专家、组织召开会议通报情况,并联合中国水产流通与加工协会递交了美国渔业协会给韩长赋部长的信件,起草了有关汇报材料给农业部渔业局、国际合作司、国际贸易促进委员会以及国家质量监督检验检疫总局,表明我们的态度,强烈反对此法案。同时,还与商务部土畜商会沟通,从贸易的角度提出反对意见致信美国政府,期待彻底废除该项法案。

(2)为摸清年内鮰鱼生产情况,分会秘书处于4～5月组织专家赴湖北和河南,对鮰鱼供苗基地及鲜活批发市场进行了调研,完成了《湖北嘉鱼县斑点叉尾鮰苗种生产现状》以及《河南斑点叉尾鮰鲜活批发市场情况》调研报告,为企业提供生产及指导性意见。

(3)7月,分会组织召开了鮰鱼产业形势分析座谈会,通报了我国鮰鱼产业发展情况,并指出了当前鮰鱼产业存在的问题及今后的发展策略:即一是主动适应国内、外水产品市场的新变化;二是以内销市场为主导,出口作补充的二元化的流通格局,以质量取胜;三是外部市场需要不变,加大国内市场的开发力度,稳定价格;四是创造中国式的鮰鱼消费新理念,开发适合国人需求的鮰鱼加工产品。

(4)2013年,分会会刊加大了对会员单位的报道和宣传力度,增加可读性和实用性;网站不断完善和改版,及时更新会员动态,给会员提供了展示平台;收集国内鮰鱼养殖生产、加工出口以及国际贸易等方面的信息,特别是美国法案综述,通过会刊及时报道为企业做好风险预警。

(5)4月,秘书处组织专家赴斑点叉尾鮰联合育种项目二级扩繁保种试验点——安徽三珍水产有限公司水产良种场以及湖南益阳市水产良种场调研,并对2011年从江苏淡水所派送的苗种,作为保种培育的亲本进行了生长情况测试,这批苗种经过2年的培育养殖,达到了很好的效果。两个试验点比同类产区养殖约增产20%以上,生长优势明显。另外,在江苏南通实地考察,增选了江苏南通华鎏水产有限公司保种试验点。截止到2013年年底,经3年建设,已分别在湖南、湖北、江苏、江西、安徽、四川等省建立了9个试验点;从2014年开始,G1代亲本将陆续生产提供优质苗种。

【河蟹分会】

(1)年初组织专家将已获得全国河蟹产业先进技术交流表彰大会的实用有效、案例完整的31项先进技术编印成《河蟹产业先进技术精汇》小册子,分发给全国的河蟹养殖户。

(2)6月,与有关单位共同主办了第三届生态绿色阳澄湖净水渔业研讨会暨正谷阳澄湖大闸蟹生态养殖技术交流会。

(3)7月,李国平会长会见了电商"京东商城"工作组,鼓励有关会员企业与"京东商城"通过强强联合,做大做强太湖大闸蟹产业。

(4)8月,在沈阳召开了全国河蟹出口经验交流会,分析年内河蟹出口形势,交流出口经验,促进拓展河蟹国际市场。

(5)经专家组实地考察评审,决定分别授予山东省齐河县"中国河蟹黄河生态养殖基地"、江苏省金坛市"中国河蟹科技创新模范县(市)"、江苏省金坛市儒林镇"中国河蟹生态高效养殖第一镇"荣誉称号。

(6)11月,中国渔业协会河蟹分会召开了第三次会员代表大会,总结第二届理事会4年来的工作,并成功完成第三届理事会的换届工作。积极筹备2013第三届中国名蟹大赛暨第三届中国 o 长荡湖湖鲜美食节,弘扬河蟹产业文化。

【河豚鱼分会】

(1)中国渔业协会河豚鱼分会秘书处先后于3月下旬、6月中旬组织专家,前往我国南、北方河豚鱼养殖的主要地区调研河豚鱼养殖、苗种产业、市场流向、产品追溯、加工、餐饮以及渔业专业合作社发展等情况。通过调研对我国河豚鱼产业的发展现状和存在的问题有了深入的了解,专家组撰写调研报告,提出了发展建议,为政府决策提供参考。

(2)年初,为有效抑制广东河豚鱼市场可能出现的混乱情况,会长单位江苏中洋集团与副会长单位广州市金洋水产养殖有限公司合作,在广东省采取措施,严控苗种生产数量,将2013年广东省的投苗量控制在2 000万~3 000万尾,养殖面积由2 667公顷降至1 333公顷,稳定了市场。

(3)分会先后两次召开会长办公会,了解各地河豚鱼养殖、销售情况,分析产业现状和今后发展方向,部署下一步工作。

(4)11月5日~7日,组织会员参加"2013中国国际渔业博览会"。共展出了暗纹东方鲀、红鳍东方鲀、胭脂鱼和澳洲龙纹斑、海参等活鱼,参展企业还准备了河鲀水饺、鱼丸、罐头、鱼皮冻等河鲀加工产品供现场品尝,吸引了广大参观者、参展商的关注,扩大了分会的知名度。

(5)为使会员更快了解国内外河豚鱼的养殖生产、出口加工、餐饮文化等方面的信息,分会秘书处编印了《中国河豚产业资讯》会刊,建设了分会网站(china-puffer.org)并于2013年12月底正式上线。

【水族分会】

(1)为加强行业宣传和分会信息建设,2013年,中国渔业协会水族分会官方网站"中国水族网"正式上线,官网为会员单位提供了企业宣传、推广的平台。

(2)积极服务会员,扩大会员队伍。为了更好地宣传分会,编印了水族分会宣传册。

(3)为加强大陆与台湾省水族同业者之间的沟通交流,促进两岸项目开发与合作。分会组织会员企业代表于9月底赴台湾省考察,参观了2013台湾国际观赏鱼博览会,参访了当地水族企业。

(中国渔业协会)

中国渔业互保协会

【概况】 2013年,中国渔业互保协会(以下简称"协会")以落实《农业保险条例》、申请农业保险经营资格为切入点,以贯彻中央1号文件、推动水产养殖保险为突破口,全面统筹,科学谋划,各项工作再上新台阶。全年渔业互助保险系统共承保渔民97.89万人,承保渔船7.12万艘,承保养殖水面4 477.8公顷、养殖网箱429口;为渔民群众提供风险保障超过2 600亿元,当年已支付赔款5.30亿元,同比分别增长20%和34%。

【落实《农业保险条例》工作有新进展】

1.加强自身建设,提升可持续发展能力 协会认真落实《农业保险条例》,不断加强自身建设,努力提升可持续发展能力。一是加强制度建设。协会修订和新制定了《理赔工作规则》、《财务支出管理规定》、《理赔投诉处理工作办法》等多项制度,实现了业务操作、财务支出、风险防控、信息宣传、公章管理、公文处理、出差管理和人力资源等多方面的规范运作和科学管理。二是加强经费使用管理。下调了理事会管理费、奖励基金和防灾宣传费的计提比例,同时对三项经费的使用范围重新进行了科学划分。三是加强中层干部培养考核,初步形成了中层干部的人才梯队,基本建立了管理科学、考核有效、激励充分的干部任用管理模式。四是加强人才队伍建设,开展形式多样的业务培训。五是加强直属机构的管理,规范了直属机构的理赔权限和赔款支出程序,确保资金安全。

2.积极沟通汇报,争取农业保险经营资格 《农业保险条例》在明确互助保险组织法律地位的同时,也将协会的主要业务纳入了涉农保险的范围。但是,按照《农业保险条例》第十七条的规定,渔业互助保险组织要依法经营农业保险业务,必须经中国保监会依法批准。为此,协会做了大量卓有成效的工作。《农业保险条例》出台后,协会积极建议推动互助保险组织合法参与农业保险业务，此建议在农业部印发的《贯彻落实<农业保险条例>的分工意见》中被采纳；在农业部政法司、渔业局等部门就贯彻落实《农业保险条例》、推动渔业互保协会申请农险经营资格与保监会相关负责同志进行沟通商谈时，协会予以主动配合，同时还向保监会相关部门报送了汇报资料（包括基本情况、业务开展、财务管理3个部分），并代表全国渔业互助保险系统向保监会提出了合理诉求。

【拓宽互助保险业务范围有新突破】

1.全面推动水产养殖保险业务试点 在前期已经开展的福建紫菜牡蛎、江苏河蟹和宁波白对虾项目的基础上，协会会同相关地方协会在浙江（紫菜、贻贝和网箱养鱼保险）、河北（中国对虾）、山东（池塘养鱼）、辽宁（池塘海参养殖、海参育苗及设施保险）启动了水产养殖保险试点，并以浙江、辽宁试点为契机，成功引入瑞士再保险和中航安盟保险作为再保险合作方。9月份，协会与国元农业保险公司签署了共同在安徽省开展政策性水产养殖保险的合作协议，“互保组织+商业保险”的水产养殖保险创新模式得到了农业部和安徽省领导的高度认可和积极评价。协会还在第四届第四次理事会议上确定了“以我为主，统筹推进，共赢合作”的水产养殖保险工作思路；同时明确了两种工作模式，即在有地方协会的沿海地区采取“国家协会与地方协会联合推进，统一购买再保险”的模式，在内陆地区和沿海直管地区采取“因地制宜，国家协会与商业保险公司开展多种形式共赢合作”的模式。

2.推动远洋渔业保险业务创新 根据远洋渔业发展形势和渔业互助保险业务发展需要，协会于2013年5月初将统筹推动全国远洋渔业保险列为工作重点，以期改变目前远洋渔船和船员入保率偏低、商业保险公司恶性竞争的混乱局面。为此，协会在充分征求相关省级机构意见的基础上，与中国远洋渔业协会联合向农业部渔业局报送了《关于建立和完善我国远洋渔业资产人员保险制度的请示》，提出充分发挥两会优势，由两会协调配合，统一组织，共同推动远洋渔业资产、第三者责任和人员的属地化统保工作。

3.提升渔船、渔民和团体险业务质量 在不断开拓新业务领域的同时，协会坚持统筹提升传统业务的质量，在保持渔船渔民保险业务入保数量相对均衡的前提下，将工作重点向提高船均和人均保额方面推进，全年度海洋渔船船均保额达到45万元，海洋作业渔民人均保额接近25万元，还适度提高了内陆渔民人身平安互保保额档次；针对渔政管理体制改革对团体险业务带来的不利影响，协会将团体险业务展业重心下沉到基层机构尤其是实施省级机构统管政策，使团体险业务的管理更直接，与参保会员的沟通更便捷。

【提高理赔服务质量有新举措】

1.扎实开展“理赔服务年”活动 为全面提高理赔服务质量、进一步提升渔业互助保险影响力和提高会员满意度，协会在直属机构范围内开展了“理赔服务年”活动并在广西北海举行了启动仪式，明确了以维护会员权益为出发点和落脚点，以制度化、标准化、信息化和透明化为主要手段，以进一步提高理赔服务质量为重点的总体思路，并陆续开展了一系列活动。一是开展理赔服务问卷调查，重点调查了理赔过程中群众最不满意、最需要改进的做法。二是加强理赔制度建设，修订了《理赔工作规则》，向会员印发了《索赔指南》，指导会员在出险后办理索赔事宜。三是加强对理赔服务的监督和考核，设立了24小时报案（投诉、举报）电话，并制订了《理赔投诉处理工作办法》，把理赔投诉率、理赔服务满意度等指标纳入直属机构理赔工作考核指标。

2.积极应对重大理赔案件 2013年入夏以来，台风“天兔”、“蝴蝶”、“菲特”先后在我国沿海登陆，给广东、海南、福建和浙江等省渔业造成严重经济损失和重特大人员伤亡。而渔业互助保险作为渔业安全生产的重要环节和风险保障体系的主要依托，急渔民之所急、解渔民之所难，以“特事特办、快速理赔”的实际行动践行党的群众路线，在协助灾区政府开展善后处理和帮助受灾渔民及时恢复生产生活等方面发挥了重要作用。特别是在“9·29”西沙海难事件的理赔过程中，协会的工作得到了地方政府的高度认可和保险业界的普遍赞誉。“9·29”西沙海难事件发生后，农业部副部长牛盾及渔业局、渔政指挥中心领导高度重视，分别就搜救和善后工作提出明确要求。协会在9月30日成立了理赔工作组，在第一时间启动“突发重大事件理赔应急预案”，迅速开通理赔绿色通道。事件发生后仅10天，协会就将预付理赔款860万元汇入指定账户，同时还向19名未参保死亡（失踪）渔民家属发放了慰问金，体现了渔业互助保险的互助共济和人道主义精神，极大缓解了当地政府和渔业行政主管部门的善后处理压力。

【巩固“全国一盘棋”格局有新成效】

1.秘书长（会长）联席会议机制得以确立 为贯彻落实《国务院关于促进海洋渔业持续健康发展的若干意见》和《农业保险条例》的相关规定，推进渔业互助保险工作深入开展,2013 年 5 月 14 日,协会在北京组织召开首次全国渔业互助保险系统秘书长(会长)联席会议。会议由协会常务副理事长兼秘书长陈剑峰主持,各地方协会秘书长(会长)参加,协会副秘书长和沿海办事处主任列席会议。会议除了协商、研究相关事宜外,还确定了建立秘书长(会长)联席会议机制,为新形势下协商研究全国渔业互助保险工作重要问题增加了一种新的便捷方式。

2. 协会业务系统得到进一步推广 按照农业部印发的《全国渔业互助保险“十二五”规划》的要求,2013 年协会将推广业务系统作为重点工作加以推进。辽宁、河北、山东、福建、海南等多数地方协会已经或即将使用协会最新上线的业务操作系统。为适应承保业务范围的变化,配合水产养殖保险业务的开展,协会组织人员先后赴中航安盟、上海安信和瑞士再等商业保险公司学习了解养殖险承保和再保业务系统开发和运行情况,以形成渔业互助保险水产养殖险业务系统开发的总体方案。

(中国渔业互保协会)

中国水产流通与加工协会

【概况】 2013 年,中国水产流通与加工协会参加了民政部社会组织评估工作,评为“AAAA”等级。1 月份,在北京召开五届二次常务理事会,会议讨论通过了分支机构财务管理办法、2013 年重点工作计划等。7 月份在西宁市组织召开了 2013 年全国水产行业协会工作研讨会。会议就加强会员服务功能、解决行业需求、关注水产行业发展等几个共性方面问题进行了深入探讨。制定了廉洁从业风险防控管理实施方案、管理手册,完成了廉洁从业风险管控管理各阶段工作任务。完善办事机构和分支机构组织,新增财务部、分支机构管理部、项目部 3 个部门,新报批了鱼糜及其制品分会。

【服务行业发展】

1. 完成农业部委托的项目 为 300 多家输欧水产品企业审核签发了输欧海洋捕捞水产品合法性文件 2.8 万余份,涉及出口捕捞水产品约 50 万吨。开展了出口水产品种抽样调查工作,重点对输欧鮟鱇鱼的近海捕捞量和捕捞区域等信息进行搜集、整理及分析。开展了中韩互渔申请渔船捕捞证审核工作,并协助农业部渔政指挥中心周边处更新了韩国入渔渔船信息数据库。另外,协助农业部渔业局市场与加工处完成水产品批发市场价格信息监测和进出口贸易的相关信息报送等业务工作。配合农业部国际合作司水产品监测预警项目,每月向预警体系报告水产品贸易预警信息。配合跟进农业部科技司南海现代海洋渔业重大科技创新基地项目。

2. 配合卫生部、国家质量监督检验检疫总局、全国水产标准化技术委员会完成食品添加剂标准等国家标准的修改意见 受卫生部委托,向企业征求调整硫酸铝钾等 12 种含铝食品添加剂使用规定的意见、征求 GB 2760《食品安全国家标准食品添加剂使用标准》的意见、征求《食品产品标准清理建议》的意见等;完成国家质量监督检验检疫总局关于“水产品危害分析与关键控制点(HACCP)体系及其应用指南”国家标准综合复审;完成全国水产标准化技术委员会关于对 CAC 水产品标准中食品添加剂使用规定征求意见及《干海参》、《冷冻鱼糜》、《盐渍大黄鱼》等行业标准的意见。

3. 完成商务部、国务院国有资产监督管理委员会委托项目 在行业内率先开展水产行业诚信体系建设,1 月份顺利完成第 3 批水产行业信用评价工作。

【为行业发展建言献策】

1. 深入调研,解决行业关注问题 1 月份,组织了 3 个调研小组分别对北京、广州、上海和杭州等城市的水产品批发市场冬季火灾预防工作、节前重点水产品价格波动和供给情况、假鱼翅事件等进行了专项调研。3～4 月,分别赴大连、青岛、威海、烟台、福建霞浦等地进行海参产业调研,了解国内海参市场趋势变化,掌控产业发展现状,促进产业间合作与升级。5 月份,组织了以批发市场管理层为主的水产市场考察团,对山东、北京、唐山和天津等市场进行了考察交流,对新形势下水产品批发市场的建设与发展进行了调研。

另外,赴江苏、浙江、云南、湖北、河南、江西、上海、天津等地进行了大银鱼市场调研;赴山东荣成、浙江台州和宁波、海南海口等鱼粉生产主产区进行鱼粉鱼油市场调研;针对鲨鱼的海上引进和贸易问题,赴温州、广州两地开展了鲨鱼产业调研。

2. 积极做好水产品相关标准的制、修订工作 参加卫生部《食品安全国家标准 食品添加剂使用标准》标准修订工作会议,就海蜇中铝的限量问题与标准修订组人员进行了探讨。参加农业部农产品质量安全监管局关于《食品安全国家标准 干海参》论证会,代表海参会员代表建言献策。参加全国水产标准化技术委员会的年会,提出对 2013—2015 年渔业标准制(修)订项目意见。参加农业部全国水产标准化技术委员会的标准审定会,审定《干海参》、《干鲍鱼》、《冻虾》等行业标准的审定。参与《水产品冷链物流服务规范》国家标准标准编写工作。

3. 加强行业自律，推动国家标准落实 8月份，会同中国连锁经营协会在北京、上海、深圳开展了《冻熟对虾》标准"限冰令"宣传活动。首次将行业过度包冰潜规则向全社会公开。9月份，组织召开冻熟对虾限冰令新闻发布会。针对市场上冻熟对虾产品过度包冰的问题，再次向社会、消费者、媒体通告冻熟对虾过度包冰侵犯了消费者利益，引发社会广泛关注。

4. 组编出版《中国鲨鱼产业报告》 组织专家编写了《中国鲨鱼产业报告》，于2013年5月由中国农业出版社正式出版，这是我国首份全面阐述我国鲨鱼产业的公开文献。《中国鲨鱼产业报告》客观分析了全球及中国近海鲨鱼资源分布和捕捞状况、鲨鱼产品贸易及加工利用、鲨鱼饮食文化和鲨鱼产品营养成分，介绍了鲨鱼资源国际养护和管理措施及其进展，并对当前国内外有关鲨鱼保护的各种观点进行了评价，阐明了对鲨鱼保护有关观点的看法，提出了鲨鱼可持续开发利用的建议。

【扩大国际合作与交流】 1月份，配合欧盟专家对白肉鱼在中国的流通全产业链进行了调研并出具非官方报告。提供了关于中国IUU审核体系的相关信息，并派员陪同专家前往青岛、大连两地考察访问来(进)料加工企业，对欧盟专家的最终调研报告提出修改意见。

3月份，以国家非政府组织身份出席了《濒危野生动植物种国际贸易公约》(CITES)第十六届缔约国大会，与中国代表团一道在会上阐明了中方立场，倡导资源国、中转国、消费国应携手合作，形成系统性执法链条，共同打击濒危野生动植物贸易犯罪。参加可持续性标准联盟(ISEAL)"可信度原则"第二次磋商会，并就水产品"过度包冰"问题与中国连锁经营协会、WWF共同完成调查工作。

6月份，在中国召开首次ASC罗非鱼标准的审核员和生产商培训会议，培训产生中国本土的审核员。8月份前往广东、广西、海南三地8个罗非鱼养殖场进行实地调研和ASC认证预评估工作，推进中欧环境治理——走向绿色的罗非鱼供应链项目。

继续对北京、海南、上海等地进行了珊瑚礁鱼类市场流通情况进行调研，完成WWF的珊瑚礁鱼类市场调查报告。

【引导行业健康发展】 4月中旬，召开了第五届中国对虾产业发展研讨会，研讨会首次与中华全国工商业联合会水产业商会共同合作，并引入媒体承办的合作模式，来自泰国、印度、印度尼西亚、马来西亚和厄瓜多尔等国同业人士到会，会议规模280余人，会议主要围绕对虾贸易、病害、营销及美国反补贴调查等方面展开交流与合作，会议同期还起草了对虾主产国联合备忘录。研讨会已经成为东亚地区对虾产业最有影响力的专题活动。

5月份，在山东青岛召开首届中国海洋生物资源高效利用发展研讨会，参会规模达到近300人。来自欧盟、加拿大、日本、泰国及国内的专家作了海洋生物新技术、新产品的主题报告，充分展示了海洋生物产业发展的前景，为政府、专家、企业及国内外同行间搭建起了一个交流沟通的平台，为促进我国海洋生物资源可持续利用起到了一定的推动作用。

7月初，在山东荣成召开了第二届中国鱼粉鱼油产业大会，鱼粉鱼油生产企业、相关行业代表及主管部门等300余人参加会议。本届大会以"产业整合，挑战与机遇"为主题，就国际、国内鱼粉鱼油产业发展趋势、生产加工设备工艺及技术检验、饲料企业经营策略以及海洋资源保护等方面进行了探讨。参会企业签订发布了《中国鱼粉鱼油产业可持续发展倡议书》。

7月份，在大连成功召开了第二届中国海参产业发展峰会。国内海参企业、主管部门、有关水产科研机构、院校及媒体近260位代表出席了会议。本次会议内容涵盖了海参全产业链的所有环节，为综合了解我国海参产业发展现状，提高业内共识，反映业界呼声，加强技术交流，帮助政府部门制定切实有利于产业发展的政策提供了交流平台。参会企业签署了《中国海参产业可持续发展倡议书》。

9月份，在江西省九江市召开了第二届全国淡水渔业发展研讨会。本次研讨会共150余名代表参会，会议就淡水水产品新型养殖模式、规范用药、产品认证、淡水水产鲜活品与加工品定位、营销、品牌推广、消费、水产品可追溯及可持续发展理念等问题进行了交流与讨论。

11月份，在大连召开第十届罗非鱼产业发展研讨会。来自国内罗非鱼企业、渔业主管部门和科研院所的代表，以及国际组织代表和相关业内人士近150人参加了会议。国内外权威专家从贸易形势、市场潜力、高值化利用、可持续发展及内销策略等方面进行了报告分析。

11月份，在大连中国国际渔业博览会主会场召开国际水产品可持续发展大会。来自美国、德国、挪威、爱尔兰、加拿大、新西兰、日本、秘鲁、新加坡等国家的6家国际组织和5家驻华机构，海外企业代表以及国内的水产企业，主管部门、科研院所和媒体代表共计250余人参加会议。本次大会以"中国在水产品全球化中的重要地位”为主题，通过了解全球渔业发展现状及趋势，为水产企业的长足发展探讨出路，共同推动世界水产行业的可持续发展。

12月份，在“大银鱼之乡”山东临沂市成功召开中国大银鱼产业发展研讨会。山东省海洋与渔业厅和来自全国多个省市的渔业企业等100余人参加了会议。与会代表就如何开展大银鱼种质资源保护与增殖养殖技术，找准市场定位，丰富产品加工形式，促进产业升级等方面展开了深入研讨交流。

【积极拓展国内外市场】

1. 以展会为平台，拓展国际市场 根据市场需求情况，重点组织企业参加了美国波士顿国际水产品展览会、欧洲水产品展览会、日本东京国际海产品及技术博览会，参展效果显著。第一次尝试参加新兴的巴塞罗那海鲜展，已与巴塞罗那当地市场建立了联系。还组团参加亚洲海鲜展和冷冻食品展，并受邀组织部分企业参观了釜山水产品展会。

2. 组织推介会，扩大内销市场 第二次组织水产企业参加中国国际食品和饮料展览会，多家企业在展会现场即与客商达成了购货协议，绝大部分企业与客商达成了采购意向。分别在上海、重庆举办了优质水产品推介活动。上海水产品推广活动共展示了海参、罗非鱼、对虾、扇贝、海鲈鱼等20种产品、近40道菜品的烹饪方式，并安排十几次采购商洽谈。重庆推广活动通过现场烹饪、互动交流的形式，展示了南美白对虾、墨鱼、海鲈鱼、银鱼、鱿鱼、美国红鱼等产品的多种烹饪方式。

国庆期间，联合全国农业展览馆共同举办了全国优质水产品北京展示交易会，让优质水产品牌获得高端展示、展销的机会，搭建了厂家与消费者直接连接纽带。

继续承担中国国际农产品展示交易会水产展区组展，本次展会共有特装展位999平方米，标准展位30个，参展企业共计84家。中国水产流通与加工协会再次荣获最佳组织奖、设计金奖，8位工作人员获评农交会优秀贸易统计员。

【加强会员信息服务】 认真办好《中国水产贸易》会刊，关注行业热点问题，及时发布全球水产品贸易、质量及预警信息。加强网站建设，及时发布行业信息以及协会相关工作动态。加强水产品质量安全舆情监测，做好国内外贸易预警。继续对国内外重要媒体和网站进行监测，每月向农业部国际合作司通报月份水产品贸易预警信息。每周向政府主管部门和理事通报国内外质量安全、政策调整的情况，对个别水产品质量安全热点问题进行跟踪报道。

（中国水产流通与加工协会　陈丽纯）

法律法规文献

农业部关于实施海洋捕捞准用渔具和过渡渔具最小网目尺寸制度的通告

农业部通告[2013]1号

为加强捕捞渔具管理，巩固清理整治违规渔具专项行动成果，保护海洋渔业资源，根据《中华人民共和国渔业法》、《渤海生物资源养护规定》和《中国水生生物资源养护行动纲要》，农业部决定实施海洋捕捞准用渔具和过渡渔具最小网目尺寸制度。现通告如下：

一、实行时间和范围

自2014年6月1日起，黄渤海、东海、南海三个海区全面实施海洋捕捞准用渔具和过渡渔具最小网目尺寸制度，有关最小网目尺寸标准详见附件1、2。

二、主要内容

(一)根据现有科研基础和捕捞生产实际，海洋捕捞渔具最小网目尺寸制度分为准用渔具和过渡渔具两大类。准用渔具是国家允许使用的海洋捕捞渔具，过渡渔具将根据保护海洋渔业资源的需要，今后分别转为准用或禁用渔具，并予以公告。

(二)主捕种类为颚针鱼、青鳞鱼、梅童鱼、凤尾鱼、多鳞鱚、少鳞鱚、银鱼、小公鱼等鱼种的刺网作业，由各省(自治区、直辖市)渔业行政主管部门根据此次确定的最小网目尺寸标准实行特许作业，限定具体作业时间、作业区域。拖网主捕种类为鳀鱼，张网主捕种类为毛虾和鳗苗，围网主捕种类为青鳞鱼、前鳞骨鲻、斑鰶、金色小沙丁鱼、小公鱼等特定鱼种的，由各省(自治区、直辖市)渔业行政主管部门根据捕捞生产实际，单独制定最小网目尺寸，严格限定具体作业时间和作业区域。上述特许规定均须在2014年4月1日前报农业部渔业局备案同意后执行。各地特许规定将在农业部网站上公开，方便渔民查询、监督。

(三)各省(自治区、直辖市)渔业行政主管部门，可在本通告规定的最小网目尺寸标准基础上，根据本地区渔业资源状况和生产实际，制定更加严格的海洋捕捞渔具最小网目尺寸标准，并报农业部渔业局备案。

三、测量办法

根据GB/T 6964－2010规定，采用扁平楔形网目内径测量仪进行测量。网目长度测量时，网目应沿有结网的纵向或无结网的长轴方向充分拉直，每次逐目测量相邻5目* 的网目内径，取其最小值为该网片的网目内径。三重刺网在测量时，要测量最里层网的最小网目尺寸；双重刺网要测量两层网中网眼更小的网的最小网目尺寸。各省(自治区、直辖市)渔业行政主管部门可结合本地实际，在上述规定基础上制定出简便易行的测量办法。

四、有关要求

(一)2014年6月1日之前，小于最小网目尺寸的捕捞渔具所有者、使用者须按上述标准尽快调整和更换，执法机构仍按国家已有网目尺寸规定进行执法。

(二)自2014年6月1日起，禁止使用小于最小网目尺寸的渔具进行捕捞。沿海各级渔业执法机构要根据本通告，对海上、滩涂、港口渔船携带、使用渔具的网目情况进行执法检查。对使用小于最小网目尺寸的渔具进行捕捞的，依据《渔业法》第三十八条予以处罚，并全部或部分扣除当年的渔业油价补助资金。对携带小于最小网目尺寸渔具的捕捞渔船，按使用小于最小网目尺寸渔具处理、处罚。

(三)严禁在拖网等具有网囊的渔具内加装衬网，一经发现，按违反最小网目尺寸规定处理、处罚。

(四)2014年3月1日起，新申请或者换发《渔业捕捞许可证》的，须按照本通告附件所列渔具名称和主捕种类规范填写。同时，对农业部公告第1100号、第1288号关于《渔业捕捞许可证》样式中"核准作业内容"进行适当调整，详见附件3。

(五)本通告自2014年6月1日起施行，2003年

---

*网目指网眼孔径大小，5目约等于3.86毫米。

10月28日发布的《中华人民共和国农业部关于实施海洋捕捞网具最小网目尺寸制度的通告》(第2号)同时废止。

特此通告

附件:

1. 海洋捕捞准用渔具最小网目(或网囊)尺寸标准

2. 海洋捕捞过渡渔具最小网目(或网囊)尺寸标准

3.《渔业捕捞许可证》中"核准作业内容"修正样式和填写说明

农 业 部

2013年11月29日

附件1

海洋捕捞准用渔具最小网目(或网囊)尺寸相关标准

海域	渔具分类名称		主捕种类	最小网目(或网囊)尺寸(毫米)	备注
	渔具类别	渔具名称			
黄渤海	刺网类	定置单片刺网、漂流单片刺网	梭子蟹、银鲳、海蜇	110	
			鳓鱼、马鲛、鳕鱼	90	
			对虾、鱿鱼、虾蛄、小黄鱼、梭鱼、斑鰶	50	
			颚针鱼	45	该类刺网由地方特许作业
			青鳞鱼	35	
			梅童鱼	30	
		漂流无下纲刺网	鳓鱼、马鲛、鳕鱼	90	
	围网类	单船无囊围网、双船无囊围网	不限	35	主捕青鳞鱼、前鳞骨鲻、斑鰶、金色小沙丁鱼、小公鱼的围网由地方特许作业
	杂渔具	船敷箕状敷网	不限	35	
东海	刺网类	定置单片刺网、漂流单片刺网	梭子蟹、银鲳、海蜇	110	
			鳓鱼、马鲛、石斑鱼、鲨鱼、黄姑鱼	90	
			小黄鱼、鲻鱼、鳎类、鱿鱼、黄鲫、梅童鱼、龙头鱼	50	
	围网类	单船无囊围网、双船无囊围网、双船有囊围网	不限	35	主捕青鳞鱼、前鳞骨鲻、斑鰶、金色小沙丁鱼、小公鱼的围网由地方特许作业
	杂渔具	船敷箕状敷网、撑开掩网掩罩	不限	35	

（续）

海域	渔具分类名称		主捕种类	最小网目（或网囊）尺寸（毫米）	备注
	渔具类别	渔具名称			
南海（含北部湾）	刺网类	定置单片刺网、漂流单片刺网	除凤尾鱼、多鳞鱚、少鳞鱚、银鱼、小公鱼以外的捕捞种类	50	
			凤尾鱼	30	该类刺网由地方特许作业
			多鳞鱚、少鳞鱚	25	
			银鱼、小公鱼	10	
		漂流无下纲刺网	除凤尾鱼、多鳞鱚、少鳞鱚、银鱼、小公鱼以外的捕捞种类	50	
	围网类	单船无囊围网、双船无囊围网、双船有囊围网	不限	35	主捕青鳞鱼、前鳞骨鲻、斑鰶、金色小沙丁鱼、小公鱼的围网由地方特许作业
	杂渔具	船敷箕状敷网、撑开掩网掩罩	不限	35	

附件2

海洋捕捞过渡渔具最小网目（或网囊）尺寸相关标准

海域	渔具分类名称		主捕种类	最小网目（或网囊）尺寸（毫米）	备注
	渔具类别	渔具名称			
黄渤海	拖网类	单船桁杆拖网、单船框架拖网	虾类	25	
	刺网类	漂流双重刺网 定置三重刺网 漂流三重刺网	梭子蟹、银鲳、海蜇	110	
			鳓鱼、马鲛、鳕鱼	90	
			对虾、鱿鱼、虾蛄、小黄鱼、梭鱼、斑鰶	50	
	张网类	双桩有翼单囊张网、双桩竖杆张网、樯张竖杆张网、多锚单片张网、单桩框架张网、多桩竖杆张网、双锚竖杆张网	不限	35	主捕毛虾、鳗苗的张网由地方特许作业
	陷阱类	导陷建网陷阱	不限	35	
	笼壶类	定置串联倒须笼	不限	25	

（续）

海域	渔具分类名称		主捕种类	最小网目（或网囊）尺寸（毫米）	备注
	渔具类别	渔具名称			
黄海	拖网类	单船有翼单囊拖网、双船有翼单囊拖网	除虾类以外的捕捞种类	54	主捕鳀鱼的拖网由地方特许作业
东海	拖网类	单船有翼单囊拖网、双船有翼单囊拖网	除虾类以外的捕捞种类	54	主捕鳀鱼的拖网由地方特许作业
		单船桁杆拖网	虾类	25	
	刺网类	漂流双重刺网	梭子蟹、银鲳、海蜇	110	
		定置三重刺网	鳓鱼、马鲛、石斑鱼、鲨鱼、黄姑鱼	90	
		漂流三重刺网	小黄鱼、鲻鱼、鳎类、魷鱼、黄鲫、梅童鱼、龙头鱼	50	
	围网类	单船有囊围网	不限	35	
	张网类	单锚张纲张网	不限	55	
		双锚有翼单囊张网	不限	50	
		双桩有翼单囊张网、双桩竖杆张网、樯张竖杆张网、多锚单片张网、单桩框架张网、双锚张纲张网、单桩桁杆张网、单锚框架张网、单锚桁杆张网、双桩张纲张网、船张框架张网、船张竖杆张网、多锚框架张网、多锚桁杆张网、多锚有翼单囊张网	不限	35	主捕毛虾、鳗苗的张网由地方特许作业
	陷阱类	导陷建网陷阱	不限	35	
	笼壶类	定置串联倒须笼	不限	25	
南海（含北部湾）	拖网类	单船有翼单囊拖网、双船有翼单囊拖网、单船底层单片拖网、双船底层单片拖网	除虾类以外的捕捞种类	40	
		单船桁杆拖网、单船框架拖网	虾类	25	

（续）

海域	渔具分类名称		主捕种类	最小网目（或网囊）尺寸（毫米）	备注
	渔具类别	渔具名称			
南海（含北部湾）	刺网类	漂流双重刺网 定置三重刺网 漂流三重刺网 定置双重刺网 漂流框格刺网	除凤尾鱼、多鳞鱚、少鳞鱚、银鱼、小公鱼以外的捕捞种类	50	
	围网类	单船有囊围网、手操无囊围网	不限	35	
	张网类	双桩有翼单囊张网、双桩竖杆张网、樯张竖杆张网、双锚张纲张网、单桩桁杆张网、多桩竖杆张网、双锚竖杆张网、双锚单片张网、樯张张纲张网、樯张有翼单囊张网、双锚有翼单囊张网	不限	35	主捕毛虾、鳗苗的张网由地方特许作业
	陷阱类	导陷建网陷阱	不限	35	
	笼壶类	定置串联倒须笼	不限	25	

附件 3 《渔业捕捞许可证》中“核准作业内容”修正样式和填写说明

核准作业内容（调整前）

船名：　　　　许可证编号：

作业类型			
作业方式			
作业场所			
作业时限			
渔具	名称		
	数量		
	规格		
捕捞	品种		
	配额		
核准机关（专用章）		年 月 日	年 月 日

核准作业内容（调整后）

船名：　　　　许可证编号：

渔船	作业类型	9 种作业类型之一	
	作业方式	最多填写 2 项	
	作业场所		
	作业时限		
渔具	名称	对应填写，不超过 2 项	
	规格		
	最小网目尺寸		
	携带数量		
捕捞	主捕种类		
	配额		
核准机关（专用章）		年 月 日	年 月 日

农业部关于禁止使用双船单片多囊拖网等十三种渔具的通告

农业部通告[2013]2号

为加强捕捞渔具管理,巩固清理整治违规渔具专项行动成果,保护海洋渔业资源,根据《中华人民共和国渔业法》、《渤海生物资源养护规定》和《中国水生生物资源养护行动纲要》,农业部决定全面禁止使用双船单片多囊拖网等十三种渔具。现通告如下:

一、实行时间和范围

自2014年1月1日起,黄渤海、东海、南海三个海区全面禁止使用双船单片多囊拖网等十三种渔具,浅海、滩涂等沿海开放式养殖水域也属禁止使用范围。

二、禁用渔具目录

除继续执行国家现有规定外,黄渤海、东海、南海三个海区内禁止使用双船单片多囊拖网、拖曳泵吸耙刺、拖曳柄钩耙刺、拖曳水冲齿耙耙刺、拦截插网陷阱、导陷插网陷阱、导陷箔筌陷阱、拦截箔筌陷阱、漂流延绳束状敷网、船布有翼单囊地拉网、船布无囊地拉网、抛撒无囊地拉网、拖曳束网耙刺等十三种渔具,详见附件。

三、有关要求

禁用渔具的所有者、使用者须在2013年12月31日之前对上述渔具进行清理和更换。自2014年1月1日起,全面禁止制造、销售、使用双船单片多囊拖网等十三种禁用渔具。沿海各级渔业执法机构要对海上、滩涂、港口渔船携带、使用禁用渔具的情况进行执法检查。对制造、销售、使用禁用渔具的,依据《渔业法》第三十八条处理、处罚,并对使用禁用渔具的渔船,视情全部或部分扣除当年的渔业油价补助资金。对携带禁用渔具的捕捞渔船,按使用禁用渔具处理、处罚。

本通告自2014年1月1日起施行。

特此通告

附件:禁用渔具目录

农业部

2013年11月29日

附件

禁用渔具目录

序号	分类	渔具分类名称	俗名或地方名		
			黄渤海区	东海区	南海区
JY-01	拖网	双船单片多囊拖网	无	百袋网	无
JY-02	耙刺	拖曳泵吸耙刺	吸蛤泵、吸蛤耙、蓝蛤泵	蓝蛤泵	无
JY-03	耙刺	拖曳柄钩耙刺	无	无	鱼乃挖、白蚬耙
JY-04	耙刺	拖曳水冲齿耙耙刺	泵耙子、泵耙网	水冲式耙子	无
JY-05	陷阱	拦截插网陷阱	地撩网、撩网,梁网、亮子网、簗网	吊墘、迷魂网、滩涂串网、夹涂、樯网、高仓网、大浦网、小围网、弶网	督罟、起落网、百袋网、网薄、闸薄、闩门、塞网、蜈蚣网
JY-06	陷阱	导陷插网陷阱	须笼网、须子网、须网	无	滩边罟、塞网、百袋网
JY-07	陷阱	导陷箔筌陷阱	无	无	虾箔、渔箔
JY-08	陷阱	拦截箔筌陷阱	无	无	围海

（续）

序号	分类	渔具分类名称	俗名或地方名		
			黄渤海区	东海区	南海区
JY－09	杂渔具	漂流延绳束状敷网	无	无	石斑苗网
JY－10	杂渔具	船布有翼单囊地拉网	无	无	长网、拉大网、涠洲大网
JY－11	杂渔具	船布无囊地拉网	大拉网、拉大网、地拉网	无	大拉网、拉大网、地拉网、地拖网、大地网
JY－12	杂渔具	抛撒无囊地拉网	无	无	牵沟网
JY－13	耙刺	拖曳束网耙刺	无	珊瑚网	无

关于实施以船为家渔民上岸安居工程的指导意见

建村［2013］99号

天津、河北、内蒙古、黑龙江、江苏、浙江、安徽、福建、江西、山东、河南、湖北、湖南、广东、广西、海南、重庆、四川、云南、新疆等省、自治区、直辖市住房城乡建设厅（建委、建交委）、发展改革委、渔业主管厅（局）、国土资源厅（局）：

根据《中共中央国务院关于加快发展现代农业进一步增强农村发展活力的若干意见》（中发［2013］1号）有关要求，为帮助以船为家渔民解决最基本的安全住房，现就实施以船为家渔民上岸安居工程提出以下意见。

一、指导思想、基本原则与主要目标

（一）指导思想。以邓小平理论、“三个代表”重要思想和科学发展观为指导，以解决以船为家渔民最基本的安全住房为目标，组织和动员各方面力量，整合相关项目和资源，加大资金投入，稳步推进以船为家渔民上岸安居，切实改善以船为家渔民住房条件。

（二）基本原则。坚持就地就近原则，支持渔民在长期作业地附近上岸安居。坚持因地制宜，量力而行，科学编制以船为家渔民上岸安居规划。坚持突出重点，厉行节约，帮助渔户解决最基本的安全住房，防止大拆大建和形象工程。坚持渔民自愿，政府引导扶持，落实地方责任，中央适当补助。坚持公开、公平、公正，规范程序，严格管理。

（三）主要目标。力争用3年时间实现以船为家渔民上岸安居，改善以船为家渔民居住条件，推进水域生态环境保护。

二、因地制宜实施渔民上岸安居

（四）多渠道支持渔民上岸安居。在尊重渔民意愿和方便渔民生产生活的前提下，充分利用现行有关城乡住房保障政策，统筹协调，多渠道支持以船为家渔民上岸安居。凡能够纳入现行有关城乡住房保障政策支持范围的，优先纳入现行相关政策解决；对于无法纳入的，通过实施以船为家渔民上岸安居工程解决。要将以船为家渔民上岸安居工程纳入全国保障性安居工程范围，以家庭为单位进行管理，同等享受相应的土地、税收、贷款等优惠政策，鼓励地方和渔民加快实施进度。

（五）合理选择上岸安置方式。实施以船为家渔民上岸安居工程要根据渔民户籍、居住现状、经济条件、地理位置等情况，尊重渔民意愿和方便生产生活，合理选择新建、翻建、扩建、修缮加固、补助购房等多种安置方式。原则上，无房户以新建和补助购房为主，危房户按危险等级以翻建和修缮加固为主，临时房户以翻建为主，既有房屋不属于危房但住房面积狭小户以扩建为主。新建房安置要根据实际情况，采取小规模集中安里与分散安置相结合的办法，宜聚则聚、宜散则散，尽可能将渔民安置到长期作业地邻近的城镇村。新建、翻建、扩建和修缮加固房屋原则上以渔户自建为主，渔户自建确有困难且有统建意愿的，地方政府要发挥组织、协调作用，帮助渔户选择有资质的施工队伍。

三、资金筹集与补助标准

（六）资金筹集。以船为家渔民上岸安居工程资金以渔户自筹为主,中央和地方政府适当补助,并通过银行信贷和社会捐助等多渠道筹集。地方各级政府要加大资金投入,将以船为家渔民上岸安居工程地方补助资金及项目管理等工作经费纳入年度预算。要通过制定贴息、担保等政策措施,引导金融机构为渔户上岸安居提供贷款。鼓励社会力量通过捐赠和资助等形式支持以船为家渔民上岸安居。相关县(市、区)要统筹规划、整合资源,将保障性住房、农村危房改造、扶贫安居等与以船为家渔民上岸安居工程有机衔接,提高政策效应和资金使用效益。

(七)补助标准。中央对以船为家渔民上岸安居给予补助,无房户、D级危房户和临时房户户均补助2万元,C级危房户和既有房屋不属于危房但住房面积狭小户户均补助7 500元。地方各级政府要安排和落实相应的财政性补助资金,省级人民政府配套补助资金不低于中央补助资金的50%,市县级财政也要给予适当补助,减免工程建设相关规费,并根据安居方式、成本需求和补助对象自筹资金能力等不同情况,制定不同地区、不同类型的分类补助标准。

四、补助对象与建设标准

(八)补助对象。以船为家渔民上岸安居工程的补助对象按长期作业地确定,2010年12月31日前登记在册的渔户至少满足以下条件之一的方可列为补助对象:一是长期以渔船(含居住船或兼用船)为居所;二是无自有住房或居住危房、临时房、住房面积狭小(人均面积低于13平方米),且无法纳入现有城镇住房保障和农村危房改造范围。

(九)严格补助对象审核。坚持公开、公平、公正原则,规范补助对象及补助标准的审核审批,实行渔户申请、镇(乡、街道)审核、县级审批的程序。补助对象基本信息和各审查环节的结果要按相关公示制度进行公示。县级住房城乡建设部门具体负责渔户住房情况审核及危房鉴定工作,渔业主管部门负责渔民身份认定、渔船情况和渔民登记情况审核。县级政府要组织做好与经批准的以船为家渔民签订上岸安居合同或协议工作,明确双方责权利,并征得渔户同意公开其有关信息。

(十)建设标准。以船为家渔民上岸安居工程建设要以满足渔户最基本的居住需求为目标,坚持节约实用和量力而行的原则,从严控制建筑面积及总造价。国家补助的基本户型建筑面积为60平方米,各地在户型设计上可根据渔民意愿、经济实力和当地实际情况适当调整。新建翻建住房设计要符合渔民生产生活习惯,体现地方特色。

五、规范项目管理

(十一)项目申报程序。省级住房城乡建设部门要会同同级渔业、国土资源、财政等部门按照有关文件要求,组织编制以船为家渔民上岸安居工程实施方案,并按照政府投资项目审批程序报省级发展改革部门审批后报国家发展改革委、住房城乡建设部、农业部、财政部、国土资源部备案。每年年初,根据批复的实施方案和住房城乡建设部与各省区签订的保障性住房建设责任书,由省级发展改革部门会同省级住房城乡建设、渔业部门编制年度项目资金申请报告,联合报送国家发展改革委、住房城乡建设部、农业部。项目投资计划由国家发展改革委会同住房城乡建设部、农业部联合下达,由省级发展改革部门会同住房城乡建设、渔业部门分解落实到地市或县。

(十二)技术指导与服务。地方住房城乡建设部门要组织编制安全、经济、适用的住房设计图集和施工方案,免费发放给渔户参考。要组织协调主要建筑材料的生产、采购与运输,并免费为渔民提供建筑材料质量检测服务。县级住房城乡建设部门要组织专业技术人员深入现场,开展以船为家渔户住房鉴定和质量安全巡查与指导监督。要开设以船为家渔民上岸安居工程咨询窗口,面向渔民提供技术服务和工程纠纷调解服务。要根据实际情况组织验收。安置户比较集中并具备一定条件的地方,可实施城乡规划、安居工程、基础设施配套等一体化推进。

(十三)资金管理。以船为家渔民上岸安居工程资金要专款专用,分账核算,并按有关资金管理制度的规定严格使用,健全内控制度,执行规定标准,严禁截留、挤占和挪用。要定期对资金的管理和使用情况进行监督检查,发现问题,及时纠正,严肃处理。问题严重的要公开曝光,并追究有关人员责任,涉嫌犯罪的,移交司法机关处理。

(十四)档案管理。以船为家渔民上岸安居工程要一户一档,批准一户、建档一户,规范管理。以船为家渔户纸质档案必须包括档案表、渔户申请、审核审批、公示、协议等材料,其中渔户档案表必须按照全国以船为家渔户居住信息管理系统公布的最新样表制作。在此基础上,严格执行以船为家渔户纸质档案表信息化录入制度,将渔户档案表及时、全面、真实、完整、准确录入信息系统(登录网址:http://ymsa.mohurd.gov.cn)。以船为家渔户档案录入情况及相关数据是绩效考评的重要内容和依据,各地要加强对以船为家渔户档案信息的审核与抽验。

(十五)监督检查。年度计划完成后,省级住房城乡建设部门要及时牵头组织对工程实施情况进行检查,并在一个月内提交检查报告报住房城乡建设部、国家发展改革委、农业部、国土资源部(以下简称四部委)备案。各地有关工作情况和建议及时报送四部委。四部委将组织进行抽查。

六、加强后续管理和组织领导

(十六)后续管理。渔民上岸安居后,由县级人民政府负责统一组织拆解原居住船和已退出捕捞的生产用船,规范生产用船停泊管理,切实解决停泊点脏乱差问题,加强水域生态保护。地方政府要统筹推进渔民户籍、就业、教育、医保、低保、养老以及生活困难补助等社会保障落实。上岸安居渔民按属地管理原则就近纳入街道、社区或乡(镇)、村社会管理,享受当地村(居)民待遇并按规定纳入社会保障范围。对继续从事渔业捕捞的渔民,尊重其意愿,渔业部门要加强指导与服务。对有转产转业意愿的渔民,要加强就业技能培训与职业指导,提高就业技能,引导渔民从事其他行业,确保长远生计有保障。

(十七)组织领导。以船为家渔民上岸安居工程实行地方政府负责制。项目实行计划、任务、资金、目标、责任"五到省",即项目工程建设计划下达到省、任务落实到省、资金拨付到省、目标和责任明确到省。地方住房城乡建设部门牵头负责渔民上岸安居工程的组织实施和综合协调,切实将该工程纳入保障性安居工程建设规划,负责补助对象住房情况审核和危房鉴定,工程建设指导与质量监管等。地方发展改革部门负责审批项目实施方案,督促履行项目审批或核准程序,申报和分解下达项目投资计划,加强项目监督检查。地方财政部门负责统筹安排和落实地方财政性资金,督促财政性资金拨付进度和规范使用。地方渔业主管部门负责补助对象渔民身份、渔船情况和登记情况审核,做好渔民上岸安居组织与管理,渔业产业发展及渔民转产转业培训指导与扶持等工作,受政府委托组织拆解居住船和已退出捕捞的渔船。地方国土资源部门负责安排渔民上岸安居工程建设用地等。各地住房城乡建设、发展改革、渔业和国土资源部门,要在当地政府领导下,会同人力资源社会保障、民政、民族工作、环保、交通运输、水利、农业、卫生、扶贫、残联等有关部门发挥职能作用,共同推进以船为家渔民上岸安居工作。渔民上岸安居工程要主动接受各级纪检、监察、审计等部门监督检查。

住房和城乡建设部
国家发展和改革委员会
农业部
国土资源部
2013年6月20日

农业部关于贯彻落实《国务院关于促进海洋渔业持续健康发展的若干意见》的实施意见

农渔发[2013]23号

各省、自治区、直辖市及计划单列市渔业主管厅(局),新疆生产建设兵团水产局:

2013年3月,国务院发布《关于促进海洋渔业持续健康发展的若干意见》(国发[2013]11号,以下简称《意见》),明确了今后一段时期我国海洋渔业发展的主要任务和政策措施,是推进渔业现代化的纲领性文件。为深入贯彻落实党中央和国务院决策部署,进一步促进我国渔业持续健康发展,现提出如下实施意见。

一、紧紧抓住现代渔业发展的重大机遇

改革开放以来,我国渔业快速发展,水产品产量大幅增长,渔民收入显著增加,为保障水产品供给、促进渔民增收和经济社会发展、维护海洋权益作出了重要贡献。目前,我国渔业尤其是海洋渔业发展面临严峻挑战,资源衰退、环境恶化、设施装备和技术条件落后、发展方式粗放等问题凸显,涉外渔业任务日益繁重,必须加快转变发展方式,提升持续健康发展能力。随着海洋强国战略的加快实施,工业化、信息化、城镇化和农业现代化的同步发展,海洋渔业发展面临新的发展机遇。《意见》进一步明确了海洋渔业在现代农业和经济社会发展中的战略地位,明确了海洋渔业发展的指导思想、基本原则、目标任务和政策保障,同时涵盖了内陆渔业的重要方面。这是党中央和国务院科学把握现代渔业发展规律,立足当前、着眼长远作出的重大决策。进一步加快海洋渔业发展,转变渔业发展方式,是突破渔业资源环境约束,增加水产品供给,保障食物安全的重要手段;是调整产业结构,促进经济社会发展,增加农民收入的有效途径;是加强国际渔业合作,维护国家海洋权益,拓展发展空间的战略举措;是保护渔业资源环境,实现可持续发展,保障国家生态安全的客观要求。各级渔业主管部门必须深刻领会《意见》精神,切实把思想行动统一到党中央和国务院决策部署上来,进一步增强紧迫感和责任感,牢牢把握重大机遇,采取更加有力的政策措施,乘势而为,狠抓落实,努力推动现代渔业科学发展。

二、准确把握新时期现代渔业发展的总体要求

《意见》从我国现代农业和海洋经济发展大局出发，对我国现代渔业发展提出了新的要求。各地渔业主管部门要深入贯彻落实党的十八大精神，以加快转变海洋渔业发展方式为主线，坚持生态优先、养捕结合和以养为主的发展方针，控制近海、拓展外海、发展远洋，坚持资源利用与生态保护相结合，着力调整海洋渔业生产结构和布局，着力提高海洋渔业设施装备水平和组织化、规模化水平，着力加强渔村建设和优化就业结构，着力加强水生生物资源养护和水域生态保护，努力形成生态良好、生产发展、装备先进、渔民增收、产品优质、平安和谐的现代渔业发展新格局。

三、加强渔业资源调查评估和养护

健全渔业资源调查评估制度，加快建造渔业资源调查船，加强资源调查评估能力建设，完善监测评估体系。强化渔业资源环境常规调查评估，重点调查主要经济物种、珍稀濒危物种等重要渔业资源产卵、索饵、越冬场所和江河入海口、南海等重要渔业水域。组织和调动各方面的力量，做好渔业资源全面调查启动的各项准备工作，力争用两年左右的时间完成一次渔业资源全面调查，科学确定渔业资源总可捕捞量，研究制定渔业资源利用规划。积极划定水产种质资源保护区，建设一批水生生物自然保护区和水产种质资源保护区，并加强管理维护。完善水生野生动植物经营利用管理制度，严厉打击非法捕捞、经营、运输水生野生动植物及其产品的行为。扩大水生生物增殖放流规模，科学安排增殖放流的数量、物种和水域，重点对已遭破坏的重要渔场、重要水生生物资源的产卵场等关键栖息地和生态退化相对严重的水域制定实施修复计划，科学评估保护效果。以人工鱼礁为载体，底播增殖为手段，加强海洋牧场建设。

四、大力保护渔业水域生态环境

建立健全水域污染应急和调查处理机制，及时查明污染原因，科学评估渔业资源和渔业生产损失，依法对渔业水域污染事故进行调查处理。建立涉渔工程建设资源生态补偿机制，所有涉渔工程必须进行渔业水域资源生态损害和修复评估，明确补偿资金的收取、使用和监管，保障落实水生生物资源养护措施。实施江湖生态连通工程，推进大江大河和重要湖泊的生态修复。根据环境容量，合理调整养殖布局，控制养殖密度，优化养殖生产结构，加强投入品管理，减少养殖污染。加强渔业水域生态环境监测体系建设，强化监测能力。加强渔船油污、生活垃圾等废弃物排放管理。

五、切实加强捕捞管理

坚持不懈地执行好海洋伏季休渔、长江和珠江禁渔期等渔业资源保护管理制度。坚持并完善渔船控制制度，逐步减少渔船数量和功率总量，减轻捕捞强度。加强渔船建造、检验、登记、捕捞许可等环节管理，渔业船网工具指标申请、渔船登记和捕捞许可申请要在渔船所有人户籍所在地进行，减少渔船异地挂靠现象，强化渔船属地管理责任。严格加强渔船修造企业监督管理和产品型式认可，推进渔船标准化管理和柴油机型谱管理。落实好老旧渔船报废工作，逐步建立定点拆解和木质渔船退出机制，坚决取缔违法违规造船，严格限制建造对渔业资源破坏强度大的底拖网、帆张网和单船大型有囊灯光围网等作业类型渔船。加强渔船动态管理系统建设，尽快建立统一海洋和内陆渔船管理数据库，切实提高渔船管理手段。进一步规范渔具渔法管理，制定捕捞渔具目录，坚决取缔禁用渔具。研究启动实施捕捞限额制度，选择合适的品种和区域，开展捕捞限额试点，推动渔业捕捞科学化和精细化管理。

六、科学发展水产健康养殖

实施水产养殖池塘标准化改造工程，用三年时间完成养殖池塘标准化改造 2 000 万亩，建成一批池水深、基坚实、渠畅通、路成网、电到塘、机配齐的稳产高产水产健康养殖基地。深入开展水产健康养殖示范场创建。制定海水养殖规划，研究制定养殖容量约束性标准，推进近海养殖网箱标准化改造。推广深水抗风浪网箱和工厂化循环水养殖装备，积极拓展海洋离岸养殖和集约化养殖。实施水产良种工程，构建"育繁推"一体化的现代水产良种体系，建设一批标准化、规模化、集约化的良种生产基地。实施水生动物防疫体系、质量安全追溯和流动检验检测体系建设规划，加快国家、省级和县级三级水生动物疫病防控体系、水产品质量安全监管服务体系建设，建立和完善渔业执业兽医、乡村兽医管理制度以及水产品市场准入和质量安全追溯制度。加强重大水生动物疫病专项监测、疫病流行病学调查，建立和完善苗种产地检疫制度，科学指导重大水生动物疫病防控，确保不发生重大疫病大面积流行和蔓延。开展水产品产地环境和产品普查，落实水产品生产区域分类管理制度。全面开展水产养殖和水产品质量安全执法，开展质量安全示范县建设，落实生产者质量安全主体责任。

七、发展壮大外海和远洋渔业

有序开发外海渔业资源，鼓励发展南海深水区捕捞和"三沙"养殖，加强生产管理，保护生态环境。优化远洋渔业生产布局，发展壮大大洋性渔业，积极开发南极海洋生物资源，增强公海资源开发能力；巩固提高过洋性渔业，推动合作转型升级。积极开展远洋渔业资源调查与探捕，鼓励和引导远洋渔船及船用装备的更新、改造和升级。加快远洋渔业配套设施建设，在主要作业海域沿岸建立码头、冷库及渔船修造厂等海外综合性基地，增强远洋渔业综合开发能力，努力建设布局合理、装备优良、配套完善、管理规范、支撑有力的现代远洋渔业。

八、大力发展水产品加工流通和贸易

积极发挥出口导向作用，围绕重点地区、重点企业和重点品种，巩固和完善“两带一区”优势出口水产品养殖区域布局。支持企业、渔民专业合作社等加强技术创新和品牌建设，促进加工企业技术升级改造，全面提升水产品加工工艺、装备现代化和质量安全水平。加强水产品冷链物流体系和批发市场建设，积极发展海上冷藏加工，强化水产品市场信息服务，发展电子商务，实现产地和销地有效对接，降低流通成本，提高流通效率。充分利用“两种资源、两个市场”，积极参与WTO渔业补贴谈判、相关贸易规则制修订，做好进出口水产品合法来源认证，加强水产品贸易预警，避免和妥善应对国际贸易争端，为水产品贸易创造良好的国际环境。

九、引导发展休闲渔业

努力建设适应不同层次、不同需求、不同规模、不同类型的休闲渔业基地，大力发展休闲垂钓、观光旅游、观赏渔业、渔文化保护与开发等多种形式的休闲渔业，带动促进渔民增收。将休闲渔业技能培训纳入农村实用人才队伍建设，依托推广机构、行业协会、龙头企业、合作社等组织，开展专家授课、现场参观、经验交流、典型示范等多种形式培训，提高从业人员的素质和能力。加强生产操作规范及服务标准制定，引导休闲渔业经营主体标准化生产、规范化经营。加快制定休闲渔业管理办法，强化环境保护、安全生产、食品卫生、休闲渔船管理、观赏鱼引进管理、公共水域垂钓活动管理等制度，使休闲渔业发展有法可依，管理有章可循。

十、加强渔业设施和装备建设

加快实施海洋捕捞渔船升级改造工程，逐步淘汰老、旧、木质渔船，推进大中型渔船钢质化，小型渔船玻璃钢化，鼓励发展选择性好、高效节能的捕捞渔船，提高我国捕捞渔船的现代化水平。积极争取各级政府加大渔港、航标、通信等渔业安全生产公共基础设施建设投入。合理规划渔港建设布局，完善审批程序，加快建设进度，尽快形成以中心渔港、一级渔港和内陆重点渔港为主体，以二、三级渔港为支撑的渔港防灾减灾体系，力争到2020年，所有海洋渔船都能进港安全避风。理顺渔港建设管理体制，强化渔港管理和维护，建立健全渔港及其设施保护制度。改进渔业安全技术装备，尽快普及渔船救生筏、船舶自动识别系统（AIS）、渔船电子标识（RFID）、渔船和渔港监控系统等安全设施设备，提高渔船抵御风险的能力。加强渔船通信终端设备配备，加快信息技术在渔业安全生产中的应用，完善卫星、短波、超短波、移动电话“四网合一”的安全通信网。加快大中型渔船船位卫星监控系统建设，实现对作业渔船的动态监控和实时跟踪。

十一、强化渔政执法

强化渔政装备设施建设，加强对已立项渔政船艇建设项目的督促检查，确保项目建设进度和质量。切实加强渔政执法，通过部门间协作和海（水）陆联动，形成执法合力，依法查处“三无”船舶、套牌渔船和非法捕捞、暴力抗法等行为。加强渔政队伍规范化建设，全面提高渔政队伍依法行政能力。做好海上渔政执法机构和职能调整及渔业行政审批改革衔接，确保各项工作平稳进行。

十二、加强涉外渔业管理

深化拓展双边多边渔业合作，扩展对外发展空间。积极参与国际渔业管理条约和规则谈判，积极营造有利的国际发展环境。认真执行有关渔业协定，加强涉外渔业执法合作，积极参与公海渔业执法管理，加大专属经济区特别是重点海域的护渔维权力度，查处侵渔活动，切实维护海洋权益，维护渔民生命财产安全，维护渔区社会稳定。加强地方政府对涉外渔业工作的监管职责，坚持“部门分工协作、地方政府分级管理、企业和渔船属地政府负责”原则，妥善处理涉外渔业事件。完善渔业、外交、公安、商务、海事、海关等部门间协作机制。建立健全与国际渔业管理规则相适应的远洋渔业管理制度，严格遵守有关法律法规和国际条约，按照相关国际组织和入渔国管理规则开展渔业生产。

十三、提高渔业安全生产和救助能力

完善并落实渔业安全生产责任追究制度，认真落实县、乡等基层政府的安全监管责任。强化渔业生产经营单位和船东、船长的安全生产主体责任，指导督促渔业企业强化安全管理措施。深入开展“平安渔业示范县”和“文明渔港”创建活动，建立安全管理长效机制。切实加强渔业船员培训、考试发证工作和安全生产宣传教育，将阳光工程培训资金向船员培训倾斜，同时加快建设船员培训基地，切实提高渔业从业人员安全素质。完善渔业安全应急预案，积极开展多种形式的应急演练，提高应急处置能力。加强渔业安全应急管理体系建设，健全渔业应急救援指挥平台，充分发挥国家专业海上搜救力量对渔业安全事故的主体救助作用，鼓励和引导渔船编队生产，大幅度提高渔业海难救助补助，鼓励渔船开展相互支援和自救互救。巩固渔业互助保险，鼓励发展多形式、多险种的渔业保险，积极争取将渔业纳入各级财政农业保险保费补贴范畴，扩大渔船财产和渔民人身保险，突破发展水产养殖保险，逐步建立覆盖渔业全行业风险保障体系。

十四、提升渔业科技支撑能力

加快渔业科技创新，构建跨学科、跨领域的科技创新平台，实施品种培育、疫病防控、饲料营养、质量安全、资源养护、渔业装备、节能减排、水产品加工和宜渔水域综合开发利用等重大渔业科技专项，开展联合攻关，解决制约产业发展的技术难题，加速渔业科技成果转化应用。依托科研院所、高等院校和骨干企业，加强渔船装备研发平台建设。深化水产技术推广体系改革，健全完善基层水产技术推广体系，提高水产技术推广能力。积极推动海洋渔业科技教育事业发展，深化海洋渔业科研机构改革，强化涉渔专业和学科建设。创新渔业科技人才培养模式，加强人才队伍建设，培养一批渔业科技创新人才和农村渔业实用人才。建立和完善渔业标准体系，推进渔业标准化生产和规范化管理。加快推进现代信息技术手段在渔业中的应用。

十五、促进渔业经营管理机制创新

加快制修订以《渔业法》为主体的法律、法规和规章，推动《渔港管理条例》尽快出台，完善渔业法律体系。稳定以水域、滩涂使用和捕捞许可制度为主要内容的渔业基本经营制度，建立适合我国国情的渔业权制度，完善水域滩涂养殖权、捕捞权登记制度，加快养殖证发放，保护渔民合法权益。制定渔业水域滩涂利用规划，建立基本养殖水域保护制度，稳定水产养殖面积。加快制定水域滩涂占用和渔业资源补偿办法，规范对受损渔民的安置补偿和水生生物资源的生态补偿。探索养殖权和捕捞权证抵押质押及流转。修改渔业资源增殖保护费征收使用办法，加强渔业资源养护。培育壮大渔民专业合作社和渔业龙头企业，开展渔民专业合作社示范社创建，安排部分财政投资项目直接投向符合条件的合作社，鼓励渔民以股份合作等形式创办各种专业合作组织，引导龙头企业与合作组织有效对接。鼓励龙头企业向渔业优势产区集中，培育壮大主导产业，加快建设一批现代渔业示范区。积极发展技术推广、病害防治等各种社会化服务组织，为渔民提供便捷高效、质优价廉的各种专业服务。加强渔业基本经营制度和发展战略研究，完善渔业经营体制机制，增强发展活力。

十六、努力改善渔民民生

加强渔区基础设施建设，以渔港建设为龙头，带动发展一批渔区小城镇和渔村，提高渔区城镇化水平。实施以船为家渔民上岸安居工程，区别渔民的不同情况，开展危房改造和以船为家渔民上岸安居，力争三年内解决渔民最需要、最迫切、最直接的定居问题。组织编制渔民转产转业规划，加大捕捞渔民向养殖业、水产加工流通业、休闲渔业及其他产业转移力度，鼓励渔民减船转产，健全转产渔民服务体系，加强专业技能培训，确保减船转产渔民长远生计有保障。对因实施休渔禁渔等渔业资源养护措施造成生活困难的渔民，积极争取各级政府给予生活补助，统筹救助和安置，保障渔民基本生活，维护社会和谐稳定。进一步改进渔业服务，精简渔业审批事项和程序，坚决制止涉渔乱收费等侵害渔民合法权益的行为，切实减轻渔民负担。推动完善渔民社会保障体系，促进渔区教育、文化、卫生、养老等事业全面发展。

十七、强化渔业持续健康发展的政策措施

切实落实《意见》确定的保障措施，将渔业作为农业投入的重点领域，加强渔业基础设施建设，加大财政支持力度，完善金融保险扶持政策。各级渔业主管部门要认真履行职责，加强工作指导，加大工作力度，积极落实各项政策措施。要加强对中央精神的宣传贯彻，宣传发动广大从业者，调动各方面力量，支持渔业发展，营造促进渔业发展的良好氛围。要积极争取和推动地方政府按照中央要求，制定本地区促进现代渔业发展的实施方案，不断加大对渔业发展的重视程度和投入力度，要建立工作协调机制，加强各方面协作配合，凝聚共识、凝聚力量，为促进渔业持续健康发展创造良好条件。

农 业 部
2013 年 7 月 5 日

农业部、国家安全监管总局关于公布“全国文明渔港”（第二批）的通知

农渔发［2013］1 号

沿海各省、自治区、直辖市及计划单列市渔业、安全监管部门，各海区渔政局，各有关单位：

为深入贯彻落实《安全生产“十二五”规划》（国办发［2011］47 号），切实加强渔业安全生产工作，强化渔港建设和安全管理，2012 年以来，各地渔业、安全监管部门及渔港监督管理机构深入开展“文明渔港”创建活动，有效推动和促进了渔港建设、管理和渔业安全生产各项工作。经地方申报、逐级考核推荐，农业部、国家安全监管总局组织考评、审议和公示，确定辽宁省庄河市南尖子渔港等 17 个渔港为“全国文明渔港”（第二批），现予公布（名单见附件）。

开展"文明渔港"创建活动是推进"平安渔业"建设的重要措施和有力抓手。获得"全国文明渔港"称号的单位要珍惜荣誉,再接再厉,切实做好渔港安全管理和服务工作。各级渔业、安全监管部门要进一步加强领导,广泛动员,继续组织开展"文明渔港"创建活动,切实加强渔港建设和安全管理工作,为"平安渔业"建设作出积极贡献。

附件

"全国文明渔港"(第二批)名单

辽宁省	庄河市南尖子渔港
	大连市旅顺董砣渔港
河北省	黄骅市南排河渔港
山东省	荣成市赤山渔港
	寿光市羊口渔港
	东营市广利渔港
江苏省	赣榆县青口渔港
	射阳县黄沙港渔港
浙江省	岱山县高亭渔港
	舟山市定海区西码头渔港
福建省	晋江市深沪渔港
广东省	江门市台山沙堤渔港
	雷州市乌石渔港
	江门市新会区崖门渔港
广西壮族自治区	钦州市龙门渔港
海南省	东方市八所渔港
	临高县抱才渔港

农业部办公厅关于公布全国休闲渔业示范基地（第二批）名单的通知

农办渔[2013]83号

按照《农业部办公厅关于开展全国休闲渔业示范基地创建工作的通知》(农办渔[2013]62号)有关工作安排,我部采取地方创建、择优申报、专家评审的方式组织开展了"全国休闲渔业示范基地"创建评审工作。经过综合评审、公示,决定授予北京张克元渔场等153家单位"全国休闲渔业示范基地"称号,有效期自发文之日起至2017年12月31日止。

现将农业部全国休闲渔业示范基地(第二批)名单予以公布。请各级渔业行政主管部门加强对本辖区内全国休闲渔业示范基地的监管和指导,强化休闲渔业发展的政策引导和支持,充分发挥示范带动作用,为提升休闲渔业发展整体水平、促进渔区发展渔民增收做出更大的贡献。

附件:农业部全国休闲渔业示范基地(第二批)名单。

2013年11月13日

附件

农业部全国休闲渔业示范基地(第二批)名单

北京市

北京张克元渔场

天津市

天津市滨海新区大港海通湖渔村

天津市君林水产养殖有限公司休闲渔业示范基地

静海县双塘镇西双塘水产养殖场

天津华天湖度假村有限公司

天津市东淀都市型现代农业核心区有限公司

天津市滨海新区绿地兰天农业生态有限公司

河北省

唐山东海旅游发展有限公司

广府休闲渔业垂钓园

河北白洋淀金博蓝农业发展有限公司

河北沽源县天鹅湖旅游开发有限公司

山西省

阳高县玉安生态观光实业有限公司

万荣县益康养殖科技有限公司

阳城县三利珍休闲渔业示范园区

长治市郊区漳源水产养殖有限公司

应县世纪清生态设施养殖专业合作社

内蒙古自治区

云滚洞旅游度假山庄

奈曼旗孟家段水库

内蒙古察尔湖生态旅游度假区

辽宁省

大石桥市圣雨曼生态旅游开发有限公司

丹东大鹿岛海兴(集团)有限公司

沈阳市义奎龙渔业养殖专业合作社
辽阳县鑫海养殖场
每日休闲渔业园
丹东假日锦鲤养殖繁育科技有限公司
北镇市鹰湖山庄酒店有限公司

吉林省

大安市嫩江湾玉龙湖休闲渔业基地
和龙市青龙渔业有限公司
前郭县新庙泡休闲渔业示范基地

黑龙江省

佳木斯市天水渔业中心
黑龙江省木兰县渔源多种经营养殖基地(木兰县山里度假村)
黑龙江省桦川县车轱辘泡养殖有限公司
巴彦县呈祥水产品良种繁育基地
杜尔伯特蒙古族自治县克尔台湖渔业有限公司

上海市

上海市崇明县陈家镇瀛东村
上海荷风嬉鱼实业有限公司
一品渔村标准化水产养殖场

江苏省

蒋巷休闲渔业示范基地
江苏弘宇现代生态农业有限公司弘宇生态园
江都沿江休闲渔业示范基地(扬州大江渔业有限公司)
泰兴市虹桥滨江生态园
无锡市山联农业发展有限公司
盱眙县天泉湖水利风景区
连云港市秦山岛旅游度假区有限公司
江苏永丰林农业生态园
江苏省长江渔文化生态园

浙江省

千岛湖钓鱼岛(杭州千岛湖垂钓运动有限公司)
嵊泗县田岙渔家村
三门县在水一方渔家乐园有限公司
岱山县衢山田涂休闲渔业服务有限公司
杭州湘野休闲农庄有限公司
嘉善拳王休闲农庄
绍兴市贺家池生态休闲乐园有限公司
浙江三特生态渔业发展有限公司休闲渔业示范基地

安徽省

安徽富煌三珍生态渔业示范园
六安市金地豪农业生态开发有限责任公司
芜湖市渡江宴生态园
铜陵县国斌水产综合养殖有限公司
安庆皖宜季牛水产养殖有限责任公司(双山湖度假村)
马鞍山市绿野生态农业公司
安徽省东源湖休闲渔业基地

福建省

武夷山市万鑫源农庄有限公司
莆田市后海休闲渔村
福鼎市牛郎岗海滨景区
福建天生农庄(福清天生林艺花卉开发有限公司)
泉州市森鑫水乡渔村
泰宁县金湖湾度假村休闲渔业示范基地

江西省

婺源县江源科技农业发展有限公司
万安县农兴渔家乐休闲农庄
南昌海湾休闲渔业示范基地
鹰潭市龙虎山风景名胜区香炉峰休闲渔业示范基地
东乡县佛岭武义休闲山庄
中国红鱼文化村

山东省

威海市荣成天鹅湖休闲渔业示范基地
威海市西霞口休闲渔业示范基地
滨州市黄河岛休闲渔业示范基地
威海市北海双岛湾休闲渔业示范基地
潍坊市寿光林海生态博览园休闲渔业示范基地
枣庄市微山湖湿地红荷风景区休闲渔业示范基地
济南市长清湖休闲渔业示范基地

河南省

延津大河水产品有限责任公司休闲渔业示范基地
镇平县康苑鳖业有限责任公司
新乡市世利农业科技有限公司
华阳湖生态旅游产业开发有限公司

湖北省

监利县东港子湿地旅游服务有限公司
大冶市东风实业总公司特色休闲渔业示范基地
清江鱼村休闲渔业示范基地
麻城市浮桥河水库
湖北文豪生态渔业有限责任公司
仙桃市五湖生态渔业休闲度假村
湖北逸云现代农业开发有限公司
湖北阳新石田古驿旅游区休闲渔业基地

湖南省

绿源生态农庄

长沙市开福区绿环岛休闲庄园
湖南常德红花园生物科技有限公司
斌辉生态休闲渔业基地
望城县长辉生态农业有限公司
株洲县乔西生态农业开发有限公司
益阳楚鱼渔业发展有限公司——菱角岔休闲农庄
湖南东山茅浒水乡度假村有限公司

广西壮族自治区

康佳龙生态农庄
桂林市威昂佳果农业新技术开发有限公司“金鳟冰泉”休闲山庄
梧州市万圣和水产养殖专业合作社休闲渔业示范基地
田东县十里莲塘休闲渔业示范基地
广西德保县百粤休闲渔业基地

海南省

琼中休闲渔业文化示范基地

重庆市

重庆市江津区闲云居渔庄
重庆市九龙坡区毛毛虫休闲渔业示范基地
重庆市大洪湖水产有限公司
重庆土瑞公司休闲渔业示范基地

四川省

广汉市三水渔业专业合作社
通江县水产良种场
南江县光雾山龙源恒特种养殖有限公司－桃园、玉柏休闲渔业基地
四川博志生态农业开发有限公司
南部县升钟湖渔业开发有限公司
三台县鲁班水库全国休闲渔业示范基地

贵州省

贵州省兴仁县金鲵野生动物养殖有限公司
贵州省铜仁市松桃苗王湖
贵州省老石人坝达章生态垂钓休闲基地
贵州省安顺市四海农业科技开发有限责任公司（所属养殖繁殖及大鲵加工基地）

云南省

富源县珍稀水产养殖开发农民专业合作社
施甸县山邑湿地休闲渔业示范基地
文山市名特优水产品试验示范基地
丽江市玉龙三文实业有限公司

陕西省

陕西省白水县林皋湖生态水产养殖场
陕西格林伍德生态农业有限公司
汉中市德旺大鲵繁养有限公司
横山县大千休闲渔业示范基地
西安东大地热水产综合养殖场

甘肃省

天水九华山生态农业实验场（澎海娱乐园）
平凉市崆峒区休闲渔业示范基地
陇西永昌生态园
酒泉市铧鑫荷花园休闲渔业示范基地

青海省

民泽龙羊峡水库休闲渔业示范基地
循化县丰盛水产养殖有限公司

宁夏回族自治区

贺兰县洪广新明庄园
中卫市腾格里渔业有限公司
宁夏云乐生态旅游度假村
中宁县龙泉山庄生态农业有限公司
宁夏石嘴山市星海湖休闲渔业示范基地

新疆维吾尔自治区

博湖县西海旅游商贸有限责任公司荷香别苑休闲渔业示范基地
昌吉市新田园休闲钓鱼村

大连市

大连昌海全福休闲渔业示范基地
大连天正生态旅游休闲渔业示范基地

青岛市

城阳和谐桃源生态园
青岛昊海悦渔业开发有限公司
青岛联谊生态园休闲渔业基地
青岛市石岭子人工鱼礁休闲基地

宁波市

宁海县海景海鲜舫

新疆生产建设兵团

新疆石河子玛纳斯河流域管理处
第六师五家渠市青格达湖休闲渔业示范基地
五一农场芦苇花田休闲垂钓旅游基地
北望阁景区

渔业经济统计

一、经济核算

全国渔业经济总产值、增加值
（按当年价格计算）

单位：万元

指　　标	2013 年		2012 年		2013 年比 2012 年增减（±）	
	产值	增加值	产值	增加值	产值	增加值
渔业经济总产值	193 518 860.68	89 843 540.12	173 218 756.30	79 152 157.37	20 300 104.38	10 691 382.75
1. 渔业	101 048 771.63	57 036 317.37	90 487 460.26	50 779 541.23	10 561 311.37	6 256 776.14
其中：海水养殖	26 044 749.84	14 815 371.33	22 645 362.95	13 081 797.96	3 399 386.89	1 733 573.37
淡水养殖	46 655 686.47	26 444 233.70	41 948 183.53	23 330 860.10	4 707 502.94	3 113 373.60
海洋捕捞	18 553 808.05	10 568 137.67	17 066 706.68	9 603 542.87	1 487 101.37	964 594.80
淡水捕捞	4 287 137.03	2 369 806.94	3 698 492.48	2 094 001.87	588 644.55	275 805.07
水产苗种	5 507 390.24	2 838 767.73	5 128 714.62	2 669 338.43	378 675.62	169 429.30
2. 渔业工业和建筑业	45 210 465.23	16 371 245.37	41 271 932.50	14 365 663.18	3 938 532.73	2 005 582.19
其中：水产品加工	34 356 043.63	12 512 314.27	31 476 752.53	10 997 962.43	2 879 291.10	1 514 351.84
渔用机具制造	2 967 646.53	1 106 153.35	2 462 188.53	901 785.36	505 458.00	204 367.99
其中：渔船渔机修造	1 903 573.56	665 203.91	1 503 279.10	535 777.24	400 294.46	129 426.67
渔用绳网制造	942 552.44	343 417.98	853 401.87	288 242.66	89 150.57	55 175.32
渔用饲料	5 087 010.08	1 640 720.23	4 475 049.88	1 398 622.47	611 960.20	242 097.76
渔用药物	137 014.27	52 048.43	116 648.64	39 722.56	20 365.63	12 325.87
建筑业	1 731 216.36	692 380.71	1 579 796.69	586 347.27	151 419.67	106 033.44
其他	931 534.36	367 628.38	1 161 496.23	441 223.09	-229 961.87	-73 594.71
3. 渔业流通和服务业	47 259 623.82	16 435 977.38	41 459 363.54	14 006 952.96	5 800 260.28	2 429 024.42
其中：水产流通	39 481 673.53	13 045 448.94	34 531 615.50	11 104 260.15	4 950 058.03	1 941 188.79
水产（仓储）运输	2 424 520.53	953 423.32	2 202 544.16	870 165.31	221 976.37	83 258.01
休闲渔业	3 658 502.99	1 697 775.59	2 978 795.75	1 314 035.99	679 707.24	383 739.60
其他	1 694 926.77	739 329.53	1 746 408.13	718 491.51	-51 481.36	20 838.02

各地区渔业经济总产值、渔业产值
（按当年价格计算）

单位:万元

地区	2013 年		2013 年比 2012 年增减(±)		渔业产值占农业产值比重(%)
	渔业经济总产值	其中:渔业产值	渔业经济总产值	其中:渔业产值	
全国总计	**193 518 860.68**	**101 048 771.63**	**20 300 104.38**	**10 561 311.37**	**9.90**
北京	232 070.75	127 809.59	11 740.95	-1 968.61	3.00
天津	899 003.00	752 235.00	103 919.00	118 541.00	17.80
河北	2 252 356.57	1 909 700.86	38 215.34	11 528.90	3.10
山西	73 365.07	52 845.79	6 528.12	5 134.92	0.70
内蒙古	248 031.91	189 780.99	17 589.18	18 265.98	1.10
辽宁	14 829 305.00	7 957 059.00	1 422 443.00	786 354.00	15.80
吉林	337 190.00	256 746.00	16 329.15	5 130.29	1.40
黑龙江	810 153.00	690 261.00	-136 457.40	-110 399.00	1.80
上海	829 233.90	655 041.90	14 462.40	17 911.40	18.40
江苏	24 346 762.60	13 993 010.00	5 771 282.60	2 988 058.00	21.90
浙江	17 851 956.00	7 320 691.00	652 684.00	159 827.00	26.70
安徽	6 298 495.47	3 880 925.76	667 668.74	385 958.70	11.00
福建	21 975 119.23	10 247 887.42	1 801 938.03	835 252.35	30.10
江西	8 062 060.31	4 010 928.21	889 591.48	397 683.01	14.40
山东	34 067 837.90	14 827 816.90	2 529 308.90	1 358 216.90	16.00
河南	2 008 246.00	1 069 532.00	136 902.00	71 146.00	1.30
湖北	17 484 974.00	8 384 881.00	2 615 993.00	1 315 655.00	14.50
湖南	3 763 035.99	3 098 939.11	609 231.70	299 556.81	6.10
广东	21 248 502.12	10 048 944.16	1 412 085.75	635 672.88	19.70
广西	5 063 812.29	3 838 685.82	460 270.87	349 162.89	9.80
海南	3 983 823.00	2 919 534.00	493 178.00	386 671.00	24.00
重庆	855 681.18	588 918.80	138 829.48	99 967.28	3.60
四川	3 005 238.18	1 943 459.44	224 047.95	148 033.46	3.20
贵州	382 552.97	371 033.92	-67 593.03	-64 514.08	2.30
云南	1 099 259.37	684 068.58	221 791.35	130 441.20	2.30
西藏	1 503.51	1 035.41	40.11	20.41	0.10
陕西	595 423.15	464 778.75	77 770.75	61 444.45	0.70
甘肃	19 362.54	17 528.54	-500.52	1 266.38	0.10
青海	12 600.00	12 600.00	1 645.00	1 645.00	0.40
宁夏	274 393.72	153 472.08	17 290.79	872.88	3.10
新疆	223 530.95	194 639.60	33 296.69	30 193.97	0.70
中农发集团	383 981.00	383 981.00	118 581.00	118 581.00	

各地区渔业经济总产值(一)
(按当年价格计算)

单位:万元

地 区	总计	一、渔业产值			
		合计	海水养殖	淡水养殖	海洋捕捞
全国总计	**193 518 860.68**	**101 048 771.63**	**26 044 749.84**	**46 655 686.47**	**18 553 808.05**
北 京	232 070.75	127 809.59		90 344.99	6 406.00
天 津	899 003.00	752 235.00	92 806.00	475 130.00	147 418.00
河 北	2 252 356.57	1 909 700.86	733 300.97	558 922.94	373 791.03
山 西	73 365.07	52 845.79		49 881.44	
内 蒙 古	248 031.91	189 780.99		145 249.09	
辽 宁	14 829 305.00	7 957 059.00	4 001 411.00	1 627 519.00	1 488 019.00
吉 林	337 190.00	256 746.00		207 581.00	
黑 龙 江	810 153.00	690 261.00		567 869.60	
上 海	829 233.90	655 041.90		444 103.00	188 782.00
江 苏	24 346 762.60	13 993 010.00	2 001 773.81	8 725 703.97	1 705 214.02
浙 江	17 851 956.00	7 320 691.00	1 419 116.00	1 957 964.00	3 575 291.00
安 徽	6 298 495.47	3 880 925.76		3 045 800.82	
福 建	21 975 119.23	10 247 887.42	4 909 493.91	1 759 349.65	3 002 739.25
江 西	8 062 060.31	4 010 928.21		3 302 759.00	
山 东	34 067 837.90	14 827 816.90	7 490 851.00	2 452 067.00	3 951 341.90
河 南	2 008 246.00	1 069 532.00		880 924.00	
湖 北	17 484 974.00	8 384 881.00		6 989 348.00	
湖 南	3 763 035.99	3 098 939.11		2 856 960.70	
广 东	21 248 502.12	10 048 944.16	3 491 656.15	4 847 188.55	1 252 443.85
广 西	5 063 812.29	3 838 685.82	1 130 660.00	1 450 189.00	951 046.00
海 南	3 983 823.00	2 919 534.00	773 681.00	431 023.00	1 527 335.00
重 庆	855 681.18	588 918.80		496 429.94	
四 川	3 005 238.18	1 943 459.44		1 632 786.00	
贵 州	382 552.97	371 033.92		331 808.15	
云 南	1 099 259.37	684 068.58		583 015.68	
西 藏	1 503.51	1 035.41		542.98	
陕 西	595 423.15	464 778.75		430 862.65	
甘 肃	19 362.54	17 528.54		16 924.78	
青 海	12 600.00	12 600.00		12 600.00	
宁 夏	274 393.72	153 472.08		132 002.58	
新 疆	223 530.95	194 639.60		152 834.96	
中农发集团	383 981.00	383 981.00			383 981.00

各地区渔业经济总产值(二)
(按当年价格计算)

单位:万元

地区	一、渔业产值(续)		二、渔业工业和建筑业		
	淡水捕捞	水产苗种	合计	水产品加工	渔用机具制造
					小计
全国总计	4 287 137.03	5 507 390.24	45 210 465.23	34 356 043.63	2 967 646.53
北京	5 909.10	25 149.50	25 740.72	5 657.11	
天津	16 660.00	20 221.00	6 870.00	360.00	
河北	121 163.06	122 522.86	244 247.57	203 629.70	10 303.00
山西	1 874.50	1 089.85	2 047.18		
内蒙古	32 777.44	11 754.46	18 164.00	18 164.00	
辽宁	84 577.00	755 533.00	3 712 608.00	3 121 074.00	119 113.00
吉林	35 415.00	13 750.00	41 273.00	40 868.00	45.00
黑龙江	78 619.00	43 772.40	24 943.00	5 250.00	
上海	9 203.00	12 953.90	162 247.00	162 247.00	
江苏	1 078 456.02	481 862.18	3 256 163.34	2 043 934.06	223 960.30
浙江	191 264.00	177 056.00	6 091 549.00	5 135 335.00	241 866.00
安徽	585 353.89	249 771.05	971 023.69	404 334.17	446 060.44
福建	191 204.74	385 099.87	7 478 698.00	6 096 275.00	662 030.00
江西	398 747.00	309 422.21	2 378 732.67	1 788 533.60	15 056.00
山东	233 358.00	700 199.00	11 194 217.00	8 617 579.00	1 116 422.00
河南	54 239.00	134 369.00	241 955.00	62 410.00	2 042.00
湖北	494 847.00	900 686.00	3 237 939.00	2 751 439.00	13 670.00
湖南	45 355.45	196 622.96	170 384.35	103 124.14	3 887.00
广东	161 511.46	296 144.15	3 898 808.49	2 401 621.39	78 244.03
广西	134 656.00	172 134.82	586 129.78	508 757.53	2 214.67
海南	23 219.00	164 276.00	900 873.00	796 943.00	29 410.00
重庆	41 721.00	50 767.86	61 031.19	2 233.65	2 142.00
四川	142 214.00	168 459.44	271 418.74	11 160.19	5.00
贵州	21 840.54	17 385.23	5 847.26	155.01	117.19
云南	55 795.14	45 257.76	155 330.26	67 363.58	
西藏	492.43				
陕西	17 585.00	16 331.10	26 023.40	15.00	1 058.90
甘肃		603.76	25.00		
青海					
宁夏	241.50	21 228.00	35 005.89	3 360.00	
新疆	28 837.76	12 966.88	11 169.70	4 220.50	
中农发集团					

各地区渔业经济总产值(三)
(按当年价格计算)

单位:万元

地　区	二、渔业工业和建筑业(续)					
	渔用机具制造		渔用饲料	渔用药物	建筑	其他
	渔船渔机修造	渔用绳网制造				
全国总计	**1 903 573.56**	**942 552.44**	**5 087 010.08**	**137 014.27**	**1 731 216.36**	**931 534.36**
北　京			17 841.56	242.05	2 000.00	
天　津			6 510.00			
河　北	8 549.79	1 274.21	24 590.00	1.00	4 750.00	973.87
山　西			434.56	1 612.62		
内蒙古						
辽　宁	90 807.00	20 251.00	151 099.00	9 168.00	257 796.00	54 358.00
吉　林	15.00	30.00	360.00			
黑龙江			19 386.00	240.00		67.00
上　海						
江　苏	123 087.84	93 160.93	764 037.82	45 256.97	87 794.39	91 179.80
浙　江	153 561.00	84 276.00	438 944.00	1 682.00	168 625.00	105 097.00
安　徽	5 758.30	440 302.14	55 972.55	1 836.42	18 333.68	44 486.43
福　建	611 677.00	49 992.00	498 619.00	1 409.00	42 231.00	178 134.00
江　西	1 405.00	13 651.00	439 546.74	15 973.00	106 176.33	13 447.00
山　东	851 463.00	178 514.00	231 040.00	15 407.00	798 684.00	415 085.00
河　南	47.00	1 995.00	172 066.00	3 941.00	1 496.00	
湖　北	2 572.00	11 098.00	297 050.00	10 829.00	162 437.00	2 514.00
湖　南	2 365.00	1 353.00	54 755.62	4 920.96	2 511.62	1 185.01
广　东	31 865.03	36 971.00	1 340 935.28	5 348.82	52 895.52	19 763.45
广　西	1 354.00	860.67	70 429.77	3 209.71	1 406.00	112.10
海　南	17 688.00	7 387.00	68 927.00	2 417.00	1 333.00	1 843.00
重　庆	1 003.00	1 139.00	49 779.22	158.00	6 295.82	422.50
四　川	5.00		249 434.33	10 814.22		5.00
贵　州		117.19	5 575.06			
云　南			80 852.48	624.00	6 454.00	36.20
西　藏						
陕　西	350.60	180.30	11 540.00	612.50	9 972.00	2 825.00
甘　肃					25.00	
青　海						
宁　夏			31 645.89			
新　疆			5 638.20	1 311.00		
中农发集团						

各地区渔业经济总产值(四)
(按当年价格计算)

单位:万元

地区	三、渔业流通和服务业				
	合计	水产流通	水产(仓储)运输	休闲渔业	其他
全国总计	**47 259 623.82**	**39 481 673.53**	**2 424 520.53**	**3 658 502.99**	**1 694 926.77**
北京	78 520.44	32 494.83	2 107.16	43 806.45	112.00
天津	139 898.00	85 787.00	4 816.00	28 448.00	20 847.00
河北	98 408.14	55 267.39	12 553.00	19 040.75	11 547.00
山西	18 472.10	14 332.96	708.00	3 421.14	10.00
内蒙古	40 086.92	18 354.73	3 761.71	17 970.48	
辽宁	3 159 638.00	2 417 923.00	301 325.00	341 017.00	99 373.00
吉林	39 171.00	24 066.00	725.00	13 144.00	1 236.00
黑龙江	94 949.00	54 978.00	5 284.00	33 925.00	762.00
上海	11 945.00	2 945.00		9 000.00	
江苏	7 097 589.26	6 025 380.15	235 058.66	569 473.32	267 677.13
浙江	4 439 716.00	3 911 223.00	153 991.00	171 767.00	202 735.00
安徽	1 446 546.02	1 139 343.53	78 524.98	215 143.14	13 534.37
福建	4 248 533.81	3 791 392.40	187 329.03	51 348.00	218 464.38
江西	1 672 399.43	1 472 021.89	58 218.81	120 428.56	21 730.17
山东	8 045 804.00	5 729 578.00	900 440.00	746 992.00	668 794.00
河南	696 759.00	617 721.00	4 028.00	72 176.00	2 834.00
湖北	5 862 154.00	5 052 827.00	192 734.00	602 545.00	14 048.00
湖南	493 712.53	422 255.85	8 666.23	58 141.41	4 649.04
广东	7 300 749.47	6 971 020.31	61 557.59	229 478.97	38 692.60
广西	638 996.69	522 237.27	54 468.58	10 276.56	52 014.28
海南	163 416.00	127 392.00	7 132.00	3 384.00	25 508.00
重庆	205 731.19	151 582.92	10 692.60	36 059.18	7 396.49
四川	790 360.00	483 899.68	107 471.40	185 942.71	13 046.21
贵州	5 671.79	4 168.36	278.81	1 059.04	165.58
云南	259 860.53	207 897.02	17 184.88	29 665.76	5 112.87
西藏	468.10	374.43		93.67	
陕西	104 621.00	64 419.10	5 377.20	30 831.50	3 993.20
甘肃	1 809.00	372.50	29.40	1 407.10	
青海					
宁夏	85 915.75	72 856.31	9 130.59	3 284.40	644.45
新疆	17 721.65	7 561.90	926.90	9 232.85	
中农发集团					

各地区渔业经济增加值(一)
(按当年价格计算)

单位:万元

地 区	总计	一、渔业增加值			
		合计	海水养殖	淡水养殖	海洋捕捞
全国总计	**89 843 540.12**	**57 036 317.37**	**14 815 371.33**	**26 444 233.70**	**10 568 137.67**
北 京	67 582.87	39 902.29		26 107.14	600.00
天 津	388 418.00	359 042.00	45 817.00	224 841.00	68 293.00
河 北	1 241 561.11	1 111 313.86	433 436.18	330 365.62	220 938.70
山 西	12 585.67	9 447.66		8 934.35	
内蒙古	133 161.84	108 292.67		80 203.48	
辽 宁	7 508 038.00	5 026 069.00	2 578 554.00	966 920.00	943 433.00
吉 林	99 290.00	77 399.00		61 935.00	
黑龙江	384 348.25	330 449.83		272 577.41	
上 海	190 723.80	150 659.64		102 143.69	43 419.86
江 苏	11 701 449.21	7 597 174.96	884 059.42	5 335 347.34	790 085.59
浙 江	6 287 040.00	4 252 209.00	831 602.00	1 147 367.00	2 095 121.00
安 徽	2 856 490.10	2 196 116.02		1 713 872.29	
福 建	11 677 531.83	5 681 239.17	2 743 658.93	983 208.34	1 678 073.65
江 西	4 113 520.38	2 761 093.93		2 230 794.90	
山 东	16 342 176.51	8 959 666.51	4 594 366.00	1 503 927.00	2 344 781.51
河 南	946 526.00	698 473.00		592 584.00	
湖 北	8 228 817.00	4 967 393.00		4 174 639.00	
湖 南	2 359 680.93	2 017 099.48		1 859 595.75	
广 东	6 921 605.70	3 657 426.87	1 325 500.00	1 697 028.00	450 366.00
广 西	3 012 664.69	2 544 707.66	825 381.80	945 378.21	627 690.36
海 南	2 451 015.00	2 143 521.00	552 996.00	314 361.00	1 168 990.00
重 庆	539 685.68	440 484.73		387 197.52	
四 川	1 494 904.58	1 137 247.82		947 015.88	
贵 州	237 844.68	230 411.91		206 052.86	
云 南	251 869.12	178 193.99		136 822.19	
西 藏	687.68	440.18		163.20	
陕 西	99 824.12	94 253.08		87 833.36	
甘 肃	3 707.66	3 428.06		3 350.30	
青 海	10 000.00	10 000.00		10 000.00	
宁 夏	79 456.18	61 527.97		50 820.99	
新 疆	64 988.53	55 288.08		42 846.88	
中农发集团	136 345.00	136 345.00			136 345.00

各地区渔业经济增加值(二)
(按当年价格计算)

单位:万元

地区	一、渔业增加值(续)		二、渔业工业和建筑业		
	淡水捕捞	水产苗种	合计	水产品加工	渔用机具制造
					小计
全国总计	2 369 806.94	2 838 767.73	16 371 245.37	12 512 314.27	1 106 153.35
北京	2 281.59	10 913.56	5 488.06	1 339.15	
天津	8 768.00	11 323.00	2 306.00	180.00	
河北	71 616.50	54 956.86	91 948.59	75 492.02	4 925.00
山西	286.27	227.04	401.14		
内蒙古	21 605.92	6 483.27	7 838.30	7 838.30	
辽宁	59 208.00	477 954.00	1 163 027.00	1 008 499.00	35 680.00
吉林	11 184.00	4 280.00	4 686.00	4 579.00	18.00
黑龙江	37 737.12	20 135.30	8 322.90	2 415.00	
上海	2 116.69	2 979.40	37 316.81	37 316.81	
江苏	372 634.65	215 047.96	1 261 475.55	803 442.13	89 799.95
浙江	112 081.00	66 038.00	1 256 588.00	1 047 755.00	65 847.00
安徽	356 921.51	125 322.22	332 783.33	142 554.36	157 381.96
福建	106 854.31	169 443.94	3 960 251.03	3 291 988.50	284 672.90
江西	321 117.50	209 181.53	819 954.30	612 585.01	5 281.00
山东	143 126.00	373 466.00	3 826 127.00	2 804 792.00	408 170.00
河南	38 370.00	67 519.00	63 257.00	26 723.00	708.00
湖北	331 245.00	461 509.00	1 330 787.00	1 115 997.00	8 746.00
湖南	29 521.85	127 981.88	109 353.95	67 030.69	2 127.00
广东	57 500.00	127 032.87	1 479 255.19	1 035 744.61	34 813.77
广西	87 526.40	58 730.89	210 257.57	188 432.52	1 205.20
海南	17 042.00	90 132.00	248 747.00	218 525.00	5 992.00
重庆	32 560.00	20 727.21	16 174.21	555.69	560.80
四川	96 705.52	93 526.42	83 140.15	3 352.77	2.00
贵州	13 562.97	10 796.08	3 631.14	96.26	72.77
云南	25 796.66	15 575.14	29 549.06	13 137.79	
西藏	276.98				
陕西	3 416.42	3 003.30	2 367.00	1.00	150.00
甘肃		77.76	3.00		
青海					
宁夏	92.98	10 614.00	12 748.15	564.48	
新疆	8 651.10	3 790.10	3 460.94	1 377.18	
中农发集团					

各地区渔业经济增加值(三)
(按当年价格计算)

单位:万元

地 区	二、渔业工业和建筑业(续)					
	渔用机具制造(续)		渔用饲料	渔用药物	建筑	其他
	渔船渔机修造	渔用绳网制造				
全国总计	665 203.91	343 417.98	1 640 720.23	52 048.43	692 380.71	367 628.38
北 京			3 493.76	97.15	558.00	
天 津			2 126.00			
河 北	3 969.07	775.93	9 300.00		2 025.00	206.57
山 西			99.41	301.73		
内蒙古						
辽 宁	27 421.00	5 897.00	33 158.00	3 367.00	65 174.00	17 149.00
吉 林	4.00	14.00	89.00			
黑龙江			5 815.80	72.00		20.10
上 海						
江 苏	48 244.18	34 398.73	257 008.83	18 866.56	40 233.24	52 124.84
浙 江	41 479.00	23 543.00	79 177.00	387.00	38 649.00	24 773.00
安 徽	2 667.00	154 714.96	14 317.34	618.01	5 015.76	12 895.90
福 建	263 021.11	21 496.56	264 268.07	746.77	22 382.43	96 192.36
江 西	468.85	4 812.15	153 344.25	7 087.61	37 529.13	4 127.30
山 东	258 412.00	67 597.00	83 249.00	4 699.00	374 199.00	151 018.00
河 南	19.00	689.00	34 598.00	808.00	420.00	
湖 北	1 725.00	7 021.00	120 154.00	5 151.00	79 904.00	835.00
湖 南	1 408.20	718.80	35 591.15	3 015.60	975.28	614.23
广 东	11 715.30	20 357.28	380 160.76	2 402.37	19 584.14	6 549.54
广 西	597.40	607.80	18 751.75	1 117.89	679.00	71.21
海 南	3 669.00	458.00	22 930.00	749.00	114.00	437.00
重 庆	331.80	224.00	12 697.65	55.81	2 197.13	107.13
四 川	2.00		77 840.75	1 942.63		2.00
贵 州		72.77	3 462.11			
云 南			15 210.47	116.00	1 063.60	21.20
西 藏						
陕 西	50.00	20.00	2.00	55.00	1 675.00	484.00
甘 肃					3.00	
青 海						
宁 夏			12 183.67			
新 疆			1 691.46	392.30		
中农发集团						

各地区渔业经济增加值(四)
(按当年价格计算)

单位:万元

地区	三、渔业流通和服务业				
	合计	水产流通	水产(仓储)运输	休闲渔业	其他
全国总计	16 435 977.38	13 045 448.94	953 423.32	1 697 775.59	739 329.53
北京	22 192.52	1 462.20	1 968.38	18 713.53	48.41
天津	27 070.00	6 848.00	611.00	11 745.00	7 866.00
河北	38 298.66	19 512.16	3 841.60	6 976.40	7 968.50
山西	2 736.87	1 653.00	92.00	988.87	3.00
内蒙古	17 030.87	5 316.95	2 156.13	9 557.79	
辽宁	1 318 942.00	994 183.00	130 867.00	152 204.00	41 688.00
吉林	17 205.00	11 948.00	159.00	4 842.00	256.00
黑龙江	45 575.52	26 389.44	2 536.32	16 284.00	365.76
上海	2 747.35	677.35		2 070.00	
江苏	2 842 798.70	2 377 692.89	77 353.81	283 922.92	103 829.08
浙江	778 243.00	600 400.00	42 838.00	58 390.00	76 615.00
安徽	327 590.75	206 463.20	27 215.95	89 890.43	4 021.17
福建	2 036 041.63	1 819 868.35	82 424.77	26 700.96	107 047.55
江西	532 472.15	464 654.12	20 230.67	40 018.63	7 568.73
山东	3 556 383.00	2 470 922.00	356 533.00	398 434.00	330 494.00
河南	184 796.00	152 728.00	910.00	30 072.00	1 086.00
湖北	1 930 637.00	1 524 872.00	96 204.00	302 574.00	6 987.00
湖南	233 227.50	192 282.21	3 570.04	34 884.85	2 490.40
广东	1 784 923.64	1 646 992.01	32 486.89	88 734.94	16 709.80
广西	257 699.46	229 252.30	12 570.27	4 772.82	11 104.07
海南	58 747.00	49 811.00	3 929.00	2 533.00	2 474.00
重庆	83 026.74	59 078.46	4 540.76	15 652.25	3 755.27
四川	274 516.61	144 762.12	43 620.22	80 367.87	5 766.40
贵州	3 801.63	2 588.55	173.14	937.12	102.82
云南	44 126.07	31 559.95	2 532.46	9 520.70	512.96
西藏	247.50	175.00		72.50	
陕西	3 204.04	900.00	263.00	1 719.54	321.50
甘肃	276.60	36.20	2.56	237.84	
青海					
宁夏	5 180.06	152.18	3 515.28	1 264.49	248.11
新疆	6 239.51	2 268.30	278.07	3 693.14	
中农发集团					

全国渔民人均纯收入

单位:元

地 区	2013 年	2012 年	2013 年比 2012 年增减(±)	
			绝对量	幅度(%)
全国总计	**13 038.77**	**11 256.08**	**1 782.69**	**0.16**
北 京	12 961.58	12 357.39	604.20	0.05
天 津	20 579.04	17 355.01	3 224.03	0.19
河 北	10 600.00	9 639.01	960.99	0.10
山 西	7 015.02	6 035.60	979.42	0.16
内 蒙 古	10 204.00	9 086.00	1 118.00	0.12
辽 宁	14 600.00	13 800.00	800.00	0.06
吉 林	8 762.00	8 533.42	228.59	0.03
黑 龙 江	10 970.00	9 370.03	1 599.97	0.17
上 海	21 453.09	18 200.16	3 252.92	0.18
江 苏	18 066.68	16 101.11	1 965.57	0.12
浙 江	17 780.01	16 160.00	1 620.00	0.10
安 徽	10 727.44	9 401.35	1 326.09	0.14
福 建	13 323.85	11 601.32	1 722.53	0.15
江 西	10 510.30	9 513.00	997.30	0.10
山 东	14 388.00	12 533.00	1 855.00	0.15
河 南	10 373.17	9 823.04	550.14	0.06
湖 北	12 107.00	9 585.00	2 522.00	0.26
湖 南	11 993.42	7 178.41	4 815.01	0.67
广 东	12 251.00	11 136.78	1 114.22	0.10
广 西	17 459.98	14 896.23	2 563.75	0.17
海 南	13 081.01	11 839.44	1 241.57	0.10
重 庆	10 750.00	9 180.00	1 570.00	0.17
四 川	10 972.00	9 523.00	1 449.00	0.15
贵 州	9 020.00	6 939.57	2 080.43	0.30
云 南	6 708.00	5 783.78	924.22	0.16
西 藏				
陕 西	8 333.00	7 243.52	1 089.48	0.15
甘 肃	5 328.34	3 044.24	2 284.10	0.75
青 海	14 910.05			
宁 夏	8 850.00	7 900.00	950.00	0.12
新 疆	11 382.00	10 221.37	1 160.63	0.11

各地区渔民家庭收支调查(一)

单位:万元

地 区	一、全年总收入	(一)家庭经营收入			(二)工资性收入		
			1. 出售水产品	2. 家庭其他经营		1. 渔业	2. 其他行业
全国总计	287 472.65	256 770.57	234 668.42	22 102.14	13 086.96	5 563.43	7 523.53
北 京	1 782.86	1 407.74	1 264.30	143.44	135.67	53.98	81.69
天 津	4 066.80	3 967.74	3 913.46	54.27	38.81	27.05	11.76
河 北	29 245.42	27 679.18	27 207.57	471.61	165.57	92.77	72.79
山 西	4 920.99	4 867.27	4 782.24	85.03	41.00	13.93	27.07
内蒙古	2 336.16	2 150.23	1 242.14	908.08	133.59	10.20	123.39
辽 宁	41 120.97	37 594.74	34 662.08	2 932.66	1 351.63	623.11	728.52
吉 林	5 116.32	4 874.74	3 778.22	1 096.52	153.10	30.05	123.05
黑龙江	7 621.50	6 923.83	5 654.27	1 269.56	486.79	368.30	118.49
上 海	2 867.98	2 622.99	2 540.20	82.79	116.48	9.04	107.44
江 苏	16 946.71	15 321.55	14 255.92	1 065.63	1 061.57	389.51	672.06
浙 江	18 640.53	15 361.84	149 42.97	418.87	1 268.84	729.60	539.25
安 徽	11 703.34	10 739.69	9 558.26	1 181.43	615.28	185.76	429.53
福 建	11 797.97	10 392.91	9 872.17	520.74	694.30	342.06	352.24
江 西	6 792.05	6 347.69	5 667.55	680.14	168.72	38.28	130.44
山 东	28 090.81	24 068.08	22 302.25	1 765.83	1 047.01	363.11	683.89
河 南	9 739.76	8 766.31	7 307.61	1 458.70	802.64	113.24	689.39
湖 北	9 005.64	8 088.00	7 227.43	860.58	696.86	184.10	512.76
湖 南	6 712.45	5 855.62	4 769.74	1 085.88	620.77	250.78	369.99
广 东	17 403.43	12 206.19	10 304.80	1 901.39	1 409.85	846.58	563.26
广 西	7 705.66	6 284.64	5 705.99	578.65	348.60	137.02	211.59
海 南	2 712.96	2 488.58	2 141.16	347.42	42.34	11.35	30.98
重 庆	2 451.32	2 109.73	1 893.40	216.33	183.15	34.14	149.00
四 川	6 307.90	5 665.15	4 863.01	802.14	459.28	91.47	367.81
贵 州	6 131.91	6 050.74	5 973.48	77.27	55.28	32.44	22.84
云 南	9 936.12	9 526.91	8 217.76	1 309.15	374.84	166.00	208.84
西 藏							
陕 西	4 464.17	4 264.32	3 707.95	556.37	184.55	175.29	9.26
甘 肃	2 655.33	2 471.14	2 387.34	83.80	57.43		57.43
青 海	675.66	539.38	461.68	77.70	61.30	1.00	60.30
宁 夏	2 539.22	2 413.30	2 350.12	63.18	115.71	77.25	38.46
新 疆	5 80.72	5 720.34	5 713.34	7.00	196.00	166.00	30.00

各地区渔民家庭收支调查(二)

单位:万元

地区	一、全年总收入(续)			二、全年总支出				
	(三)财产性净收入	(四)转移性收入	(五)其他收入		(一)家庭经营费用支出	1.经营渔业支出	(1)燃料及冰费用	(2)雇工费用
全国总计	2 817.48	1 395.87	13 401.79	250 124.89	193 837.96	183 523.49	34 637.52	34 330.56
北京	100.44	39.14	99.86	1 556.79	903.11	800.81	43.44	72.67
天津	10.16	3.46	46.63	2 948.90	2 584.75	2 569.05	167.75	267.86
河北	180.40	14.20	1 206.07	27 846.55	23 221.23	23 001.49	4 805.19	5 160.50
山西	1.02	1.32	10.38	4 987.27	4 201.50	4 105.41	414.78	1 119.63
内蒙古	16.88	17.72	17.74	1 981.38	1 147.27	735.49	25.45	104.20
辽宁	156.72	125.96	1 891.91	36 254.74	29 258.78	28 062.54	6 718.35	7 628.31
吉林	61.65	7.60	19.24	5 037.05	3 456.61	2 980.44	303.42	600.36
黑龙江	127.11	37.73	46.04	5 587.22	4 471.79	4 005.92	305.10	309.61
上海	6.06	16.15	106.30	2 551.01	2 091.12	2 086.82	241.39	188.86
江苏	259.85	92.48	211.27	12 933.25	10 563.63	10 326.46	1 116.54	1 598.46
浙江	112.34	59.08	1 838.42	17 810.06	12 443.98	12 326.28	5 898.71	3 227.18
安徽	102.41	82.98	162.98	10 046.38	6 753.95	6 169.75	293.05	753.19
福建	85.12	57.49	568.14	10 717.79	8 218.96	7 941.49	1 667.58	1 491.31
江西	63.86	170.72	41.06	5 993.31	4 785.45	4 328.58	256.20	270.54
山东	418.86	98.33	2 458.53	25 066.06	18 606.54	17 791.96	5 547.87	6 035.37
河南	69.67	61.42	39.72	8 414.55	6 048.68	5 687.50	133.80	276.93
湖北	84.04	81.79	54.95	7 365.87	5 146.31	4 735.10	198.49	333.06
湖南	62.58	53.77	119.71	4 595.76	3 185.09	2 831.34	249.52	196.73
广东	342.60	61.25	3 383.54	15 511.56	11 666.28	10 024.54	4 422.82	2 846.04
广西	111.55	70.01	890.87	6 101.84	4 387.35	4 127.94	784.61	361.31
海南	157.80	3.85	20.39	2 504.20	2 079.29	1 675.51	177.61	155.98
重庆	55.15	81.67	21.62	2 255.77	1 764.66	1 626.49	74.79	103.10
四川	46.88	100.98	35.61	5 154.23	3 602.87	3 290.53	108.81	150.22
贵州	10.77	9.54	5.58	5 204.57	4 616.89	4 609.04	105.06	97.90
云南	4.40	10.13	19.82	7 944.83	6 818.02	6 079.59	104.62	188.93
西藏								
陕西		5.55	9.75	4 094.51	3 497.60	3 388.02	123.80	275.80
甘肃	78.98	13.60	34.18	2 335.26	1 924.21	1 877.10	1 18.47	179.00
青海	73.00	1.87	0.11	197.12	88.05	82.32		35.28
宁夏	1.93	6.44	1.84	2 311.01	1 988.01	1 943.08	25.00	118.74
新疆	15.23	9.63	39.52	4 816.05	4 315.98	4 312.92	205.30	183.52

各地区渔民家庭收支调查(三)

单位:万元

地区	二、全年总支出(续)						
	(一)家庭经营费用支出(续)			(二)生产性固定资产折旧支出	其中:渔业固定资产折旧	(三)税费支出	其中:渔业税费支出
	1.经营渔业支出(续)		2.经营其他行业支出				
	(3)饲料及苗种费用	(4)其他生产支出					
全国总计	**98 163.49**	**16 391.92**	**10 314.47**	**11 748.22**	**9 976.04**	**1 758.81**	**1 424.28**
北　京	616.52	68.17	102.29	93.57	57.60	0.79	0.16
天　津	1 700.24	433.19	15.70	39.47	37.39		
河　北	8 821.94	4 213.87	219.74	1 643.35	1 460.38	63.05	63.03
山　西	2 246.63	324.38	96.09	143.08	133.01		
内蒙古	529.60	76.23	411.79	164.33	40.26	0.40	
辽　宁	11 880.37	1 835.52	1 196.24	1 283.02	1 172.46	382.02	361.59
吉　林	1 911.62	165.04	476.17	249.75	133.31	11.12	0.20
黑龙江	3 240.20	151.01	465.88	114.58	85.83	68.23	20.20
上　海	1 398.57	258.01	4.30	104.75	97.53	32.81	32.61
江　苏	7 031.95	579.51	237.17	284.19	234.56	158.79	152.32
浙　江	1 523.34	1 677.04	117.70	1 312.45	1 172.59	110.49	106.24
安　徽	4 562.24	561.28	584.20	367.73	294.67	381.40	346.93
福　建	4 271.26	511.34	277.47	675.30	665.47	21.76	21.60
江　西	3 394.38	407.45	456.87	98.89	70.55	0.09	0.05
山　东	4 049.02	2 159.70	814.59	2 292.09	1 929.22	123.74	77.24
河　南	4 882.84	393.93	361.18	255.12	160.01	25.44	21.06
湖　北	3 942.38	261.17	411.21	136.91	106.00	77.22	64.68
湖　南	2 274.56	110.53	353.75	166.73	92.96	49.49	28.34
广　东	1 953.55	802.13	1 641.74	937.86	872.45	85.55	75.68
广　西	2 739.80	242.23	259.41	327.07	298.81	96.12	32.29
海　南	1 268.52	73.41	403.78	86.02	67.17	0.27	0.27
重　庆	1 281.26	167.34	138.17	47.40	40.90		
四　川	2 739.30	292.20	312.33	75.62	58.82	19.22	10.11
贵　州	4 387.97	18.10	7.85	164.51	160.40		
云　南	5 456.72	329.32	738.44	220.63	159.31	36.05	
西　藏							
陕　西	2 830.50	157.92	109.59	176.25	170.37	13.78	9.08
甘　肃	1 550.01	29.62	47.11	129.39	107.96	0.40	
青　海	47.04		5.73	61.64	13.06		
宁　夏	1 711.09	88.25	44.93	21.65	8.22		
新　疆	3 920.09	4.00	3.06	74.90	74.76	0.60	0.60

各地区渔民家庭收支调查(四)

单位:万元

地 区	二、全年总支出(续)				三、全年纯收入	
	(四)生活消费支出	其中:伙食消费支出	衣着消费支出	(五)转移性支出		其中:渔业纯收入
全国总计	38 750.94	14 625.25	3 357.67	4 028.96	80 127.67	58 191.81
北 京	472.94	142.58	41.03	86.38	785.40	558.57
天 津	304.38	129.76	21.35	20.30	1 442.58	1 380.27
河 北	2 545.00	1 180.66	195.15	373.93	4 317.79	3 981.06
山 西	513.59	136.23	51.63	129.10	576.42	567.29
内蒙古	608.11	153.71	60.30	61.27	1 024.16	482.49
辽 宁	4 978.43	1 773.86	529.59	352.50	10 197.16	7 529.18
吉 林	1 297.86	502.68	124.35	21.71	1 398.84	698.29
黑龙江	870.41	336.80	85.49	62.21	2 966.90	1 934.97
上 海	297.35	127.83	24.87	24.98	639.30	434.92
江 苏	1 663.69	559.88	160.75	262.96	5 940.11	4 121.62
浙 江	3 715.21	683.57	219.61	227.93	4 773.62	3 905.03
安 徽	2 285.83	855.50	198.37	257.46	4 200.25	3 063.91
福 建	1 680.96	842.76	170.20	120.81	2 881.95	2 152.02
江 西	975.64	490.40	90.86	133.24	1 907.62	1 331.50
山 东	3 463.82	1 163.59	363.41	579.88	7 068.44	5 163.53
河 南	1 929.15	716.89	187.88	156.16	3 410.52	1 572.58
湖 北	1 786.33	628.55	232.27	219.11	3 645.20	2 531.44
湖 南	1 084.81	434.94	84.30	109.63	3 311.13	2 155.88
广 东	2 622.85	1 386.87	116.03	199.01	4 713.74	3 529.45
广 西	1 183.11	599.72	70.98	108.18	2 895.12	2 237.57
海 南	331.69	150.33	13.06	6.94	547.38	429.56
重 庆	338.20	143.50	29.87	105.51	639.26	276.08
四 川	1 316.74	594.07	97.29	139.79	2 610.20	1 615.39
贵 州	394.59	209.94	20.42	28.59	1 350.52	1 242.05
云 南	767.69	254.01	51.30	102.45	2 861.42	2 164.48
西 藏						
陕 西	380.00	90.63	26.48	26.87	776.53	325.52
甘 肃	248.54	93.02	27.01	32.72	601.33	431.69
青 海	42.35	10.50	4.92	5.09	525.98	367.30
宁 夏	280.10	91.81	26.01	21.25	529.56	477.57
新 疆	371.56	140.64	32.89	53.02	1 589.25	1 530.59

二、生　　产

全国水产品总产量

单位:吨

指　　标	2013 年	2012 年	2013 年比 2012 年增减(±)	
			绝对量	幅度(%)
水产品总产量	61 720 029	59 076 760	2 643 269	4.47
海水产品	31 388 253	30 333 437	1 054 816	3.48
淡水产品	30 331 776	28 743 323	1 588 453	5.53
养殖产量	45 416 802	42 883 553	2 533 249	5.91
海水养殖	17 392 453	16 438 105	954 348	5.81
淡水养殖	28 024 349	26 445 448	1 578 901	5.97
捕捞产量	16 303 227	16 193 207	110 020	0.68
海洋捕捞	12 643 822	12 671 891	-28 069	-0.22
远洋渔业	1 351 978	1 223 441	128 537	10.51
淡水捕捞	2 307 427	2 297 875	9 552	0.42
养殖产品中:鱼类	25 940 887	24 369 533	1 571 354	6.45
甲壳类	3 769 655	3 592 588	177 067	4.93
贝类	12 983 793	12 343 169	640 624	5.19
藻类	1 864 993	1 772 689	92 304	5.21
其他类	857 474	805 574	51 900	6.44
捕捞产品中:鱼类	10 378 868	10 394 482	-15 614	-0.15
甲壳类	2 626 083	2 551 297	74 786	2.93
贝类	819 828	844 197	-24 369	-2.89
藻类	28 301	25 764	2 537	9.85
头足类	664 285	698 909	-34 624	-4.95
其他类	433 884	455 117	-21 233	-4.67

各地区水产品产量(一)

单位:吨

地 区	2013 年							
	总产量	1. 养殖产品小计	海水养殖	淡水养殖	2. 捕捞产品小计	海洋捕捞	远洋渔业	淡水捕捞
全国总计	61 720 029	45 416 802	17 392 453	28 024 349	16 303 227	12 643 822	1 351 978	2 307 427
北 京	63 611	52 912		52 912	10 699		7 008	3 691
天 津	398 562	319 765	12 269	307 496	78 797	53 437	13 027	12 333
河 北	1 230 636	902 497	452 270	450 227	328 139	230 539		97 600
山 西	45 621	44 499		44 499	1 122			1 122
内 蒙 古	141 321	110 312		110 312	31 009			31 009
辽 宁	5 050 252	3 712 312	2 827 609	884 703	1 337 940	1 079 259	204 434	54 247
吉 林	185 827	164 975		164 975	20 852			20 852
黑 龙 江	488 615	437 055		437 055	51 560			51 560
上 海	288 787	160 121		160 121	128 666	19 639	105 186	3 841
江 苏	5 093 844	4 191 984	938 742	3 253 242	901 860	553 787	19 549	328 524
浙 江	5 508 186	1 852 218	871 700	980 518	3 655 968	3 192 000	368 186	95 782
安 徽	2 155 341	1 830 292		1 830 292	325 049			325 049
福 建	6 584 802	4 331 888	3 548 960	782 928	2 252 914	1 937 300	230 526	85 088
江 西	2 426 460	2 165 840		2 165 840	260 620			260 620
山 东	8 631 599	6 061 106	4 566 350	1 494 756	2 570 493	2 315 178	113 062	142 253
河 南	850 130	803 313		803 313	46 817			46 817
湖 北	4 103 732	3 890 697		3 890 697	213 035			213 035
湖 南	2 340 595	2 235 989		2 235 989	104 606			104 606
广 东	8 161 268	6 477 422	2 870 020	3 607 402	1 683 846	1 490 821	63 181	129 844
广 西	3 193 444	2 408 205	1 056 461	1 351 744	785 239	650 599	2 789	131 851
海 南	1 831 423	688 622	248 072	440 550	1 142 801	1 121 263		21 538
重 庆	385 000	370 200		370 200	14 800			14 800
四 川	1 260 578	1 200 578		1 200 578	60 000			60 000
贵 州	166 997	152 997		152 997	14 000			14 000
云 南	486 300	448 053		448 053	38 247			38 247
西 藏	400	65		65	335			335
陕 西	125 150	119 750		119 750	5 400			5 400
甘 肃	13 884	13 884		13 884				
青 海	6 000	6 000		6 000				
宁 夏	144 930	144 700		144 700	230			230
新 疆	131 704	118 551		118 551	13 153			13 153
中农发集团	225 030				225 030		225 030	

各地区水产品产量(二)

单位:吨

地　区	2012 年							
	总产量	1. 养殖产品小计	海水养殖	淡水养殖	2. 捕捞产品小计	海洋捕捞	远洋渔业	淡水捕捞
全国总计	59 076 760	42 883 553	16 438 105	26 445 448	16 193 207	12 671 891	1 223 441	2 297 875
北　京	63 842	50 440		50 440	13 402		9 580	3 822
天　津	365 042	326 266	14 285	311 981	38 776	16 516	10 793	11 467
河　北	1 163 172	813 009	382 061	430 948	350 163	252 570		97 593
山　西	41 243	40 121		40 121	1 122			1 122
内蒙古	131 575	100 442		100 442	31 133			31 133
辽　宁	4 786 268	3 477 043	2 635 627	841 416	1 309 225	1 079 288	178 376	51 561
吉　林	182 100	161 974		161 974	20 126			20 126
黑龙江	452 840	400 894		400 894	51 946			51 946
上　海	297 132	162 104		162 104	135 028	20 387	110 198	4 443
江　苏	4 937 399	4 023 327	904 959	3 118 368	914 072	566 085	13 770	334 217
浙　江	5 395 806	1 845 133	861 364	983 769	3 550 673	3 160 189	290 881	99 603
安　徽	2 074 938	1 751 444		1 751 444	323 494			323 494
福　建	6 286 826	4 061 193	3 326 595	734 598	2 225 633	1 927 150	212 330	86 153
江　西	2 370 007	2 105 141		2 105 141	264 866			264 866
山　东	8 418 937	5 781 326	4 362 443	1 418 883	2 637 611	2 363 321	134 982	139 308
河　南	717 210	675 643		675 643	41 567			41 567
湖　北	3 889 476	3 676 396		3 676 396	213 080			213 080
湖　南	2 214 376	2 109 424		2 109 424	104 952			104 952
广　东	7 895 004	6 198 303	2 757 362	3 440 941	1 696 701	1 510 457	55 616	130 628
广　西	3 038 700	2 238 555	977 307	1 261 248	800 145	666 603	4 012	129 530
海　南	1 727 340	596 638	216 102	380 536	1 130 702	1 109 325		21 377
重　庆	330 720	315 822		315 822	14 898			14 898
四　川	1 189 102	1 128 781		1 128 781	60 321			60 321
贵　州	134 675	120 389		120 389	14 286			14 286
云　南	401 200	372 878		372 878	28 322			28 322
西　藏	400	65		65	335			335
陕　西	105 429	100 675		100 675	4 754			4 754
甘　肃	13 340	13 340		13 340				
青　海	4 520	4 460		4 460	60			60
宁　夏	123 538	123 320		123 320	218			218
新　疆	121 700	109 007		109 007	12 693			12 693
中农发集团	202 903				202 903		202 903	

各地区水产品产量(三)

单位:吨

地 区	2013年比2012年增减(±)							
	总产量	1. 养殖产品小计	海水养殖	淡水养殖	2. 捕捞产品小计	海洋捕捞	远洋渔业	淡水捕捞
全国总计	2 643 269	2 533 249	954 348	1 578 901	110 020	-28 069	128 537	9 552
北 京	-231	2 472		2 472	-2 703		-2 572	-131
天 津	33 520	-6 501	-2 016	-4 485	40 021	36 921	2 234	866
河 北	67 464	89 488	70 209	19 279	-22 024	-22 031		7
山 西	4 378	4 378		4 378				
内蒙古	9 746	9 870		9 870	-124			-124
辽 宁	263 984	235 269	191 982	43 287	28 715	-29	26 058	2 686
吉 林	3 727	3 001		3 001	726			726
黑龙江	35 775	36 161		36 161	-386			-386
上 海	-8 345	-1 983		-1 983	-6 362	-748	-5 012	-602
江 苏	156 445	168 657	33 783	134 874	-12 212	-12 298	5 779	-5 693
浙 江	112 380	7 085	10 336	-3 251	105 295	31 811	77 305	-3 821
安 徽	80 403	78 848		78 848	1 555			1 555
福 建	297 976	270 695	222 365	48 330	27 281	10 150	18 196	-1 065
江 西	56 453	60 699		60 699	-4 246			-4 246
山 东	212 662	279 780	203 907	75 873	-67 118	-48 143	-21 920	2 945
河 南	132 920	127 670		127 670	5 250			5 250
湖 北	214 256	214 301		214 301	-45			-45
湖 南	126 219	126 565		126 565	-346			-346
广 东	266 264	279 119	112 658	166 461	-12 855	-19 636	7 565	-784
广 西	154 744	169 650	79 154	90 496	-14 906	-16 004	-1 223	2 321
海 南	104 083	91 984	31 970	60 014	12 099	11 938		161
重 庆	54 280	54 378		54 378	-98			-98
四 川	71 476	71 797		71 797	-321			-321
贵 州	32 322	32 608		32 608	-286			-286
云 南	85 100	75 175		75 175	9 925			9 925
西 藏								
陕 西	19 721	19 075		19 075	646			646
甘 肃	544	544		544				
青 海	1 480	1 540		1 540	-60			-60
宁 夏	21 392	21 380		21 380	12			12
新 疆	10 004	9 544		9 544	460			460
中农发集团	22 127				22 127		22 127	

全国水产养殖产量(按水域和养殖方式分)

单位:吨

指标		2013 年	2012 年	2013 年比 2012 年增减(±)	
				绝对量	幅度(%)
总计		45 416 802	42 883 553	2 533 249	5.91
1. 海水养殖		17 392 453	16 438 105	954 348	5.81
按水域分	海上	9 582 064	8 981 398	600 666	6.69
	滩涂	5 857 555	5 639 855	217 700	3.86
	其他	1 952 834	1 816 852	135 982	7.48
养殖方式中	池塘	2 281 213	2 127 020	154 193	7.25
	普通网箱	400 010	393 510	6 500	1.65
	深水网箱	73 885	70 974	2 911	4.10
	筏式	4 773 112	4 537 271	235 841	5.20
	吊笼	1 152 897	966 704	186 193	19.26
	底播	4 949 858	4 409 046	540 812	12.27
	工厂化	177 413	158 916	18 497	11.64
2. 淡水养殖		28 024 349	26 445 448	1 578 901	5.97
按水域分	池塘	19 887 462	18 664 241	1 223 221	6.55
	湖泊	1 634 253	1 614 977	19 276	1.19
	水库	3 536 581	3 337 690	198 891	5.96
	河沟	856 309	843 142	13 167	1.56
	其他	659 285	654 020	5 265	0.81
	稻田养成鱼	1 450 459	1 331 378	119 081	8.94
养殖方式中	围栏	495 296	495 806	-510	-0.10
	网箱	1 388 340	1 273 153	115 187	9.05
	工厂化	208 129	203 917	4 212	2.07

全国海水养殖产量(一)

单位:吨

指　　标	2013 年	2012 年	2013 年比 2012 年增减(±)	
			绝对量	幅度(%)
海水养殖	17 392 453	16 438 105	954 348	5.81
1. 鱼类	1 123 576	1 028 399	95 177	9.25
其中:鲈鱼	128 086	125 836	2 250	1.79
鲆鱼	122 600	113 551	9 049	7.97
大黄鱼	105 230	95 118	10 112	10.63
军曹鱼	39 627	38 014	1 613	4.24
鰤鱼	35 966	13 094	22 872	174.68
鲷鱼	57 110	52 328	4 782	9.14
美国红鱼	59 136	65 712	-6 576	-10.01
河鲀	14 394	13 176	1 218	9.24
石斑鱼	82 434	72 785	9 649	13.26
鲽鱼	5 616	10 431	-4 815	-46.16
2. 甲壳类	1 340 218	1 249 554	90 664	7.26
虾	1 081 269	1 005 729	75 540	7.51
其中:南美白对虾	812 545	762 494	50 051	6.56
斑节对虾	72 008	64 554	7 454	11.55
中国对虾	41 931	41 213	718	1.74
日本对虾	45 949	49 409	-3 460	-7.00
蟹	258 949	243 825	15 124	6.20
其中:梭子蟹	109 584	99 580	10 004	10.05
青蟹	138 071	128 983	9 088	7.05

全国海水养殖产量(二)

单位:吨

指　　标	2013 年	2012 年	2013 年比 2012 年增减(±)	
			绝对量	幅度(%)
3. 贝类	12 728 037	12 084 393	643 644	5.33
牡蛎	4 218 644	3 948 817	269 827	6.83
鲍	110 380	90 694	19 686	21.71
螺	212 844	214 346	-1 502	-0.70
蚶	336 870	278 058	58 812	21.15
贻贝	747 077	764 395	-17 318	-2.27
江珧	17 323	15 061	2 262	15.02
扇贝	1 608 201	1 419 956	188 245	13.26
蛤	3 853 531	3 735 484	118 047	3.16
蛏	720 804	720 466	338	0.05
4. 藻类	1 856 804	1 764 684	92 120	5.22
海带	1 017 737	979 006	38 731	3.96
裙带菜	170 111	175 121	-5 010	-2.86
紫菜	113 900	112 329	1 571	1.40
江蓠	246 112	196 778	49 334	25.07
麒麟菜	9 256	9 588	-332	-3.46
石花菜		412	-412	-100.00
羊栖菜	15 152	11 226	3 926	34.97
苔菜	439	890	-451	-50.67
5. 其他类	343 818	311 075	32 743	10.53
海参	193 705	170 830	22 875	13.39
海胆(千克)	6 427 160	5 852 710	574 450	9.82
海水珍珠(千克)	8 764	9 663	-899	-9.30
海蜇	66 513	63 790	2 723	4.27

全国淡水养殖产量

单位:吨

指　　标	2013 年	2012 年	2013 年比 2012 年增减(±)	
			绝对量	幅度(%)
淡水养殖产量	28 024 349	26 445 448	1 578 901	5.97
1. 鱼类	24 817 311	23 341 134	1 476 177	6.32
2. 甲壳类	2 429 437	2 343 034	86 403	3.69
虾	1 699 575	1 628 654	70 921	4.35
其中:罗氏沼虾	117 402	124 713	-7 311	-5.86
青虾	251 149	237 431	13 718	5.78
克氏原螯虾	603 520	554 821	48 699	8.78
南美白对虾	617 384	690 747	-73 363	-10.62
蟹(河蟹)	729 862	714 380	15 482	2.17
3. 贝类	255 756	258 776	-3 020	-1.17
其中:河蚌	104 675	92 347	12 328	13.35
螺	110 589	111 736	-1 147	-1.03
蚬	23 459	22 931	528	2.30
4. 藻类(螺旋藻)	8 189	8 005	184	2.30
5. 其他类	513 656	494 499	19 157	3.87
其中:龟	38 006	32 826	5 180	15.78
鳖	343 734	331 424	12 310	3.71
蛙	87 331	83 331	4 000	4.80
珍珠(千克)	1 983 203	2 548 441	-565 238	-22.18
6. 观赏鱼(万尾)	368 758	21 077	158 681	75.53

全国淡水养殖主要鱼类产量

单位:吨

指　　标	2013 年	2012 年	2013 年比 2012 年增减(±)	
			绝对量	幅度(%)
青鱼	525 498	494 908	30 590	6.18
草鱼	5 069 948	4 781 698	288 250	6.03
鲢鱼	3 850 873	3 687 751	163 122	4.42
鳙鱼	3 015 380	2 851 419	163 961	5.75
鲤鱼	3 022 494	2 896 957	125 537	4.33
鲫鱼	2 594 438	2 450 450	143 988	5.88
鳊鱼	730 962	705 821	25 141	3.56
泥鳅	321 499	293 911	27 588	9.39
鲶鱼	433 948	408 750	25 198	6.16
鮰鱼	247 399	224 132	23 267	10.38
黄颡鱼	295 669	256 650	39 019	15.20
鲑鱼	3 322	2 560	762	29.77
鳟鱼	28 991	25 901	3 090	11.93
河鲀	4 860	3 804	1 056	27.76
短盖巨脂鲤	101 151	97 915	3 236	3.30
长吻鮠	16 141	26 264	-10 123	-38.54
黄鳝	346 077	320 966	25 111	7.82
鳜鱼	284 780	281 502	3 278	1.16
池沼公鱼	17 972	14 929	3 043	20.38
银鱼	21 209	20 804	405	1.95
鲈鱼	339 836	243 196	96 640	39.74
乌鳢	509 865	480 594	29 271	6.09
罗非鱼	1 657 717	1 552 733	104 984	6.76
鲟鱼	64 652	55 184	9 468	17.16
鳗鲡	206 026	212 464	-6 438	-3.03

各地区海水养殖产量(按品种分)(一)

单位:吨

地区	海水养殖产量	1. 鱼类	其中					
			鲈鱼	鲆鱼	大黄鱼	军曹鱼	鲕鱼	鲷鱼
全国总计	17 392 453	1 123 576	128 086	122 600	105 230	39 627	35 966	57 110
天津	12 269	3 521	60	2 431				
河北	452 270	11 080	395	3 080				
辽宁	2 827 609	59 002	1 220	35 821			131	
上海								
江苏	938 742	82 397	1 466	4 492				60
浙江	871 700	29 490	7 988	333	3 275	195	115	2 602
福建	3 548 960	244 729	24 394	2 787	92 289	116	4 882	23 917
山东	4 566 350	159 965	21 348	72 193	72			993
广东	2 870 020	433 333	60 288	1 463	9 594	25 454	29 935	21 593
广西	1 056 461	42 361	7 397			55		5 220
海南	248 072	57 698	3 530			13 807	903	2 725

各地区海水养殖产量(按品种分)(二)

单位:吨

地区	1. 鱼类(续)				2. 甲壳类			
	其中(续)					(1)虾	其中	
	美国红鱼	河鲀	石斑鱼	鲽鱼			南美白对虾	斑节对虾
全国总计	59 136	14 394	82 434	5 616	1 340 218	1 081 269	812 545	72 008
天津	38	102	300	13	8 748	8 748	8 743	
河北		1 903		717	21 246	18 882	10 813	
辽宁		3 511		20	29 902	28 040	12 676	
上海								
江苏		176	24	2 140	108 613	73 698	20 202	2 872
浙江	7 906	126	192	118	96 069	48 894	32 289	718
福建	14 117	2 357	24 583	493	142 387	84 184	61 123	5 889
山东	8 223	3 564	200	1 971	120 951	94 828	63 591	2 520
广东	21 593	2 600	36 514	144	437 719	382 486	294 461	46 497
广西	4 772		1 837		234 615	219 078	192 227	10 698
海南	2 487	55	18 784		139 968	122 431	116 420	2 814

各地区海水养殖产量(按品种分)(三)

单位:吨

地　区	2. 甲壳类					3. 贝类
	(1)虾(续)		(2)蟹			
	其中(续)			其中		
	中国对虾	日本对虾		梭子蟹	青蟹	
全国总计	41 931	45 949	258 949	109 584	138 071	12 728 037
天　津	5					
河　北	4 254	3 815	2 364	2 364		409 779
辽　宁	10 594	2 794	1 862	1 448		2 282 876
上　海						
江　苏	6 499	1 567	34 915	31 200	1 990	708 797
浙　江	1 209	1 035	47 175	19 499	27 279	697 533
福　建	3 882	10 827	58 203	25 670	29 705	2 361 680
山　东	7 644	19 674	26 123	24 312	1 513	3 547 123
广　东	7 844	6 063	55 233	5 003	44 713	1 916 388
广　西		174	15 537		15 537	776 574
海　南			17 537	88	17 334	27 287

各地区海水养殖产量(按品种分)(四)

单位:吨

地　区	3. 贝类(续)								
	其中								
	牡蛎	鲍	螺	蚶	贻贝	江珧	扇贝	蛤	蛏
全国总计	4 218 644	110 380	212 844	336 870	747 077	17 323	1 608 201	3 853 531	720 804
天　津									
河　北			27	35 159	558		338 877	35 158	
辽　宁	201 364	2 026		33 610	35 083		403 138	1 170 847	28 752
上　海									
江　苏	38 811	50	59 720	28 411	56 340		10	370 274	87 629
浙　江	154 566	142	12 074	132 388	82 445		310	57 428	223 450
福　建	1 521 408	88 470	4 398	46 772	78 249		6 981	323 622	213 934
山　东	758 177	11 957	17 334	5 526	390 265		761 035	1 345 021	144 982
广　东	1 069 148	7 023	80 232	51 152	94 036	17 323	95 588	302 507	20 863
广　西	473 432		36 705	3 051	10 101		2 207	236 620	1 194
海　南	1 738	712	2 354	801			55	12 054	

各地区海水养殖产量(按品种分)(五)

单位:吨

地区	4. 藻类	其中					
		海带	裙带菜	紫菜	江蓠	麒麟菜	石花菜
全国总计	1 856 804	1 017 737	170 111	113 900	246 112	9 256	
天津							
河北							
辽宁	319 705	180 150	131 000				
上海							
江苏	29 641	548	5	27 718	1 297		
浙江	45 212	10 286		19 329	725		
福建	774 702	576 573		56 157	122 614		
山东	588 944	246 037	38 679	550	51 221		
广东	75 846	4 143	427	10 146	57 425	2 000	
广西							
海南	22 754				12 830	7 256	

各地区海水养殖产量(按品种分)(六)

单位:吨

地区	4. 藻类(续)		5. 其他类	其中			
	其中(续)						
	羊栖菜	苔菜		海参	海胆(千克)	海水珍珠(千克)	海蜇
全国总计	15 152	439	343 818	193 705	6 427 160	8 764	66 513
天津							
河北			10 165	7 976			2 189
辽宁			136 124	70 687	142 228		52 170
上海							
江苏			9 294	463			5 109
浙江	10 627	439	3 396	262			400
福建	4 500		25 462	17 555	5 000		3 485
山东			149 367	96 523	4 120 000		2 765
广东	25		6 734	225	2 159 932	6 052	256
广西			2 911	14		607	139
海南			365			2 105	

各地区海水养殖产量(按水域和养殖方式分)(一)

单位:吨

地　区	海水养殖产量	按水域养殖分			养殖方式中
		1. 海上	2. 滩涂	3. 其他	4. 池塘
全国总计	17 392 453	9 582 064	5 857 555	1 952 834	2 281 213
天　津	12 269			12 269	8 977
河　北	452 270	375 537	47 673	29 060	36 835
辽　宁	2 827 609	1 833 255	798 246	196 108	176 930
上　海					
江　苏	938 742	209 534	513 044	216 164	300 819
浙　江	871 700	282 296	346 628	242 776	254 293
福　建	3 548 960	2 263 328	1 029 649	255 983	273 321
山　东	4 566 350	3 026 835	1 352 324	187 191	311 275
广　东	2 870 020	1 201 249	1 166 032	502 739	558 642
广　西	1 056 461	336 080	474 872	245 509	206 400
海　南	248 072	53 950	129 087	65 035	153 721

各地区海水养殖产量(按水域和养殖方式分)(二)

单位:吨

地　区	养殖方式中(续)					
	2. 普通网箱	3. 深水网箱	4. 筏式	5. 吊笼	6. 底播	7. 工厂化
全国总计	400 010	73 885	4 773 112	1 152 897	4 949 858	177 413
天　津						3 292
河　北			365 345		41 163	6 927
辽　宁	1 893	2 500	774 893	40 531	1 221 363	36 917
上　海						
江　苏	15	105	99 806	1 762	449 695	11 267
浙　江	21 170	1 126	227 815	3 531	222 207	3 181
福　建	190 603	8 215	1 262 376	109 178	364 844	14 936
山　东	32 710	25 556	1 444 225	872 023	1 786 338	94 223
广　东	104 768	16 617	322 214	123 589	639 467	3 783
广　西	30 749	3 068	276 438	2 233	213 024	
海　南	18 102	16 698		50	11 757	2 887

各地区淡水养殖产量(按品种分)(一)

单位:吨

地 区	淡水养殖产量	1. 鱼类	其中				
			青鱼	草鱼	鲢鱼	鳙鱼	鲤鱼
全国总计	28 024 349	24 817 311	525 498	5 069 948	3 850 873	3 015 380	3 022 494
北 京	52 912	52 700	979	15 647	4 619	2 840	14 489
天 津	307 496	256 009		30 906	37 503	9 530	108 456
河 北	450 227	411 783	76	73 165	78 053	37 505	153 362
山 西	44 499	43 963	70	12 856	7 863	3 723	12 717
内 蒙 古	110 312	108 018		13 677	17 599	13 001	43 906
辽 宁	884 703	788 890	6 194	97 090	116 280	65 010	295 193
吉 林	164 975	163 920	1 110	15 082	43 649	30 558	43 112
黑 龙 江	437 055	432 997		32 017	89 769	38 473	175 300
上 海	160 121	103 435	3 226	25 403	15 309	10 232	1 799
江 苏	3 253 242	2 453 689	73 710	420 896	483 090	233 791	148 264
浙 江	980 518	646 963	40 794	86 904	132 382	91 946	31 779
安 徽	1 830 292	1 501 086	73 576	250 926	284 617	273 721	111 722
福 建	782 928	666 535	12 914	161 205	70 621	61 202	52 589
江 西	2 165 840	1 962 445	49 391	448 687	265 096	330 443	144 773
山 东	1 494 756	1 392 488	15 731	250 049	24 383	142 505	349 025
河 南	803 313	783 485	7 374	124 911	189 748	121 313	239 892
湖 北	3 890 697	3 316 842	103 283	879 787	646 770	410 677	174 826
湖 南	2 235 989	2 169 025	72 981	605 467	411 259	343 165	166 692
广 东	3 607 402	3 268 974	38 957	711 817	214 401	357 067	114 641
广 西	1 351 744	1 315 299	13 006	296 175	231 921	166 213	150 700
海 南	440 550	428 952	1 225	9 958	8 542	7 798	6 553
重 庆	370 200	367 640	1 472	83 024	91 457	34 177	33 603
四 川	1 200 578	1 187 309	1 761	210 205	262 506	140 696	149 390
贵 州	152 997	152 122	714	30 981	15 859	23 230	46 650
云 南	448 053	445 989	6 687	75 541	45 248	35 834	110 832
西 藏	65	65		9			15
陕 西	119 750	116 635	254	27 972	24 693	12 558	36 075
甘 肃	13 884	13 832	13	3 600	1 553	495	4 505
青 海	6 000	5 875		159	184		226
宁 夏	144 700	142 676		41 992	17 290	7 610	62 251
新 疆	118 551	117 670		33 840	18 609	10 067	39 157

各地区淡水养殖产量(按品种分)(二)

单位:吨

地区	1. 鱼类(续)						
	其中(续)						
	鲫鱼	鳊鲂	泥鳅	鲶鱼	鮰鱼	黄颡鱼	鲑鱼
全国总计	2 594 438	730 962	321 499	433 948	247 399	295 669	3 322
北京	3 159	1 661	170	1 219	200	16	
天津	62 534	2 297	70	1 766			
河北	37 554	597	2 580	767	32	61	3
山西	2 025	173	123	378	31	1	2
内蒙古	14 385	635	590	1 896	12	155	
辽宁	97 517	8 804	16 561	44 511	389	6 701	781
吉林	17 855	1 563	1 460	2 563		1 174	105
黑龙江	67 332	1 134	2 310	4 278	67	2 333	
上海	38 224	3 126	228	30	151	310	
江苏	602 071	187 969	80 483	12 723	1 155	25 404	47
浙江	80 667	28 167	5 265	2 081	1 551	32 837	70
安徽	175 991	93 707	34 499	15 593	17 502	24 351	
福建	29 011	4 328	1 570	12 050	1 801	3 734	12
江西	193 946	59 172	70 347	53 889	29 527	41 104	353
山东	143 299	14 988	11 075	27 781	542	2 858	3
河南	47 265	13 170	8 455	12 991	5 747	2 109	
湖北	423 771	170 669	37 195	36 610	47 640	80 161	
湖南	108 124	71 424	12 698	31 958	37 674	19 483	1
广东	129 000	20 979	2 132	34 821	17 636	23 952	239
广西	37 621	1 921	2 950	34 115	11 208	2 700	1
海南	1 825	1 188	801	2 073			
重庆	80 916	4 932	7 222	6 231	6 246	2 974	82
四川	142 024	32 946	21 127	79 300	56 854	21 223	466
贵州	4 780	2 279	594	4 479	9 170	897	672
云南	26 797	768	431	6 975	1 111	364	312
西藏	10						20
陕西	5 500	436	343	978	547	627	10
甘肃	905	70		26	2		128
青海	285						
宁夏	10 486	809	220	1 241	335		
新疆	9 559	1 050		625	269	140	15

各地区淡水养殖产量（按品种分）（三）

单位：吨

地区	1. 鱼类（续）						
	其中（续）						
	鳟鱼	河鲀	短盖巨脂鲤	长吻鮠	黄鳝	鳜鱼	池沼公鱼
全国总计	28 991	4 860	101 151	16 141	346 077	284 780	17 972
北京	2 089		10			21	
天津							
河北	2 074		31				5 425
山西	1 314						7
内蒙古	114						580
辽宁	5 835					1 137	3 248
吉林	242					279	3 957
黑龙江	411					526	76
上海					5	91	
江苏	1	3 069	8 397	17	7 200	28 338	30
浙江	136		793	61	1 124	12 518	16
安徽	2	12	4 168	200	43 643	37 365	
福建	213	575	4 239	127	698	1 558	5
江西	41		22 886	548	79 472	45 526	
山东	3 709		1 748		2 083	3 113	20
河南	164		502	7	2 425	589	25
湖北		10	52	882	161 837	34 105	
湖南	526		127	1 068	29 999	19 513	2 790
广东	638	1 194	27 121	1 151	2 267	94 106	
广西	201		29 154	868	1 699	209	
海南			1 120		365		
重庆	413		203	820	746	453	
四川	1 379		10	9 211	11 409	4 633	
贵州	86		4	1 156	465	54	
云南	3 800		586	25	321	36	259
西藏	11						
陕西	740				319	578	
甘肃	524						
青海	3 641						1 380
宁夏							
新疆	687					32	154

各地区淡水养殖产量(按品种分)(四)

单位:吨

地　区	1. 鱼类(续)						2. 甲壳类
	其中(续)						
	银鱼	鲈鱼	乌鳢	罗非鱼	鲟鱼	鳗鲡	
全国总计	21 209	339 836	509 865	1 657 717	64 652	206 026	2 429 437
北　京		190	38	1 493	3 457		99
天　津		760		598			50 828
河　北	739	31	49	14 301	4 384		33 212
山　西	36	37	238	1 034	1 081		85
内蒙古	168		1 211	89			449
辽　宁	1 499	138	3 131	2 523	1 378		82 907
吉　林	383	46	763	2	16		1 053
黑龙江	1 279	10	163	26			4 009
上　海		254		31	57	13	56 096
江　苏	41	34 862	36 241	4 189	1 146	5 286	722 650
浙　江	27	18 162	45 488	1 994	4 310	1 499	138 328
安　徽	2 344	816	31 054	5 265	302	3 780	241 344
福　建	45	10 182	2 141	126 844	3 332	81 046	64 412
江　西	1 569	20 189	56 443	6 844	2 273	15 573	101 915
山　东	3 862	713	138 139	8 608	9 686		90 723
河　南	2 231	376	1 901	1 110	893		13 618
湖　北	2 270	3 343	34 589	3 960	8 610	170	509 567
湖　南	1 810	1 544	30 584	1 706	4 570		18 351
广　东	269	231 837	112 279	700 219	1 316	98 428	283 780
广　西	611	709	2 580	286 046	961		5 985
海　南			130	354 582	22	230	1 684
重　庆	10	935	4 168	3 508	1 032		1 138
四　川	1 455	10 954	8 190	3 824	6 225		3 312
贵　州	137	2 479	23	4 364	3 049		260
云　南	289	512	149	123 356	4 586	1	531
西　藏							
陕　西	135	100	92	505	1 034		66
甘　肃			1	26	624		50
青　海							125
宁　夏			13		174		2 024
新　疆		657	67	670	134		836

各地区淡水养殖产量（按品种分）（五）

单位：吨

地区	1. 甲壳类（续）						3. 贝类	其中
	(1)虾	其中				(2)蟹		河蚌
		罗氏沼虾	青虾	克氏原螯虾	南美白对虾			
全国总计	1 699 575	117 402	251 149	603 520	617 384	729 862	255 756	104 675
北京	87					12		
天津	49 525		166		49 359	1 303		
河北	27 923		825		26 623	5 289	30	25
山西	60				60	25		
内蒙古	133		103			316		
辽宁	7 591				7 419	75 316	23	23
吉林	386		6			667	2	2
黑龙江	260				40	3 749		
上海	42 766	3 895	544	43	38 284	13 330	10	7
江苏	396 808	69 019	117 147	83 340	126 656	325 842	43 404	10 328
浙江	130 878	11 115	18 967	4 620	95 218	7 450	11 719	3 792
安徽	138 739	2 509	47 823	86 885	1 399	102 605	51 786	29 947
福建	63 074	1 133	1 709	132	59 469	1 338	33 182	4 307
江西	85 279	595	25 399	58 835	450	16 636	45 037	13 150
山东	64 224	692	2 958	8 127	47 790	26 499	2 774	1 266
河南	11 657	767	2 579	7 889	353	1 961	167	108
湖北	378 149	1 500	26 475	347 515	2 659	131 418	25 775	20 109
湖南	11 486	546	3 635	2 738	3 576	6 865	19 030	10 133
广东	279 160	23 390	1 723	16	155 052	4 620	14 303	10 217
广西	5 236	1 719	749	277	2 175	749	3 938	453
海南	1 414				350	270	158	
重庆	1 064	146		553	150	74	67	2
四川	2 933	150	148	2 474	89	379	3 485	573
贵州	110	71	32	7		150	293	154
云南	385	155	154	69	6	146	526	79
西藏								
陕西	26		2			40	2	
甘肃	10					40		
青海						125		
宁夏	3				3	2 021		
新疆	209		5		204	627	45	

各地区淡水养殖产量(按品种分)(六)

单位:吨

地区	3. 贝类(续) 其中(续) 螺	蚬	4. 藻类	5. 其他类	其中 龟	鳖	蛙	珍珠(千克)	6. 观赏鱼(万尾)
全国总计	110 589	23 459	8 189	513 656	38 006	343 734	87 331	1 983 203	368 758
北　京				113	29	31			33 321
天　津				659		659			36 230
河　北	5			5 202	2	5 136			2 980
山　西				451	451				625
内蒙古			1 845						13
辽　宁				12 883	5		12 642		148 935
吉　林									7 000
黑龙江				49					
上　海				580	70	432	78		11 443
江　苏	28 157	4 642	893	32 606	1 551	26 936	1 305	267 004	17 469
浙　江	7 357	355	97	183 411	12 874	154 512	10 760	1 106	8 920
安　徽	20 177	1 662		36 076	5 198	24 198	4 238	404 775	7 127
福　建	3 611	10 450	695	18 104	1 141	7 149	8 087	11 000	5 730
江　西	26 935	4 017	3 233	53 210	3 839	24 360	23 439	954 000	6
山　东	1 149	322		8 771	591	5 560	11		18 502
河　南	47	9	186	5 857	31	5 783	43		23 877
湖　北	5 358	308		38 513	2 793	33 964	1 600	156 000	
湖　南	7 555	1 159		29 583	2 275	17 068	8 279	189 070	321
广　东	3 622	318	20	40 325	4 454	12 951	4 086		25 085
广　西	3 115	216	77	26 445	2 510	21 081	707	3	14
海　南	140		642	9 114	120	1 235	7 395		31
重　庆	65			1 355	3	348	631		8 111
四　川	2 664			6 472	69	1 461	3 958		6 139
贵　州	138	1		322		265	55	245	21
云　南	447		501	506		52	17		6 396
西　藏									
陕　西	2			3 047		551			12
甘　肃				2		2			
青　海									
宁　夏									450
新　疆	45								

各地区淡水养殖产量(按水域和养殖方式分)(一)

单位:吨

地 区	淡水养殖产量	按水域分			
		1. 池塘	2. 湖泊	3. 水库	4. 河沟
全国总计	28 024 349	19 887 462	1 634 253	3 536 581	856 309
北 京	52 912	47 837			
天 津	307 496	289 900		5 382	2 369
河 北	450 227	298 991	14 675	124 850	4 616
山 西	44 499	29 921	744	13 543	98
内 蒙 古	110 312	63 568	20 714	23 323	2 282
辽 宁	884 703	661 969	30	121 847	3 854
吉 林	164 975	69 444	30 134	60 338	
黑 龙 江	437 055	315 893	45 579	49 242	18 084
上 海	160 121	152 798	310		6 436
江 苏	3 253 242	2 387 140	213 548	79 553	246 451
浙 江	980 518	427 990	5 631	87 296	80 018
安 徽	1 830 292	1 076 660	355 836	161 715	108 748
福 建	782 928	528 810	4 904	167 626	39 161
江 西	2 165 840	1 188 898	301 581	517 521	62 350
山 东	1 494 756	1 066 871	94 311	255 513	23 239
河 南	803 313	599 395	7 810	98 796	16 382
湖 北	3 890 697	3 165 790	329 610	195 561	17 819
湖 南	2 235 989	1 694 213	136 087	224 417	24 924
广 东	3 607 402	3 292 794	8 274	235 049	15 735
广 西	1 351 744	757 949		448 484	93 315
海 南	440 550	316 831	6 884	106 618	60
重 庆	370 200	322 061		32 576	5 297
四 川	1 200 578	603 480	935	225 093	75 001
贵 州	152 997	15 867	713	94 058	2 484
云 南	448 053	242 102	5 635	153 129	3 301
西 藏	65	65			
陕 西	119 750	70 564	2 601	29 755	2 005
甘 肃	13 884	9 976	76	2 941	
青 海	6 000	433	466	5 101	
宁 夏	144 700	94 200	46 660	1 420	470
新 疆	118 551	95 052	505	15 834	1 810

各地区淡水养殖产量(按水域和养殖方式分)(二)

单位:吨

地 区	按水域分(续)		养殖方式中		
	5. 其他	6. 稻田	围栏	网箱	工厂化
全国总计	659 285	1 450 459	495 296	1 388 340	208 129
北 京	5 075				2 427
天 津	9 755	90			1 350
河 北	5 909	1 186	2 580	88 936	3 367
山 西	53	140	100	1 709	
内蒙古		425	786	959	218
辽 宁	24 060	72 943	3 258	48 306	1 116
吉 林	4 367	692	1 413	3 105	76
黑龙江	3 925	4 332	933	2 146	
上 海	577				48
江 苏	104 302	222 248	48 120	84 165	14 377
浙 江	77 168	302 415	13 872	20 367	82 033
安 徽	47 215	80 118	206 852	99 248	7 139
福 建	27 141	15 286	1 434	21 917	37 009
江 西	32 810	62 680	53 797	91 036	10 419
山 东	245	54 577	31 194	132 476	32 445
河 南	80 482	448	3 371	77 773	2 709
湖 北	13 156	168 761	75 547	166 471	2 697
湖 南	72 588	83 760	32 170	119 724	509
广 东	52 911	2 639	949	4 604	657
广 西	37 341	14 655	11 994	179 224	
海 南	10 157		2 985	2 740	700
重 庆	1 743	8 523	1 043	2 574	343
四 川	9 680	286 389		55 587	73
贵 州	10 534	29 341	843	87 228	1 509
云 南	7 176	36 710	598	72 306	6 357
西 藏					
陕 西	14 675	150	1 457	21 792	267
甘 肃	890	1		111	
青 海				3 641	
宁 夏		1 950			
新 疆	5 350			195	284

全国海洋捕捞产量

单位:吨

指　　标	2013 年	2012 年	2013 年比 2012 年增减(±)	
			绝对量	幅度(%)
海洋捕捞产量	12 643 822	12 671 891	-28 069	-0.22
1. 鱼类	8 717 638	8 758 466	-40 828	-0.47
2. 甲壳类	2 285 476	2 207 391	78 085	3.54
虾	1 551 263	1 560 129	-8 866	-0.57
其中:毛虾	566 503	568 540	-2 037	-0.36
对虾	130 333	131 369	-1 036	-0.79
鹰爪虾	324 450	305 951	18 499	6.05
虾蛄	294 151	292 862	1 289	0.44
蟹	734 213	647 262	86 951	13.43
其中:梭子蟹	470 637	400 348	70 289	17.56
青蟹	77 429	71 146	6 283	8.83
蟳	57 483	62 010	-4 527	-7.30
3. 贝类	547 556	563 422	-15 866	-2.82
4. 藻类	28 036	25 728	2 308	8.97
5. 头足类	664 285	698 909	-34 624	-4.95
其中:乌贼	128 046	127 126	920	0.72
鱿鱼	361 058	385 845	-24 787	-6.42
章鱼	116 828	124 117	-7 289	-5.87
6. 其他类	400 831	417 975	-17 144	-4.10
其中:海蜇	211 315	206 885	4 430	2.14

全国海洋捕捞主要鱼类产量

单位:吨

指　标	2013 年	2012 年	2013 年比 2012 年增减(±)	
			绝对量	幅度(%)
海鳗	370 885	363 028	7 857	2.16
鳓鱼	84 033	83 262	771	0.93
鳀鱼	866 808	824 153	42 655	5.18
沙丁鱼	141 558	131 963	9 595	7.27
鲱鱼	17 838	17 617	221	1.25
石斑鱼	101 998	97 074	4 924	5.07
鲷	169 253	166 397	2 856	1.72
蓝圆鲹	570 602	580 982	-10 380	-1.79
白姑鱼	120 408	120 502	-94	-0.08
黄姑鱼	84 132	86 092	-1 960	-2.28
鲵鱼	71 443	42 157	29 286	69.47
大黄鱼	91 070	71 075	19 995	28.13
小黄鱼	364 112	400 615	-36 503	-9.11
梅童鱼	278 564	290 979	-12 415	-4.27
方头鱼	42 631	43 624	-993	-2.28
玉筋鱼	120 219	135 042	-14 823	-10.98
带鱼	1 096 812	1 096 694	118	0.01
金线鱼	331 655	332 192	-537	-0.16
梭鱼	142 318	139 423	2 895	2.08
鲐鱼	511 500	509 546	1 954	0.38
鲅鱼	472 022	459 274	12 748	2.78
金枪鱼	43 044	41 608	1 436	3.45
鲳鱼	326 141	341 304	-15 163	-4.44
马面鲀	190 356	194 614	-4 258	-2.19
竹荚鱼	31 321	29 417	1 904	6.47
鲻鱼	113 553	112 271	1 282	1.14

全国海洋捕捞产量（按海区、渔具分）

单位：吨

指标		2013 年	2012 年	2013 年比 2012 年增减（±）	
				绝对量	幅度（%）
合计		12 643 822	12 671 891	-28 069	-0.22
按捕捞海域分	渤海	975 257	1 043 391	-68 134	-6.53
	黄海	3 185 005	2 927 666	257 339	8.79
	东海	5 022 719	5 178 074	-155 355	-3.00
	南海	3 460 841	3 522 760	-61 919	-1.76
按捕捞渔具分	拖网	6 064 359	6 045 343	19 016	0.31
	围网	1 027 111	969 593	57 518	5.93
	刺网	2 716 695	2 728 031	-11 336	-0.42
	张网	1 621 802	1 636 913	-15 111	-0.92
	钓具	349 750	357 949	-8 199	-2.29
	其他渔具	864 105	934 062	-69 957	-7.49

全国淡水捕捞产量

单位：吨

指标	2013 年	2012 年	2013 年比 2012 年增减（±）	
			绝对量	幅度（%）
淡水捕捞产量	2 307 427	2 297 875	9 552	0.42
1. 鱼类	1 661 230	1 636 016	25 214	1.54
2. 甲壳类	340 607	343 906	-3 299	-0.96
虾	285 029	282 625	2 404	0.85
蟹	55 578	61 281	-5 703	-9.31
3. 贝类	272 272	280 775	-8 503	-3.03
4. 藻类	265	36	229	636.11
5. 其他类	33 053	37 142	-4 089	-11.01
其中：丰年虫	1 252	945	307	32.49

各地区海洋捕捞产量(按品种分)(一)

单位:吨

地区	海洋捕捞产量	1. 鱼类	其中				
			海鳗	鳓鱼	鳀鱼	沙丁鱼	鲱鱼
全国总计	12 643 822	8 717 638	370 885	84 033	866 808	141 558	17 838
天津	53 437	49 000			38 063		
河北	230 539	123 554			38 332		
辽宁	1 079 259	658 599	1 135	596	87 599	10 557	25
上海	19 639	7 809	240	70			
江苏	553 787	305 606	8 046	2 430	2 279	320	
浙江	3 192 000	2 108 083	85 087	11 724	60 866	21 523	1 544
福建	1 937 300	1 440 663	67 795	12 776	79 652	12 810	3 686
山东	2 315 178	1 597 662	23 855		515 732	10 008	
广东	1 490 821	1 096 882	81 821	25 394	30 501	62 323	4 215
广西	650 599	370 419	13 759	22 809		12 872	923
海南	1 121 263	959 361	89 147	8 234	13 784	11 145	7 445

各地区海洋捕捞产量(按品种分)(二)

单位:吨

地区	1. 鱼类(续)							
	其中(续)							
	石斑鱼	鲷	蓝圆鲹	白姑鱼	黄姑鱼	鮸鱼	大黄鱼	小黄鱼
全国总计	101 998	169 253	570 602	120 408	84 132	71 443	91 070	364 112
天津								2 964
河北	35	2		300	280	20	1 467	11 151
辽宁	2 012	88		1 364	3 164	337	47 221	104 443
上海					42	80	11	148
江苏		128	50	4 347	7 420	2 205	476	30 709
浙江	1 307	4 875	100 862	54 743	33 771	53 384	402	88 248
福建	17 580	62 959	241 235	9 377	7 776	8 569	4 266	9 607
山东		35		15 629	8 051	800	2 247	76 400
广东	35 687	41 481	111 542	23 108	5 398	4 802	23 566	23 434
广西	5 935	26 760	73 056	1 482	83	816		
海南	39 442	32 925	43 857	10 058	18 147	430	11 414	17 008

各地区海洋捕捞产量(按品种分)(三)

单位:吨

地 区	1. 鱼类(续)							
	其中(续)							
	梅童鱼	方头鱼	玉筋鱼	带鱼	金钱鱼	梭鱼	鲐鱼	鲅鱼
全国总计	278 564	42 631	120 219	1 096 812	331 655	142 318	511 500	472 022
天 津				203		195	3 970	1 697
河 北	391		150	5 745		12 534	72	15 912
辽 宁	7 770	200	7 896	17 113	121	22 542	54 403	83 369
上 海	245			330			2	90
江 苏	75 245	216	1 158	56 673		8 357	8 835	8 735
浙 江	169 131	15 673	28 113	440 483	3 958	7 428	183 371	71 630
福 建	21 733	4 950	20 225	166 897	10 482	14 505	123 429	50 039
山 东			60 209	90 415		33 618	82 960	173 653
广 东	2 579	8 141	1 421	141 228	83 193	22 459	29 980	27 712
广 西		40		30 971	35 344	10 433	13 621	2 200
海 南	1 470	13 411	1 047	146 754	198 557	10 247	10 857	36 985

各地区海洋捕捞产量(按品种分)(四)

单位:吨

地 区	1. 鱼类(续)					2. 甲壳类		
	其中(续)						(1)虾	其中
	金枪鱼	鲳鱼	马面鲀	竹荚鱼	鲻鱼			毛虾
全国总计	43 044	326 141	190 356	31 321	113 553	2 285 476	1 551 263	566 503
天 津						1 756	1 275	197
河 北		2 103	30		6 440	56 292	40 384	11 283
辽 宁		5 247	1 197	43	9 398	203 563	139 105	38 550
上 海	2	158		30		11 642	2 409	
江 苏		34 507	1 901	34	12 248	150 729	47 829	21 735
浙 江	4 676	85 321	24 672	1 047	19 750	884 279	672 742	267 615
福 建	3 497	58 173	64 082	10 446	15 505	315 004	181 714	58 681
山 东		26 083	3 310		400	266 684	230 594	92 696
广 东	18 119	61 576	47 372	5 020	27 538	225 474	146 548	41 705
广 西		11 988	29 905	426	8 585	125 549	70 609	28 430
海 南	16 750	40 985	17 887	14 275	13 689	44 504	18 054	5 611

各地区海洋捕捞产量(按品种分)(五)

单位:吨

地区	2. 甲壳类(续)						
	(1)虾(续)			(2)蟹	其中		
	其中(续)						
	对虾	鹰爪虾	虾蛄		梭子蟹	青蟹	蟳
全国总计	130 333	324 450	294 151	734 213	470 637	77 429	57 483
天津	88		864	481	316	165	
河北	1 645	2 613	21 997	15 908	10 256	19	1 369
辽宁	4 001	7 421	67 217	64 458	29 622	6 235	24 390
上海	84	1 470		9 233	4 986		
江苏	3 001	10 004	9 058	102 900	91 796	1 900	3 855
浙江	16 110	201 484	72 869	211 537	137 333	3 879	15 364
福建	22 160	43 970	35 334	133 290	86 673	12 843	4 835
山东	4 459	31 707	56 341	36 090	24 458	768	2 799
广东	56 641	13 148	21 607	78 926	44 752	26 968	2 302
广西	18 536	8 146	7 190	54 940	30 616	10 501	1 998
海南	3 608	4 487	1 674	26 450	9 829	14 151	571

各地区海洋捕捞产量(按品种分)(六)

单位:吨

地区	3. 贝类	4. 藻类	5. 头足类	其中			6. 其他类	其中
				乌贼	鱿鱼	章鱼		海蜇
全国总计	547 556	28 036	664 285	128 046	361 058	116 828	400 831	211 315
天津	2 090		530	46	292	192	61	
河北	20 391		9 545	1 608	323	5 813	20 757	15 678
辽宁	90 578	15	63 005	4 485	37 920	9 477	63 499	27 246
上海	17		122	19	32	61	49	42
江苏	52 493	1 277	15 207	2 283	8 079	4 350	28 475	17 166
浙江	18 403	2 794	147 207	24 225	87 747	27 779	31 234	3 508
福建	48 961	1 812	114 599	34 427	56 980	16 363	16 261	12 562
山东	176 192	1 681	117 830	10 307	71 119	24 454	155 129	75 553
广东	53 197	6 894	74 582	20 124	31 057	16 578	33 792	16 383
广西	55 921		48 638	16 977	24 125	6 738	50 072	42 294
海南	29 313	13 563	73 020	13 545	43 384	5 023	1 502	883

各地区海洋捕捞产量(按海域分)

单位:吨

地区	海洋捕捞产量	按捕捞海域分			
		1. 渤海	2. 黄海	3. 东海	4. 南海
全国总计	12 643 822	975 257	3 185 005	5 022 719	3 460 841
天津	53 437	8 820	3 170	41 447	
河北	230 539	185 562	44 977		
辽宁	1 079 259	398 885	668 639	11 735	
上海	19 639			19 639	
江苏	553 787	525	490 343	62 919	
浙江	3 192 000		197 632	2 991 173	3 195
福建	1 937 300			1 742 337	194 963
山东	2 315 178	381 465	1 780 244	153 469	
广东	1 490 821				1 490 821
广西	650 599				650 599
海南	1 121 263				1 121 263

各地区海洋捕捞产量(按渔具分)

单位:吨

地区	海洋捕捞产量	按捕捞渔具分					
		1. 拖网	2. 围网	3. 刺网	4. 张网	5. 钓具	6. 其他
全国总计	12 643 822	6 064 359	1 027 111	2 716 695	1 621 802	349 750	864 105
天津	53 437	42 328		8 729	126		2 254
河北	230 539	41 917		124 418	50 774		13 430
辽宁	1 079 259	448 461	439	457 837	83 817	13 737	74 968
上海	19 639	16 349		1 180	2 085	25	
江苏	553 787	79 000	7 744	151 842	229 487	196	85 518
浙江	3 192 000	1 855 233	222 852	269 771	667 209	25 437	151 498
福建	1 937 300	738 473	277 198	286 873	355 837	41 814	237 105
山东	2 315 178	1 438 267	95 276	415 264	186 909	83 146	96 316
广东	1 490 821	763 000	150 512	430 162	8 409	86 753	51 985
广西	650 599	424 883	58 038	82 097	190	7 107	78 284
海南	1 121 263	216 448	215 052	488 522	36 959	91 535	72 747

各地区淡水捕捞产量(按品种分)

单位:吨

地　区	淡水捕捞产量	1. 鱼类	2. 甲壳类	其中		3. 贝类	4. 藻类	5. 其他类	其中
				虾	蟹				丰年虫
全国总计	2 307 427	1 661 230	340 607	285 029	55 578	272 272	265	33 053	1 252
北　京	3 691	3 659	22	7	15			10	
天　津	12 333	8 531	1 920	1 389	531	982		900	
河　北	97 600	87 148	5 882	5 310	572	3 753		817	
山　西	1 122	1 049	23	21	2			50	50
内蒙古	31 009	30 569	364	341	23			76	76
辽　宁	54 247	44 251	8 743	4 719	4 024	620		633	
吉　林	20 852	19 813	482	477	5	491		66	
黑龙江	51 560	50 862	337	337		358		3	
上　海	3 841	3 712	77	74	3			52	
江　苏	328 524	192 725	59 189	43 390	15 799	72 126		4 484	
浙　江	95 782	57 311	8 558	7 530	1 028	27 646	5	2 262	
安　徽	325 049	212 296	68 157	57 514	10 643	36 888	220	7 488	
福　建	85 088	58 652	6 509	5 153	1 356	18 788		1 139	
江　西	260 620	174 053	52 509	50 121	2 388	29 901		4 157	
山　东	142 253	120 112	15 261	8 435	6 826	6 454		426	18
河　南	46 817	39 500	6 736	6 140	596	526		55	
湖　北	213 035	133 495	60 660	55 806	4 854	15 528		3 352	
湖　南	104 606	85 348	13 040	11 906	1 134	4 967		1 251	
广　东	129 844	79 871	11 853	8 843	3 010	36 232	26	1 862	4
广　西	131 851	108 114	8 915	7 532	1 383	13 200		1 622	
海　南	21 538	18 782	820	575	245	1 711		225	
重　庆	14 800	13 318	1 077	867	210	405			
四　川	60 000	54 865	4 238	3 728	510	665		232	
贵　州	14 000	11 603	2 050	1 905	145	224		123	
云　南	38 247	34 082	2 850	2 755	95	789		526	
西　藏	335	259						76	76
陕　西	5 400	5 084	139	123	16	18	14	145	7
甘　肃									
青　海									
宁　夏	230	230							
新　疆	13 153	11 936	196	31	165			1 021	1 021

各地区远洋渔业

单位:吨、万元

地　区	远洋捕捞产量	返回国内量	境外出售量	远洋渔业总产值	2012 年比 2011 年增减(±)			
					远洋捕捞产量	返回国内量	境外出售量	远洋渔业总产值
全国总计	1 351 978	809 446	542 532	1 431 242	128 537	87 040	41 497	110 342
北　京	7 008	3 132	3 876	6 406	-2 572	-4 342	1 770	-3 194
天　津	13 027	9 510	3 517	10 427	2 234	2 306	-72	-2 173
河　北								
辽　宁	204 434	95 961	108 473	201 679	26 058	9 065	16 993	10 079
上　海	105 186	33 316	71 870	114 569	-5 012	-4 433	-579	-9 931
江　苏	19 549	8 696	10 853	32 320	5 779	682	5 097	10 720
浙　江	368 186	339 626	28 560	302 121	77 305	62 032	15 273	66 221
福　建	230 526	133 799	96 727	292 194	18 196	-8 087	26 283	88 194
山　东	113 062	50 724	62 338	135 767	-21 920	1 786	-23 706	-46 433
广　东	63 181	17 768	45 413	72 266	7 565	745	6 820	3 166
广　西	2 789		2 789	3 244	-1 223		-1 223	-1 156
海　南								
中农发集团	225 030	116 914	108 116	260 249	22 127	27 286	-5 159	-5 151

各地区远洋渔业主要品种产量

单位:吨

地　区	远洋捕捞产量	其中	
		金枪鱼	鱿鱼
全国总计	1 351 978	252 581	427 148
北　京	7 008	408	2 598
天　津	13 027	704	1 437
河　北			
辽　宁	204 434	10 479	13 491
上　海	105 186	63 706	8 277
江　苏	19 549		2 612
浙　江	368 186	65 033	276 075
福　建	230 526	20 892	20 778
山　东	113 062	34 366	35 980
广　东	63 181	13 729	1 700
广　西	2 789	958	
海　南			
中农发集团	225 030	42 306	64 200

三、生产要素

全国水产养殖面积(按水域和养殖方式分)

单位:公顷

指标		2013 年	2012 年	2013 年比 2012 年增减(±)	
				绝对量	幅度(%)
总计		8 321 699	8 088 403	233 296	2.88
1. 海水养殖		2 315 569	2 180 927	134 642	6.17
按水域分	海上	1 337 355	1 216 714	120 641	9.92
	滩涂	697 556	691 322	6 234	0.90
	其他	280 658	272 891	7 767	2.85
养殖方式中	池塘	463 638	437 630	26 008	5.94
	普通网箱(m^2)	466 86225	39 831 261	6 854 964	17.21
	深水网箱(m^3)	415 2827	4 379 017	-226 190	-5.17
	筏式	318 891	395 233	-76 342	-19.32
	吊笼	113 212	104 604	8 608	8.23
	底播	112 2481	998 334	124 147	12.44
	工厂化(m^3)	21 719 477	19 243 855	2 475 622	12.86
2. 淡水养殖		6 006 130	5 907 476	98 654	1.67
按水域分	池塘	2 623 176	2 566 859	56 317	2.19
	湖泊	1 022 692	1 024 785	-2 093	-0.20
	水库	1 957 966	1 911 468	46 498	2.43
	河沟	275 809	274 817	992	0.36
	其他	126 487	129 547	-3 060	-2.36
	稻田养成鱼	1520 685	1 294 919	225 766	17.43
养殖方式中	围栏(m^2)	2 442 538 429	2 440 782 222	1 756 207	0.07
	网箱(m^2)	155 324 847	148 436 410	6 888 437	4.64
	工厂化(m^3)	28 020 151	28 571 447	-551 296	-1.93

全国海水养殖面积(按品种分)

单位:公顷

指　　标	2013 年	2012 年	2013 年比 2012 年增减(±)	
			绝对量	幅度(%)
海水养殖	2 315 569	2 180 927	134 642	6.17
1. 鱼类	80 107	72 898	7 209	9.89
2. 甲壳类	286 271	289 953	-3 682	-1.27
虾	226 604	229 162	-2 558	-1.12
其中:南美白对虾	142 542	134 971	7 571	5.61
斑节对虾	14 902	16 720	-1 818	-10.87
中国对虾	19 979	21 624	-1 645	-7.61
日本对虾	18 925	26 762	-7 837	-29.28
蟹	59 667	60 791	-1 124	-1.85
其中:梭子蟹	29 256	29 036	220	0.76
青蟹	26 660	27 357	-697	-2.55
3. 贝类	1 564 967	1 474 890	90 077	6.11
牡蛎	131 014	130 165	849	0.65
鲍	13 447	12 736	711	5.58
螺	41 466	45 760	-4 294	-9.38
蚶	59 982	66 909	-6 927	-10.35
贻贝	51 308	52 680	-1 372	-2.60
江珧	1 043	1 052	-9	-0.86
扇贝	639 139	542 056	97 083	17.91
蛤	405 469	402 599	2 870	0.71
蛏	61 229	61 456	-227	-0.37
4. 藻类	121 988	120 801	1 187	0.98
海带	37 282	40 201	-2 919	-7.26
裙带菜	8 199	7 778	421	5.41
紫菜	62 376	61 351	1 025	1.67
江蓠	9 398	8 222	1 176	14.30
麒麟菜	646	624	22	3.53
石花菜		1	-1	-100.00
羊栖菜	1 390	1 273	117	9.19
苔菜	60	156	-96	-61.54
5. 其他类	262 236	222 385	39 851	17.92
其中:海参	214 945	181 544	33 401	18.40
海胆	14 756	10 845	3 911	36.06
海水珍珠	3 310	3 306	4	0.12
海蜇	11 769	9 707	2 062	21.24

各地区水产养殖面积(一)

单位:公顷

地　区	2013 年			
	总面积	淡水养殖面积	海水养殖面积	池塘
全国总计	8 321 699	2 315 569	6 006 130	2 623 176
北　京	4 221		4 221	4 143
天　津	40 481	3 169	37 312	32 548
河　北	197 294	117 928	79 366	30 965
山　西	15 462		15 462	2 820
内 蒙 古	115 753		115 753	18 054
辽　宁	1 148 881	942 050	206 831	47 930
吉　林	307 687		307 687	30 027
黑 龙 江	376 396		376 396	108 681
上　海	20 966		20 966	18 856
江　苏	765 278	193 807	571 471	376 031
浙　江	302 376	89 358	213 018	72 329
安　徽	570 384		570 384	209 643
福　建	253 252	154 453	98 799	38 298
江　西	433 226		433 226	155 126
山　东	826 897	546 814	280 083	146 408
河　南	255 458		255 458	111 193
湖　北	683 460		683 460	375 953
湖　南	447 632		447 632	226 893
广　东	570 137	197 198	372 939	277 871
广　西	231 665	54 001	177 664	79 404
海　南	57 898	16 791	41 107	23 376
重　庆	88 039		88 039	51 027
四　川	196 809		196 809	102 147
贵　州	56 237		56 237	5 309
云　南	134 934		134 934	36 436
西　藏	31		31	31
陕　西	47 932		47 932	11 203
甘　肃	13 878		13 878	2 377
青　海	42 431		42 431	318
宁　夏	45 897		45 897	16 278
新　疆	70 707		70 707	11 501

各地区水产养殖面积(二)

单位:公顷

地 区	2012 年			
	总面积	淡水养殖面积	海水养殖面积	池塘
全国总计	8 088 403	2 180 927	5 907 476	2 566 859
北 京	4 364		4 364	4 254
天 津	41 342	3 992	37 350	31 725
河 北	212 072	134 682	77 390	29 629
山 西	15 046		15 046	2 435
内 蒙 古	116 949		116 949	17 838
辽 宁	1 015 636	813 035	202 601	47 173
吉 林	294 413		294 413	29 767
黑 龙 江	373 364		373 364	109 440
上 海	22 027		22 027	19 696
江 苏	771 180	199 352	571 828	371 140
浙 江	302 967	89 747	213 220	71 592
安 徽	556 611		556 611	203 416
福 建	242 819	145 486	97 333	37 056
江 西	432 098		432 098	153 950
山 东	803 437	523 705	279 732	139 739
河 南	235 756		235 756	102 918
湖 北	680 067		680 067	367 512
湖 南	436 670		436 670	219 757
广 东	575 210	201 834	373 376	279 147
广 西	229 096	53 249	175 847	78 197
海 南	56 341	15 845	40 496	23 061
重 庆	84 342		84 342	47 813
四 川	192 803		192 803	100 290
贵 州	49 325		49 325	4 189
云 南	124 016		124 016	34 352
西 藏	30		30	30
陕 西	48 151		48 151	11 535
甘 肃	13 306		13 306	2 029
青 海	42 431		42 431	318
宁 夏	45 426		45 426	16 044
新 疆	71 108		71 108	10 817

各地区水产养殖面积(三)

单位:公顷

地区	2013年比2012年增减(±)			
	总面积	淡水养殖面积	海水养殖面积	池塘
全国总计	233 296	134 642	98 654	56 317
北京	-143		-143	-111
天津	-861	-823	-38	823
河北	-14 778	-16 754	1 976	1 336
山西	416		416	385
内蒙古	-1 196		-1 196	216
辽宁	133 245	129 015	4 230	757
吉林	13 274		13 274	260
黑龙江	3 032		3 032	-759
上海	-1 061		-1 061	-840
江苏	-5 902	-5 545	-357	4 891
浙江	-591	-389	-202	737
安徽	13 773		13 773	6 227
福建	10 433	8 967	1 466	1 242
江西	1 128		1 128	1 176
山东	23 460	23 109	351	6 669
河南	19 702		19 702	8 275
湖北	3 393		3 393	8 441
湖南	10 962		10 962	7 136
广东	-5 073	-4 636	-437	-1 276
广西	2 569	752	1 817	1 207
海南	1 557	946	611	315
重庆	3 697		3 697	3 214
四川	4 006		4 006	1 857
贵州	6 912		6 912	1 120
云南	10 918		10 918	2 084
西藏	1		1	1
陕西	-219		-219	-332
甘肃	572		572	348
青海				
宁夏	471		471	234
新疆	-401		-401	684

各地区海水养殖面积(按品种分)(一)

单位:公顷

地区	海水养殖面积	1. 鱼类	2. 甲壳类	虾	其中			
					南美白对虾	斑节对虾	中国对虾	日本对虾
全国总计	2 315 569	80 107	286 271	226 604	142 542	14 902	19 979	18 925
天津	3 169	17	3 152	3 152	3 148		4	
河北	117 928	591	22 193	20 429	8 980		6 381	3 684
辽宁	942 050	6 545	13 596	12 490	4 550		4 669	2 621
上海								
江苏	193 807	11 184	25 447	14 793	2 509	328	2 169	392
浙江	89 358	4 423	30 081	14 856	7 835	320	415	690
福建	154 453	12 847	25 133	15 748	8 957	1 592	1 455	3 327
山东	546 814	12 621	62 776	53 624	37 803	1 620	2 649	6 938
广东	197 198	27 809	71 592	61 536	42 799	9 186	2 237	984
广西	54 001	1 147	21 721	20 406	18 111	1 546		289
海南	16 791	2 923	10 580	9 570	7 850	310		

各地区海水养殖面积(按品种分)(二)

单位:公顷

地区	2. 甲壳类(续)			3. 贝类	其中				
	蟹	其中							
		梭子蟹	青蟹		牡蛎	鲍	螺	蚶	贻贝
全国总计	59 667	29 256	26 660	1 564 967	131 014	13 447	41 466	59 982	51 308
天津									
河北	1 764	1 764		85 003			15	4 382	345
辽宁	1 106	1 100		779 761	15 082	1 398		31 692	4 340
上海									
江苏	10 654	10 352	282	114 655	2 820	67	20 028	4 542	3 515
浙江	15 225	3 627	11 331	44 377	4 852	90	3 426	9 568	1 440
福建	9 385	4 915	4 154	74 954	35 764	4 750	418	3 768	1 251
山东	9 152	6 993	133	345 962	22 056	5 446	8 360	2 780	36 142
广东	10 056	499	8 695	88 881	32 113	1 626	6 354	2 921	4 101
广西	1 315		1 315	29 571	17 967		2 735	198	174
海南	1 010	6	750	1 803	360	70	130	131	

各地区海水养殖面积(按品种分)(三)

单位:公顷

地区	3. 贝类(续)				4. 藻类				
	其中(续)					其中			
	江珧	扇贝	蛤	蛏		海带	裙带菜	紫菜	江蓠
全国总计	1 043	639 139	405 469	61 229	121 988	37 282	8 199	62 376	9 398
天津									
河北		58 571	15 290						
辽宁		469 714	144 337	3 325	12 292	5 496	6 796		
上海									
江苏			71 187	7 729	39 605	720		38 885	
浙江		68	6 688	15 862	10 007	691		7 782	31
福建		222	13 718	13 348	38 396	16 274		14 962	5 926
山东		103 923	126 526	18 654	17 218	14 014	1 393	115	641
广东	1 043	6 453	20 457	2 212	3 157	87	10	632	2 180
广西		183	6 586	99					
海南		5	680		1 313				620

各地区海水养殖面积(按品种分)(四)

单位:公顷

地区	4. 藻类(续)				5. 其他类				
	其中(续)					其中			
	麒麟菜	石花菜	羊栖菜	苔菜		海参	海胆	海水珍珠	海蜇
全国总计	646		1 390	60	262 236	214 945	14 756	3 310	11 769
天津									
河北					10 141	9 786			25
辽宁					129 856	112 841	7 193		8 345
上海									
江苏					2 916	1 760			1 097
浙江			970	60	470	22			190
福建			390		3 123	1 463	2		1 427
山东					108 237	88 770	4 754		612
广东	60		30		5 759	286	2 807	2 264	26
广西					1 562	17		925	47
海南	586				172			121	

各地区海水养殖面积(按水域和养殖方式分)(一)

单位:公顷

地 区	海水养殖面积	按养殖水域分			养殖方式中	
		1. 海上	2. 滩涂	3. 其他	池塘	普通网箱(m^2)
全国总计	2 315 569	1 337 355	697 556	280 658	463 638	46 686 225
天 津	3 169			3 169	3 168	
河 北	117 928	70 917	27 687	19 324	31 585	
辽 宁	942 050	732 371	132 720	76 959	79 327	336 313
上 海						
江 苏	193 807	41 362	123 613	28 832	44 355	18 000
浙 江	89 358	16 656	45 229	27 473	31 956	991 665
福 建	154 453	73 603	55 590	25 260	30 750	37 477 533
山 东	546 814	321 586	196 630	28 598	138 809	1 061 186
广 东	197 198	60 627	85 638	50 933	71 758	4 867 844
广 西	54 001	16 834	19 968	17 199	20 020	458 418
海 南	16 791	3 399	10 481	2 911	11 910	1 475 266

各地区海水养殖面积(按水域和养殖方式分)(二)

单位:公顷

地 区	养殖方式中(续)				
	深水网箱(m^2 水体)	筏式	吊笼	底播	工厂化(m^2 水体)
全国总计	4 152 827	318 891	113 212	1 122 481	21 719 477
天 津					411 080
河 北		63 845		22 382	1 933 160
辽 宁	493 000	54 004	5 316	689 207	3 420 791
上 海					
江 苏	14 020	42 490	750	88 994	436 772
浙 江	734 886	12 731	174	24 507	893 175
福 建	324 164	40 937	5 755	17 948	6 458 619
山 东	1 663 898	84 264	91 391	229 041	7 338 108
广 东	585 475	12 540	9 371	38 513	427 125
广 西	254 524	8 080	155	10 993	
海 南	82 860		300	896	400 647

各地区淡水养殖面积（按水域和养殖方式分）（一）

单位：公顷

地区	淡水养殖面积	按水域			
		1. 池塘	2. 湖泊	3. 水库	4. 河沟
全国总计	6 006 130	2 623 176	1 022 692	1 957 966	275 809
北　京	4 221	4 143			
天　津	37 312	32 548		3 331	471
河　北	79 366	30 965	3 973	42 467	1 585
山　西	15 462	2 820	1 653	10 801	20
内蒙古	115 753	18 054	42 901	50 779	4 019
辽　宁	206 831	47 930	200	104 512	1 945
吉　林	307 687	30 027	103 779	173 881	
黑龙江	376 396	108 681	106 523	135 275	22 244
上　海	20 966	18 856	283		1 607
江　苏	571 471	376 031	90 967	21 175	66 973
浙　江	213 018	72 329	2 800	95 808	35 779
安　徽	570 384	209 643	202 095	93 792	52 046
福　建	98 799	38 298	825	52 838	4 862
江　西	433 226	155 126	103 381	156 658	14 792
山　东	280 083	146 408	10 683	116 214	6 560
河　南	255 458	111 193	3 398	131 122	9 690
湖　北	683 460	375 953	192 620	107 967	4 614
湖　南	447 632	226 893	89 756	128 505	894
广　东	372 939	277 871	5 205	79 271	1 976
广　西	177 664	79 404		88 657	7 269
海　南	41 107	23 376	309	17 200	21
重　庆	88 039	51 027		28 554	7 822
四　川	196 809	102 147	4 369	71 028	19 121
贵　州	56 237	5 309	620	42 835	3 481
云　南	134 934	36 436	14 046	82 743	1 549
西　藏	31	31			
陕　西	47 932	11 203	7 233	26 953	1 947
甘　肃	13 878	2 377	54	11 274	
青　海	42 431	318	4 254	37 859	
宁　夏	45 897	16 278	27 775	1 414	430
新　疆	70 707	11 501	2 990	45 053	4 092

各地区淡水养殖面积(按水域和养殖方式分)(二)

单位:公顷

地 区	按水域(续)		养殖方式中		
	5. 其他	6. 稻田养成鱼	围栏(m^2)	网箱(m^2)	工厂化(m^2 水体)
全国总计	126 487	1 520 685	2 442 538 429	155 324 847	28 020 151
北 京	78				359 105
天 津	962	2 667			201 847
河 北	376	2 658	3 997 000	7 611 158	1 153 600
山 西	168	266	50 025	52 977	
内 蒙 古		2 509	34 950 000	16 829	16 468
辽 宁	52 244	97 408	3 995 000	894 150	347 464
吉 林		4 456	201 880	25 250	1
黑 龙 江	3 673	18 100	3 980 550	135 175	
上 海	220				26 000
江 苏	16 325	125 326	67 728 119	13 756 749	2 346 077
浙 江	6 302	75 397	12 618 904	2 726 496	8 141 549
安 徽	12 808	86 426	1 222 576 804	20 373 632	606 180
福 建	1 976	18 705	104 282	1 226 798	8 431 829
江 西	3 269	60 160	205 708 507	8 837 891	1 862 702
山 东	218	6 269	53 570 070	24 022 804	1 798 286
河 南	55	459	74 127 730	5 308 455	162 985
湖 北	2 306	178 992	539 170 000	47 814 000	360 000
湖 南	1 584	189 562	119 742 284	8 159 516	4 376
广 东	8 616	2 398	405 273	298 265	8 622
广 西	2 334	44 370	59 216 215	6 169 771	
海 南	201		500 600	30 772	565 003
重 庆	636	40 968	21 395 000	43 200	49 618
四 川	144	301 552		908 387	1 200
贵 州	3 992	138 859	5 769 060	3 604 414	64 630
云 南	160	111 826	3 593 636	1 573 127	1 409 045
西 藏					
陕 西	596	240	9 137 490	1 555 084	28 580
甘 肃	173			31 812	
青 海				139 155	
宁 夏		11 112			
新 疆	7 071			8 980	74 984

全国水产苗种数量

指　　标	计量单位	2013 年	2012 年	2013 年比 2012 年增减(±)	
				绝对量	幅度(%)
淡水鱼苗产量	**亿尾**	**19 143**	**11 181**	**7 961**	**71.20**
其中:罗非鱼	亿尾	1 029	219	810	370.69
淡水鱼种产量	吨	3 567 482	3 490 287	77 195	2.21
投放鱼种产量	吨	3 927 223	3 821 089	106 134	2.78
河蟹育苗量	千克	846 781	841 873	4 908	0.58
扣蟹	千克	49 943 769	48 631 951	1 311 818	2.70
稚鳖数量	万只	59 086	62 137	-3 051	-4.91
稚龟数量	万只	8 353	6 881	1 472	21.39
鳗苗捕捞量	千克	21 930	23 333	-1 403	-6.01
海水鱼苗产量	**万尾**	**572 887**	**489 142**	**83 745**	**17.12**
其中:大黄鱼	万尾	182 791	242 154	-59 363	-24.51
鲆鱼	万尾	33 477	27 293	6 184	22.66
虾类育苗量	亿尾	7 560	8 732	-1 171	-13.41
其中:南美白对虾	亿尾	6 134	6 948	-814	-11.71
贝类育苗量	万粒	132 371 057	134 989 515	-2 618 458	-1.94
其中:鲍鱼育苗量	万粒	770 125	746 441	23 684	3.17
海带育苗量	亿株	303	289	13	4.62
紫菜育苗量	亿贝壳	202	171	30	17.74
海参	亿头	738	584	154	26.40

各地区水产苗种数量(一)

地　区	淡水鱼苗（亿尾）	其中:罗非鱼（亿尾）	淡水鱼种（吨）	投放鱼种（吨）	河蟹育苗（千克）	扣蟹（千克）
全国总计	19 142.55	1 028.74	3 567 482	3 927 223	846 781	49 943 769
北　京	10.16		15 557	10 066		
天　津	42.47		14 934	28 535	1 500	150 000
河　北	26.64	0.37	26 082	35 010	2 000	6 910
山　西	3.98		3 505	5 724		300
内蒙古	5.21	0.01	12 290	15 338		
辽　宁	100.00	3.00	87 150	91 383	83 100	17 027 035
吉　林	17.17		13 581	17 505		
黑龙江	12.75		44 476	48 299		
上　海	18.08		6 460	17 147		7 462 000
江　苏	469.99	0.18	340 831	460 032	755 877	10 023 376
浙　江	145.85	0.62	51 329	87 351	953	46 670
安　徽	399.19	0.79	280 040	337 957		11 231 571
福　建	29.23	8.34	15 220	34 014		
江　西	326.08	4.28	280 596	398 335		288 911
山　东	62.97	1.80	109 037	163 132	2 031	112 865
河　南	69.76		119 793	113 671		84 649
湖　北	901.00	8.00	1 002 616	975 357		3 465 148
湖　南	333.97	0.01	420 333	369 730		19 100
广　东	7 591.00	114.00	292 334	162 489	300	1
广　西	314.49	18.78	108 188	122 685		
海　南	70.60	55.56	7 449	9 194		
重　庆	67.70		65 547	75 361		
四　川	202.19	0.93	148 760	197 358		
贵　州	77.83		11 272	19 033	1 000	340
云　南	104.15	12.05	39 662	72 377		280
西　藏	0.02		6	6		
陕　西	16.31		7 690	10 792	20	15 000
甘　肃	7 689.30	800.00	2 331	2 677		1 530
青　海			1			8 083
宁　夏	8.91		26 535	30 739		
新　疆	25.55	0.02	13 877	15 926		

各地区水产苗种数量(二)

地　区	稚鳖(万只)	稚龟(万只)	鳗苗捕捞(千克)	海水鱼苗(万尾)	其中	
					大黄鱼(万尾)	鲆鱼(万尾)
全国总计	**59 086.28**	**8 352.75**	**21 930**	**572 886.70**	**182 791.00**	**33 477.00**
北　京	9.60	2.00				
天　津	297.00			2 084.00		1 906.00
河　北	1 824.50			3 887.00		1 725.00
山　西	264.30					
内蒙古						
辽　宁	3.00			2 579.00		1 856.00
吉　林						
黑龙江						
上　海	8.00	19.00	167			
江　苏	4 740.00	1 612.00	11 993	11 478.00		176.00
浙　江	19 008.03	1 623.14	1 837	8 248.00	6 702.00	
安　徽	3 795.79	761.75				
福　建	260.50	135.00	7 745	264 125.00	175 700.00	570.00
江　西	3 465.70	1 336.45				
山　东	2 485.00	7.00		33 951.00	50.00	26 987.00
河　南	1 312.00	15.00				
湖　北	6 524.00	1 218.00				
湖　南	3 276.64	594.10				
广　东	6 239.00	513.00	188	231 346.00	339.00	257.00
广　西	5 082.84	494.19		31.20		
海　南				15 157.50		
重　庆	43.70	0.50				
四　川	156.68	6.62				
贵　州						
云　南	0.60					
西　藏						
陕　西	289.40	15.00				
甘　肃						
青　海						
宁　夏						
新　疆						

各地区水产苗种数量(三)

地区	虾类育苗(亿尾)	其中:南美白对虾(亿尾)	贝类育苗(万粒)	其中:鲍鱼(万粒)	海带(亿株)	紫菜(亿贝壳)	海参(亿头)
全国总计	7 560.45	6 134.11	132 371 057	770 125	302.69	201.75	737.82
北京							
天津	136.00	126.20					
河北	923.96	873.26	80 600				4.11
山西							
内蒙古							
辽宁	95.00	46.00	5 001 425	24 388			290.00
吉林							
黑龙江							
上海	45.17	25.53					
江苏	218.86	175.01	49 000			4.27	
浙江	515.03	336.77	20 298 596			32.97	
安徽	63.09	0.20	77 340				
福建	3 887.09	3 513.00	70 478 514	562 797	218.69	4.51	0.13
江西	8.00		12 300				
山东	417.00	307.00	35 652 675	102 713	84.00		443.58
河南	3.02						
湖北	268.00		82 119				
湖南							
广东	255.00	117.00	581 938	74 784		160.00	
广西	219.56	215.12	25 989	240			
海南	505.00	399.00	30 561	5 203			
重庆	0.50						
四川							
贵州							
云南	0.17	0.02					
西藏							
陕西							
甘肃							
青海							
宁夏							
新疆							

全国渔船年末拥有量(一)

指标		2013 年			2012 年			2013 年比 2012 年增减(±)		
		艘	总吨	千瓦	艘	总吨	千瓦	艘	总吨	千瓦
渔船合计		1 071 664	10 443 511	22 199 018	1 069 910	10 098 512	21 735 732	1 754	344 999	463 286
机动渔船合计		694 905	9 895 517	22 199 018	695 555	9 542 349	21 735 732	-650	353 168	463 286
1. 生产渔船		663 609	8 844 303	20 189 819	663 468	8 535 647	19 777 962	141	308 656	411 857
(1)捕捞渔船		452 403	8 024 895	17 693 077	451 358	7 707 435	17 309 721	1 045	317 460	383 356
441 千瓦及以上		2 065	812 458	1 351 639	1 797	700 491	1 179 501	268	111 967	172 138
44.1~441 千瓦		65 233	5 410 483	10 425 078	66 222	5 166 997	10 305 428	-989	243 486	119 650
44.1 千瓦及以下		385 105	1 801 954	5 916 360	383 339	1 839 947	5 824 792	1 766	-37 993	91 568
(2)养殖渔船		211 206	819 408	2 496 742	212 110	828 212	2 468 241	-904	-8 804	28 501
2. 辅助渔船		31 296	1 051 214	2 009 199	32 087	1 006 702	1 957 770	-791	44 512	51 429
(1)捕捞辅助船		27 808	903 674	1 502 739	28 654	845 441	1 473 034	-846	58 233	29 705
(2)渔业执法船		2 304	72 279	427 883	2 300	68 310	375 659	4	3 969	52 224
机动渔船按船长分	24 米(含)以上	35 908	5 387 149	9 273 313	34 748	5 027 422	8 806 720	1 160	359 727	466 593
	12(含)~24 米	94 485	2 389 572	5 211 335	95 940	2 371 474	5 336 233	-1 455	18 098	-124 898
	12 米以下	564 512	2 118 796	7 714 370	564 867	2 143 453	7 592 779	-355	-24 657	121 591
非机动渔船合计		376 759	547 994		374 355	556 163		2 404	-8 169	

全国渔船年末拥有量(二)

指标		总数			海洋渔船			内陆渔船		
		艘	总吨	千瓦	艘	总吨	千瓦	艘	总吨	千瓦
渔船合计		**1 071 664**	**10 443 511**	**22 199 018**	**297 779**	**8 155 244**	**16 396 732**	**773 885**	**2 288 267**	**5 802 286**
机动渔船合计		694 905	9 895 517	22 199 018	283 321	8 133 187	16 396 732	411 584	1 762 330	5 802 286
1. 生产渔船		663 609	8 844 303	20 189 819	268 653	7 196 399	14 656 356	394 956	1 647 904	5 533 463
(1)捕捞渔船		452 403	8 024 895	17 693 077	196 803	6 887 624	13 614 004	255 600	1 137 271	4 079 073
441 千瓦及以上		2 065	812 458	1 351 639	2 001	785 422	1 343 459	64	27 036	8 180
44.1～441 千瓦		65 233	5 410 483	10 425 078	59 500	5 296 707	10 114 014	5 733	113 776	311 064
44.1 千瓦及以下		385 105	1 801 954	5 916 360	135 302	805 495	2 156 531	249 803	996 459	3 759 829
(2)养殖渔船		211 206	819 408	2 496 742	71 850	308 775	1 042 352	139 356	510 633	1 454 390
2. 辅助渔船		31 296	1 051 214	2 009 199	14 668	936 788	1 740 376	16 628	114 426	268 823
(1)捕捞辅助船		27 808	903 674	1 502 739	13 378	806 247	1 365 416	14 430	97 427	137 323
(2)渔业执法船		2 304	72 279	427 883	557	56 624	303 320	1 747	15 655	124 563
机动渔船按船长分	24 米(含)以上	35 908	5 387 149	9 273 313	35 300	5 331 156	9 226 964	608	55 993	46 349
	12(含)～24 米	94 485	2 389 572	5 211 335	54 909	1 904 122	4 374 581	39 576	485 450	836 754
	12 米以下	564 512	2 118 796	7 714 370	193 112	897 909	2 795 187	371 400	1 220 887	4 919 183
非机动渔船合计		376 759	547 994		14 458	22 057		362 301	525 937	

各地区机动渔船年末拥有量

地区	2013年			2012年			2013年比2012年增减(±)		
	艘	总吨	千瓦	艘	总吨	千瓦	艘	总吨	千瓦
全国总计	694 905	9 895 517	22 199 018	695 555	9 542 349	21 735 732	-650	353 168	463 286
北京	31	4 462	7 189	30	4 461	7 129	1	1	60
天津	4 328	34 938	97 362	4 039	37 420	104 688	289	-2 482	-7 326
河北	13 716	265 238	564 652	13 202	236 128	534 214	514	29 110	30 438
山西	229	592	3 021	237	622	4 039	-8	-30	-1 018
内蒙古	1 430	2 395	18 774	1 423	2 538	18 866	7	-143	-92
辽宁	40 878	779 955	1 555 998	44 058	754 313	1 575 586	-3 180	25 642	-19 588
吉林	4 405	6 277	80 219	4 381	7 660	46 927	24	-1 383	33 292
黑龙江	12 066	16 222	111 462	11 647	16 014	104 812	419	208	6 650
上海	1 417	122 917	189 090	1 477	126 746	190 829	-60	-3 829	-1 739
江苏	130 625	1 000 644	3 209 029	131 106	985 840	3 169 760	-481	14 804	39 269
浙江	46 667	2 795 665	4 584 231	49 640	2 686 820	4 558 649	-2 973	108 845	25 582
安徽	31 854	316 581	444 247	31 294	319 381	430 082	560	-2 800	14 165
福建	62 199	1 071 352	2 539 317	63 014	994 307	2 408 140	-815	77 045	131 177
江西	32 219	173 476	446 227	32 272	181 178	448 755	-53	-7 702	-2 528
山东	71 874	1 099 828	2 388 240	65 304	1 061 661	2 225 971	6 570	38 167	162 269
河南	4 510	16 669	69 915	4 578	16 742	70 126	-68	-73	-211
湖北	50 685	115 236	421 328	50 685	115 236	421 328			
湖南	42 650	78 826	320 264	42 666	90 755	302 109	-16	-11 929	18 155
广东	65 897	930 544	2 445 109	66 615	883 435	2 443 419	-718	47 109	1 690
广西	26 606	390 796	881 734	26 887	364 105	865 265	-281	26 691	16 469
海南	26 805	437 836	1 244 529	27 469	439 074	1 244 938	-664	-1 238	-409
重庆	5 693	15 971	61 785	5 637	18 582	58 086	56	-2 611	3 699
四川	8 134	10 542	76 964	8 262	10 628	77 474	-128	-86	-510
贵州	5 598	19 966	86 395	5 277	18 709	81 296	321	1 257	5 099
云南	1 474	3 965	24 126	1 475	3 718	22 972	-1	247	1 154
西藏	7	12	61	7	12	61			
陕西	1 214	9 114	28 784	1 276	8 978	32 006	-62	136	-3 222
甘肃	33	75	624	18	51	569	15	24	55
青海	222	870	5 506	172	693	3 755	50	177	1 751
宁夏	21	113	1 716	19	103	1 628	2	10	88
新疆	1 056	3 401	17 100	1 035	3 311	16 790	21	90	310
中农发集团	362	171 039	274 020	353	153 128	265 463	9	17 911	8 557

四、加工与贸易

全国水产加工情况

指　　标	计量单位	2013 年	2012 年	2013 年比 2012 年增减(±)	
				绝对量	幅度(%)
1. 水产加工企业	个	9 774	9 706	68	0.70
水产品加工能力	吨/年	27 453 094	26 380 416	1 072 678	4.07
其中:规模以上加工企业	个	2 750	2 737	13	0.47
2. 水产冷库	座	9 046	8 835	211	2.39
冻结能力	吨/日	659 570	588 946	70 624	11.99
冷藏能力	吨/次	4 888 711	4 515 020	373 691	8.28
制冰能力	吨/日	232 400	245 369	-12 969	-5.29
3. 水产加工品总量	吨	19 540 173	19 073 913	466 260	2.44
淡水加工产品	吨	3 629 827	3 439 881	189 946	5.52
海水加工产品	吨	15 910 346	15 634 032	276 314	1.77
(1)水产冷冻品	吨	12 299 779	11 749 664	550 115	4.68
其中:冷冻品	吨	5 888 239	5 633 597	254 642	4.52
冷冻加工品	吨	6 411 540	6 116 067	295 473	4.83
(2)鱼糜制品及干腌制品	吨	2 906 375	2 734 370	172 005	6.29
其中:鱼糜制品	吨	1 326 843	1 171 552	155 291	13.26
干腌制品	吨	1 579 532	1 562 818	16 714	1.07
(3)藻类加工品	吨	989 878	1 013 879	-24 001	-2.37
(4)罐制品	吨	374 911	355 387	19 524	5.49
(5)水产饲料(鱼粉)	吨	995 462	1 952 634	-957 172	-49.02
(6)鱼油制品	吨	77 010	60 208	16 802	27.91
(7)其他水产加工品	吨	1 896 758	1 207 771	688 987	57.05
其中:助剂和添加剂	吨	104 224	74 241	29 983	40.39
珍珠	千克	171 754	168 759	2 995	1.77
4. 用于加工的水产品总量	吨	21 687 297	21 358 082	329 215	1.54
其中:淡水产品	吨	5 555 188	5 108 055	447 133	8.75
海水产品	吨	16 132 109	16 250 027	-117 918	-0.73
5. 部分水产品年加工量	吨	1 701 210	1 510 701	190 509	12.61
其中:对虾	吨	479 650	535 710	-56 060	-10.46
克氏原螯虾	吨	184 316	174 895	9 421	5.39
罗非鱼	吨	866 986	623 465	243 521	39.06
鳗鱼	吨	110 746	109 527	1 219	1.11
斑点叉尾鮰	吨	59 512	67 104	-7 592	-11.31

各地区水产加工品总量

单位:吨

地区	2013年		2012年		2013年比2012年增减(±)			
					绝对量		幅度(%)	
	水产加工品总量	其中:淡水加工产品	水产加工品总量	其中:淡水加工产品	水产加工品总量	其中:淡水加工产品	水产加工品总量	其中:淡水加工产品
全国总计	19 540 173	3 629 827	19 073 913	3 439 881	466 260	189 946	2.44	5.52
北京	4 275	1 975	2 004	2 004	2 271	-29	113.32	-1.45
天津	1 346	626	1 346	626				
河北	129 325	13 038	141 550	12 639	-12 225	399	-8.64	3.16
山西								
内蒙古	8 502	8 502	8 418	8 418	84	84	1.00	1.00
辽宁	2 234 221	40 236	2 132 874	40 346	101 347	-110	4.75	-0.27
吉林	12 445	1 542	12 783	1 145	-338	397	-2.64	34.67
黑龙江	1 275	1 275	2 275	2 275	-1 000	-1 000	-43.96	-43.96
上海	24 686	15 698	26 972	18 663	-2 286	-2 965	-8.48	-15.89
江苏	1 553 378	846 997	1 587 634	839 063	-34 256	7 934	-2.16	0.95
浙江	2 188 453	138 105	2 207 803	145 257	-19 350	-7 152	-0.88	-4.92
安徽	171 728	160 304	135 784	131 304	35 944	29 000	26.47	22.09
福建	2 901 173	159 894	2 905 173	159 941	-4 000	-47	-0.14	-0.03
江西	340 339	340 339	311 710	311 710	28 629	28 629	9.18	9.18
山东	6 188 192	131 064	5 946 635	139 144	241 557	-8 080	4.06	-5.81
河南	22 421	22 421	21 403	21 403	1 018	1 018	4.76	4.76
湖北	891 837	891 837	771 837	771 837	120 000	120 000	15.55	15.55
湖南	157 949	157 949	144 242	144 242	13 707	13 707	9.50	9.50
广东	1 433 441	364 425	1 456 988	376 789	-23 547	-12 364	-1.62	-3.28
广西	722 482	163 804	709 103	155 081	13 379	8 723	1.89	5.62
海南	520 442	137 953	523 202	134 177	-2 760	3 776	-0.53	2.81
重庆	410	410	163	163	247	247	151.53	151.53
四川	3 898	3 898	2 859	2 859	1 039	1 039	36.34	36.34
贵州	1 188	1 188	1 034	1 034	154	154	14.89	14.89
云南	22 972	22 972	17 193	17 193	5 779	5 779	33.61	33.61
西藏								
陕西	840	420	480	120	360	300	75.00	250.00
甘肃								
青海								
宁夏	240	240	167	167	73	73	43.71	43.71
新疆	2 715	2 715	2 281	2 281	434	434	19.03	19.03

各地区用于加工的水产品总量

单位:吨

地区	用于加工的水产品总量	其中	
		淡水产品	海水产品
全国总计	21 687 297	5 555 188	16 132 109
北京	4 977	2 657	2 320
天津	1 370	740	630
河北	382 795	15 963	366 832
山西			
内蒙古	8 860	8 860	
辽宁	3 081 784	44 102	3 037 682
吉林	40 106	2 546	37 560
黑龙江	1 535	1 535	
上海	26 093	14 470	11 623
江苏	1 721 581	916 493	805 088
浙江	2 457 316	162 774	2 294 542
安徽	198 293	184 521	13 772
福建	3 506 773	198 376	3 308 397
江西	639 550	639 550	
山东	4 085 122	98 405	3 986 717
河南	51 197	51 197	
湖北	1 695 587	1 695 587	
湖南	146 111	146 111	
广东	1 953 911	630 898	1 323 013
广西	790 181	229 412	560 769
海南	828 874	445 710	383 164
重庆	649	649	
四川	5 179	5 179	
贵州	2 794	2 794	
云南	52 721	52 721	
西藏			
陕西			
甘肃			
青海			
宁夏	520	520	
新疆	3 418	3 418	

各地区水产品加工企业、冷库基本情况

地 区	水产品加工企业			水产品冷库			
	小计（个）	水产品加工能力（吨/年）	其中:规模以上加工企业（个）	数量（座）	冻结能力（吨/日）	冷藏能力（吨/次）	制冰能力（吨/日）
全国总计	**9 774**	**27 453 094**	**2 750**	**9 046**	**659 570**	**4 888 711**	**232 400**
北 京	5	7 685	1	215	68	28 120	69
天 津	6	3 965		17	239	201 380	67
河 北	243	435 778	22	203	5 606	75 386	4 506
山 西							
内蒙古	38	7 130	17	31	345	2 274	242
辽 宁	909	2 847 999	385	845	68 440	672 236	18 826
吉 林	29	17 130	11	22	115	1 385	2
黑龙江	30	4 700		18	215	2 605	15
上 海	22	65 260	5	60	951	15 837	246
江 苏	997	1 538 976	309	1 118	35 190	172 351	26 347
浙 江	2 181	2 749 912	367	1 487	42 952	925 664	27 795
安 徽	112	247 130	62	398	12 186	59 294	752
福 建	1 189	4 262 682	409	796	15 623	417 666	20 645
江 西	178	251 486	43	174	2 057	16 781	2 779
山 东	2 024	8 768 354	675	2 178	329 130	1 713 850	84 480
河 南	73	55 197	11	56	1 031	10 274	542
湖 北	232	1 450 451	132	320	81 457	108 354	12 001
湖 南	124	359 939	50	245	15 934	43 017	1 937
广 东	1 077	2 593 668	128	540	27 292	283 196	14 970
广 西	188	1 084 144	57	50	2 496	90 722	3 028
海 南	45	435 300	44	157	4 548	34 520	12 993
重 庆	4	2 490	3	28	12 059	5 112	60
四 川	8	30 340	4	8	160	1 750	13
贵 州	13	5 568		8	20	220	15
云 南	38	210 400	9	22	613	3 045	67
西 藏							
陕 西				7	29	33	3
甘 肃							
青 海	1	3 000	1	2			
宁 夏	1	10 000	1	5	500	800	
新 疆	7	4 410	4	36	314	2 839	

各地区水产品贸易情况(进出口)

单位:万美元,吨

地区	2013年		2012年		2013年比2012年增减(±)			
					绝对量		幅度(%)	
	金额	数量	金额	数量	金额	数量	金额	数量
全国总计	2 890 120.71	8 129 377	2 698 139.15	7 924 968	191 981.56	204 409	7.12	2.58
北京	28 910.61	96 340	38 443.40	158 026	-9 532.79	-61 687	-24.80	-39.04
天津	31 222.07	114 965	22 893.69	93 353	8 328.38	21 612	36.38	23.15
河北	32 003.11	48 884	25 322.97	37 408	6 680.14	11 476	26.38	30.68
山西	26.53	113	1.08	0	25.45	113	2 356.22	45 020.00
内蒙古	74.98	210	36.64	152	38.34	58	104.64	37.98
辽宁	411 134.45	1 708 689	382 767.19	1 568 539	28 367.26	140 150	7.41	8.94
吉林	20 777.03	96 229	19 343.16	95 248	1 433.87	981	7.41	1.03
黑龙江	862.56	5 462	1 655.41	9 459	-792.85	-3 997	-47.89	-42.26
上海	110 481.14	213 334	92 470.55	192 467	18 010.59	20 867	19.48	10.84
江苏	46 560.88	98 341	46 077.41	104 670	483.47	-6 329	1.05	-6.05
浙江	236 425.14	607 628	228 478.51	601 347	7 946.63	6 281	3.48	1.04
安徽	8 320.27	23 686	8 125.80	31 109	194.47	-7 423	2.39	-23.86
福建	563 420.02	1 187 576	519 684.98	1 115 663	43 735.04	71 912	8.42	6.45
江西	36 672.48	21 345	33 814.17	16 488	2 858.31	4 856	8.45	29.45
山东	737 076.90	2 532 024	751 146.41	2 517 954	-14 069.51	14 070	-1.87	0.56
河南	1 697.45	4 572	1 411.59	2 356	285.86	2 216	20.25	94.06
湖北	33 282.47	33 928	26 454.48	29 510	6 827.99	4 419	25.81	14.97
湖南	2 698.87	4 388	2 644.19	7 222	54.68	-2 833	2.07	-39.23
广东	458 518.08	985 252	382 325.74	984 465	76 192.34	787	19.93	0.08
广西	51 893.24	114 900	40 706.83	114 121	11 186.41	779	27.48	0.68
海南	56 186.24	132 306	57 032.74	146 548	-846.50	-14 242	-1.48	-9.72
重庆	4 440.73	22 576	3 134.67	16 113	1 306.06	6 462	41.67	40.11
四川	2 812.25	8 049	4 209.68	21 173	-1 397.43	-13 123	-33.20	-61.98
贵州	1.27	0			1.27	0		
云南	13 683.13	66 385	8 839.56	57 398	4 843.57	8 986	54.79	15.66
陕西	220.49	538	627.22	2 577	-406.73	-2 039	-64.85	-79.13
甘肃								
青海	370.79	632	107.90	172	262.89	460	243.64	267.43
宁夏	9.54	38	26.37	155	-16.83	-116	-63.81	-75.21
新疆	337.99	988	356.81	1 275	-18.82	-287	-5.28	-22.49

各地区水产品贸易情况(出口)

单位:万美元,吨

地区	2013 年		2012 年		2013 年比 2012 年增减(±)			
					绝对量		幅度(%)	
	金额	数量	金额	数量	金额	数量	金额	数量
全国总计	2 026 325.69	3 959 072.01	1 898 311.28	3 801 211.31	128 014.41	157 860.70	6.74	4.15
北京	191.39	171.40	205.69	174.43	-14.30	-3.04	-6.95	-1.74
天津	5 649.56	7 151.99	6 389.54	7 192.91	-739.98	-40.93	-11.58	-0.57
河北	27 948.30	37 940.89	22 525.15	31 181.20	5 423.15	6 759.68	24.08	21.68
山西	1.89	10.00						
内蒙古	5.05	10.39						
辽宁	258 757.88	729 141.56	243 498.02	685 866.04	15 259.86	43 275.53	6.27	6.31
吉林	8 355.05	19 312.62	7 328.28	13 869.93	1 026.77	5 442.70	14.01	39.24
黑龙江	358.62	2 832.27	183.26	1 166.76	175.36	1 665.51	95.69	142.75
上海	9 396.59	10 051.37	10 028.05	9 832.80	-631.45	218.57	-6.30	2.22
江苏	35 182.62	51 365.69	33 635.55	53 987.09	1 547.07	-2 621.40	4.60	-4.86
浙江	202 305.71	459 024.34	195 539.16	431 495.70	6 766.55	27 528.64	3.46	6.38
安徽	6 060.71	10 274.31	4 967.87	6 089.94	1 092.85	4 184.37	22.00	68.71
福建	491 054.84	730 503.85	456 117.64	688 688.62	34 937.21	41 815.23	7.66	6.07
江西	34 661.14	10 212.30	32 888.68	9 803.41	1 772.46	408.88	5.39	4.17
山东	471 069.84	1 111 763.80	488 987.84	1 146 165.25	-17 918.00	-34 401.44	-3.66	-3.00
河南	825.34	676.90	919.44	996.21	-94.10	-319.31	-10.24	-32.05
湖北	32 278.12	28 647.18	25 688.17	23 983.75	6 589.95	4 663.43	25.65	19.44
湖南	2 647.55	4 039.15	2 081.63	3 260.76	565.92	778.39	27.19	23.87
广东	333 012.27	504 080.57	273 608.20	439 171.38	59 404.06	64 909.19	21.71	14.78
广西	50 365.13	105 689.28	39 210.59	103 939.21	11 154.54	1 750.07	28.45	1.68
海南	52 219.31	126 181.89	52 119.58	138 603.28	99.73	-12 421.38	0.19	-8.96
重庆	0.17	0.90						
四川	1 028.33	605.56	714.94	356.73	313.40	248.83	43.84	69.75
贵州								
云南	2 424.27	8 428.17	1 312.42	4 502.83	1 111.86	3 925.35	84.72	87.18
陕西	30.40	24.57	2.89	4.80	27.51	19.78	950.44	412.26
甘肃								
青海	370.79	631.87	102.07	164.97	268.72	466.91	263.26	283.03
宁夏	0.05	0.40						
新疆	124.76	298.79	256.66	713.31	-131.89	-414.53	-51.39	-58.11

各地区水产品贸易情况(进口)

单位:万美元,吨

地区	2013年		2012年		2013年比2012年增减(±)			
					绝对量		幅度(%)	
	金额	数量	金额	数量	金额	数量	金额	数量
全国总计	863 795.02	4 170 304.92	799 827.87	4 123 756.21	63 967.15	46 548.71	8.00	1.13
北京	28 719.22	96 168.33	38 237.71	157 852.06	-9 518.49	-61 683.73	-24.89	-39.08
天津	25 572.51	107 812.58	16 504.15	86 159.69	9 068.36	21 652.89	54.95	25.13
河北	4 054.81	10 943.35	2 797.82	6 226.94	1 256.99	4 716.40	44.93	75.74
山西	24.64	102.80	1.08		23.55	102.55	2 175.75	41 020.00
内蒙古	69.93	199.66	36.64	152.23	33.28	47.43	90.83	31.16
辽宁	152 376.57	979 547.19	139 269.17	882 672.76	13 107.40	96 874.43	9.41	10.98
吉林	12 421.99	76 916.46	12 014.88	81 377.78	407.11	-4 461.32	3.39	-5.48
黑龙江	503.94	2 629.48	1 472.16	8 292.17	-968.21	-5 662.69	-65.77	-68.29
上海	101 084.55	203 282.87	82 442.50	182 634.23	18 642.05	20 648.64	22.61	11.31
江苏	11 378.26	46 975.02	12 441.86	50 682.43	-1 063.59	-3 707.41	-8.55	-7.31
浙江	34 119.43	148 603.75	32 939.35	169 851.25	1 180.08	-21 247.50	3.58	-12.51
安徽	2 259.55	13 411.72	3 157.93	25 019.34	-898.38	-11 607.62	-28.45	-46.39
福建	72 365.18	457 072.07	63 567.34	426 974.81	8 797.84	30 097.26	13.84	7.05
江西	2 011.33	11 132.21	925.49	6 685.01	1 085.85	4 447.20	117.33	66.52
山东	266 007.06	1 420 259.97	262 158.57	1 371 788.34	3 848.49	48 471.62	1.47	3.53
河南	872.12	3 895.52	492.15	1 359.99	379.96	2 535.52	77.20	186.44
湖北	1 004.35	5 280.98	766.31	5 525.78	238.04	-244.80	31.06	-4.43
湖南	51.32	349.16	562.57	3 960.80	-511.25	-3 611.64	-90.88	-91.18
广东	125 505.81	481 171.91	108 717.54	545 293.63	16 788.28	-64 121.71	15.44	-11.76
广西	1 528.11	9 210.27	1 496.25	10 181.64	31.86	-971.36	2.13	-9.54
海南	3 966.93	6 123.97	4 913.17	7 944.91	-946.24	-1 820.94	-19.26	-22.92
重庆	4 440.56	22 574.60	3 134.67	16 113.25	1 305.89	6 461.35	41.66	40.10
四川	1 783.92	7 443.83	3 494.75	20 815.77	-1 710.83	-13 371.95	-48.95	-64.24
贵州	1.27				1.27			
云南	11 258.86	57 956.72	7 527.15	52 895.65	3 731.71	5 061.07	49.58	9.57
陕西	190.09	513.25	624.32	2 572.30	-434.23	-2 059.05	-69.55	-80.05
甘肃								
青海			5.83	7.00	-5.83	-7.00		
宁夏	9.50	37.98	26.37	154.84	-16.87	-116.86	-63.99	-75.47
新疆	213.22	689.25	100.16	561.36	113.07	127.89	112.89	22.78

五、渔政管理

各地区渔政管理机构情况（按机构性质分）

单位：个

地区	渔业执法机构个数	其中				
		行政单位	参照公务员法管理单位	依照公务员制度管理单位	事业单位	其他性质单位
全国总计	2 949	500	559	201	1 684	5
部直属	1		1			
北京	15	4	1	1	9	
天津	15	3	5	6	1	
河北	131	28	10	6	87	
山西	86	45			41	
内蒙古	108	6	35	5	62	
辽宁	130	9	25	8	88	
吉林	65	1	6	2	51	5
黑龙江	105	22	24	31	28	
上海	11		8	2	1	
江苏	124	5	16	16	87	
浙江	122	5	35	25	57	
安徽	131	27	9	5	90	
福建	91	1	63	2	25	
江西	124	8	25	3	88	
山东	199	38	33	4	124	
河南	173	72	3	4	94	
湖北	119	8	19	7	85	
湖南	132	3	26	37	66	
广东	110	86	10	6	8	
广西	101	1	80		20	
海南	29	1	3	2	23	
重庆	41	2	23	2	14	
四川	208	26	25	5	152	
贵州	99	11	6	1	81	
云南	152	17	10	6	119	
西藏	10	8			2	
陕西	103	12	12	3	76	
甘肃	87	15	10	6	56	
青海	28	4	6	6	12	
宁夏	21	20			1	
新疆	65	1	29		35	
大连	38	1	3		34	
青岛	14		2		12	
宁波	12		1	1	10	
厦门	6	1	4		1	
深圳	6	6				
新疆兵团	13	11	1		1	

各地区渔政管理机构情况(按执法业务类型分)

单位:个

地　区	渔政	渔监	船检	渔政渔监船检综合执法	渔政与农业执法单位合署	渔政与水产研究或推广单位合署	渔政与渔业生产单位合署
全国总计	1 671	83	39	584	110	415	47
部直属			1				
北　京	15						
天　津				15			
河　北	68	8	2	20	13	19	1
山　西	76	1		3		6	
内蒙古	48	1	1	15	8	34	1
辽　宁	63	19	13	7		27	1
吉　林	11			41		13	
黑龙江	95		1	6		3	
上　海	3	1			7		
江　苏	52	6	1	57	1	6	1
浙　江	55		14	39	6	7	1
安　徽	60	5	2	44	2	16	2
福　建	53	1		23	4	10	
江　西	56	1		15	20	30	2
山　东	133	25		26	2	13	
河　南	145	3		7		17	1
湖　北	34			80	4	1	
湖　南	115			5		8	4
广　东	44			63	1	1	1
广　西	42	4		33		18	4
海　南	17	6		6			
重　庆	6			23	8	4	
四　川	143	2	2	29	8	22	2
贵　州	58			11	1	28	1
云　南	54			9	10	60	19
西　藏	10						
陕　西	45		1	2	3	47	5
甘　肃	62				4	21	
青　海	16			4	7		1
宁　夏	20					1	
新　疆	60		1	1	1	2	
大　连	11	11	8	6		2	
青　岛	7	4		3			
宁　波	3		1	6	2		
厦　门	3	1			2		
深　圳	2			4			
新疆兵团	12					1	

六、科技与推广

全国渔业科技基本情况

一、渔业科研机构个数	113	其他	45 258
二、渔业科研机构从业人员(人)	7 413	非政府资金小计	142 843
1. 科技活动人员	5 417	技术性收入	137 321
按职称分:高级职称	1 567	(2)生产经营收入	308 606
中级职称	1 805	(3)其他收入	165 358
初级职称及其他	2 045	四、科研机构固定资产情况	
按学位分:研究生	1 709	年末固定资产合计	2 913 846
大学	2 021	五、科技著述和专利申请情况	
大专	936	发表科技论文(篇)	2 682
其他	751	国外发表	336
2. 生产经营活动人员	806	出版科技著作(种)	71
3. 其他人员	1 190	专利受理数(件)	714
三、本年度收入(千元)	2 450 717	专利授权(件)	461
(1)科技活动收入	1 976 753	发明专利	254
政府资金	1 833 910	国外授权	2
财政拨款	1 219 252	拥有发明专利总数	530
承担政府项目	569 400		

各地区水产技术推广机构情况

单位：个

地　区	数量	其中		地（市）级站		县（市）级站		区域站		乡（镇）站	
		水产站	综合站	水产站	综合站	水产站	综合站	水产站	综合站	水产站	综合站
全国总计	14 729	3 565	11 164	292	46	1 640	520	140	464	1 459	10 132
北　京	31	11	20	8	3	2					17
天　津	90	16	74			12		3	5		69
河　北	250	102	148	11		72	65	11	58	6	25
山　西	102	53	49	10		33	7			9	42
辽　宁	407	139	268	13		49	18	10	4	66	246
吉　林	590	49	541	9		39	10				531
内蒙古	105	81	24	10	2	48	22			22	
黑龙江	314	78	236	11		66					236
上　海	70	17	53	8	1					8	52
江　苏	913	116	797	13		75	11	7		20	786
浙　江	494	75	419	10		55	13	6	14	3	392
安　徽	623	163	460	12	3	66	25	10	16	74	416
福　建	824	187	637	7	2	73	3			106	632
江　西	1 180	107	1 073	10	1	87	12	9			1 060
山　东	1 236	480	756	15	1	114	17			350	738
河　南	259	114	145	17	1	89	29	1	8	6	107
湖　北	849	378	471	15		76		19		267	471
湖　南	1 447	228	1 219	13	2	91	56	7	10	117	1 150
广　东	1 073	229	844	18	2	81	22	11	13	118	807
广　西	795	83	712	13	1	67	33	1	2	1	676
海　南	47	23	24	2		13	3			7	21
重　庆	292	25	267			24	14				253
四　川	1 687	332	1 355	11	8	94	39	11	334	215	974
贵　州	289	73	216	8	1	61	29			3	186
云　南	272	147	125	12	4	92	30	32		10	91
陕　西	94	79	15	10		68	15				
甘　肃	79	54	25	8	5	44	17			1	3
青　海	13	6	7	1		4	7				
宁　夏	32	7	25	2	3	4	11				11
新　疆	38	27	11	8	2	16	8	2		1	
大　连	59	43	16			6	1			36	15
青　岛	61	12	49			8	1			3	48
宁　波	94	17	77			6				10	77
厦　门	4	2	2		1	2	1				
深　圳	4	3	1			2	1				
新疆兵团	12	9	3	7	3	1					

七、灾　害

各地区渔业灾情造成的经济损失(一)

单位:万元

地区	1. 水产品损失					
	小计	台风、洪涝	病害	干旱	污染	其他
全国总计	2 574 159.05	1 199 803.61	407 467.99	555 424.10	132 154.72	279 308.63
北　京	118.50	3.50	115.00			
天　津	1 052.50		752.50			300.00
河　北	10 757.00	1 698.60	6 699.80	545.20	1 113.40	700.00
山　西	306.00	20.00	276.00	10.00		
内蒙古	3 853.00	2 315.00	76.00	1 067.00	108.00	287.00
辽　宁	96 923.50	49 899.50	27 599.00	37.00	18 502.00	886.00
吉　林	4 187.00	3 516.00	427.00	132.00	12.00	100.00
黑龙江	79 951.51	79 951.51				
上　海	3 829.60	1 477.00	1 679.60		673.00	
江　苏	115 680.00	11 630.00	34 612.00	54 572.00	9 522.00	5 344.00
浙　江	225 781.00	182 206.00	15 453.00	22 139.00	1 445.00	4 538.00
安　徽	139 751.67	13 800.58	8 779.34	103 786.57	8 297.41	5 087.77
福　建	100 797.00	66 892.00	9 224.00	238.00	23 493.00	950.00
江　西	173 014.87	40 375.00	20 663.40	87 721.27	4 710.00	19 545.20
山　东	346 679.50	87 945.50	17 518.00	2 947.00	46 119.00	192 150.00
河　南	59 156.00	229.00	3 481.00	52 149.00	609.00	2 688.00
湖　北	38 958.00	1 534.00	21 807.00	8 382.00	7 235.00	
湖　南	225 970.21	24 355.00	10 359.31	187 931.70	101.20	3 223.00
广　东	478 346.14	403 427.89	55 201.63	506.10	5 486.72	13 723.80
广　西	194 978.81	32 351.52	155 236.58	630.00	772.38	5 988.33
海　南	64 437.92	63 102.92	735.00			600.00
重　庆	17 121.75	12 963.79	1 840.14	1 726.42	371.70	219.70
四　川	51 460.61	29 781.78	4 253.30	2 578.48	312.60	14 534.45
贵　州	11 294.28	2 168.63	2 665.56	3 615.91	2 715.94	128.24
云　南	40 689.03	5 765.95	5 104.33	22 982.35	39.26	6 797.14
西　藏						
陕　西	84 254.48	81 776.18	1 044.80	90.10	15.40	1 328.00
甘　肃	802.50	276.60	360.30	68.00	73.60	24.00
青　海						
宁　夏	407.70		329.50			78.20
新　疆	3 598.97	340.16	1 174.90	1 569.00	427.11	87.80

各地区渔业灾情造成的经济损失(二)

单位:万元

地 区	2.(台风、洪涝)损毁渔业设施							
	小计	池塘	网箱(鱼排)	围栏	沉船	船损	堤坝	泵站
全国总计	1 423 229.24	621 618.25	558 634.52	11 146.16	12 132.10	29 523.36	30 879.42	1 078.80
北 京	5.00	5.00						
天 津								
河 北	556.60	31.00	9.00		377.40	3.20	3.00	
山 西								
内蒙古	495.00	428.00	6.00				61.00	
辽 宁	5 449.80	1 922.00	200.00		5.00	169.00	16.00	
吉 林	238.40	209.00	0.40				29.00	
黑龙江	80 889.46	80 889.46						
上 海	52.00				10.00	32.00		
江 苏	4 345.00	1 151.00	226.00	269.00	187.00	31.00	84.00	
浙 江	44 828.00	15 546.00	11 563.00	666.00	2 701.00	2 036.00	1 127.00	6.00
安 徽	10 160.19	5 708.84	1 024.65	1 438.66		87.26	189.00	33.00
福 建	19 182.00	5 756.00	3 857.00	46.00	2 505.00	599.00	1 850.00	
江 西	27 143.50	11 144.40	6 089.00	63.50	14.00	831.00	4 627.80	114.30
山 东	47 053.20	39 847.00	5 429.00	54.00	9.00	126.00	359.00	26.00
河 南	150.00	129.00						
湖 北	43 571.00	27 591.00	2 321.00	3 941.00	24.00	298.00	2 901.00	313.00
湖 南	23 816.10	12 642.50	4 298.00	1 353.00	89.50	434.50	1 319.60	32.00
广 东	203 853.93	73 369.78	42 022.44	305.00	3 858.80	22 670.20	10 420.56	531.00
广 西	12 915.61	7 735.80	955.61	2 522.00		427.00	402.00	
海 南	38 574.70	10 476.70	11 524.00		2 162.00	1 709.00	12.00	
重 庆	4 608.82	4 051.62	85.00	35.00	93.00	16.20	86.00	
四 川	25 868.16	23 398.60	128.20		73.40	24.00	373.96	19.00
贵 州	750 330.57	282 170.35	468 160.22					
云 南	851.00	259.00	556.00				29.00	3.00
西 藏								
陕 西	75 427.20	16 823.20	180.00	430.00	23.00	30.00	4 489.50	1.50
甘 肃	2 863.00	333.00		22.00			2 500.00	
青 海								
宁 夏								
新 疆	1.00			1.00				

各地区渔业灾情造成的经济损失(三)

单位:万元

地区	2.(台风、洪涝)损毁渔业设施(续)							直接经济损失合计
	涵闸	码头	护岸	防波堤	工厂化养殖	苗种繁育场	其他	
全国总计	2 317.00	6 861.00	12 851.20	20 458.00	8 282.50	15 124.30	92 322.63	3 997 388.29
北京								123.50
天津								1 052.50
河北			15.00	75.00	43.00			11 313.60
山西								306.00
内蒙古								4 348.00
辽宁		900.00	120.00			1 933.30	184.50	102 373.30
吉林								4 425.40
黑龙江								160 840.97
上海						10.00		3 881.60
江苏			12.00	69.00	1 168.00	119.00	1 029.00	120 025.00
浙江	20.00	2 476.00	1 553.00	1 605.00	1 422.00	1 068.00	3 039.00	270 609.00
安徽	63.00		70.00	90.00	50.00	112.00	1 293.78	149 911.86
福建	40.00	769.00	448.00	1 278.00	200.00	560.00	1 274.00	119 979.00
江西	439.00		1 104.00	166.00	179.50	208.00	2 163.00	200 158.37
山东	80.00	68.00	234.20	9.00	290.00	522.00		393 732.70
河南							21.00	59 306.00
湖北	357.00	584.00	926.00	501.00		314.00	3 500.00	82 529.00
湖南	6.00	50.00	105.00	7.00		880.00	2 599.00	249 786.31
广东	1 294.00	1 329.00	3 442.00	14 826.00	4 700.00	7 309.80	17 775.35	682 200.07
广西		685.00				144.20	44.00	207 894.42
海南			4 750.00	659.00			7 282.00	103 012.62
重庆						60.00	182.00	21 730.57
四川	17.00		64.00	50.00	100.00	1 284.00	336.00	77 328.77
贵州								761 624.85
云南	1.00		3.00					41 540.03
西藏								
陕西				1 120.00	130.00	600.00	51 600.00	159 681.68
甘肃			5.00	3.00				3 665.50
青海								
宁夏								407.70
新疆								3 599.97

各地区渔业灾情造成的数量损失(一)

地 区	1. 受灾养殖面积(公顷)						2. 水产品损失(吨)		
	小计	台风、洪涝	病害	干旱	污染	其他	小计	台风、洪涝	病害
全国总计	1 079 715	335 604	151 639	482 688	29 607	80 177	1 622 581	758 809	251 617
北 京	287	1	286				105	5	100
天 津	482		356			126	926		370
河 北	6 252	88	5 743	243	101	77	12 561	959	9 914
山 西							301	20	276
内蒙古	4 364	1 755	105	2 036	261	207	2 446	1 447	46
辽 宁	18 730	11 787	2 723	25	4 133	62	74 985	16 303	27 872
吉 林	27 585	16 709	10 320	556			3 600	3 034	338
黑龙江	40 001	40 001					94 060	94 060	
上 海	1 389	406	869		114		2 542	970	1 130
江 苏	74 128	6 857	27 870	30 398	2 392	6 611	66 064	6 142	24 857
浙 江	74 742	52 351	5 270	13 944	718	2 459	92 414	76 013	5 698
安 徽	190 807	27 244	8 742	128 352	3 710	22 759	111 548	10 864	8 102
福 建	21 964	15 798	2 344	65	2 746	1 011	64 590	38 290	5 080
江 西	112 638	22 555	25 563	60 529	1 831	2 160	155 334	42 889	19 022
山 东	47 226	12 404	4 171	2 500	6 898	21 253	109 652	33 989	33 122
河 南	44 120	23	2 623	40 028	1 159	287	52 370	184	3 490
湖 北	20 851	3 571	7 246	7 584	2 450		31 997	446	21 057
湖 南	212 537	20 662	17 882	170 206	54	3 733	192 641	20 751	10 618
广 东	97 112	67 627	14 574	331	1 094	13 486	389 377	332 108	38 225
广 西	22 915	11 907	5 435	495	943	4 135	74 431	35 979	30 970
海 南	3 115	2 946	155			14	12 897	12 439	314
重 庆	10 084	6 186	1 881	1 924	46	47	11 338	8 238	1 277
四 川	16 803	11 297	2 723	2 032	91	660	24 583	16 605	2 934
贵 州	6 980	383	308	6 055	18	216	4 932	947	1 164
云 南	16 483	1 336	1 446	13 015	40	646	31 046	4 646	3 887
西 藏									
陕 西	2 449	1 539	709	58	30	113	1 980	1 119	287
甘 肃	448	64	176	75	123	10	503	142	221
青 海									
宁 夏	1 189		1 134			55	426		352
新 疆	4 034	107	985	2 237	655	50	2 932	220	894

各地区渔业灾情造成的数量损失(二)

地　区	2. 水产品损失(吨)(续)			3.(台风、洪涝)损毁渔业设施					
	干旱	污染	其他	池塘(公顷)	网箱(鱼排)(箱)	围栏(千米)	沉船(艘)	船损(艘)	堤坝(米)
全国总计	435 848	99 037	77 270	143 545	210 784	31 182	847	4 653	305 694
北　京				1					
天　津			556						
河　北	684	374	630	28	22		5	3	150
山　西	5								
内蒙古	762	65	126	957	9				1 260
辽　宁	32	30 547	231	605	200	1 000	1	14	154
吉　林	127	1	100	83	2				2 070
黑龙江				40 001					
上　海		442					1	13	
江　苏	24 449	7 943	2 673	715	614	156	4	30	1 496
浙　江	8 554	884	1 265	5 701	19 050	9 456	370	879	11 013
安　徽	81 829	6 698	4 055	4 622	12 691	6 011		41	8 720
福　建	170	19 977	1 073	1 728	16 208	94	60	233	5 954
江　西	79 589	4 869	8 965	3 299	7 607	2 333	8	404	68 049
山　东	4 489	14 825	23 227	4 601	2 558	39	4	54	10 826
河　南	46 518	502	1 676	38					
湖　北	5 377	5 117		20 480	75 407	5 636	92	311	108 314
湖　南	158 254	84	2 934	16 964	9 786	1 411	52	329	25 574
广　东	490	3 849	14 705	22 384	32 417	3 211	164	2 034	46 281
广　西	428	474	6 580	1 702	3 267	127		98	3 054
海　南			144	1 534	29 178		30	170	40
重　庆	1 396	258	169	1 730	15	6	11	16	1 450
四　川	2 211	245	2 588	13 545	348		43	17	3 705
贵　州	1 579	1 186	56	101	704				
云　南	17 617	28	4 868	76	251				2 585
西　藏									
陕　西	111	17	446	2 638	450	601	2	3	3 589
甘　肃	38	82	20	12		1 100			1 410
青　海									
宁　夏			74						
新　疆	1 139	570	109						

各地区渔业灾情造成的数量损失(三)

地 区	3.(台风、洪涝)损毁渔业设施(续)							4. 人员损失			
	泵站(座)	涵闸(座)	码头(米)	护岸(米)	防波堤(米)	工厂化养殖(座)	苗种繁育场(个)	小计	失踪(人)	死亡(人)	重伤(人)
全国总计	298	1 812	11 515	99 877	48 229	460	372	165	83	75	7
北 京											
天 津											
河 北				500	250	3		10	1	9	
山 西											
内蒙古											
辽 宁			700	500			54	27	5	22	
吉 林											
黑龙江											
上 海							1	3	1		2
江 苏				2 950	1 100	10	3	10	1	4	5
浙 江	15	10	5 423	10 474	2 740	34	59	11		11	
安 徽	7	18		1 640	4 850	7	4				
福 建		4	1 335	1 681	3 449	2	58	7	4	3	
江 西	62	147		34 087	1 452	1	7				
山 东	8	26	337	1 568	5	10	7	11	9	2	
河 南											
湖 北	101	201	1 540	34 438	9 996		11				
湖 南	10	17	564	3 128	670		61				
广 东	82	1 368	1 125	5 091	23 212	389	79	71	49	22	
广 西			491				10				
海 南				1 850	315			12	11	1	
重 庆							2				
四 川	8	20		1 750	70	1	12	3	2	1	
贵 州											
云 南	2	1		10							
西 藏											
陕 西	3			110	12	3	4				
甘 肃				100	108						
青 海											
宁 夏											
新 疆											

领 导 讲 话

加快推进现代渔业建设 促进渔业持续健康发展

汪洋副总理在全国现代渔业建设工作电视电话会议上的讲话

（2013 年 6 月 26 日）

我国是水产品生产、贸易和消费大国，渔业是农业和国民经济的重要产业。推进现代渔业建设，对于保障国家食物安全、促进经济社会发展、维护国家海洋权益、加强生态环境建设都具有十分重要的意义。党中央、国务院对渔业发展和现代渔业建设高度重视。今年 2 月 6 日，国务院常务会议专题研究了海洋渔业发展战略问题。3 月 8 日，国务院印发了《关于促进海洋渔业持续健康发展的若干意见》（国发〔2013〕11 号），这是新中国成立以来首次以国务院名义发出的指导海洋渔业发展的文件。这次全国现代渔业建设工作电视电话会议，是改革开放以来第一次以现代渔业建设为主题召开的全国性会议，也是在我国由渔业大国向现代渔业强国迈进的关键时期召开的一次重要会议，主要任务是深入贯彻落实国发 11 号文件精神，全面部署加快推进现代渔业建设各项工作。刚才，福建、山东、湖北三省政府负责同志介绍了各自推进现代渔业建设的做法和经验，农业部、发展改革委、财政部负责同志对当前和今后一个时期的现代渔业建设进行了安排，讲得都很好。下面，我讲几点意见。

一、充分肯定渔业发展巨大成就，深刻认识加快现代渔业建设的重要性和紧迫性

改革开放以来，我国渔业生产持续快速发展，成为农业农村经济发展的突出亮点和重要增长点。2012 年全国水产品总产量达到 5907 万吨，是 1978 年的 11 倍，连续 23 年位居世界首位，占全球水产品产量的三分之一以上，为城乡居民膳食营养提供了三分之一的优质动物蛋白。渔业产业结构不断优化，实现了生产方式由捕捞为主向养殖为主的重大转变。我国远洋渔业从无到有，目前已成为世界主要的远洋渔业国家之一。渔业发展取得的巨大成就，不仅有力保障了水产品供应，促进了农民和渔民增收，而且在推动农业国际交流合作和农产品贸易、维护国家海洋权益等方面发挥了重要作用。

同时，我们要清醒地看到，受国内外多种因素影响，我国渔业发展面临着严峻的挑战，不可持续问题日益突出。一是渔业资源严重衰退。捕捞渔船数量和功率总量居高不下，对资源破坏强度大的作业方式和违规网具占有较高比重，近海捕捞量远远超过可捕捞量，一些地方已经无鱼可捕。二是水域生态环境呈恶化趋势。水域环境污染加剧，海洋赤潮等灾害发生频繁；拦河筑坝、围填海等工程建设增多，水域滩涂不断被挤占，水产品质量安全和生物多样性受到严重威胁。三是渔业基础设施和技术装备落后。渔港渔政、标准化养殖池塘等基础设施建设长期滞后，渔船等装备老旧小、能耗高的问题相当普遍，渔业科技创新能力不足。渔业安全事故多发。四是渔业生产进入高成本、高风险阶段。近年来，燃油价格、人工费用、渔船价格和物流成本等快速上涨，渔业生产经营成本步入上升通道。同时，随着全球气候变化，台风、风暴潮等灾害频发重发，渔业生产风险明显加大。五是远洋渔业发展空间受限。国际上渔业资源争夺和渔业利益冲突加剧，渔业资源丰富国家对外来捕捞的管理日益严格；海洋权益斗争复杂，周边国家侵扰、抓扣、抢劫我国渔船事件不断发生，迫我退出传统渔场的压力加大。同时，渔民存在着捕捞行为不规范、违规捕捞等问题，改善和加强渔业管理的任务也十分繁重。

在新的历史时期，加快现代渔业建设，促进渔业可持续发展，具有重大意义。首先，这是保障国家食物安全的重要途径。我国人均耕地和淡水资源紧缺，满足

不断增长的食物需求,必须树立大资源、大食物理念,广开门路、广辟来源。我国水域辽阔,渔业资源总体丰富,具有巨大的发展潜力。通过推进现代渔业建设,可以提高水产品供给能力,满足国民对优质动物蛋白的需求,夯实国家食物安全的基础。其次,这是促进农民渔民就业增收的有效手段。渔业是农业中比较效益高的产业,吸纳了大量劳动力就业。通过推进现代渔业建设,可以提高渔业的就业容量和综合效益,有力带动农民渔民持续增收,促进渔区经济社会发展。第三,这是促进经济发展的重要方面。渔业涵盖了一、二、三产业。加快现代渔业建设,不仅有利渔民,还可以提高渔业技术装备水平,有力地带动船舶及装备设计制造、水产品冷藏加工和物流、休闲旅游等相关产业发展。第四,这是建设美丽中国的客观要求。水域是我国重要的生态系统。通过推进现代渔业建设,可以有效地促进水域生态系统的修复和生态环境的改善,为建设天蓝、地绿、水净的美丽中国作出贡献。第五,这是维护我国海洋权益、拓展国际发展空间的战略举措。海洋渔船作业和渔政巡航在维护我国海洋权益方面发挥着重要作用,远洋渔业有利于我国利用"两种资源、两个市场"。加快现代渔业建设,可以有效提高我国海洋渔船作业、渔政巡航和远洋渔业生产的能力和水平,更好地保障我国的整体利益。

我们一定要从战略和全局的高度,充分认识加快现代渔业建设的重要性、艰巨性和复杂性,进一步增强危机感、紧迫感、责任感,采取有力措施,大力推进现代渔业建设,再创我国渔业发展新辉煌。

二、准确把握加快推进现代渔业建设的总体要求和主攻方向

当前和今后一个时期,是工业化、信息化、城镇化、农业现代化同步发展的历史阶段,是加快改造传统农业、走中国特色农业现代化道路的关键时期。我们要把现代渔业建设放在突出位置来抓,凝聚各方力量,加快推进步伐,努力使之走在农业现代化的前列。

推进现代渔业建设的基本思路是,坚持生态优先、养捕结合、以养为主的方针,以建设现代渔业强国为目标,以保障水产品安全有效供给和渔民持续较快增收为首要任务,以加快转变渔业发展方式为主线,大力加强渔业基础设施建设和技术装备升级改造,健全现代渔业产业体系和经营机制,提高水域产出率、资源利用率和劳动生产率,增强渔业综合生产能力、抗风险能力、国际竞争能力、可持续发展能力,形成生态良好、生产发展、装备先进、产品优质、渔民增收、平安和谐的现代渔业发展新格局。

推进现代渔业建设,要针对渔业发展的薄弱环节,适应未来发展需要,明确主攻方向。一是严格保护渔业资源和生态环境。渔业是资源型产业。要像严格保护耕地一样保护水生生物资源和水域生态环境,确保渔业资源永续利用、可持续发展。淡水渔业要坚持以养为主,大力发展健康养殖;海洋渔业要坚持控制近海、拓展外海、发展远洋,尽快改变近海渔业资源过度利用的状况。二是大力推动渔业发展方式转变。

现代渔业是资本、技术、人才密集型产业。要坚持不懈地用现代物质条件、科学技术改造渔业,用现代产业体系、经营形式推进渔业,用新型经营主体、现代科学管理提升渔业,使渔业发展真正转入依靠劳动者素质提高和科技进步的轨道上来,实现渔业发展方式由数量增长型向质量效益型转变。三是建立健全现代渔业建设保障机制。既要重视发挥市场这只"看不见的手"的作用,运用市场的强大力量,吸引各类要素向渔业集聚,又要发挥政府这只"看得见的手"的作用,加强引导、支持和管理,健全基本公共服务体系,"双手并举"、"双轮驱动"推进现代渔业建设。

三、深化改革创新,激发渔业发展的内在活力

渔民和渔业企业是渔业生产的主体。加快现代渔业建设,关键是要调动渔民和渔业企业的积极性和创造性。过去几十年渔业的大发展得益于改革。1985年,我们率先全部放开水产品价格,实行市场调节,这不仅极大激发了市场活力,促进了渔业发展的突飞猛进,而且开启了农业市场化改革的大门,为建设社会主义市场经济体制发挥了试验、示范的作用。现在推进现代渔业建设,同样需要深化改革,创新渔业生产经营体制机制,构建集约化、专业化、组织化、社会化相结合的新型渔业经营体系,进一步解放和发展渔业生产力。

一要稳定和完善渔业基本经营制度。我国实行的是以水域、滩涂使用和捕捞许可制度为主要内容的渔业基本经营制度。实践证明,这一基本经营制度,符合我国国情和渔业生产特点,必须长期坚持并不断完善。要研究完善养殖权、捕捞权制度的办法,保障渔业生产者依法享有长期而稳定的水域、滩涂承包经营权和使用权,维护他们的合法权利。大力发展渔业合作社,鼓励渔民以入股、租赁、合伙等多种形式发展联合经营或组建渔业企业,提高渔业组织化程度。

二要大力培育壮大渔业龙头企业。提高我国渔业发展水平和产业竞争力,特别是海洋渔业的竞争力,关键在于发展壮大龙头企业。要支持龙头企业通过兼并、重组、收购、控股等方式组建大型企业集团,创建渔业产业化示范基地,促进产业集群发展。鼓励和引导

城市工商资本及社会各方面的资金投入现代渔业建设。

三要积极推进渔业产业化经营。要推动水产品养殖、捕捞、加工、物流业的相互融合和一体化发展格局，加快水产品精深加工、冷链物流体系和批发市场建设，支持发展形式多样的休闲渔业。鼓励渔民、渔业合作社与龙头企业、加工流通企业等开展合作，建立多种形式的利益联结机制，形成有效的对接。鼓励各类组织开展渔业生产、加工、流通等各环节的服务，全面提高渔业生产社会化服务水平。

四、认真履行政府职能，加快推进渔业现代化进程

推进现代渔业建设，政府责无旁贷。要厘清各级政府在现代渔业建设中的职责界限，大力转变政府职能，把不该管的彻底放出去，放手让市场、渔民、企业和社会组织去做，同时做好监管和指导，做到放而不乱；把该管的坚决管起来，并切实管好、管出成效，促进渔业又好又快发展，努力走出一条中国特色渔业现代化道路。

第一，落实和完善渔业扶持政策。国务院近期出台了很多支持现代渔业建设的政策措施，关键是要抓好落实。各级政府要把现代渔业建设作为财政投入重点，落实渔业油价补贴、渔机补贴等政策措施，保障渔政、资源调查、品种资源保护、疫病防控、质量安全监管、远洋渔业探捕等投入，将渔业纳入农业用水、用电、用地等方面的优惠政策范围。健全激励机制，引导金融机构根据渔业生产特点，创新金融产品和服务方式，加强信贷支持；探索养殖权和捕捞权证抵押质押及流转方式，促进形成多元化、多渠道的渔业投融资格局。加快推进渔船升级改造和养殖池塘标准化改造。支持建立渔业保险制度，推动渔业保险纳入政策性农业保险范围，支持发展渔业互助保险，鼓励发展渔业商业保险，积极开展海水养殖保险，健全稳定的渔业风险保障机制。各地要根据本地实际，研究制定有针对性的支持措施，丰富和完善现代渔业支持政策体系。

第二，支持渔业基础设施和技术装备建设。要加大国家固定资产投资对渔业的支持，加强渔业安全装备、质量监测体系和管理信息化建设，不断提高设施装备现代化水平。这里，我要重点强调一下渔港建设问题。渔港是渔业安全生产最重要的基础设施，是渔区经济发展的重要依托。目前我国渔港建设滞后问题突出，数量不足、建设标准偏低、防灾减灾能力弱。各级政府要科学规划、完善布局，多方筹资、加快建设，尽快形成渔港防灾减灾体系，力争到"十三五"末，所有海洋渔船都能进港安全避风。针对制约渔业发展的科技瓶颈，支持科研机构围绕重点领域、关键环节，加强联合协作，开展科技攻关，力争掌握一批重大关键技术；加强渔业人才队伍建设，完善技术推广服务体系，促进科技成果转化应用。

第三，强化渔业生态养护举措。既要做好减法，又要做好加法，多措并举、多管齐下。要严格控制污染物排放，实施重点水域排污总量控制制度；加强投入品管理，减少养殖污染。坚持休渔禁渔制度，完善捕捞业准入制度，逐步减轻近海捕捞强度，促进捕捞渔民转产转业。强化增殖放流、建设海洋牧场、投放人工鱼礁等措施，加强水生生物种质资源保护，建立健全渔业生态补偿机制。调整完善渔业资源增殖保护费征收政策，专项用于渔业资源养护。抓紧启动渔业资源调查，摸清家底，为保护和合理开发利用渔业资源提供科学依据。广泛动员社会力量参与水生生物资源养护行动，共同建设水域生态文明。

第四，加强水产品质量安全监管。受水域污染加剧、水生动物疫病多发、生产经营者诚信缺失等因素的影响，水产品特别是养殖产品质量安全方面存在着不少隐患和风险，质量安全事件不断发生。各地要认真贯彻中央关于加强食品安全工作的部署，切实把水产品质量安全作为一件大事来抓，建立生产经营者首负责任制和质量安全责任追究制，认真履行政府监管职责，推进社会协同共治，确保让消费者吃上健康营养、质量安全的放心水产品。

第五，着力保障改善渔业民生。我国渔业人口接近2 100万，从业人员超过1 400万。建设现代渔业，要坚持以人为本，努力促进渔民就业增收，保障和改善渔民生计。要加快实施以船为家渔民上岸安居工程，力争三年内全部完成，中央财政已经安排了补贴资金，各地要解决建设用地、配套资金、户籍和社会保障等问题。加强渔区基础设施建设，重点解决好饮水安全、用电、道路等问题，加快发展渔区教育、文化、卫生、养老等社会事业，促进新渔村建设和小城镇发展。扎实推进"平安渔业"建设，落实好海难救助、休渔禁渔期生活补助、渔业水域滩涂征收征用补偿安置等政策，帮助困难渔民解决生产生活实际困难。

第六，积极推动渔业"走出去"。要深化渔业多双边合作交流，积极参与国际渔业条约、协定和标准规范制订，为渔业"走出去"创造条件。发展远洋渔业，是渔业"走出去"的重点。要建立健全与国际渔业管理规则相适应的远洋渔业管理制度，支持企业发展远洋捕捞和养殖，建设多功能海外渔业综合开发基地。加强涉外渔业生产管理，引导渔民和渔业企业严格遵守有关法律法规和国际条约，妥善处理渔业涉外纠纷。

第七，加强现代渔业建设工作的组织领导。建设现代渔业是一项宏大的系统工程，是一项艰巨复杂的历史任务。各地要按照国家的总体要求，因地制宜明确本地现代渔业建设的重点方向，科学设计渔业管理的制度安排，系统构建渔业发展的长效机制。渔业部门要履行好行业发展管理和协调服务职能，其他部门要各司其职、各负其责、密切配合，合力推进现代渔业建设。

最后，我强调一下海洋渔业行政管理和执法问题。在新一轮政府机构改革和职能转变中，中央决定整合原来分散在海洋局、公安部、农业部、海关总署等部门的队伍和职责，以中国海警局名义统一开展海上维权执法。这是从经济社会发展大局、海洋渔业事业全局出发，对海洋渔业行政管理和执法体制的重大改革。各有关方面要坚决贯彻执行中央的决策部署，主动做好衔接配合，确保改革顺利实施，确保工作平稳进行。今后，行业管理部门和综合执法部门要适应新的形势要求，坚持依法治渔、依法兴渔，加强沟通交流，减少掣肘扯皮，杜绝“争权诿责”，提高行政和执法效能。无论是执法还是管理，都要牢固树立服务理念，为渔民服务、为渔业企业服务、为现代渔业建设服务。

现代渔业建设前景广阔，任务繁重。让我们紧密团结在以习近平同志为总书记的党中央周围，坚定信心，迎难而上，以创新的态度、饱满的热情、扎实的工作，加快推进现代渔业建设，为保障国家食物安全、促进经济社会持续健康发展作出新的贡献！

明确任务　狠抓落实
加快推进现代渔业建设

——农业部部长韩长赋在
全国现代渔业建设工作电视电话会议上的发言
（2013年6月26日）

根据会议安排，农业部汇报两个方面的情况：

一、全国渔业发展情况

近些年来，各级渔业主管部门认真贯彻落实中央的决策部署，以保障水产品供给和渔民增收为核心目标，积极发展现代渔业，扎实做好渔业生态环境保护工作，促进了渔业持续健康发展。

一是调整渔业产业结构，优化产业布局。近年来，水产品消费需求不断增长，渔业资源环境约束日益加剧。我们牢牢把握转变渔业发展方式这一主线，坚持“以养为主”的发展方针，积极推进水产健康养殖，加强现代渔业产业体系建设，促进产业合理布局。目前，我国已基本构建起水产养殖业、捕捞业、增殖渔业、水产品加工流通业、休闲渔业五大产业体系，形成了以山东半岛、辽东半岛、雷州半岛为主体的水产品加工基地，以黄渤海、东南沿海和长江流域为主体的出口水产品优势区。

二是实施渔业“走出去”战略，充分利用国际国内两种资源和两个市场。渔业是开放较早、开放程度较高的产业。我们坚持深化渔业对外开放，大力发展水产品对外贸易，积极拓展远洋渔业，渔业国际竞争力不断增强。2012年，我国水产品贸易顺差达到110亿美元，位居大宗农产品出口首位，是2000年的5倍；我国远洋渔船达到1 830艘，比2000年增长23%。

三是加强水生生物资源养护，保护渔业生态环境。水生生物资源是渔业发展的物质基础，也是国家生态安全的重要组成部分。我们坚持开展渔业资源保护与增殖放流、生物多样性与濒危物种保护、水域生态保护与修复等养护行动，渔业生态环境保护工作取得积极进展。2002年以来，全国累计增殖放流各类水生生物苗种2 200多亿尾，划定了282个国家级水产种质资源保护区和231个各类水生生物自然保护区。

二、下一步工作安排

今年3月，国务院印发了《关于促进海洋渔业持续健康发展的若干意见》（国发〔2013〕11号）。今天，国务院又召开全国现代渔业建设工作电视电话会议，对现代渔业建设工作作出部署。这充分体现了国务院对现代渔业建设的高度重视。各级渔业主管部门将认真贯彻落实文件和会议精神，努力推动现代渔业建设迈上新台阶。我们将重点抓好以下五个方面工作：

一是落实和完善扶持渔业发展的重大政策。近年来，中央不断加大对渔业的政策扶持力度，我们要全力以赴抓好落实。重点是加快推进渔港建设，加大水产养殖池塘标准化改造力度，加强渔船装备升级改造，进一步完善渔船柴油补贴政策。以船为家渔民上岸安居工程是一个重大民生工程，我们将积极配合有关部门，力争3年内使所有以船为家渔民都能上岸安居，并及时得到转产转业培训，使他们长远生计有保障。同时，加强调查研究，力争在水产养殖保险、现代渔业示范区建设、渔业资源调查、渔业科技创新和推广等方面推动出台更多政策。

二是努力确保水产品供给和安全。我们将坚持一手抓生产发展，一手抓质量安全，促进水产品均衡供给。在发展生产上，加快水产原种保护和良种培育，推进现代水产种业发展，开展水产健康养殖示范场创建，拓展深水抗风浪网箱养殖和工厂化循环水养殖，积极稳妥发展外海和远洋渔业，努力提高渔业综合生产能力。在质量安全上，强化水生动物疫病防控，加强水产品质量安全检验检测，继续深入开展专项治理行动，取缔整治水产品养殖和运输过程中非法添加孔雀石绿、硝基呋喃等违禁药物的行为，确保水产品质量安全。

三是加强水生生物资源养护和生态环境保护。我们将与有关地区和部门密切配合，坚持并不断完善海洋伏季休渔、长江和珠江禁渔期等休渔禁渔制度，广泛动员社会力量参与水生生物资源养护，扩大增殖放流规模，提高增殖放流效益。抓紧启动渔业资源全面调查工作，开展海洋捕捞限额试点，完善生态补偿机制，推动渔业捕捞科学化管理。

四是抓好渔业安全生产和涉外渔业管理。渔业生产风险高，安全生产责任重大。各级渔业主管部门将坚决贯彻落实党中央、国务院关于加强安全生产管理的精神，进一步健全落实渔业安全生产责任和管理制度，深入开展"平安渔业示范县"和"文明渔港"创建，配合有关部门强化气象服务、巡航护渔、应急救援、调查处理等措施，促进渔业安全生产。完善远洋渔业管理制度，引导渔民及企业严格遵守渔业法律法规和国际条约，确保涉外渔业安全。

五是做好机构改革和职能转变工作。多年来，我们坚持在我国管辖海域发展渔业生产，开展常态化护渔巡航，为维护国家海洋权益、保护渔民生命财产安全作出了重要贡献。这次国务院机构改革和职能转变，调整海上渔政执法机构和职能，取消或下放多项涉渔行政审批。我们将主动入位，积极与相关部门和地方衔接配合，确保各项职能无缝对接，确保各项工作平稳进行。同时，将更加注重强化自身建设，进一步改进工作作风，密切与渔民的联系，加强指导，搞好服务，切实为渔民办实事、解难事。

现代渔业建设正在迎来新的大好机遇。我们将认真贯彻落实这次会议和汪洋副总理重要讲话精神，进一步坚定信心，抢抓机遇，开拓创新，扎实工作，努力开创现代渔业发展新局面，为经济社会持续健康发展作出新的贡献。

落实政策　加大投入
努力促进渔业持续健康发展

——国家发展和改革委员会纪检组组长刘晓滨在全国现代渔业建设工作电视电话会议上的发言

（2013年6月26日）

根据会议安排，国家发展和改革委员会汇报两个方面的工作：

一、积极为渔业发展创造良好条件

长期以来，国家发改委一直高度重视渔业发展，认真贯彻落实党中央、国务院的决策部署，积极研究扶持政策，不断加大资金投入，努力改善渔业发展条件和渔民民生。

（一）牵头研究相关扶持政策。根据国务院要求，去年5月份以来，国家发改委会同农业部、财政部、海洋局等10多个部门认真研究，起草了《关于促进海洋渔业持续健康发展的若干意见》（以下简称《意见》），并于今年3月以国发11号文印发。《意见》确立了生态优先、养捕结合和控制近海、拓展外海、发展远洋的生产方针，提出了促进海洋渔业持续健康发展的一系列政策措施。近年来，国家发改委还与海洋局等有关部门编制了海洋功能区划、海洋事业发展、海洋经济发展等多个规划，启动了海洋经济发展试点，为海洋渔业发展创造了有利的政策环境。

（二）积极推进渔业结构调整。国家发改委先后实施了水产良种工程、水生动物防疫体系以及包括水产品在内的农产品质量安全检验检测体系、农产品批发市场、农产品深加工等项目，加强了基础设施建设，为现代渔业发展奠定了坚实的物质基础。

（三）着力提高渔业装备水平。1998—2012年，国家发改委累计安排中央投资近100亿元，建造各类渔政船1 500余艘、海洋渔船1 100余艘，提高了海洋渔业装备水平。特别是2012年下半年，国家发改委追加安排中央投资80亿元，建造渔政船350艘，其中千吨级以上大型渔政船29艘；建造海洋渔船近千艘，其中大型钢质远洋船727艘。

（四）努力改善渔民民生。1998—2012年，国家发改委累计安排中央投资近30亿元，建设各类渔港168个，目前沿海每个重点渔业县市都有一级以上渔港，渔港综合防风水平提升到9级以上。同时，国家发改委还全面实施了农村饮水安全工程、农村公路、农村电网改造以及医疗卫生、文化教育、体育等方面的民生工程，改善了渔区生产生活基础设施条件。

二、贯彻落实《意见》的具体措施

下一步，国家发改委将按照这次会议和汪洋副总理重要讲话精神，深入贯彻落实好《意见》。

（一）切实加强渔业资源环境保护。积极推动行业部门做好渔业资源调查、近海捕捞压减、养殖密度控制、水生生物自然保护区和水产种质资源保护区建设等工作，促进渔民转产转业。同时，针对围填海工程、海上油气开发等项目，加强渔业水域生态环境影响评估论证,督促有关方面完善和落实补救措施。

(二)继续推进渔业结构调整。继续实施水产良种工程,加强原种保护和良种培育。完善动物疫病防控和农产品质量安全检验检测体系,加强水生动物疫病防控和水产品质量安全管理。扶持渔业合作组织发展,支持水产品深加工项目,加强水产品批发市场建设,提高渔业组织化程度和产业化水平。

(三)进一步提高渔业装备水平。组织实施《船舶工业"十二五"后三年(2013—2015年)行动计划》,统筹加强包括渔业执法在内的海上公务船建设。继续支持海洋捕捞渔船升级改造,逐步淘汰老、旧、木质渔船,培育现代化远洋渔业船队。

(四)加快改善渔民民生。继续加大投入力度,加快沿海渔港建设,启动实施以船为家渔民上岸安居工程,进一步改善渔区水电路等基础设施条件,提高基本公共服务供给能力。

全力支持现代渔业建设 促进我国渔业持续健康发展

——财政部部长助理胡静林在全国现代渔业建设工作电视电话会议上的发言

(2013年6月26日)

按照会议安排,财政部汇报两个方面的工作:

一、运用财税政策,支持现代渔业发展

一是突出支持重点,做好资金保障。现代渔业是现代农业产业体系的重要组成部分。建设现代渔业,对于转变渔业生产方式,实现渔民持续增收和渔业可持续发展,促进渔区和谐稳定具有十分重要的意义。按照党中央、国务院要求和《国务院关于促进海洋渔业持续健康发展的若干意见》(国发〔2013〕11号,以下简称《意见》)精神,财政部根据现代渔业建设需要,把握关键环节,突出支持重点,积极做好资金保障工作。2012年,在渔业基础设施和装备能力建设、渔业成品油价格改革财政补贴、水生生物资源养护、渔业科技创新、渔业行业管理和渔政执法管理、实施渔业"走出去"战略等方面,中央财政共安排资金301亿元。此外,按照《意见》要求,启动实施以船为家渔民上岸安居工程,今年中央拟安排资金5亿元。

二是实行税收优惠,降低渔业生产成本。为扶持渔业生产发展,国家先后出台了一系列涉渔税收优惠政策,包括企业所得税、个人所得税、营业税、城镇土地使用税、车船税、契税、进口关税和进口环节增值税减免政策等,有效降低了生产成本,促进了涉渔产业发展。

二、关于下一步工作安排

财政部将按照这次会议的要求和汪洋副总理重要讲话精神,继续落实好《意见》提出的各项财政政策,全力支持现代渔业建设,促进我国渔业持续健康发展。

一是继续加大支持力度。发挥公共财政职能作用,不断加大对渔业的投入,着力提升渔业综合生产能力、渔业资源养护修复能力、抗风险能力和国际竞争力,着力提高渔业科技装备水平和组织化程度,着力强化渔业行政执法和巡航护渔维权力度,着力保障和改善渔民民生。同时,要求地方财政也要加大对现代渔业建设的投入力度。

二是着力构建促进现代渔业发展的财政支持政策体系。在继续实施现有财政支持政策的基础上,会同有关部门积极研究在现代渔业发展过程中出现的新情况、新问题,及时调整和完善相关支持政策,做好政策的衔接,填补政策的"空白点",着力构建促进现代渔业发展的财政支持政策体系。

三是加强资金管理与考评。规范财政资金使用管理,加强绩效考评和监督检查,确保财政资金在促进现代渔业发展中发挥最大效益。

四是做好涉海部门经费预算划转调整工作。根据《国务院机构改革和职能转变方案》和《国务院办公厅关于做好国务院机构改革有关事项的通知》(国办发〔2013〕20号)要求,会同有关部门办理好海监、海警、渔政和海上缉私警察经费预算划转调整等相关工作,保证海上维权执法的正常开展。

农业部副部长牛盾在全国渔业安全生产暨文明渔港创建工作视频会议上的讲话

(2013年2月25日)

一、2012年渔业安全生产工作卓有成效

渔业安全生产工作责任重大,任务艰巨。农业部对此高度重视,每年都要专门召开一次渔业安全生产工作会议,专题研究部署工作。2012年以来,各级渔业主管部门深入贯彻落实国务院有关安全生产的重要部署,加大工作力度,采取有力措施,扎实推进平安渔业建设。

一是深入开展"两个创建",抓好安全生产基层基础工作。农业部将"平安渔业示范县"和"文明渔港"

两个创建活动作为渔业安全生产工作的切入点和重要抓手,2012 年会同国家安监总局联合审定公布了首批 45 个“全国平安渔业示范县”,同时部署开展了第二批“全国文明渔港”创建活动。刚才会议宣布的第二批 17 个“全国文明渔港”就是在创建活动中涌现的先进典型。“两个创建”得到地方各级人民政府的重视和安监部门的支持,创建活动广泛深入开展。现在,“两个创建”已经成为渔业安全生产工作的重要品牌。通过开展“两个创建”,抓点带面,创新工作机制,安全生产责任制进一步落实,安全生产基层基础工作进一步加强,为构建安全监管长效机制奠定了坚实基础。

二是加强教育培训和监督检查,努力消除安全生产事故隐患。一方面,各级渔业部门积极做好渔民教育培训工作,组织认定全国渔业船员培训机构,加大阳光工程培训项目落实力度,抓好船东船长和渔业船员安全基础培训,组织开展形式多样的培训和宣教活动,切实提高渔民安全生产意识和技能。另一方面,根据国务院安委会总体部署和安监总局安排,组织渔业行业“安全生产年”和“打非治违”专项行动,开展行业自查、交叉检查、重点督查,对“三无”及套牌渔船、渔船渔港救生与安全设施配备情况、船员持证上岗情况、渔船及船用产品生产企业资质与产品质量等方面情况进行重点检查,对及时查处纠正违法违规行为、消除事故隐患、减少事故发生起到了积极作用。

三是加强部门沟通与合作,提高水上安全保障水平。各级渔业部门加强与安监、交通(海事)、气象、水利等有关部门沟通合作,共同提高水上安全管理和保障水平。针对近年来商船与渔船碰撞事故多发的情况,农业部深化与交通运输部合作,签署两部合作备忘录,各地渔业部门与海事机构积极配合,加强安全生产宣传警示教育和培训,联合开展海上安全检查,对减少商渔船碰撞事故起到了积极作用。2012 年商船与渔船碰撞事故发生起数和死亡(失踪)人数较上年均有一定幅度下降。同时,农业部修订了《渔业船舶水上安全突发事件应急预案》,进一步完善 24 小时渔业应急值班制度,制定并落实各项安全生产应急制度。2012 年,渔业力量参加海难救助 935 起,救助渔船 1 252 艘次、救助渔民 6 061 人,挽回经济损失近 5 亿元。

四是积极争取加大投入,增强渔业安全装备能力。近年来,在安监总局和有关部门支持下,农业部多渠道积极争取项目和资金,加大渔业安全管理和渔船装备建设的投入。今年,中央财政将渔船用北斗终端和船载自动识别系统(AIS)纳入了农机购置补贴范围。各地政府及财政部门也高度重视、加大投入,渔业安全装备和监管总体水平有了明显提升。目前,农业部、国家安监总局、各地财政补助安装船载自动识别系统的渔船已近 5 万艘、安装北斗卫星船位监控的渔船近 3 万艘、安装新型对讲机和 CDMA 公众移动通讯设备的渔船各达 11 万艘,初步实现对大中型海洋渔船的实时联络及船位监测,为灾害预警、海难救助、渔船管理和维护海洋权益等发挥了重要作用。

据农业部统计,2012 年全国渔业船舶水上事故发生 323.5 起,死亡(失踪)352 人,同比分别减少 1.5 起、72 人。渔业安全生产形势总体平稳并趋于好转,渔业安全生产各项工作卓有成效。在此,我代表农业部向国家安监总局、各地安监部门对渔业安全生产工作的指导和帮助,向辛勤工作的各级渔业部门以及渔业安全生产战线上的广大干部职工表示衷心感谢!

二、当前渔业安全生产形势依然严峻

经过多年努力,渔业安全生产和防灾减灾能力有了很大提高,工作取得显著成效。但是,从 2012 年全国渔业船舶水上事故统计数据看,渔船生产性事故依然多发,是渔业安全生产事故的主要类型,全年共发生生产性事故 264 起,死亡(失踪)187 人,分别占事故总起数和死亡(失踪)人数的 81.6% 和 53.1%;商渔船碰撞事故有所下降,仍是造成人员重大伤亡的重要原因,全年共发生碰撞事故 19.5 起,死亡(失踪)86 人,同比分别减少 11.5 起、53 人,但事故起数占总数 6%,死亡(失踪)人数却占到总人数的 24.4%,平均每起事故死亡(失踪)达 4.4 人;自然灾害事故仍较多发生,且发生时间相对集中在冬春之交,全年共发生自然灾害事故 40 起,死亡(失踪)79 人,分别占事故总起数和死亡(失踪)人数的 12.4% 和 22.4%。这些数字表明,一些影响和制约渔业安全生产的问题仍十分突出,渔业安全生产形势依然严峻,不容乐观。

首先,渔业安全生产基础设施仍然薄弱,安全生产保障水平仍有待提高。由于基础差、欠账多,渔船渔港安全装备建设还不能完全满足渔船安全停泊避风和航行作业安全的实际需要。渔船及船用产品的质量状况也令人担忧。海洋捕捞渔船中木质船占 77%,船龄大于 10 年的占 80%,远洋渔船 50% 以上超过 20 年船龄,30% 超过 30 年,渔船安全技术状况总体不高,船用产品抽查合格率更低,还有很多渔船救生设备配备不足,有的虽然配备了但质量不过关,根本起不了救生作用,在面对风浪、机械故障等风险时,极易发生安全事故。

第二,安全生产意识仍有待提高,渔船船员问题日益凸显。从近年来渔船安全事故原因分析,船员安全意识差、技术水平低、缺乏救生知识等等,往往是造成事故和损失扩大的重要因素甚至是直接因素。特别是近年来渔业劳动力开始出现短缺,内陆农村非渔劳力下海增多,人员流动性大,船员数量不足、培训不到位、配备不规范等问题日益凸显,无证上岗情况增多,大大增加了渔业安全生产隐患。此外,《国际渔船船员培训、发证和值班标准公约》已于2012年9月生效,对渔船船员提出了较高的要求。近两年将新增近千艘远洋渔船和渔政船,对船员的需求将大幅增长,国内捕捞渔船更新改造后对船员的配备和技能也提出了新的要求,船员问题将更加突出。

第三,商渔船碰撞事故发生有所下降,但仍存在反复的可能。近年来农业部会同交通运输部联合加强水上安全管理,采取多种措施防止和减少商船与渔船碰撞的发生,2012年商渔船碰撞事故发生有所下降,造成死亡人数占全部渔业安全生产事故死亡人数比例也从最高时期的50%下降到25%左右。但是需要警惕的是,商船与渔船碰撞事故与海洋经济开发、国际贸易和海运业的发展有着密切联系。随着沿海开发的活跃、国际贸易和海运业的恢复,商渔船碰撞事故的发生概率还可能会增大,存在反复的可能。

三、持之以恒做好2013年渔业安全生产工作

渔业安全生产是贯彻落实科学发展观、转变渔业发展方式的重要内容。2013年,渔业安全生产工作要以十八大精神为指导,紧紧围绕中央农村工作会议、全国农业工作会议和渔业工作会议要求,在已开展工作的基础上,继续加大工作力度,持之以恒,再接再厉,毫不松懈,抓实、抓好、抓出成效。这里重点强调几项工作:

一是以开展"两个创建"为抓手,进一步夯实渔业安全管理基础。"平安渔业示范县"和"文明渔港"创建是当前和今后一个时期渔业安全管理工作的重要抓手。今年农业部还要继续组织开展"全国平安渔业示范县"考评。各地要在进一步总结经验的基础上,把"两个创建"活动持续不断地抓下去,并不断创新活动方式,拓展创建内容,注重实际效果,避免流于形式。获得先进称号的单位要进一步巩固和提高,保持先进水平。要进一步深化两个创建的组织工作和制度建设,积极推进渔业安全社会化管理,构建渔业安全生产管理的长效机制。同时,根据国务院安委会和安监总局统一部署,继续深入开展"打非治违"专项行动,结合海洋伏季休渔检查等执法行动开展安全生产检查督查,突出重点、注重实效,夯实渔业安全生产管理基础。

二是以渔船更新改造为契机,进一步加大渔业安全装备建设力度。中央高度重视渔业装备升级改造工作,2012年安排专项资金用于海洋渔船更新改造及渔政装备建设。国际海事组织于2012年10月通过了《国际渔船安全公约开普敦协定》,近年内将会生效。按照该公约要求,新船都要按照公约标准实施检验,现有渔船也要在一定的过渡期内逐步实施公约标准。因此,要充分利用实施渔船更新改造政策的契机,与国际公约要求相衔接,积极推进渔船标准化改造,切实提高渔船安全技术状况。目前在建和新建的远洋渔船都要按照公约标准进行设计、建造和检验,各地船检机构要严格把关。同时,要积极争取加大渔船渔港等安全基础设施建设力度,加强渔港航标的配备维护与更新改造,推进渔船救生筏等安全装备配备,提升渔船渔港的防灾减灾和自救互救能力。加快现代信息技术在渔业安全生产上的应用和推广,推进渔船通信、船位监测、自动识别、身份识别等现代设备的普及,提高渔业安全管理能力和安全保障水平。

三是以提高船员素质为重点,进一步强化渔船船员培训和管理。结合新形势下渔业生产和劳动力流动的特点,特别是针对渔船船员供需矛盾和管理中存在的问题,深入调查研究,加强制度建设,积极推动船员管理立法进程,科学合理规范船员管理。进一步加大船员培训力度,落实船东船长主体责任,扩大培训规模,提高培训效果,提高持证上岗率,加大监督检查力度。要根据生产性事故、碰撞事故、自然灾害事故等不同类型渔船安全事故的特点,针对性开展船员培训,强化实际操作,突出安全生产知识和技能、涉外渔业规则、防碰撞、自救互救知识等内容,切实防范因人员不到位、责任不落实、技能不足、操作不当等造成的事故,减少三种主要事故的发生率,努力避免和减少人员伤亡与财产损失。

四是以深化部门合作为纽带,加强渔船水上安全事故防范。坚持并充分发挥农业部与交通运输部水上安全管理合作机制的作用,进一步遏制并防止商渔船碰撞事故多发的情况。各地渔业部门要继续与交通海事部门合作开展船员安全警示教育,加强船员培训,落实值班瞭望制度和海上避碰规则;促请海事部门采取实质性措施,加强商船船员、船舶和航道管理,规范商船航行路线和航速,推进商船与渔船的自动识别系统(AIS)兼容和互见;加强碰撞事故调查处理,依法追究肇事者法律责任。同时,要进一步密切与安监、气象、水利等部门的沟通与合作,加强在水上安全管理、灾害预警、通信服务等方面的协调配合,加强对渔船水上安全事故的防范,共同提高水上安全管理和保障水平。

农业部副部长牛盾在全国水产品质量安全监管工作会议上的讲话

（2013年3月30日）

这次会议的主要任务是，深入贯彻落实党的十八大、中央农村工作会议以及全国农业、渔业工作会议精神，总结2012年水产品质量安全监管和执法工作，分析当前形势和任务，研究部署2013年重点工作。

水产品质量安全是国家民生工程的重要组成部分。本次国务院机构改革的重点之一，就是推进相关食品监管机构和职责整合，设立国家食品药品监督管理总局，对生产、流通、消费环节的食品安全实施统一监督管理。这充分体现了党中央新一届领导集体对食品安全工作的高度重视。去年出台的《国务院关于加强食品安全工作的决定》和《国家食品安全监管体系“十二五”规划》，既为今后的食品安全监管指明了方向，也提出了新的、更高的要求。大家要认真学习、深刻领会，并切实贯彻到我们所做的具体工作中去。

一、客观认识当前的水产品质量安全形势

经过各级渔业主管部门连续多年开展治理整顿和执法行动，特别是最近几年的专项整治、特殊监管、健康养殖，查处了一批典型案件，消除了大量风险隐患，遏制重大水产品质量安全事件高发频发的势头，水产品质量安全总体稳定并保持向好态势，没有出现大的系统性风险。从监测数据来看，水产品产地监测合格率已经连续9年高于96%，去年达到了98.5%；市场监测合格率按可比口径也是逐年走高，去年达到了96.9%；没有发生因人为因素而引发的重大水产品质量安全事件，实现了农业部确立的“确保不发生重大农产品质量安全事件”的工作目标。前些年社会各界高度关注并引发水产品贸易轩然大波的氯霉素问题，目前已经基本解决；经受住国外日趋严格的技术性贸易措施的考验，我国水产品出口额再创新高，2012年达到189.8亿美元，同比增长6.7%，提前3年完成《全国渔业发展第十二个五年规划（2011—2015年）》提出的180亿美元的目标任务；对外贸易顺差首次突破百亿美元，达到109.9亿美元，同比提高12.4%；水产品继续位居农产品出口首位，出口额占农产品出口总额的比重达到30%。就各方面而言，各级渔业主管部门都向党和人民交了一份令人满意的答卷，这非常不易，因为我们的底子没有西方发达国家厚，监管手段和能力也不如我国其他行业多。

当然，有成绩并不意味着水产品质量安全没有问题、没有隐患。一个国家的食品安全水平与其经济社会发展程度密切相关，不能脱离这个实际去提更多严苛要求。十八大报告明确提出，在任何情况下都要牢牢把握社会主义初级阶段这个最大国情，推进任何方面的改革发展都要牢牢立足社会主义初级阶段这个最大实际。作为一个拥有庞大数量养殖场（户）的发展中大国，在这样一个特殊的社会转型阶段，说完全不存在问题，这不符合科学发展观的精神。因为我们的社会诚信体系、监管体制机制尚不健全，基层监管机构、手段和能力相对不足，科研的很多方面都还比较滞后。换言之，即使发达地区如美国、欧盟、日本等，也不能说完全解决了农产品质量安全问题。以上这些，并不是为水产品质量安全问题找理由、找借口，而是激励我们搞清楚问题、找到更有效解决问题的办法和措施。即使有1%的问题，我们也要付出100%的努力。

水产品质量安全问题具有动态性、长期性、复杂性和系统性的特点。如果说，经过改革开放30多年的发展，我国渔业成功实现了从“以捕为主”向“以养为主”的历史性转变是渔业发展的第一次飞跃，那么实现水产品的安全供给就是要实现的第二次飞跃，这个要求更高、难度更大、环境更复杂，但我们必须继续拼搏攀登，从养殖大国向养殖强国迈进，就必须要过这一关！水产品质量安全监管，已不仅仅是传统意义上的行政管理，更多的是现代意义上的公共管理。既要提供公共物品也要提供公共服务；既要给消费者提供安全感，也要为合法生产者创造良好秩序和环境；一旦发生质量安全突发事件，又属于公共危机的应对。我们必须从加强社会建设、创新社会管理的角度来解决水产品质量安全问题，这对拓宽视野、提升能力、妥善处理问题很有益处。

各级渔业部门要在全面领会和掌握十八大精神的基础上，充分认识水产品质量安全面临的基本现实，准确把握水产品质量安全监管工作的新形势、新任务。总体上看，水产品质量安全监管工作正处于应有所为、必须作为和大有可为的发展期。

二、正确把握水产品质量安全的工作方向

整体来看，目前社会各界对食品安全的容忍度日益降低，部分领域一有火星就会形成热点。水产品虽没有集中炒作，但零星的事件仍然不断，如注胶虾、麻醉鱼、环境激素污染、食用贝类中毒等，特别是鳜鱼、海参、鲍鱼等高档水产品，和容易引发倒人问题的贝类产

品隐患都还不少，需要引起高度重视。

从近两年发生的一系列突发事件来看，水产品质量安全问题呈现出一些新的特点：一是非渔业因素引发的突发事件对水产品质量安全状况造成明显压力。2011 年日本福岛核泄漏事件、渤海蓬莱 19－3 油田漏油事件都对水产品质量安全构成了严重威胁。二是非药物残留因素引发的质量安全事件明显增多。近期湛江发生的食用云斑裸额虾虎鱼中毒事件就是典型的案例。三是非养殖产品引发的质量安全事故日趋增多。蜀国演义酒楼“管圆线虫”事件、食用野生河豚鱼中毒事件都属于此列。四是非贸易因素对水产品质量安全的压力明显增大。

分析以上特点，我觉得在今后的工作布局上，水产品质量安全监管要实现“三个转变”：一是从抓养殖产品向养殖、捕捞产品并重，着重抓养殖产品的方向转变；二是从抓监管责任落实向监管责任、生产者主体责任落实并重，着重抓生产者主体责任落实方向转变；三是要从抓监测监管向监测监管、制度创新并重，着重抓制度创新的方向转变。只有这样，我们才能最终把水产品质量安全监管纳入科学监管的轨道。

三、准确掌握新形势对监管工作提出的新要求

2013 年是全面贯彻落实党的十八大精神的开局之年，是实施“十二五”规划承前启后的关键一年。各级渔业主管部门要紧紧围绕农业部党组确定的“努力确保不发生重大农产品质量安全事件”的目标任务，谋划好、落实好今年的工作。下面，结合学习贯彻十八大精神，以及中央农村工作会议和全国农业、渔业工作会议精神，我提几点希望和要求：

一要进一步摸清底数。这是提高监管针对性和效率的基本要求。底数至少应包括两方面含义：一是水产品质量安全工作的管理对象。经过多年努力，有多少条渔船我们基本搞清楚了，但有多少家水产养殖场、苗种场，多少家企业和合作社，至今我们还不太掌握。二是水产品质量安全影响因子。前些年我们曾经搞过一次风险隐患排查，但比较粗，取得的相关数据也比较少。各省级渔业主管部门要高度重视底数问题，研究建立水产养殖场、苗种场备案制度，建立完善水产养殖场、苗种场数据库，并在此基础上实现管理信息化。同时，要结合本地具体品种、生产环境和投入品使用特点，进一步强化水产品质量安全风险隐患排查，尽快把主要品种的各种隐患搞清楚。

二要强化依法履职。要加强水产品质量安全相关法律法规的学习，对有关规定进行重新梳理。要遵循法律至上的原则，提高运用法治思维和法治方式深化创新、推动发展、化解矛盾的能力，推动形成办事依法、遇事找法、解决问题用法、化解矛盾靠法的工作氛围。“空谈误国，实干兴邦”不能只作为一句口号，要依法履行水产品质量安全监管职责，认真落实各项法律规定和制度要求，始终保持高压严打态势，对水产品质量安全违法犯罪行为依法予以坚决打击。

三要加强基础科研。当前要重点把握两个方面：一是标准制修订。标准是水产品质量安全监管和执法的基础，有了标准才能谈质量安全。一项好的标准可以推动一个行业的发展，而一项不科学、不合理的标准却可以毁掉一个产业。质量安全标准的制修订既要考虑前瞻性，又要结合国情和行业实际，广泛听取意见。要加快对现有标准的研究和梳理，对不符合产业实际情况、严苛程度甚至超过欧美等发达国家的标准要尽快修订。二是风险评估。风险评估既是制订标准的基础，也是行政管理的决策重要依据。世界卫生组织对食品安全有明确定义，就是食物中有毒有害物质对人体健康影响的公共卫生问题。定义中含有两个关键词，一是“有毒有害物质”，一是“对人体健康影响”。两个关键词必须同时存在，才构成食品安全问题。有毒有害物质难以完全消灭，现在检测手段已经很先进了，只要有痕量或者超痕量，都可检测出来。仅仅考虑有毒有害物质是不科学的，还要考虑其风险，而风险则与有毒有害物质的性质、量以及个人的饮食习惯、身体状况等多种因素有关。风险高就形成问题，风险低就可以忽视，科学的看法和做法就是把风险控制在可接受的范围内。因此，开展风险评估要注意与风险监测区分开来，重点弄清楚风险到底有多大，否则风险评估工作就会陷入误区并难以发挥其应有的作用。

农业部副部长牛盾在全国渔业渔政工作电视电话会议上的讲话

（2014 年 1 月 14 日*）

今天我们召开全国渔业渔政工作电视电话会议，主要任务是：全面贯彻党的十八届三中全会、中央经济工作会议、中央农村工作会议和全国农业工作会议精神，总结 2013 年渔业渔政发展取得的成绩，谋划今后一段时间渔业渔政改革发展的思路，安排部署 2014 年的重点工作。稍后兴武同志将对具体工作进行总结和

＊全国渔业渔政工作电视电话会议为年度例行会议，2013 年度会议延迟到 2014 年初召开。

部署。下面，我先谈几点意见。

一、2013年渔业渔政工作亮点纷呈，成效显著

2013年是渔业发展史上浓墨重彩的一年，在党中央、国务院的高度重视和部党组的正确领导下，全国各级渔业部门抢抓机遇，迎难而上，开拓创新，扎实工作，保持了渔业经济发展的好势头，实现了渔业渔政工作的新突破。预计全年水产品总产量6 172万吨，水产品质量安全保持在较高水平，有力保障了国内水产品市场供应和价格基本稳定；渔民人均纯收入13 039元，增长15.84%。水产品出口继续保持较快增长，预计全年水产品出口额有望突破200亿美元，贸易顺差超过110亿美元。可以说，亮点纷呈，成效显著。

一是中央领导高度重视渔业渔政工作。渔业获得了越来越多来自行业内外的关注、关心、关爱，国研室、中国工程院、人民日报、新华社、中央电视台等中央级智库、媒体，对渔业渔政工作的热点难点问题进行了研究和反映，得到中央领导的高度重视。习近平总书记今年多次对渔业渔政问题做出重要指示，他进渔港、上渔船、与渔民群众亲切交谈，并且在中央政治局第八次集体学习时明确要求，要让人民群众吃上绿色、安全、放心的海产品，要求坚决清除“绝户网”，扼制竭泽而渔。两届政府接续重视渔业渔政工作，上一届政府将海洋渔业摆上战略位置，在国务院常务会上专题研究《促进海洋渔业持续健康发展的意见》并印发；新一届政府组织召开国务院现代渔业建设工作电视电话会议。党中央国务院的高度重视直接推动了全国渔业渔政工作，为渔业渔政改革攻坚指明了方向、坚定了信心、提振了士气。

二是全面部署现代渔业建设。《国务院关于促进海洋渔业持续健康发展的若干意见》（国发[2013]11号）和全国现代渔业建设电视电话会议，进一步明确了现代渔业发展的指导思想、基本原则、目标任务和政策保障，对现代渔业建设进行了全面部署。各省积极贯彻落实国务院文件和会议精神，结合本地渔业发展实际，纷纷出台贯彻落实的政策性文件，召开全省性会议，并在投入上实现不同程度的重视和增长。顶层设计、全面部署极大地促进了渔业发展，全国上下掀起建设现代渔业的热潮，渔业迎来了改革开放以来的第二个发展高峰。

三是重点推进破解难题。在党中央、国务院的高度重视下，我们顺天时、谋地利、聚人和，统一思想，乘势而为，推进重点难点问题的解决。针对捕捞网具上的突出问题，我们迅速、坚决贯彻习近平总书记的重要指示精神和部党组、韩部长的明确要求，在全国范围内开展清理整治违规渔具专项行动，有力打击了使用违规渔具捕捞行为。以船为家渔民生产生活问题多年来受到社会各界的关注。经过多年的不懈争取，2013年启动实施以船为家渔民上岸安居工程，中央预算内投资安排5亿元，在江苏、浙江、安徽等8个省（自治区）先期实施。工程启动实施标志着长年漂泊的渔民正式纳入国家保障房工程，享受到中央保障房政策的阳光。

好成绩、好形势来之不易。在这里，我代表农业部向全国渔业系统干部职工和科教工作者、向给予渔业工作大力支持配合的各有关部门、向各渔业企业和广大渔民群众致以崇高的敬意和衷心的感谢！

二、深入贯彻十八届三中全会精神，加快推进现代渔业建设

十八届三中全会明确了全面深化农村改革的目标要求和重点任务。在年前召开的中央农村工作会议上，习近平总书记、李克强总理对事关“三农”发展的重大问题作了重要阐述，提出了许多具有战略性、指导性的意见。韩长赋部长在全国农业工作会议上就推进农村改革、做好农业农村经济工作进行了细致安排，提出了明确要求。我们要认真学习、深刻领会，以三中全会精神统领渔业渔政改革发展，将改革贯穿到渔业渔政管理工作的全过程，以改革增活力，以改革促发展，创造性地将国发11号文件和全国现代渔业建设工作电视电话会议精神贯彻好落实好，加快推动现代渔业发展。当前和今后一个时期，要着力研究、理顺和推进五个方面的问题。

第一，稳定和完善渔业基本经营制度。在改革开放30多年的实践探索中，农村、林区、草原基本经营制度都得到健全完善。对渔业基本经营制度，我们也进行了健全完善。近些年，我们通过养殖水域滩涂规划编制和养殖发证登记工作，加强渔业养殖权制度建设。到目前，全国已有11个省级、147个地市级和1 365个区县级人民政府颁布实施本行政区域《养殖水域滩涂规划》，60%以上养殖水域滩涂已经确权发证。通过海洋捕捞渔船双控制度和捕捞许可证制度，我们加强了渔业捕捞权制度建设。但是，仍然存在水域滩涂征占用导致渔民失海失涂，以及污染损害难以索赔等问题，究其根源，主要还是渔业基本经营制度不健全、渔业权保护不力。下一步，我部将开展完善养殖权、捕捞权制度的办法研究，保障渔业生产者依法享有长期而稳定的水域、滩涂承包经营权和使用权，维护他们的合法权利。在经营主体培育上，要进一步扶持壮大渔业合作社、家庭农场、渔业龙头企业，鼓励渔民、渔业合作社与龙头企业、加工流通企业等开展合作，建立多种形

式的利益联结机制，形成有效的对接。要研究工商资本进入渔业的具体实现形式和范围，保护传统生计渔业，建立行业准入制度。鼓励各类组织开展渔业生产、加工、流通等各环节的服务，全面提高渔业生产社会化服务水平。通过创新渔业生产经营体制机制，构建集约化、专业化、组织化、社会化相结合的新型渔业经营体系，进一步解放和发展渔业生产力。

第二，全面贯彻生态优先的发展理念。国发 11 号文件提出海洋渔业"坚持生态优先、养捕结合和控制近海、拓展外海、发展远洋的生产方针"。综合海洋渔业和淡水渔业的实际，全国现代渔业建设工作电视电话会议提出现代渔业建设要"坚持生态优先、养捕结合和以养为主的发展方针"。这是我国渔业发展思路的重大调整，强调现代渔业建设要以科学发展观为指导，切实转变发展方式，坚持生态优先，尊重自然，顺应自然，保护自然，实现健康可持续的发展。我们要自觉地将生态优先的理念贯穿到渔业渔政工作的实际中，将渔业水域生态建设作为国家生态文明建设的重要任务，下大力气推动解决捕捞强度过大、局部养殖容量过载、工程建设占海占水增多、各种渔业水域污染事件多发等渔业资源环境突出问题，促进绿色发展、循环发展、低碳发展，实现渔业生产发展与生态保护有机结合、协调推进。

第三，丰富和做强现代渔业产业体系。新兴产业代表先进生产力的发展方向，是产业转型升级的重要体现。几十年来随着科学技术的发展进步，水产养殖业、水产品加工流通业、休闲渔业、增殖渔业先后兴起，为渔业发展注入了新的活力，有的已经成为渔业主导产业。适应产业发展和升级的内在要求，全国渔业发展"十二五"规划提出，建设现代渔业"五大产业体系"。目前，捕捞（包括远洋渔业）、水产养殖在发展和管理上都有成熟的抓手，而在新型水产加工、增殖渔业和休闲渔业等新兴产业的发展和管理上办法和手段还不多，思想认识上也有差距。在引导产业发展上，我们要充分发挥市场在资源配置中的决定性作用，对捕捞和养殖业，要进一步提高技术装备水平、科技含量，进一步优化结构，进一步适应市场需求变化，提高发展质量和效益，尽快实现现代化；对于新型加工、增殖和休闲渔业，要进一步解放思想，开拓创新，顺应发展和管理的需要，在引导发展、规范管理上出新招、谋突破，因势利导，拓展渔业发展、渔民增收的新空间，实现渔业发展和管理的转型升级。

第四，继续扩大渔业对外开放。渔业是大农业中走出去比较早、比较成功的产业。新世纪以来，我国在远洋渔业发展、水产品对外贸易、渔业技术援助、海外基地建设、国际渔业事务管理等方面都取得了长足的进步，进一步增强了我国渔业大国地位。当前，国际渔业资源争夺和渔业利益冲突加剧，我国渔业发展面临的国际和周边环境更加复杂。现代渔业一定是国际化的渔业，我们要在经济全球化的大环境中继续扩大渔业对外开放，深化双多边渔业合作，积极参与国际渔业事务，充分利用国际规则为我创造更好的国际环境，积极稳妥推进渔业"走出去"战略。要保持水产品国际贸易稳定协调发展，积极稳妥发展远洋渔业，谋划推进水产养殖走出去，构建多功能海洋渔业综合开发基地，全面提高利用"两种资源、两个市场"的能力和水平。

第五，完善和强化渔业渔政支持保护政策。近些年来渔业发展的政策支持和投入不足，欠账较多，突出表现在渔港避风能力严重不足，渔船装备落后，安全隐患较多，养殖池塘淤积老化严重，苗种、病害以及科技推广滞后，渔业保险还游离在中央财政农业保险保费补贴范围之外等。下一步，要在理顺政府和市场关系的基础上，从投入、金融保险、公共服务、法制等方面入手，完善和强化渔业渔政支持保护制度，争取将渔业基础设施建设、渔业装备、资源养护与环境保护、科技与推广、基本公共服务体系等方面列入公共财政投入的重点领域。

三、做好新形势下渔业渔政管理工作

2013 年，在国务院机构改革和职能转变中，渔业渔政管理体制机制发生了重大变化，农业部多项渔业行政审批下放或取消，海上渔政执法职责划转国家海洋局承担。从机构上，农业部渔政指挥中心和农业部三个海区渔政管理局将与其他几支海上执法力量进行整合，农业部渔业局更名为农业部渔业渔政管理局，同时成立了长江流域渔政监督管理办公室。渔政机构和职能的调整，对我们做好渔业渔政管理工作提出了新的要求，大家都很关心。就如何做好新形势下渔业渔政管理工作，我强调几点：

一要正确认识渔业渔政机构改革和职能转变。政府机构改革和职能转变是党中央、国务院作出的重大决策，是完善国家治理体系、提高国家治理能力的重要举措。农业部海上维权执法任务划到国家海洋局，是加强海洋维权和建设海洋强国战略的需要，渔业渔政部门必须高度重视、坚决贯彻落实。改革开放初期，渔业就走在大农业改革开放的前列，最早市场化、较早走出去，给渔业发展带来了强大的生命力，保持了 30 多年的持续快速发展。今天，渔业发展面临的国际国内形势发生了重大的变化，主要是渔业资源和生态保护责任日益重大，周边渔业权益维护任务日益繁重。面

对新形势、新要求、新任务,渔业渔政的治理体系需要作出相应的调整,渔业渔政部门要集中精力推进渔业持续健康发展、促进渔民增收、改善渔民民生、加强渔业生态环境保护。我部一些渔业行政审批的取消和下放也是经过深入研究和慎重考虑的,基本思路是按市场优先和社会自治原则,加强行业自律,强化事后监管和间接管理,发挥市场在资源配置中的决定性作用,进一步清理、减少和调整前置审批。从长远看,渔业机构和职能的调整必将进一步激发渔业发展的内生动力、增强渔业发展的活力,将更加有利于渔业渔政管理。

二要认真履行渔业行政管理职能。国务院在机构改革和职能转变的关键时期,就渔业发展问题发了一个文件,开了一个会议,充分体现了对渔业工作的重视,渔业不仅不能削弱,而是要进一步加强。学习十八届三中全会精神,学习汪洋副总理在全国现代渔业建设工作电视电话会议上的讲话精神,一个重要的认识就是要深化改革创新,激发渔业发展的内在动力,把政府该管的事情进一步强化,把该由市场调节的坚决交给市场。深化渔业改革就是要求在引导和推动产业发展的同时,切实加强渔业行政管理。渔业资源养护和生态保护、渔业安全生产、水产品质量安全管理、渔船渔港管理、渔业科技创新、渔业法律制度和规划等是渔业管理部门义不容辞的职责,要加强顶层设计,认真研究渔业战略、规划,进一步完善渔业管理制度。要认真梳理渔业行政审批事项,对拟取消的,着手制定后续监管措施,避免出现监管真空和管理脱节。要主动与法制办等部门沟通,加快推动渔业法等相关法律法规和规章制度的修订。我部将会同国务院法制办启动渔业法的修订工作,各地要积极配合开展相关工作,使渔业法修订能充分体现现代渔业建设、渔政管理的新形势,力争早日出台。

三要切实加强渔政执法工作。半个多世纪以来,"中国渔政"与新中国渔业同步成长发展,在维护渔业生产秩序、执行各项资源养护制度、应对各类渔业事故和突发事件、强化涉外渔业管理、保障渔民生命财产安全等方面开展了大量卓有成效的工作,为推动我国渔业持续健康发展、促进渔区和谐稳定发挥了重要作用。海上维权执法体制改革,在一段时间内可能会对海上渔政执法造成一定影响。我们要主动入位、凝聚力量、常抓不懈、攻坚克难,继续做好渔政执法工作。对海上渔政执法,包括专属经济区渔政执法、伏季休渔海上执法、海上打击从事非法捕捞的"三无"船舶和套牌冒牌渔船、协定水域监管等渔政执法工作,我们要主动做好衔接配合,加强沟通交流,尽快建立有效的协调机制,做到海上渔政管理政令一致、步调一致、行动一致,确保各项渔政执法工作平稳进行。对禁渔区线内渔业水域、渔港水域、内陆及边境水域渔政执法,其职能依然在渔业渔政管理部门,各项工作,休禁渔管理、渔船管理、渔具渔法管理、渔港管理、保护区管理、渔业安全执法、水产品质量安全执法、水产养殖执法等,要进一步巩固和加强,推动渔政执法工作再上新台阶,为现代渔业建设和渔业水域生态文明建设保驾护航。

四要继续强化渔政队伍建设。农业部的海上渔政执法职责虽然划出去了,但是"中国渔政"这支队伍依然存在。我们要总结成功经验,发扬良好作风,继续坚持"服务渔业、服务渔民"的根本宗旨,始终坚持"建设一流队伍、培育一流作风、创造一流业绩"的工作目标,按制度化、标准化、规范化的方向,进一步加强渔政队伍建设。要继续推动渔政、港监、船检加强协调,形成合力;继续加强渔业行政执法督察,推进渔业文明执法窗口单位创建活动;继续争取加大渔政装备建设;继续加大培训力度,加强渔政文化建设和政治思想工作。要统一标准,统一规矩,统一文书,统一制服,统一装备,做到全国渔政"一盘棋",尽快形成指挥畅通、反应快速、相互支持的渔政执法体系,打造一只渔政执法威武之师、文明之师。我部将就渔政工作和队伍建设发一个指导性文件,进一步明确机构改革后渔政工作和渔政队伍建设的指导思想、建设目标、职责任务和相关措施,确保渔政执法工作顺利有序进行。

最后,我就加强自身建设提点要求。全国渔业渔政队伍肩负着兴渔、治渔的重要职责,是国家治理体系中的一分子。我们要自觉加强自身建设,不断提高行政能力,创新管理理念,不断推进依法行政,全面履行法定职责,强化公共管理和服务职能。要深入学习贯彻十八届三中全会精神,自觉认真开展党的群众路线教育实践活动,坚持"为民务实清廉",切实增强服务渔业、服务渔民的意识,把广大渔民群众的根本利益作为工作的出发点和落脚点,始终做到"为渔民服务,让渔民满意"。要通过我们的努力,将中央和部党组关于渔业渔政的各项决策部署落到实处,取得实效,扎扎实实推进现代渔业建设,维护渔民合法权益,促进社会和谐发展。

同志们,我们处在渔业强国建设的伟大历史时期,挑战机遇并存,使命催人奋进。我们要以科学发展观为指导,深入贯彻十八届三中全会精神,按照党中央、国务院的统一部署,按照中央农村工作会议和全国农业工作会议的要求,抓住机遇、乘势而上,努力拼搏、扎实工作,全面提升现代渔业发展水平,促进现代渔业建设迈上新的台阶。

农业部渔业局局长赵兴武在全国渔业渔政工作电视电话会议上的讲话

（2014 年 1 月 14 日*）

方才，牛盾副部长作了重要讲话，对 2013 年渔业渔政工作给予了充分肯定，对 2014 年的工作提出了明确要求。牛盾副部长的重要讲话，主题鲜明，重点突出，对全面做好渔业渔政工作具有重要的指导意义，我们要认真学习，深刻领会，全面贯彻落实。

一、2013 年工作回顾

2013 年是我国渔业渔政发展史上具有重大特殊意义的一年。

习总书记、党中央、国务院更加关怀渔业和渔民。4 月 8 日，习总书记亲自进渔港、上渔船、看鱼舱，与渔民亲切交谈，祝渔民家庭幸福、出海平安，收入越来越多、日子越过越好。7 月 30 日，习总书记在中央政治局第八次集体学习时明确提出，要着力推动海洋开发方式向循环利用型转变，全力遏制海洋生态环境不断恶化趋势，要让人民群众吃上绿色、安全、放心的海产品，明确要求清理绝户网。11 月 27 日，习总书记在山东省农科院召开农村改革工作座谈会时，听取了王守信厅长关于山东省渔业工作情况的汇报，询问了渔业有关问题。12 月 24 日，习总书记在中央农村工作会议上发表重要讲话时讲到，他在福建工作期间曾经联系一个远洋渔业企业。2 月 6 日，国务院常务会议讨论研究海洋渔业发展，把海洋渔业提升为战略产业；3 月 8 日，出台了《国务院关于促进海洋渔业持续健康发展的若干意见》（国发[2013]11 号）；6 月 26 日，国务院主持召开了全国现代渔业建设工作电视电话会议，中共中央政治局委员、国务院副总理汪洋作重要讲话，开启了海洋渔业持续健康发展、全面推进现代渔业建设的新征程。总书记进渔港上渔船与渔民亲切交谈，为各级领导树立了榜样。国务院常务会研究海洋渔业、出台文件、召开全国性会议，为各级政府作出了表率。所以，2013 年是渔业进一步提高社会地位、扩大影响的一年，是渔业迎来了新的春天的一年，是全国渔民渔业工作者值得自豪并且难忘的一年。

农业部、各级党委政府更加重视渔业。7 月 5 日，农业部制发了《关于贯彻落实〈国务院关于促进海洋渔业持续健康发展的若干意见〉的实施意见》（农渔发[2013]23 号）。辽宁、河北、福建、广东、新疆、安徽等省（区）政府出台了相应的文件，特别是福建省政府在文件中提出了十二条措施，决定每年通过省财政预算、省海洋经济发展专项、省渔港专项以及省交通、国土、人社厅专项安排 30 700 万元，用于促进海洋渔业持续健康发展。同时，福建省政府还出台了《关于进一步加快渔港建设的若干意见》，明确省级财政对三级以上的渔港及避风锚地建设补助 50% 以上。河北省政府在文件中明确提出未来 7 年（到 2020 年）省财政和发改委平均每年增加投资 7 000 万元，用于扶持现代渔业建设。江苏省政府通过召开现场会，贯彻文件和会议精神。山东省政府召开全省会议进行贯彻落实。辽宁省省长专门听取渔业部门工作汇报，重点研究海洋牧场和现代渔业建设。福建省常务副省长分管渔业工作，每个季度听一次渔业工作汇报，亲自抓现代渔业园区建设。青海省委书记、省长作出批示，要求渔业主管部门提出贯彻文件和会议的措施与意见。一些计划单列市、省辖市，县市区委、政府也都出台了文件或召开会议，进行贯彻落实。

国家发改委、财政部、金融和保险等部门和机构更加支持渔业。在全国现代渔业建设工作电视电话会上，国家发改委、财政部明确表示落实政策、加大投入，全力支持现代渔业建设，促进渔业持续健康发展。在财政支出压缩 5% 的情况下，全年共落实下拨财政预算、转移支付、基本建设、渔业油价补助等资金 281 亿元。其中：渔港建设投资同比增加 42%，部属渔业单位能力建设投资增长 30%，农业综合开发项目投资增长 62%，渔业油价补助增长 8.6%，以船为家渔民上岸安居工程安排 5 亿元。6 月 20 日，住建部、农业部、国家发改委、国土资源部联合下发了《关于实施以船为家渔民上岸安居工程的指导意见》（建村[2013]99 号），使以船为家的渔民终于享受到了改革发展的成果。6 月 25 日，韩长赋部长作出重要批示：这件事办得很好，为渔民办好事、解难事，下一步关键是协调落实好、组织推进好。11 月 15 日，住建部、农业部、国家发改委在湖南召开项目推进会，共同推进实施。我局与国家开发银行、民生银行等金融机构签署战略合作协议，为渔业经济组织和生产者提供政策性和商业性贷款，有效缓解渔业发展贷款难的问题。在部局和地方渔业部门的共同推动下，中国人保、安盟、安信等保险机构纷纷进入养殖渔业保险，进行探索和创新。中国渔业互保完成保费 14.49 亿元，比上年增长 20%。我部多次与财政部进行沟通，推动将水产养殖纳入中

---

* 全国渔业渔政工作电视电话会议为年度例行会议，2013 年度会议延迟到 2014 年初召开。

央财政政策性农业保险保费补贴范围，财政部已原则同意先行试点。与此同时，经各级渔业行政主管部门的努力，地方财政对渔业投入都有不同程度增加。

渔业经济发展态势良好。在国内经济下行压力加大的情况下，各级渔业部门团结拼搏，攻坚克难，精心组织，科学调度，使渔业经济发展继续保持了总产值、人均收入较快增长，产量稳定增长，出口量出口额较多增长，市场运行平稳，供应充足的良好态势。渔业经济总产值持续较快增长，预计达到 19 920 亿元，增长 15%。水产品产量稳定增长，跃上新台阶，预计达到 6 172万吨，增长 4.5%。其中，水产养殖 4 547 万吨，增长 6%；捕捞 1 495 万吨，与上年基本持平；远洋渔业总产量 130 万吨，产值 140 亿元，分别增长 6.5% 和 6.1%。出口量出口额双增长，1～11 月，水产品出口 356 万吨，出口额 181.9 亿美元，分别增长 4.3% 和 7.4%；贸易顺差 102.4 亿美元，增长 5.7%。市场运行平稳，全年水产品批发市场综合平均价格 20.95 元/千克，上涨 6.79%。水产品批发市场成交量、成交额分别增长 5.4% 和 9%。渔民收入持续较快增长，全国渔民人均纯收入达到 13 039 元，比上年增加 1 783 元，增长 15.84%。

渔业科技推广取得积极进展。组建了农业部渔船及装备研究中心，启动实施了高技术船舶科研项目，推动编制全国渔船技术发展规划，继续开展了渔船节能减排。印发了《全国渔业系统贯彻落实〈中华人民共和国农业技术推广法〉实施方案》，开展了水产技术推广骨干人才培训。在 13 个省（自治区、直辖市）建立稻田综合种养技术核心示范区 87 个、面积 11.6 万亩，辐射带动 700 多万亩，培育建立稻田综合种养合作社 200 多个，培育核心示范户 1 853 户。审定批准水产养殖、水产品加工、水生动物防疫、观赏鱼等领域国家和行业标准 65 项。

渔业综合生产能力不断提升。新创建健康养殖示范场 1 131 家，累计已达 4 561 家，标准化改造池塘 336 万亩。验收国家级水产原良种场 5 家，建设水产原良种场和遗传育种中心 46 家，对 47 个县的重点苗种繁育场的亲本更新予以补贴，现代渔业种业发展机制开始建立。编制了《全国海洋渔船更新改造规划》（2014—2020 年），落实更新改造渔船 1 019 艘，其中远洋渔船 741 艘、南沙渔船 225 艘、国内海洋捕捞渔船 53 艘。全年投产远洋渔船 2 220 艘，比上年增加 390 艘，增长 21%，其中新建投产远洋渔船 421 艘。首次研发建造的专业秋刀鱼船已投入生产 20 艘。南极海洋生物资源开发利用项目取得新的突破，专业磷虾捕捞船"福荣海"实现全年作业，产量达 2.8 万吨。新创建全国休闲渔业示范基地 153 家。

渔业安全监管力度进一步加大。创建"平安渔业示范县"43 个、"文明渔港"17 个。组织开展了渔业安全生产大检查，深入开展了"安全生产年"、"打非治违"和液氨渔船专项治理等行动。全年应对登陆或影响我国的台风 19 个，是有记录以来最多的一年。全年共发生渔业船舶水上事故 329.5 起，死亡（失踪）447 人，同比分别增加 6 起、95 人。组织渔业力量参加海难救助 1 064 起，投入救助经费 2.3 亿元，救助渔船 2 641艘次、渔民 6 512 人次，挽回经济损失近 7.6 亿元。成功处理涉外渔业事件 66 起。水产品质量安全平稳向好。对 12 个重点水产苗种生产省开展了水产苗种质量安全监督抽查，合格率达到 92.7%，同比提高4.37 个百分点。产地水产品质量合格率达到 99.1%，同比提高 0.6 个百分点。召开了全国水生动物防疫工作会议，首次发布了《中国水生动物卫生状况报告》。

渔业资源生态养护取得重大进展。全年投入增殖放流资金 10.07 亿元，同比增长 11.1%，放流重要水生生物苗种和珍稀濒危物种 336.5 亿尾（只），同比增长 9.4%。继续执行"船网工具指标双控"制度，规范了渔船主机型谱管理和渔船交易行为。根据习近平总书记的重要指示和农业部党组的明确要求，组织实施了清理整治"绝户网"等违规渔具专项行动。以农业部通告发布了《海洋捕捞准用和过渡渔具最小网目尺寸制度》和《禁用渔具目录》。下发了《农业部、环保部关于进一步加强水生生物资源保护严格环境影响评价管理的通知》，参与审查海洋工程环评报告 66 项，确定渔业资源生态补偿资金 17.67 亿元，落实涉及国家级水生生物保护区工程建设项目生态补偿资金近 4 亿元。新建国家级水生生物自然保护区 2 处，建设水生生物湿地保护示范区 9 个。完成了国家级和省级水生生物自然保护区管理考核工作。加强了江豚人工繁育研究、迁地保护、渔政管理，完成了长江上游珍稀特有鱼类国家级自然保护区生态补偿项目相关工作。良种、防疫、保护区建设等规划已进入修改阶段。

渔政在改革中前行。按照中央和部领导要求，统筹渔政管理和机构改革，组织力量加强了海洋伏季休渔、长江珠江禁渔、边境水域渔政执法、水产养殖质量安全执法，完成了专属经济区渔政巡航、涉朝韩敏感海域渔船管控、渔业协定水域和西沙海域渔业监管、南沙西南渔场护渔等工作。伏休期间，黄渤海区渔政局 5 艘执法船，共在海上抓扣并查处违规渔船 228 艘，移交地方处理 36 艘，是历史上查处力度最大的一年。全国渔政队伍机构、人员和装备等基础数据收集整理和分析以及执法证件申领换发等工作有序进行，渔政管理指挥系统建设和维护升级基本完成，继续开展了渔政人员培训。中日、中韩、中越等渔业协定顺利实施。完成了《渔港管理条例》起草工作，《渔业法》修订和《渔港管理条例》制订均已列入国务院法制办立法计划。编制了《全国渔业资源调查船体系建设规划（2013—2020年）》、《全国渔政基地建设规划（2013—2020年）》。

同志们，2013年渔业渔政各项任务圆满完成，地位进一步提升，影响不断扩大，确实来之不易。这是习总书记、党中央、国务院各级领导重视关爱的结果，各有关部门大力支持的结果，各级渔业主管部门共同努力的结果。在此，我代表农业部渔业渔政管理局一并表示衷心感谢，并致以崇高敬意！

在回顾工作的同时，我们还深深感到，尽管渔业发展外部环境明显趋好，但仍然存在一些亟待解决的困难和问题。主要是：需求减弱，成本增加；水域环境恶化和渔船安全生产未见好转；捕捞能力严重过剩有增无减，可捕资源明显减少，有的已经枯竭；农民种粮养猪有中央保费补贴，而渔民养鱼养虾还没有中央保费补贴；监管经费、人员编制严重不足，基础设施欠账大等等，这些都需要我们下决心采取有效措施逐步加以解决。

二、2014年主要工作

2014年，渔业渔政工作要以邓小平理论、“三个代表”重要思想、科学发展观为指导，深入贯彻落实党的十八大、十八届三中全会和中央经济、农村工作会议以及全国农业工作会议的精神，继续全面贯彻《国务院关于促进海洋渔业持续健康发展的若干意见》和全国现代渔业建设工作电视电话会议精神，狠抓落实，稳中求进、改革创新，确保安全，促进增收，保障供给，让人民群众吃上绿色、安全、放心的水产品。重点抓好以下工作：

（一）全面贯彻落实文件和会议精神

各地、各单位都要把2014年作为落实年，抓住难得的机遇，下定决心，排除万难，全面贯彻落实国发[2013]11号文件、全国现代渔业建设工作电视电话会议精神和本次会上牛盾副部长的重要讲话精神，乘势而上，顺势而为。没出台文件的要抓紧出台文件，没召开会议的要抓紧召开会议。要学会领导抓、抓领导，各级渔业主管部门的主要领导要抓住六十多年来难逢的机遇，多向党委政府主要领导、分管领导汇报，多同发改、财政、编制有关部门协调，借助政府常务会、政府文件、党委政府领导讲话批示和亲自出面的威力，尽快协调解决渔业投入不足、欠账大、经费紧张、人员编制等问题。从上到下都要努力扩大文件和会议效应，切实提高渔业地位，扩大影响，促进发展。经部常务会同意，定于6月下旬召开全国渔业主管部门和部属渔业单位主要负责同志会议，专门听取各地、各单位落实国务院文件和会议精神的情况汇报，交流各地、各单位的好经验好做法。

（二）全面深化渔业改革

认真学习、深刻领会、科学把握十八届三中全会决定精神，全面深化渔业改革。一要全面完善渔业政策。政策是全面深化渔业改革、促进现代渔业建设的生命。要全面清理和完善现有的渔业政策，使其真正发挥支渔惠渔富渔强渔作用。要尽快完善渔业油价补助和减船转产政策，使其相辅相成；完善海洋渔船更新改造政策，实行先建后补。要加强调查研究，从中央到地方争取出台更多的支渔惠渔富渔强渔政策。二要全面完善渔业法律体系。法律体系是全面深化渔业改革、促进现代渔业建设的法制保障。要加快推进《渔业法》和《渔港管理条例》、《渔业船员管理办法》、《远洋渔业管理规定》等法律法规规章的制修订工作。三要全面完善渔业基本经营制度、渔业基本水域保护制度、养殖权和捕捞权制度、渔船管理制度、行政审批制度改革后各项后续配套措施等一系列相关制度，进一步强化渔业渔政制度建设。四要积极鼓励渔区发展合作经济，大力扶持发展规模化、专业化、现代化经营，努力争取财政项目资金更多地直接投入符合条件的渔业合作社，帮助渔业合作社做大做强，使发展成果更多更公平惠及渔民和渔业。五要抓住机遇，从上到下都要积极争取充实和加强水产品质量安全、渔船安全生产、渔业水域环境保护、海域海岛江河湖泊等渔业执法力量，努力推进渔业法制体系和治理能力现代化。六要深入研究探索制定海洋江河湖泊渔业资源超捕区域的限制、保护、修复措施，继续完善休禁渔制度，深入研究探索制定海洋江河湖泊渔业休养生息规划和扶持政策，推进海洋江河湖泊渔业休养生息。七要认真梳理“十二五”规划完成情况，需要完善的完善，需要调整的调整，提早谋划“十三五”，积极准备“十三五”和今后一个时期的事关渔业渔政发展的大项目、大举措。

（三）全面强化渔业安全监管

渔业安全无小事。悠悠万事，安全为大。渔业安全乃国之要务，民之大事，不可大意，必须全面加强监管，常抓不懈。各级渔业主管部门和机构，务必把渔业安全作为第一要务，摆上首位，主要领导务必亲自抓，分管领导务必专门抓。一定要千方百计加强水产品质量监管，坚持“养出来”与“管出来”两手抓，两手都要硬,用最严谨的标准、最严格的监管、最严厉的处罚、最严肃的问责,使养殖生产经营者不敢、不能、不想生产经营不合格、不安全的水产品,确保产地水产品质量安全,让人民群众吃上绿色、安全、放心的水产品。水产品数量出问题不一定全是坏事,水产品质量出问题绝对不是好事。所以,水产品质量绝对不能出问题。一定要千方百计加强渔船监管,确保渔船安全作业,让船上人员高高兴兴出海,安安全全回家,幸福愉快有尊严地生活。一定要千方百计加强渔业水域环境监管,确保渔业水域生态安全,让水碧鱼跃,保证渔业用水不被污染,用过的水不污染他人。一定要千方百计加强资金项目监管,确保资金人员安全,让资金发挥更大效益,为继续争取项目资金、干部成长进步创造条件,绝不能出现项目未上去、干部先倒下。对上述安全发生问题的,绝不姑息迁就,一定要依法依规严格查处,问题严重的,要严格追究责任领导、责任主体和责任人的责任。一句话,就是通过四个千方百计抓安全,确保千家万户幸福康安。

（四）全面推进渔业转型升级

继续深入开展渔业健康养殖示范创建活动,大力推进渔业科技创新和实用技术推广,进一步推动养殖池塘标准化改造,加快建设现代渔业园区。推进现代渔业种业示范场建设,研究探讨优化财政投资支持原良种体系建设的政策措施和对策建议。强化水生动物防疫,组织实施水生动物防疫体系建设二期规划,督促县级防疫站职能和经费落实,加快官方兽医队伍建设,加强渔业乡村兽医登记管理。制订《无规定水生动物疫病苗种场评估管理办法》,推进水生动物防疫系统实验室能力建设。加快渔港建设,推动渔船技术进步。扶持壮大远洋渔业,积极争取将远洋渔业海外基地建设纳入国家财政支持范围;继续争取加大对远洋渔业资源探捕、南极海洋生物资源利用项目财政支持力度。进一步加强远洋渔业管理和人员培训。鼓励远洋渔业企业兼并重组,培育远洋渔业龙头企业;探索境外收购等新型渔业合作模式,明确监管责任。推进水产品精深加工,促进水产品市场开拓和品牌建设及冷链物流体系、批发市场建设。

（五）全面修复养护渔业资源和生态环境

深入贯彻习总书记关于清理绝户网的指示要求,进一步加大清理整顿违规渔具和严厉打击非法捕捞行为的力度,使绝户网彻底绝迹。加强《全国海洋捕捞渔具目录》过渡性渔具研究,组织开展海洋捕捞渔具最小网目尺寸制度培训,保证制度实施效果。积极稳妥推进渔具补贴试点,推动合规捕捞渔具纳入农机购置补贴。组织实施好海洋江河湖泊水生生物资源修复项目,科学增殖放流,管好用好增殖放流资金。增加国家级水产种质资源保护区数量,推进水生生物湿地保护示范区建设,加大国家级自然保护区建设力度。研究制订近海渔业资源和产卵场调查总体规划和年度计划,明确调查目标和任务安排。组织开展长江和黑龙江重要渔业水域产卵场调查,为科学制定渔业资源养护政策提供基础支撑。建立健全水生野生动物保护生态补偿制度和补偿效果评估制度,提升水生野生动物保护水平。

（六）全面加强渔政管理

渔业渔政,本为一体,密不可分。哪里有鱼虾哪里就有渔政。要围绕渔业发展抓渔政,抓好渔政促发展。要进一步强化海上渔政管理,努力做到政令一致、步调一致、行动一致。要以渔业安全生产和海洋伏季休渔督查等“护渔行动”为重要抓手,集中渔政、港监、船检力量,联合海警、海事、工商等执法力量,形成执法合力,坚决打击从事渔业活动的“三无”船舶和套牌渔船,重点查处暴力抗法、无证生产等行为,切实强化异地渔船监管。

要进一步严格水产养殖质量安全执法。稳步推进质量安全执法工作制度化和规范化,强化检打联动。加强与刑事司法衔接,认真贯彻“两高”司法解释,强化水产品质量安全违法案件移送,严惩违法犯罪分子。

要进一步强化内陆渔政管理。继续以长江、珠江禁渔期“护渔行动”为抓手,完善长江、珠江禁渔期执法管理和大流域联合执法方式,巩固黑龙江、乌苏里江等内陆边境水域的良好作业秩序。严厉查处非法捕捞,严厉打击“电、毒、炸”等违法行为。

要进一步做好双边渔业协定执行工作。加强对中韩、中日、中越、中俄四个渔委会谈判的调研、会谈和履约工作,积极为渔民争取合理合法的权益,维护协定水域我国渔船的生产秩序。

（七）全面加强自身建设

部渔业渔政管理局、部属渔业各单位、各级渔业主管部门都要认真落实牛盾副部长关于加强自身建设的要求,继续狠抓班子建设、队伍建设、制度建设、作风建设、廉政建设和能力建设。要树立学习意识,仕而优则学,要努力学习学习再学习。要树立责任意识,勇于负责,敢于担当,履职尽责,认真解决懒散软木推的问题。要树立效率意识,工作效率提高一小步,渔业发展提升一大步,能办的马上就办,百姓称赞。要树立廉政意识,廉洁自律,终生受益;警钟长鸣,廉政勤政,幸福安宁。要树立“钉钉子”意识,按照习总书记的要求,发扬钉钉子精神,抓铁有痕,踏石有印,锲而不舍,一盯到底,就一定会全面完成今年的各项渔业渔政任务,取得渔业渔政工作的新成绩。同时，要更多地关心关注基层渔业渔政部门、机构和单位的领导、干部、职工的学习、工作和生活，尽可能地帮助他们解决困难和问题。

同志们，让我们以党的十八大和十八届三中全会精神为指导，全面落实中央农村工作会议和全国农业工作会议精神，按照牛部长的重要讲话要求，团结拼搏、锐意进取、攻坚克难、再接再厉、狠抓落实，为促进海洋渔业持续健康发展、全面推进现代渔业建设做出新的更大的贡献！

农业部渔业局局长赵兴武在全国水产品质量安全监管工作会议上的讲话

（2013年3月30日）

刚才，我们一起聆听了牛盾副部长的重要讲话，深受教育，备受鼓舞。牛部长的重要讲话使我们进一步认清了水产品质量安全监管工作的形势，明确了任务，增强了使命感和紧迫感，深感担子重、责任大、使命光荣。我们一定要按照牛部长的讲话要求，真抓实干、科学监管，努力推进水产品质量安全监管工作再上新台阶。同时，我们也一起听取了广东、江苏、辽宁、湖北、大连的经验介绍。他们的经验做法都很好，各具特色，请各地认真学习、借鉴、推广。下面就结合贯彻落实牛部长重要讲话，我讲两点：

一、水产品质量安全工作成效明显

2012年，各级渔业主管部门紧紧围绕农业部提出的“努力确保不发生重大水产品质量安全事件”的目标任务，恪尽职守，着力创新，开展了大量卓有成效的工作，使水产品质量安全水平继续稳定向好，产地水产品质量安全监督抽查合格率达到98.5%，市场水产品例行监测合格率达到96.9%，同比分别提高0.2和0.1个百分点；在2012年底、2013年年初农业部统一组织的全国农产品质量安全监督抽查中，水产品合格率达到100%；2012年全年没有发生因养殖环节问题而引发的重大水产品质量安全事件；水产品质量安全监管长效机制建设进一步加快。一年来，我们重点抓了以下几个方面的工作：

（一）突出重点综合治理。根据2011年的市场和产地监测结果，农业部制发了重点水产品禁用药物和有毒有害物质专项治理方案，对鳜鱼、鲆鲽类、乌鳢等质量安全问题突出的水产品种作为重点，集中开展了全国性的综合治理。各地根据农业部部署，切实强化日常监管，广东省将南海区鳜鱼中孔雀石绿残留问题列为挂牌重点进行督办，严格实施鳜鱼生产资料准入管理；湖南省严格实施重点品种监管登记备案，实行领导包片、监管责任人包场（户），使鳜鱼、大菱鲆、乌鳢、斑点叉尾鮰等重点品种产地监测合格率为91.9%，比2011年提高了0.1个百分点。其中鳜鱼产品孔雀石绿、大菱鲆产品中硝基呋喃类代谢物监测合格率分别达到94.6%和96.8%，同比分别提高1.3和10.1个百分点。

（二）产地监测继续深化。通过对12个重点水产苗种生产省份、19种苗种开展监督抽查，合格率达到88.3%，比上年提高4个百分点。结合水产品生产季节性特点，30个省、自治区、直辖市按照农业部部署对21种水产品进行质量安全监督抽查，总体合格率达到98.5%，同比提高0.2个百分点。贝类产品卫生监测，总体合格率达到80.8%，同比提高0.4个百分点。根据监测数据，对56万多公顷贝类养殖区开展了划型工作，其中一类养殖区79.2%；二类养殖区20.8%，没有发现三类区域。继续对环渤海的水产品石油污染情况进行监测，为开展风险评估、制订水产品石油污染限量标准收集了数据资料。根据水产苗种和水产品质量安全监测抽查结果，及时召开会商会，通报情况，督导有关省份举一反三，加强管理，防止了系统性风险。

（三）检打联动深入推进。2012年，水产品质量安全执法工作实现了“三个创新”。一是首次实现监管与执法工作统筹布局。2012年4月份，农业部在广西南宁召开全国水产品质量安全监管工作会议，同时开了水产养殖及质量安全执法工作座谈会，对水产品质量安全监管、执法工作进行了统筹安排。二是首次开展全国执法交叉督查。农业部组织10个督查组，分两个阶段对全国30个省（自治区、直辖市）开展了水产养殖质量安全执法交叉督查，了解基层执法情况，总结交流各地的好经验、好做法。三是首次开展执法示范和督察。选取北京、辽宁等4省（直辖市）9个县级渔政执法机构开展执法示范，积极探索和建立规范、有效的执法模式和工作机制。首次对各地《渔业行政执法督察规定》执行情况开展督察，并对农业部产地质量安全监督抽查中的重点案件点名跟踪。据不完全统计，山东、辽宁、浙江、福建、广东、湖北6省市就出动执法人员6万多人次，检查养殖场25 000多家，查处违法行为772起，无害化处理不合格水产品11吨以上。

（四）长效机制建设加快。2012年，农业部选择山东、辽宁、湖北、广东、江苏、福建、天津、北京等省市启动了重点水产品种产地准出和质量安全追溯制度试点。各地结合本辖区实际情况，积极探索有效的水产品质量安全监管长效机制。江西向养殖户赠送孔雀石绿替代药物；辽宁积极开展全省水产品质量安全轮训，启动建立《辽宁省水产养殖单位质量安全信用档案》；浙江实施水产品质量安全监管责任网格化，建立生产企业负责人培训、约谈制度，基本建成涉渔食品安全责任网；江苏建立水产品质量安全考核、通报制度，并安排财政资金 1 000 万元对考核优秀的地区予以奖励；广东经省政府同意，出台了《水产品标识管理实施细则》，对全省水产养殖单位实施统一编码和数字化管理，并与工商部门签订了《关于流通环节水产品质量安全监管合作框架协议》，在联合执法、共同处理突发事件、推进标识管理和市场准入等方面广泛合作；湖南长沙市积极推进重点市场水产品凭证入市；湖北荆门市实施水产品市场准入并授权渔政介入市场管理等等，都取得了好的效果。此外，辽宁、江苏、福建、四川还选择重点县市，给基层执法部门配备快速检测设备，切实提升了基层监管能力。

（五）监管支撑继续强化。组织开展了水产品中禁用药物残留快检产品验证工作。验证结果表明，5 家企业生产的 16 种快检产品样品能够达到其产品标识的检测能力。继续加强水产品质量安全舆情监测，编制《水产品市场及质量舆情专报》30 多期。高度关注北京京深市场青斑鱼喂食麻醉药、天津市场注胶虾等事件，分析、过滤、处置水产品质量安全焦点、热点和苗头性信息。配合人民日报完成四期《求证》栏目的制作工作，对大闸蟹、黄鳝等品种的用药情况，以及水产品质量安全标准、监管难点等进行分析、澄清。委托水科院举办质检机构负责人培训班，开展质检机构检验资质认定、结果复核和检验能力验证，确保检验结果的科学性和准确性。

2012 年水产品质量安全监管工作成效显著，为渔业经济持续平稳健康发展、水产品对外贸易顺利进行提供了重要保证。事实表明，目前我国水产品质量安全是安全的、可靠的。过去的一年，全国水产品没因质量问题给各级党委政府和农业部党组添乱。安全来之不易，它凝聚着大家的心血、智慧和汗水；可靠来自努力，它记载着大家的辛劳、功绩和奉献。这是党中央、国务院、农业部党组，各级党委、政府和牛部长坚强领导的结果，是各有关部门大力支持的结果，最根本的是各级渔业部门真抓实管、真检实查的结果，也是养殖企业和个人严格遵守规程和法规的结果，是管出来的、抓出来的、养出来的，不是喊出来的。借此机会，我代表农业部渔业局一并表示衷心的感谢，并致以崇高的敬意！

水产品质量一段时间安全可靠容易，长期安全可靠很难。水产质量安全的形势依然严峻，我们绝不能盲目乐观、掉以轻心，要高度重视，采取积极有效措施坚决防止反弹。在看到水产品质量安全监管工作取得成绩的同时，我们还应清醒地看到，当前水产养殖产业基础并未发生根本性改变，生产单位法律意识、诚信意识、责任意识、自律意识普遍不强；水产品质量安全监管体系虽已基本建立，但监管基础仍然很薄弱、监管手段仍然不足，县乡两级“缺机构、缺人员、缺经费、缺手段”的现象仍然普遍存在，“上边有想法、下面没办法”，“上面有说法、下面没做法”成为常态；监管制度创新虽取得一定进展，但能够有效落实生产单位主体责任的质量安全追溯制度、市场准入制度仍然没有普遍建立；监督执法力度虽不断加大，但科学执法、规范执法的水平还需提高；支撑能力建设虽扎实推进，但科研队伍素质仍有待进一步提升，等等。各级渔业主管部门一定要牢固树立以人为本、依法行政的理念，以对公众饮食安全高度负责的责任感和使命感，采取更加有力的措施，尽快解决上述这些问题。

二、扎实做好 2013 年水产品质量安全监管工作

水产品质量安全是一项重大的民生工程，做好水产品质量安全监管工作是全面建成小康社会的重要任务，也是我们的神圣使命。目前，除价格外，质量安全已成为大众对水产品的第一关注点。水产品质量安全与产业关联度非常高，消费弹性更大，随着自媒体的普及，往往一个小的问题就很容易炒作放大，引起连锁反应，甚至是一个字就会毁掉一个产业。特别是随着经济、社会的全面发展，社会大众的法律意识、参政意识和维权意识将越来越强，对监管部门的问责将成为常态，依法行政、依法履责也将成为树立政府良好形象的关键因素。对此我们要有充分的认识。今年是全面贯彻落实中共十八大各项战略部署的第一年，是新一届中央政府的开局之年。全面做好今年水产品质量安全监管工作至关重要。

（一）进一步强化重大隐患排查和治理。各地要进一步加大水产品质量安全隐患排查力度，对本地主要水产品种在育苗、养殖、投入品使用方面的风险隐患因素，特别是群众高度关心的热点问题，带有诚信缺失、道德失范特点的“行业潜规则”等问题，要认真积极排查，强化整改，采取有效措施坚决消除隐患。要督促水产技术部门、科研部门、推广单位加强服务，探索建立饲料、渔药等主要渔用投入品的筛选、把关机制，防范不合格投入品损害广大渔民利益。要继续推进鳜鱼、大菱鲆、乌鳢、斑点叉尾鮰等重点水产品种的质量

安全综合治理，加大监测、监管和执法力度，解决部分地区存在的突出质量安全问题。要采取措施，完善生产单位动态数据库，探索按照风险隐患程度建立生产单位信用档案的分类监管模式。要继续加强舆情监测分析，及时处理焦点性、苗头性信息，防止酿成重大突发事件。

（二）进一步加大检验检测和执法工作力度。监测是发现问题、防范风险的现实途径和重要手段。要按照《农产品质量安全监测管理办法》、《产地水产品质量安全监督抽查工作暂行规定》的要求，加强工作统筹，进一步强化产地监督抽查，完善监测网络，突出监测重点，提高监测频率、指标范围和覆盖面，加强结果会商分析和通报，确保产地监督抽查的科学性、公正性和震慑性。渔政机构要继续推进执法示范、执法督察和交叉督查工作，建立健全日常执法监管机制，稳步推进执法工作制度化和规范化。保安全、用重典，要进一步强化检打联动，对监督抽检不合格的水产品，渔政机构要及时、坚决依法组织查处，绝不能手软；对影响面广、情节恶劣的案件，必要时要会同工商、公安等部门，集中查办、跟踪督办，做到件件有结果。要抓紧研究出台水产品质量安全"黑名单"制度以及相关配套惩戒措施，加大案件曝光力度，震慑违法犯罪行为，营造依法生产、诚信经营的良好社会氛围和环境。同时，为保持产地监测数据的统一性，今后凡是没有农业部渔业局通知，直接到产地抽查的机构，各省渔业主管部门可以拒绝安排。

（三）进一步提高监管队伍素质和监管能力。今年农业部将对省级和重点市县渔业主管部门水产品质量安全监管和执法人员进行水产品质量安全法律法规及相关政策培训。各级渔政机构要加强对水产养殖质量安全执法相关业务的研究，提高执法工作的科学性、规范性。渔业主管部门要加强对渔政机构在水产品质量安全执法的领导，切实帮助渔政机构解决实际困难和问题，强化执法手段，提升执法能力。

（四）进一步落实生产者质量安全主体责任。水产品质量安全，谁生产谁负责，谁负责谁受益。养殖户、养殖场（企业）等水产品生产者是水产品质量安全的主体责任者，必须切实负起水产品质量安全的主体责任。养殖户户主、养殖场（企业）法定代表人或主要负责人对水产品质量安全负首要责任，其内部质量安全管理人员对水产品质量安全负直接责任。各级渔业行政主管部门、执法机构要切实加强对水产品生产者的教育、监督和管理，督导生产者强化内部管理，健全各项质量安全自控制度，配备专、兼职质量安全管理人员，严格依法规范生产；建立生产者质量安全信用档案，完善执法检查记录，探索根据信用等级实施分类管理的具体措施；探索在养殖主产区建立水产品质量安全信息员、协管员队伍，充分发挥群众监督作用，确保将生产者的主体责任落到实处。

（五）进一步做好质量安全支撑工作。今年农业部将继续开展水产品中禁用药物残留快检产品验证工作，筛选快检产品供各地开展现场执法选用。水科院要办好质检机构负责人培训班，开展好质检机构检验资质认定、结果复核和检验能力验证等工作，承担苗种和产地抽检的质检机构要加强法律法规的学习和技术练兵，切实依法、依程序做好检测工作，并按渔业行政主管部门的要求做好抽样工作，维护监督抽查的科学性、规范性和严肃性。

2013 年渔业大事记

1 月

7 日　中国远洋渔业协会与民生银行在北京举行远洋渔业金融战略合作协议签约仪式。农业部副部长、中国远洋渔业协会会长牛盾出席仪式并致辞,农业部渔业局副局长、渔政指挥中心主任陈毅德,副局长崔利锋陪同出席。

8 日　农业部与湖北省人民政府在湖北省荆州市启动建设国家级荆州淡水产品批发市场。农业部副部长陈晓华、湖北省副省长郭有明分别代表双方签署协议。农业部渔业局局长赵兴武局长出席活动并讲话。

农业部印发《水生生物自然保护区管理工作考核暂行办法》,首次组织对省级以上水生生物自然保护区管理工作开展考核。

10 日　《农业部国家安全监管总局关于公布"全国文明渔港"(第二批)的通知》下发,确定辽宁省庄河市南尖子渔港等 17 个渔港为第二批"全国文明渔港"。

11 日　中国海洋人才市场(山东)在青岛正式启用,这是人力资源和社会保障部成立后批复的首个国家级人才市场,也是目前国内唯一一个国家级海洋专业人才市场。

14 ~ 16 日　农业部渔业局副局长李彦亮带队赴重庆、四川两地就渔业应对雨雪冰冻天气进行督导。

15 ~ 16 日　农业部渔业局局长赵兴武带队赴山西调查了解苯胺泄漏事故对当地渔业的影响情况。

18 日　2012 年水生野生动植物保护管理工作会议在海南万宁召开,农业部渔政指挥中心主任、水生野生动植物保护办公室常务副主任陈毅德出席会议并讲话,渔政指挥中心副主任、水生野生动植物保护办公室副主任肖放主持会议。

美国商务部发布公告,应墨西哥湾虾业联盟申请,决定对原产于中国、厄瓜多尔、印度、印度尼西亚、马来西亚、泰国和越南 7 个国家的冰冻暖水虾进行反补贴立案调查。

20 日　中国远洋渔业协会与朝鲜共同捕捞协会在北京签署了朝鲜以东海域捕捞合作协议,明确了双方开展捕捞合作的原则、责任和义务等。

2013 年公益性行业(农业)科研专项渔业项目启动会暨渔业资源类项目研讨会在广州召开。东海和黄河及其河口、珠江及其河口资源评价与养护,湖泊水库养殖容量及生态增养殖,替代渔用饲料中鱼粉的新蛋白源开发利用等 5 个公益性行业(农业)科研专项渔业项目正式启动。农业部渔业局副局长李书民出席会议并讲话。

22 日　南海渔业资源开发利用专题研讨会在北京召开。农业部渔业局局长赵兴武参加会议并讲话,副局长李书民主持会议。

24 日　农业部和财政部发布了《2013 年农业机械购置补贴实施指导意见》,将渔船用北斗船载终端和 AIS 船载终端纳入全国农机购置补贴机具种类范围。

农业部办公厅通报养殖水域滩涂规划编制和养殖发证登记工作进展情况。截止到 2012 年 12 月底,全国已有 11 个省级、130 个地市级和 1 374 个区(县)级人民政府颁布实施本行政区域《养殖水域滩涂规划》。2012 年核发养殖证 62 103 本,确权登记面积 117 万公顷。

28 日　农业部部长韩长赋致信全国渔政系统广大渔政人员,表示诚挚问候和新春祝福。

29 日　农业部副部长牛盾赴北京丰台慰问基层渔政人员,并考察京深海鲜批发市场,调研元旦、春节两节期间首都水产品供应及质量安全监管情况。农业部渔政指挥中心主任陈毅德、副主任居礼陪同调研。

2 月

1 日　2013 年长江禁渔行动启动。从 2 月 1 日到 4 月 30 日,长江上游云南省德钦县以下至葛洲坝以上干线及相关支流涉及水域全面停止捕捞作业。禁渔期间,长江沿线各地渔政部门将对沿江水面、水产市场等地进行严格检查,对违规捕捞、销售江鱼的单位和个人将依法处理。

《渔业船舶水上安全事故报告和调查处理规定》当日起施行。农业部1991年3月5日发布、1997年12月25日修订的《中华人民共和国渔业海上交通事故调查处理规则》同时废止。

4日 第四届农业部水生动植物自然保护区评审委员会第一次会议在北京召开,农业部副部长牛盾出席会议并讲话,农业部渔业局局长赵兴武主持会议,渔业局副局长、渔政指挥中心主任陈毅德宣读了《农业部关于调整水生动植物自然保护区评审委员会的通知》,渔政指挥中心副主任肖放出席会议。

农业部渔业局副局长李彦亮带队赴天津市考察水产品批发市场,调研春节前水产品供求情况。

农业部下发《关于远洋渔船统一实施〈国际燃油污染损害民事责任公约〉的通知》,要求1 000总吨以上中国籍远洋渔船的所有人向具有油污损害民事责任保险承保资质的保险机构,为其渔船投保独立的燃油污染损害民事责任保险或者取得其他有效的财务保证,具体保障金额不得低于《中华人民共和国海商法》规定的有关船舶民事责任限额。

6日 在国务院常务会议上,《关于促进海洋渔业持续健康发展的若干意见》获审议通过。

农业部印发《关于进一步规范水生生物增殖放流活动的通知》,要求各相关单位进一步规范水生生物增殖放流活动,注重实际效果,加强科普宣传,严格执行《水生生物增殖放流管理规定》。

农业部办公厅印发《关于进一步加强远洋渔业安全生产管理工作的通知》,要求各远洋渔业企业公海作业时,与邻近国家的专属经济区界限保持至少3海里的安全距离,避免因海流、天气等原因导致渔船、渔具漂流至邻近国家海域,引发涉外违规事件。严禁未经批准进入他国管辖水域违规生产。

7日 农业部、外交部联合上报了《关于报请国务院审核决定签署〈北太平洋公海渔业资源养护和管理公约〉的请示》。

19日 农业部发布2013年国家水生动物疫病监测计划,将对鲤春病毒血症(鲤科鱼类)、白斑综合征(对虾)、刺激隐核虫病(海水鱼)、传染性造血器官坏死病(鲑鳟鱼)和链球菌病(罗非鱼)进行年度监测,分别计划采样900个、885个、400个、400个和400个。

20日 农业部办公厅印发《关于严格遵守金枪鱼国际管理措施的通知》。

21日 农业部办公厅印发《关于开展2013年度水产苗种质量安全监督抽查的通知》,要求在全国12个省(直辖市)抽检480批次水产苗种,检测氯霉素、孔雀石绿、硝基呋喃类代谢物等3种药物及有毒有害物质。

25日 国务院批准签署《北太平洋公海渔业资源养护和管理公约》。

农业部和国家安全监管总局联合召开全国渔业安全生产暨文明渔港创建工作视频会议。农业部副部长牛盾出席会议并讲话。农业部渔业局局长赵兴武主持会议,渔政指挥中心主任陈毅德、副局长崔利锋陪同出席。会议通报,2012年全国渔业船舶水上生产安全事故发生323.5起,死亡(失踪)352人,同比分别减少1.5起、72人,渔业安全生产形势总体平稳。

农业部办公厅印发《2013年国家产地水产品质量安全监督抽查计划》,对全国30个省、自治区、直辖市及计划单列市的18种水产品开展产地水产品质量安全监督抽查,共抽检样品3 020个,检测氯霉素、孔雀石绿、硝基呋喃类代谢物等6种药物及有毒有害物质。

26日 2013年全国渔政工作会议在北京召开。农业部副部长牛盾出席会议并讲话。农业部渔业局局长赵兴武,渔政指挥中心主任陈毅德,副主任居礼、胡学东、肖放一同出席。

28日 农业部办公厅印发《关于南太平洋区域渔业管理组织有关管理措施的通知》,要求远洋渔业企业严格遵守养护和合理利用南太平洋渔业资源的各项措施。

29日 农业部印发《关于开展2013年度海水贝类产品卫生监测和生产区域划型工作的通知》,在全国主要沿海地区抽检1 485个贝类样品,检测大肠杆菌、腹泻性贝类毒素、麻痹性贝类毒素等7项指标,并在此基础上开展贝类生产区域划型。

3月

1日 我国第一批获准发布的《观赏渔业通用名词术语》、《热带观赏鱼命名规则》等4项观赏鱼类水产行业标准正式实施。

1~15日 《濒危野生动植物种国际贸易公约》(CITES)第16届缔约国大会在泰国首都曼谷召开。本次会议涉及海上引进、鲨鱼和刺鳐、鲟鳇鱼管理、苏眉、海参等议题。农业部派出代表随中国政府代表团出席会议。

5日 农业部渔业局组织专家对《南海海洋生物资源开发利用专项实施方案》进行论证。副局长李书民参加论证会并讲话。

6日 我国南方首个海参交易中心在福建省霞浦县揭牌成立。

7日 太湖第五届放鱼节在江苏苏州吴中启动,将投放约 650 吨大规格鲢、鳙、草、鳊及翘嘴红鲌、银鱼卵、细鳞斜颌鲴和扣蟹等优质品种。

8 日 国务院印发《关于促进海洋渔业持续健康发展的若干意见》，明确了今后一段时期海洋渔业发展的指导思想、基本原则、目标任务和政策保障。该文件是中央层面首次专门就海洋渔业发展出台文件，也是自 1985 年《中共中央、国务院关于放宽政策、加速发展水产业的指示》以来，中央层面再次出台的重大渔业政策性文件。

我国驻韩国大使张鑫森代表我国政府在韩国首尔签署《北太平洋公海渔业资源养护和管理公约》。从此，我国在北太平洋公海以内的鱿鱼、秋刀鱼等生产受此公约管辖。

12 日 农业部渔业局与工业和信息化部装备工业司在海南省海口市联合举办南海渔业装备发展研讨活动。副局长李书民参加活动并讲话。

14 日 第十二届全国人民代表大会一次会议第四次全体会议通过国务院机构改革和转变职能方案，其中整合海洋维权力量、“重组国家海洋局”方案，涉及农业部渔政指挥中心和三个海区渔政局。

农业部副部长牛盾主持召开会议，决定成立“中国渔政队伍职责改革领导小组”，副部长牛盾担任组长。

16 日 全国渔业水域污染事故技术审定委员会会议在浙江省宁波市召开。农业部渔业局副局长李彦亮担任新一届的技术审定委员会主任委员。

19 日 远洋渔业安全生产工作座谈会在山东省威海市召开，农业部渔业局副局长崔利锋出席会议。

19 ~ 21 日 欧盟委员会海洋事务与渔业总司瓦莱丽·琳处长率团来北京，以会谈形式对我国输欧海洋捕捞产品合法捕捞证明文件办理情况进行了检查评估。

23 日 全国水产技术推广工作会议在北京召开。农业部副部长牛盾出席会议并讲话，农业部渔业局局长赵兴武、副局长李书民参加会议。

25 ~ 28 日 北太平洋渔业委员会第 4 次筹备会议在浙江省舟山市举办。农业部渔业局副局长崔利锋出席会议。

28 日 2012 年长江全流域长江江豚科学考察结果发布。此次考察没有观测到白鳍豚，长江江豚种群数量也仅余 1 040 头，较 2006 年数量减少近一半，保护形势极为严峻。

28 ~ 29 日 中国工程院举办的海洋装备工程与科技发展研讨会在海南省海口市召开，农业部渔业局副局长李书民出席会议。

29 ~ 30 日 全国水产品质量安全监管工作会议在北京召开，农业部副部长牛盾出席会议并讲话。

31 至 4 月 10 日 农业部党组成员张玉香出访南美，开展农业投资考察和科技合作项目洽谈，推动远洋渔业企业和水产科研机构开展双边渔业合作，农业部渔业局副局长崔利锋陪同出访。

4 月

1 日 2013 年珠江禁渔同步执法暨增殖放流启动仪式在广西梧州举行，珠江全流域共有 2.8 万艘渔船进入禁渔期，涉及捕捞渔民 11.4 万人。

2013 年长江护渔行动暨长江禁渔期同步执法仪式在江西启动，农业部渔政指挥中心主任陈毅德出席启动仪式并调研当地执法情况。

1 ~ 3 日 全国渔业应急管理工作会议在河南郑州召开，会议就《渔业船舶水上突发事件应急预案》有关精神及其操作手册的相关内容进行了交流研究。农业部渔政指挥中心副主任胡学东出席会议。

1 ~ 2 日 南四湖生态渔业建设专家座谈会在山东省济宁市召开，农业部渔业局局长赵兴武参加座谈会和增殖放流活动并调研当地渔业资源保护情况。

8 日 农业部渔业局成立 LNG 动力渔船推进工作领导小组。副局长李书民任组长，其他成员由农业部渔业局、渔业船舶检验局、中海油气电集团、中国水产科学研究院渔业机械仪器研究所等相关人员组成。

习近平总书记来到海南省琼海市潭门渔港，走进渔民协会了解组织渔民生产情况，登上渔船询问渔民出海捕鱼和收入情况。

9 日 国家高技术船舶项目“南海渔船高效节能设计应用技术研究”正式启动实施。农业部渔业局副局长李书民出席启动会并讲话。

11 日 2013 年全国农牧渔业大县局长轮训内陆渔业班在北京开班，来自 29 个省(自治区、直辖市)105 个内陆渔业重点县的渔业局长，产业技术体系专家以及农业部系统青年干部等 120 人参加了培训。农业部副部长牛盾出席开班仪式并作主题报告。

12 日 2013 年黄河流域渔业资源管理委员会会议在甘肃兰州召开。农业部渔业局副局长李彦亮出席活动并讲话。

13 日 农业部部长韩长赋到重庆市合川区考察调研水产健康养殖情况。

15 日 农业部第 1926 号公告公布了经第四届全国水产原种和良种审定委员会审定通过的 7 个水产新品种。其中：凡纳滨对虾“桂海 1 号”、三疣梭子蟹“黄选 1 号”、“三海”海带为适宜推广的选育品种；杂交鲍

"先锋1号"、芦台鲂鲌为适宜推广的杂交品种;尼罗罗非鱼"鹭雄1号"、坛紫菜"闽丰1号"为适宜推广的其他类品种。

16日 中国水产科学研究院南海水产研究所"南锋"号调查船圆满完成南沙海域2013年第一航次渔业科考任务抵达广州。"南锋"号此次科考任务历时38天,航行5 500海里,累计完成了57个站位的渔业资源和环境等调查任务,调查范围覆盖了南沙群岛及附近约60万平方千米的海域。

韩国济州地方海洋警察厅首任厅长到上海对东海区渔政局进行访问交流。双方就渔船紧急避难、违规渔船海上查处和渔事纠纷等问题进行了深入交流。

17日 农业部办公厅和国家安全生产监督管理总局办公厅联合下发通知,决定继续在全国联合开展"平安渔业示范县"创建活动,并部署组织第二批"全国平安渔业示范县"考核推荐工作。

我国远洋渔船"开欣"轮在南极海域发生火灾,船上97名船员全部安全转移。因应对及时有力,事件对当地海洋生态环境未造成不利影响。

18日 第五届中国对虾产业发展论坛在广东湛江召开,论坛围绕"对虾产业之新形势下模式变革与创新",对我国对虾产业技术进展、贸易形势、市场消费等进行分析讨论。

20日 四川省雅安市芦山县发生7.0级地震,地震造成水产品和部分渔业基础设施损坏。共造成渔业受灾面积180公顷,损坏网箱378个,损失水产品1 288吨,直接经济损失1.66亿元,无渔业系统人员伤亡。四川省水产局在震后第一时间成立"抗震救灾领导小组"。

22日 农业部与海南省人民政府、中国海洋石油总公司联合开展西沙海域生物资源增殖放流活动,农业部副部长张桃林、海南省政协副主席林方略、广西壮族自治区副主席陈章良出席放流活动。

22~23日 2012年远洋渔业财政项目总结验收会在深圳召开,对2012年实施的远洋渔业资源调查与探捕项目、南极海洋生物资源开发利用项目和海洋捕捞生产结构调查项目进行了总结验收。

23日 农业部渔业局决定建立渔业标准化工作联络员制度,经各地推荐,有36位人员被确定为首批渔业标准化工作联络员。

24日 2013年稻田综合种养技术示范项目启动会在北京召开。会议要求坚持按照"不与人争粮,不与粮争地"的要求,实现"稳粮与增收"双赢的目标。农业部渔业局副局长李书民出席会议并讲话。

以农业部渔业局副局长崔利锋为团长的中国代表团,和以欧盟海洋事务与渔业总司国际事务与市场局长戴皮皮尔为团长的欧盟代表团在北京举行了中欧渔业高级别磋商,双方就双多边渔业问题交换了意见。

27日 2013年渔业节能减排项目实施工作研讨会在北京召开。农业部渔业局副局长李书民出席会议并讲话。

5月

5日 环境保护部和农业部联合发布《关于进一步加强水生生物资源保护严格环境影响评价管理的通知》,要求在编制各类综合性规划和专项规划时,要依法开展环境影响评价,科学客观地评价规划实施可能带来的长期影响,并按照避让、减缓、恢复的顺序提出切实可行的建议和对策措施。

6日 中国远洋渔业协会与中国进出口银行签署战略合作协议,双方将共同支持我国远洋渔业全产业链建设。农业部副部长牛盾出席签字仪式并致辞,农业部渔业局副局长崔利锋、渔政指挥中心副主任居礼出席了会议。

7日 农业部与江苏省人民政府联合在苏州市吴中区陆巷码头举行太湖渔业资源增殖放流活动,现场放流花白鲢、青鱼、草鱼、鲫鱼鱼苗共计10万余尾。

8日 农业部渔业局印发《全国渔业系统贯彻落实〈中华人民共和国农业技术推广法〉实施方案》。

9日 金枪鱼项目总结会和金枪鱼渔业企业管理人员培训会召开,农业部渔业局副局长崔利锋出席会议。

11日 全国渔船检验工作在北京召开,农业部副部长牛盾出席会议并讲话,农业部渔业局局长赵兴武陪同出席。

农业部渔业局局长赵兴武与印度尼西亚海洋渔业部捕捞署署长朱苏夫举行会谈,双方草签了《中华人民共和国农业部与印度尼西亚海洋渔业部渔业合作谅解备忘录》。

13日 农业部部长韩长赋在北京会见了印度尼西亚海洋事务与渔业部长沙里夫一行。双方高度评价中印两国渔业合作关系,并就中印渔业合作谅解备忘录、渔业捕捞合作安排、渔业基地建设、渔业技术与管理人员交流及渔业信息共享等合作取得共识。

14日 农业部渔业局副局长崔利锋主持召开朝鲜东部海域项目座谈会,研究2013年朝鲜东部海域项目实施工作。

14~18日 农业部渔业局副局长李书民出席在日本召开的第14届中日渔委会第一次预备会议。

16日 农业部发布2012年全国渔业经济统计公告。按当年价格计算,全社会渔业经济总产值17 321.88亿元,实现增加值7 915.22亿元,同比分别增长

15.44%和15.02%；全国渔民人均纯收入11 256元，比上年增加1 244.44元，增长12.43%；全国水产品总产量5 907.68万吨，比上年增长5.43%；全国水产养殖面积8 088.40千公顷，同比增长3.23%。

当日12时起至8月1日12时，南海大部分海域进入休渔期，除单层刺网和钓具外，禁止其他所有作业类型生产。

17日　水产品质量安全可追溯工作座谈会在湖南长沙举行，农业部渔业局副局长李彦亮出席会议并讲话。

农业部渔业局组织召开2013年远洋渔船更新改造项目投资补助政策专家论证会，对拟纳入2013年海洋渔船更新改造项目的远洋渔船船型及中央投资补助上限进行了论证，并对远洋渔船标准化船型提出了建议。

20日　全国首例涉外海上交通肇事案在浙江省舟山市中级人民法院一审宣判："科塔那不拉"轮的缅甸籍二副信奈应和船长特伟依法分别判处有期徒刑4年和3年。4月2日，"科塔那不拉"号集装箱轮途经舟山市东福山两兄弟屿偏南约11.5海里海域时，与"浙普渔75185"渔船发生碰撞。由于信奈应和特伟违反《中华人民共和国海上交通安全法》的规定，未对被撞渔船及时施救并逃逸，最终造成"浙普渔75185"渔船沉没，4人死亡、3人失踪。

21日　农业部公布第一批中国重要农业文化遗产，浙江青田稻鱼共生等传统稻鱼共生农业生产模式入选，该系统于2005年被联合国粮农组织列入首批四个全球重要农业文化遗产保护项目之一。

24日　"首届中国海洋生物资源高效利用发展论坛"在山东省青岛市召开，论坛以海洋生物资源高效利用为主题，就海洋水产品加工新技术与质量控制、海洋副产物利用与功能产品研究、鲨鱼保护与开发利用等内容作相关交流。

28日　农业部部长韩长赋与斯里兰卡外长签署《中国农业部与斯里兰卡渔业与水产资源部捕捞和水产养殖双边合作备忘录》，双方商定在渔业人员交流，信息和数据交流，捕捞、水产品加工、销售、水产养殖、渔业进出口等方面开展交流合作。

28日至6月2日　根据国家防汛抗旱总指挥部和农业部防汛办要求，农业部渔业局派出由李彦亮、崔利锋两位副局长带队的两个工作组，分赴江西、广西两省（自治区）开展汛期渔业安全生产调研、督导。

28～29日　中国、日本及我国台湾省三方在上海举行日本鳗鲡资源养护与信息交流研讨会，交流了各自经济体中日本鳗鲡捕捞、养殖与贸易数据，制定了后续工作计划，并形成了提交APEC海洋与渔业工作组的报告。

28～30日　第162场中国工程科技论坛——"水产种业科技创新与养殖业可持续发展"论坛在山东省威海市举办，农业部党组成员张玉香出席论坛并致辞。农业部渔业局副局长李书民陪同出席。

29～30日　全国水产品质量安全监管工作会议在北京召开，农业部副部长牛盾出席会议并讲话，农业部渔业局局长赵兴武作总结讲话，副局长李彦亮主持会议。

30日　农业部办公厅印发《关于加强赴朝鲜东部海域作业渔船管理的通知》，以指导该项目规范有序开展。

6月

1日　当日12时起，2013年黄渤海区伏季休渔正式开始，休渔的类型为除钓具外的所有作业类型。其中，北纬35度以北的渤海和黄海海域休渔时间为6月1日12时至9月1日12时；北纬35度至26度30分的黄海和东海海域休渔时间为6月1日12时至9月16日12时。

3日　中加渔业联合委员会第一次会议在北京举行，以农业部渔业局副局长崔利锋为团长的中国代表团与以加拿大渔业与海洋部国际合作司司长皮尔森为团长的加拿大代表团出席会议。

4日　农业部副部长牛盾在北京会见莫桑比克渔业部常务秘书艾尔米尼奥·利马·阿尔贝托·邓巴一行。双方就加强中莫两国渔业合作交换了意见。

5日　国务院批准新建陕西略阳、甘肃漳县珍稀水生动物2处国家级自然保护区。至此，国家级水生生物自然保护区数量达到22处。

6日　农业部渔业局局长赵兴武和来访的阿根廷渔业和水产副国务秘书布斯塔曼特举行会谈。阿方同意中国20艘渔船入渔，并决定调整中国渔船入渔政策，取消部分限制条件，方便中国企业入渔。

12日　农业部渔业局副局长李彦亮赴湖北潜江参加第四届湖北潜江龙虾节。

17日　农业部渔业局局长赵兴武会见来访的越南农业与农村发展部水产总局副局长阮玉威一行。

19日　农业部部长韩长赋与越南农业与农村发展部部长高德发在北京签署了《中华人民共和国农业部与越南社会主义共和国农业与农村发展部关于建立海上渔业活动突发事件联系热线的协议》。

20日　农业部渔业局组织召开2014年远洋渔业资源调查和探捕项目立项论证会以及远洋渔船更新改造项目管理座谈会，副局长崔利锋出席会议。

25日　《国务院关于促进海洋渔业持续健康发展的若干意见》在中国政府网公布。

中央海洋权益工作领导小组办公室副主任孔泉一行来农业部视察船位监测系统，副部长牛盾、渔业局局长赵兴武、渔政指挥中心主任陈毅德陪同视察。

25～27日 中俄渔业合作混合委员会第22次会议在莫斯科举行。

26日 国务院召开全国现代渔业建设工作电视电话会议，副总理汪洋出席会议并讲话。农业部部长韩长赋在会上代表农业部发言，农业部副部长牛盾、渔业局局长赵兴武、渔政指挥中心主任陈毅德出席会议。这是新中国建立以来首次以国务院名义召开的渔业工作会议。

26～28日 中俄第22次混委会第2次会议在俄罗斯莫斯科召开，农业部渔业局副局长崔利锋率队出席。

27日 农业部部长韩长赋礼节性会见随同韩国总统朴槿惠来华访问的韩国海洋水产部长官尹珍淑。

农业部渔业局局长赵兴武主持召开渔业局、渔政指挥中心2013年第8次常务会议。会议传达贯彻了全国现代渔业建设工作电视电话会议精神，研究任务分解，总结了上半年工作，部署了下半年重点工作。

27～28日 2013年第一期基层渔业统计调查员培训班在厦门市举行，就《统计法》、渔业统计工作规定、指标与报表说明、渔业生产统计与管理等内容，对来自28个省（自治区、直辖市）的134名基层调查员进行培训。

28日 由于朝鲜坚持将以往中方渔船自行海上加油改为朝方统一供应燃油的做法违反了双方之前签订的合作协议，农业部办公厅紧急下发《关于暂停开展朝鲜东部海域远洋渔业项目的通知》，决定暂停年内朝鲜东部海域远洋渔业项目。

7月

1日 农业部渔业局副局长崔利锋和来访的智利经济部渔业局局长路易斯举行会谈。双方就水产品质量安全、中国远洋渔船利用智利渔港进行补给等问题交换了意见。

5日 农业部出台《关于贯彻落实〈国务院关于促进海洋渔业持续健康发展的若干意见〉的实施意见》。《意见》共包括17项内容，分别从资源环保、安全生产、流通与加工、渔船装备、涉外管理、科技支撑、政策完善等方面提出发展目标和具体措施。

6日 我国正式成为《南太平洋公海渔业资源养护和管理公约》缔约方和南太平洋渔业委员会成员。这意味着我国在东南太平洋公海从事的竹荚鱼、鱿鱼生产将受此管辖。

农业部印发《2013年全国现代渔业种业示范场创建活动方案》，决定在全国范围内创建一批品种创新能力强、扩繁生产规模大、生产管理操作规范、推广服务体系完善的现代渔业种业示范企业。

6～12日 第五轮战略与经济对话在美国开展，农业部副部长牛盾随团参加，渔政指挥中心主任陈毅德陪同并与美国海岸警备队开展会谈。

8日 北京施氏鲟国家级原种场向雅安地震灾区捐赠的10万粒鲟鱼发眼卵运抵当地，用于支持当地养殖企业恢复生产。另有甘肃临夏鲑鳟鱼国家级良种场也计划向灾区捐赠金鳟鱼卵20万粒、虹鳟鱼卵20万粒。

8～9日 农业部渔业局局长赵兴武赴天津调研并检查安全生产，对天津市现代渔业建设、LNG动力渔船发展和渔业安全生产等情况进行深入调研。

10日 水产养殖抽样调查试点项目验收会在湖北召开。国家统计局农村司副司长王明华任组长，对农业部自2005年起组织实施的共三期水产养殖抽样调查试点项目进行总体验收。

11日 2013年中国航海日庆祝大会在江苏省南通市举行。农业部推荐的东海区渔政局沈长领和上海开创远洋渔业有限公司王国来两位船长荣获“航海青年奋进奖”。农业部党组成员张玉香出席大会，渔业局副局长崔利锋陪同出席。

农业部办公厅印发《关于做好今年第7号超强台风“苏力”防御工作的紧急通知》，要求福建、浙江等省渔业部门采取措施，切实做好台风“苏力”防御工作。

12日 中沙群岛漫步暗沙海洋渔业资源增养殖科研基地举行建站仪式，这是海南省三沙市成立后首个实施的重大科研项目，标志着三沙市首个海洋渔业科研基地正式设立。

农业部渔业局、渔政指挥中心召开党的群众路线教育实践活动动员大会，传达学习习近平总书记在党的群众路线教育实践活动工作会议上的讲话精神以及农业部活动领导小组《关于认真学习贯彻习近平总书记在党的群众路线教育实践活动工作会议上的讲话的通知》精神。

18日 第二届中国海参产业发展高峰论坛在辽宁省大连市召开。论坛围绕“全球海参产业形势分析”、“产业可持续发展之思考”、“海参生产与市场形势”三个主题展开对话，并就海参生产、市场及贸易等进行探讨分析，探索海参产业可持续发展之路。

农业部办公厅下发通知，自《国务院关于取消和下放一批行政审批项目等事项的决定》发布之日起，农业部不再受理远洋渔船、科研船和教学实习船船名核准申请。

19 日 中日渔委会在浙江宁波召开，农业部渔业局局长赵兴武出席会议，副局长李书民陪同出席并主持第二次预备会谈。

22 日 全国农业厅局长会议在山西太原召开，农业部渔业局局长赵兴武出席会议。

22～26 日 农业部、国家安监总局组成联合督查组赴辽宁、河北两地开展渔业安全生产专项督查，农业部渔业局副局长崔利锋参加督查。

24 日 农业部南海现代海洋渔业重大科技创新基地在广东省湛江市启动建设。该基地除 3 家建设主体单位外，还联合了国内其他在南海海洋渔业方面科研、教学、团体和企业等 14 家协作单位，统筹资源、开展协同创新。

24～25 日 渔业标准化知识培训班在陕西西安举办，就渔业标准编写基本规则，渔业资源养护、水生动物防疫、水产苗种和水产品加工产品、渔业船网机具装备等标准编写进行指导培训。

农业部渔业船舶检验局与香港特别行政区政府海事处、澳门特别行政区海事及水务局举行第一次渔船检验管理合作会议，这是三方首次本着互惠互利原则共同探讨渔船检验管理合作。

27～31 日 中韩海域划界渔业问题研讨会在黑龙江召开。农业部渔业局副局长崔利锋出席研讨会。

30 日 全国农业计划工作会议在辽宁沈阳召开。农业部渔业局局长赵兴武出席会议。

8 月

1 日 为期两个半月的南海伏季休渔顺利结束。2013 年南海三省（自治区）应休渔船 26 741 艘全部进港休渔，涉及渔业劳动力 129 164 人。与 2012 年相比，休渔渔船增加 921 艘，渔业劳动力减少 7 300 多人。南海伏季休渔制度自 1999 年起实施，至今已有 13 个年头。

南海阳江开渔节在广东省阳江市举办，农业部渔业局副局长李彦亮出席活动。

5 日 农业部召开电视电话会议，部署开展为期一个月的清理整治违规渔具专项行动，要求全面清理整治海洋和内陆捕捞渔具，取缔“绝户网”、迷魂阵等违规渔具，严厉打击使用违规渔具进行捕捞的行为。副部长牛盾出席会议并讲话。

环境保护部和农业部联合发布《关于进一步加强水生生物资源保护严格环境影响评价管理的通知》，要求在编制各类综合性规划和专项规划时，要依法开展环境影响评价，科学客观地评价规划实施可能带来的长期影响，并按照避让、减缓、恢复的顺序提出切实可行的建议和对策措施。

7 日 中国人民财产保险股份有限公司与獐子岛集团股份有限公司在大连签署《战略合作协议》，确定了风力指数保险条款。这是国内签出的首单风力指数型水产养殖保险，每年保费支出 2 000 万元，保险金额为 4 亿元。

8 日 因在台风“启德”影响期间勇救遇险渔船及 11 名渔民，广东电白渔政大队“中国渔政 44246”被国际海事组织授予“2013 年海上特别勇敢奖”。

根据农业部领导指示精神和开展清理整治违规渔具专项行动督导检查通知要求，农业部渔业局副局长李彦亮带队赴辽宁沈阳、营口等地督导“绝户网”治理等情况。

9 日 中日渔业联合委员会第十四次会议在北京召开，双方就 2013 年 6 月 1 日至 2014 年 5 月 31 日期间相互入渔作业条件、暂定措施水域资源管理措施、中间水域资源管理措施和北纬 27 度以南水域红珊瑚船管理等问题进行了会谈并签署了会谈纪要。农业部渔业局局长赵兴武作为中方代表团团长出席会议，副局长李书民出席会议并负责第三次预备会谈。

13 日 美国商务部公布对原产于中国等 7 个国家的暖水虾产品反补贴调查终裁结果，其中，据对中方唯一应诉企业湛江国联水产公司及其关联企业的调查，计划对来自中国的冷冻暖水虾征收 18.16% 的反补贴税。这是美国对中国发起的首例农产品反补贴调查，也是美国在实施 8 年反倾销措施基础上对相同产品再次发起反补贴调查。

16 日 中越北部湾渔业联合委员会第十届年会在陕西省西安市举行。双方就 2013—2014 年度北部湾共同渔区渔船安排、共同养护渔业资源、开展渔业资源联合调查和海上联合执法检查等问题达成一致。越方同意每年 4～5 月在共同渔区进行休渔，2013—2014 年度共同渔区双方渔船数和功率数在 2012—2013 年的基础上各减少 5%，双方进入对方水域的渔船均减少 77 艘。农业部渔业局局长赵兴武作为中方代表团团长出席了会议。

25 日 南极海洋生物资源开发利用项目协调会在湖南长沙召开，总结了 2012—2013 年度南极磷虾探捕的成果，并对下一年度该项目的实施工作进行了部署。

27 日 农业部副部长牛盾在摩洛哥首都拉巴特会见了该国农业与渔业部常务秘书穆罕默德萨迪卡，就加强两国农业合作等事宜交换了意见。双方就强化渔业科技合作，深化远洋捕捞和水产养殖合作，推动渔业合作机制化发展进行会谈。

27 日至 9 月 2 日 农业部渔业局与财政部经建司联

合开展渔业油价补贴政策调研，副局长崔利锋赴浙江、广东、湖北三地进行调研。

28日 全国水生动物防疫工作会议在江苏南京召开，会议研究了加强水生动物疫病防控，确保水产品有效供给和质量安全的政策措施。

30日 水产品质量检测工作分析会在内蒙古呼和浩特市召开，农业部渔业局副局长李彦亮出席会议并讲话。

9月

1日 当日12时起，为期三个月的渤海伏季休渔正式结束，渤海沿海海域，渔船正式开捕。

2日 国家发展和改革委员会、住房和城乡建设部、农业部共同下发《关于下达以船为家渔民上岸安居工程2013年中央预算内投资计划的通知》，决定从2013年中央预算内投资安排2.65亿元，用于江苏、浙江、安徽、山东、湖北、湖南6省以船为家渔民上岸安居工程建设。按计划，中央预算全年将为此项建设投资5亿元。

3日 2013年度神内基金农技推广奖颁奖大会在陕西省西安市召开，渔业方面共有12名水产技术推广人员和18名水产养殖户获奖。

5日 农业部就《关于实施海洋捕捞网具最小网目尺寸制度并公布禁用渔具目录的通告》公开向社会征求意见。根据《通告》征求意见稿，自2015年1月1日起，黄渤海、东海、南海三个海区全面实行海洋捕捞网具最小网目尺寸制度，并禁止使用双船单片多囊拖网等13种渔具。

5~6日 农业部渔业局副局长李书民赴宁夏考察稻田综合种养技术示范项目，并组织召开渔业政策法规实施效果研讨会。

9日 农业部印发《关于继续做好清理整治违规渔具有关工作的通知》，部署进一步清理整治违规渔具工作。

10~17日 国务院安委会第9督查组赴安徽、湖南安全生产督查，农业部渔业局副局长崔利锋参与督查。

11~12日 2013年第二期基层渔业统计调查员培训班在陕西省举行。

12日 渔船安全研究中心在大连海洋大学正式挂牌成立。该中心由农业部渔业船舶检验局和大连海洋大学共建成立，重点加强渔船安全评价研究、渔船安全管理研究和渔船装备安全技术研究。

13日 由农业部与福建省人民政府共同主办的2013海峡渔业周·第八届海峡渔业博览会在福建省福州市开幕。农业部渔业局局长赵兴武出席开幕活动。

2013水产科技论坛在广东广州召开，以“热带渔业工程与技术”主题，邀请知名专家与学者围绕设施渔业工程、增养殖技术、资源可持续开发利用等议题作了大会主题与专题报告。农业部渔业局副局长李书民出席活动。

20日 美国国际贸易委员会终裁认定，从中国和印度等5国进口的冰冻温水虾未对美国相关产业造成实质性损害或威胁，并否决了美国商务部此前要求对上述产品征收反补贴税的决定。

21日 农业部发出紧急通知，启动Ⅲ级应急响应，部署第19号台风“天兔”防御工作。

23日 全国第一个河蟹价格指数，在江苏省兴化市上线发布。在河蟹上市季节，该价格指数每天发布一次。

农业部渔业局与国家开发银行召开渔业金融合作专题座谈会，双方就签署专项合作协议、联合开展我国海洋渔船研究课题等事项达成广泛一致。

25日 农业部渔业局在湖南长沙召开南极海洋生物资源开发利用项目协调会，总结了2012—2013年度南极磷虾探捕的成果，并对下一年度该项目的实施工作进行了部署。

26日 上海海洋大学远洋渔业学院第一届理事会全体会议在上海召开。农业部渔业局局长赵兴武出席了会议，并担任远洋渔业学院理事长。远洋渔业学院实行2+2本科生培养模式和2+1的专业学位研究生培养模式，注重培养学生海上动手能力、提高语言和国外工作能力，填补了高等学府远洋渔业科目设置的空白。

29日 受21号台风“蝴蝶”影响，5艘广东台山渔船、171名渔民在西沙珊瑚岛海域遇险，其中3艘渔船沉没，88人落水。农业部迅速启动渔业船舶水上突发事件一级应急响应，协调有关海上救助力量，指挥渔政船、渔船前往救助。

10月

2日 习近平总书记出访印度尼西亚期间，外交部王毅部长代表农业部与印度尼西亚海洋与渔业部部长签署了《中华人民共和国农业部与印度尼西亚共和国海洋渔业部渔业合作谅解备忘录》。

7~11日 联合国粮农组织渔业委员会水产养殖分委员会第七届会议在俄罗斯圣彼得堡召开。农业部渔业局副局长李彦亮出席会议。

8日 农业部渔业局批复同意中国水产科学研究院联合行业内外相关研究单位和大型企业，成立“农业部渔业船舶与装备研究中心”。

9日 农业部渔业局公布“全国休闲渔业示范基地”评

选结果，北京张克元渔场、天津滨海新区大港海通湖渔村等全国32个省(自治区、直辖市)和新疆生产建设兵团的153家单位获评“全国休闲渔业示范基地”称号。

10日 当日，“9·29西沙海难事故”搜救行动结束。经渔政、部队、海事、海警、海监、渔船等多方力量通力协作、全力营救，最终109人获救，62人失踪或死亡。中国渔政船坚持到最后撤离搜救现场。

2013年农业部云南省联合抚仙湖鱇鲌白鱼增殖放流活动在云南省玉溪市抚仙湖举行，共放流云南省六大名鱼之一鱇鲌白鱼13万尾。农业部渔业局局长赵兴武出席放流活动。

11日 农业部副部长张桃林会见几内亚比绍渔业部长马里奥·洛佩斯·达罗萨。张桃林高度评价中国与几内亚比绍28年来开展的渔业领域友好合作，并提出双方进一步的合作建议。

12日 农业部办公厅印发《关于开展海蜇产品铝安全性应急调查的通知》，部署10个主产省(自治区、直辖市)对海蜇产品加工、铝残留情况开展应急调查。

13日 2013中国·沂河放鱼节开幕式在山东临沂举行，放流鲢、鳙、草、鲤鱼共计400万尾。本届放鱼节历时一周，临沂市共向沂河、沭河、祊河及部分水库放流净水型鱼种4 000万尾。农业部渔业局局长赵兴武出席开幕式并讲话。

15～16日 远洋渔业企业管理及从业知识培训班在江苏省南通市举办，68家远洋渔业企业共计87名人员参加了培训并通过了考试，取得培训合格证书。

17日 农业部渔政指挥中心主任陈毅德到中国渔政东海总队调研，了解一线渔政执法人员关于巡航执法、护渔维权的情况。

2013北京·金鱼锦鲤大赛暨水族休闲渔业展在北京举办。北京·金鱼锦鲤大赛是目前国内最具影响力的全国性金鱼锦鲤赛事，至今已举办六届。农业部渔业局副局长李书民出席活动。

18日 2013中国—东盟(南宁)渔业文化周暨南北农业合作对接大会在广西南宁国际会展中心开幕。本届渔业文化周以“产业、文化、融合、交流”为主题，旨在深化广西与东盟国家的友好关系，加快广西现代渔业发展。农业部渔业局局长赵兴武出席活动。

19日 2013年全国海钓邀请赛在江苏省赣榆县秦山岛开赛，来自山东、江苏、浙江、安徽等地的近百名海钓高手参赛。

20日 农业部就延长黄渤海区刺网休渔时间向社会公开征求意见。根据意见，自2014年1月1日起，黄渤海区刺网休渔时间将由目前的6月1日至8月1日调整为6月1日至9月1日。

内陆地区水产品质量安全监管人员培训在湖北武汉举行，有关专家就两高《关于办理危害食品安全刑事案件适用法律若干问题的解释》进行了专题解读并介绍了我国食品质量安全概况。

24日 中韩渔业联合委员会第十三届年会在海南三亚召开。双方就2014年两国专属经济区管理水域对方国渔船入渔安排、暂定措施水域资源管理措施以及维护海上作业秩序等有关问题进行深入交流并达成协议。农业部渔业局局长赵兴武作为中方代表团团长出席会议，副局长崔利锋一同出席。

11月

1日 沿海地区水产品质量安全监管人员培训在上海举行，有关专家就两高《关于办理危害食品安全刑事案件适用法律若干问题的解释》进行了专题解读并介绍了国外食品安全监管模式。

5日 经复审，农业部批准595家单位第五批农业部水产健康养殖示范场称号继续有效，有效期自2014年1月1日至2018年12月31日。

第18届中国国际渔业博览会在辽宁省大连市开幕。本届展会分设海外、国内和设备三大展区，展出面积近5万平方米，来自39个国家和地区的22个展团，1 000多家企业参展。农业部渔业局局长赵兴武出席活动并讲话，副局长陈毅德一同出席。

6日 农业部就《中华人民共和国渔业船员管理办法》向社会公开征求意见。意见根据船舶类型规定了职务船员最低配员标准，并规定中国籍渔业船舶的船员应当由中国籍公民担任；确需由外籍公民担任的，应持有的证件材料。

6～7日 蓝色经济发展国际高峰论坛，海洋新兴产业和蓝色硅谷建设论坛在山东青岛举办。农业部渔业局副局长崔利锋出席论坛。

农业部副部长牛盾赴南海区渔政局调研，渔业局局长赵兴武、渔政指挥中心主任陈毅德陪同。

6～8日 2014年《中韩渔业协定》实施工作部署会议在烟台召开。天津、河北、辽宁、山东、江苏、浙江等省(直辖市)渔业主管厅(局)及部分涉韩入渔重点地(市)、县(区)有关负责同志参加会议。农业部渔政指挥中心副主任居礼出席会议并讲话。

8日 农业部、河南省水生生物增殖放流活动在黄河郑州段举行，共向黄河放流黄河鲤鱼、黄河鳖、四大家鱼等250余万尾。农业部渔业局副局长李彦亮出席放流仪式。

第二届中国—太平洋岛国经济发展合作论坛农

渔业专题研讨会在广州举行。研讨会围绕“绿色创新,合作共赢”主题,总结和分析了中国与太平洋岛国农渔业合作进展及存在的困难和问题,探讨进一步合作的潜力和前景。农业部渔业局副局长崔利锋出席活动。

9日 2013年中国渔业经济专家学术研讨会在广东省湛江市召开。会议以“发展海洋渔业,建设海洋强国”为主题,就海洋渔业基本经营制度与新型市场经营主体发展、渔船渔港建设、南海资源开发利用、渔业科技发展等内容展开讨论与交流。

2013第六届中国(厦门)国际休闲渔业博览会在厦门举办,农业部渔业局副局长李书民出席活动,并为同期举办的第三届中国(厦门)国际休闲渔业高层论坛致辞。

9~13日 按照农业部农产品质量安全专项整治工作安排,农业部渔业局副局长李彦亮带队,对广东、广西两省(自治区)进行督导检查。

11日 违规渔具清理整治督导检查工作总结电视电话会在北京召开,东海、南海、黄渤海等三个海区局先后做总结汇报。农业部副部长牛盾出席会议并讲话,农业部渔业局局长赵兴武、渔政指挥中心主任陈毅德、副局长李彦亮、崔利锋出席会议。

农业部发布2018号公告,批准建立沽源闪电河水系坝上高背鲫等60处国家级水产种质资源保护区(第七批)。

11~15日 应韩国外交部、海洋水产部邀请,农业部渔业局局长赵兴武率团赴韩国进行交流访问,并在韩国专属经济区和中韩暂定措施水域进行联合视察。

12日 2013年水产品质量安全风险评估与预警技术研讨会在北京召开。与会专家围绕国内质量安全、检测技术、风险评估、评估模型及预警技术等内容介绍了相关研究的最新进展,并提出建议。

农业部渔业局、全国水产技术推广总站在厦门召开全国渔业主导品种、主推技术遴选会。根据《农业主导品种和主推技术推介发布办法》的有关要求,提出了2014年农业部正式发布推介的渔业主导品种和主推技术建议。

13日 远洋渔船外籍船员管理座谈会在浙江省舟山市召开,农业部渔业局副局长崔利锋出席会议并讲话。

农业部、人力资源社会保障部、外交部和公安部四部委,调研浙江舟山远洋捕捞行业引进外籍船员试点工作,并提出了简化审批所需材料和办理程序的改进意见。

15日 住房和城乡建设部、国家发改委、农业部联合在湖南省岳阳市召开以船为家渔民上岸安居工程项目推进会,江苏、安徽等12省(自治区、直辖市)有关主管部门的代表参加会议。农业部渔业局副局长李书民出席活动并讲话。

19日 2013年稻田综合种养技术示范项目总结会在浙江省德清县召开。农业部渔业局副局长李书民出席会议并讲话。

20日 农业部向国务院副总理汪洋报送了《关于专家建议长江休渔十年有关情况的报告》。

27日 农业部副部长牛盾赴上海调研东海区渔政局,渔业局局长赵兴武、渔政指挥中心主任陈毅德陪同调研。

29日 农业部发布《关于实施海洋捕捞准用渔具和过渡渔具最小网目尺寸制度的通告》和《关于禁止使用双船单片多囊拖网等十三种渔具的通告》,上述两个通告将分别于2014年6月1日和1月1日起实施。

12月

2日 农业部副部长牛盾与缅甸畜牧水产和农村发展部部长吴翁敏在缅甸内比都进行会谈,双方就保障中方企业渔船资产安全、建立综合性渔业合作基地和建立两国渔业合作沟通机制等问题达成了共识,并签署《中华人民共和国农业部和缅甸联邦共和国畜牧水产和农村发展部渔业合作协议书》。

农业部发布《2012年中国水生动物卫生状况报告》,这是我国首次发布年度水生动物卫生状况白皮书。2012年我国水生动物疫情总体平稳,未发生大规模疫情。

5日 农业部渔业局副局长崔利锋在印度尼西亚巴厘岛与印度尼西亚海洋事务与渔业部捕捞署署长格尔文·朱瑟夫进行了会谈,双方就落实中印尼渔业合作备忘录交换了意见,并就尽快商签捕捞合作双边安排、召开渔业联合委员会会议等问题达成一致。

9~13日 中俄渔业合作混合委员会第23次会议在上海召开。双方就实施打击IUU渔业协定、海洋捕捞合作、黑龙江和乌苏里江资源养护及渔政管理等议题交换了意见,并签署了会议纪要。农业部渔业局副局长崔利锋出席会议。

10日 农业部渔业局和中国人保财险公司联合召开养殖渔业保险研讨会,全国15个省(直辖市)渔业部门和人保分公司的代表参加了会议。农业部渔业局局长赵兴武出席会议并讲话,副局长李书民主持。

23日 农业部发布通告〔2013〕3号:自2014年1月1日起将黄渤海区刺网休渔时间调整为6月1日12时至9月1日12时,东海区、南海区刺网休渔政策暂不变更。

25 日 农业部公布农业部水产健康养殖示范场（第八批）名单，正式授予 1131 家单位示范场称号，至此，已命名的部级水产健康示范场总数已达 4 561 家。

农业部发布《关于远洋渔船境外报废拆解工作的通知》，要求进一步做好远洋渔船境外报废拆解工作，并对远洋渔船在境外报废拆解的条件和程序进行了明确。

26 日 台湾省两岸农渔业界交流协会理事长林亨能、台湾省总渔会理事长黄一成等一行四人来农业部渔业局拜访，局长赵兴武、副局长崔利锋出面会见。双方就两岸联合向阿根廷争取鱿鱼入渔配额、促进两岸民间渔业合作等事项，进行了商谈。

28 日 农业部部长韩长赋到福建省长乐市调研现代渔业建设和渔业资源保护情况，他希望大家能自觉爱护海洋渔业资源，不用“绝户网”。农业部渔业局局长赵兴武陪同调研。

31 日 农业部发布《关于严格遵守南极磷虾渔业国际管理措施的通知》，要求有关远洋渔业企业和作业渔船认真遵守南极海洋生物资源委员会通过的各类生物资源养护和管理措施，促进南极磷虾渔业持续健康发展。

（农业部渔业局）

索　　引

说　　明

一、本索引采用分析索引方法，按汉语拼音顺序排列，同音字按声调排列。

二、“法律法规文献”、“渔业经济统计”、“领导讲话”栏目中的具体内容未作索引。“各地渔业”栏目中的条目按正文排列，不参与排序。

三、索引词条后的数字表示内容所在的正文页码。

T

X

Y

Z

图书在版编目（CIP）数据

中国渔业年鉴. 2014 / 农业部渔业渔政管理局主编
. -北京：中国农业出版社，2014. 10
ISBN 978-7-109-19701-5

Ⅰ. ①中… Ⅱ. 农… Ⅲ. 渔业经济-中国-
2014-年鉴 Ⅳ. ①F326. 4-54

中国版本图书馆 CIP 数据核字（2014）第 242279 号

ISBN 978-7-109-19701-5

中国农业出版社出版
（北京市朝阳区麦子店街 18 号楼）
（邮政编码 100125）
责任编辑：徐晖 贾彬 耿增强

中国农业出版社印刷厂印刷 新华书店北京发行所发行
2014 年 10 月第 1 版 2014 年 10 月北京第 1 次印刷

开本：787mm×1092mm 1/16 印张：19.75 插页：42
字数：700 千字
定价：200.00 元

“今日中国渔业”彩版专栏

目　录

四川省水产局

省水利厅巡视员刘俊舫（右一）、省水产局局长卿足平（右二）指导雅安渔业抗震救灾工作

2013年，面对“4.20”芦山地震灾害、多发重发的极端气象灾害和错综复杂的国内外经济形势，四川渔业坚决贯彻中央及省委、省政府决策部署，紧紧围绕“保供给、促增收、护生态”目标任务，狠抓水产健康养殖、质量安全、资源保护、科技推广、示范基地建设、培育新型经营主体、项目资金扶持等重点工作，促进了水产经济平稳较快发展。全省水产品总产量达到126.06万吨，同比增长6.02%；渔业经济总产值达到300.52亿元，同比增长8.06%。全省农民人均渔业收入达到460元，同比增长10%，人均增收39元；直接从事水产养殖的农渔民人均纯收入突破万元大关，达到1.1万元，同比增长15.2%。

2014年，四川渔业将深入贯彻落实党的十八大、十八届三中全会、中央农村工作会议、全国农业工作会议、全国渔业渔政工作电视电话会议和省委十届三次、四次全会精神，认真贯彻落实省政府关于加快发展现代水产业的通知，抓住有利机遇，坚持稳中求进、改革创新，以扎实推进现代渔业建设为方向，以深化改革为动力，以落实政策和加大投入为支撑，重点抓好水产健康养殖、新农村水产示范基地建设、新型渔业经营主体扶持培育、质量安全监管、支撑保障体系建设、科技创新与应用推广、渔政管理与执法等工作，确保全省水产品总产量达到130万吨，渔业经济总产值达到325亿元，农民人均渔业收入490元，人均增收30元以上。

井研县新农村水产示范村

蓬溪县长乐镇拱市村水产养殖基地

通江县水产科技园节水养殖区

安岳县泥鳅养殖基地

汶川县大禹农业冷水鱼养殖基地

上海市渔政监督管理处

2013年，上海市渔政监督管理处（后简称“上海市渔政处”）被命名为2013年度上海市平安示范单位，上海市渔政处海域管理科获得了上海市“青年五四奖章（集体）”，上海市渔政处所属中国渔政31001船获得了上海市“工人先锋号”荣誉称号。

2013年3月份，上海市渔政处所属中国渔政31001船在钓鱼岛海域及专属经济区开展了护渔维权巡航，以实际行动表明了我国在该海域实施常态化护渔维权巡航的坚定立场。

2013年，上海市政府开展打击非法捕捞专项整治工作。上海市渔政处立足本职，强化联系，做强关键事，做好补位事，联动机制不断深化，打击力度持续增强，两法衔接取得突破。在长江，始终保持每天都外出巡航，每块水域都检查到位。联勤联动机制进一步深化，边防海警、长航公安、水上公安在行动时基本做到了有船派船、无船驻人、全程伴航、实时保障，全面遏制了深水张网非法捕捞。在内陆水域，共组织代号为“飓风”的专项执法行动5次，实施黄浦江上游渔政常态化巡航机制，在各区县推行属地化管理、联合管理，取得明显成效。2013年，本市法院共计判决判了4起“非法捕捞水产品罪”案件，上海市渔政执法和刑事司法衔接取得了重要突破。

水生生物增殖放流

市渔政处所属中国渔政31008船在清除长江口深水张网

海上执法巡航

福建省海洋与渔业厅

9月15日，2012海峡（福州）渔业周暨第七届海峡（福州）渔博会在海峡国际会展中心隆重开幕

9月16日，2012年海峡两岸渔业资源增殖放流活动在福州举行

2013年，我厅在省委、省政府的正确领导下，克服渔业成本增加、国际市场萎缩、渔业发展空间不断压减等不利因素，积极促成省政府出台了《关于促进海洋渔业持续健康发展十二条措施的通知》，加快渔业经济发展方式转变，以建设现代渔业为目标，渔业结构进一步优化，渔业效益显著提升，促进渔民增收。全年渔业经济总产值达2 197.51亿元，比增9.72%；增加值1 167.75亿元，比增9.88%，占全省GDP的5.37%；渔民人均收入13 324元，比增13%，比全省农民人均纯收入高出2140元；全省水产品总产量658.76万吨，比增4.8%。

渔民试穿保暖救生衣

莆田秀屿海带丰收在即

一派繁忙的渔船检修场面

福鼎市科技入户工程显成效

灵秀湖北 魅力水产

——湖北省水产局

湖北历史悠久，人文鼎盛，这里是楚文化的摇篮，是中华民族的起源地之一；曾侯乙编钟乐曲悠扬，绕梁千载；《离骚》、《九歌》经典绝唱，传诵万古。

湖北是全国淡水水产第一大省，一曲“洪湖水、浪打浪”，唱出了“千湖之省、鱼米之乡”的资源禀赋；一句“湖广熟，天下足”，道不尽荆楚大地的深厚底蕴。万里长江，横贯东西；悠悠汉水，纵穿南北；湖库塘堰，星罗棋布；荆风楚水，孕育了荷香鱼欢、蟹肥虾壮。

近年来，在省委、省政府的高度重视和农业部的大力支持下，全省水产业坚持政策引领、创新驱动，着力转变渔业发展方式，大力发展现代渔业，不断推进水产强省建设，水产业已经成为全省农业、农村经济中最具活力的特色优势产业和支柱产业，成为促进农业稳定发展、农民持续增收的亮点产业。2013年，全省养殖面积68.33万公顷，淡水水产品总产量410.38万吨，居全国第一；渔业经济总产值1 748.5亿元，其中，渔业产值838.5亿元；三大水产品牌航母、8家国家级龙头企业、50家省级龙头企业、3 000多家渔业合作社正凝聚成千湖之省强大的正能量，引领全省水产业向着更广领域、更高目标高歌猛进。

筚路蓝缕，成就伟业；砥砺奋进，再创辉煌。在新的历史时期，湖北水产人将以自己的勤劳和智慧，积极转变发展方式，改革创新，锐意进取，努力实现现代渔业经济强省的宏伟目标！

捕鱼现场

现代化的养殖基地

标准化网箱养鳝基地

操作规范的现代化加工车间

广西水产畜牧兽医局

中国—东盟（南宁）渔业文化周三大钓鱼比赛现场

罗非鱼产业在全国排名优势明显

2013年，广西水产品总产量319.3万吨，同比增长5.09%；水产品总产值384亿元，同比增长10.03 %；渔民人均现金收入1.7万元，同比增长21.43%，排在全国第5位，是沿海渔民人均收入超万元省（自治区）之一。

2011-2013年，自治区安排中央财政现代农业生产发展项目资金支持我区实施良种体系建设和池塘标准化改造示范，三年共建设罗非鱼繁育场2个、罗非鱼越冬培育场31个，标准化示范改造池塘8 053公顷，并由此带动社会资金11.8亿元，带动全区共完成池塘改造2万多公顷。据统计，2013年全区罗非鱼产量28.6万吨，比2010年增产近8.6万吨，新增效益约10亿元，项目区农民年人均纯收入增收300元以上。

全年自治区级水产品例行监测样品2 500个，合格样品数为2 479个,合格率为99.16%，较上年提高0.59个百分点。农业部2013年产地水产品抽检广西区抽检130个样品，合格率为100%。

加强渔业执法，组织全区海洋渔业执法机构开展广西“护渔2013”海洋渔业执法专项行动 13次，检查渔船795 艘次，查获违规作业渔船46艘次，切实维护了渔业生产的正常秩序。按照农业部关于积极推进大型渔政船和1 000吨级以下渔政船艇建造工作的要求，认真做好农业部批复下达的渔政船艇建设项目的协调、监督和配合等后续工作。截止到2013年12月，3艘1 000吨级渔政船总投资29 205万元。

2013年，扎实推进了渔业科技创新和技术推广工作，取得了较好的成效。年内科技项目立项77项，获得项目经费1 679万元；有8项科技成果通过技术鉴定和成果登记，“我国罗非鱼链球菌病分子流行病学与免疫防控技术研究”项目获广西科技进步二等奖；“大水面生态健康养殖技术集成与推广应用” 项目获 全国农牧渔业丰收奖二等奖。申报专利12件，授权专利6 项。

江苏渔港监督局 江苏渔船检验局

38米标准化渔船

36米标准化渔船

渔业船舶卡

无纸化理论考试中心

2013年，大力推进“渔船、渔港、渔民”与现代渔业融合发展，积极推进海洋强省、渔业强省建设，荣获全国渔业船舶检验系统优质船检机构称号。

推动全省渔船标准化更新改造进入高潮。优化船型，完成5种标准船型的设计与图纸审查工作。优化船厂，新筛选29家标准化渔船建造企业。创新监理方式，建立全省渔船建造质检与技术服务平台。强化建造质量监管，全年监督建造检验新造渔船700多艘。

渔船管理信息化建设全国领先。实施科技强检战略，大力推进江苏“数字船检”建设。开发江苏省渔船管理信息系统二期项目软件，全面启用电子渔船身份标签、渔业船舶卡、渔业船员卡，实现渔船数据信息手机终端实时管理。渔船管理信息系统的广泛应用，极大地提升了全省渔船管理的数字化、现代化、规范化水平。

建成全省首个渔业职务船员无纸化考试中心。改革船员培训考试制度，增加船舶驾驶、轮机实操比重。建立江苏省渔业职务船员管理系统，实行计算机统一管理。开发职务船员计算机考试系统，建成全省首个渔业职务船员无纸化考试中心，该项目的建成标志着江苏渔业船员信息化管理达到了全国领先水平。

全省渔业互助保险展业突破亿元大关。渔业互保展业收入达到1.34亿元，首次超亿元。争取和落实中央、省、市、县财政补贴4 239万元。为全省渔民、渔船提供风险保障328亿元。创新渔业金融服务，发放船东小额贷款2 555万元。资助渔业安全项目，为全省渔船配备救生筏提供补助224万元，为全省6 000名渔民免费技术培训提供补贴93.6万元。

新疆维吾尔自治区水产局

副部长牛盾、唐启升院士启动新疆阿勒泰增殖放流活动

局长古力努·阿不都热扎克（右一）现场调研

阿勒泰安全生产月

十师额河特种鱼繁育中心

2013年，在自治区党委、人民政府、水利厅党组的正确领导下，在农业部及自治区各级涉农部门的关怀支持下，我区渔业工作紧紧围绕自治区人民政府《关于进一步加快渔业发展的意见》确定的各项目标任务和要求，深入贯彻落实中央及自治区农村工作会议、国发11号文件和全国现代渔业建设工作电视电话会议精神，着力于不断增强我区渔业综合生产能力、可持续发展能力，加强渔业资源养护，保障水产品有效供给和渔民收入持续快速增长，进一步加强和推进各项工作，全区渔业生产呈现蓬勃发展态势，主要表现在以下几个方面：

渔业发展的宏观政策环境更为有利。中央及自治区领导高度重视渔业渔政工作。习近平总书记进渔港、上渔船、与渔民群众亲切交谈，多次对渔业渔政问题做出重要指示，《国务院关于促进海洋渔业持续健康发展的若干意见》和全国现代渔业建设电视电话会议，进一步明确了现代渔业发展的指导思想、基本原则、目标任务和政策保障，对现代渔业建设进行了全面部署，自治区人民政府在乌鲁木齐市设立分会场，钱智副主席参加会议并要求细化落实，自治区党委常委，副秘书长白志杰高度关注冷水渔业资源的有效合理开发利用。

现代渔业发展步伐进一步加快。大力开展"科技之冬"系列培训活动。全年组织水产健康养殖技术、水产品质量安全管理、冷水鱼养殖技术专题培训等各类培训班20余期，培训专业技术人员1 100余人次。

水产品质量安全监管力度进一步强化。抓好水产品质量安全监督抽查。以元旦、春节、五一、国庆、亚欧博览会等重要节假、活动日为重要时点，加强水产品监督检查，全年检查水产养殖单位（户）763家，向有问题的31家养殖单位下发限期整改通知书。

水产品市场开拓与品牌建设扎实开展，渔业产业化进程进一步推进。加快无公害、绿色、有机水产品认证步伐，积极推进水产品地理标志登记和GAP认证。重点打造区域绿色品牌和新疆天然有机品牌，着力塑造"绿色新疆、品质渔业"的整体品牌形象，"蓝翔"、"赛湖"、"冰川"等品牌知名度不断提高；新认定无公害水产品产地15个，认证产品50个。

渔业法制化管理进程进一步加快。水产种质资源保护、养殖业专项执法、涉渔水利工程专项执法、水生生物增殖放流活动等更为规范深入，渔政人员培训力度进一步加强，政治素质和执法水平进一步提高。

强化渔业资源养护工作。组织实施好增殖放流活动。修订并印发《新疆维吾尔自治区水生生物增殖放流管理规范》，推进增殖放流活动科学、规范、有序、有效实施。2013年，我区开展多层次不同形式的增殖放流活动54次，投放各类水产苗种1.35亿尾，其中濒危物种23.8万尾，共计投入资金3 569.1万元。

渔业船舶监管进一步加强。通过组织开展"安全生产年"、"打非治违"、"安全生产大检查"、"安全生产月"等专项行动和活动，进一步巩固全疆渔业安全生产工作基础；渔业船舶检验工作逐步规范，船舶受检率达到72%；渔业安全生产培训、应急演练等工作进一步强化；"平安渔业示范县"创建工作扎实开展；渔业互保工作取得新突破，参保人员增加到900余人。

渔业项目管理更为规范。部门预算资金执行、国库集中支付、公务卡使用管理、渔业专项资金的管理进一步规范。严格遵守项目申报程序，加强专项资金绩效评价和监督检查，逐步实现了从偏重争取和分配资金向实行项目全过程监管的转变。

信息服务与宣传工作有力开展。加强与新闻媒体合作，充分利用新疆渔业网、中国渔业政务网及其他网络媒体强化对我区渔业优势资源、优质水产品及其食用方式的推介宣传，不断拓展水产品市场空间，为渔业健康快速发展营造良好的舆论氛围。自4月开始开展手机短信服务，定期向渔民提供生产管理、灾害防控、市场信息、技术服务等服务信息。目前服务用户1 000余人，已发送服务短信2万余条。

2013年，全区水产品产量达到13.52万吨，同比增加9 900吨，同比增长7.9%，其中优质水产品产量约占水产品总量的40%，同比增长2%；全年渔业经济总产值达到22.35亿元，同比增长17.5%，全区渔民人均纯收入达到12 400元，人均较上年增收2 100元，同比增长20.5%。我区三人被评为全国农业工作先进个人。

河南省农业厅水产局

2013年首次举行农业部河南省联合人工增殖放流水生生物活动

2013年全省水产养殖面积达到27.46万公顷，水产品总产量达到116.7万吨，渔业经济总产值223.5亿元，渔民人均纯收入10 373元，分别比2012年增长8.3%、6.3%、6%、5.6%。实现了水产品安全有效供给。

养护渔业资源，建设美丽河南。2013年首次举行农业部河南省联合人工增殖放流水生生物活动。农业部渔业局副局长李彦亮、省人民政府副省长王铁、省人民政府副秘书长胡向阳、省农业厅厅长朱孟洲、省农业厅副厅长郭鹏亮、郑州市人民政府副市长吴中华等领导参加了仪式。

此次活动共向黄河放流黄河鲤鱼、黄河鳖、四大家鱼等250余万尾。

黄河从西至东贯穿河南全境，在我省境内全长700多千米，这里河床宽阔，水流平缓，水生生物资源丰富，我国淡水四大名鱼之首的黄河鲤鱼就盛产于此。随着人类社会活动和自然因素的影响，黄河水域生态平衡不断恶化，渔业资源遭到严重破坏，一些鱼类已难觅踪迹，黄河渔业资源保护工作刻不容缓。这次水生生物资源增殖放流活动，是我省总体放流活动的重要组成部分，是贯彻落实国务院颁布的《中国水生生物资源养护行动纲要》的集中体现，是保护我省水域生态环境、造福子孙后代的一件大事，同时能进一步增强社会各界保护资源、爱护环境的意识。

2013年全省共开展增殖放流活动50次，放流经济鱼类苗种8 101万尾（只），放流大鲵1 700尾、黄缘闭壳龟250只。放流水域覆盖了全省海河、黄河、淮河和长江流域，使天然水域渔业资源得到有效恢复。

舟山市海洋与渔业局

2013年3月25日舟山市隆重召开北太平洋渔业委员会第四次筹备会议

2013年8月21日成都·第二届舟山深海鱿鱼美食节盛宴隆重开席

舟山是我国最重要的海洋渔业基地，渔业是舟山重要的传统基础产业。全市现有渔业人口20.2万人，占全市总人口的1/5，年产水产品总量150万吨左右，产值约120亿元。

以舟山渔场为核心的东海渔场是鱼虾蟹贝类天然的繁殖、索饵、越冬场所，水质肥沃，饵料丰富，海域生产力高，是中国四大海区中产量最高的海域。舟山渔场渔业资源品种多、品质好，拥有鱼类500余种、虾类70余种、头足类20余种，素有“东海鱼仓”、“祖国渔都”之美称。舟山群岛有1 390个岛屿，浅海、港湾和滩涂资源丰富，为发展渔业生产提供了良好的资源和环境条件。

舟山渔业以捕为主，全市海洋捕捞优势明显，拥有一支渔船设备先进、渔业技术精良的高素质捕捞队伍，现有各类机动渔船近9 000艘，其中183.87千瓦以上钢质渔船5 200余艘，2013年，全市海洋捕捞产量142万吨，约占全省的40%、全国的10%。其中，远洋渔业走在全国前列，现有远洋渔船430余艘，数量占全省的80%、全国的22%，远洋渔业生产海域遍及世界三大洋，形成了以北太平洋、东南太平洋、西南大西洋鱿钓为主体，以印度洋、南太平洋金枪鱼延绳钓、秋刀鱼作业为补充的远洋渔业生产格局，被誉为“中国鱿钓渔业第一市”。2013年，全市远洋渔业产量29.7万吨，约占全省的74%、全国的23%。

舟山海水养殖业特色鲜明、发展迅速，创建了一批设施先进、生态高效的养殖基地，形成了以大黄鱼、梭子蟹、对虾和贻贝为主的舟山特色优势水产品养殖示范基地。2013年，全市有海水养殖面积6 000公顷，产量12.2万吨，产值11.8亿元。

莆田市海洋与渔业局　改革创新

莆田市人民政府与福建省海洋与渔业厅签订战略合作协议

科学谋划海上风电与鲍鱼养殖相结合新模式

2013年，莆田市海洋与渔业局认真贯彻落实党的十八大精神，牢牢把握国家、省、市加快发展海洋经济历史机遇，以加快转变渔业发展方式为主线，深化改革促转型，创新引领渔业经济健康持续发展。2013年全市渔业经济总值114.85亿元，同比增长4.26%；水产品总产量78.87万吨，同比增长5.53%；渔业生产总值69.27亿元，同比增长7.22%；渔民人均纯收入12 274元，同比增长11.1%。渔业产业在转型中稳中求进，稳中向好。

一、创新服务，出台推进渔业发展新举措

组织实施市委、市政府出台《关于加快推进南日海洋牧场建设的决定》、《促进海洋渔业持续健康发展十条措施》等一系列推动海洋经济发展的政策措施；全面落实市政府与省海洋与渔业厅签订《共同推进莆田海洋经济发展暨海洋牧场建设合作备忘录》的11项扶持渔业发展政策措施；与福建海峡银行合作，设立“海洋渔业授信专项补偿基金”，划定3亿元专项授信资金用于扶持南日岛鲍鱼养殖产业，滚动发展；编制实施《南日海洋经济综合开发试验区产业发展规划》、《南日海洋牧场建设规划》、《十八列岛保护与开发利用规划》、《后海现代渔业产业园总体规划》等，引导渔业产业有序转型升级。

获“中国驰名商标”产品南日鲍鱼正面

莆田海带丰收

建设中的南日岛海洋牧场

后海现代渔业产业园一角“全国休闲渔业示范基地”

干事创业 引领渔业经济健康持续发展

二、集聚产业，构建现代渔业发展新模式

2013年"莆田鲍鱼"和"莆田花蛤"双双列入福建省十大特色品牌。以全市现有3个中国驰名商标、6个福建著名商标和9个福建名牌产品为纽带，1家国家级龙头企业、10家省级龙头企业和40家市级龙头企业为骨干，加快渔业行业组织化发展。同时推进企业向后海现代渔业产业园、南日岛陆基现代渔业产业园区集聚，支持行业集团化发展。还成立莆田花蛤行业协会和莆田市秀屿区鲍鱼行业协会，发展渔业专业合作社191家，其中省、市级示范社21家，共同引领行业做大做强。

三、生态先行，推进蓝色产业绿色发展

全市已完成标准池塘改造1.57万亩，建设农业部健康养殖示范场12家，菜蓝子基地7个，认定无公害产地1 780公顷，认证无公害水产品19个；建成工厂化循环水养殖60家，建成"水乡渔村"9家，休闲渔业稳步推进。2013年完成投资500万元，投放320块人工渔礁。增殖放流双线紫蛤83.87万粒、西施舌18.28万粒、长毛对虾6 000万尾、中国鲎9.23万头。海洋生态环境保护与修复有效推进，全市近岸海域水质一、二类水质面积比达66.3%。比上年提高1.7个百分点，并列全省第一。国家级海洋生态公园湄洲岛荣获"福建十大美丽海岛"称号。

四、注重民生，完善渔业安全保障体系建设

全市已纳入规划渔港35个，"十二五"期间上报升级改扩建渔港10个，其中中心渔港1个、一级渔港3个、二级渔港4个、避风锚地2个。2013年3个三级渔港全面完工，平海一级渔港正有序推进。政策性渔船、渔工保险实现全覆盖，投保率100%，2013年办理渔业互助保险理赔渔船21艘，发放理赔金131.94万元。扎实开展渔船安全生产标准化建设，充分利用"小改大、木改钢"政策，积极引导渔民更新改造大马力渔船24艘；"平安渔业示范县"创建活动，今年荔城区成为我市第二家荣获全国"平安渔业示范县"称号。

莆田荣获"中国花蛤之乡"花蛤吉祥物

莆田花蛤深加工产品

汇丰公司加工线

秀屿区海上浮筏式鲍鱼养殖和陆上工厂化鲍鱼养殖

东港市海洋与渔业局

局领导班子

行政执法

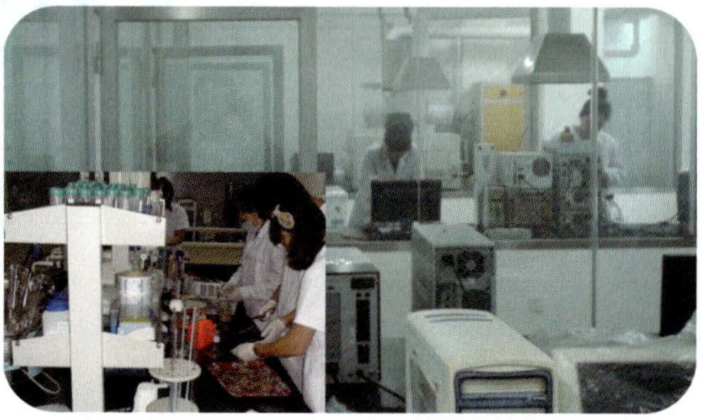

水产品质量检验检测

东港市海洋与渔业局内设办公室、渔业管理科、海洋管理科、经济管理科、法制监督科，行政编制17人。

东港市位于辽东半岛北端，南濒黄海，东依鸭绿江，海岸线126千米，海域面积3 500平方千米。10米等深线以内浅海逾7万公顷，滩涂2.42万公顷。大、中、小型水库42座，可利用养殖稻田2万余公顷。近海海洋生物资源十分丰富，盛产牙鲆、中国对虾、梭子蟹、杂色蛤等140多种水产品。2013年，水产品总产量实现30.7万吨，增长7%；渔业经济总产值实现88.5亿元，增长12%；渔业经济增加值实现51.8亿元，增长11%；渔民人均纯收入1.7万元，增长13%。

海洋综合管理全面加强。加强日常巡查和专项执法行动，重点查处海域、海岛、环境领域违法行为。进一步落实岸线巡查和岸段管理责任制度，全力遏制违法围填海行为。积极参与维权巡航执法，加强对重点海域的监视监控。大鹿岛和獐岛海岸线整治与修复工程有序推进。

现代渔业建设扎实推进。新投放人工鱼礁1 225座，影响海域667公顷，现已建成人工鱼礁区1 387公顷。健康养殖规模不断扩大，鱼、虾、蟹、贝、海蜇等多品种港湾立体生态养殖面积3 867公顷；贝类养殖面积4.17万公顷；淡水渔业养殖面积5 933公顷；设施渔业面积达到38.5万平方米。创建农业部水产健康养殖示范场5家。

依法治渔得到得到强化。加强渔船、渔具管理，严厉整治“三无”渔船，依法取缔违规的渔具渔法。严格执行伏季休渔制度，加强海上巡航检查，严厉打击各种破坏渔业资源和污染渔业水域环境的违法行为。狠抓水产品质量安全监管，着力强化品牌创建。进一步强化珍惜频危水生野生动物保护工作。

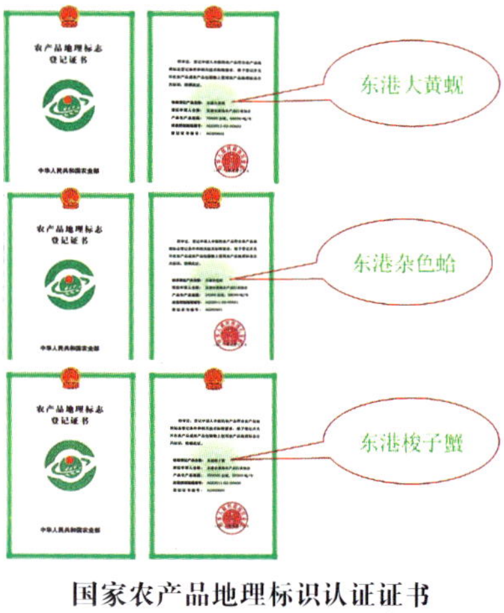

国家农产品地理标识认证证书

水产品加工

临沂市渔业局

中国·沂河放鱼节开幕式

农业部渔业局局长赵兴武讲话

山东省海洋与渔业厅厅长王守信讲话

临沂市举办2013中国·沂河放鱼节，农业部渔业局局长赵兴武出席活动并进行渔业调研。

2013年10月13日，农业部渔业局、山东省海洋与渔业厅和临沂市人民政府，联合在临沂市北城新区沂河河畔阳光沙滩举办了2013"临沭杯"中国·沂河放鱼节活动。农业部渔业局局长赵兴武，山东省海洋与渔业厅厅长王守信、副厅长宋继宝，临沂市委书记、市人大常委会主任张少军等领导出席开幕式并参加放鱼活动。赵兴武局长在开幕式上作了重要讲话，他指出："沂河放鱼是深入落实党的十八大精神、加强生态文明建设、建设美丽中国的重要举措，对发挥渔业生态防治功能、修复水域生态环境、打造滨水生态城市意义重大、影响深远。沂河放鱼，养护生态，功在当代，利在千秋！放鱼节的成功举办必将进一步丰富沂河渔业资源，维护沂河水系生态平衡，对临沂现代渔业发展起到积极的推动作用"。

开幕式当天举行了大规模净水鱼类沂河放流活动，同时还举办了临沂市名优水产品展览、"爱沂河·爱鱼儿"中小学生绘画大赛获奖作品展、中国·临沂大银鱼烹饪大赛获奖作品展示等系列活动，12 000余名市民参与现场放鱼、观展活动；当天共向沂河水域放流鲢鱼、鳙鱼、草鱼、鲤鱼鱼种400余万尾。本届放鱼节以"鱼跃沂河，放飞梦想"为主题，是临沂市连续第三年在沂河河畔举办放鱼节活动。

放鱼节活动期间，赵兴武局长还深入到临沂市规划展览馆、临沂华东淡水鱼批发市场、临沂市兰山区化绍新钓鱼用品有限公司调研，对临沂市渔业发展提出了指导性意见和要求。

青年学生向沂河放鱼

赵兴武局长参观名优水产品展

赵兴武局长在兰山区化绍新钓鱼用品公司考察

石家庄市水产管理处

处长：安志明

领导班子研究渔政规范执法工作

河北省水产局局长吴更雨（左）指导我市渔业工作

石家庄市水产管理处是主管全市渔业工作的副县级参公单位，主要负责全市渔业发展、质量监管、渔政管理、渔船检验、渔港监督、技术推广等工作，内设办公室、生产科、渔政科、船检科，下设水产技术推广站、黄壁庄水库渔政站。石家庄市有淡水养殖面积1.57万公顷，其中水库养殖面积1.48万公顷，池塘养殖面积873公顷。全市水产品总产量3.5万吨，产值5.4亿元。养殖品种以四大家鱼、鲤鲫鱼、罗非鱼、冷水鱼、甲鱼为主。截止到2013年，全市共创建部级健康养殖示范场15家，省级渔业标准化示范园区4家，渔业专业合作社23家，无公害产地认定27家，无公害产品认证38个，创建国家级水产种质资源保护区1家，建成省级良种场3家。水产品质量监管工作不断加强，在农业部近三年来的例行抽检中，产地和市场合格率始终保持在98%以上。2013年石家庄水产管理处荣获河北省农业厅“全省渔业工作先进单位”和“农产品质量安全监管工作先进单位”称号。

2014年，全市渔业渔政工作要以党的十八大和十八届三中全会精神为指针，认真贯彻落实全国现代渔业会议精神，以服务省会、科学发展为目标，以改革创新、转型升级、跨越赶超为动力，按照生态优先、养捕结合、以养为主的原则，构建我市现代渔业发展新格局。突出抓好渔业资源培育和养护，发展壮大中华鳖、冷水鱼和休闲渔业三大特色产业，建设十个各具特色的养殖园区，全面提升我市现代渔业发展水平。

目前全市有一个中华鳖养殖专业村，两个园区，1家省级良种场，3家苗种场，2家深加工企业，120多个中华鳖养殖场（点），养殖面积80余公顷，年产商品鳖1 500余吨，产值1.5亿元。西部山区已开发冷水鱼养殖面积6万平方米，年产量630吨。中华鳖养殖产业要围绕“高效益、节水型”的目标，开展良种扩繁，改进养殖模式，提高产业化程度，继续做大做强。充分利用冷水资源，搞好产业规划，发展以井陉县为主的鲟鱼养殖、以平山县为主的虹鳟鱼养殖、以鹿泉市为主的白斑狗鱼养殖三大特色冷水鱼主产区。大力发展休闲渔业，全面发展观赏观光、垂钓游钓、休闲度假、生产生活体验、餐饮娱乐等休闲渔业项目，构建生态休闲渔业产业带。

全市要规划建设十个各具特色的渔业养殖示范园区，包括中华鳖、冷水鱼、“四大甲鱼”标准化养殖和休闲渔业等，以此推动全市渔业标准化、产业化、规模化生产，提升产品质量，转变渔业增长方式，提高养殖效益。要进一步加强水库渔业资源的培育和养护，抓好国家级柏坡湖水产种质资源保护区创建提升工作，加强黄壁庄水库的渔业渔政管理，开发利用好全市222座水库的资源，提升全市渔业生产能力。

我市渔政执法人员宣传水产品质量安全知识

我市科技人员下基层指导工作

我市渔政执法人员清理违规渔具

我处组织群众路线教育实践活动

沧州市农牧局

党组书记、局长：徐斌

2013年沧州市农牧局认真贯彻落实国务院及省政府渔业发展战略部署，以渔业增效、渔民增收为目的，开拓进取。立足“抓改革、转方式、寻突破、强基础、提质效、惠民生”全面推进现代渔业建设。全市渔业总产量11.9万吨，其中海洋捕捞7.19万吨，海水养殖产量1.54万吨，淡水产品产量3.18万吨。实现渔业总产值24.86亿元。海洋捕捞、水产养殖、苗种生产成为我市现代渔业三大支柱产业，水产技术推广为全市渔业经济快速、健康发展提供有力保障。

海洋捕捞业

全市海洋捕捞渔船1 047艘，总吨位55 460吨，总功率95 504千瓦。其中441千瓦以上大型远洋渔船3艘，184千瓦以上钢壳渔船400余艘，74千瓦以上木质渔船500余艘，年捕捞总量7万多吨，占水产总产量的60.4%。

水产养殖业

全市水产养殖总面积15 717公顷，海水养殖10 388公顷,淡水养殖5 329公顷，年养殖总产量42 212吨。全市低洼盐碱荒地开发面积4 000公顷，鱼虾产量2万吨，产值2亿元，农业部健康养殖示范场达到16个，面积达2 700公顷，产量1.7万余吨。海水工厂化养殖水体63 700立方米，产量560吨。生态、健康、高效的现代化渔业初具规模。

苗种繁育业

全市已拥有海淡水苗种生产企业140多家，其中3家国家级良种场，分别是：中捷罗非鱼良种场、任丘四大家鱼良种场和河北鑫海南美白对虾良种场。4家省级水产原良种场分别是：黄骅三疣梭子蟹原种场、河北鑫海生物科技有限公司毛蚶原种场、河北鸿远半滑舌鳎良种场和海富源牙鲆良种场。总利用水体达35万立方米，年产南美白对虾苗种580亿尾、中国对虾苗10亿尾、日本对虾苗40亿尾、大菱鲆、牙鲆、舌鳎计2 000万尾、梭鱼苗1 500万尾，三疣梭子蟹Ⅱ期幼蟹10吨，草虾苗1 900万尾、淡水罗非鱼、白鲳鱼种960吨、草、鲤、鲫、鲢、鳙、鲂鱼水花3.8亿尾，生产夏花8 000万尾，产值达4亿元。成为我国北方重要的水产苗种生产基地。

水产技术推广

强化“科技进塘入场到户，助推健康安全增收”意识，积极引进新品种、推广新技术，寻求新突破，提升科技对现代渔业建设的支撑保障能力。

任丘市畜牧水产局

任丘市位于河北省中部，地处京津冀经济圈，市区北距北京151千米，东北距天津135千米。京九铁路纵贯全境，106国道和津保公路纵横穿越市区，大广高速公路已经建成通车。全市总面积1 012平方千米，现辖7个街道办事处、9个镇、6个乡、2个省级开发区，413个行政村。

任丘白洋淀旅游景区闻名中外。素有"北地西湖"和"华北明珠"之称的白洋淀位于市区西北10千米处，总面积366.6平方千米（任丘辖水域64.8平方千米），是华北地区最大的天然淡水湖。淀内水产资源丰富，现有鱼类31种，盛产鲤、鲫、莲藕、芦苇等。堤外有曾被誉为"天下第一大庙"的鄚州庙。历史上曾以"白洋夜月、枣林晚渡、长堤烟柳、十里荷香、水月桃花、金沙落照"等六大名景著称于世，白洋淀世界级滨湖旅游度假城五年内初具规模。

任丘综合实力不断提升。2013年全市生产总值完成564.6亿元，全社会固定资产投资完成123.8亿元，全部财政收入完成102.5亿元，农民居民人均纯收入达到10 978元。自"九五"以来，我市综合实力一直位居河北省"十强"县市前列，并连续多年入围全国"百强"县市之列。

任丘市畜牧水产局现有干部职工450人，下设12个科室、6个畜牧兽医分站、1个渔政管理站和1个国家级四大家鱼良种场，共有水产养殖面积1 530公顷，以池塘和白洋淀"三网"养殖模式为主；有各种机动渔船287艘，其中海洋捕捞船116艘、淡水养殖捕捞船171艘；2013年水产品总产量1.54万吨、总产值1.6亿元，渔业生产呈现出"两区一带"格局；目前无公害水产品认定面积1 000公顷，草、鲢、鳙、鲤、鲫、罗非鱼6个品种被农业部认证为无公害水产品，注有"淀荷、云成"牌鲜活鱼类商标。目前还承担着农业部渔情采集、渔民家庭收支情况调查、国家罗非鱼体系试验、阳光技术培训、渔业损失评估、增殖放流、农业污染源普查、维护白洋淀旅游秩序等多项公益职能，均能出色完成上级下达的任务。

多年来，我市渔业呈现健康稳步发展态势，有投资140万元的水生动物疫病防治站一个，可有效检测本市及周边2.67万公顷水面；有农业部水产健康养殖示范场3个、省级渔业标准化示范区1个、水产专业合作社10个，占全市总面积的70%左右，渔业生产以"合作社+社员+农户"的模式运营，以饲料、苗种、渔药、养殖用水为关键控制点，制订严格的管理制度，推广使用生物制剂，确保水产品质量安全，基本实现了"五统一、一服务"的经营管理模式；现主要养殖品种草、鲤、鲫、鲢、鳙、罗非鱼、河蟹、青虾等，以池塘和白洋淀"三网"模式为主，近年来养殖推广的新品种有黄金鲫鱼、抗病草鱼、德国镜鲤、中科3号、长丰鲢、清道夫、鹦鹉、锦鲤等；利用丰富的地热资源年生产吉富罗非鱼鱼种250吨、商品鱼600吨，生产各种水花鱼苗8亿尾，各类鱼种2 500余吨。

白洋淀增殖放流

国家级四大家鱼良种场

任丘市顺昌鱼种场

瑞蛟水产养殖专业合作社

大连金州新区海洋与渔业局

大连金州新区位于辽东半岛南端，东临黄海、西濒渤海，海岸线长332.72千米。海岸线曲折、海滩广阔，可管辖海域面积1 759平方千米，盛产鱼、虾、贝、藻等各类水产品几十种，水产资源较为丰富。

大连金州新区海洋与渔业局系大连金州新区管委会工作部门，副局级建制，担负着全区海洋与渔业经济发展的规划、指导、协调、服务和海洋与渔业的监督管理等职能。局机关内设综合处、渔业处、海洋处、法规处；局属事业单位有大连金州新区渔政管理所（中国海监大连金州新区大队）、大连金州新区渔港监督、大连金州新区渔船检验站、大连金州新区水产苗种管理站、大连金州新区水产服务管理站。

2013年，大连金州新区海洋与渔业局在金州新区党工委、管委会的正确领导下，在上级海洋与渔业主管部门的工作指导下，凝心聚力、真抓实干，全面落实金州新区"五个新区"、"三大战略"建设任务，加快现代渔业发展步伐，提升海洋综合管理和服务水平，促进了全区海洋与渔业经济持续健康发展。全年水产品总产量达36万吨，比上年增长11.8%；其中，海洋捕捞产量7.7万吨，比上年增长2.7%；海水养殖产量28.3万吨，比上年增长14.6%。全年实现渔业总产值43.7亿元（1990年不变价），比上年增长15.6%；其中，海洋捕捞产值7.4亿元，比上年增长7.2%；海水养殖产值29.9亿元，比上年增长18.7%；水产苗种产值6.4亿元，比上年增长12.3%。

2013年，金州新区海洋与渔业局坚持以人为本，把实现好、维护好、发展好广大用海户和渔民的根本利益作为工作的出发点和落脚点，积极争取各级资金共计4 755.9万元，在黄、渤两海沿岸共投放中国对虾苗12.7亿尾、日本对虾苗5.38亿尾、三疣梭子蟹苗2.49亿粒、海参苗3万千克以及牙鲆鱼苗206.3万尾；争取区级财政资金1 340万元，加大海洋牧场建设力度，全年完成人工鱼礁毛石投放量15万立方米，改造海域面积87公顷；加大水产加工产品源头治理，完成水产品、水产苗种样品检测1 000批次，检测合格率达99.7%；对局属事业单位机构设置进行调整，将原有的金州新区渔港与渔船管理站机构分开，成立金州新区渔港监督和金州新区渔船检验站，进一步加强渔业安全生产监管力量，构筑渔业生产安全、水产品质量安全、渔业水域生态安全和涉外渔业安全等现代渔业安全体系。

2014年，大连金州新区海洋与渔业局以科学发展观为指导，全面贯彻落实党的"十八"大精神和省、市、区工作部署，继续以促进渔业增效、渔民持续增收为目标，大力发展现代渔业，提升海洋管理和服务水平，推动海洋与渔业经济持续健康发展。

领导视察

海参大丰收

渔业大丰收

中国渔政金州新区21115执法船

丹江口市水产局

2013年，丹江口市发展生态渔业，保护库区水质为前提，大力推广应用新科技，大力发展特色渔业和品牌渔业，着力发挥丹江口水库渔业优势，切实把传统渔业转变为现代生态渔业和高新创汇渔业，从而实现水体生态保护和渔业经济增长的和谐发展。全市增养殖面积达到20 333公顷，其中人工养殖面积9 093公顷。其中：滤食性网箱220公顷，投饵网箱167公顷，精养鱼池447公顷，塘堰367公顷，库湾7 067公顷，中小水库827公顷。全市实现水产品产量5.69万吨，其中：养殖产量4.44万吨，捕捞产量1.25万吨，总产量比上年增长3.2%。全市渔业综合产值155 560万元，其中：渔业产值102 360万元，加工业产值20 600万元，流通服务业产值32 600万元。渔业产值102 660万元，比上年的102 100万元增加260万元，其中：水产品产值100 960万元，苗种产值2 600万元。

丹江口鳡鱼

丹江口翘嘴鲌

岱山县海洋与渔业局

2013年，岱山县海洋与渔业局按照年初确定的主要目标任务，围绕渔业产业提升、渔业安全监管、渔业基础管理和渔业机制体制创新四大目标，加快推进现代渔业建设，进一步强化渔业安全责任体系，规范渔船更新建造，加强海洋与渔业综合执法监管，致力渔业增效、渔民增收，保证了渔业新型合作经济组织推广和发展；和谐渔业、平安渔场、伏休管理等工作创新和推进；渔业经济平稳发展和渔民收入持续增长的良好态势。是年，全县43个渔业村（社、公司）拥有各类渔业生产船只2 368艘，同比减少1.54%，总功率49.6万千瓦，同比减少1.03%，总吨位33.76万吨，同比增长1.71%，其中183.87千瓦以上钢质渔船1 618艘，全县机动渔船钢质化率达81.93%。水产养殖面积1 326公顷，其中围塘养殖面积983公顷，滩涂养殖面积280公顷，浅海养殖面积108公顷。围塘养殖面积中拥有大棚养殖面积19.67公顷。全县已建立省级梭子蟹养殖标准化推广示范基地1个（面积53.33公顷）；省级无公害产地12个（面积643.33公顷），国家级无公害产品13个；组建渔业有限责任公司3家（远洋渔业1家、国内捕捞2家）、各类渔业专业合作社31家，其中国内捕捞21家、水产养殖6家、水产品加工3家、其他1家，渔业服务站7个。渔业下海劳力20 500人，其中县外劳动力5 819人（省外5 350人）。实现渔业总产量36.8万吨，同比增长4.8%；渔业总产值34.1亿元，同比增长5.1%。其中国内捕捞产量35.7万吨，同比增长4.9%；实现产值32.1亿元，同比增长5.5%。水产养殖产量11 104吨，产值19 040万元，同比增长3.27%和减2.02%。渔民劳均收入56 330元，渔区人均收入21 307元，同比分别增长10.9%和11.9%。渔业固定资产25.46亿元，比上年增长5.66%。申报浙江省海洋与渔业项目14个，申请省级财政补助资金1 337.6万元。大衢一级渔港工程、高亭中心渔港江南段工程及长涂一级渔港工程全面完工。渔业安全生产各类指标均控制在省市规定的范围内，连续第19年圆满完成伏休任务。

我局与县政府签订2013年度伏季休渔管理、安全度汛责任书

唐松标局长检查伏休开捕管理工作

“三无”船舶拆解现场会

增殖放流

海兴县畜牧水产局

局长：张德岗

海兴县位于河北省东南部，东临渤海，南接齐鲁，北望京津，与黄骅大港相接，连接京沪线的朔黄铁路沿县界通过，津汕高速公路、沿海高速、省高级公路黄辛公路、海防公路、武港公路，规划建设中的黄大铁路、邯黄铁路三纵两横贯穿全县，海兴县作为东北及京津地区连接山东半岛和南部沿海地区的黄金通道，交通十分便利。是河北省重点渔业县市之一。

海兴县畜牧水产局在局长张德岗的正确领导下，齐心协力，攻坚克难，各项工作取得了一定成效。2013年引进缢蛏、南美白对虾“科海一号”试养初见成效，新建工厂化养殖5 000立方米，海兴县瑞澄科技水产养殖有限责任公司注册商标2个。承担并完成了“菜篮子”水产品生产扶持项目、钢质远洋渔船更新改造等项目，三个育苗厂承担了渤海生物增殖放流任务，投放三疣梭子蟹659.2千克。全县水产养殖面积达9 133公顷，育苗厂5个，10 000余立方米，年渔业总量1.29万吨，总产值2.61亿元。

至今，无公害产地认定面积占海水池塘面积的36%，无公害产品认证品种3个，创建农业部水产健康养殖示范场3个，组建农民水产专业合作社5个。

农业部渔业局副局长李树民参与授牌仪式

水产养殖技术培训

开展渤海湾三疣梭子蟹生物增殖放流

伏季休渔期结束，渔船整装出港

东阿县水产局

东阿县位于山东省西部，紧邻黄河。境内水源充足，水质良好，具有发展水产养殖业的独特优势。县委、县政府始终高度重视，是“山东省商品鱼基地县”和全国农业标准化养殖（淡水渔业）示范区。截止到2013年底，全县水产总面积达4 300公顷，养殖面积3 047公顷，水产品总产量6.85万吨，总产值5.17亿元。2013年10月东阿县被命名为“中国黄河鲤鱼之乡”，成为全国唯一获此殊荣的县。

东阿县高度重视现代渔业品牌建设，2010年以来，全县已成立“绣青”、“华龙”、“海港”、“新星”、“庞玲”、“四季”、“保晶”、“金水湾”、“水城鱼山”、“黄河滩”等10家渔业专业合作社，并在此基础上成立了东阿县渔业协会。2013年成功创建一个省级现代渔业园区，一个省级渔民专业合作社示范社，一个国家地理标志保护产品，拥有“山东省省级健康养殖示范场”、“国家级健康养殖示范场”。全县已获得4处无公害水产品产地认定，东阿黄河鲤鱼、东阿黄河鳖、东阿泥鳅、东阿鲫鱼等14个品次获得无公害认证，注册“阿黄”、“洛神湖”、“水城鱼山”3个水产品商标。品牌渔业建设工作全省领先。

黄河鲤鱼是东阿县独有的宝贵资源和历史悠久的传统名鱼。从2010年起县水产局加大对东阿黄河鲤鱼选育培育的指导和支持力度，其“东阿黄河鲤鱼良种选育技术研究”成果国内领先，并取得良种种质鉴定，获省级苗种生产许可，年繁育能力1亿尾。成为水产养殖主推品种。2013年“东阿黄河鲤鱼”正式获得“中国农产品地理标志保护产品”登记认证。

“中国黄河鲤鱼之乡”专家评审会

“中国黄河鲤鱼之乡”授牌仪式

地理标志保护产品“东阿黄河鲤鱼”证书

如东县海洋与渔业局

2013年，全县海洋与渔业围绕建设海洋与渔业强县目标，创新发展思路，积极应对挑战，服务沿海开发，强化海洋综合管理，推进现代渔业进程，倾力创建全国平安渔业示范县，着力提升队伍建设，多项工作领跑全省。全县渔业经济总产值达136.73亿元，同比增长22.3%，全县水产品总产量达30.23万吨，同比增长6.7%，渔业一产产值53.49亿元，同比增长22.5%。率先在全省组建县级海域资源储备开发中心，设立全省唯一的县级海洋环境保护管理机构。在全县渔业“五大”主导产业中，南美白对虾产业异军突起，大棚养殖面积3 667公顷，其中新增面积1 667公顷，池塘与设施养殖总面积已达到733公顷，总产量达6万吨，总产值近20亿元。7月和9月分别迎来了市政府在如东县召开的项目农业现场推进会和南美白对虾产业发展现场会，11月，高标准、高规格完成了省政府组织召开的全省现代渔业建设工作推进会。承担了省级水产品质量安全监管示范县项目。12月，由如东县水生动物疫病预防控制中心承担实施的“2013年如东县水产品中药物残留快速检测项目”通过了省海洋与渔业局组织的验收。渔业安全生产继续保持平稳态势，连续六年未发生较大以上事故，“全国平安渔业示范县”获得农业部与国家安监总局复核。深入开展海监执法，全年巡查93次，行程达11 036千米。全年检验88.26千瓦以下渔船741艘，完成渔船更新改造125艘，有力保障了渔业安全生产。

2013年全县渔业暨安全生产工作会议

2013年第一届开渔节

2013年安全生产月暨海洋日伏季休渔宣传照片

省、市海洋与渔业局领导春节前安全生产检查

中国水产学会

中国水产学会（China Society of Fisheries）成立于1963年12月，是中国水产及与水产有关的科技工作者自愿组成的学术性、公益性的全国性社会团体，是依法登记的社团法人，是党和政府联系广大水产科技工作者的桥梁和纽带，是国家发展水产科学技术事业的重要社会力量。

学会接受业务主管单位中国科学技术协会、挂靠单位农业部和登记管理机关民政部的业务指导和监督管理。目前，学会下设17个分支机构，编辑出版《水产学报》、《海洋渔业》、《淡水渔业》、《科学养鱼》等7个专业性刊物，现有会员19 000余人，团体会员单位207个，是亚洲水产学会、世界水产养殖学会会员单位。

【学术交流】组织开展国内、国际间的水产学术交流及相关展览活动，组织开展国际民间渔业科技交流与合作，组织开展科技成果评定和专业技术评价工作，组织开展决策咨询和学科发展研究工作，负责学会分支机构的协调、服务工作。

【科普教育】负责会员发展、管理、服务及继续教育工作，负责学会对地方学会的指导与联络工作，组织开展科普和职业技能培训，负责科普基地建设和科普资源开发工作。

【信息统计】承担渔业统计工作，负责渔业统计信息的采集汇总和分析工作，负责《渔业统计年鉴》的编辑出版工作。承担农业部渔业局统计数据的查询和网络系统协调指导工作，协助农业部渔业局开展渔业经济运行状况相关调研工作。

【战略研究】负责组织专家进行渔业发展战略研究，承担渔业国际贸易跟踪研究专家组的协调指导和服务工作，承担水产品市场信息的采集、分析、汇总工作，组织渔业市场信息预警系统项目实施、水产品市场信息体系建设。

中国水产学会愿与全体水产科技工作者一道携手共创未来中国渔业的辉煌；愿与各国水产科技社团组织开展交流合作，为世界渔业的繁荣作贡献！

学会秘书处联系方式：电话：010-59199605/06　传真：010-59199604
地址：北京市朝阳区东三环南路96号农丰大厦　邮编：100122　邮箱：csfish@csfish.org.cn

2013年中国水产学会学术年会

中央书记处书记赵乐际参观全国科普日中国水产学会展区

2013年全国渔业统计人员培训班在延安举办

英国水产学会会长温菲尔德来访我会

四川省农业科学院水产研究所

所办公楼

袁隆平院士视察稻—渔示范基地

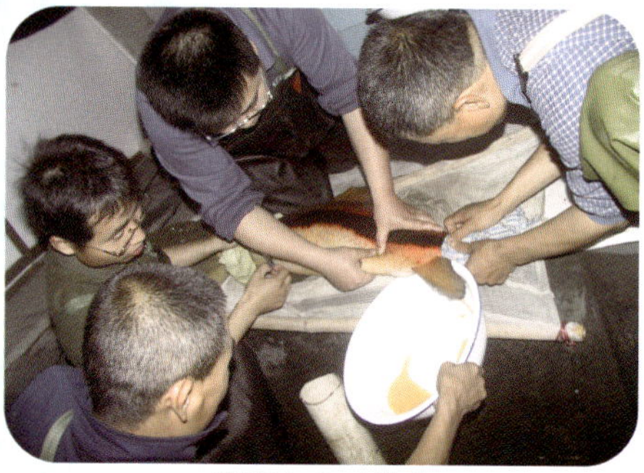
胭脂鱼人工繁殖

长薄鳅

大口鲇

四川省农业科学院水产研究所始建于1977年，地处成都、宜宾两地。全所占地面积近27公顷，其中试验鱼池10公顷，小二型水库一座，建有鱼类分子实验室和渔业生态实验室2个。现有职工131名，其中在职人员55人，科技人员36名，科技创新团队两个；其中国务院政府津贴专家3名、四川省学术和技术带头人1人、四川省学术和技术带头人后备人选2人、四川省有突出贡献的专家3人；连续三届向四川省青川县派出科技人员任科技副县长，指导地方渔业经济发展。

我所是从事以淡水渔业应用和开发研究为主的科研单位。主要开展名特优鱼类的生物学、移养驯化、品种选育、鱼病防治研究；鱼类营养与饲料研究；渔业环境、水生生态影响评价等；同时，提供淡水养殖技术咨询、技术服务、技术培训等公益性服务。是四川省唯一的省级专业水产研究机构。

全所设有鱼类资源研究室、水生生态保护研究室、养殖技术研究室、鱼类营养与鱼病研究室等4个研究室。2002年，由农业部批准，设立四川省岩原鲤良种场。1997年，日本朋友赠送我国领导人及四川人民的精品锦鲤也养殖在这里。

建所以来，我所在鱼类移养驯化、人工繁养、饲料及饲料添加剂、鱼药研究等领域，先后获得省部级重大科技成果奖28项，制定国家、地方行业标准20余项，发表科技论文600余篇，出版科技著作30多部。成功移养驯化了中华鲟、达氏鲟、胭脂鱼等10多种珍稀、特有鱼类，在国内率先成功完成大口鲇、长吻鮠的移养驯化和人工养殖技术研究，分别获省政府科技进步一、二等奖，其技术已推广到国内20余个省（自治区）新增产值400多亿元。在名特鱼类综合研究、开发和渔业环境保护及资源评价等方面的研究，居全国先进行列。近年来，主持了农业部公益性行业（农业）科研专项“‘稻-渔’耦合养殖技术研究与示范”项目，承担了现代农业产业技术体系项目-国家大宗淡水鱼类产业技术体系成都综合试验站工作，参加了农业部公益性行业（农业）科研专项3项；主持四川省育种攻关及省行业专项等重点科技攻关项目。承担了多项国内大、中型水利工程水生生态及水生生物多样性调查与评价，其成果受到委托单位的好评。

全所职工坚持“与时俱进，开拓创新”的思路，按照四川省农业科学院建设“西部第一，全国一流”的奋斗目标，为四川水产业的全面发展，建设社会主义新农村做出更大贡献。

地址一：
四川成都市高新西区西源大道1001号
邮编：611731
电话：028-87955508（兼传真）
E-mail：fishies_sc@aliyun.com

地址二：四川省宜宾市高庄桥
邮编：644000
电话：0831-8270043（兼传真）
E-mail：shuichans123@126. com

中国国际水产博览会

中华全国工商业联合会水产业商会常务副会长庞朝晖，主持2014中国国际水产博览会开幕式

中国国际水产博览会（China International Aquatic Products Exposition）是由中华全国工商业联合会水产业商会主办，中国水产流通与加工协会和全球水产养殖联盟协办，湛江市水产流通与加工协会、湛江市水产进出口企业协会和湛江市水产商会承办的，中国水产界最具专业性的行业盛会。

中国国际水产博览会以“水产，让生活更美好”为主题、以“助力中国水产走向世界，让世界共享中国水产”为宗旨，关注中国水产品质量与安全，抢抓国家推进海上丝绸之路建设的战略机遇，打造全球第四大国际性专业水产展。

中国国际水产博览会定于每年的6月18~20日，在中国对虾之都——广东省湛江市定期举办。

首届中国国际水产博览会已于2014年6月18~20日成功举办。2014首届中国国际水产博览会室内外总展览面积超过2万平方米，500多个国际标准展位，吸引了来自欧盟、东盟、非洲、美国等国家和地区及全国包括台湾省、香港特别行政区在内的30多个省、自治区、直辖市的180多家水产企业和近万名水产专业人士参展，为期三天的展会总成交额达到了150亿元。

2014中国水产业发展高峰论坛

与目前世界上其他大型水产展相比，中国国际水产博览会有七大特色：一是天时好：6月底举办，正是水海产品（特别是对虾）上市的重要季节，便于参展商和参展人员利用展会抢占市场商机，把握销售主动权；二是地利优：展会举办地湛江是中国对虾集散地，是广东省进军东盟的桥头堡，利于参展商和参展人员开拓国内外市场；三是人气旺：首届参展参观的专业人士即达2万人次；四是买家多：国内重要的水产品加工企业大多参展，且展会组委会还邀请了国内大型水产品批发市场、商超和餐饮协会等大量专业买家参会，利于参展商和参展人员寻找长期合作伙伴；五是宣传广：展会是目前国内宣传推广做得最好，合作媒体最多的水产行业展会，吸引了全球注意力；六是品质高：展会举办期间同期举办了世界对虾产业论坛、全球水产养殖论坛和全联水产商会水产发展高峰论坛，这三个论坛在国际对虾领域和水产领域均具有权威性；七是专业化：展会坚持国际化、品牌化、长期化的办展方向，举办地湛江编制的对虾指数已成为引导我国对虾市场的价格风向标。

2015第二届中国国际水产博览会参展参观现正火热报名中，欢迎国内外水产企业、水产采购商、相关单位和个人来函来电联系，共谋发展，共圆中国水产梦。

2015第二届中国国际水产博览会参展范围包括各类水产品，优质水产种苗，养殖技术与设备，水产饲料及药品，饲料机械设备，加工、保鲜技术及设备，包装材料、设备及工艺，环保、杀菌技术设备，冷链物流方案及相关设备。

电话：+86(759) 3229032、3229030　　**传真Fax：+86(759) 3396030**

邮箱E-mail:zjaap@vip.163.com　　**网址http://www.fisherieschina.com**

地址：广东湛江人民大道中33号湛科大厦301　　**联系人：陈淑娴、黄斯丹**

产销对接会

博览会中的颁奖仪式

中国国际水产博览会永久落户湛江合作协议签订仪式

湖北武汉青鱼原种场

场区一角

元宝罗汉

湖北武汉青鱼原种场地处武汉市黄陂区六指街大咀垸武湖之滨，西临刘大公路，东连武湖水系，整个场区环境优良，水质清新，交通便捷。承建单位武汉市水产开发管理处成立于1995年，是武汉市唯一的大型国有农业集团下属全资企业，是湖北省重点名特优水产苗种生产单位，苗种生产历史长，下属基地占地逾267公顷，建有大型鱼苗生产设施，鱼池配套，年繁育各类长江原种、名特优鱼苗4亿尾，具有较强的水产苗种繁育、亲鱼培育、成鱼养殖等技术实力和管理经验。

2012年8月，湖北武汉青鱼原种场通过全国水产原种和良种审定委员会国家级资格验收，经农业部（农渔发【2012】22号）批准为国家级原种场。

长年供应　质优价廉

常规鱼：长江系四大家鱼原种亲本、鳜鱼、黄颡鱼、黄尾等

优质苗种：原种青鱼、鳜鱼、草鱼、胭脂鱼、武昌鱼、各类鲫鱼、黄颡鱼、大口鲶、黄尾等水花及寸片

观赏鱼：日本原种锦鲤、草金（红草）、各规格稀有热带观赏鱼（达摩、血钻、罗汉、财神、荧光鱼、糖果鱼等）

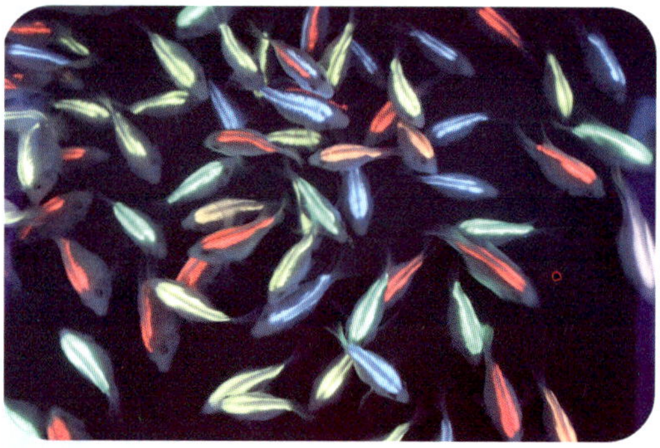

荧光鱼

锦鲤

热带观赏鱼

中国水产科学研究院珠江水产研究所

大口黑鲈“优鲈1号”外形图

转基因唐鱼

剑尾鱼

我们努力，天下有鱼

中国水产科学研究院珠江水产研究所是国家根据流域布局在珠江流域及其相关水系中设置的国家级渔业综合科研机构，位于广州市西塱花地河畔，主要开展水产种质资源与育种、水产养殖与营养、水产病害与免疫、渔业资源保护与利用、渔业生态环境评价与保护、水生实验动物、城市渔业和水产品质量安全等学科研究，并已形成水产疫苗、池塘养殖、观赏鱼、渔业资源、水生实验动物等特色研究领域。现有农业部热带亚热带水产资源利用与养殖重点实验室、农业部渔业药物创制重点实验室18个省部级挂靠科研机构，及珠江水系渔业资源养护功能实验室、珠江水域渔业生态环境监测与评价功能实验室等8大功能实验室。

“十一五”以来，我所承担了国家863、国家973、国家支撑、行业专项、国家自然科学基金、国家基础性和公益性等项目以及地方政府项目400余项；获各级科技成果奖励60多项，其中国家级二等奖1项，省部级奖24项；获各类知识产权41项，发表论文约千余篇，其中SCI论文74篇。现有在编职工206人，其中研究员25人、副研究员和高级工程师28人，受聘博士生导师6人次，硕士生导师43人次，具有博士学位37人。“十二五”初，我所研制的草鱼出血病活疫苗（GCHV—892株）获得农业部颁发的一类新兽药证书，标志着国内外首个草鱼出血病活疫苗成功问世，预示着草鱼出血病活疫苗研究与应用进入了实质性的产业化阶段。大口黑鲈“优鲈1号”新品种证书的获得，不仅提高了大口黑鲈的质量和产量，而且丰富了我国淡水养殖品种。

繁育品种

建立生物絮团池塘健康养殖模式

草鱼出血病冻干疫苗

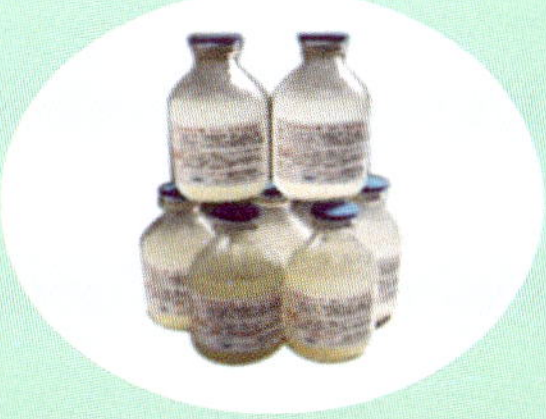

草鱼烂鳃肠炎赤皮三联疫苗

海水鱼弧菌疫苗

鱼类嗜水气单胞菌疫苗

广东省渔业互保协会

2013年，广东省渔业互保协会在广东省海洋与渔业局的领导下，在全省渔业主管部门的支持与配合下，认真贯彻中央和省委省政府开展农（渔）业保险的有关精神，扎实推进落实《广东省政策性渔业保险实施方案（试行）》，开创了我省渔业互助保险事业新局面。

经广东省人民政府批准，我协会于2012年12月起承担我省政策性渔业保险工作。2013年，我协会主动把握契机，紧密围绕渔业安全生产工作这个中心加强政策性渔业保险的宣传发动工作，按照《方案》精神规范工作流程，严格承保及补贴条件，同时紧抓市县财政保费补贴配套工作，着力减轻我省渔民经济负担，提高渔民风险保障水平和灾后复产能力。全年共计落实各级财政保费补贴资金2 100余万元，惠及渔民10.93万人，渔船5 204艘，带动我省渔业互助保险保费收入突破8 500万元，较2012年增长45.6%，渔民人均保障额度较2012年同比提高44.5%。

2014年，广东省人民政府出台文件，明确将“组织11万渔民、1万艘渔船参加渔业政策性保险”列入2014年省十件民生实事，充分体现了省委、省政府对政策性渔业保险工作的重视。我协会将再接再厉，紧抓落实，致力提高参保覆盖率，扩大政策性渔业保险惠及面，切实完成省委、省政府交给的任务。

2012年12月28日，广东省政策性渔业保险工作全面启动

政策性渔业保险切实减轻渔民群众的经济负担，大伙踊跃咨询、参保

协会加强基层工作人员培训，确保政策性渔业保险工作顺利开展

2013年，广东省渔业互保协会迎来20岁生日

广东省水产流通与加工协会

GUANGDONG AQUATIC PRODUCTS MARKETING AND PROCESSING ASSOCIATION

我会召开八届三次会员代表大会

广东省水产流通与加工协会是在广东省海洋与渔业局指导下，经省民政厅批准成立的行业组织。由省内经营水产品、渔需物资和从事水产品生产、加工、出口、水产品经贸的企业以及水产品交易市场，相关的科研、院校等单位自愿建立的跨部门的全省性、非营利性、行业性的社会团体法人。

本会自1985年12月成立以来，会员队伍和实力不断壮大和增强，目前有单位会员286个，包括了我省交易额前五名的水产品批发市场和水产品出口创汇前20名企业中的11家加工出口企业。

2010年被广东省民政厅评为“AAA”等级社团组织。

我会的行业服务工作多次受到上级有关部门的表彰，2001年被省民政厅首批评为“广东省省级社会团体先进单位”。

欢迎国内外相关组织、单位和个人来函来电联系，寻求合作，共谋发展。

地址：广州市南华东路547号5楼
邮编：510223
电话：020-84247761
传真：020-84003025
邮箱：gdscxh@126.com

中国渔业经济网：http://www.gd-fishinfo.com

我会召开党的群众路线教育实践活动企业座谈会

我会在中山举办产销对接交流活动

我会与美国大豆协会开展水产项目交流

我会成立名优水产品展销中心

香港渔民互助社

香港渔民互助社成立于1946年，本社以团结互助、发展渔业、服务社群、维护权益为宗旨。香港回归祖国17周年，本社一向支持特区政府依法施政，维护渔民权益，向有关部门提出意见和建议，同时积极参与社区事务工作。

在新中国成立后，港澳流动渔民已持有双重户籍，是最早实施一国两制的特殊群体，国家对港澳流动渔民早已确认国民身份和地位。2009年国际油价高企时候，正值流动渔民最艰难的时刻，国家宣布对港澳流动渔民实施柴油补贴政策，使港澳流动渔民能够渡过难关，在此，特别要感谢国家长期对港澳流动渔民的关怀及支持。

2013年，本社响应香港渔民团体联合发起之“929西沙海难”事件，为受台风“蝴蝶”影响的国内渔民同胞筹集慰问金，经中联办转交到灾民，尽显香港流动渔民对国内同胞血浓于水的手足之情。

2014年是本社成立六十七周年暨第四十九届执行委员会就职，而香港渔业发展正进入一个新时代，期待在新一届委员共同努力下，为香港渔业发展转型的关键时刻作好准备，不离不弃为香港流动渔民服务，为渔业持续发展献一分力量。

江苏省太湖渔业管理委员会

江苏省太湖渔业管理委员会办公室成立于1964年5月，主要负责管辖全太湖2 338平方千米水域的渔业活动，范围涉及沿湖江、浙两省苏州、无锡、常州、湖州4市9个区（县、市）47个渔村、社区。

近年来，省太湖渔管办以科学发展观为统领，全面推进“生态立湖、科技兴湖、依法治湖、团结管湖、惠民强湖”五大战略目标任务的落实，各方面工作取得了新的成效。一是坚持生态立湖的发展目标。通过每年举办太湖放鱼节，将资源增殖、公益慈善、宗教放生、科普宣传等内容有机结合起来，进一步加大社会参与以渔净水工程的力度。目前，放鱼节活动已成为一个展现太湖生态文明建设成果、推动社会参与保护环境的良好平台，渔业增殖放流的生态效益、社会效益和经济效益明显提升。二是坚持科技兴湖的发展途径。成立了太湖渔业资源和环境科技创新联盟，建立了农业部长江下游渔业资源环境科学观测实验站太湖监测站，积极与科研机构和水产院校合作，开展生物控藻、生态治污、种质保护等方面的项目研究，为促进太湖渔业科技进步搭建了良好的平台。三是坚持依法治湖的管理手段。太湖渔政监督支队通过组织机动突击清查、领导带班巡航检查、实施迂回交叉巡查、开展专项执法行动等措施，强化湖区渔政管理，重点查处电力捕捞、外来入湖侵渔等违法行为，湖区渔业生产秩序长年保持稳定。四是坚持团结管湖的发展模式。通过定期召开全体委员会议、湖区工作会议、行风监督员会议、治安联席会议、渔民座谈会议等方式，与沿湖地方政府、渔业主管部门、水警、海事、渔政等部门的联动机制，广泛听取沿湖意见建议，加强群防群治，群策群力，齐抓共管，积极营造“团结管湖、合作共赢、共同发展”的良好环境。五是坚持惠民强湖的管理方向。努力做好渔业产业结构的调整，引导渔业经济组织、合作社、养殖大户等发展休闲观光渔业、特色餐饮渔业，拓展渔业功能，增加渔民收入。规范太湖网围养殖生产，按照“小块、精养、优质、高效、生态”的现代渔业模式实施小区化管理。成立了苏州太湖大闸蟹行业协会，加大推介力度、加强品牌建设，拓宽销售渠道，做大做响太湖大闸蟹品牌。合理调整捕捞作业方式，改进渔具渔法，提升太湖优质水产品的附加值，努力实现“渔业增效，渔民增收”的管理目标。

由于成绩突出，单位先后被评为全国农业先进集体、江苏省文明单位和省局系统先进单位。未来，太湖渔管会将进一步解放思想、转变观念、锐意进取、开拓创新，力争把太湖建设成为“科技兴湖的先导区、现代渔业的示范区和渔民富裕的样板区”，为实现渔业强省梦谱写太湖新篇章做出更大的贡献！

加强生态保护，增强放鱼净水效果

坚持凭证生产，严查捕捞许可证件

实行封湖禁渔措施，不断提高渔民捕捞生产效益

渔政快艇在网围区进行巡查

集美大学水产学院

坛紫菜“闽丰1号”新品种大面积推广应用

集美大学水产学院现有水产学1个一级学科博士学位授予点，水产学和生物学2个一级学科硕士学位授予点，水产养殖学、水生生物学、渔业资源学3个二级学科硕士学位授予点，渔业、养殖、农村与区域发展等3个专业硕士学位点，水产养殖学、动物科学、海洋渔业科学与技术、动植物检疫等4个本科专业，其中水产养殖学专业为国家级特色专业建设点、水产养殖学教学团队为省级教学团队。

学院现有专任教师83人，其中闽江学者特聘教授1人、教授19人，副教授39人；具有博士学位的教师58人，硕士学位14人；在职攻读博士学位的教师9人，留学归国人员30人。兼职教师23人，其中双聘院士3人、闽江学者特聘教授1人、闽江学者讲座教授1人、客座教授18人。享受国务院政府特殊津贴专家4人，入选国家级百千万人才工程1人，入选省级百千万人才工程6人，福建省杰出科技人才1人，农业部有突出贡献中青年专家2人，省级教学名师1人，入选福建省高等学校新世纪优秀人才支持计划4人、厦门市拔尖人才2人；全国师德之星1人，全国先进工作者1人，福建省青年“五四”奖章1人，厦门市“五一”劳动奖章1人。

拥有鳗鲡现代渔业技术教育部工程研究中心、农业部东海海水健康养殖重点实验室、福建省海洋渔业资源与生态环境重点实验室、科技部坛紫菜科技特派员创业链（基地）、农业部大黄鱼遗传育种中心（建设中）、福建省坛紫菜种质资源库、福建省水产病害防治技术研发中心、水产科学技术与食品安全福建省高校重点实验室、水产科学与技术福建省实验教学示范中心、福建省水产学研究生教育创新基地、厦门市饲料检测与安全评价重点实验室、集美大学水域环境与渔业资源监测中心、集美大学海域使用论证中心、集美大学水产试验场和16个校外产、学、研基地等一批学科平台，现有仪器设备总值3 000多万元。

学院水产学一级学科为省级重点学科和省级特色重点学科，涵盖水产养殖学、渔业资源学、水生生物学、动物营养与饲料科学、水产生物病害防治等学科。近5年，学院承担的国家863计划项目、国家自然科学基金项目、省部级等各级各类科研项目220多项，在国内外多种学术刊物发表学术论文493篇，其中被SCI、EI、ISTP收录112篇；共获得16项国家、省、市级科技进步奖，其中国家科技进步二等奖1项、省级科技进步奖一等奖3项、省级科技进步奖二等奖3项。获得国家发明专利13项。主编、参编教材10多部。

学院紧紧围绕“培养学生创新精神和提高实践能力”的宗旨，不断推进学风建设。积极探索并不断完善以辅导员负责制、“学生导师”制、辅导员助理制为主的一套新形势下大学生政治思想教育工作新机制，高度重视和不断加强大学生党建和思想政治工作，开展丰富多彩的第二课堂活动，形成培育大学生良好人文素养、科学素质的氛围和环境。在“挑战杯”中国大学生创业计划大赛、全国大学生英语竞赛、大学生“三下乡”社会实践等活动中均取得较好成绩。历届毕业生深受社会和用人单位好评。

鳗鲡现代产业技术教育部工程研究中心的养殖车间及诊断试剂盒产品

农业部东海海水健康养殖重点实验室的人工控制系统生态养殖室

江苏镇江长江豚类省级自然保护区

江苏镇江长江豚类省级自然保护区，2003年12月经江苏省政府批准建立。保护区核心区具体在镇江市丹徒区和畅洲长江北汊江段，是全国7个豚类自然保护区中唯一不通航的保护区。近年来，保护区加强巡护管理，先后两次成功救助受伤、搁浅的幼年江豚；开展豚类及渔业资源监测、本底生物资源调查，制定保护区规划；以水生野生动物展览馆为阵地，与大、中、小学校，志愿者及媒体合作开展多形式的宣教工作，参加人数在5万人以上。目前核心区常年生活20头江豚，2013年4月30日，来自多地豚类保护志愿者，两小时内在保护区核心区观察到江豚38头次。镇江豚类保护区是全国豚类自然条件、管理措施较好的自然保护区。

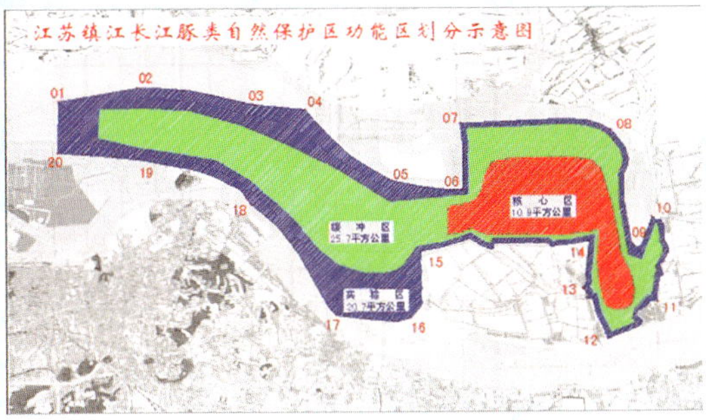

陕西陇县秦岭细鳞鲑国家级自然保护区

领导班子

秦岭细鳞鲑

陕西陇县秦岭细鳞鲑国家级自然保护区地处陇山腹地，位于陇县西南部关山的千河流域和长沟河流域。保护区始建于2001年，2004年建立省级自然保护区，2009年经国务院批准晋升为国家级自然保护区。保护区总面积6 559公顷，是以保护秦岭细鳞鲑及其生境为主的水生野生动物类型的自然保护区，也是我国第一个以秦岭细鳞鲑为主要保护对象的国家级自然保护区。保护区的建立，对促进我国生物多样性保护、维护渭河流域及黄土高原生态安全、推动区域经济的持续发展具有十分重要的战略意义。

保护区辖八渡河、蒲峪河、长沟河、咸宜河和千河上游固关段等河道。保护区管理处位于陇县县城，设有办公室、保护科、科研科、项目管理科和宣教社区科5个科室，下属高楼、咸宜关、马道三个基层保护站，人员编制20人，建立了岗位责任考核制度和辖区保护网络体系，保护工作已步入了规范化、正规化的管理轨道。

保护区内水生野生动植物资源十分丰富。目前，保护区分布的脊椎动物有189种，其中鱼类多达18种，分布有国家Ⅱ级重点保护水生野生动物秦岭细鳞鲑、水獭和陕西省重点保护水生野生动物多鳞白甲鱼、岷县高原鳅、中华鳖、中国林蛙及多种地方土著鱼类如棒花鱼、彩石鲋、中华鳑鲏、马口鱼、红尾副鳅等。其中秦岭细鳞鲑资源最为丰富，已形成了稳定的种群结构，目前存量约4万尾，是目前国内发现资源分布最为丰富的地区。

秦岭细鳞鲑，俗称“梅花鱼”、“寒水鱼”、“五色鱼”，为第四纪冰川期残留物种，是典型的冷水性鱼类，对鱼类系统演化和古地理环境变迁等科学问题具有重要的研究价值，分布区较为狭窄，生境特殊，生态环境脆弱，易受全球气候变化和人类活动的影响，资源衰退严重，属我国国家二级保护动物，加强保护，刻不容缓。

我们将继续坚持“保护第一”，“以发展为核心”的原则，与时俱进，开拓创新，努力将该区建设成为一个集保护、科研、教学实习和生态旅游为一体的具有示范意义的国家级自然保护区。

上海市水产研究所　上海市水产技术推广站

所（站）本部

赵兴武局长视察所（站）
刀鱼人工繁育和养殖科研工作

上海市水产研究所成立于1978年，上海市水产技术推广站成立于1980年，为两块牌子，一套班子，主要承担水产科研、水产技术推广及水产品质量安全检测、水生动物疫病防控、渔业环境和资源监测等任务，是上海市农业委员会所属的公益性事业单位。

所（站）总部位于上海市佳木斯路265号，同时在江苏建立了启东科研基地，在上海市奉贤和青浦两区分别建立苗种技术中心和淡水养殖试验场。所（站）现有职工158人，拥有各类专业技术人员111人，其中副高级职称以上32人，中级职称38人；博士10人，硕士40人，研究领域日益拓展，科研队伍不断壮大。

建所以来，所（站）承担了国家、部、市等有关部门下达的大量科研攻关和技术推广项目，共获各类奖项68项。其中“陆基水产养殖技术研究”获得2001年度上海市科技进步奖一等奖，与华东师范大学、上海海洋大学合作的“中华绒螯蟹育苗和养殖关键技术的研究和推广”获得2011年度国家科技进步奖二等奖、上海市科技进步奖一等奖，与东海水产研究所合作的“长江口及临近水域渔业资源保护和利用关键技术研究和应用”获得上海市科技进步奖一等奖。2014年，所（站）承担的长江刀鱼规模化全人工繁育技术研究项目取得突破，在鱼类育苗大棚中，通过人工催产、孵化和鱼苗培养，共培育3~5厘米规格的刀鱼苗近20万尾，实现了刀鱼的全人工繁育及苗种的规模化、集约化培育。

多年来，按照农业部及上海市农委有关科研和技术推广工作的要求，进一步加大科技创新、技术推广和人才队伍建设的力度，科技创新能力不断提高，技术推广服务体系不断完善，服务“三农”水平明显提升，为上海现代都市渔业发展作出了新的贡献。

地址：上海市佳木斯路265号　　**网址：www.shfishery.net**
电话：021-65483215　　**传真：021-55238027**

渔业检验检测中心实验室

启东科研基地

市内试验基地（苗种技术中心、淡水养殖试验场）

江苏省渔业技术推广中心

农业部牛盾副部长视察中心实验室，江苏省海洋与渔业局局长汤建鸣等领导陪同视察

中心党委书记樊宝洪研究员送科技到塘口

江苏省渔业技术推广中心、江苏省水产品质量安全中心揭牌

江苏省渔业技术推广中心是2014年6月经江苏省编办正式批准，由原江苏省水产技术推广站更名而来，单位成立于1984年3月，现增挂有“江苏省水产品质量安全中心”、“江苏省水生动物疫病预防控制中心”和“江苏省渔业生态环境监测站”三块牌子，主要负责指导全省渔业技术推广体系建设，组织渔业新技术推广；开展水生动物疫病预防与控制，渔业环境监测与保护以及水产品质量安全的技术指导；承担渔业技术培训与宣传教育、渔业公共信息服务等工作。此外，中心被国家劳动和社会保障部批准为“特有工种职业技能鉴定站（农业-053）”，承担相关工种的职业技能鉴定工作。

中心建有水生动物防疫检疫和环境监测实验室，面积800多平方米。其中，水生动物检验检疫实验室为我国水产行业首个通过中国合格评定委员会（CNAS）认可的生物安全2级实验室，被认定为省级水生动物防疫检疫研究重点实验室。目前实验室拥有寄生虫、细菌、病毒检测室和分子生物学室，配备有细菌自动鉴定仪、PCR仪、高速离心机、荧光显微镜等检测仪器100多台（套），仪器设备先进，技术力量雄厚，能对水生动物重大疫病开展研究，满足水生动物疫病监测、检疫、疫病病原诊断、分离、鉴定的需要。环境监测实验室设有前处理室、消解室、理化室、有机室、大型仪器室等，配有电感耦合等离子体质谱仪（ICP-MS）、气质联用仪、全自动石墨消解仪、快速溶剂萃取仪、样品前处理系统等多台大型仪器设备，获得省级实验室资质认定，具有承担渔业生态环境监测与评价的能力。目前中心正在建设中的江苏省渔业技术推广示范基地位于扬中，占地逾35公顷，以公益性服务职能建设为中心任务，力争打造成集试验研究、示范推广、教学培训、交流展示等公益性职能于一体的省内领先、国内一流、国际先进的现代渔业科技示范园，进一步完善省级平台推广手段。建成后的基地分为六大功能区：繁培试验区、新品种和新技术示范区、循环水生态湿地处理区、休闲渔业区、工厂化设施渔业区和公共服务与综合管理区。

中心先后承担和组织实施了部、省级重点科技、推广项目150多项，其中部级50多项，省厅级100多项，获省级以上科技进步奖60多项，近年来，获“全国农牧渔业丰收奖”一等奖1项、二等奖3项、三等奖1项；省科技进步奖一等奖1项、二等奖1项、三等奖1项，省农业技术推广奖一等奖2项、二等奖1项。

广东省水产技术推广总站

全省海洋与渔业技术推广工作会议

于培松站长陪同全国总站副站长孙有恒到高要调研

广东省水产技术推广总站是公益一类事业单位，主要任务是拟定全省海洋与渔业技术推广发展规划、计划并组织实施，指导全省海洋与渔业技术推广体系业务建设，承担行业先进技术成果的转化，开展渔业机械及养殖新品种的引进吸收和示范推广，承担水产品生产环节质量安全监督检验、强制性检测、质量安全风险评估、渔用投入品使用监测等工作，指导渔业科技入户，协调服务广东省海洋与渔业高科技园区。

通过巩固体系改革与建设成果，向海洋成功转型，为发展现代渔业提供支撑，开展外向型渔业经济合作，开展水产品质量安全工作，提供海洋与渔业公共信息服务，有力促进全省海洋与渔业稳步健康快速发展。

站长（主任）：于培松
电话：020-84109601
地址：广州市海珠区南村路20号28幢首层
邮编：510222

国家海洋局检查波浪能项目进展

科技下乡

开展水产品质量安全宣传

培训科技入户技术指导员

深圳市渔业服务与水产技术推广总站

深圳市渔业服务与水产技术推广总站以水生动物防疫检疫为抓手，着力于进一步提高水生动物防疫检疫、渔业服务及水产技术推广水平。该站是深圳市经济贸易和信息化委员会下属事业单位，紧紧围绕市经贸信息委2014年度重点工作要求，解放思想，重点推进以水生生物防疫检疫、渔业资源增殖保护、渔业生态管理、水产技术推广、渔业信息培训、渔港公共设施管理和服务为主的职能建设，狠抓工作落实，较好地完成了各项工作任务，努力实现渔业服务与水产技术推广登上新台阶。

为进一步修复海洋生态，该站以人工鱼礁建设和增殖放流为重点。通过实施渔业资源的增殖放流，大力推进人工鱼礁建设与管理，开展人工鱼礁对海洋生态环境影响的研究以及沿海珊瑚资源的调查和管护工作,通过增殖放流，使水生生物资源养护从单一行为提升为一项社会公益性事业。该站参与的“人工鱼礁关键技术研究与示范”获得中国水产科学研究院科技进步一等奖，广东省科学技术一等奖。

2014年，该站上半年实验室通过省级计量认证，全市水生动物防疫检疫能力有了实质性提高，以促进深圳市水产养殖业的持续发展。

增殖放流活动现场

人工鱼礁

资质认定证书

福建省海洋环境与渔业资源监测中心

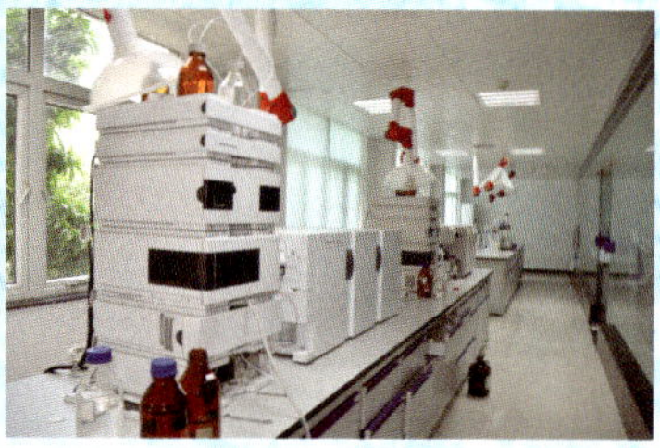

福建省海洋环境与渔业资源监测中心成立于2000年6月，是直属于福建省海洋与渔业厅的公益性事业单位。中心现有在岗工作人员52名，其中硕士以上毕业生16名，本科毕业生22名，专科毕业生6名，具有正高级职称人员1名、高级职称人员7名，中级职称人员13名。

实验室面积1 800平方米，配有电感耦合等离子质谱仪、原子吸收分光光度计、离子色谱仪、红外光谱仪、总有机碳分析仪、全自动定氮仪、实验室BOD测试仪等、液相色谱-三重四级杆串联质谱联用仪、液相色谱-离子阱质谱联用仪、气相色谱-质谱联用仪、全自动微生物鉴定/药敏分析仪、全自动荧光免疫分析仪、全自动微生物计数监测仪、生物显微镜等仪器设备。

2005年4月，中心实验室通过国家认证认可监督管理委员会的计量认证评审，2005年12月，获农业部第二批无公害农产品产地环境检测机构备案，获得无公害农产品产地环境检测机构资质。2012年11月再次通过资质认定复查（扩项）评审，可承担水文、气象、水体、海洋沉积物（含土壤）、水生生物体（含水产品）、海洋生态与海洋微生物、饲料共7大类190个监测/检测项目。

2008年3月，中心被国家海洋局授予全国首批省级“海洋环境监测示范站”。2008年7月经福建省海洋与渔业局批复加挂“福建省水产品质量检测中心”。2010年1月，组建农业部水产品质量安全监督检验中心（东南沿海）获农业部批复。中心为海洋与渔业行政管理及海洋与渔业经济发展提供技术支撑和公益服务，为客户提供公正、及时和可信赖的检测服务。

地址：福建省福州市鼓楼区冶山路26号　邮编：350003
电话：0591-87878726（兼传真）

珠江水产研究所水产药物实验厂

珠江水产研究所水产药物实验厂是中国水产科学研究院珠江水产研究所下属的科技型企业，是科技成果转化基地，成立于1994年，是我国南方地区最早成立的渔药企业之一，位于广州市荔湾区兴渔路1号中国水产科学研究院珠江水产研究所内，厂区面积6 000余平方米。拥有粉剂、散剂、水产用消毒剂（固体、液体）、水产用杀虫剂（固体、液体）等多个剂型的水产药物生产线，并通过农业部兽药GMP认证。主要产品有鱼康、强克、止血安、板黄散、鱼能生、鱼健康；菌毒清、氯消宁、蛋氨酸碘溶液、戊二醛溶液、苯扎溴铵溶液；甲壳净、虫藻净以及微生态水质改良剂等。

珠江水产研究所水产药物实验厂科技力量雄厚，以农业部水生经济动物病害研究中心和广东省水生动物免疫重点实验室为技术支撑。现有员工40多名，其中高级职称以上科技人员2人，中级职称以上科技人员7人，并拥有一批水产类执业兽医师和精通业务的生产营销人员。

珠江水产研究所水产药物实验厂实行科研、生产、销售、服务一体化，产品多数由珠江所的科技成果转化而来，切合生产实际，深受用户信赖；与国家级科研单位建立合作关系，在各地开展产品的研发试验，企业销售网络遍布全国各地。此外，还积极参与省、市技术推广站等上级部门组织的水产领域社会公益活动，开展形式多样的科技下乡和科技咨询活动，每年定期组织多场专业培训和讲座，为广大养殖者及时提供养殖知识和病害预防诊断技术。

中国水产科学研究院渔业工程研究所

Fishery Engineering Research Institute of Chinese Academy of Fishery Sciences

所长：王新鸣

渔业工程研究所1978年由原国家水产总局批准成立，是我国唯一从事渔业工程研究的科学研究单位，承担着我国渔业工程与装备学科领域的基础性、关键性和方向性重要科技任务。

经过30多年建设和发展，在渔港与渔场工程、设施渔业工程、渔业船舶工程、渔业防灾减灾、渔业信息工程等领域，形成具有学科特色，贡献和效益突出，成为国家渔业工程科技创新，服务渔民，推进渔业现代化建设重要的科技支撑力量，在全国渔业工程科技攻关，服务宏观决策，实现渔业大国向渔业强国转变等重要方面，发挥了不可替代的作用。

渔业工程研究所是农业部相关部门渔业工程技术重要支撑单位，是中国水产科学研究院十大优势学科中“渔业工程与装备”学科的重要实施单位，又是中国水产学会渔业工程专业委员会的技术挂靠单位。在渔业工程、渔业生态环境修复研究、科技咨询、学术交流和国际合作等方面开展了卓越成效的工作。

建所以来，取得研究设计成果140余项，其中获得国家级奖励2项，省部级奖励11项，院级奖励6项。现有从业人员73人，具有本科以上学历69人，具有副高级以上专业技术职务28人。

所属北京大洋碧海渔业规划设计院，具有农林行业（渔业）甲级工程设计资质，为各单位提供渔港、冷冻及加工、工业与民用建筑、水产养殖等渔业工程的设计；渔业工程项目论证、规划与咨询服务。

地址：北京朝阳麦子店街农业部北办公区20号楼
邮编：100125
电话：010-69194331
传真：010-69194786

中国水产科学研究院黄海水产研究所

海带“黄官1号”

中国对虾“黄海1号”

三疣梭子蟹“黄选1号”

牙鲆“鲆优1号”

中国水产科学研究院黄海水产研究所成立于1947年，系农业部所属综合性海洋水产研究机构。现有在职职工382人，其中中国工程院院士3人，高级专业技术人员148人，有3人被授予国家级有突出贡献专家，6人入选国家“百千万人才工程”，61人享受政府特殊津贴，1人获山东省科学技术最高奖，3人被聘为泰山学者特聘专家，16人获山东省或农业部有突出贡献中青年专家称号。现有博士生导师15人、硕士生导师74人。2003年被人事部批准设立博士后科研工作站，进站博士后60人，其中出站博士后27名。

建所67年来，黄海水产研究所紧紧围绕“海洋生物资源开发与可持续利用研究”这一中心任务，在海水增养殖、渔业资源调查、捕捞技术、水产品加工与质量检测等领域先后承担并完成了1 700余项国家和省部级的研究课题，取得了330多项国家和省部级重大科研成果，获得国家及省部级奖励130多项，其中国家级奖励25项。

黄海水产研究所遵循“坚持产业导向，突出自主创新，加强推广应用，促进和谐发展”的指导方针，围绕产业重大需求，研发关键技术和实用技术，在实践中强化渔业科技的支撑服务作用，积极探索多种形式的产学研合作模式，在水产养殖新品种、新技术、新工艺、新产品开发方面取得了显著成绩。“十五”以来先后选育出中国对虾“黄海1号”、中国对虾“黄海2号”、大菱鲆“丹法鲆”、牙鲆“鲆优1号”、海带“黄官1号”、三疣梭子蟹“黄选1号”、中国对虾“黄海3号”等一批新品种，成为获得国家水产新品种证书最多的海洋研究机构；繁育推广了大菱鲆、半滑舌鳎、耐高温刺参、河豚、七带石斑、云纹石斑、赤点石斑、金乌贼等名贵养殖品种，在我国沿海带动形成了多个年产值数十亿元的产业区（带）。另外，工厂化循环水养殖技术、抗风浪网箱养殖技术、养殖对虾病毒病控制技术、大菱鲆疾病防控技术、海参健康养殖技术等实用技术对推动产业发展产生了深远影响。据统计，“九五”以来该所有80%的科技成果已应用于藻、虾、贝、鱼、参等渔业生产，技术服务领域遍及全国沿海十几个省、自治区、直辖市，取得了显著的经济和社会效益，对产业结构调整、渔业增产增收和社会主义新渔村建设做出了突出贡献，得到了产业界的广泛赞誉。

地址：山东省青岛市南京路106号
邮编：266071
电话：0532-85836200
传真：0532-85811514
网址：http://www.ysfri.ac.cn

中国水产科学研究院渔业机械仪器研究所

Fishery Machinery and Instrument Research Institute of Chinese Academy of Fishery Science.

中国水产科学研究院渔业机械仪器研究所创建于1963年， 归属农业部，是中国水产科学研究院下属的专业研究所。 主要从事渔业装备与工程及相关学科的应用技术研究和技术成果推广， 是我国唯一的在渔业装备应用基础和集成创新方面开展综合研究与科技攻关的研究机构。

循环水繁育系统

标准化养殖场

320 总吨（33.2米）
远洋双甲板拖网渔船

发展定位

国家渔业装备科学研究中心

主要研究方向

- 工厂化循环水养殖
- 池塘生态工程
- 渔业船舶工程
- 海洋捕捞装备
- 水产品加工装备
- 渔业装备质量与标准

科研平台

★农业部渔业船舶与装备研究中心

★农业部渔业装备与工程技术重点实验室

★国家水产品加工装备研发分中心 （上海）

★国家渔业机械仪器质量监督检验中心

★农业部渔业机械仪器标准化技术归口办公室

★中国水产科学研究院水产健康养殖系统工程重点实验室

★中国水产科学研究院渔业船舶与装备工程技术研究中心

址： 上海市杨浦区赤峰路63号 网址： http://www.fmiri.ac.cn 电话： 021-65977260 传真： 021-65976741

中国水产科学研究院长江水产研究所

中国水产科学研究院长江水产研究所隶属于农业部，是我国淡水渔业综合性重点研究机构之一。经过多年发展，逐渐形成了“三大领域、九大学科”的科学研究体系，主要围绕水产养殖、生态环境和质量与标准等三大领域，开展濒危水生动物保护、水产种质源保存和遗传育种、渔业资源保护与利用、渔业环境评价与保护、水产养殖、鱼类病害防控、鱼类营养与饲料、水产品质量安全、池塘生态工程等学科研究。

现有职工176人，其中专业技术人员143人，高级专业技术职务人员44人。农业部科研杰出人才及团队1个，湖北省新世纪高层次人才工程人选3人，中国水产科学研究院首席科学家1人。享受国务院政府特殊津贴12人，湖北省政府专项津贴人员3人。与华中农业大学、上海海洋大学、西南大学等联合培养博硕士生，有博士生、硕士生导师25人，设博士后工作站。

2013年，全所承担各类科技项目188项，项目合同经费16 817.15万元，其中新上项目118项，新上项目合同经费4 351.82万元。发表论文145篇（其中SCI论文55篇），出版专著4部，授权专利31项。“鲢新品种‘长丰鲢’的选育和推广应用”获水科院科技进步一等奖，“斑点叉尾鮰安全生产关键技术”通过成果鉴定并获水科院科技进步奖二等奖，“怀头鲶南移驯养及高效健康养殖模式示范与推广”、“长江上游珍稀特有鱼类保护技术”通过成果鉴定，农业科技成果转化资金项目“新型渔用降氮微生物制剂的中试与示范”通过验收，中华鲟全人工繁殖再次取得成功，达氏鲟规模化全人工繁殖获得成功，川陕哲罗鲑保育及人工繁殖获得成功。

邹桂伟研究员团队研发培育的新品种——“长丰鲢”入选农业部2013年渔业主导品种

宣城市现代渔业有限公司

宣城市现代渔业有限公司(原旺隆水产良种场)创建于2001年，主要以生产特种水产苗种为主。公司生产的青虾、沙塘鳢等水产苗种不仅满足安徽本地市场，还远销到江苏、湖北、浙江、河南等省份。2009年公司斥资500多万元新建公司总部及标准化苗种繁育基地20公顷，明确了以青虾、沙塘鳢良种繁育为主的公司主营业务方向。

宣城市现代渔业有限公司总部位于宣城市东郊3公里处，临近宣狸公路，交通便利。东临面积逾2万公顷的天然湖泊——南漪湖，西临“千年诗山”敬亭山，水阳江环绕其四周——周边环境优美，水产资源丰富，为公司开展青虾良种人工繁殖提供了源源不断的纯天然优质亲本。

近几年来公司发展迅速，配套建设了设施先进、功能齐全的1 200平方米自动控温苗种孵化房。并拥有集实验室、资料室、会议室、培训室，接待室等为一体的多功能办公大楼，实现了“生产、销售、科研”一体化的运作模式。

公司坚持以市场需求为导向，以科技创新为动力，加强品牌建设，注册拥有“南漪湖”牌商标。同时，公司努力开拓市场，并创新运作模式，通过“公司+基地+农户”合作方式形成年生产各类苗种4.8亿尾（48万千克）的规模。

公司注重科技投入，以高素质人才为依托，积极加强与省级科研院所的合作，为公司可持续发展奠定了坚实的技术基础。公司现有正高级工程师和高级工程师各1名，中级职称技术员4名，工人22名，并与安徽农业大学、安徽省农科院水产科研所开展技术合作。参与编制地方标准，获得多项科技成果，2012年“沙塘鳢规模化繁育及生态养殖技术研究与应用”获得安徽省科技成果奖。近年来，公司获得各项荣誉，分别被评为“宣城市十佳农业产业化龙头企业”，市级“水产良种场”，市“双十佳苗种生产单位”和农业部“健康养殖示范场”等荣誉称号，并于2014年获批成为安徽省省级“水产良种场”。

现代渔业致力于打造皖东南最大的青虾、沙塘鳢良种繁育公司，以“为顾客提供最优良的种苗，让更多养殖户富裕起来，能为社会多做贡献”为企业宗旨，现代渔业公司产业链具有严格的标准化体系和可追溯系统，用心地做到从生产—销售—科研一条龙标准化服务体系，专心专业对待每一个细节，为发展“现代渔业”和提供更多安全健康的水产食品贡献自己的智慧和力量。

公司大门

孵化室一角

生长5个月的沙塘鳢

场区

中国水产舟山海洋渔业公司

概况 2013年，全球经济持续低迷，市场复苏乏力，鱼价一路下滑。面对异常严峻的形势，在中农发集团的正确领导和地方各级党委、政府的大力支持下，按照“当期效益稳增长，长远发展可持续”的总体要求，公司上下同舟共济，克难攻坚，在逆境中实现收入和效益的同步较快增长，全年共捕获海水鱼12 696吨，实现销售收入近9亿元，创利税近6 000万元，创造了“六连盈”的不俗业绩。

重要人事调整 2013年12月27日，集团公司任命胡世保同志为公司董事长、董事，不再担任总经理职务；董恩和同志任董事、总经理、党委副书记；陈剑华同志任董事，不再担任副总经理职务；吴高潮同志不再担任董事长、董事职务；安和平不再担任副董事长、董事、党委副书记职务。至此，公司新一届董事会和领导班子成员基本调整到位。

重大技改投入 2013年，公司新增投资1亿多元，新建造6艘专业鱿钓船。7月18日下午，“舟渔901”、“舟渔902”两艘节能环保型专业鱿钓船建成并投入北太渔场试生产，标志着公司老旧渔船更新换代迈出坚实一步；2013年年底，4艘大型专业鱿钓船也陆续开工建造，揭开了公司渔场布局调整的序幕，北太平洋、西南大西洋、东南太平洋鱿钓渔场三足鼎立之势即将形成。

重要管理举措 按照“国内领先，国际一流”的总目标，根据国务院国有资产管理委员会和中国农业发展集团有限公司的统一部署，公司管理提升活动全面进入“专项提升，协同推进”阶段。并依据《国有企业内部控制规范》及其指引，聘请中介机构对企业内部控制进行诊断，编制了《企业内部控制手册》，企业内部控制体系不断规范，内部控制力和风险防范能力不断增强，企业管理水平不断提升，并在资源整合、限产压库、降本增效和清理处置低效无效资产等方面取得新成效。

专项整治工作 根据舟山市委、市政府的统一部署，公司克服企业创建历史长、遗留问题多等实际困难，先后投入数百万元，系统排查，积极配合做好“三改一拆”、涉氨制冷行业专项整治等工作，较好地完成了阶段性任务。

党的群众路线教育实践活动 按照国资委党委的相关要求和集团公司党委的总体部署，公司组织召开了党的群众路线教育实践活动动员大会，部署落实教育实践活动，集团公司教育实践活动第二督导组组长吴湘峰、常务副组长赵晓东到会指导工作并提出要求，公司中层以上管理人员及部分职工代表出席了会议，公司党的群众路线教育实践活动不断深入。

工会委员会换届 根据《中华人民共和国工会法》等有关规定，公司于2月27日至3月1日召开第十二届职工（会员）代表大会，中国农林水利工会副主席王君伟及舟山市总工会领导到会祝贺，中国农发集团公司发来贺信，来自公司各部门、二级单位的94名职工（会员）代表出席了会议。会议选举产生第十二届工会委员会和工会经费审查委员会。新一届工会委员会由11人组成，徐国忠、夏宇同志分别选为主席、副主席，徐福根、贯雨珍同志分别当选为工会经费审查委员会主任、副主任。

领导关怀 2013年1月21日，中华全国总工会副主席、书记处书记倪建民率“送温暖”慰问团来公司走访慰问，全总教科文卫体工会主席万明东、省总工会副主席李锦平、市委副书记张兵及市总领导陪同慰问。

2013年5月22~23日，国务院国资委监事会主席熊志军在全国政协委员、中农发集团董事长、党委书记刘身利和集团副总经理吴湘峰等陪同下到公司考察调研。浙江省副省长、舟山市市委书记孙景淼会见熊志军主席和刘身利董事长一行，并就舟山群岛新区建设和远洋渔业发展等进行沟通和交流。

8月13日上午，市长周江勇、常务副市长马国华等市区领导及有关部门的主要负责人一行来公司调研，了解掌握当前企业的生产经营情况，存在的困难和问题以下一步发展计划。

荣誉 公司“明珠牌”海洋食品被授予“浙江省最佳城市礼品”和“浙江省农业金名片”荣誉称号，是舟山唯一的一家入选企业。

公司党委副书记、工会主席徐国忠同志代表公司工会出席于2013年10月16~22日召开的中国工会十六次全国代表大会，并再次当选为中华全国总工会执行委员。

青岛中泰远洋渔业有限公司

鲁黄远渔105号船

鲁黄远渔106号船

鲁黄远渔115号、116号船

青岛中泰远洋渔业有限公司成立于2012年9月13日，类型为有限责任公司（自然人投资或控股），批准部门为青岛工商行政管理局黄岛分局，注册地址为青岛经济技术开发区千佛山路8号内8号楼，注册资本为5 200万元，经营范围：许可经营项目：凭农业部远洋渔业企业资格证书从事远洋渔业活动。一般经营项目：鲜活水产品加工与销售；货物进出口。公司设船务部、机务部、财务部、销售部、外贸部、综合部6个部门，现有职工160余人，资产总额5.3亿元，主要产品为秋刀鱼和鱿鱼，经营方式为自捕自销。

2012年10月取得农业部下发的8艘渔船渔业船网工具指标批准书，2012年11月取得中华人民共和国渔政局下发的8艘渔船渔业船舶船名核准书，2012年9月与黄海造船有限公司签订了HC8356型77.8米远洋秋刀鱼渔船建造合同，山东省发展和改革委员会于2012年12月25日下发鲁发改农经【2012】1609号2艘渔船建设方案的批复，青岛市发展和改革委员会于2013年12月下发青发改农经【2013】599号6艘渔船建设方案的批复。分别于2013年9月10日、9月29日取得农业部下发的远洋渔业项目审批通知（农渔远审【2013】162号、农渔远审【2013】176号、农渔远审【2014】117号），批准“鲁黄远渔105、106、107、108、115、116”渔船赴北太平洋、西南大西洋公海海域从事秋刀鱼和鱿鱼捕捞。

2014年03月26日，取得农业部下发的远洋渔业企业资格证书（编号：2014–220）。

我公司拟建造8艘大型专业远洋秋刀鱼渔船，每艘船长77.8米、主机功率2 100千瓦、辅机功率2 520千瓦、总吨位1 900吨。项目总投资45 280万元，单船建造成本5 660万元，其中：渔船主体3 568万元、渔捞设备1 642万元、通导设备360万元、加工设备90万元。

“鲁黄远渔105、106”船于2012年12月开始建造，已于2013年9月完工；“鲁黄远渔107、108”船于2013年1月开始建造，已于2013年10月完工；“鲁黄远渔115、116”船于2013年4月开始建造，已于2014年6月完工；截止到2014年8月“鲁黄远渔117、118”已经下水，拟于2014年12月完工。

我公司的秋刀鱼和鱿鱼产品不仅在国内享誉美名，而且面向国外进行大量出口贸易，远销至国外多个国家。秋刀鱼和鱿鱼产品含有丰富的蛋白质、脂肪酸、氨基酸等营养元素和其他微量元素。

秋刀鱼是颌针鱼目竹刀鱼科秋刀鱼科的唯一一种。本鱼分布于北太平洋区，包括日本海、阿拉斯加、白令海、加利福尼亚州、墨西哥等海域。

鱿鱼是生活在海洋中的软体动物，主要渔场在中国海南北部湾、福建南部、台湾、广东、河北渤海湾和广西近海，以及菲律宾、越南和泰国近海。

我公司目前主要任务是监督船舶制造厂生产合格的渔船及设备工具，提高海上生产作业水平，待全部渔船投产后，预计年捕捞量达到20 000吨以上，年产值将达2亿多元。为了解决远洋作业渔获产品的回运问题，改善企业水产品加工原料紧张局面，提升企业海产品加工能力和经营效益，公司计划建造3艘3 130总吨渔业辅助船。建造水产品加工厂和仓库，提高产品的附加值，给企业带来更高的经济效益。届时我公司将成为集捕捞、仓储、加工、贸易于一体的全功能性企业，形成一条完整的产业链，为青岛地区的渔业发展做出应有的贡献。

秋刀鱼加工

船头

甲板

船尾

青島聚大洋藻业集团有限公司

市委副书记、市长张新起见证聚大洋集团并购南澳州AKP公司签约仪式

聚大洋集团-福林德斯大学建立先进海藻生物技术联合实验室签约仪式

青岛聚大洋藻业集团有限公司成立于2000年8月，占地面积近19公顷，海域1 400公顷，注册资金4 000万元，下设3个子公司，1个国外公司。公司以海藻养殖和综合加工为主，养殖海带、裙带、龙须菜等十多个海藻品种，生产褐藻胶、卡拉胶、琼胶、藻酸丙二醇酯、碘、甘露醇、海藻饲料、海藻肥料、海藻食品等海藻系列产品，产品畅销国内外。

13年来，企业以创新为动力，以质量求生存，以科技促发展，企业综合实力跃居中国同行业前列，实现了从"白手起家"到"五个首家"的跨越。聚大洋集团是国内同行业首家集海藻育苗、养殖、综合加工、综合利用为一体的全产业链式企业。是国内同行业首家突破褐藻加工，能同时加工红藻、绿藻、蓝藻四大海藻门类的蓝色经济示范企业。是首家国家高新技术企业和国家海藻加工技术研发中心的海藻工业企业。是首家与国外大学共建联合实验室并引进泰山学者领军人才团队的科技型企业。是首家走出国门实现跨国并购的国际型企业。公司提出的发展目标是"发展跨国集团，打造百年基业"。

公司通过了QS认证、ISO9001质量管理体系认证、ISO22000食品安全管理体系认证、美国HALAL认证、KOSHER认证、测量管理体系认证、BRC认证，公司产品已在美国FDA注册。多年来，公司获得了"青岛市创新型企业"、"青岛市诚信企业"、"青岛市优秀民营企业"、"青岛市劳动关系和谐企业"、"青岛市农业产业化重点龙头企业"、"中国专利山东明星企业"、"省守合同重信用企业"、"山东最具发展潜力民营企业"、"山东省著名商标"、"全国AAA级信用企业"等荣誉，公司是"山东省认定企业技术中心"、"国家高新技术企业"、农业部"国家海藻加工技术研发分中心"。

公司联合实验室一角

厂区俯瞰图

海上养殖一角

台州远洋渔业有限公司

台州远洋渔业有限公司是台州市本级唯一的远洋渔业企业，前身为台州钓流公司，创建于1995年5月30日，获农业部批准具有《远洋渔业企业资格证书》，是台州市远洋渔业龙头企业。主要经营范围：海洋捕捞、海洋运输、水产品进出口等。公司先后从事过密克罗尼西亚和贝劳的金枪鱼延绳钓作业，2005年公司自有的5艘渔船进入缅甸海域张网作业，至今已达到10艘的规模，捕捞生产的产量、效益名列我国缅甸项目诸公司的前茅，是国家缅甸项目工作组成员单位之一。

按照强化基础、优化结构、提升国际竞争力的要求，以加快远洋渔船更新改造，推进装备现代化进程；积极开展远洋新渔场探捕，积极开发远洋新渔场、新鱼种；我公司积极推进"走出去"的战略实施，在各级领导部门的大力支持下，继缅甸远洋项目成熟发展后，2012年成功开发了印尼远洋捕捞项目，并进入了快速发展的通道。

公司新成立印尼渔业项目部，于2010年9月27日与印尼西诺顺利达渔业有限公司签订了合作协议，并经农业部渔业局审批，2011年6月正式获准入渔印尼阿拉弗拉海渔场。至今已有14艘单拖渔轮进入该渔场作业，单产1 000吨/（艘·年），远高于国内同类渔船，渔获物统一运回国内销售，创造了较好的利润空间。公司在印尼东部的马洛奇县设有办事处，在福建马尾设有销售处，并建成了健全的渔业后勤服务体系。

地　址：浙江省台州市椒江区建设路28号　邮编：318000
电　话：0576-88839737　传真：0576-88839738
董事长：郭加明

舟山市普陀远洋渔业总公司

ZHOUSHAN PUTUO DEEP-SEA FISHERY CORPORATION

PTYY

舟山市普陀远洋渔业总公司坐落于国内外著名的沈家门渔港，是根据国务院有关发展远洋渔业的批示精神，为充分发挥普陀的渔业技术和劳务资源优势，积极参与国际渔业经济技术合作，经普陀区人民政府批准，于1995年7月组建的具有法人资格的政府直属国有独资远洋渔业企业。公司成立后，开拓了印度尼西亚、西非、东非、朝鲜远洋合作项目，北太平洋、东南太平洋、西南大西洋鱿钓项目，以及摩洛哥等国的劳务协作项目。2011年远洋渔业产量达到3.84万吨，总产值人民币3.088亿元，远洋从业人员2 500余人。

公司注册资金600万元人民币，资产总额2 200万元，经营范围主要有远洋渔业捕捞、水产养殖、加工、劳务技术协作、水产品贸易、渔需物资经销等。公司具备农业部核发的远洋渔业资格证书和原外经贸部批准的进出口经营权。

普陀远洋渔业总公司坚持科学发展观，以转型升级和转变生产发展方式为主线，发挥国企带头示范作用，强化管理，搞好服务，转变发展理念，推动远洋渔业健康发展。

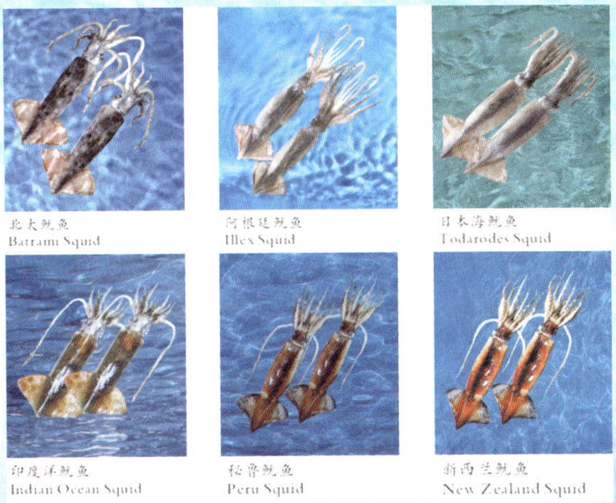

北太鱿鱼 Batrami Squid　阿根廷鱿鱼 Illex Squid　日本海鱿鱼 Todarodes Squid

印度洋鱿鱼 Indian Ocean Squid　秘鲁鱿鱼 Peru Squid　新西兰鱿鱼 New Zealand Squid

广州海洋馆是集游乐、观赏、科研和教育为一体的大型高科技综合性展馆。广州海洋馆不断引进新的海洋动物，创新展示内容。同时，大力推动了海洋知识科普活动的发展，被命名为"全国科普教育基地"、"广东海洋科普教育基地"、"广东省青少年科技教育基地"和"广州市科学技术普及基地"。

围绕"海洋缤纷，无限开心"的主题，广州海洋馆致力于实现人、海洋、大自然和谐并存的崇高理想，以传播海洋生态科普知识，陶冶群众的审美情趣，拓展青少年视野为宗旨。广州海洋馆将变化万千、绚丽多彩的海洋世界展现在游客眼前。馆内的洄游池、古老梦幻的热带雨林、留宿百岁海龟的海龟池、仿照自然山水美景设计出来的鱼鹰表演馆等一一展现得淋漓尽致。

鲨鱼馆中惊险刺激的人鲨共舞表演、海底世界中婀娜多姿的美人鱼表演、海洋剧场里世界一流的动物明星表演，更是海洋馆的三大皇牌节目。新近推出的游客投喂喂奶鱼、海龟、海豹、海狮等"鱼乐新天地"活动，为您的海洋探索之旅增添姿彩。"游客与海豚合影"更为您留下美好的瞬间。

广州海洋馆在观赏游乐和科普教育方面的不断创新，如今已成为独具魅力的城市景点。

总经理丁军在广东省水生野生动物救护基地接牌仪式上接收救治海龟

海洋缤纷
无限开心

宁海县蛇蟠涂海洋开发有限公司

宁波市三门湾现代渔业园区（蛇蟠涂区块）（以下简称园区）位于浙江省宁海县。宁海是宁波市南部的副中心城市，位于浙江省东部沿海、象山港和三门湾之间。宁海东接象山县，南临三门湾、并与三门县相邻，西靠天台、新昌二县，北濒象山港、与奉化市相连。全县总面积1 931平方千米，海岸线长176千米，海域面积275平方千米。

园区建设地点为蛇蟠涂围垦区，位于宁海县南部的三门湾西侧，南临旗门港蛇蟠水道，西靠宁海一市镇，北界宁海双盘涂、青山港。园区东面为三门县的蛇蟠岛，此岛内有大蛇山、小蛇山而得名，内有风景美丽的石窟洞，是生态旅游之地。地理位置优越、交通便捷，离规划中的沈海高速（G15）复线出入口不到3公里，距城区15分钟车程。

园区气候属亚热带季风气候、四季分明、日照充足、海水咸淡适宜，水质优良，附近无工业污染，海水主要来源于蛇蟠涂东区深港，水质指标符合二类海区水质标准，海洋生物资源丰富，水域宽广，自净能力强，发展水产养殖条件十分优越。随着浙江省海洋经济示范区建设上升为国家战略，宁海县委、县政府审时度势决定将蛇蟠涂围区打造为国家级的现代渔业综合园区。中国水产科学研究院黄海水产研究所为园区进行了高起点、高标准的规划。

现代渔业园区是现代渔业建设的重要载体，也是渔业生产的重要基地。为建设现代水产、农业、加工、休闲等多种产业融为一体的现代渔业综合园区，更好地发展宁海海洋经济，我县已专门成立了三门湾现代渔业园区管委会，将以工业园区的开发理念来经营管理，力争到2015年，将园区基本建设成为布局合理、设施先进、特色明显、优势突出、创新示范于一体的现代渔业综合园区，成为宁波三门湾海洋经济产业集聚区的重要组成部分、浙江省现代海水养殖产业重要基地、东部沿海海水养殖技术研发、种苗繁育转化平台和国家级现代渔业综合示范区。

整体鸟瞰图

高位池养殖

种苗繁育车间

休闲渔业

大通湖天泓渔业股份有限公司

天泓渔业董事长陈红文先生在"两节"上致辞

大通湖8 267公顷冬捕场景

大通湖天泓渔业股份有限公司成立于2008年，注册资本8 200万元，实收资本1.204亿元，现企业总资产达61 182万元。公司现有员工350余人，是一家集渔业养殖、加工、生态旅游、生物膨化饲料生产于一体的省级农业产业化龙头企业和重点上市后备企业。公司拥有大通湖8 267公顷水域滩涂49年的综合开发经营权，拥有年产10万吨规模的膨化鱼饲料生产厂一座，并正在建设年产2.5万吨的鱼品深加工生产线技术升级改造项目。公司"大通湖"牌注册商标为湖南省著名商标，"大通湖"牌大闸蟹产品正式通过了国家地理标志保护认证，并于2013年11月被中国渔业协会河蟹分会评为"中国十大名蟹"。大通湖牌大闸蟹在全国范围内已拥有较高品牌知名度。公司自2008年成立以来每年解决地方长短期就业人员上千人，实现了员工收入翻番，五险一金全员缴纳，带动农户5 000户以上。公司系益阳市文明单位、湖南省创先争优先进基层党组织、省级农产品质量追溯先进单位、益阳市农业科技成果推广示范基地、益阳市研究生科研实习基地、中国湘菜百强基地。

公司地址：湖南省益阳市大通湖区沙堡洲镇
联系电话：0737-5668988

湖南省田家湖渔业科技有限责任公司

湖南省田家湖渔业科技有限责任公司位于华容县水源充足，水质优良的赤眼湖畔，新省道306东侧，距县城仅7.5千米，交通便捷，环境优美，新基地现有面积42公顷，总资产2 800万元，是一家以鱼苗繁殖、培育、销售、技术服务为主导，集农业观光、垂钓餐饮、农家乐于一体的多元化发展的企业。追溯500多年前的明孝宗、神宗时期，田家湖的黑壳鲫鱼被作为贡品送入皇宫，因而传下“田家湖的鱼—好明贡的鱼”的民间佳话。

公司企业田家湖鱼苗繁育场始建于20世纪60年代，历经半个世纪的艰苦创业，潜心经营，积累了雄厚的生产技术力量和完备的质量管理体系，形成了自己独有的企业文化，成为了岳阳市科普示范基地，大学学生定点实习单位，2012年晋升为湖南省水产良种场，公司生产基地进行无公害场地认定，各项监测指标均达到无公害食品产地环境质量标准要求。目前鱼苗繁育品种有青、草、鲢、鳙、鲤、鲫、鳊、黄颡、泥鳅、大口鲶、翘白、鳡鱼、桂花鱼、财鱼、鲈鱼、叉尾鮰、花骨、多种观赏鱼等，年产各类鱼花50亿尾，被渔民称为湖南省“鱼苗超市”。鱼苗销售除满足长江中部地区水产养殖需求外，还畅销广东、宁夏、青海、新疆等地，创造了很好的社会效益，深受广大渔民厚爱。

我场将秉承“诚信经营、真诚合作、科学管理、服务至上”的经营理念，规划5年内再拓展土地33公顷，预算投资4 000万~5 000万元，高标准建设科研基地、淡水鱼博物馆，引进先进设备和技术，建立现代高科技渔业示范基地。我们充分利用明朝“进贡”品种和洞庭湖天然野生鱼类优势，以科研院校技术为依托，并与武汉百瑞公司和广东清远黄沙渔业联手，以贴近市场为目标，以渔民增产增效为己任，致力打造绿色水产品牌，采用“公司＋科研院校+示范基地＋会员农户”的新型发展模式，不断创新品种，开拓新市场，使之发展成为集科研、生产、销售、咨询、技术传播、休闲观光旅游于一体的现代化集团公司。

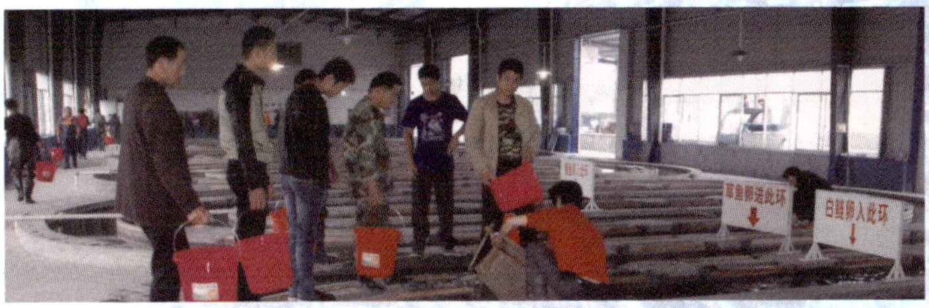

湖南渔米之湘食品有限公司， 成立于2001年，是一家专业从事洞庭湖区优质鲜活水产品深加工为主的鱼制品食品企业。公司地处美丽的八百里洞庭湖畔、千古名楼--岳阳楼旁。毗邻京珠高速、武广高速、京广铁路、长江黄金水道城陵矶深水码头，交通十分便利，物流畅通全国。公司占地面积逾13公顷，建筑面积50 000平方米，现有固定资产15 600万元，下辖6家全资子公司，年加工能力50 000吨，员工1 600余人，专业技术及管理人员68人。

公司以带有浓厚地方特色和天下美称的“渔米之湘”作为推广品牌，签约湖南卫视著名节目主持人谢娜为产品代言，产品在风味上重点突出湘味特色，主要产品有鱼制品、肉制品、豆制品三大系列，40多个品种，热销全国20几个省、自治区、直辖市，深受广大消费者青睐。

2011年4月26日总经理李满雄在公司接受央视记者关于淡水鱼加工技术专题采访

2013年10月总经理李满雄接受央视著名主持人海霞采访

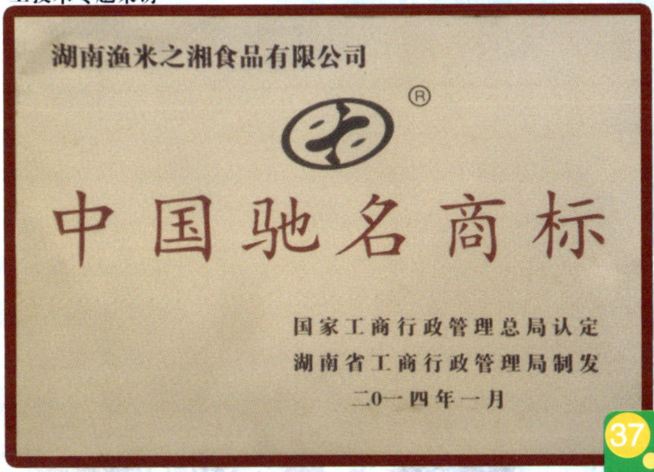

湖南渔米之湘食品有限公司

中国驰名商标

国家工商行政管理总局认定

湖南省工商行政管理局制发

二〇一四年一月

北京海洋馆

永远超乎你的想象

北京海洋馆位于北京动物园长河北岸，总占地12万平方米，建筑面积4万2千平方米，是世界内陆最大的单体海洋馆。仿生外观是个硕大的海螺，展示海洋生物千余种、万余尾。其中，国际级、国家级保护品种有巨骨舌鱼、红龙、中华鲟、脂胭鱼、绿海龟、大鲵等几十种数百尾。北京海洋馆水体1.8万吨，以世界先进的水生物生命支持系统，为各种生物提供良好的生存环境。

北京海洋馆以认识海洋、了解海洋生物为设计理念，为游客营造了一个奇妙而梦幻的海洋世界。亲探“雨林奇观”，领略大自然的鬼斧神工；登陆“白令海峡”，聆听极地使者白鲸优美的歌声；“鲨鱼小镇”探险，开启惊险刺激的鲨鱼王国之旅；“海底环游”从南中国海下潜，环游海底两万里；“国宝中华鲟馆”一睹长江独有古老珍稀物种的风采，倾听中华鲟诉说对母亲河的眷恋；聪明可爱的海豚、海狮生活在“鲸豚湾”，它们在这里嬉戏，告诉您许多关于鲸的传说；“海洋剧院”大腕云集，滑稽幽默的海狮，憨态可掬的白鲸，技艺超群的海豚联袂为您带来超乎想象精彩表演。您还可以在好味岛、沙滩吧享受美食；绚丽港湾、北京礼物店挑选精美海洋纪念品。

来吧，朋友，聆听大海的歌声，体味海洋的魅力，让我们伴随着海的气息一同踏上海洋奇幻之旅！北京海洋馆，欢迎您的光临。

畅游七大主题展区，观看精彩海洋动物表演

- 海豚海狮表演，感悟海洋魅力；
- 白鲸天使之吻，尽显北极风情；
- 深海喂食展示，千尾鱼儿为伴；
- 中华鲟与人共舞，演绎人鲟传说。

地址：北京市海淀区高梁桥斜街乙18号（气象路6号） 邮编：100081
电话：010-62176655 http:// www.bj-sea.com
交通：乘16、26、运通103、105路汽车在北京交通大学站下车(可乘地铁到西直门站换乘公共汽车)/乘7、15、19、27、332、102、103、107等电汽车在北京动物园站下车

BEIJING AQUARIUM 北京海洋馆

淄博柴油机总公司是国资委下属中国农业发展集团有限公司的全资子公司，大功率中速柴油机专业化制造企业，创建于1970年，是中央企业先进集体，国家煤矿乏风热逆流氧化处理“863”项目、“火炬”计划项目承担企业，农业部新能源开发重点实验室依托单位，有国家认定企业技术中心，综合实力位列中国机械500强。现拥有青岛淄柴博洋柴油机股份有限公司、南通淄柴船舶机械公司和淄博淄柴新能源有限公司三家子公司，职工两千余人，总资产10多亿元。

公司主业分为“三大板块、五类业务”，分别是：发动机、新能源装备和工程服务板块，其中发动机板块包括发动机与关键件、通用件制造两类业务，新能源装备板块分为工业气体发电机组和农业新能源装备业务，工程服务主要涉及工程建设、保运服务和合同能源管理。主导产品是Z6150、Z170、210、L250、ZC270、300 、N330、16V170等八个系列、150～4 410千瓦的船用、陆用柴油机、燃气机、双燃料机及发电机组，并制造与销售乏风热逆流氧化装置。企业具备年产内燃机350 万千瓦的能力。企业质量保证体系通过ISO9001认证，多种产品被评为“国家级新产品”，授予国家科技进步奖和被评为行业名牌产品。企业用户群覆盖全国，同时远销欧、非、南美洲和东南亚、西亚等三十几个国家和地区，在国内外企业设立了几十个销售服务网点，随时为客户提供优质周到完美的服务。

企业的愿景：为客户、为社会提供持续高效驱动力

企业的使命：领先动力，领先服务

我们的核心价值观：求知、务实、创新，追求领先动力

我们的态度：淄柴机器，诚心诚意

企业的发展目标：建设具有卓越竞争力的新淄柴，成为中国新型发动机与关键、通用零部件生产核心基地之一，中国新能源装备制造与技术服务创新基地之一。

淄柴工业园--鸟瞰图

淄博柴油机总公司

淄柴机器　诚心诚意

董事长、党委书记:云经才　　地址：山东省淄博市张店区

电话：0533-2063362　　传真：0533-2068064

企业网址：www.zichai.com　　电子信箱：zichai@zichai.com

销售总公司 电话：0533-2068049　　传真：0533-2066808

外贸总公司 电话：0533-2072104　　传真：0533-2068100

统一服务电话：4006330977

沈阳市金山水产养殖公司

公司法定代表人、总经理：赵维城

办公电话：024-87981479　传真：024-87981698

E-MAIL：zj95828@163.com　邮编：110202

联系人：赵戬　联系电话：13386886848

地址：辽宁沈阳市辽中县冷子卜镇金山卜村

沈阳市金山水产养殖公司是一家具有独立法人资格的，集名优苗种繁育、成鱼养殖、淡水鱼养殖技术研究与开发、饲料加工、产品销售为一体的股份制企业，现有资产总值4 880万元，获“全国休闲渔业示范基地”称号。公司由金山淡水鱼养殖公司、金山苗种繁育场、金山淡水鱼销售公司、真诚饲料公司、唯诚水产研究所等5个子公司组成。

公司占地面积400公顷，其中精养鱼池200公顷。年产优质无公害淡水鱼5 000吨，其中出口韩国3 000吨；年产名优品种苗种3亿尾。公司被列入省级现代农业园区、省级现代农业示范基地、省级农业产业化重点龙头企业，是农业部批准建设的国家级德国镜鲤良种场和国家级水产健康养殖示范区、省级斑点叉尾鮰良种场。公司是在国家质量监督检验检疫总局备案的中国出口韩国水产动物注册场，辽宁省出入境检验检疫局扶持出口食品农产品重点企业，沈阳市农产品加工重点龙头企业。

德国镜鲤

加州鲈鱼

□国家AAAA级旅游景区
泉城海洋极地世界
Ocean Aquarium of QuanCheng
泉城海洋极地世界，总投资10亿元，是国际一流、世界规模最大的室内馆之一，该馆展示面积8.8万平方米,拥有热带雨林、海底隧道、海洋生物、极地动物展示科普教育、水下剧场——美人鱼水下芭蕾表演、海洋剧场—海豚海狮表演等10多个展馆，这里汇集了北极熊、北极狐、白鲸、海豚、海狮、海豹、海牛、海象、海龟、企鹅等来自世界各地的近千种海洋生物,是一个集观赏性、趣味性、知识性于一体的综合性海洋动物展馆。
世界最大的室内海洋馆之
梦幻海洋 浪漫之旅
地址：山东省齐河县黄河国际生态城旅游路 8 号（济南建邦黄河大桥北首
Http://www.baxian.cn 旅游热线：0531–85506999 85507788

□国家AAAA级旅游景区
亚洲最大级别的海洋世界
蓬莱海洋极地世界
山东蓬莱海洋极地世界是国家AAAA级旅游景区，展示面积5.98万平方米，在这里汇集了北极熊、北极狐、白鲸、海象、企鹅、海豚、海狮、海豹等世界各地近百种的海洋生物，全部场馆由热带雨林馆、极地动物馆、鲸鱼湾、海底世界、水下剧场（美人鱼表演、水下芭蕾）、海龟馆、鲨鱼馆、海豹岛、海洋科普馆、4D动感影院、海洋剧场（海豚海狮表演）等组成，是目前亚洲最大的海洋馆之一。蓬莱海洋极地世界是全国海洋珍稀濒危野生动物救护网络成员单位、山东省水生野生动物救护中心，被中国海洋协会授予“全国海洋科普教育基地”。
地址：山东省蓬莱市海港路
电话：0535－5664777
Http://www.baxian.com.cn

中水集团远洋股份有限公司

斐济代表处办公楼

中瓦（瓦努阿图）渔业有限公司

秋刀鱼生产

中水集团远洋股份有限公司是由中国农业发展集团有限公司控股的主要从事远洋渔业和国际经贸合作开发的股份制上市企业。公司股票于1998年2月在深圳证券交易所A股市场挂牌交易（股票代码000798）。

公司主要从事远洋捕捞生产和经营，是我国较早开发太平洋金枪鱼和南美鱿鱼资源的龙头企业之一，拥有各类远洋渔船50艘，在中西太平洋、东南太平洋和西南大西洋从事捕捞生产。主要产品有阿根廷鱿鱼、秘鲁鱿鱼、秋刀鱼和金枪鱼等海产品及加工制品。目前,公司在境内外设有12个分支机构，在北美、南美、南太平洋地区设有5家代表机构及控股公司。此外，公司还开展水产品贸易、船舶修理、渔船渔机和渔需物资进出口等业务。

公司依靠良好的资金保障、扎实的主业基础、强大的股东依托，资产规模位居我国远洋渔业企业前列，是我国三大远洋渔业上市企业之一。凭借良好的资源获取能力、突出的集约管理能力以及良好的经营管理团队和企业文化，公司致力于将自己打造成海洋渔业资源开发的现代化企业、我国境外远洋渔业基地管理运营创新的示范者以及水产品市场消费的引领者。

地址：北京西单民丰胡同31号中水大厦
邮编：100032
电话：010-88067469
邮箱：bgs@cofc.com.cn

金枪鱼延绳钓船

长鳍金枪鱼

鱿鱼钓船

福州宏东远洋渔业有限公司

2012年6月时任农业部渔业局副局长崔利峰(中)到宏东公司毛塔渔业基地视察

原全国政协副主席宋健听取宏东公司工作汇报

福州市市长杨益民莅临指导宏东公司食品加工车间

中国水产科学研究院与宏东公司签订渔业科技合作协议

福州宏东远洋渔业有限公司成立于1999年，现有员工约1 550人，远洋捕捞船107艘，分布于太平洋、印度洋公海从事大洋性捕捞生产和毛里塔尼亚、印度尼西亚专属经济区从事过洋性捕捞生产，是一家集远洋捕捞、水产品加工、冷链物流、国内和进出口贸易为一体的具有完整产业链的大型远洋渔业企业。旗下有福州宏东实业有限公司、福州宏东食品有限公司、宏东国际（毛塔）渔业发展有限公司等数个子公司和外派机构。

公司2003年获得农业部《远洋渔业企业资格证书》，2009年起连续获得“福建省水产产业化龙头产业”称号，2010年获得福建省《诚实守信示范单位》称号以及《福建省名牌产品》称号，2011年被中国渔业协会远洋渔业分会、中远渔业推广示范中心授予“纯天然远洋捕捞产品标识使用单位”称号，2013年3月与中国水产科学研究院签订渔业科技战略合作协议，成为“远洋捕捞技术研发示范基地”，同年11月被福建省人民政府评为“福建省重点农业产业化龙头企业”。

宏东实业公司拥有万吨级现代化冷库，年吞吐量约10万吨。

宏东食品公司拥有9 000平方米现代鱼加工车间，年加工水产品1.5万吨，精加工水产品8 000吨。

宏东国际（毛塔）公司成立于2010年6月，位于毛里塔尼亚国努瓦迪布市，毛塔政府核准我公司163份捕捞渔船牌照，划拨我公司90 000多平方米的建设土地，将整个基地作为保税区，给我公司税收优惠和特殊的海关政策。我公司总投资将达1亿美元，主要从事海洋渔业捕捞、水产品加工、鱼粉生产、冷库冷藏、出口销售、渔船补给和维修等业务。项目总体规划：岸上基地规划建设有冷库、理鱼车间、加工厂、鱼粉厂、船舶修理厂、仓库、办公楼、生活区、附属设备楼等。该基地已于2013年10月份投产，目前我司已投入93艘远洋渔船在毛塔海域生产，捕捞作业方式有底拖、双拖、流网、延绳钓、围网、笼捕等。我公司与毛塔国政府的远洋渔业合作项目受到了该国政府的特别重视，双方合作协议获得毛塔国议会的通过，受到了法律保障。毛塔国总统、总理等国家政要人员先后视察我公司毛塔渔业基地并给予了高度评价。该项目是毛塔国渔业合作的典范，为中国企业在毛塔树立了很好的形象。

十多年来，公司认真贯彻实施国家海洋战略思想，坚持“勤奋、创新、诚信、共赢”的经营方针，积极开发远洋渔业资源，加大对外投资力度，不断拓宽销售市场，把公司打造为国内规模最大、实力最强、品质最好、效益最高的远洋渔业企业。近年来，公司进入了快速发展的轨道，先后与毛里塔尼亚、印度尼西亚国家合作，大力发展远洋渔业，同时注重提高产业链水平，提高产品加工增值能力和拓展高端销售渠道，努力把企业做大做强。

电话：0591-83999958　传真：0591-87676758　网址：www.fzhongdong.com
地址：福建省福州市保税区8-1-2　邮编：350015

舟山汉益远洋渔业有限公司

总经理：虞祝益

公司精神：齐心协力，共创辉煌
公司宗旨：面向渔业、渔船、渔民

浙江舟山汉益远洋渔业有限公司成立于2007年10月，是一家民营远洋渔业有限公司，注册资金1 018万元。法人代表、董事长刘明良，总经理虞祝益，副总经理张仕浩。公司具有农业部颁发的远洋渔业企业资格证书。经营范围：远洋渔业捕捞销售，远洋船只代理服务，渔具销售，渔业科技项目开发，货物及技术进出口，投资咨询。公司自成立以来，在地方各级政府的关怀下，在政府有关职能部门的支持下，公司严格遵守执行农业部远洋渔业管理的各项规定，以规模化经营、现代化管理、系列化服务为发展思路，制订了一套行之有效的管理制度，使企业不断发展壮大。

从2007年成立以来，捕捞产量从当年的几百吨增加到2011年的近万吨，产值从近千万上升到亿万元，渔场从传统的西北太平洋发展到东南太平洋和西南大西洋。目前公司拥有自有船只6艘，挂靠船只18艘，2 000吨运输船2艘，捕捞船总吨位达到7 658吨。

汉益7

汉益8

汉益3

苏州市南环桥农副产品批发市场

董事长、总经理　孟新鹤

苏州市南环桥农副产品批发市场（简称南环桥市场）成立于1997年，现位于苏州市吴中区东方大道1688号，占地27公顷，总投资6.16亿元，是集蔬菜、鲜肉、水产、家禽、豆制品、南北干货等交易为一体的综合性农产品批发市场，也是苏州最大的“市民菜篮子”。

目前，南环桥市场各类农副产品的日交易量庞大，每天人流50 000人次、车流5 000辆、货流5 000吨、现金流5 000万元，其中蔬菜日交易量2 300吨、鲜肉2 000头、水产500吨、家禽30 000羽等，分别占苏州市民消费量的90%、70%、70%和60%不等。在多年的发展历程中，南环桥市场逐步探索出了一条现代农产品批发市场发展之路，实现了经营模式创新和企业管理提升，并形成了一整套完善的管理方法和服务措施，推动了市场内各项交易业务的蓬勃发展，成交量、成交额逐年增加，2013年，南环桥市场实现交易量194.39万吨、交易额201.10亿元，在全国同类市场中排名前十。

南环桥市场拥有现代化交易大棚17万平方米，设蔬菜、鲜肉、水产、豆制品、水果、干货、家禽、冷冻批发经营八个功能区；信息中心、检测中心、监控中心、结算中心、商务办公大楼、废弃物无公害处理、冷链设施，以及集加工、储存、配送为一体的冷链配送物流中心等配套一应俱全。市场交易实行“一卡通”电子化交易结算。蔬菜检测合格率达到了99.9%以上，高出全国平均合格率近4个百分点。监控中心与警组联网，全场监控点322个，基本实现了市场监控全覆盖；配送中心除了供应学校、宾馆等团膳外，还全国首创建立了平价农产品社区配送店，以“预约订购、定量包装、净菜配送、社区直供”的模式直供平价农副产品进小区，品种达200多个，其中蔬菜价格低于市场平均价20%以上。

近年来，快速发展的南环桥市场先后被授予中国农产品批发百强市场、农业部定点市场、商务部“双百市场”建设单位、中国农产品最具影响力品牌、苏州市政府“菜篮子”重点工程等荣誉称号。以“海纳百川蔬果，心系万家餐桌”为企业使命，南环桥市场将继续坚持“做强做大”发展目标和“为农服务、为民服务”正确方向，充分发挥龙头企业经营的辐射带动和品牌效应集聚作用，进一步确立南环桥市场在长三角的龙头地位，并建设成为在全国有重要影响的跨区域骨干市场。